ÄGYPTISCHES KULTURGUT
IM PHÖNIKISCHEN UND PUNISCHEN
SARDINIEN

I: TEXTTEIL

ÉTUDES PRÉLIMINAIRES
AUX RELIGIONS ORIENTALES
DANS L'EMPIRE ROMAIN

PUBLIÉES PAR

M. J. VERMASEREN

TOME CENT-DEUXIÈME

GÜNTHER HÖLBL

ÄGYPTISCHES KULTURGUT
IM PHÖNIKISCHEN UND PUNISCHEN
SARDINIEN

I

LEIDEN
E. J. BRILL
1986

GÜNTHER HÖLBL

ÄGYPTISCHES KULTURGUT IM PHÖNIKISCHEN UND PUNISCHEN SARDINIEN

I: TEXTTEIL

MIT EINEM FRONTISPIZ UND 76 ABBILDUNGEN

LEIDEN
E. J. BRILL
1986

ISBN 90 04 07182 2
90 04 07183 0

Thot aus Cagliari, 2,5:1; s. Taf. 48,2

PROFESSORI
Dr. Dr.h.c.mult. FREDERICO SCHACHERMEYR
NONAGENARIO

INHALTSVERZEICHNIS

VORWORT

Eine Bearbeitung des ägyptischen Kulturgutes im phönikischen und punischen Sardinien schien mir ohne Kenntnis der spanischen Funde äußerst schwierig. Als jedoch bekannt wurde, daß Frau Prof. Ingrid Gamer-Wallert die Aegyptiaca von der Iberischen Halbinsel als Beiheft des Tübinger Atlas des Vorderen Orients bearbeitete und ihre Studie in Kürze erscheinen sollte, waren die Voraussetzungen für eine sinnvolle Einordnung des ägyptischen Kulturgutes Sardiniens gegeben.

Der Anreiz dafür, daß diese Arbeit überhaupt unternommen wurde, kam von der Möglichkeit einer Bewerbung um das Ellaina Macnamara Memorial Scholarship (London) im Jahre 1978. Die Stiftung hatte sich zum Ziel gesetzt, wissenschaftliche Arbeiten zur Thematik der Orientalisierenden Periode Mittelitaliens und verwandter Aspekte zu fördern. An dieser Stelle sei der Macnamara-Stiftung sehr dafür gedankt, daß sie meinen Themenvorschlag über die Aegyptiaca des phönikischen und punischen Sardinien für förderungswürdig erachtete und die Studienreisen sowie die dieser Studie beigegebenen Farbtafeln mitfinanzierte. Mein besonderer Dank gilt Frau Dr. Ellen Macnamara, die den Verlauf der Arbeit, insbesondere im British Museum, mit Interesse verfolgte.

Die Arbeit zog sich längere Zeit hin, weil sie in Wechselbeziehung mit meinen ebenfalls seit 1979 begonnenen Studien zum ägyptischen Kulturgut im ägäischen Raum, vor allem auf Rhodos, stand. Die Schlüsse sollten möglichst breit abgesichert und die Voraussetzungen für eine Abgrenzung der Aegyptiaca im ägäischen und im phönikischen/punischen Raum geschaffen werden. Sie wird freilich erst später voll zu erkennen sein. Denselben Intentionen dienten jedoch auch Arbeiten in Izmir (für Erythrai und Smyrna), Adana (für Tarsos) und Antakya (für Al Mina) im September 1981. Die Ergebnisse dieser Reisen konnten für Sardinien ausgewertet werden. Dazu kamen Studien in Paris (zum Material aus Karthago und Phönikien), deren rasche Erledigung ich dem großen Entgegenkommen von Frau Dr. Annie Caubet, Conservateur au Département des Antiquités Orientales im Louvre, danke, und eine Kurzinformation in Istanbul über die Funde von Sidon. Herrn Dr. J.-L. H. de Cenival, Leiter der ägyptischen Sammlung des Louvre, danke ich für die Zusendung von vielen Photos aus der Coll. De Clercq, wodurch grundlegende Ergebnisse zur Produktion des phönikischen Mutterlandes ermöglicht wurden.

Die besonderen Reisen nach Sardinien wurden im Winter und Sommer 1979 unternommen. Dem Österreichischen Bundesministerium für Wissenschaft und Forschung danke ich für die Dienstfreistellung. In Cagliari hat mir der Soprintendente für die Altertümer, Herr Prof. Dr. Ferruccio Barreca, alle von mir erbetenen Funde raschest zugänglich gemacht. So konnten mehrere tausend Photos und die nötigen Beschreibungen in relativ kurzer Zeit gemacht werden. Große Hilfe hat mir Herr Dr. Giovanni Tore (Cagliari) zuteil werden lassen, der mich in langen Diskussionen in die Probleme der phönikisch-punischen Archäologie einführte. Daß das gesamte Material des Museums von S. Antioco miteinbezogen und vielfach in Erstpublikation vorgelegt werden konnte, verdanke ich gleichfalls Herrn Prof. Barreca, aber auch der Zustimmung durch das Centro di Studio per la Civiltà Fenicia e Punica (Rom).

Die Untersuchung der Objekte von Cagliari und S. Antioco — die in Sassari konnten wegen anderer Studienreserven nur durch die Vitrinen gesehen werden — bliebe Stückwerk, wenn ich nicht die gesamten Aegyptiaca von Tharros, die das British Museum besitzt, im Detail studieren hätte können. Das Entgegenkommen des damaligen Keepers der Vorderasiatischen Abteilung, Herrn Dr. Mitchel, und von Herrn Dr. R. D. Barnett war umso größer, als die Publikation der Tharros-Funde noch in Bearbeitung war. Für die damaligen Erläuterungen und die stete briefliche Hilfe möchte ich Frau C. Mendleson, Research Assistant, herzlichst danken. Herr Dr. T. H. G. James, Keeper der ägyptischen Sammlung des British Museum, hat mir den Gesamtbestand der ägyptischen Amulette zum Studium zur Verfügung gestellt, wodurch die ägyptische Erzeugung einer großen Anzahl wenig qualitätvoller Amulettypen Sardiniens sichergestellt werden konnte.

Daß die Arbeit in der vorliegenden Form durchgeführt wurde, danke ich der Alexander von Humboldt-Stiftung, die sie als eines meiner Projekte während eines Forschungsaufenthaltes in Köln (März 1981 bis August 1982) akzeptierte. Hier habe ich Herrn Univ.-Prof. Dr. Reinhold Merkelbach als großen Förderer ägyptologischer Studien kennengelernt. Für seinen tatkräftigen und hilfsbereiten Einsatz bin ich ihm tiefsten Dank schuldig. Auch Herrn Univ.-Prof. Dr. Gustav Adolf Lehmann, dem gemeinsam mit Herrn Prof. Merkelbach die Pflege der ägyptischen Kultur und Religion im Kontakt mit ihrer Umwelt besonders am Herzen liegt, danke ich für unermüdlichen, freundschaftlichen Rat. Daher konnte die Studie gerade im letzten Jahr schnell vorangetrieben werden. Außerdem möchte ich Herrn Dr. Robert Wenning dafür danken, daß er mich in Münster in die reichen Bibliotheksbestände auf dem Gebiet der biblischen Archäologie einführte. Ein Druckkostenzuschuß der Humboldt-Stiftung von DM 37.800,– ermöglichte die Herausgabe des Werkes.

Herrn Univ.-Prof. Dr. M. J. Vermaseren, mit dem mich seit Jahren enger Kontakt verbindet, gilt mein Dank für die nicht leichte Herausgabe des Werkes. Er hat meine Studien auf dem Gebiet der Ausbreitung ägyptischen Kulturgutes von Anfang an verfolgt und gefördert, sodaß er selbst über alle

Probleme Bescheid weiß. Herrn Joop Derksen danke ich für die Ausführung
der Zeichnungen und dem Verlag Brill für die großzügige Annahme des
Abbildungsmaterials. Nicht vergessen sei die Mithilfe von Frau Dr. Sigrid
Hink und meiner lieben Frau Ingrid beim Schreiben der Druckvorlage.

Gewidmet ist das Werk unserem großen österreichischen Altertumsforscher
Herrn Univ.-Prof. Dr. Dr.h.c.mult. Fritz Schachermeyr zu seinem 90. Ge-
burtstag. Er hat sich durch viele Jahrzehnte um die Kontakte des Orients,
im besonderen Ägyptens, mit den frühen europäischen Kulturen bemüht.

Wien, Allerheiligen 1982   GÜNTHER HÖLBL

ABKÜRZUNGS- UND LITERATURVERZEICHNIS

Die Abkürzungen von Zeitschriften und anderen Periodika entsprechen denjenigen der „Archäologischen Bibliographie" (Beilage zum *Jahrbuch des Deutschen Archäologischen Instituts*, Berlin), Jg. 1980 (1981). Hier nicht aufscheinende Abkürzungen sind bei uns eingefügt.

Acquaro = E. Acquaro, *Amuleti egiziani ed egittizzanti del Museo Nazionale di Cagliari* (Roma 1977).

Acquaro, *Rasoi* = E. Acquaro, *I rasoi punici* (Roma 1971).

Acquaro, *Tharrica* s. *Tharrica*.

Acquaro-Fantar, *Antas* = E. Acquaro, D. Fantar, *Gli amuleti*, in: E. Acquaro u.a., *Ricerche puniche ad Antas* (Roma 1969) S. 109-115, Taf. XL-XLI.

AION = Annali dell'Istituto Orientale di Napoli.

Altenmüller, *Apotropaia* = H. Altenmüller, *Die Apotropaia und die Götter Mittelägyptens* (München 1965).

Ancient Gaza, I-V = W. M. Fl. Petrie, *Ancient Gaza*, I-IV (London 1931-1934); W. M. Fl. Petrie u.a., *City of Shepherd Kings and Ancient Gaza*, V (London 1952).

AR = Altes Reich.

Ba. = P. Bartoloni, *Gli amuleti punici del tofet di Sulcis: RSF* 1 (1973) 181-203.

Babelon = M. E. Babelon, *Collection Pauvert de la Chapelle, Intailles et camées au Département des Médailles et Antiques de la Bibliothèque Nationale* (Paris 1899).

Barnett, *Catalogue* = R. D. Barnett, *A Catalogue of the Nimrud Ivories with other Examples of Ancient Near Eastern Ivories in the British Museum*, 2. Aufl. (London 1975).

Bartoloni, *Cronologia* = P. Bartoloni, *Contributo alla cronologia delle necropoli fenicie e puniche di Sardegna: RSF* 9, Suppl. (1981) 13-29 und Fig. 1-3.

Bartoloni, *Stele arcaiche* = P. Bartoloni, *Le stele arcaiche del tofet di Cartagine* (Roma 1976).

BAS = Bullettino Archeologico Sardo.

Beste: *CAA, Hannover* = I. Beste, *Skarabäen*, Teil 1-3 (Mainz 1978-1979) (*Corpus Antiquitatum Aegyptiacarum, Kestner-Museum, Hannover*, Lieferung 1-3).

Beth-Pelet, I = W. M. Fl. Petrie, *Beth-Pelet*, I (London 1930).

Beth-Pelet, II = J. L. Starkey, L. Harding, *Beth-Pelet*, II (London 1932).

Biggio = E. Acquaro, S. Moscati, M. L. Uberti, *La collezione Biggio, antichità puniche a Sant'Antioco* (Roma 1977).

Bisi, *Bes* = A. M. Bisi, *Da Bes a Herakles: RSF* 8,1 (1980) 19-42, Taf. III-V.

Bisi, *Un naïskos tardo-fenicio* = A. M. Bisi, *Un naïskos tardo-fenicio del Museo di Beyrut e il problema dell'origine dei cippi egittizzanti nel mondo punico: Antiquités Africaines* 5 (1971) 15-38.

Bisi, *Osservazioni* = A. M. Bisi, *Osservazioni sulle stele puniche: BdA* V, 52 (1967) 131-148.

Bisi, *Religione punica* = A. M. Bisi, *La religione punica nelle rappresentazioni figurate delle stele votive: SteMat* 36 (1965) 99-157.

Bisi, *Stele* = A. M. Bisi, *Le stele puniche* (Roma 1967).

Blinkenberg, *Lindos*, I = Chr. Blinkenberg, *Lindos. Fouilles de l'Acropole 1902-1914*, I: *Les petits objets* (Texte, Planches) (Berlin 1931).

Bliss, *Excavations* = F. J. Bliss, *Excavations in Palestine* (London 1902).

BM, WAA mit Nr. = British Museum, Western Asiatic Antiquities, Nr. ...

Boardman, *AGG* = J. Boardman, *Archaic Greek Gems* (Evanston 1968).

Boardman, *Kolonien* = J. Boardman, *Kolonien und Handel der Griechen* (München 1981).

Bondì, *Scarabei Monte Sirai* = S.F. Bondì, *Gli scarabei di Monte Sirai*, in: *Saggi fenici*, I (Roma 1975) 73-98.

Bondì, *Stele Monte Sirai* = S. F. Bondì, *Le stele di Monte Sirai* (Roma 1972).

Bonnet = H. Bonnet, *Reallexikon der ägyptischen Religionsgeschichte* (Berlin 1952).

Bossert, *Altsyrien* = H. Th. Bossert, *Altsyrien* (Tübingen 1951).

Brandt, *München*, 1 = E. Brandt, *Antike Gemmen in deutschen Sammlungen*, I: *Staatliche Münzsammlung München*, 1 (München 1968).
BSFE = *Bulletin de la Société Française d'Égyptologie*.
Cara, *Monumenti* = G. Cara, *Monumenti d'antichità di recente trovati in Tharros e Cornus* ... (Cagliari 1865).
Cesnola, *Atlas* = L. P. di Cesnola, *A Descriptive Atlas of the Cesnola Collection of Cypriote Antiquities in the Metropolitan Museum of Art*, New York (Boston 1885-1903).
Chabas, *Notice* = F. Chabas, *Notice sur un scarabée sarde* (Chalon-sur-Saône 1877) (= id., *Œuvres Diverses*, 5, Paris 1909, 267-274).
Chiera, *Nora* = G. Chiera, *Testimonianze su Nora* (Roma 1978).
Cintas, *Amulettes* = P. Cintas, *Amulettes puniques* (Tunis 1946).
Cintas, *Manuel* = P. Cintas, *Manuel d'archéologie punique*, I-II (Paris 1970-1976).
Coll. De Clercq, VII = A. De Ridder, *Collection De Clercq*, VII: *Les bijoux et les pierres gravées*, 1-2 (Paris 1911).
Contenau, *Civilisation* = G. Contenau, *La civilisation phénicienne* (Paris 1926).
Contenau, *Manuel* = G. Contenau, *Manuel d'archéologie orientale*, I-III (Paris 1927-31).
Crespi = V. Crespi, *Catalogo della raccolta di antichità sarde del Signor Raimondo Chessa* (Cagliari 1868).
Culican, *Essay* = W. Culican, *Essay on a Phoenician Ear-Ring: PEQ 90* (1958) 90-103.
Culican, *Iconography* = W. Culican, *The Iconography of Some Phoenician Seals and Seal Impressions: The Australian Journal of Biblical Archaeology* 1,1 (1968) 50-103.
Culican, *Melqart* = W. Culican, *Melqart Representations on Phoenician Seals: Abr-Nahrain* 2 (1960-61) 41-54.
Culican, *Phoenician Jewellery* = W. Culican, *Phoenician Jewellery in New York and Copenhagen: Berytus* 22 (1973) 31-52.
Culican, *Phoenician Masks* = W. Culican, *Some Phoenician Masks and Other Terracottas: Berytus* 24 (1975-76) 47-87.
Culican, *Problems* = W. Culican, *Problems of Phoenicio-Punic Iconography — A Contribution: The Australian Journal of Biblical Archaeology* 1,3 (1970) 28-57.
Culican, *Tell er-Reqeish: The Australian Journal of Biblical Archaeology* 2, 2 (1973) 66-105.
Culican, *Terracotta Shrine* = W. Culican, *A Terracotta Shrine from Achzib: ZDPV* 92 (1976) 47-53, Taf. 1-6.
Daressy, *Statues* = M. G. Daressy, *Statues de divinités* (Le Caire 1906) (Cat. Caire).
Davies, *Hibis* = N. De Garis Davies, *The Temple of Hibis in el Khārgeh Oasis*, III: *The Decoration* (New York 1953).
Decamps de Mertzenfeld = C. Decamps de Mertzenfeld, *Inventaire commenté des Ivoires Phéniciens et apparentés découverts dans le Proche-Orient*, 2 Bde (Paris, 1954).
Delaporte = *Catalogue des Cylindres orientaux du Musée du Louvre*, 2 Bde (Paris 1921-23).
Della Marmora = A. Della Marmora, *Memoria sopra alcune antichità sarde* ... (Torino 1855).
De Salvia, *Campania*, I = F. De Salvia, *Egitto e Campania arcaica (sec. VIII-VI a.C.)*, I (Leiden: in Vorbereitung) (EPRO).
De Salvia, *Pithekoussai*, I = F. De Salvia, *Gli oggetti egizi ed egittizzanti*, in: G. Buchner, D. Ridgway, *Pithekoussai, I. La necropoli: tombe 1-723 (scavi 1952-1961): MonAnt*, serie monografica, im Druck.
De Salvia, *Ruolo apotropaico* = F. De Salvia, *Un ruolo apotropaico dello scarabeo egizio nel contesto culturale greco-arcaico di Pithekoussai (Ischia)*, in: *Hommages à M. J. Vermaseren* 3 (Leiden 1978) 1003-1061.
Dikaios, *Enkomi* = P. Dikaios, *Enkomi, Excavations 1948-1958*, I-III (Mainz 1969-71).
T. Dothan, *Deir el-Balaḥ* = T. Dothan, *Excavations at the Cemetery of Deir el-Balaḥ* (Jerusalem 1979).
Dothan, *Philistines* = T. Dothan, *The Philistines and their Material Culture* (Jerusalem 1982).
Drioton, *Trigrammes* = E. Drioton, *Trigrammes d'Amon: WZKM* 54 (1957) 11-33.
Dunand, *Byblos*, I = M. Dunand, *Fouilles de Byblos*, I, *Atlas* (Paris 1937), texte (Paris 1939).
Dunand, *Byblos*, II = M. Dunand, *Fouilles de Byblos*, II, *Texte*, 1 (Paris 1954), 2 (Paris 1958), *Atlas* (Paris 1950).

Dunand, *Oumm el-Amed* = M. Dunand, R. Duru, *Oumm el-Amed*, Text u. Taf. (Paris 1962).

Ebers = G. Ebers, *Antichità sarde e loro provenienza: Annali dell'Instituto di corrispondenza archeologica* 1883, 76-135, Taf. C-Hᵃ.

Elena = P. F. Elena, *Scavi nella necropoli occidentale di Cagliari* (Cagliari 1868).

Encyclopedia = *Encyclopedia of Archaeological Excavations in the Holy Land*, I-IV (London 1975-79).

Fernández-Padró = J. H. Fernández, J. Padró, *Escarabeos del Museo Arqueológico de Ibiza* (Madrid 1982).

Furtwängler, *Gemmen* = A. Furtwängler, *Die antiken Gemmen*, I-III (Leipzig 1900).

Galling, *Bildsiegel* = K. Galling, *Beschriftete Bildsiegel des ersten Jahrtausends v. Chr.*, *vornehmlich aus Syrien und Palästina: ZDPV* 64 (1941) 121-202, Taf. 5-12.

Gamer-Wallert, *Funde* = I. Gamer-Wallert, *Ägyptische und ägyptisierende Funde von der Iberischen Halbinsel* (Wiesbaden 1978).

Gardner, *N.* II = E. A. Gardner, *Naukratis*, II (London 1888).

Gauckler, I-II = P. Gauckler, *Nécropoles puniques*, I-II (Paris 1915).

Giveon, *Impact* = R. Giveon, *The Impact of Egypt on Canaan* (Freiburg 1978).

Gjerstad, *Metal Bowls* = E. Gjerstad, *Decorated Metal Bowls from Cyprus: OpAth* 4 (1946) 1-18, Taf. I-XVI.

Gras, *Importations* = M. Gras, *Les importations du VIᵉ siècle avant J.-C. à Tharros (Sardaigne): MEFRA* 86 (1974) 79-139.

Griffith, *Sanam* = F. Ll. Griffith, *Oxford Excavations in Nubia: Annals of Archaeology and Anthropology*. *Liverpool* 10 (1923) 73-171, Taf. XI-LXVI.

Guy = P. L. O. Guy, *Megiddo Tombs* (Chicago 1938) (= OIP 33).

Hall, *Cat.* = H. R. Hall, *Catalogue of Egyptian Scarabs etc. in the British Museum*, I (*Royal Scarabs*) (London 1913).

Hamilton = R. W. Hamilton, *Excavations at Tell Abu Hawām: QDAP* 4 (1935) 1-69, Taf. I-XXXIX.

Hazor, I-IV = Y. Yadin u.a., *Hazor* I-IV (Jerusalem 1958-61 (III-IV in einem Bd.).

Helck, *Beziehungen* 1971 = W. Helck, *Die Beziehungen Ägyptens zu Vorderasien im 3. und 2. Jt. v. Chr.*, 2 Aufl. (Wiesbaden 1971).

Helck, *Beziehungen* 1979 = W. Helck, *Die Beziehungen Ägyptens und Vorderasiens zur Ägäis bis ins 7. Jh. v. Chr.* (Darmstadt 1979).

Hölbl, *Beziehungen*, I-II = G. Hölbl, *Beziehungen der ägyptischen Kultur zu Altitalien* (Leiden 1979) (= EPRO 62).

Hours-Miedan = M. Hours-Miedan, *Les représentations figurées sur les stèles de Carthage:* CahByrsa 1 (1951) 15-160.

HUCBASJ = Hebrew Union College Biblical and Archaeological School in Jerusalem.

IEJ = Israel Exploration Journal.

IFPCO = M. G. Guzzo Amadasi, *Le iscrizioni fenicie e puniche delle colonie in occidente* (Roma 1967).

James in *Perachora* = T. H. G. James, *The Egyptian-Type Objects*, in: *Perachora. The Sanctuaries of Hera Akraia and Limenia*, II (Oxford 1962) 461-516, Taf. 192 f.

Jirku, *Ausgrabungen* = A. Jirku, *Die Ausgrabungen in Palästina und Syrien*, 2. Aufl. (Graz 1970).

Johns: *QDAP* 2 = C. N. Johns, *Excavations at 'Atlīt (1930-1): QDAP* 2 (1933) 41-104, Taf. XIV-XXXVII.

Keel, *Bildsymbolik* = O. Keel, *Die Welt der altorientalischen Bildsymbolik und das Alte Testament*, 3. Aufl. (Einsiedeln 1980).

Keel, *Böcklein* = O. Keel, *Das Böcklein in der Milch seiner Mutter und Verwandtes* (Freiburg/CH 1980).

Keel, *Jahwe-Visionen* = O. Keel, *Jahwe-Visionen und Siegelkunst* (Stuttgart 1977).

Kitchen = K. A. Kitchen, *The Third Intermediate Period in Egypt (1100-650 B.C.)* (Warminster 1973).

Kition, II = G. Clerc, V. Karageorghis, E. Lagarce, J. Leclant, *Fouilles de Kition*, II: *Objets égyptiens et égyptisants* (Nicosia 1976).

Koldewey, *Babylon* = R. Koldewey, *Die Tempel von Babylon und Borsippa* (Leipzig 1911; Neudr.: Osnabrück 1972).

Lachish, II = O. Tufnell u.a., *Lachish*, II: *The Fosse Temple* (London 1940).

Lachish, III = O. Tufnell u.a., *Lachish*, III: *The Iron Age* (London 1953).

Lachish, IV = O. Tufnell u.a., *Lachish*, IV: *The Bronze Age* (London 1958).

LÄ = *Lexikon der Ägyptologie*.

Layard, *Niniveh* = A. H. Layard, *The Monuments of Niniveh*, 2nd series (London 1853).

Leclant, *Etuis* = J. Leclant, *A propos des étuis porte-amulettes égyptiens et puniques*; in: *Oriental Studies Presented to B. S. J. Isserlin* (Leiden 1980) 100-107.

Leclant, *Relations* = J. Leclant, *Les relations entre l'Égypte et la Phénicie du voyage d'Ounamon à l'expédition d'Alexandre*; in: *The Role of the Phoenicians in the Interaction of Mediterranean Civilizations*, ed.: W. A. Ward (Beirut 1968) 9-31.

Leemans, I-II = C. Leemans, *Aegyptische Monumenten van het Nederlandsche Museum van Oudheden te Leyden*, I-II (Leyden 1842-46).

Levi, *Olbia* = D. Levi, *Le necropoli puniche di Olbia: StSard* 9 (1950) 5-120, Taf. I-XIX.

Lézine = A. Lézine, *Architecture punique, recueil de documents* (Paris 1962).

Lieblein, *Notice* = J. Lieblein, *Notice sur les monuments égyptiens trouvés en Sardaigne: Christiania Vidensk.-Selsk. Forhandlinger* 1879, 1-58 & Taf.

Lilliu, *Sulcis* = G. Lilliu, *Le stele puniche di Sulcis: MonAnt* 40 (1945) 294-418, Taf. I-X.

Macalister, *Gezer* = R. A. St. Macalister, *The Excavation of Gezer*, I-III (London 1912).

Marshall, *Finger Rings* = F. H. Marshall, *Catalogue of the Finger Rings, Greek, Etruscan, and Roman, in the Departments of Antiquities, British Museum* (London, 1907).

Marshall, *Jewellery* = F. H. Marshall, *Catalogue of the Jewellery, Greek, Etruscan, and Roman, in the Departments of Antiquities, British Museum* (London 1911).

Matouk, I-II = F. S. Matouk, *Corpus du scarabée égyptien*, I (*Les scarabées royaux*), II (*Analyse thématique*) (Beyrouth 1971-76).

Matthiae, *Vacca* = P. Matthiae, *Il motivo della vacca che allatta nell'iconografia del Vicino Oriente antico: RivStOr* 37 (1962) 1-31.

Matthiae Scandone, *Cagliari* = G. Matthiae Scandone, *Scarabei e scaraboidi egiziani ed egittizzanti del Museo Nazionale di Cagliari* (Roma 1975).

G. Matthiae Scandone, *Materiali egiziani ed egittizzanti del museo di Mozia: RSF* 3,1 (1975) 65-73, Taf. XXII-XXIV.

G. Matthiae Scandone, *Osservazioni egittologiche su alcune stele: Mozia*, V (Roma 1969) 119-133.

Matthiae Scandone, *Palermo* = G. Matthiae Scandone, *Scarabei egiziani del Museo Nazionale di Palermo: OA* 10 (1971) 21-46, Fig. 1-5.

G. Matthiae Scandone, *Gli scarabei egiziani ed egittizzanti delle necropoli di Mozia: Mozia*, VII (Roma 1972) 121-132, Fig. 8.

G. Matthiae Scandone, *Gli scarabei della necropoli arcaica: Mozia*, IX (Roma 1978) 99-109, Fig. 9.

Megiddo, I = R. S. Lamon, G. M. Shipton, *Megiddo*, I: *Seasons of 1925-34, strata I-V* (Chicago 1939).

Megiddo, II = G. Loud, *Megiddo*, II: *Seasons of 1935-39* (Chicago 1948).

Mnemosine sarda = *Mnemosine sarda ossia ricordi e memorie di vari monumenti antichi con altre rarità dell'isola di Sardegna* (Cagliari 1864).

Mon. in. = *Monumenti inediti pubblicati dall'Instituto di Corrispondenza Archeologica* (Roma 1829-85).

Montet, *Byblos* = P. Montet, *Byblos et l'Égypte*, Text u. Atlas (Paris 1928-29).

Moscati, *Cartaginesi* = S. Moscati, *I cartaginesi in Italia* (Milano 1977).

S. Moscati, *Considerazioni sulle stele: Mozia*, VI (1970) 83-93.

Moscati, *L'épopée* = S. Moscati, *L'épopée des Phéniciens* (Paris 1971).

Moscati, *Primo bilancio* = S. Moscati, *Tharros: primo bilancio*; in: *Tharros*, VII: *RSF* 9,1 (1981) 29-41.

S. Moscati, *Una stele di Akziv: RendLinc*, ser. VIII, 20 (1965) 239-241, Taf. I.

Moscati, *Stele Mozia* = S. Moscati, *Le stele di Mozia: RendLinc*, ser. VIII, 25 (1970) 367-382, Taf. I-XX.

Moscati, *Nuove stele puniche Mozia* = S. Moscati, *Le nuove stele puniche scoperte a Mozia: RendPontAcc*, ser. III, vol. XL, Jg. 1967-68 (1968) 21-34.

Moscati-Uberti, *Stele Nora* = S. Moscati, M. L. Uberti, *Le stele puniche di Nora nel Museo Nazionale di Cagliari* (Roma 1970).

Mozia, I-IX (Roma 1964-1978).

MR = Mittleres Reich.

P. Munro, *Die spätägyptischen Totenstelen* (Glückstadt 1973).

Murray, *Excavations* = A. S. Murray, A. H. Smith, H. B. Walters, *Excavations in Cyprus* (London 1900).

Myres, *Handbook* = J. L. Myres, *Handbook of the Cesnola Collection of Antiquities from Cyprus* (New York 1914).

New., *SSS* = P. E. Newberry, *Scarab-Shaped Seals*. Cat. gén. Caire (London 1907).

NR = Neues Reich.

Oren = E. D. Oren, *The Northern Cemetery of Beth Shan* (Leiden 1973).

J. Padró i Parcerisa, *Egyptian-Type Documents from the Mediterranean Littoral of the Iberian Peninsula before the Roman Conquest*, I-II (Leiden 1980-83), III (im Druck) (= EPRO 65).

Panedda, *Olbia* = D. Panedda, *Olbia nel periodo punico e romano* (Roma 1953).

Parrot, *Die Phönizier* = A. Parrot u.a., *Die Phönizier* (München 1977).

Patroni, *Nora* = G. Patroni, *Nora, colonia fenicia in Sardegna: MonAnt* 14 (1904) Sp. 109-268, Taf. VI-XXV.

PEFA = *Palestine Exploration Fund Annual*.

Perrot-Chipiez, III = G. Perrot, Ch. Chipiez, *Histoire de l'art dans l'antiquité*, III: *Phénicie-Chypre* (Paris 1885).

Petrie, *Amulets* = W. M. Fl. Petrie, *Amulets* (London 1914, Nachdr. Warminster 1972).

Petrie, *Buttons* = W. M. Fl. Petrie, *Buttons and Design Scarabs* (London 1925).

Petrie, *Gerar* = W. M. Fl. Petrie, *Gerar* (London 1928).

Petrie, *HS* = W. M. Fl. Petrie, *Historical Scarabs* (London 1889).

Petrie, *Hyksos* = W. M. Fl. Petrie, *Hyksos and Israelite Cities*, double vol. (London 1906).

Petrie, *N.* I = W. M. Fl. Petrie, *Naukratis*, I (London 1886).

Petrie, *Nebesheh and Defenneh* = W. M. Fl. Petrie, *Nebesheh and Defenneh* (in: *Tanis* II) (London 1888).

Petrie, *Scarabs* = W. M. Fl. Petrie, *Scarabs and Cylinders with Names* (London 1917).

Petrie, *Tanis*, I-II = W. M. Fl. Petrie, *Tanis* (London 1888-89).

Phönizier im Westen = *Phönizier im Westen. Die Beiträge des Internationalen Symposiums über · «Die phönizische Expansion im westlichen Mittelmeerraum» in Köln vom 24. bis 27. April 1979*; hrsg. v. H. G. Niemeyer (Mainz 1982).

Piankoff, *Papyri* = A. Piankoff, N. Rambova, *Mythological Papyri* (New York 1957).

Poppa, *Kamid el-Loz* = R. Poppa, *Der eisenzeitliche Friedhof von Kamid el-Loz* (Bonn 1978).

QDAP = *Quarterly of the Department of Antiquities in Palestine*.

G. Quattrocchi Pisano, *Dieci scarabei da Tharros: RSF* 6 (1978) 37-56, Taf. V-VII.

Quattrocchi Pisano, *Gioielli* = G. Quattrocchi Pisano, *I gioielli fenici di Tharros nel Museo Nazionale di Cagliari* (Roma 1974).

Quattrocchi Pisano, *Stele Sulcis* = G. Quattrocchi Pisano, *Una stele inedita da Sulcis: RSF* 5 (1977) 181-184, Taf. XL.

G. Quattrocchi Pisano, *Sull'iconografia di un gruppo di pendenti*; in: *Saggi fenici*, I (Roma 1975) 15-21.

Quillard, *Bijoux* = B. Quillard, *Bijoux Carthaginois, I: Les colliers* (Louvain-la-Neuve 1979).

Quillard, *Etuis* = B. Quillard, *Les étuis porte-amulettes carthaginois: Karthago* 16 (1973) 1-32, Taf. I-V.

Ranke = H. Ranke, *Die ägyptischen Personennamen*, I-III (Glückstadt 1935-1977).

Reisner, *Amulets*, I-II = M. G. A. Reisner, *Amulets*, I-II (Cat. Caire) (Le Caire 1907-1958).

Renan, *Mission* = M. E. Renan, *Mission de Phénicie* (Paris 1864).

P. J. Riis, *Sūkās*, I (København 1970) (= Publications of the Carlsberg Expedition to Phoenicia, 1 — Det Kongelike Danske Videnskabernes Selskab, Hist.-Filos. Skrifter, 5,1).

G. Roeder, *Naos, Cat. gén. Caire, Nr. 70001-70050* (Leipzig 1914).

Rowe, *Catalogue* = A. Rowe, *A Catalogue of Egyptian Scarabs, Scaraboids, Seals and Amulets in the Palestine Archaeological Museum* (Le Caire 1936).

RSF = *Rivista di Studi Fenici.*

SAK = *Studien zur Altägyptischen Kultur.*

Salamis, I; III = V. Karageorghis, *Excavations in the Necropolis of Salamis*, I (Nicosia 1967); III (Nicosia 1974).

Sarepta 1975 = J. B. Pritchard, *Sarepta, A Preliminary Report on the Iron Age* (Philadelphia 1975).

Sarepta 1978 = J. B. Pritchard, *Recovering Sarepta, A Phoenician Ciry (Princeton 1978).*

SCE, II; IV, 2 = E. Gjerstad, *The Swedish Cyprus Expedition*, II (Stockholm 1935); IV, 2 (Stockholm 1948).

Seeber = Chr. Seeber, *Untersuchungen zur Darstellung des Totengerichts im Alten Ägypten* (München 1976).

Sfameni Gasparro = G. Sfameni Gasparro, *I culti orientali in Sicilia* (Leiden 1973) (= EPRO 31).

Skarabäen Basel = E. Hornung u.a., *Skarabäen und andere Siegelamulette aus Basler Sammlungen* (Mainz 1976).

Spano, *Catalogo* = G. Spano, *Catalogo della raccolta archeologica sarda del Canon. G. Spano da lui donata al Museo d'Antichità di Cagliari* (Cagliari 1860).

Smith, *Interconnections* = W. St. Smith, *Interconnections in the Ancient Near East* (New Haven 1965).

Taramelli, *Gouin* = A. Taramelli, *La collezione di antichità sarde dell'Ing. Leone Gouin: BdA* 8 (1914) 251-272.

Taramelli, *Guida* = A. Taramelli, *Guida del Museo Nazionale di Cagliari* (Cagliari 1914).

Taramelli, *Predio Ibba* = A. Taramelli, *La necropoli punica di Predio Ibba a S. Avendrace, Cagliari (Scavi del 1908): MonAnt* 21 (1912) Sp. 45-224.

Taramelli-Delogu, *Cagliari* = A. Taramelli, R. Delogu, *Il R. Museo Nazionale e la Pinacoteca di Cagliari* (Roma 1936).

Taramelli-Lavagnino, *Cagliari* = A Taramelli, E. Lavagnino, *Il R. Museo G. A. Sanna di Sassari* (Roma 1933).

Tell Keisan = J. Briend, J.-B. Humbert u.a., *Tell Keisan (1971-76), une cité phénicienne en Galilée* (Fribourg 1980).

Tharrica = E. Acquaro, S. Moscati, M. L. Uberti, *Anecdota Tharrica* (Roma 1975).

Tharros, I-IX: I = *RSF* 3 (1975) 89-119; II = *RSF* 3 (1975) 213-225; III = *RSF* 4 (1976) 197-228; IV = *RSF* 6 (1978) 63-99; V = *RSF* 7 (1979) 49-124; VI = *RSF* 8 (1980) 79-145; VII = *RSF* 9 (1981) 20-119; VIII = *RSF* 10 (1982) 37-127; IX = *RSF* 11 (1983) 49-111.

Tore, *Due cippi-trono* = G. Tore, *Due cippi-trono del tophet di Tharros: StSard* 22 (1971-72) 99-248, Taf. I-XXXII.

Torrey, *Sidon* = Ch. C. Torrey, *A Phoenician Necropolis at Sidon: AASOR* 1 (1919-20) 1-27.

Uberti, *Don Armeni* = M. L. Uberti, *La collezione punica Don Armeni (Sulcis): OA* 10 (1971) 277-312.

Uberti, *Tharrica* s. *Tharrica.*

Ugaritica, I-VII = F. A. Schaeffer, *Ugaritica*, I-VII (Paris 1939-1978).

Usai, *Monte Luna* = E. Usai, *Su alcuni gioielli della necropoli di Monte Luna – Senorbì: RSF* 9, Suppl. (1981) 39-47, Taf. III.

Vandier, *Manuel* = J. Vandier, *Manuel d'Archéologie Égyptienne*, Iff. (1952ff.).

Vercoutter = J. Vercoutter, *Les objets égyptiens et égyptisants du mobilier funéraire carthaginois* (Paris 1945).

Vercoutter, *Empreintes* = J. Vercoutter, *Empreintes de scéaux égyptiens à Carthage: CahByrsa* 2 (1952) 37-48.

Vernier, *Bijoux* = É. Vernier, *Bijoux et orfèvreries*, I-II (Cat. Caire) (Le Caire 1927).

Vives = A. Vives y Escudero, *Estudio de Arqueología Cartaginesa. La necrópoli de Ibiza* (Madrid 1917).

Vodoz = I. Vodoz, *Les scarabées gravés du Musée d'Art et d'Histoire de Genève* (Genève 1978).

P. Wagner, *Der ägyptische Einfluß auf die phönizische Architektur* (Bonn 1980).

Walters = H. B. Walters, *Catalogue of Engraved Gems and Cameos, Greek, Etruscan and Roman in the British Museum* (London 1926).
Ward, *A Phoenician Scarab* = W. A. Ward, *A Phoenician Scarab with a Rare Design: A Winged Isis and Mummiform Osiris: OA* 9 (1970) 343-354.
Ward, *Scarab Seals* = W. A. Ward, *Studies on Scarab Seals,* I (Warminster 1978).
Webb = V. Webb, *Archaic Greek Faience* (Warminster 1978).
Welten, *Metallschale* = P. Welten, *Eine neue «phönizische» Metallschale;* in: *Archäologie und Altes Testament, Fs. für K. Galling* (Tübingen 1970) 273-286.
Whitaker, *Motya* = J. I. S. Whitaker, *Motya* (London 1921).
Wilson, *Iconography* = V. Wilson, *The Iconography of Bes with Particular Reference to the Cypriot Evidence: Levant* 7 (1975) 77-103, Taf. XV-XVIII.
Woolley, *Deve Hüyük* = C. L. Woolley, *A North Syrian Cemetery of the Persian Period: Annals of Archaeology and Anthropology. Liverpool* 7 (1914-16) 115-129, Taf. XXI-XXIX.
S. Yeivin, *Jachin and Boaz: PEQ* 91 (1959) 6-22.
Zwierlein-Diehl, *Berlin* = E. Zwierlein-Diehl, *Antike Gemmen in deutschen Sammlungen,* II: *Berlin* (München 1969).

EINFÜHRUNG

Die vorliegende Studie versteht sich als Beitrag zur Erforschung der Ausbreitung der ägyptischen Kultur in den Mittelmeerraum als ein Teilgebiet der Ägyptologie. Der ägyptische Kulturstrom geht im Laufe der Jahrtausende in mehreren Wellen nach außen. Die Existenz ägyptischen Kulturgutes im vorhellenistischen 1. Jt.v.Chr. im ägäischen, italischen und westphönikischen Raum kann im groben mit einer solchen Welle in Zusammenhang gebracht werden, die dann von der Ausbreitung der ägyptischen Religion in hellenistischer und römischer Zeit abgelöst wird. Die Träger des ägyptischen Kulturstromes im früheren 1. Jt.v.Chr. waren vornehmlich die Griechen und Phöniker.

Wir beschäftigen uns in diesem Rahmen mit dem ägyptischen Kulturgut im phönikischen und punischen Sardinien, das hier einen wesentlichen Bestandteil zuerst der phönikischen und dann punischen Kultur bildet. Dabei ist es klar, daß die punische Kultur einerseits gänzlich auf der phönikischen beruht — die Übergänge sind ja fließend —, aber andererseits durch neuerliche Einflüsse aus dem zentralen Mittelmeerraum sowie durch eigene Kreativität und Entwicklung eine Eigenständigkeit gewinnt, die sie von der phönikischen «Mutterkultur» unterscheidet. Für unsere Forschungsintention ist es nun von besonderer Bedeutung zu verfolgen, daß dem ägyptischen Kulturgut nicht nur der Sprung nach Ostphönikien sondern auch (größtenteils von dort, z.T. aber wohl auch direkt) in die westliche, punische Kultur gelungen ist und daß es dabei nicht nur nichts verloren zu haben scheint, sondern innerhalb des westlichen Kulturverbandes eine große Aktivität erkennen läßt und (etwa im lokalen Kunsthandwerk von Tharros) außerordentliche Pflege erfährt.

Das vorhellenistische ägyptische Kulturgut im Mittelmeerraum läßt sich in drei Kategorien gliedern: Die erste Kategorie stellen original ägyptische Objekte dar, die als Importe auf welchen Wegen auch immer den Ort erreichten, an dem sie gefunden wurden. Dazu gehören Sondergruppen wie die ägyptischen Bronzen von Samos oder die libyerzeitlichen Alabastergefäße mit Königsinschriften, die in phönikischen Gräbern Südspaniens als Aschenurnen ihre letzte Bestimmung erhielten. Den Hauptanteil und die Voraussetzung für das Leben der volkstümlichen ägyptischen Magie in der neuen Umgebung bilden Skarabäen aus Steatit und Fayence sowie Fayenceamulette in Gestalt von Götterfigürchen, Tieren und Symbolen. Wenigstens teilweise haben auch ägyptische Fayencegefäße (etwa die Neujahrsflaschen [1]) daran Anteil, obwohl sie sonst dem Handel von kostbaren Essenzen aus dem Niltal und zum Zwecke einer profanen Toilette gedient haben werden.

Die zweite Kategorie bilden die von den Importen abhängigen, nicht ägyptischen Aegyptiaca im engeren Sinne. Daraus ergibt sich, daß die einzelnen Denkmälergruppen denjenigen der ersten Kategorie entsprechen: Es handelt sich also im wesentlichen um außerhalb Ägyptens hergestellte Fayencegefäße, Skarabäen aus Steatit und Fayence, sowie die entsprechenden figürlichen Amulette. Die Ägyptologie muß hier versuchen, die ägyptischen Originale von den außerägyptischen Erzeugnissen zu trennen und aus der Gesamtmasse der Aegyptiaca der Kategorien I und II Produktionsgruppen in Verbindung mit einer ungefähren Definierung der Herstellungsgebiete herauszuarbeiten. Zu dem bereits an anderer Stelle skizzenhaft dargelegten Forschungsprogramm für den ägäischen Raum [2] kommt für den phönikisch-punischen Westen eine grundsätzliche Frage hinzu, nämlich die Frage nach der Abgrenzung der Erzeugnisse des phönikischen Mutterlandes von den im Westen hergestellten Aegyptiaca.

Mit der dritten Kategorie des ägyptischen Kulturgutes sind die Elemente der ägyptischen Kunst, Kultur und Religion im Kunstschaffen der anderen Völker gemeint. Überschneidungen zur zweiten Kategorie sind vielfach vorhanden, u.a. bei den ostgriechischen Fayencen [3], die zwar von den ägyptischen Fayencen abhängen, aber gleichzeitig als Zweig des ostgriechischen Kunsthandwerkes anzusehen sind; ähnliches gilt für die Steinalabastra [4]. In Hinblick auf unsere Studie betrifft diese dritte Kategorie vor allem die vom ägyptischen Motivschatz beherrschten Denkmäler der phönikischen und punischen Kunst: Das sind die Elfenbeinarbeiten und Metallschalen des festländischen Italien [5], die Skarabäen aus hartem Stein (unser Abschnitt V), die Amulette und der Schmuck aus Edelmetall (Abschnitt VI), die punischen Stelen (Abschnitt VII) und einiges aus Abschnitt VIII wie gewisse Tonplastiken u.a. Bei dieser Kategorie hat der Ägyptologe das ägyptische Kulturgut festzustellen und in Verbindung mit den aus Ägypten und den anderen Gebieten des Mittelmeerraumes bekannten Denkmälern näher zu charakterisieren. Sowohl bei Kategorie II, aber noch viel mehr bei Kategorie III ergibt sich die Frage nach den Veränderungsmöglichkeiten und der Entwicklungsfähigkeit des ägyptischen Kulturgutes innerhalb der neuen Umgebung [6].

In unserer Studie wird grundsätzlich das vorhellenistische, ägyptische Kulturgut betrachtet bzw. solche Objekte, die dieses repräsentieren. Da aber mit der Errichtung der römischen Provinz im Jahre 238 v.Chr. die punische Kultur Sardiniens nicht schlagartig zu Ende geht, sondern erst die lange Spätphase einsetzt, die bis weit in die ersten nachchristlichen Jahrhunderte hineinreicht, lebt auch die vorhellenistische ägyptische Komponente bis zu einem gewissen Grad weiter; in dieser Hinsicht können wir auf die Amulette von Antas verweisen, deren Kontext eventuell bis ins 1. Jh.v.Chr. reicht [7], oder auf verschiedene Bessstatuen aus Stein [8]. Die Studie soll damit gleichzeitig einen Beitrag zum orientalischen Kulturgut im Westen des römischen Reiches liefern. Da diese ägyptische Komponente[9] fast ausschließlich magischer und religiöser Natur ist, wird hier auch der Komplex der orientalischen Religionen im römischen Reich berührt. Das besondere daran ist jedoch, daß es sich nicht um ein Phänomen handelt, dessen Verpflanzung in den Westen durch das Ausgreifen des römischen Reiches in den Osten ermöglicht wurde, sondern um alt ererbtes orientalisches Kulturgut des Westens. Wir beschäftigen uns also nur mit diesem alten Phänomen, das gegenüber den spezifischen Zeugnissen der hellenistisch-ägyptischen Kultur[10] und den ägyptischen Kulten zur Römerzeit als lokal angesehen werden kann.

Daß sich die Serie „Études préliminaires ..." nennt, muß uns angesichts des fragmentarischen Charakters dessen, was geboten werden kann, sehr willkommen sein. Es kann nur unsere Aufgabe sein, mit Hilfe des zugänglichen Materials und der uns bekannten Literatur den derzeitigen Forschungsstand in Bezug auf das phönikische und punische Sardinien näher zu charakterisieren und in einigen Fragen zu Teilergebnissen zu gelangen.

Methodik

Im Laufe über eines Jahrzehntes der Arbeit mit vorhellenistischen Aegyptiaca des 1. Jts. aus südeuropäischen Fundplätzen haben sich einige methodische Grundsätze herausgebildet, die sich innerhalb der durch diese selbst vorgegebenen Grenzen als zielführend erwiesen.

Die bis vor kurzem[11] eher geringe Wertschätzung der Aegyptiaca hatte zur Voraussetzung, daß sie üblicherweise so beurteilt wurden, als wären sie in Ägypten gefunden. Unter diesem Blickwinkel galten für die ägyptische Geschichte, Kultur und Religion nur ganz wenige Objekte als bedeutungsvoll, der Großteil aber erschien belanglos, und auf die Nachahmungen glaubte man gänzlich verzichten zu können. Daher erfreuten sich die Beziehungen Ägyptens zu Vorderasien und zum ägäischen Raum im 3. und 2. Jt.v.Chr. längst einer größeren Beliebtheit, da aus ihnen direkt auf die politische Macht, die Wirtschaft oder selbst die Religion Ägyptens rückgeschlossen werden kann. Das ist im 1.Jt. nur selten der Fall. Der erste methodische Grundsatz, der den aus anderer Sicht oft unscheinbaren Objekten den gebührenden Stellenwert zurückgibt und der erstmals durch die Autoren von *Kition*, II voll beachtet wurde, fordert die *Betrachtung und Wertung der Aegyptiaca im Zusammenhang ihrer Kontexte*, d.h. im Verbande des lokalen Kulturgutes. Erst unter diesem Aspekt gewinnt die Ausbreitung ägyptischer Kultur im vorhellenistischen 1. Jt. ihr Leben, ja sogar eine entwicklungsmäßige Aktivität und überhaupt ihr historisches Gewicht. Nach diesem Grundsatz erhält jedes Aegyptiacum zwei Seiten, eine ägyptische und eine lokale. Dabei ist zu betonen, daß selbst die rein ägyptologische Intention, die die Ausbreitung der ägyptischen Kultur an Hand dieser Denkmäler zum Inhalt hat, nicht auf

den lokalen Aspekt verzichten kann. Den Glauben an die magische Kraft
ägyptischer Amulette können wir nur dadurch nachweisen, daß ein Großteil
von ihnen in Gräbern gefunden wurde, z.b. auf Ischia, wo in etlichen
Kindergräbern, in denen sonst jegliche Beigaben fehlten, gerade ein oder zwei
Skarabäen ans Licht kamen, was etwa in krassem Gegensatz zu den ca. 160
Skarabäen eines reichen Tarentiner Grabes [12] steht, das vielleicht der Gattin
eines Kaufmannes gehörte, der direkt mit Naukratis in Handelsbeziehung
stand. Der ganze Problemkreis um Originale und Nachahmungen wird erst
dadurch interessant, wenn es uns gelingt, ein Herstellungsgebiet für bestimmte
unägyptische Stücke zu umreißen und wir eine Antwort auf die Frage
versuchen, von wem und zu welchem Zweck diese verfertigt wurden. Das mag
genügen, um zu zeigen, daß es unmöglich ist, die Ausbreitung der ägyptischen
Kultur ohne Miteinbeziehung der lokalen Umgebung näher zu charakterisieren. Es ist jedoch hervorzuheben, daß der methodische Grundsatz auch
dann Gültigkeit hat, wenn wir die genauen Fundzusammenhänge nicht
kennen, sofern wir das betreffende Aegyptiacum überhaupt einer bestimmten
lokalen Kultur (wie z.b. der punischen Sardiniens) zuordnen können.

Die weitere Methodik betrifft die Aegyptiaca selbst. Wenn Objekte Schriftzeichen tragen, werden wir versuchen, sie zunächst philologisch auszuwerten.
Ergibt sich aber kein Sinn, zeigen sich verschiedene Deformierungen, ja
besteht der Verdacht, daß der Gegenstand nicht in Ägypten hergestellt wurde,
erscheint eine philologisch orientierte Betrachtungsweise alleine nicht ausreichend, besonders wenn man bedenkt, daß die Träger, Verbreiter und
vielleicht auch die Hersteller der Gegenstände nicht Ägypter waren, sondern
Leute, die ägyptische Hieroglyphen gar nicht verstanden. Obwohl es grund-
falsch wäre, auf die philologische Methode zu verzichten (wir werden immer
wieder die Skarabäen mit Königsnamen, Götternamen und verständlichen
Sprüchen heraussuchen), bietet sich als weiterführende Methode die *Untersuchung der typologischen Merkmale der Aegyptiaca* an, d.h. die Betrachtung
der äußeren Struktur und des Materials. Das ist die Methode des Archäologen. Bei den Skarabäen liefert etwa der Vergleich der vielfältigen Typologien der Käferbeinchen und der Rücken oder der verschiedenen Fayencearten
(vgl. Typentafel I-III) gute Ergebnisse. Den typologischen Ansatz können wir
auch auf die Skarabäenflachseiten, also die Darstellungen und Schriftzeichen,
ausdehnen [13]. Außerägyptische Skarabäen lassen dabei Weiterentwicklungen
und Kontaminationen [14] ägyptischer Legenden erkennen, bzw. noch eine
sehr interessante Tatsache: Verschiedene Legenden, z.B. das nach rechts
schreitende Pferd mit einem liegenden Anch über dem Rücken, kehren auf
Stücken unterschiedlicher Herkunft wieder, aber jeweils in leicht veränderter
Form [15]. Wir gewinnen den Eindruck, daß sich mit Hilfe eines ägyptischen
Sujets, wie es etwa das Pferd mit dem Anch darstellt, ein ganzes Netz von
Flachseiten errichten läßt, das mit einem Teil in Ägypten, mit einem anderen

in Vorderasien und mit einem dritten im ägäischen Raum verankert ist. Skarabäen solch verschiedenen Ursprungs kommen in den zentralen Mittelmeerraum. Die typologische Methode, die bisher leider wenig Beachtung fand und die die Erstellung einer möglichst feindgliedrigen (Arbeits-)Typologie zum Ziel hat, bietet uns m.E. die einzige Möglichkeit, dem Problem der Nachahmungen und der Herstellungsgebiete näherzukommen. Hierher gehören auch chemische und physikalische Materialanalysen, die jedoch noch auf erhebliche Schwierigkeiten stoßen.

Die beiden bisher genannten Methoden sind deswegen so zu betonen, weil sie dem ägyptischen Kulturgut *in seiner neuen Umgebung* gerecht werden. Freilich können sie nicht ausschließlich gelten, denn es gibt immer wieder Denkmäler, die für die Geschichte Ägyptens selbst sowie für die ägyptische Kultur im Nilland von Bedeutung sind und außerdem einer philologischen Untersuchung bedürfen. Den Griechengeneral *Bꜣk-n-rn.f* aus der Zeit Psammetichs II. kennen wir nur von dem Schistgefäß aus Coppa Nevigata im nördlichen Apulien[16]. Oder der Sieg des Königs Bocchoris über die Nubier, der auf der Bocchorisvase in Tarquinia dargestellt ist, muß im Rahmen der ägyptischen Geschichte diskutiert und aus der Sicht der pharaonischen Ideologie betrachtet werden[17]. Man mag hier auch an den Uschebti Nechos II. aus Karthago[18] oder wieder an die schon genannten, großen Alabastergefäße mit Inschriften aus Südspanien[19] denken. Voraussetzung für eine Bearbeitung der Aegyptiaca außerhalb Ägyptens ist somit die *Aufgeschlossenheit für jede nur denkbare Methode* und die Bereitschaft, auch die kleinsten erkennbaren Details zu erfassen[20], sie zueinander in Beziehung zu setzen und sie mit den entsprechenden Objekten aus den verschiedenen Fundstätten außerhalb und innerhalb des Niltales zu vergleichen. Ein großer Fehler in dieser Hinsicht wäre es, bei der Aufarbeitung des Materials auf das zu verzichten, was man im Moment nicht für eine bestimmte Studie benötigt. Denn der Ägyptologe, der die Aegyptiaca außerhalb Ägyptens untersucht, hat ja gleichzeitig sein Material und seine Ergebnisse für den bereitzustellen, der dieselben Objekte für die Erforschung der jeweiligen lokalen Kultur auswerten will. Gerade jetzt, wo wir noch ganz am Anfang der Arbeit stehen, reißt uns ein ungewollter Eklektizismus immer wieder sehr peinliche Lücken.

Wissenschaftshistorisches

An anderer Stelle wurde darauf hingewiesen, daß es sich bei der Erfoschung der außerägyptischen Aegyptiaca des 1. Jts.v.Chr. in vorhellenistischer Zeit um einen jungen Zweig der Ägyptologie handelt, für den zwar bereits F. W. v. Bissing Vorarbeiten leistete, den aber erst Vercoutter mit seinem Buch über das karthagische Material im Jahre 1945 begründete[21]. Gemeint ist damit die moderne Ägyptologie des 20. Jahrhunderts. Umso reizvoller dürfte es sein, dem Interesse der älteren Forschung einschließlich der frühen Ägyptologie an unserer Thematik nachzuspüren; wir beschränken uns dabei auf Sardinien.

Die reichen Gräber Sardiniens, im besonderen die von Tharros, wurden seit Jahrhunderten wegen ihrer Schätze geplündert. Solche Raubgrabungen führten u.a. auch die Sarazenen bei ihren Einfällen aus [22]. Daß die Zeugnisse ägyptischer Kultur den Gräbern von Tharros ihr Gepräge gaben, ist den Ausgräbern von Anfang an aufgefallen. Leider ist das Material der frühen Grabungen wie 1838 durch den Marchese Scotti und den Ex-Jesuit P. Perotti, nicht mehr identifizierbar. 1842 wurden Grabungen in Tharros durch König Carlo Alberto unter der Leitung des bekannten G. Cara durchgeführt; Spano hat davon vieles gesehen und nennt darunter „Skarabäen und Halsketten" [23]. Für die Gräber des Jahres 1850, die Spano beschrieben hat, verweisen wir auf unsere Ausführungen bei Tharros [24].

Wissenschaftshistorisch von Bedeutung ist die Nachricht Pettigrews über die Grabungen des Lord Vernon in Tharros vom März 1852: „Aus vierzehn ägyptischen Gräbern wurde eine große Vielfalt von Skarabäen und anderen Objekten aus Gold, Silber, Bronze und verschiedentlicher Tonware geborgen." [25] Pettigrew [26] berichtet von der anschließend im April 1852 ausgebrochen Grabungswut der Bauern, die etwa hundert Gräber plünderten, wovon allerdings einiges Material dem Museum in Cagliari, sowie den Archäologen Cara und Spano verkaupft wurde. Pettigrew betont, daß etwa zweihundert Skarabäen zutage kamen; viele davon waren in Gold gefaßt. Weiters fanden sich über tausend „Talismane" aus „Paste", Glas und anderen Materialien, „representing, in a variety of ways, the beneficient god, the evil spirit and all objects of adoration appertaining to the water, and to the plants, of the Nile" [27]. Sehr interessant ist die Feststellung [28], daß sich unter der großen Menge von Goldarbeiten Amulette verschiedener Form befanden, «connected with the principal divinities, Thoth, Isis, Kneph, and others, worshipped in Egypt".

In den Berichten Spanos im *BAS* der Fünfziger- und frühen Sechzigerjahre des vorigen Jahrhunderts finden wir immer wieder Erwähnungen von Skarabäen und anderen Aegyptiaca, die im Kunsthandel verschwanden [29]. In den Siebzigerjahren gingen die Funde von Tharros schließlich nach und nach zurück; 1873 gab es angeblich gar nichts [30].

Der Eindruck der Aegyptiaca war um die Mitte des vorigen Jahrhunderts so stark, daß man Tharros für eine ägyptische Kolonie oder „discendente da qualche colonia egiziana" [31] ansah. Spano meinte, daß man aus den Aegyptiaca, im besonderen aus den Skarabäen, zwangsläufig schließen müßte, „che qualche colonia egiziana vi si fosse stabilita fin da remotissimi tempi" [32]. Daß man keine einbalsamierten Körper fand, erregte zwar Verwunderung, aber „forse nelle colonie era proibito, per richiedersi tante formalità liturgiche, e molti dispendj" [33].

Für die Umwege, die die Wissenschaft bisweilen geht, ist es bemerkenswert, daß Crespi[34] zunächst überzeugt war, Cagliari sei eine phönikische Kolonie. Erst die Grabungen hätten ihn dazu gezwungen, seinen „Irrtum" einzusehen. Genauso wie Crespi haben Elena[35] die archäologischen Funde bewogen, in Cagliari analog zu Tharros eine ägyptische Phase anzunehmen. Den Höhepunkt in der Darlegung dieser Ansicht brachte wohl die Abhandlung von Crespi[36] *Memoria sopra gli antichi popoli egiziani in Sardegna* (1868).

Wie verhielt sich nun die Ägyptologie angesichts des überwältigenden Eindruckes, den das ägyptische Kulturgut des phönikischen und punischen Sardinien vermittelte, und gegenüber der daraus gewonnen Ansicht der Ausgräber?

Der Ägyptologe P. C. Orcurti arbeitete eng mit Spano zusammen und besprach laufend Aegyptiaca im *BAS*, nahm aber eine kritische Haltung ein. Gleich zu Anfang[37] fragt er sich, ob die Aegyptiaca ein Indiz für eine ägyptische Kolonie auf Sardinien seien. Seine beiden wichtigsten Fragen in der Problematik der Aegyptiaca lauten: 1. Gehören diese Skarabäen tatsächlich zur ägyptischen Kunst? 2. Welche Bedeutung haben ihre Symbole? Wir sehen, daß dabei wesentliche Punkte unserer heutigen Fragestellung vorweggenommen sind. Bald danach meint Orcurti[38], er wisse sehr wohl, daß viele der Skarabäen Imitationen seien, versuche aber dennoch eine Interpretation, weil er glaube, daß der, der die Nachahmung herstellte, oft ein ägyptisches Original vor sich hatte. Weiters stellt er durch *typologischen Vergleich* verwandter Flachseiten die Äquivalenz verschiedener Zeichen (Krone, Sonnenscheibe, Uräus) fest[39]. Seine Arbeitsweise läßt sich recht gut an der Interpretation eines Fayenceskarabäus aus Tharros erkennen[40]: Daß zwei Zeichen nicht in die philologische Deutung passen, erklärt er damit, „che l'artista, che probabilmente era sardo e non egizio, ma conoscendo ciò che faceva, abbia sacrificato la chiarezza della lettura ad una mal concepita simmetria".

François Chabas hatte bereits 1877 die Absicht, das ägyptische Kulturgut des phönikischen und punischen Sardinien in einer Monographie zu behandeln[41]: „..., j'espère pouvoir réunir les éléments d'une monographie générale des scarabées sardo-égyptiens et, autant que possible, des autres antiques en rapport avec l'Égypte ou avec l'art égyptien". Diese Worte zeigen uns, daß Chabas nicht bloß an ägyptische Importe zusammen mit einer mißverstandenen und damit wenig beachtenswerten Imitationsware denkt, sondern daß ihm der Stellenwert des ägyptischen Kulturelementes innerhalb der neuen Umgebung bewußt ist. Die Importe sind im Grunde gar nicht genannt; für seine Fragestellung sind die Altertümer, die in Beziehung mit Ägypten und der ägyptischen Kunst stehen, mindestens gleichbedeutend. Die Möglichkeit einer ägyptischen Siedlung auf Sardinien räumt er damals allerdings noch ein[42].

Als nächster Ägyptologe auf unserem Spezialgebiet ist J. Lieblein mit seiner *Notice sur les monuments égyptiens trouvés en Sardaigne* zu nennen, die er 1879 veröffentlichte (s. Bibl.). Ähnlich wie wir gliedert er sein Fundgut in drei Klassen: Er unterscheidet echt ägyptisches Importmaterial (Skarabäen aus weichen Materialien; dabei wird aber auch der Karneolskarabäus unserer Taf. 153 mitbehandelt; Amulette), Nachahmungen (ein Teil der eben genannten Skarabäen) und ägyptisch beeinflußte Kunstdenkmäler. Die Amulette sind also nach Lieblein allesamt ägyptisch, einschließlich der rechteckigen Plaketten; dabei bezieht er sich auf unseren Typus 51.B.1.2. Den Widderkopf unseres Typus 42.2 bespricht er im Zusammenhang mit dem Kult des Zeus-Ammon, kommt aber zu dem richtigen Schluß, daß der Kopf lange vor Ausbreitung dieses Kultes zusammen mit den anderen „echt ägyptischen Altertümern" nach Sardinien gelangt sein müsse. In der dritten Klasse, die Lieblein phöniko-ägyptisch nennt, behandelt er punische Stelen aus Sulcis, Skarabäen aus hartem Stein (im speziellen unsere Nrn. 107 und 207 von Abschnitt V) und die beiden Goldbänder Abb. 57 u. 59 sowie das Silberband Abb. 58[43].

Liebleins Grundproblem besteht in der Frage, wie solche Mengen an Aegyptiaca nach Sardinien gelangen konnten[44]. Daß dies zur Römerzeit im Zuge der Ausbreitung der ägyptischen Religion geschehen sei, lehnt er ab. Gleichermaßen wendet er sich gegen die Theorie der Ausgräber, daß Ägypter nach Sardinien gekommen seien und eine Kolonie gegründet hätten[45]. Somit bleibt für Lieblein nur die Möglichkeit, daß Sardinier sich selbst nach Ägypten aufgemacht hätten. Die Antwort findet er in den Scherden der ägyptischen Quellen; zusammen mit den Turscha wären sie aus dem Raume Italiens nach Libyen gekommen, um mit den Libyern gegen Merenptah zu ziehen. So erklärte Lieblein die Existenz der Aegyptiaca in Etrurien und Sardinien: Die echt ägyptischen Stücke hätte man mitgebracht (Klasse I); später seien die Nachahmungen entstanden (Klasse II). Dabei wendet er sich entschieden gegen die Annahme, daß die Aegyptiaca in phönikischen Gräbern gefunden worden sein könnten[46]. Wir sehen, daß hier die Chronologie zwischen Merenptah (1213-1203 v.Chr.) und der phönikischen Kolonisation noch völlig verschwommen ist, obwohl damals bereits andere widersprochen haben[47]. Für die phöniko-ägyptischen Objekte der Klasse III hat Lieblein jedoch eine brauchbare Antwort: Der bereits in Phönikien vorhandene ägyptische Einfluß ist dafür verantwortlich[48].

Eine ziemlich 'umfassende Studie über das ägyptische Kulturgebiet im phönikischen und punischen Sardinien aus der Sicht der Ägyptologie des vorigen Jahrhunderts verdanken wir Georg Ebers mit seiner Arbeit *Antichità sarde e loro provenienza*, die 1883 in den *Annali dell'Istituto di Corrispondenza Archeologica* erschienen ist (s. Bibl.). Georg Ebers verdient daher unsere Hochachtung als der große Vorarbeiter für unsere hier vorliegende Studie.

Für Ebers ist es klar, daß die kleinen Aegyptiaca in linguistischer Hinsicht von geringem Interesse sind; „dal lato storico però sembra abbiano una importanza maggiore"[49]. Dabei sind für Ebers auch die ägyptisierenden punischen Stelen (wie für Lieblein) und die Terrakotten von Bedeutung[50]. Der deutsche Forscher gliedert sein Material in acht Kategorien von den rein ägyptischen Typen (I) bis zu den griechischen (VII) und verschiedenen lokalen Typen (VIII). Soweit seine Gliederung die Skarabäen aus hartem Stein betrifft, besprechen wir sie in Abschnitt V[51]. Kategorie I, bestehend aus figürlichen Amuletten (Götterfigürchen, Symbole) und Skarabäen aus Steatit und Fayence, hält Ebers für ägyptische Importware[52]. Daß die schönen, ägyptisierenden Skarabäen aus hartem Stein außerägyptische Arbeiten darstellen, hat Ebers erkannt. Sie gehören in die Kategorie II, die durch einen „stile egiziano molto pronunziato"[53] gekennzeichnet ist; dazu rechnet er aber auch die rechteckigen Plaketten mit Kuhdarstellungen[54]. Vom methodischen Standpunkt ist es vielsagend, daß sich Ebers auch mit der Verarbeitung ägyptischer Motive im phönikischen Mutterland beschäftigt, z.B. hinsichtlich des Falken[55]. Ebers behandelt sehr ausführlich die Übernahme ägyptischer Kulturgüter duch die Phöniker[56], worin wir offenbar die Voraussetzung für die Existenz des ägyptischen Kulturgutes im Westen zu sehen haben. Dabei lehnt er jedoch die Eigenständigkeit der phönikischen Kunst ab[57].

Ebers' Ergebnisse sind gegenüber Lieblein z.T. revolutionär und heute noch akzeptabel: Die Denkmäler der Kategorie I hätten die Phöniker, die ja in Memphis und anderswo in Ägypten nachgewiesen sind, mitgebracht[58]. Es läßt sich keineswegs aus diesen Objekten auf eine ägyptische Kolonie auf Sardinien schließen[59]. Die Denkmäler der Kategorie II wären in Tyros, Sidon oder Karthago hergestellt worden[60]; damit denkt er gleichzeitig an eine östliche und eine westliche Produktion. Wir müssen gestehen, daß mit solchen Überlegungen tatsächlich ein aufbaufähiges Fundament geschaffen wurde. Hinzuzufügen ist, daß auch der Archäologe Ettore Pais ein Jahr später eine detaillierte Widerlegung der alten Theorie von der ägyptischen Kolonisation Sardiniens vorlegte[61].

Mit der Arbeit von Georg Ebers fällt der Vorhang hinter die ägyptologischen Studien zu den ägyptischen und ägyptisierenden Altertümern des phönikischen und punischen Sardinien für über neunzig Jahre[62]. Den Neuanfang macht erst wieder Matthiae Scandone mit ihrer Arbeit über die Skarabäen aus Steatit und Fayence in Cagliari[63], die 1975 erschien.

I. DAS ÄGYPTISCHE KULTURGUT VORDERASIENS UND SEINE BEZIEHUNGEN ZUM WESTEN

1. Die allgemeine Entwicklung der ägyptisch-vorderasiatischen Kulturbeziehungen

Die Ausbreitung des ägyptischen Kulturgutes nach Europa läßt sich in vorhellenistischer Zeit während des ersten vorchristlichen Jahrtausends im griechischen, etruskischen und phönikischen bzw. punischen Einflußbereich verfolgen. Während jedoch für die Griechen und Etrusker die Aegyptiaca ein Merkmal der orientalisierenden Epoche sind [1], deren Erscheinungen überwunden und verarbeitet werden, bildet das ägyptische Element für Phöniker und Punier einen Grundbestandteil der eigenen Kultur, der im Kunstschaffen sogar bei weitem dominiert. Das ägyptische Kulturgut des phönikischen und punischen Sardinien ist daher mit Ausnahme weniger Erscheinungen nur auf Grund der Präsenz ägyptischer kultureller Phänomene in Vorderasien und auf Zypern zu verstehen. Die Hauptverbreitungsgebiete sind hier Palästina, Syrien/Phönikien und die vorgelagerte Mittelmeerinsel. Demgegenüber repräsentieren Mesopotamien, der Iran und Kleinasien Randzonen. Die kleinasiatische Westküste sondert sich davon ab: Sie ist sehr deutlich ein Teil der ägäischen Verbreitungszone. In diesem Abschnitt wollen wir uns der ägyptischen Kultur im vorderasiatischen Raum zuwenden und vor allem das herausgreifen, was hinsichtlich der Aegyptiaca aus westlichen Fundstätten von Bedeutung sein dürfte.

Wie immer wir die vorgeschichtlichen Kontakte zwischen Ägypten und Vorderasien beurteilen mögen, der direkte Kontakt läßt sich an typisch ägyptischen Feuersteinfunden in Palästina [2] erweisen. Die Handelsbeziehungen intensivierten sich während des AR und brachten u.a. Steingefäße, Keramik, Fayencegegenstände, Statuetten oder Siegel nach Vorderasien. Dabei macht sich offenbar schon früh die Tendenz bemerkbar, die mit den Objekten importierten Motive für die Kunstbedürfnisse in Palästina nutzbar zu machen [3]. Zur Zeit des MR zeigt sich starker ägyptischer Einfluß vor allem in Byblos [4], das zur Sicherung des Handels dem ägyptischen Reich angeschlossen wurde. Im Süden war besonders die ägyptische Aktivität in den Türkisminen des Sinai von Bedeutung [5]. Seit Sesostris II. kennen wir in Palästina gleichzeitige Skarabäen mit Königsnamen [6].

Den eigentlichen Auftakt zur Ausbreitung ägyptischen Kulturgutes nach Vorderasien bringen die engen Verbindungen während der Hyksoszeit mit sich. Die meisten, wenn nicht alle Königs- und Privatstatuen des MR kamen wohl in dieser Epoche nach Syrien und Palästina [7]. Auf ägyptische Tradition aufbauend, entwickelte sich im Palästina der Mittelbronzezeit II eine eigenständige Fayencegefäßerzeugung [8]. Der wechselseitige kulturelle Austausch spiegelt sich aber insbesondere in der Skarabäenglyptik wider. An fast allen bedeutenden mittel- und spätbronzezeitlichen Fundstätten Palästinas — auf einzelne werden wir noch zurückkommen — fanden sich Skarabäen. Die sicher nicht nur in Ägypten hergestellten, charakteristischen sog. Hyksosskarabäen weisen weitgehende Homogenität im Motivschatz auf und sind durch asiatischen Einfluß gekennzeichnet. Dieser zeigt sich deutlich etwa bei den Menschendarstellungen im langen, dekorierten kanaanäischen Gewand; Männer sind z.T. bärtig. Bisweilen erscheint eine nackte Gottheit in Vorderansicht, manchmal mit Kuhohren, worin sich die Beziehung von Hathor und Astarte widerspiegelt. Neben verschiedenen Tieren (Affen, Löwen, Ziegen) erscheinen Spiralen, konzentrische Kreise, Schnurmuster und oft damit verbundene symbolhafte Hieroglyphen; die geläufige Zeichenfolge 'nr' hatte wohl nur dekorative Bedeutung [9]. Die Entwicklung hat plötzlich zur Zeit der 13. ägyptische Dynastie eingesetzt, sichtbar etwa in Stratum XII von Megiddo [10] (1750-1700 v. Chr.), also in einer Epoche, in der in Ägypten vorderasiatische Städte in den sog. Ächtungstexten genannt werden. Die Skarabäen dienten während dieser ersten Blüte außerhalb Ägyptens in vorrangiger Weise als Siegel, aber auch der Amulettcharakter läßt sich vielfach nachweisen [11]. Vor allem in der Glyptik läßt sich die Ausbildung eines ägyptisch-vorderasiatischen Mischstiles zur Hyksoszeit erkennen, der in manchem den Ausgangspunkt für den kanaanäischen und schließlich phönikischen Mischstil bildet.

Das NR brachte zwar keine grundsätzliche Änderungen, jedoch eine großartige Ausweitung der ägyptisch-palästinensischen Kulturbeziehungen mit sich. So spiegelt sich die Blüte der ägyptischen Plastik in den vielfältigen Kunstgegenständen wider, die Syrien und Palästina erreichten. Sehr zahlreich sind auch die Funde von Skarabäen mit Königsnamen in Kontexten des NR [12]. Gegenüber der schon weit zurückreichenden vorderasiatischen Geschichte der Skarabäen kamen Fayenceamulette erst mit der 18. Dynastie nach Palästina, wurden in der Ramessidenzeit häufiger und erreichten wie in Ägypten zur Libyerzeit eine große Popularität [13].

Die ägyptische Herrschaft in Vorderasien bietet die wesentliche Voraussetzung für den Anstoß zu lokalen Erzeugnissen in ägyptischem Geist und ägyptischen Ikonographien, wobei es zur Zeit der ägyptischen Herrschaft selbst, also etwa bis kurze Zeit nach dem Seevölkersturm von 1177 v.Chr., in vielen Fällen ungerechtfertigt erscheint, die lokalen Erzeugnisse als unägyptisch zu bezeichnen. Die überragende kulturelle Dominanz Ägyptens während des 13. Jhs. im südlichen Palästina zeigen u.a. ausgezeichnet die Funde von Deir el-Balaḥ [14]. Die Ausgrabungen von Beth-Shean und Megiddo haben diese Städte als Basen der ägyptischen Herrschaft in Palästina erwiesen.

Gelegentlich läßt sich auch das eher bescheidene Eindringen der ägyptischen Sprache nach Voderasien nachweisen [15].

Im nördlichen Abschnitt zeigt sich nicht nur hinsichtlich des zuletzt genannten Punktes die absolute Sonderstellung von Byblos, sondern auch, wenn wir die viel komplexere Problematik der wechselseitigen religiösen Einflüsse [16] ins Auge fassen. Angesichts der Verehrung asiatischer Gottheiten wie z.B. Baal, Astarte, Anat, Qadesch oder Reschef erweist sich Ägypten bei weitem aufnahmebereiter, wenngleich das Wesen der ägyptischen Religion davon nicht berührt wurde [17]. Dagegen läßt sich ausschließlich in Byblos ein nachhaltiger religiöser Einfluß auf der Ebene der Hochreligion von Seiten Ägyptens fassen, und zwar in der Ägyptisierung der Stadtgöttin Baalat Gebal durch Hathor, die in Ägypten seit den Sargtexten des MR [18] als ,,Herrin von Byblos'' erscheint. Zur Zeit Thutmosis' III. wurde dieser Hathor in Byblos unter dem Bauleiter Minmose ein Tempel erreichtet [19]. Für Ugarit läßt sich, abgesehen von einer vereinzelten ,,interpretatio'' des Kothar (Chusor) als Ptah [20], bloß die göttliche Verehrung Amenophis' III. nach dessen Tode [21] anführen, der man kaum Einfluß auf die kanaanäische Religion zuschreiben kann.

Auch in Palästina tritt ein Einfluß der ägyptischen Staatsreligion [22] nur selten in Erscheinung. Allerdings ist der Hathortempel im Bergbaugebiet von Timna von größter Bedeutung für die Geschichte der Beziehungen zwischen Kanaan und Ägypten während der 18.-20. Dynastie. Dazu kommt der in vieler Hinsicht verwandte Tempel von Serabit el-Chadim im südwestlichen Sinai. Hier hat sich offenbar die Wesensähnlichkeit von Hathor und Astarte ausgewirkt [23].

Der eigentliche religiöse Einfluß Ägyptens in Vorderasien bewegt sich also auf einer unteren Ebene, nämlich in Magie und Volksglauben, und ist wie im griechischen, italischen und westphönikischen Raum mittels der kleinen, amuletthaften Aegyptiaca (Skarabäen, soweit sie nicht Siegel sind, und Fayencefigürchen) faßbar [24].

Eine der weitestreichenden Gaben Ägyptens an Vorderasien im 2. Jt.v.Chr. besteht sicher in dem Beitrag der ägyptischen Kunst zur Entwicklung der kanaanäischen, in deren direkter Nachfolge die phönikische Kunst steht. Insofern wirkt auch die ägyptische Hochreligion, indem sie Ikonographien bereitstellt, die außerhalb Ägyptens z.T. auch in den Dienst der anderen Religion gestellt werden. Die ägyptischen Bildelemente werden in der kanaanäischen Kunst zusammen mit kretisch-mykenischen und vorderasiatischen verarbeitet. Die Stilmischung kann ausgewogen sein wie in einer bekannten Goldschale aus Ugarit [25], oder die ägyptische Komponente dominiert bei weitem über die anderen wie in den Elfenbeinarbeiten von Ugarit, Megiddo oder Lachish [26]. Bisweilen läßt sich bewußte Nachahmung ägyptischer Vorbilder erkennen. Bei einem Bett aus Ugarit etwa stammt die

Vorlage aus der Zeit Amenophis' III. [27]. Die instruktivste Sammlung ist sicher diejenige aus Megiddo, die im Palast eines lokalen Fürsten gefunden wurde, aber auch einige rein ägyptische Stücke beinhaltet [28]. Der Großteil zeigt jedoch auch hier einen gemischten Stil aus ägyptischen und asiatischen Elementen.

Ein Problem bildet die Frage, welche Bedeutung den ägyptischen Motiven in ihrer neuen Umgebung zukommt. Helck [29] lehnt hinsichtlich der Elfenbeine jeden ägyptischen Bedeutungsinhalt ab und vertritt auch die rigorose Ansicht, daß kein neuer hineingelegt worden wäre [30]. Gerade das bereits erwähnte Bett von Ugarit mit der Darstellung einer vierflügeligen Göttin, die zwei Knaben säugt [31], scheint mir diese Meinung hinlänglich zu widerlegen: Die Gesamtszene stellt sicher eine Verarbeitung — aber keineswegs eine sinnentleerte Wiedergabe — des ägyptischen Motivs der Hathor, die den König säugt, dar. Unter welchen Umständen dabei das Kind verdoppelt wurde oder ob seltene ägyptische Darstellungen dahinterstehen [32], entzieht sich unserer Kenntnis. An der Göttin selbst ist jedenfalls weniger ägyptisch, als man auf den ersten Blick annehmen möchte. Selbst in der auffallenden, stets als Hathorlocken bezeichneten Frisur müssen wir gleichermaßen die Tradition der mesopotamischen Spirallockenfrisur sehen, die dann in der syrischen Schulterlockenfrisur weiterlebt [33]. Ohne auf Details einzugehen, sei nur darauf hingewiesen, daß vierflügelige Wesen im vorderasiatischen Milieu, wo sie ja offenbar entstanden sind, ihre dort eigentümliche Bedeutung haben müssen [34], und daß etwa die Sonnenscheibe deutlich die Innenzeichnung hethitischer Sonnenscheiben erhalten hat. Es kann sich nur um eine asiatische Göttin im ägyptischen szenischen Zusammenhang handeln, am ehesten Anat, die ja nach ugaritischen Texten Götter und Könige säugt [35]. Es zeigt sich also gerade an dem Beispiel von Ugarit, daß die kulturelle Symbiose der zweiten Hälfte des 2. Jts. nicht nur auf der Ebene der Ikonographien verharrt, sondern daß der ägyptische Motivschatz zum Ausdruck fremder geistiger und religiöser Inhalte dient.

Solche ägyptische Motive erfahren dabei aber oft eine Veränderung oder Weiterentwicklung, und zwar nicht nur auf Grund von Mißverständnissen, sondern z.T. bedingt durch die fremde religiöse Konzeption, d.h. ägyptische Motive werden bis zu einem gewissen Grad an die Bedürfnisse der anderen Religion angepaßt. Giveon [36] konnte dies sehr gut am Beispiel des Sarkophages des Ahiram von Byblos nachweisen, auf dem der dort dargestellte König eine Lotosblume mit herabhängenden Blütenblättern hält, was nach kanaanäischer Vorstellung auf den Tod des Königs weist.

Der hier vorgeführte kanaanäische Stil hat in weiterem Sinne Anteil an einer stilistischen Koiné im östlichen Mittelmeerraum [37], die gerade hinsichtlich der Fayenceindustrie neben der vorderasiatischen Westküste und Zypern auch Kreta und Mykenä umfaßt [38]. Die Fayencetechnik wird offenbar unter weitgehender Unabhängigkeit von der mittelbronzezeitlichen Fayencegefäßererzeugung aus Ägypten übernommen und ist zunächst an die ägyptischen Ausdrucksformen gebunden. In der Folge entwickelt sie sich zu einem selbständigen Zweig des ostmediterranen Kunsthandwerkes unter Loslösung von der ägyptischen Tradition, wie z.b. einige ausgezeichnete Rhyta in Form eines Menschen- oder Tierkopfes oder ein konisches aus Kition (Zypern) deutlich zeigen [39]. Demgegenüber bleibt die vorher erwähnte kanaanäische Elfenbeinschnitzerei stärker dem ägyptischen Ursprung verhaftet. Für Zypern sind außer den bekannten Stücken aus Enkomi [40] vor allem die jüngsten Funde aus Toumba tou Skourou [41] im Nordwesten der Insel hervorzuheben. Dort fanden sich in einigen spätzypriotischen Gräbern ägyptisierende, lokale Bein- und Elfenbeinarbeiten des 16.-14. Jhs.v.Chr. Unter den Motiven begegnet auch der bereits aus Megiddo [42], Tell Fakhariyah [43] und anderswo gut bekannte Hathortypus, der in der späteren zypriotischen Kunst beliebt wird.

Den Übergang von der Endphase der ägyptischen Herrschaft in Palästina nach dem Seevölkersturm bis zur Jahrtausendwende bildet die eklektische Kultur der Philister, die von einer starken ägyptischen Komponente geprägt ist. Am auffälligsten sind die anthropoiden Tonsarkophage [44], die in der ägyptischen Tradition seit dem MR stehen. Im NR sind anthropoide Tonsarkophage außer in Nubien speziell im Fajjum und im Delta verbreitet. Hier kommen die Funde von Kom Abu Billu [45] in ihrer Gesamtausstattung mit mykenischer, zypriotischer und ägyptischer Keramik denjenigen von Deir el Balah in Südpalästina am nächsten. Gerade die künstlerisch sehr hoch stehenden Sarkophage von Deir el Balah führen uns die Ausbreitung dieser ägyptischen Bestattungssitte nach Palästina im 13. Jh.v.Chr. vor Augen. Der Brauch der anthropoiden Bestattungen ist hier vom 13.-11. Jh. besonders in Beth-Shean, Lachish und Tell Sharuhen bezeugt [46]. Die von Ramses III. angesiedelten Philister haben somit den Sarkophagtypus direkt von ihren ägyptischen Vorgängern übernommen und weitertradiert.

Der kanaanäische Mischstil der Elfenbeine des 2. Jts.v.Chr. mit dominierender ägyptischer Komponente findet seine direkte Nachfolge in den phönikischen Elfenbeinarbeiten des 9. und 8. Jhs. sowie den phönikischen und zypro-phönikischen Metallschalen in Kontexten des 8. und 7. Jhs. [47] Bei den Elfenbeinen lassen sich in Vorderasien verschiedene, gleichzeitig existierende „Schulen" [48] unterscheiden, von denen die phönikische — vor allem präsent in der sog. Layard-Gruppe von Nimrud, in Chorsabad, Arslan Tash und Samaria [49] — eine noch stärkere Bindung an die ägyptische Tradition erkennen läßt als die kanaanäischen Elfenbeine des 2. Jts. Es zeigt sich also ein neuer ägyptischer Impuls zur Libyerzeit, deren Könige z.T. durch außergewöhnliche Denkmäler in phönikischen Kontexten oder in Verbindung mit phönikischen Objekten bezeugt sind: So fand sich etwa gerade zusammen mit

den Elfenbeinen von Samaria, die ja durch Handel oder als „Geschenke"
dahinkamen, ein Alabastergefäß mit dem Namen Osorkons II.[50] Außerdem
sind Scheschonk I. (945-924 v.Chr.), Osorkon I. (924-887) und II. (862-833)
durch Weihestatuen im Tempel der Baalat Gebal in Byblos belegt[51]. Dieser
libyerzeitliche ägyptische Impuls wird nun erstmals in der Geschichte der
Ausbreitung der ägyptischen Kultur mit der phönikischen Kolonisation bis
ins westliche Mittelmeergebiet getragen: Daraus ergibt sich eine Verbreitungszone des ägyptischen Kulturgutes, die Südspanien, das frühe Karthago, das
phönikische Mutterland, aber auch z.T. Zypern und Etrurien in der 1. Hälfte
des 7. Jhs.v.Chr. umfaßt[52].

Dabei ist zu beachten, daß auch die Griechen[53] teils über Vorderasien,
teils aber direkt sich des ägyptischen Kulturgutes bemächtigen und es parallel
zu den Phönikern in den Westen verbreiten.

Obwohl die Könige der 25. und 26. Dynastie ihre Beziehungen zu Vorderasien hatten[54], bringt die Eingliederung Ägyptens in das Achämenidenreich die letzte vorhellenistische Welle der Aufnahme ägyptischer Elemente in Phönikien mit sich. Auch sie setzt sich durch die phönikische Schiffahrt
in den punischen Westen fort[54a]. Im Osten erleben nicht nur die Amulette
ägyptischer Art eine verstärkte Beliebtheit, die besonders in ῾Atlit und Sidon
faßbar ist, sondern auch die phönikische und daran anschließend die punische
Glyptik aus hartem Stein erhalten am Ende des 6. Jhs. einen bemerkenswerten
Zustrom an ägyptischen Motiven und Stilelementen.

2. *Palästina* (Karte 1)

Nach diesen einführenden Worten über die allgemeine Entwicklung wollen
wir an Hand einiger ausgewählter Fundorte[55] die vorderasiatische Tradition
des ägyptischen Kulturgutes betrachten, das uns im 1. Jt.v.Chr. in Südeuropa
entgegentritt.

Im Süden ist dem Historiker in besonderer Weise *TEL SHARUHEN* (Tell
Far῾a Süd) bekannt, das Ahmose nach der Vertreibung der Hyksos aus
Ägypten nach dreijähriger Belagerung erobern konnte. Die erste Siedlung
wurde offenbar von den Hyksos errichtet[56]. In den dazugehörigen Gräbern
der Grabungen von 1928-1930 fand sich eine Menge Skarabäen[57], darunter
auch eine Anzahl unbeschrifteter Stücke aus Amethyst und grünem Jaspis[58].
Die dekorierten Skarabäen von Tel Sharuhen sind beispielhaft für die Entstehung der außerägyptischen Skarabäenproduktion zur Hyksoszeit. Diese
Produktion zeichnen bereits damals Eigenheiten aus, die wir analog im
1. Jt.v.Chr. außerhalb des Nillandes wiederfinden, z.B. in Perachora auf
der Peloponnes[59]. In Tel Sharuhen finden wir also schon während der
15. Dynastie eine sinnlose Anordnung von Hieroglyphen auf Skarabäen[60]
oder Entartung in der figürlichen Darstellung[61] und bei nachgeahmten

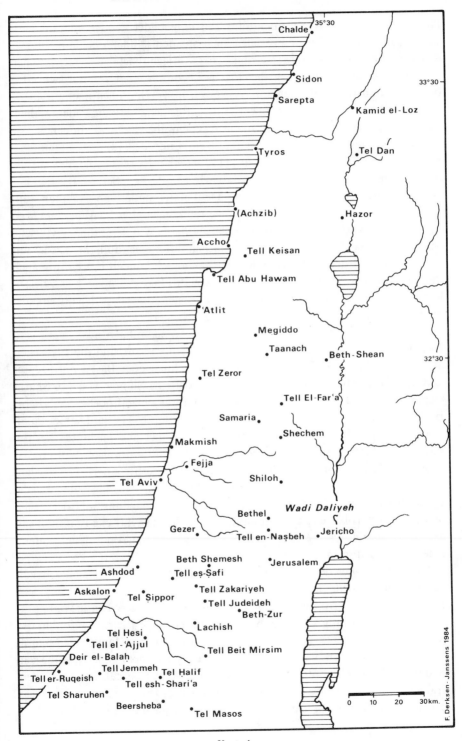

Karte 1

Hieroglyphen[62]. Motive werden zum Teil umgebildet[63] oder kontaminiert, wobei dieselben Ergebnisse bisweilen auch aus dem Nildelta bekannt sind[64]. Auch die aus der späteren phönikischen, griechischen und etruskischen Glyptik bekannte Einfassung der Flachseite durch ein Oval mit Schraffur oder Strickmuster[65] läßt sich zur Hyksoszeit in Tel Sharuhen nachweisen[66].

Am Ende der Spätbronzezeit wurde die „Residenz" erbaut[67] deren allgemeiner Plan Bauten der 19. Dynastie in Ägypten überraschend ähnlich ist; sie existierte bis ins 11. Jh. Aus dem Bau vom Ende des 13. Jhs. stammt ein Krugfragment Sethos' II. (etwa 1203-1196 v.Chr.). Es sei bereits hier auf die interessante Tatsache hingewiesen, daß wir gerade von Sethos II., der nur wenige Jahre regierte, auffällig viele Denkmäler außerhalb Ägyptens antreffen, die bis in den zentralen Mittelmeerraum gelangten[68]. Außerdem fand sich eine Holzkassette mit Elfenbeineinlagen, deren wunderschöne ägyptische Motive eine Jagd in den Papyrusmarschen und eine höfische Szene mit Dienern und Tänzerinnen wiedergeben[69]. Dennoch handelt es sich, wie auch die mykenischen Stilelemente zeigen, um ein Produkt der oben[70] skizzierten kanaanäischen Elfenbeinschnitzereien, auf denen die stark ägyptisierende, qualitätvolle phönikische Kunst der Eisenzeit basiert.

Fast alle spätbronzezeitlichen Gräber bargen Skarabäen aus Steatit und Fayence, viele außerdem Fayenceamulette[71]. Interessant sind die Figürchen aus Grab 929 der 19. Dynastie (zwei Bese, Sachmet oder Bastet mit Szepter und Sonnenscheibe, Patäken)[72] oder die beachtliche Summe von 126 Skarabäen in Grab 934, dessen Ausstattung sich auf die ganze Epoche des NR bis zu Ramses IV. verteilt und etwa mit der von Grab 116 in Deir el-Balah engstens verwandt ist[73]. Oft beinhalteten die Gräber aber mehrere Skelette, sodaß eine Zuordnung der Beigaben zu einzelnen Bestattungen schwierig ist — eine Erscheinung mit der wir auch in Sardinien konfrontiert sein werden. Auf jeden Fall zeigt sich u.a. auch in Tel Sharuhen, daß die volkstümliche ägyptische Magie seit der Hyksoszeit zutiefst die Vorstellungswelt der palästinensischen Bevölkerung geprägt hat und sich dieser ägyptische Einfluß bis in die 20. Dynastie, als die politische Macht Ägyptens zu Ende ging, laufend erneuerte und stärkte.

Auch die Gräber der Eisenzeit I weisen auf eine reiche und dichte Bevölkerung. Zu den bedeutendsten gehören vier der sog. Philistergräber aus dem 12.-11. Jh.v.Chr., davon Nr. 552 und 562 mit anthropoiden Tonsarkophagen, auf die wir bereits hingewiesen haben, und starkem ägyptischem Einfluß in der Keramik verschiedener Tradition[74]. In allen vier Gräbern fanden sich Skarabäen[75], die z.T. einen Nachahmungsstil zeigen. Aus einem anderen früheisenzeitlichen Grab (Nr. 501) ist ein Skarabäus[76] hervorzuheben, auf dem Harachte mit dem $w3s$-Szepter auf einem einfachen Thron sitzend wiedergegeben ist; auf dem Kopf trägt er die Sonnenscheibe mit Uräus. Das Stück kommt ikonographisch und stilistisch schon sehr stark in die Nähe der späteren phönikischen Glyptik [77].

Der Friedhof der Eisenzeit II gehört ins 10. und 9. Jh. [78] Alle Bestattungsgräber bargen eine gewisse Anzahl von Skarabäen und öfters auch figürliche Amulette [79]; der Skarabäus war jedoch als Amulett bevorzugt. Wie weit dieses Kulturgut in der Bevölkerung verwurzelt war, ist allerdings schwer zu beurteilen: Grab 201 z.b. ist ein Familiengrab mit mindestens 116 Erwachsenen und sechs Kindern [80]. Demgegenüber ist die Anzahl der Skarabäen und Amulette gering, allerdings war das Grab geplündert. Andere Gräber geben einen interessanten Befund wieder [81]: Grab 213 ist durch einen Bes, das Fragment eines Mutfigürchens, einen Patäken, drei Udjataugen, ein Herzamulett u.a. charakterisiert. Grab 228 beinhaltete u.a. ein hebräisches Siegel [82], auf dem ein geflügelter Greif mit Doppelkrone dargestellt ist. Die weiten Beziehungen des Fundplatzes illustriert uns z.b. ein wahrscheinlich nordsyrischer Rinderkopf aus Heamatit [83], der in nächster Nähe der Produktion unserer Taf. 77,5 steht. Die ägyptischen Amulette gehören zumeist mit einer größeren Anzahl von Perlen zu Halsketten [84]: Es herrscht hier also derselbe Brauch wie in Karthago.

Leider kann die Kontinuität der Aegyptiaca vom Ende der frühen Eisenzeit II bis ins 7. Jh. nicht verfolgt werden, da es in dieser Zeit in Tel Sharuhen keine Gräber gibt, was wohl einer Besiedlungslücke zuzuschreiben ist. Die für uns stets interessante Perserzeit ist ebenfalls nur schwach bezeugt, etwa durch Grab 650 mit einer der sehr schönen Silberschalen [85]. Auf einen der wichtigsten Skarabäen für die Beurteilung der Funde auf Sardinien werden wir noch zurückkommen [86]: er fand sich in Grab 701 aus dem 5. Jh.v.Chr. (Abb. 38).

Der Gesamteindruck, den die Aegyptiaca von Tel Sharuhen vermitteln, weist entsprechend der geographischen Lage auf eine direkte Abhängigkeit vom Süden. Einige interessante Beziehungen zu sardischen Funden sind faßbar, im allgemeinen haben sie aber Vorläufercharakter, was sicher damit zusammenhängt, daß die Eisenzeit II wahrscheinlich mit dem 9. Jh. endet und das für uns relevante, typisch perserzeitliche ägyptische Kulturgut der nördlichen Gebiete ('Atlit, Sidon u.a.) fehlt. Die Bedeutung von Tel Sharuhen liegt in besonderer Weise in der Kontinuität des ägyptischen Kulturgutes von der Mittelbronzezeit bis in die Eisenzeit II, d.h. daß hier auch die sonst in der Eisenzeit I nicht häufig bezeugten Aegyptiaca gut faßbar sind.

Dagegen bleibt die große Anzahl der von Petrie gefundenen Aegyptiaca des in Küstennähe gelegenen *TELL EL-'AJJUL* auf die Bronzezeit beschränkt. Die Objekte sind aber vom MR bis ans Ende des NR gestreut [87]. Hinsichtlich des Materials ist für uns ein kleines Sphinxfigürchen aus blauer Paste zu erwähnen [88], das Petrie in die 13. Dynastie datiert. Von den insgesamt etwa 1200 Skarabäen ist offenbar nur eine geringe Anzahl ägyptischer Import. Rund 250 tragen figürliche Darstellungen, Gottheiten oder

Tiere: falkenköpfige Gestalten, Falke mit Uräen, Sphinx, Greif, Löwe u.a.[89] Die lokalen Steine sind häufig ausgezeichnet gearbeitet[90]. An einigen Stükken[91] zeigt sich sehr deutlich, daß die Ursprünge des Motivschatzes unägyptischer Skarabäen aus Steatit und Fayence sowie aus hartem Stein, die sich im punischen Westen fanden, z.T. in der lokalen Skarabäenerzeugung Palästinas zur Hyksoszeit und des NR zu suchen sind. Die Darstellungen sind bisweilen sehr stark vorderasiatisch beeinflußt und haben sicher nicht nur ägyptischen, mythologischen Hintergrund.

In dem bereits mehrfach erwähnten, südlich von Gaza gelegenen *DEIR EL-BALAḤ* führen uns einige reich ausgestattete Gräber mit anthropoiden Tonsarkophagen wunderbar die Rezeption ägyptischer Kultur während des 13. Jhs. in Südpalästina vor Augen. Die Bedeutung des Ortes ist umso größer, als auch die nachfolgende Philistersiedlung nachgewiesen ist, sodaß künftige Grabungen möglicherweise Aufschluß über die kulturelle Kontinuität geben könnten[92]. Das ägyptische Kulturgut der drei publizierten Gräber ist teils ägyptischer Import, z.T. handelt es sich aber um lokale Erzeugung nach ägyptischen Vorbildern. Einen solchen Eindruck vermitteln gerade einige Skarabäen, Amulette und Fingerringe[93]. So zeigt bereits ein Patäke des Grabes 114 aus getriebenem Goldblech[94] sehr vereinfachte, schematische Formen. Dasselbe gilt für zwei Karneolfigürchen des Grabes 118, einen Patäken, der offenbar die Tierohren des Bes trägt, und einen kompakten Bes ohne Federkrone[95]. Auffällig sind zwei Ringe an den Fingern des weiblichen Skelettes in demselben Grab; einer davon, in der Form der ägyptischen Kartuschenringe, trägt in der von Federn geschmückten Kartusche eine schematisch eingravierte Besdarstellung[96]. Wir stellen hier somit die auch sonst bekannte Bedeutung des Bes in der weiblichen Sphäre fest. Die Skarabäen gehören wahrscheinlich alle in die Zeit der 19. Dynastie, jedoch läßt sich an einem[97] in Details erkennen, daß es sich offenbar um die lokale Kopie eines Stückes der 12. Dynastie handelt. Es ist also bisweilen die Weiterwirkung sehr alter Stücke faßbar.

Ein Schminklöffel des Grabes 118[98] in Form eines schwimmenden Mädchens aus Alabaster ist wohl ein ägyptisches Importstück, zu dem wir Parallelen aus der 18. und 19. Dynastie kennen. Die davon abgeleitete außerägyptische Produktion beginnt ebenfalls bereits im 13. Jh.v.Chr. und reicht bis weit ins 1. Jt. hinein. Ein Beispiel ist auch aus Sardinien bekannt (Abb. 76)[99].

In Deir el-Balaḥ wurden drei ägyptische Nymphäenbecher aus Alabaster bei Grabungen gefunden[100]. Sie entsprechen einem Typus, der in Ägypten während des ganzen NR in verschiedenen Materialien (Alabaster, Fayence, Glas u.a.) beliebt ist; außerhalb des Nillandes sind Serabit el-Chadim und Ugarit[101] als weitere Fundorte bekannt. Andere ähnliche Becher aus Deir el-Balaḥ, die im Kunsthandel auftauchten, scheinen eine lokale Herstellung im südlichen Palästina zu bezeugen. Schwierig ist auch die Herkunftsbestimmung eines Bronzekruges und einer Bronzeschale, deren Henkel mit einer eingeritzten Lotosblume geschmückt sind. Die Bronzekrüge mit Lotoshenkel sind für uns ja gerade deswegen interssant, weil ihre Entwicklung nicht nur in Ägypten von der 18. bis zur 25. Dynastie zu verfolgen ist, sondern weil sie auch in der phönikischen Metallkunst weiterleben und dadurch weite Verbreitung erfahren[102].

Die Funde von Deir el-Balaḥ erhellen also nicht nur die Vermittlung der ägyptischen Kultur nach Südpalästina während des späten NR, sondern verdeutlichen auch den nahtlosen Übergang vom ägyptischen zum lokalen Kunsthandwerk. Die Bestatteten selbst gehören anthropologisch zur unterägyptischen Bevölkerung der 18. und 19. Dynastie[103], allerdings gibt die Publikation keine Hinweise für Einbalsamierung.

Ganz in der Nähe von Deir el-Balaḥ liegt etwas südwestlich davon *TELL ER-RUQEISH* mit eisenzeitlichen Brandbestattungen etwa der Mitte des 9. Jhs.[104] Von den 32 publizierten Gräbern bargen nur zwei (Nr. 2 und 19) je zwei Skarabäen, die trotz des z.T. archaisierenden Charakters gut in ihre Kontexte passen. Ein Stück aus bläulicher „Paste"[105] gehört bestimmt zur Produktion eines Skarabäus in blauer Paste aus Cerveteri[106]; die charakteristische Palmette der beiden Stücke ist identisch. Der Skarabäus R 19a (502) mit Merkmalen aus der Hyksoszeit findet sein getreues Gegenstück in Amathus (Zypern) in einem Grab des späten Zypro-Archaisch I (also spätes 7. Jh.v.Chr.)[107]. Die echte Kaurischnecke des Grabes Nr. 2 von Tell er-Ruqeish[108] unterstreicht noch den Amulettcharakter des ärmlichen Befundes.

Das östlich davon gelegene *TELL JEMMEH* (Gerar) ist eine Siedlungsgrabung[109], was die Bedeutung des Ortes hinsichtlich der Aegyptiaca beeinträchtigt, obwohl es sich um eine blühende Stadt in der Mittel- und Spätbronzezeit, Eisenzeit, in persischer und hellenistischer Zeit handelt. Von den über 80 bekannten Skarabäen[110] sind viele ohne Kontext. Interessant ist etwa ein Dutzend Bastetägiden aus blauglasierter Fayence auf einer Halskette[111] im Stile der Libyerzeit. Ein Besfragment[112] paßt in eine weit verbreitete Gruppe ägyptischer doppelter Besfigürchen, die im besonderen auch aus Rhodos und Mittelitalien bekannt sind[113] und offenbar in die 25. Dynastie gehören. Weiters repräsentieren einige Udjat-Augen späte Typen, die auch auf Sardinien nachzuweisen sind[114] und wohl dieselbe Produktionsgruppe wie die sardischen Stücke bezeugen.

Auch von dem noch weiter östlich im Landesinneren gelegenen *TELL ESH-SHARIʿA* (Tel Seraʿ) ist nur die Siedlung bekannt, allerdings durchgehend vom 17.-4. Jh.v.Chr.[115] Der ägyptische Einfluß ist nur in der Bronzezeit in größerem Umfang faßbar, und zwar an importierter ägyptischer Keramik, Schalen und Ostraka mit hieratischen Texten des NR, ägyptischen Fayencegefäßen und einigen Skarabäen der 19. Dynastie[116]. Aus der Spätzeit ist bloß der Oberteil eines schönen, ägyptischen Sachmetfigürchens im Kontext des 8. Jhs. von der Zitadelle zu erwähnen [117], das immerhin die an anderen Orten klar hervortretende Bedeutung der memphitischen Gottheiten außerhalb Ägyptens unterstreicht.

In einer eisenzeitlichen Grabhöhle des 10.-9. Jhs. in *TEL ḤALIF* nördlich von Beersheba fanden sich einige Skarabäen und Skaraboide, sowie fünf kleine Fayencekatzen [118]. Während letztere die gleichzeitige Beliebtheit der Katzengöttin Bastet in Ägypten widerspiegeln, findet einer der Skarabäen [119], wohl eine lokale Arbeit, die nächste mir bekannte stilistische Parallele in unserem sardischen Fundstück Taf. 97,1 und ist m.E. für die Herkunftsbestimmung desselben ausschlaggebend.

Auch die wenigen aus *BEERSHEBA* selbst bekannten ägyptischen Importstücke des Stratum II (8. Jh.v.Chr.) erweisen den direkten Kulturaustausch mit Ägypten zur Eisenzeit II [120]. Der auffällige Fayencefalke findet in den späteren Falken aus Sardinien aber keine typologische Entsprechung.

Das ebenfalls hier im Süden gelegene *TEL MASOS* soll nur kurz erwähnt werden, weil sich hier ein Skarabäus Sethos' II. fand [121]. Auf die Bedeutung der Denkmäler dieses Pharaos haben wir schon hingewiesen [122].

Während das aus den Petrie'schen Grabungen [123] gut bekannte *TEL ḤESI*, das nur wenige Aegyptiaca geliefert hat [124], sowie *TELL BEIT MIRSIM* [125] mit seinen bronzezeitlichen Aegyptiaca und dem fast totalen Ausfall in der Eisenzeit für unsere Untersuchung keine Ergebnisse erbringen, ist Lachish von umso größerer Bedeutung.

LACHISH (Tell ed-Duweir) liegt etwa 30 km südöstlich von Askalon und war mit mehreren Unterbrechungen von der chalkolithischen Epoche bis in die Perserzeit besiedelt. Für die frühe Zeit ist ein Dioritfragment aus dem thinitischen Ägypten erwähnenswert [126]. Die ägyptische Oberhoheit seit Thutmosis III. brachte für Lachish ein blühendes Zeitalter mit sich [127]. Mit Hilfe einiger Skarabäen mit Königsnamen kann die chronologische Abfolge festgelegt werden [128]. Den engen Kontakt mit Ägypten in der 19. und 20. Dynastie erweisen Schüsseln mit hieratischen Aufschriften [129] oder zwei anthropoide Tonsarkophage wohl aus der Zeit Ramses' III., einer davon mit einer hieroglyphischen Inschrift, die jedoch sicher von einem Nichtägypter stammt [130].

Die bronzezeitlichen Aegyptiaca, die uns hier interessieren, stammen einerseits aus dem spätbronzezeitlichen sog. Fossatempel [131] und aus Gräbern. In diesen fanden sich sowohl Skarabäen als auch Amulette. Das Repertoire der Figürchen (Patäken, Bese, Udjat-Augen, Thoërisfigürchen, Bastet-Ägiden, Fischamulette u.a. [132]) ist durch eine interessante Beschränkung auf Typen gekennzeichnet, die die Tendenzen des 1. Jts. vorwegnimmt. Die umfangreiche Gruppe der Skarabäen umfaßt 391 Stück [133]. Die Flachseiten bieten königliche Namen und Titel von der 12. bis zur 20. Dynastie, königliche Embleme

(Binse, unterägyptische Krone u.a.), verschiedene Muster, menschliche und falkenköpfige Gestalten, Hathor-Astarte, Hieroglyphenkolumnen, stilisierte Hieroglyphen, Tiere (Krokodil, Löwe, Antilope, Fisch, Frosch, Skarabäus, Hathorkuh), Udjat-Augen und verschiedene Götter- und Königsdarstellungen. Wichtig ist die Beobachtung[134], daß die Skarabäen mit Mustern bestens zu den gleichzeitigen ägyptischen Fundstücken passen und auch dieselbe hochstehende Qualität in der Ausführung aufweisen. Dagegen repräsentieren die tief eingeschnittenen Skarabäen mit feiner Schraffur, welche Formeln, Gestalten mit Symbolen, Hathor-Astarte, Löwen und Jagdtiere wiedergeben, eine andere Produktion. Es können demnach auch in Lachish bereits in der Bronzezeit nach den Skarabäenflachseiten zwei Traditionen festgestellt werden:

1. die ägyptische;
2. die vorderasiatische mit folgenden Charakteristika:
   a) tiefer Schnitt;
   b) feine Schraffur der Zeichen und Darstellung;
   c) besondere anthropomorphe und theriomorphe figürliche Darstellungen.

Diese Charakteristika lassen sich im 1. Jt. im vorderasiatischen Raum weiterverfolgen, haben aber bis zu einem gewissen Grad auch auf die ägyptische Produktion gewirkt. Außerdem läßt sich die Weiterentwicklung und Umbildung ägyptischer Motive, die uns schon aus Tel Sharuhen bekannt ist[135], an Skarabäen des bronzezeitlichen Lachish aufzeigen[136].

Das Material der Skarabäen ist größtenteils Steatit[137]. Hervorzuheben ist ein sicher außerägyptisches Stück aus blauer Paste[138] aus der Zeit der 18. Dynastie oder etwas später, auf dem ein Mann mit Schild dargestellt ist. Es ist also bemerkenswert, daß die blaue Paste hier einen Ausnahmefall darstellt. Die Publikation von Lachish gestattet auch die Frage nach dem Zusammenhang zwischen der Ausrichtung einer Skarabäenflachseite und dem Kopf des Skarabäus. Bei der Untersuchung der Skarabäen aus italischen Fundplätzen hat sich das Gesetz ergeben, daß richtungsgebundene Flachseiten mit wenigen Ausnahmen dort beginnen, wo sich auf der Oberseite der Kopf des Skarabäus befindet[139]. Bei der außerägyptischen Skarabäenproduktion des 1. Jts. von Perachora ist der Prozentsatz der „Irrtümer" auf jeden Fall höher als in Naukratis[140]. Ziemlich streng wurde das Gesetz bei den aus Kition publizierten Skarabäen eingehalten[141]. Dagegen läßt sich über ägyptische Fundgruppen (außer Naukratis) heute noch nichts Sicheres sagen. Im bronzezeitlichen Lachish sind von 391 Stück neunzehn verkehrt dekoriert, das sind zwischen 4,5% und 5%[142]. Die meisten von diesen sind sicher außerägyptische Erzeugnisse, wenn nicht alle.

Die Durchsicht der für uns relevanten bronzezeitlichen Aegyptiaca von Lachish führt uns zu folgendem Ergebnis: Die Aegyptiaca treten sowohl im Heiligtum als auch in Gräbern auf; der Skarabäus ist sowohl Siegel als auch Amulett; die Fayencefigürchen treten noch stark hinter den Skarabäen zurück [143], was einerseits auf der erst nach und nach einsetzenden Bedeutung der Fayencefigürchen beruht und andererseits darauf, daß der Skarabäus noch in vorrangiger Weise Siegelfunktion hatte. Was das Verhältnis der Skarabäen zu den sardischen Fundstücken des 1. Jts. anlangt, bringt das bronzezeitliche Lachish nur Elemente, die zu späteren als Vorläufer angesehen werden können: Abgesehen von den angeführten Charakteristika der palästinensischen Erzeugnisse notieren wir in dieser Hinsicht vor allem die Darstellungen, die in Beziehung zu denjenigen der phönikisch-punischen Glyptik stehen, also falkenköpfige Gestalten, ganze Falken, Sphingen, den Hathorkopf, den siegreichen Pharao u.a.

Wie in den meisten palästinensischen Fundstätten kommt es auch in Lachish zu einem Bruch in der Kontinuität des ägyptischen Kulturgutes während der Eisenzeit I. Die Fayenceamulette setzen im 10. Jh. wieder ein [144] und stellen vorzugsweise Gottheiten dar, die mit dem ägyptischen Delta in Verbindung stehen. So stammen 17 Figürchen einer löwenköpfigen Göttin, von denen zwei inschriftlich den Namen der Sachmet tragen [145], aus Gräbern des 10. und 9. Jhs. [146] und sind ägyptische, libyerzeitliche Importstücke. Zwei dieser Statuetten [147] finden ihre genauen Entsprechungen in Kition [148] und auf Rhodos [149]. In die frühe Zeit gehören auch noch die beiden Katzenamulette [150] des Grabes 120 (um 900 v.Chr.), während die zehn Besfigürchen [151] zeigen, daß diese Zwergengottheit erst später beliebt wird und in Lachish hauptsächlich im 8. und 7. Jh.v.Chr. begegnet. Ein Beskopf [152] fällt aber auch hier heraus, denn er entstammt derselben Produktion wie unsere sardischen Stücke Taf. 27,3-4, mit denen er typologisch und stilistisch übereinstimmt. Die neunzehn Udjat-Augen sind vom 9.-7. Jh. gestreut. Ein Stück [153] repräsentiert auch hier einen innerhalb und außerhalb Ägyptens gut bekannten Typus [154], der in Sardinien (Amulett-Typus 49.A.2.3.1.1) belegt ist. Weitere Typen aus Lachish, stets in wenigen Exemplaren, sind sitzende Isisfigürchen mit dem Horusknaben, Harpokratesfigürchen, Sachmet- oder Bastetägiden, Patäken [155], Nefertem [156], Affen, ein Falke [157], ein liegender Löwe, ein schreitender Widder, ein Schwein und ein Menat. Auffällig ist eine sitzende, weibliche Sphinx [158].

Die eisenzeitlichen Amulette von Lachish scheinen im wesentlichen echt ägyptische Importstücke darzustellen. Außerhalb Ägyptens finden sich entsprechende Stücke vor allem in Palästina selbst und auf Rhodos. Hervorzuheben sind aber die genannten exakten Parallelen in Veio (Anm. 156) und in unserem Material aus Sardinien. Die Frage nach der Herkunft derselben wird durch die Stücke aus Lachish erhellt. Die Amulette des 1. Jts. von Lachish werden somit charakterisiert durch absolute Abhängigkeit von Ägypten, einen weiten chronologischen Rahmen und Beziehungen zu westlichen Fundgruppen.

Soweit bei den zahlreichen Skarabäen und Skaraboiden [159] der Eisenzeit eine zeitliche Abfolge erkennbar ist, zeigt sich, daß bei den älteren Stücken Stein (Steatit und Kalkstein) als Material überwiegt und erst später Fayence und Knochen allgemein verwendet werden. Die Flachseiten ägyptischer Art beinhalten königliche Namen und Titel [160], Amun und seine Attribute, sowie Ornamente und Symbole. Gerade bei dieser letzten Gruppe ist es z.T. fraglich, ob sich die lokale Tradition der Bronzezeit fortsetzt oder ob es sich in manchen Fällen tatsächlich um alte Stücke handelt [161]. In Palästina gelangten ja öfters sehr alte Stücke in späte Kontexte. Einzelheiten der Flachseiten und der äußeren Typologie verdeutlichen die Beziehungen zu rhodischen [162] und westlichen Funden. Besonders der Dekor einiger Skaraboide [163] leitet zu einer außerägyptischen Produktion über, die aus Sardinien in Steatit und bräunlicher Fayence bekannt ist. Bei manchen Skarabäen [164] fällt die enge Verwandtschaft in der Rückentypologie zu sardischen Funden aus Steatit auf.

Wir gewinnen den Eindruck, daß — abgesehen von nicht viel älteren ägyptischen Importstücken — die in eisenzeitlichen Kontexten von Lachish gefundenen Skarabäen und Skaraboide die bronzezeitliche Tradition fortsetzen (einige alte Stücke sind sogar dabei) und gleichzeitig lokale Dekorationselemente in verstärktem Maße aufnehmen. Diese beiden Faktoren charakterisieren die eisenzeitliche Skarabäenerzeugung in Palästina. Gegenüber den obigen [165] Feststellungen über den Zusammenhang der Ausrichtung von Rücken und Flachseite ist hier bemerkenswert, daß die Anzahl der verkehrt dekorierten Stücke [166] nun auf 23% angewachsen ist. Das solchermaßen verpackte ägyptische Kulturgut spiegelt sich z.T. in dem im allgemeinen späteren Material auf Sardinien in etwas weiter entwickelter Form und nach Aufnahme neuer ägyptisierender Elemente wider. Die Erklärung dafür gibt die phönikische Vermittlung. Hinsichtlich Lachish ist interessant, daß gegenüber einem so komplexen Skarabäenbefund die Amulette (fast) ausschließlich ägyptisches Importgut darstellen, das nur wenig älter ist.

Etwas nördlicher als Lachish liegen *Askalon* [167], *Tel Ṣippor* [168], *Tell Judeideh* [169] und *Beth-Zur* [170], die für unsere Studie kaum relevantes Material erbracht haben. Ähnliches gilt für *TELL EṢ-ṢAFI* und *TELL ZAKARIYEH*. Auf den meisten Skarabäen der beiden zuletzt genannten Orte [171] haben die ägyptischen Hieroglyphen und verschiedene auch sonst bekannte Darstellungen ganz merkwürdige Umgestaltungen und Deformierungen erfahren; Stücke des 1. Jts. bilden dabei die Mehrheit. M.E. ist auch hier der eindeutige Beweis einer palästinensischen Skarabäenerzeugung im 1. Jt.v.Chr. gegeben. Dagegen ist ein Beskopf aus Tell eṣ-Ṣafi [172] in grüner Fayence mit schwarzen Details sehr wahrscheinlich ein ägyptisches Importstück. Die Bedeutung der Aegyptiaca dieser Orte liegt darin, daß sie die weite Streuung des ägyptischen Kulturgutes bezeugen und teilweise die Ergebnisse von Lachish in kleinem Ausmaß bestätigen.

Auch das an der Küste gelegene *ASHDOD*, das in erster Linie Siedlungs-grabung ist[173], hat aus diesem Grunde verhältnismäßig wenige Aegyptiaca geliefert, was ein Hinweis dafür sein mag, daß sie in der Eisenzeit überwiegend ein Bestandteil der Grabinventare und der Fundgruppen aus Heiligtümern sind. Ashdod bietet uns immerhin Aegyptiaca in Schichten zur Zeit des Seevölkersturmes[174] sowie des 8./7. Jhs.[175], erweist uns durch Neujahrs-flaschen[176] die Beziehungen mit dem saitischen Ägypten und gibt ein Beispiel für die gelegentliche Verzögerung von Aegyptiaca in Siedlungsbefunden[177].

Aufschlußreicher ist dagegen der Befund von *BETH SHEMESH* (Ain Shems) im Landesinneren. Abgesehen von einigen Hyksosskarabäen[178] kamen vor allem im Verlaufe der Spätbronzezeit, als Beth Shemesh im ägypti-schen Herrschaftsverband eine blühende Periode durchmachte, zahlreiche ägyptische Objekte in die Stadt. In Stratum IV[179] (15.-13. Jh.) fanden sich etwa ein Heiratsskarabäus Amenophis' III., Skarabäen Ramses' I. und II., Fayenceamulette[180], ägyptische Gefäßfragmente[181], importierte Alabaster-gefäße u.a. Dazu gehören auch Gräber, vor allem Grab 11, in dem sich viele Skarabäen mit Königsnamen fanden[182].

Ein vereinzeltes Sachmetfigürchen aus Stratum III[183] zeigt, daß trotz des starken Rückganges in jeder Beziehung die Aegyptiaca während der Philister-herrschaft nicht völlig verschwunden sind. Im übrigen sind die Gräber der Eisenzeit II interessant, besonders Grab 1 aus dem 10. Jh.v.Chr.[184] Unter den Fayenceamuletten sind am häufigsten verschiedene Typen des Udjat-Auges[185] zumeist mit gut erhaltener, blaßblaugrüner Glasur in verschiedenen Nuancen. Es handelt sich mit Ausnahme eines Stückes[186] um kompakte Augen, keines hat einen speziellen Aufhänger. Entsprechend der Zeitstellung des Grabes repräsentieren sie in Hinblick auf Sardinien durchwegs ältere Typen und bieten kein direktes Vergleichsmaterial[187]. Man kann also immer wieder auf die Entwicklung hinweisen, die diese kleinen Objekte im Verlaufe des 1. Jts.v.Chr. durchmachen. Unter den anderen Amuletten[188] fallen be-sonders eine Hat-Mehit(?)[189], eine libyerzeitliche Isis auf dem Thron mit Horuskind[190] oder auch ein Chonsfigürchen[191] auf, das außerhalb Ägyptens sehr selten ist. Am häufigsten sind ganz kleine Patäken[192]; ein kleiner, kompakter Bes[193] paßt bereits recht gut zu einigen Stücken aus Mittel-italien[194].

Ohne auf weitere Einzelheiten einzugehen, wollen wir festhalten, daß es sich bei den Amuletten des Grabes 1 von Beth Shemesh um eine interessante Gruppe des 10. Jhs. handelt, die (vielleicht mit einzelnen Ausnahmen) nur wenig älter ist als das Grab und die in die frühe ägyptische dritte Zwischen-zeit gut hineinpaßt. Die Fundgruppe bildet ein südliches Pendant zu den libyerzeitlichen Amuletten von Byblos im Norden[195]. Die bei Rowe ab-gebildeten Stücke[196] repräsentieren durchwegs ägyptisches Importgut[197].

Demgegenüber zeichnet sich Byblos durch eine zusätzliche phönikische Produktion aus.

Der Befund der Skarabäen und Skaraboide des Grabes 1 von Beth Shemesh ist wesentlich uneinheitlicher und daher auch weniger klar. Eine Gruppe[198] zeigt Hieroglyphen und andere von ägyptischen Skarabäen bekannte Darstellungen. Die daraus von Rowe bearbeiteten Stücke[199] lassen vermuten, daß ein guter Teil echt ägyptisch ist. Dagegen steht eine andere Gruppe von 21 Skaraboiden[200] in der lokalen Tradition, die auch in Megiddo oder Lachish faßbar ist.

Die Aegyptiaca aus einigen Gräbern des 8.-7. Jhs. von Beth Shemesh sind von geringerer Bedeutung, lassen jedoch bereits bessere Beziehungen zu außerägyptischen Fundgruppen erkennen. Ein Skaraboid aus blauem Glas[201] repräsentiert eine weit verbreitete, stark ägyptisierende, wohl syrische Gruppe[202]. In Grab 5 fand sich ein stehendes anthropomorphes Figürchen mit Tierkopf[203], das in der äußeren Typologie zwei Steatitfigürchen aus Tharros (heute im British Museum[204]) ähnlich ist. Auch der bereits bei Tell Jemmeh[205] notierte Typus des Udjat-Auges unserer Taf. 83,2 ist in demselben Grab belegt[206].

Da *Jerusalem*[207] wegen der unübersichtlichen Verstreutheit der Funde für uns kein Ergebnis erbringt, wollen wir uns *GEZER* zuwenden. Hier gehören bereits in die Periode Mittelbronze II-C (spätes 17.-16. Jh.)[208] einige reiche Gräber, besonders Cave 28-II, mit Alabastergefäßen, Skarabäen und Goldschmuck[209]. Cave I.10A in Feld I[210] erweist in der Schicht des 15. Jhs. die internationalen Handelsbeziehungen; die Funde beinhalten u.a. auch ägyptische Glas-, Alabaster- und Elfenbeingefäße. Zu eigentlicher Blüte gelangte der ägyptische Einfluß aber erst während der Amarnazeit; er zeigt sich an Amarnaglas, Fayenceamuletten und Skarabäen. Nach der Besiedlungslücke vor dem Seevölkersturm wird die Stadt von den Philistern besetzt, wie sich u.a. aus der Keramik ersehen läßt. Der ägyptische König Siamun (etwa 978-960 v.Chr.) hat sie vermutlich erobert, dann aber seiner Tochter als Mitgift für König Salomon übergeben[211].

Die enge Verbindung von Gezer mit Ägypten spiegelt sich in den ägyptischen und ägyptisierenden Kleinfunden wider. Allerdings gestaltet sich das Studium der von Macalister gebotenen Skarabäen[212] schwierig, da die Zuweisung zu den einzelnen Epochen nur sehr vage ist. Es handelt sich sicher zu einem großen Teil um Stücke, die in Palästina hergestellt wurden[213]. Die Durchsicht des Materials erweist nicht nur eine selbständige Verarbeitung und Weiterentwicklung des ägyptischen Motivschatzes in einer palästinensischen Skarabäenproduktion der Bronzezeit, sondern wir erkennen auch gleichzeitig die Ausbildung einer Basis für die phönikischen Erzeugnisse des 1. Jts.[214] Gut vertreten ist aber auch lokales Skarabäenmaterial der Eisenzeit II.[215]

In der großen Anzahl von Fayencefigürchen [216] bildet Bes das beliebteste Amulett, und zwar fast ausschließlich in der Eisenzeit II. Ein Beskopfanhänger [217] kommt unserer Taf. 27,3-4 sehr nahe. Eine Tonform für einen Beskopf [218] beweist, daß auch in Gezer selbst solche Amulette hergestellt wurden. Ähnlich beliebt war auch das Udjat-Auge [219], von dem ebenfalls die meisten Funde in die Eisenzeit II gehören. Gerade under den spätesten Stücken ist unser in Sardinien bezeugter Typus 49.A.2.3.1.2 sehr geläufig [220]. Bestimmte Typen treten also oft auch in weit auseinander liegenden Fundorten mit nicht großer Zeitdifferenz auf. Andere Figürchen repräsentieren Sachmet, eine anthropomorphe, widderköpfige Gottheit, Ptah mit Szepter, Mut- und Sachmet-Ägiden, eine Thoëris [221], die im Stil unserer Taf. 62,3 nahekommt, u.v.a.m. Ein ausgezeichneter Nefertem [222] mit schwarzer Perücke und ohne Rückenpfeiler gehört zu einer ägyptischen Gruppe, die u.a. auch aus Rhodos [223] oder Rom [224] bekannt ist.

Wir können somit festhalten, daß in Gezer Skarabäen und Amulette ziemlich häufig in der Bronzezeit (bes. im 14. Jh.) und in der Eisenzeit II belegt sind. Trotz der Besiedlungslücke am Beginn des 12. Jhs. stellen wir eine ziemliche ungebrochene Tradition fest, die sowohl durch ägyptische Importstücke als auch durch die offenbar zu allen Zeiten vorhandenen lokalen Nachahmungen faßbar ist. Im Gegensatz zu den nördlicher gelegenen Fundstätten wie ʿAtlít usw. bargen die fünf perserzeitlichen sog. „Philistergräber" relativ wenige, aber für ihre Zeit charakteristische Aegyptiaca [225].

Um nicht allzusehr in die Breite zu gehen, sei nur kurz auf das etwa 12 km nördlich von Jerusalem gelegene *TELL EN-NAṢBEH* hingewiesen, das mit seiner Mischung von importierten ägyptischen Skarabäen und lokalen, palästinensischen Skarabäen und Skaraboiden unsere bisherigen Ergebnisse bestätigt. Die publizierten Aegyptiaca [226] gehören alle der Eisenzeit II an, geben also ein charakteristisches Bild dieser Epoche im mittleren Palästina, und stammen sowohl aus Gräbern [227] als auch von der Siedlung. Von den ägyptischen Amuletten sind zwei Sachmet- oder Bastet-Ägiden [228] sowie insbesondere ein doppelter Bes [229] hervorzuheben, der einem ägyptischen Typus angehört, auf dessen weite Verbreitung wir bereits bei Tell Jemmeh hingewiesen haben [230].

Die übrigen Fundstätten, die wir etwa in derselben geographischen Breite oder etwas nördlich davon auf unserer Karte 1 einzeichnen konnten (*Bethel* [231], *Jericho*, das *Wadi Daliyeh* [232], *Shiloh* [233], *Fejja* [234], *Tel Aviv* [235], *Makmish* [236]), geben Hinweise auf das Ausmaß der Durchdringung des Gebietes mit ägyptischem Kulturgut. Vor einer Überwertung in der Eisenzeit kann uns gerade *JERICHO* bewahren. Aus der großen Anzahl der mittelbronzezeitlichen Gräber stammen 427 Skarabäen [237], fast alle aus Steatit. Sie spiegeln das übliche bronzezeitliche Repertoire in Palästina wider. Auch hier ist in einigen Fällen das frühe Auftreten von Elementen studierbar, die dann für spätere Zeiten charakteristisch sind und sich gelegentlich als Einzelheiten sogar in unserem sardischen Material wiederfinden [238]. Im übrigen zeigt sich bisweilen eine Entartung einzelner Hieroglyphen [239], sehr häufig auch die rein dekorative Anordnung von Zeichen. Demgegenüber hat man nur wenige eisenzeitliche Gräber des 8.-7. Jhs.v.Chr. gefunden [240], von denen eines zwei Amulette (Bes, Udjat) und einen „Paste"-Skaraboid barg [241].

Auch aus der Siedlungsgrabung von SHECHEM sind fast ausschließlich hyksoszeitliche oder spätbronzezeitliche Skarabäen bekannt [242]. Die beiden Stücke aus Kontexten des 9. und 8. Jhs. [243] dürften jedoch nicht viel älter sein.

In SAMARIA haben den größten Anteil am ägyptischen Kulturgut die bereits erwähnten phönikischen Elfenbeine des 8. Jhs. [244] Ob sie ein Indiz dafür sind, wie die echten Aegyptiaca dahin kamen, ist schwer zu sagen. Für die Amulette und Skarabäen [245] ist eine exakte stratigraphische Datierung zwar nicht möglich, jedoch gehören die meisten Stücke sicher in die israelitische Epoche (876-721 v.Chr.). Von den Fayenceskarabäen [246] sind zwei aus blauer Paste ohne Glasur („blue frit"), die ebenfalls gut in diese Zeit paßt. Sehr auffällig ist ein in seinem Ring drehbarer Goldskarabäus, der sich heute in Istanbul befindet [247]. Einige Skarabäen bzw. Skaraboide repräsentieren auch die uns schon bekannte lokale palästinensische Produktion [248]. Somit tritt uns in Samaria das ägyptische Kulturgut unter dreifachem Aspekt entgegen: 1. durch ägyptische Importstücke, 2. innerhalb der palästinensischen Tradition und 3. durch phönikische Objekte.

Während die Aegyptiaca von Tell el-Far'a (Nord) [249] und Tel Zeror [250] keine besonderen Ergebnisse erbringen, ist BETH-SHEAN vor allem als Stützpunkt der ägyptischen Herrschaft von größtem Interesse.

Hier beginnt der ägyptische Einfluß schon in der Mittelbronzezeit I [251], erreicht aber in der Spätbronzezeit seine größte Blüte. In den Tempeln aus der Zeit der 18.-20. Dyn. fand sich eine große Anzahl von Skarabäen und Amuletten [252]. In gleicher Weise gibt es diese kleinen Aegyptiaca im spätbronzezeitlichen Friedhof, darunter auch in den Gräbern mit den schon erwähnten anthropoiden Tonsarkophagen [253], die bereits den Übergang zur frühen Eisenzeit markieren [254]. Für den kulturellen Hintergrund dieser Gräber sind auch einige einfache Uschebtis von besonderer Bedeutung [255].

Als Zeichen ihrer Macht hatten bereits Sethos I. und Ramses II. Stelen in Beth-Shean errichtet [256]. Die Zeit Ramses' III., von dem sich sowohl eine Stele als auch eine Statue gefunden hat [257], war jedoch von spezieller Bedeutung. Nach den Siegen über die Seevölker von 1177 v.Chr. hat man die ägyptische Garnison ausgebaut und die ägyptischen Bauten des frühen Stratum VI errichtet [258]. Hier in Beth-Shean scheint klar zu werden, daß die Präsenz ägyptischer Kultur in Palästina während der Philisterzeit zu einem großen Teil das Verdienst Ramses' III. ist. Nach der Regierung dieses

Pharaos wurden die ägyptischen Bauten allerdings zerstört. Interessant ist jedoch, daß um etwa 1100/1075 v.Chr. die pharaonischen Denkmäler (Stelen, Statue Ramses' III.) in die neue Stadt des unteren Stratum V transferiert wurden und dort in der zweiten Hälfte des 10. Jhs. standen [259].

Stratum VI hat außer den ägyptischen Inschriften einige Skarabäen [260] und Amulette [261] erbracht. Solche Aegyptiaca fanden sich auch zwischen Stratum VI und V [262] und in Stratum V (etwa 1070-um 800 v.Chr.) [263]. Hier ist für uns besonders das Figürchen einer thronenden weiblichen Gottheit mit kaum erkennbarem Kind aus schwarzem, also ungebranntem Steatit [264] bemerkenswert. Das Figürchen steht in der Tradition der libyerzeitlichen Fayenceamulette, leitet aber zu den thronenden Isisfigürchen aus Steatit unserer Taf. 31 über. Die Kleinfunde von Stratum IV [265] zeigen die große Armut von Beth-Shean im 8. Jh.; Aegyptiaca fehlen fast ganz.

Aus dem westlich von Beth-Shean gelegenen *TAANACH* (Tell Taʿannek) sind nur wenige Skarabäen und Amulette [266] bekannt, die aber z.T. die Bedeutung dieser Aegyptiaca innerhalb ihrer israelitischen Umgebung unterstreichen.

Die für eine Beurteilung des ägyptischen Einflusses in Palästina von der Bronzezeit bis zur Eisenzeit II wohl aufschlußreichste Ausgrabungsstätte ist *MEGIDDO*. Die Stadt war nicht nur in strategischer und wirtschaftlicher Hinsicht ein äußerst wichtiger Knotenpunkt, sondern insbesondere auch für die verschiedenen kulturellen Einflüsse von Ägypten, Syrien, Phönikien und Mesopotamien. Das gilt bereits für die Frühbronzezeit (3. Jt.v.Chr.), wie Objekte aus Ägypten, Syrien und dem Zweistromland beweisen [267].

Die für uns interessanten Amulette treten erst ab Stratum VII (etwa 1350-1150 v.Chr.) auf [268], zu dem auch die bereits erwähnten Elfenbeine [269] gehören. In dem Stratum fanden sich aus Fayence sechs Figürchen einer löwenköpfigen Göttin, drei einfache Patäken, ein Bes, drei Widderköpfe, zwei Udjat-Augen, u.a. Dazu kommen acht kleine Harpokratesfigürchen und Udjat-Anhänger aus Gold [270]. Es zeigt sich also völlig klar, daß das aus der Eisenzeit allgemein bekannte Repertoire bereits in der Spätbronzezeit vorhanden ist, obwohl auf Grund verschiedener Unterbrechungen und neuerlicher Einflüsse im 1. Jt. die Eisenzeit ihre eigenen Akzente setzt und einer eigenen Entwicklung unterworfen ist. In dieselbe Zeit des Stratums VII gehören einige Amulette aus spätbronzezeitlichen Gräbern (Lotosanhänger aus Karneol, Fayencebese, ein Udjat u.a.) [271].

Eine besondere Bedeutung von Megiddo liegt somit darin, daß es uns die Kontinuität des ägyptischen Kulturgutes von der Spätbronzezeit in die Eisenzeit bezeugt. Das gilt nicht nur für den auf die Seevölkerereignisse unmittelbar folgenden Abschnitt der ägyptischen Herrschaft (später Abschnitt des Stratum VII), sondern für die gesamte Eisenzeit I. So fanden sich in Stratum VI (1150-1100 v.Chr.) fünf Patäken, ein Harpokrates, ein Pavian, wahrscheinlich zwei Sachmetfigürchen, zwei größere Udjat-Augen u.a. aus Fayence, in Stratum V (1050-1000 v.Chr.) 13 Patäken, eine stehende Isis-Hathor, 6 löwen- oder katzenköpfige Ägiden, ein hockender Affe und sieben Udjat-Augen[272]. Amulette aus gleichzeitigen Gräbern ergänzen den Befund[273].

Dieselbe Kontinuität läßt sich an den Skarabäen und Skaraboiden erken- nen. Beginnend mit Stratum XIV (etwa 1850-1800) werden sie plötzlich ab Stratum XII (etwa 1750-1700) sehr häufig. Im übrigen repräsentieren die bronzezeitlichen Skarabäen von Megiddo[274] das übliche palästinensische Repertoire seit der Hyksoszeit. Durch die Aufgliederung in Strata läßt sich gut das Auftreten der blauen Pasten seit Stratum XII verfolgen[275]. In einzelnen Fällen lassen sich auch im bronzezeitlichen Megiddo Ansätze für Elemente notieren, die sich in gewissen Skarabäengruppen des 1. Jts. wieder- finden[276]. Die Stücke der früheisenzeitlichen Strata V und VI[277], sowie des Grabes 39[278] bezeugen die Existenz dieses ägyptischen Kulturgutes am Ende des 2. Jts.v.Chr.; die Objekte selbst gehören aber zu einem großen Teil einer älteren Zeit an.

Von besonderer Bedeutung für die Beurteilung westlicher Kontexte sind die in Megiddo, I, publizierten Skarabäen und Skaraboide der Strata I-V[279], die die Zeit von der Jahrtausendwende bis in die Mitte des 4. Jhs. umfassen. Die meisten Skarabäen tragen figürliche Darstellungen, nur ganz wenige hieroglyphische Inschriften[280]. Das Material von Megiddo bezeugt—abge- sehen von ägyptischen Importstücken — eine vorderasiatische Skarabäen- herstellung im 1. Jt. in Steatit[281] und Fayence[282]. Vielfach verwendet man aber andere Materialien und zieht dabei die einfache Form des Skaraboides (ovales Plättchen mit konvexer Oberseite) vor. Sehr beliebt ist Kalkstein[283]. Es handelt sich stets um unägyptische, manchmal aber ägyptisierende Darstel- lungen. Einige Stücke sind auch aus Sandstein[284].

Das Studium der blauen Pasteskarabäen[285] erweist die meisten als vorder- asiatische Arbeiten; ein Stück[286] könnte ägyptisch (25. Dynastie) sein, und eines[287] kommt typologisch in die Nähe der naukratischen Produktion. Die blauen Pasten aus Megiddo liefern beste Analogien zur vorderasiatischen Gruppe Italiens, die dort ebenfalls zumeist in blauer Paste erscheint; das gilt für Flachseitentypen, für die äußere Typologie und wohl auch hinsichtlich der Oberfläche[288].

Unter den vorderasiatischen Skarabäen von Megiddo gibt es auch Vor- läufer für die spätere, auf Sardinien so zahlreich vertretene, außerägyptische Steatitgruppe[289]. Das betrifft in erster Linie Motive der Flachseiten[290], aber in einem Fall auch die Rückentypologie[291]. Im Megiddo des 1. Jts. gibt es freilich auch gute ägyptische Skarabäen, z.T. auch aus älterer Zeit. Bisweilen läßt sich das Weiterleben von Motiven solcher Stücke auf außerägyptischen nachweisen[292].

Über das Material von Megiddo sind also Verbindungen von der ägyptischen Skarabäenerzeugung zu außerägyptischen Produktionsgruppen herzustellen:

a) zur gleichzeitigen, die abgesehen von Megiddo besonders in Mittelitalien, aber auch auf Zypern belegt ist [293];

b) zu späteren, und zwar zu der eben genannten, wie sich zeigen wird, phönikischen Steatitgruppe und zur phönikisch-punischen Skarabäenglyptik aus hartem Stein [294]. Die Vorgänger dieser späteren Jaspis- und Karneolskarabäen sind hier zumeist aus anderen Materialien hergestellt, vornehmlich aus Steatit und Fayence, tragen aber bereits deren Charakteristika auf den Flachseiten. Festzuhalten ist, daß es in Megiddo keine (sicheren) Stücke der sog. Perachora-Lindos-Gruppe [295] und der Naukratisproduktion gibt. Zu diesen Produktionsgruppen lassen sich auch keine [296] engeren Beziehungen erkennen.

Gegenüber den Skarabäen und Skaraboiden sind die Fayenceamulette von Megiddo im 1. Jt.v.Chr. wesentlich einfacher zu beurteilen und setzen den Befund von Stratum V [297] fort: Die Patäken reichen bis Stratum IV (1000-800 v.Chr.), die katzenköpfigen Ägiden bis Stratum III (780-650 v.Chr.), die Udjat-Augen bis Stratum II (650-600 v.Chr.) [298]. Für die Udjat-Augen gibt es Entsprechendes in Tell Halaf [299], Rhodos [300], sogar in 'Atlit [301] (hier aber völlig aus dem Rahmen fallend), Tell Abu Hawam [302] und anderswo. Charakteristisch sind die kompakte Ausführung mit einer Wiedergabe des Auges in Relief und die plumpe Umrißform, die keines der aus dem libyerzeitlichen Opferdepot von Byblos abgebildeten [303] Stücke zeigt. Auch aus Sardinien ist dieser Typus nicht bekannt. Bes ist wie üblich häufig belegt, wird aber ähnlich wie in Lachish erst später beliebt. In Megiddo gibt es sichere Stücke des 1. Jts. erst aus Stratum III (780-650 v.Chr.) [304]. Für einen charakteristischen Typus [305] können wir u.a. Parallelen aus Tell Abu Hawam [306] oder Rhodos [307] anführen.

Die Amulette von Megiddo entsprechen in der Typologie ihren Eisen-II-Kontexten und unterscheiden sich daher grundsätzlich von den perserzeitlichen Stücken aus 'Atlit oder Sidon und den davon abhängigen westlichen Fundgruppen. Sie finden aber außerhalb Ägyptens besondere Parallelen auf Rhodos, was für eine Beurteilung dieser rhodischen Funde von Bedeutung sein wird. Es handelt sich wohl analog zu unseren anderen Ergebnissen in Palästina durchwegs um ägyptische Importstücke. In dem Zusammenhang ist auch das Fragment einer saitischen Neujahrsflasche [308] zu erwähnen und einige andere Fayencen [309], die sehr stark an Rhodos erinnern.

Die aus Megiddo bekannten Aegyptiaca repräsentieren somit in ihrer Gesamtheit eine Epoche, die vor der Perserzeit liegt; die Parallelen in Tell Abu Hawam gehören auch dort in die vorpersische Epoche. Von Sardinien aus gesehen bietet Megiddo nur vereinzelt wirkliche Parallelen (und zwar bloß bei den Skarabäen und Skaraboiden), gibt uns aber einen ausgezeichneten Einblick in das Vorstadium, aus dem heraus sich das nicht ägyptische Material Sardiniens entwickelte. Das Material von Megiddo präsentiert uns einen Ausschnitt auf dem Wege zur ägyptisierenden Fazies des punischen Westens, spiegelt aber gleichzeitig auch die innerägyptische Entwicklung wider. Daraus läßt sich ganz allgemein erkennen, daß die Aegyptiaca eines Fundortes in einer bestimmten Epoche ein ganz bestimmtes Bild darbieten: Eine bronzezeitliche Fundgruppe unterscheidet sich ganz wesentlich von einer eisenzeitlichen oder einer perserzeitlichen.

Während wir für unsere Zwecke das perserzeitliche *TELL ABU HAWAM* als phönikische Hafenschaft kulturell zu Phönikien rechnen, wollen wir die Aegyptiaca der früheren Perioden im Verbande mit Palästina kurz ins Auge fassen. Diese geben in bescheidenem Ausmaß den Befund von Megiddo wieder und bieten das für viele Siedlungsgrabungen typische, eher ärmliche Bild, das aber dennoch die Charakteristika der einzelnen Epochen deutlich erkennen läßt. Die Unterschiede treten vermutlich gerade durch die Siedlungslücken—a) vom Seevölkersturm bis zur Mitte des 11. Jhs., b) vom Ende des 9. Jhs. bis zum Beginn der Perserzeit [310] — so klar hervor.

Stratum V, das in seiner mittleren Phase mit dem Gouverneurspalast zu verbinden ist, der offensichtlich unter Sethos I. erbaut wurde [311], erbrachte einige Fayenceperlen, Fayenceamulette in Form des Anch, des sog. „Isisblutes", des dd-Pfeilers, oder auch ein großes, kompaktes Udjat, eine zylindrische Perle aus Kalkspat mit der Kartusche Amenophis' III., zwei Fayenceskarabäen desselben Pharaos [312], einen Steatitskarabäus, wie er für bronzezeitliche Kontexte in Palästina typisch ist [313] oder auch einen lokalen Menschenkopfskaraboid aus Steatit [314]. Die Fayencegefäße, insbesondere ein Menschenkopfrhyton [315], zeigen, wie bereits festgestellt [316], den hohen Standard und die Eigenständigkeit der außerägyptischen Fayencegefäßerzeugung im zypriotisch-vorderasiatischen Raum während der Spätbronzezeit.

Stratum IV (zweite Hälfte des 11. Jhs. bis frühes 10. Jh.) erweist uns die Kontinuität einer bescheidenen außerägyptischen Produktion [317], sowie direkte oder indirekte Kontakte mit dem Nilland an Hand ägyptischer Importe, die wohl selbst in die 21. Dynastie gehören [318]. In Stratum III (Mitte 10. Jh. bis Ende des 9. Jhs.) fanden sich außer einigen Fayenceperlen auch zwei Patäken, zwei löwenköpfige Statuetten und zwei Besfigürchen [319], eines vom sitzenden Typus [320] und das uns bereits von Megiddo bekannte Stück [321].

Sowohl die bronzezeitlichen wie eisenzeitlichen Aegyptiaca des in Nordpalästina gelegenen *HAZOR* stammen ebenfalls aus einer Siedlungsgrabung [322]. Der absolute Vorrang des Skarabäus [323] sowie die vielen Abdrücke beweisen hier wieder, daß die Skarabäen aus Siedlungsbefunden in Palästina spezielle Siegelfunktion hatten, was in Gegensatz zu ihrer Bedeutung in

europäischen Fundorten steht. Die wenigen eisenzeitlichen Aegyptiaca verteilen sich über den Zeitraum vom 11. bis zum 8. Jh.v.Chr. und geben damit
immerhin einen Beitrag zur Frage der Kontinuität.

Fayencefigürchen aus eisenzeitlichen Schichten haben auch die jüngsten
Grabungen in *Tel Dan* zu Tage gebracht [324], worauf wir jedoch nicht näher
eingehen wollen.

3. *Phönikien und Syrien* (Karte 1 und 2)

Im Gebiet nördlich von Palästina, zu dem wir hier auch die phönikischen
Städte in Nordpalästina selbst rechnen, erfordern ganz andere ethnische
Elemente unsere Aufmerksamkeit, die für die Aufnahme, Verarbeitung und
Verbreitung des ägyptischen Kulturgutes von Bedeutung sind: Es handelt sich
im 1. Jt.v.Chr. vor allem um die Phöniker und um die Griechen in ihren
nordsyrischen Ansiedlungen, unter denen Al Mina besonders hervorragt.

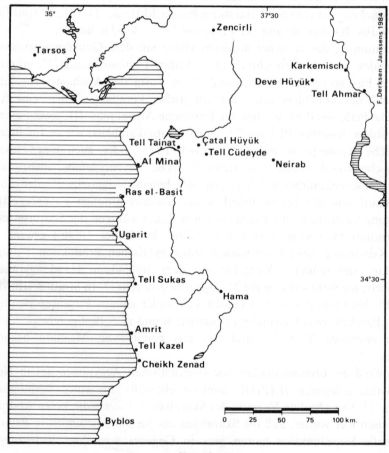

Karte 2

Allerdings bildet die in Palästina bis in die Eisenzeit II erreichte Entwicklung des ägyptischen Kulturgutes eine wichtige Grundlage für das Bild der Aegyptiaca im Norden, wie aus den Beziehungen, die sich stets zu westlichen Fundgruppen aufzeigen ließen, deutlich hervorgeht. Phöniker und Griechen waren ja für die Vermittlung der Aegyptiaca in den griechischen, italischen und westmediterranen Raum verantwortlich. Dabei ist für Palästina immer an die Möglichkeit zu denken, daß Aegyptiaca aus Phönikien gerade in den nördlichen Teil des Landes gekommen sein konnten; das mag im besonderen seit der Eisenzeit II gelten. Die Ausprägung des ägyptischen Kulturgutes in Phönikien und Syrien beruht im 1. Jt. demnach a) auf der kanaanäischen Kunsttradition, b) auf der skizzierten palästinensischen Entwicklung der kleinen Aegyptiaca, c) auf den selbständigen kulturellen Kontakten mit dem Nilland, die gerade zur Perserzeit eine starke Intensivierung erleben, und d) auf eigener Verarbeitung des Übernommenen.

Auf die bronzezeitlichen Aegyptiaca der großen nördlichen Zentren von Ebla[325] und *UGARIT*[326] müssen wir hier nicht näher eingehen, da sie — abgesehen von den bereits erwähnten kanaanäischen Metall- und Elfenbeinarbeiten[327] — für die eisenzeitliche Entwicklung keine wesentlichen Erkenntnisse beisteuern. Ugarit war nach dem Seevölkersturm offenbar völlig bedeutungslos. In eisenzeitlichen Gräbern, deren Ausstattung mit derjenigen der Gräber von Tell el Yahudiyeh und Deve Hüyük eng verwandt ist, fanden sich zwei Steinalabastra in einer Form der 26. Dynastie[328]. In einer perserzeitlichen Bestattung, die auch neubabylonische Beigaben enthielt, fanden sich der Zeit entsprechend ein Skarabäus aus grünem Stein (wohl Jaspis) und ein Karneolskaraboid[329]. Interessant ist aber ein Skaraboid aus graugrünem Steatit, der vermutlich derselben Epoche angehört und auf der Flachseite die Darstellung eines Bes zwischen zwei Skorpionen zeigt[330]; die Existenz des Stückes bezeugt die Ausbreitung ägyptischer magischer Symbolik, wie sie etwa durch die sog. Horusstelen[331] vermittelt wird.

Auf die besondere Stellung von *BYBLOS* konnten wir bereits mehrfach hinweisen[332]: Erwähnt wurden die Zugehörigkeit zu Ägypten seit dem MR, die Ägyptisierung der Stadtgöttin Baalat Gebal, der unter Thutmosis III. erbaute Hathortempel, die Weiterentwicklung ägyptischer Motivik auf dem Sarkophag des Ahiram und die Weihestatuen von Königen der Libyerdynastie. Auf diese relativ gut bekannten Beziehungen auf einer „höheren" politischen und kulturellen Ebene[333] wollen wir hier nicht weiter eingehen und uns den Aegyptiaca zuwenden, die eine Beurteilung der westlichen Funde erleichtern.

Unter den frühen Objekten sind die wohl noch ins MR gehörenden Fayencen des großen Votivdepots im Vorraum des Obeliskentempels zu nennen[334]. Bis heute ist nicht ganz klar, ob der Großteil dieser Stücke aus weißer Fayence mit grüner oder bläulicher Glasur ägyptisches Importgut oder sehr gute Kopien darstellt [335]. Es handelt sich um Nilpferde, auch aufgerichtet nach Art der Thoëris, sitzende Paviane, liegende Katzen oder katzenartige Tiere, liegende Widder, Igel, groteske Gestalten in der Art von nackten Patäken, kleine Krokodile, Frauengestalten mit ägyptischen Perücken [336], Fayencegefäße u.a. [337]. Manches ist sicher unägyptisch; außerdem barg das Depot aber auch andere ägyptische Importstücke, wie einen Bes oder einen kleinen Würfelhocker mit hieroglyphischer Inschrift aus Kalkstein [338].

Unter den spätzeitlichen Aegyptiaca fallen vier Eingüsse von saitischen Neujahrsflaschen [339] auf, die Byblos in das große Verbreitungsgebiet dieser Gefäßgattung einreihen: Ashdod und Megiddo haben wir schon genannt; im übrigen sind die Flaschen im ganzen griechischen und italischen Raum, sowie in Karthago beliebt [340]. Einer der ebenfalls aus dem gesamten Mittelmeerraum bekannten Fayenceigel [341] bezeugt gleichfalls die Beziehungen zum saitischen Ägypten.

Trotz des Fehlens eisenzeitlicher Strata in Byblos [342] fand sich viel Material verstreut, vor allem innerhalb der römischen und hellenistischen Schichten, das für uns von Bedeutung ist. Abgesehen von Bronzen, wie die eines schematischen Beses mit doppelter Vorderseite [343] oder einer Bronzekatze [344], sei der Kopf einer Mut [345] aus weißer Fayence mit schwerer Perücke und Doppelkrone hervorgehoben. Er repräsentiert einen ägyptischen libyzeitlichen Typus, der auch aus Etrurien [346] bekannt ist und mit unserer Isis Taf. 29,2 stilistisch zusammengebracht werden kann. Auch Sachmet [347] und Nefertem sind belegt. Letzterer offenbar in einem Typus, den wir bereits von Gezer kennen und dessen weite Verbreitung betont wurde [348]. Unter den Besfigürchen ist z.B. ein grimassenschneidender Typus aus weißer Fayence [349] zu nennen, auf dessen Rückseite sich eine geflügelte Schutzgöttin befindet, wodurch die Verwandtschaft zum Patäken besonders zum Ausdruck kommt. Ein Bes aus Steatit [350] bietet uns einen weiteren Beleg [351] für die Existenz von Steatitamuletten ägyptischen Typs im Osten und ist in Hinblick auf die vielen sardischen Fundstücke dieser Art festzuhalten. Von den nackten Patäken ohne Attribute trägt einer einen Neujahrswunsch [352] analog einem Figürchen in Kairo [353]. Ein anderes Stück [354] ist durch die auf der Rückseite befindliche schreitende, Gestalt mit Schurz und hohem Stab sowie die unklare Basisinschrift mit einem Patäken in Kition [355] zusammenzubringen, der dort aus einem Kontext der zweiten Hälfte des 9. Jhs.v.Chr. stammt und mit Recht für ein außerägyptisches Erzeugnis angesehen wird.

Von den verstreuten Funden sind weiters erwähnenswert eine Thoëris aus weißer Fayence [356] oder eine liegende Häsin aus ,,weißer Paste" [357], die ägyptischen Hasenamuletten bestens entspricht [358] und die in Typus und Stil engstens mit unserer Taf. 71,2 verwandt ist [359]. Dazu kommen einige Udjat-Augen [360], einige Amulette aus blauer Paste (Ba-Vogel, Falke, rechteckige Plakette mit einem Udjat) [361], ein Krokodil aus grünem Stein [362] u.a. Die für uns stets interessante blaue Paste ist nicht nur ein beliebtes Material bei vorderasiatischen Aegyptiaca (Skarabäen, Rollsiegel [363] u.a.) sondern begegnet auch bei ägyptischen Importen [364].

Aufschlußreich ist die geschlossene Fundgruppe des libyerzeitlichen Opferdepots neben dem Tempel der Baalat Gebal [365], das seine Existenz vermutlich einer baulichen Erneuerung und Vergrößerung des Heiligtums verdankt. Darin befanden sich auch zwei schematische Besbronzen [366], die mit Ägypten nur wenig zu tun haben, und drei bis zur Unkenntlichkeit stilisierte bronzene Besköpfe [367]. Diese phönikischen Arbeiten bezeugen uns unter vielen anderen Beispielen die Wertschätzung der Besikonographie im lokalen Kunsthandwerk.

Unter den Fayenceamuletten des Depots ragen vor allem die Udjat-Augen heraus. Zum großen glatten Typus unserer Taf. 83,2 mit erhabener Pupille und Braue in Relief gehören etliche Stücke [368]. Dieser libyerzeitliche Typus war jedoch länger in Gebrauch, wie auch sein Vorkommen im neubabylonischen Friedhof von Neirab beweist [369]. Auch die kleine Variante (Typus 49.A.2.3.1.2) ist belegt [370]. Dazu kommen größere Udjat-Augen mit schöner Augenzeichnung in doppelter Linienführung und schräg schraffierter (wie Taf. 83,3) oder in Winkeln schraffierter (wie Taf. 83,1) Braue [371]. Außerdem gibt es kleine Stücke mit schwach eingraviertem Auge in doppelter Linienführung, entweder ohne Aufhänger ähnlich unserer Taf. 83,6-7 [372] oder mit Aufhänger [373]. Aber von den in Sardinien so beliebten durchbrochenen Udjat-Augen (Taf. 80-82), den Stilisierungen der Taf. 83,10-13, dem markanten Typus der Taf. 83,8-9, den Augen der Taf. 84, sowie den Plaketten — von all dem ist in Byblos nichts zu finden.

59 Figürchen stellen Thoëris dar. Ein großes Stück [374] gibt die guten ägyptischen Formen unserer Taf. 58,1-2 und 59,1 wieder, unterscheidet sich aber offenbar sehr in der Art der Fayence. Sonst gibt es Stücke [375], die einigen aus Sardinien nahestehen (Taf. 62,4-5); identische Figürchen suchen wir allerdings vergeblich.

Neunzehn Amulette haben die Gestalt eines hockenden Pavians, davon trägt einer [376] Mondsichel und Vollmond wie auf unserer Taf. 75,1. Auch der Typus der aufgerichteten, sich auf ihren Schwanz stützenden Meerkatze wie auf unserer Taf. 72 kommt vor [377].

Zehn Figürchen geben den hockenden Bes wieder [378]. Bei den stehenden menschlichen Figürchen mit den Händen längs des Körpers und Schurz [379] handelt es sich wahrscheinlich um Nefertemstatuetten, denen der Kopfputz fehlt. Nefertem ist aber auch sonst belegt [380].

Ein Patäke [381] trägt stilistisch genau gleich das merkwürdige alte Gesicht unserer Patäken auf Taf. 10 (Dreiecknase, die charakteristischen Augen, usw.), hat aber keine Durchbrechung. Dennoch möchte man das byblitische Stück derselben Produktion zuweisen wie die sardischen. Dasselbe gilt für zwei Gegenstücke [382] zu unserer Taf. 15,2, ein Typus, der auch in Sidon [383] nachgewiesen ist. Gelangten demnach vielleicht auch Amulette nach der Libyerzeit ins Opferdepot? Zwei Figürchen [384] scheinen eine außerägyptische Weiterentwicklung des Patäken und eine Kontamination mit einem affenähnlichen Bestypus zu bezeugen.

Typologisch Verwandtes gibt es auch für sardische Schu-Figürchen, den anthropomorphen Thoth mit Ibiskopf, den löwenköpfigen Mahes, Anubis u.a.[385]

Nach der Durchsicht der Amulette des libyerzeitlichen Opferdepots von Byblos lassen sich nun folgende Ergebnisse zusammenfassen:

1. Es sind sicher einige echt ägyptische Stücke darunter (z.B. Anubis, sitzender Bes, Udjat-Augen).

2. Die meisten Figürchen sind phönikischer Herstellung, und zwar aus einer feinen Fayence, bei der die Glasur leicht abgeht [386].

3. Möglicherweise kamen noch später Amulette ins Opferdepot.

4. Offenbar läßt sich an Hand nichtägyptischer Stücke bisweilen eine Weiterentwicklung des ägyptischen Angebots verfolgen.

5. Einige Figürchen finden ihre exakten Parallelen in Sardinien; das betrifft wahrscheinlich ägyptische und unägyptische Objekte.

6. Das byblitische Material bietet sowohl hinsichtlich verwandter Typen im weiteren Sinn als auch hinsichtlich der exakten Parallelen nur einen Ausschnitt des aus Sardinien bekannten Repertoires (vgl. unsere Typologie). Das Material im Opferdepot ist im gesamten älter und hat noch nicht den perserzeitlichen ägyptischen Impuls erfahren. Es zeigt sich aber bereits hier, daß die Amulette des punischen Westens, zumindest größtenteils, in Ostphönikien beheimatet sind.

7. Mit Ausnahme einiger Udjat-Augen und vielleicht auch eines großen Beskopfes [387] lassen sich fast keine Parallelen von Rhodos anführen. Das steht im Gegensatz zu Megiddo oder anderen palästinensischen Funden. Rhodos und Palästina haben viele echte ägyptische Amulett-Typen gemeinsam, in Byblos aber herrschen die Nachahmungen vor, die die phönikische Aktivität in der Aufnahme des ägyptischen Kulturgutes bezeugen.

Interessante Ergebnisse lassen sich auch an den Skarabäen des 1. Jts. gewinnen. So zeigt sich die Verarbeitung ägyptischer Motive, zum Teil in Verbindung mit der palästinensischen Tradition [388]; diese Stücke tragen zur Frage der Genese der vorderasiatischen Steatitgruppe bei, die wir auf Sardinien vorfinden. Die blauen Pasteskarabäen haben nicht nur Beziehungen zu Palästina [389] und Italien [390], sondern auch direkte zu Ägypten [391] und bieten andere interessante Details [392]. Ein Skarabäus wurde wahrscheinlich in Naukratis hergestellt [393]. Auffallend sind vorderasiatische Elemente auf Skarabäen aus Stein und weißer Fayence [394]; allerdings ist die Datierung oft schwierig. Schließlich sind auch einige phönikische Skarabäen aus hartem Stein [395] hervorzuheben, von denen ein Jaspis-Skarabäus im Louvre [396] sogar einen Typus des 2. Jts. nachahmt.

Von den phönikischen Städten in Nordpalästina ist für unsere Untersuchung ʿATLIT am wichtigsten. Der Friedhof erstreckt sich über einen Zeitraum von der Wende des 8. zum 7. Jh. bis in hellenistische Zeit. Bereits die frühesten Brandgräber bargen typisch phönikische Keramik, allerdings nur einen Skarabäus [397]. In den Brandgräbern sind die Fayencen vermutlich zugrunde gegangen; sie gehören aber auch in die Zeit vor dem perserzeitlichen Kulturfluß. Die Bestattungsgräber des 5. und 4. Jhs. repräsentieren die phönikische Mischkultur ihrer Zeit mit Silbermünzen von Tyros und Sidon, viel attischer, aber auch phönikischer Keramik und einem hervorragenden Befund für die ägyptische Komponente in Phönikien.

Die Aegyptiaca gehören zur typischen Ausstattung der Frauengräber und fanden sich auch nur in solchen. Es gibt aber nur wenig Männerbestattungen, die durch Waffen identifiziert sind [398]. Interssanterweise ist das phönikische Element im gesamten in ʿAtlit ein Charakteristikum der Frauengräber. Die Gräber dieser Stadt bieten uns somit ein einzigartiges Zeugnis für die Amulettbedeutung der Aegyptiaca im Osten, und zwar mit besonderer Beziehung zur weiblichen Sphäre. Bereits E. Lagarce [399] ist die Position der Amulette in der Bestattung c-IV des Grabes L 23 [400] zwischen den Beinen von der Schamgegend bis zu den Knöcheln aufgefallen und ebenso die Bevorzugung der Zusammenstellung von Skarabäus, Wadj-Symbol, Schu, Ptah-Patäke, Affe und Thoëris, außerdem fehlt fast nie das Udjat-Auge. Der Befund erweist klar die Bedeutung für die Fruchtbarkeit der Frau und die Geburt und fügt sich bestens in die Ergebnisse ein, die aus dem Studium zypriotischer Aegyptiaca [401] und der Skarabäen von Ischia [402] gewonnen wurden. Für uns ist das von umso größerer Relevanz, als die sardischen Fundgruppen zum größten Teil dasselbe kulturelle und religiöse Milieu mit derselben volkstümlichen Vorstellungswelt wie ʿAtlit repräsentieren und schwerpunktmäßig auch derselben Zeit angehören; das punische Milieu erscheint bloß durch westliche Besonderheiten angereichert. Hinsichtlich des ägyptischen Kulturgutes bietet also ʿAtlit zu Sardinien ein ausgezeichnetes Pendant im Osten. Auf Sardinien (vornehmlich in Tharros) finden wir das gesamte Spektrum von ʿAtlit wieder; es wird allerdings um eine Anzahl in ʿAtlit nicht belegter Typen, besonders um die punischen Produktionsgruppen vermehrt, also durch die im Westen hergestellten Fayenceamulette, punischen Skarabäen, vor allem aus hartem Stein, den etwas früher zu datierenden Goldschmuck, die Stelen u.a.

Bei der Durchsicht der Skarabäen fallen zunächst der bereits erwähnte libyerzeitliche Steatitskarabäus [403] mit grober, schraffierter Umrandung aus der frühesten Gräbergruppe und ein gebrochener Hyksosskarabäus [404] auf, der sich bei einer perserzeitlichen Bestattung fand; im Osten gibt es immer wieder Beispiele für eine solch lange Verwendung alter Stücke. Im übrigen finden sich auch original ägyptische, spätzeitliche Stücke, die z.T.

Beziehungen zum sardischen Material erkennen lassen[405]. Diese dürften für die Herkunftsfrage echt ägyptischer Stücke aus Sardinien von Belang sein. Ein Steatitskarabäus, den Rowe[406] der 25. Dynastie zuweist, trägt tief eingeschnittene Hieroglyphen, eine Eigenart, die uns auch in der palästinensischen Produktion des bronzezeitlichen Lachish aufgefallen ist[407] und die zu dem tief eingeschnittenen Dekor eines charakteristischen, phönikischen Steatitskarabäus (Abb. 24)[408] einer perserzeitlichen Bestattung von 'Atlit hinüberführt. Das zuletzt genannte Stück ist unter anderem dafür ausschlaggebend, daß wir eine ganze Gruppe von Steatitskarabäen Sardiniens mit Sicherheit als ostphönikisch bezeichnen dürfen. Zu erwähnen ist auch die aus Sardinien gut bekannte (s. Typentafel III) hellgelbe, feine Fayence ohne Glasur mancher Skarabäen[409] und Skaraboide[410]. Ägyptisches Importgut stellen die Skarabäen ohne Flachseite[411] dar, zu denen auch unsere sardischen Stücke Taf. 148 gehören.

Eine besondere Gruppe bilden die Skarabäen aus hartem Stein, entweder ohne Dekor[412] oder mit Motiven, die wir auch aus Sardinien kennen: die nach links schreitende falkenköpfige Gottheit[413], die stehende Isis, die dem stehenden Horusknaben in den Papyrusmarschen die Brust reicht[414], oder die thronende Isis mit Harpokrates[415]. Dieses Motiv trägt auch ein Skarabäus aus der in 'Atlit seltenen blauen Paste (Abb. 54)[416], der ebenfalls in perserzeitlichem Kontext gefunden wurde. Wie ein etwa gleichzeitiger himmelblauer Pasteskarabäus aus Al Mina[417] beweist er uns, daß in Phönikien noch zur Perserzeit in der alten blauen Paste Skarabäen mit der zeitgenössischen Motivik hergestellt wurden. Im übrigen gibt es in 'Atlit wie in Sardinien und Karthago auch Jaspis- und Karneolskarabäen mit griechischen Motiven, unter denen Herkules dominiert[418].

Der größte Teil der 'Atliter perserzeitlichen Fayenceamulette[419] findet exakte Parallelen auf Sardinien, das gilt etwa für den Patäken[420], Schu[421], den anthropomorphen Thot mit Ibiskopf[422], die menschengestaltige Gottheit mit Widderkopf[423], den liegenden Widder[424], die sich auf den Schwanz stützende Meerkatze[425], Thoëris[426], die Häsin[427], das Udjat-Auge[428], sowie die ober- und unterägyptische Krone[429]. Wenige Typen begegnen in Sardinien in anderer stilistischer Ausführung[430] oder sind in Sardinien ohne Parallele[431]. Gelegentlich zeigt sich, daß stilistische Eigenheiten von einem Typus auf einen anderen übergreifen können[432], was die einheitliche Produktion der beiden erweist. Einige liegende Fayencelöwen[433] mit charakteristischen, unregelmäßig verstreuten Oberflächenblasen verschiedener Größe gehören unserem Typus 32.1.A.2.2. an, stehen aber stilistisch den sardischen Funden aus Steatit Taf. 67,3-4 näher. Daran zeigt sich — was ja auch der gesamte sardische Befund bestätigt —, daß die Steatitgruppe nach den äußeren Merkmalen zunächst ohne jegliche Weiterentwicklung direkt an die Fayenceamulette anschließt.

Das Material der Amulette ist sehr oft Fayence mit Glasur, die von Johns[434] für die Amulette des Grabes L 23 als blau bezeichnet wird, aber nach der genaueren Beschreibung von Rowe zwischen grün[435], bläulich grün[436] und blaßgrün[437] schwankt. Dennoch wird man die Stücke unter *eine* einzige Materialgruppe zusammenfassen dürfen, zumal wir ja wissen, daß sich ursprünglich blaue Glasuren nach grün hin verändern. Für dieselbe Technik spricht auch die Tatsache, daß wir bei allen Farbnuancen die unregelmäßig verteilen Oberflächenblasen unterschiedlicher Größe finden[438]. Nur ein Amulett, eine Blüte[439] von unserem Typus 57 (Taf. 91,3) in Silberfassung, ist aus blauer Paste hergestellt. Eine dritte, sehr beliebte Materialart ist gelbliche bis leicht gräuliche feine Fayence ohne Glasur[440].

Wie die Amulette des Grabes L 24 zeigen, kommen alle drei Materialarten bei derselben Bestattung vor; sie sind also nicht chronologisch getrennt. Ihr unterschiedliches Aussehen beruht auch nicht auf verschiedenen Umwelteinflüssen. Außerdem bietet die äußere Typologie ein absolut einheitliches Bild ohne Rücksicht auf die Materialart. Gerade an einigen Stücken[441] läßt sich im Vergleich mit Sardinien erkennen, daß ein und derselbe Typus in verschiedenem Material verwirklicht werden kann. In der Gruppe mit den Glasuren möchte man ägyptische Importstücke erkennen. Die anderen in dem feinen Fayencematerial mit abgegangener Glasur basieren direkt darauf. Auch in dieser Gruppe gibt es Stücke, die mit sardischen sowohl in der äußeren Typologie als auch im Material vollkommen übereinstimmen[442], woraus sich ergibt, daß sardische Amulette aus gelblicher bis gräulicher, feiner Fayence ohne Glasur wohl östliche Importe darstellen können.

Eine interessante Parallele zu unserem sardischen Material stellt die Art dar, wie einige ʿAtliter Figürchen in einem Silberdraht zum Aufhängen gefaßt sind[443].

Als Ergebnis läßt sich nun festhalten, daß sich in ʿAtlit der ägyptische Impuls, der sich infolge der Zusammenfassung von Ägypten und Phöniken im Achämenidenreich auswirkt, deutlich greifen läßt. Fast die gesamte Vielfalt der Aegyptiaca von ʿAtlit findet sich auf Sardinien wieder. Das gilt für die verschiedenen Skarabäentypen, einschließlich derjenigen aus hellgelblicher, feiner Fayence ohne Glasur, und die Amulettarten, die alle hinsichtlich der äußeren Typologie und des Materials ein einheitliches Bild bieten; das Fehlen des einen oder anderen Sondertypus auf Sardinien, der sich von den übrigen ʿAtliter Stücken nicht trennen läßt, kann nicht ins Gewicht fallen.

Das Produktionszentrum der aus Sardinien bekannten Steatitamulette, und der schönen Steatitskarabäen von Taf. 117-120 und anderen liegt wohl nördlich im eigentlichen Phönikien; der Skarabäus Abb. 24 muß demnach in ʿAtlit als Ausnahme gelten. Daraus wird auch zu schließen sein, daß das sardische Material, für das es in ʿAtlit exakte Parallelen gibt, nicht aus ʿAtlit in den Westen gekommen sein wird, sondern aus dem eigentlichen Phönikien.

Da die Masse der sardischen Amulette wohl derselben Epoche angehört wie die Bestattungsgräber von ʿAtlit, ist im punischen Westen auch keine Verzögerung festzustellen. Nur wenige von den in ʿAtlit feststellbaren Amulett-Typen sind bis ins spanische Gebiet gelangt [444]. Daraus darf man wohl schließen, daß manche charakteristische Verbindungen zwischen Sardinien und Spanien (Ibiza) durch westliche Erzeugnisse repräsentiert werden.

Eine gewisse Ergänzung zu den Gräbern von ʿAtlit bilden die wenigen Aegyptiaca des Stratum II von TELL ABU HAWAM, das die Stadt als phönikischen Hafen der Perserzeit ausweist. Zwei zeitgemäße Skarabäen [445] (Jaspis, Bergkristall) tragen Motive der Stücke aus hartem Stein, ein Skarabäus aus blaßgrauem Steatit [446] steht unserer Taf. 102,1 sehr nahe. Sehr wichtig ist eine Thoëris aus blaßgelbem Steatit [447] wie unsere Taf. 63,1, aber vom Typus 27.B.2 mit Winkelschraffur auf dem Rücken.

Die Skarabäen des in der Ebene von Accho [447a] gelegenen TELL KEISAN sind für uns nicht sehr aufschlußreich, weil es sich größtenteils um Stücke der Bronzezeit und Eisenzeit I handelt [448]. Dagegen erweisen die Fayenceamulette [449], für die wenigstens teilweise der perserzeitliche Zusammenhang gesichert ist, direkte Beziehungen zum punischen Westen. Es zeigt sich immer wieder, daß sich exakte Parallelen nur in etwa gleichzeitigen Kontexten finden.

Während die aus Tyros [450] bekannten Aegyptiaca für die vorliegende Untersuchung bedeutungslos sind, geben uns die Amulette des Schreines 1 von SAREPTA (Sarafand) einen ausgezeichneten Einblick in das ägyptische Element des phönikischen Volksglaubens im 8. und 7. Jh.v.Chr. Der Kultplatz ist in seiner Architektur und dem Befund der Votivgaben mit dem Astartetempel von Kition in dessen dritter Periode engstens verwandt [451], obwohl in Sarepta die Skarabäen fehlen. Der Schrein war laut einer Weihinschrift der Tanit-Astarte oder Tanit und Astarte geweiht [452]. Unter den Votivgaben fand sich nichts, das speziell auf Männer weisen würde [453]. Außerdem fehlen Gold- und Silberobjekte, was darauf schließen läßt, daß es sich um Gaben eher einfacher Frauen an die weibliche Gottheit handelt. Ebenso stellen die späteren Terrakottafigürchen des Schreines 2 (5.-4. Jh.) nur Frauen dar, wobei auch der Typus der schwangeren Frau vertreten ist [454]. Unter den Funden des älteren Schreines befanden sich auch ein fragmentarischer Sphingenthron [455] und zwei phönikische Elfenbeinstücke, von denen eines einen Frauenkopf mit ägyptischer Perücke wiedergibt [456]. Die Fayenceamulette gehören hier also wie in Kition oder in den Gräbern von ʿAtlit in die ureigenste weibliche Sphäre: Sie sind Votivgaben für eine Göttin, die über Empfängnis, Schwangerschaft, Geburt und Aufzucht des Kleinkindes wachte.

Was den Ursprung der Amulette anlangt, werden wir uns Pritchard [457] anschließen dürfen und sie für ägyptische Importware ansehen. Es erscheint ein Horusknabe, Bes (kompakt, stehend, mit Federkrone, einmal auch sitzend), der nackte Patäke ohne Attribute, Ptah, die Sau (unserer Taf. 69,3 nahestehend), der Typus der löwenköpfigen Ägis, die anthropomorphe Bastet mit Katzenkopf und langem Gewand ähnlich unserer Taf. 7,5, der Pavian ungefähr in der Haltung unserer Taf. 74,1, vor allem aber das Udjat-Auge[458]. Da der Befund dem 8.-7. Jh. angehört, sind auch kaum exakte typologische Parallelen in Sardinien anzutreffen. Diese Amulette haben also für den punischen Westen die Bedeutung eines echten *background* und geben durch den Fundzusammenhang vor allem Aufschluß über ihren Stellenwert innerhalb der phönikischen Kultur und Religion[459].

SIDON ist für uns der Ort, der in jeder Hinsicht ausschlaggebend ist für eine Beurteilung der Herkunft und Bedeutung der sardischen Aegyptiaca. Der kulturell hervorragenden Stellung dieser Stadt entsprechen die ausgezeichneten Funde aus dem Eshmuntempel und den verschiedenen Nekropolen, deren Wert für die Forschung jedoch durch weitgehende Zerstreuung in verschiedene Museen und durch schlechte Dokumentation beeinträchtigt wird. Was über andere phönikische Fundgruppen ausgesagt werden kann — über Sarepta, ʿAtlit, Kamid el-Loz usw., sowie über nicht näher lokalisierbare Aegyptiaca aus Phönikien — mag als Ergänzung zum sidonischen Befund aufgefaßt werden. Hier gefundene Denkmäler ägyptischer Könige[460] bezeugen die ägyptische Aktivität in Phönikien und die daraus folgende Intensivierung der schon bestehenden direkten Kontakte, die während der gemeinsamen Zugehörigkeit von Ägypten und Phönikien zum Perserreich ihren Höhepunkt erleben. Es zeigt sich in Phönikien, besonders in Sidon, die Blüte eines kulturellen und künstlerischen Synkretismus dank der Begünstigung von Seiten der Achämeniden[461].

Vielleicht das hervorragendste Zeugnis für die Adaptierung ägyptischer Elemente in Sidon ist die Sitte der Bestattung vornehmer Leute in anthropoiden Sarkophagen, die man zuerst aus Ägypten holte[462] und danach selbst in großem Stil nachahmte[463].

An die Spitze der sidonischen Aegyptiaca wollen wir einen wunderbaren Holzbes aus den Grabungen Macridys von 1903 stellen[464], der an den Holzbes von Nora erinnert[465]. Speziell für den Bereich des Eshmuntempels aus dem 6. Jh.v.Chr.[466] sind außer einigen ägyptisierenden archaisch-zypriotischen Steinfiguren[467] eine Bronze in der Ikonographie des ägyptischen Nefertem, jedoch ohne Bart[468], und ein Patäke (Abb. 1) bezeugt, der wie zwei Figürchen aus Byblos[469] in die Gruppe unserer Taf. 15,2 (Typus 5.1.A.4.3.1) gehört. Die Grabungen im etwa 1 1/2 km östlich von Sidon gelegenen Ayaa erbrachten den Oberteil eines wohl lokalen Patäken[470], diejenigen im benachbarten Helalieh u.a. ein ganzes Kollier von Fayenceamuletten, das sich heute im Louvre befindet[471]. In Helalieh fand sich auch der Unterteil eines Fayencefigürchens[472], das eine stehende Gestalt, die von zwei Löwen flankiert wird, wiedergibt und ein getreues Gegenstück auf Rhodos[473] hat.

Daß das gesamte Spektrum zumindest der mit Glasur versehenen Amulette von ʿAtlit auch für Sidon annehmbar ist, haben die amerikanischen Ausgrabungen der Felsengräber des 5. und 4. Jhs.v.Chr. bei ʿAin Ḥilweh (knapp 2 km südöstlich von Sidon)[474] erwiesen. Die Ergebnisse fügen der Frage nach der Bedeutung der Aegyptiaca innerhalb ihrer lokalen Umgebung einen neuen Aspekt hinzu. Der größte Teil stammt aus der westlichen Kammer des Grabes I[475], in dessen östlicher Kammer ein Ehepaar in zwei anthropoiden Sarkophagen bestattet ist. Der Mann war sichtlich von hohem Rang[476]. Die Tatsache der Konzentration an einer einzigen Stelle darf nicht überbewertet werden, da die Gräber sehr unter Grundwasser gelitten hatten, wovon die Fayencen am ehesten betroffen sein mußten. Außerdem waren die Gräber auch in späterer Zeit immer wieder in Gebrauch[477], sodaß gerade Preziosen leicht verloren gehen konnten. Jedoch zeigt der Befund eindeutig, daß die Aegyptiaca in Sidon innerhalb einer gehobenen Schicht[478] auftreten, die bewußt ägyptische Tradition adaptierte und pflegte. Das ergibt sich zunächst aus den anthropoiden Sarkophagen selbst, bei denen z.T. sehr hochstehende griechische Künstler nicht nur die ägyptische Form übernahmen, sondern auch durch gelegentliches Hinzufügen des ägyptischen Kopftuches[479] den Bezug zu Ägypten verdeutlichten. Weiters erweist es die Einbalsamierung der Leichen[480]. Diese Überlegungen sind für den punischen Westen insofern von Bedeutung, als sich dort kulturelle Erscheinungen des Ostens offenbar immer wieder reflektieren[481].

Außer einem rot und hellblau bemalten Terrakottabes[482] handelt es sich bei den für uns interessanten Objekten um Fayencefigürchen[483] mit bläulich grüner Glasur, die nach Typologie und Stil dieselbe Produktionsgruppe wie die glasierten Amulette aus ʿAtlit repräsentieren, dort aber etwas besser dokumentiert sind. Von den bei Torrey abgebildeten Stücken finden exakte Parallelen in Sardinien ein Patäke, ein Thot, eine Thoëris, eine auf den Schwanz gestützte Meerkatze, liegende Widder, ein schreitendes Rind, eine liegende Häsin, eine unterägyptische Krone und zwei Skarabäen ohne Flachseite. Sonst gibt es noch Anubis und die anthropomorphe Gottheit mit Widderkopf[484]. Mit Ausnahme der Meerkatze und der unterägyptischen Krone kehrt das gesamte Repertoire bei den von Renan[485] erwähnten sidonischen Funden wieder.

In Sidon sind auch die Amulette aus anderen Materialien erwähnenswert. Hamdy Bey und Reinach[486] beschreiben ein Kollier aus 29 Gold- und Silberperlen, drei Udjat-Augen aus Karneol und sechs Glasperlen, das in einem anthropoiden Sarkophag gefunden wurde. Zwei Udjat-Augen und ein schöner Beskopf aus Goldblech, die ebenfalls aus Hamdys Grabungen stammen, sind in Istanbul ausgestellt[487].

Die wenigen von Renan[488] erwähnten Skarabäen sind wohl durchwegs phönikische Arbeiten. Dazu kommt ein Skarabäus aus dunkelgrünem Jaspis, auf dem eine Flügelschlange in Schutzhaltung vor einem jugendlichen Gott mit spitzer Mütze steht (Taf. 157,2)[489].

Damit sind die sidonischen Funde noch nicht erschöpft, denn die Grabungen Macridys von 1903 erbrachten auch eine Menge von Fragmenten relativ großer, ägyptisierender Fayencestatuetten[490], die grundlegendes Material für die Erforschung der phönikischen Fayencekunst darstellen und deren Bearbeitung ein dringendes Anliegen wäre. Daß in Sidon tatsächlich Fayenceamulette nach ägyptischem Muster hergestellt wurden, beweist uns die Terrakottaform für ein Udjat-Auge[491].

In Sidon ist somit fast das gesamte ägyptische Kulturgut präsent, das aus Phönikien in den westmediterranen Raum gewandert ist. Auf die Bedeutung der sidonischen Naiskoi für die punischen Stelen werden wir noch näher eingehen[492]. Offen bleibt die Frage nach den Steatitamuletten. Daß solche wie in Tell Abu Hawam oder Amrit[493] auch im zentralen Phönikien gefunden wurden und daß diese mit Sicherheit dieselbe Produktion wie die sardischen Funde repräsentieren, steht außer Zweifel auf Grund der Stücke mit der allgemeinen Herkunftsangabe „Phönikien", die der Louvre besitzt[494]. Solche Amulette scheinen jedoch zumeist in der Literatur unterzugehen, weil ihr Material (heller, gebrannter Steatit) verkannt wurde, was auch aus den Inventarzetteln im Louvre mit der Bezeichnung „Fritte" für die betreffenden Figürchen hervorgeht.

Sehr aussagekräftig für die Rolle des ägyptischen Kulturgutes innerhalb des phönikischen Volksglaubes sind neben ʿAtlit, Sarepta, Sidon und Kition (Zypern) die Funde des perserzeitlichen Friedhofes von *KAMID EL-LOZ*[495]. Der im Landesinneren gelegene Ort hängt direkt von Sidon ab, wie sich vor allem aus den sidonischen Münzen des 5. und 4. Jhs.v.Chr. erkennen läßt.

In dem reichsten Grab, Nr. 76, das einer Frau von 18-22 Jahren[496] gehörte, fanden sich zusätzlich zu den Trachtbestandteilen als Beigaben in einem Beutel über dem Knochen des linken Unterarmes u.a. Skarabäen, Fayencepatäken und ein Korbamulett unseres Typus 61. Neben dem Körper lagen unter anderen Objekten ein Fayenceskarabäus in Ellbogenhöhe und ein Sandsteinskarabäus in Beckenhöhe. Letzterer könnte speziellen Amulettcharakter für die weibliche Intimsphäre gehabt haben. Im übrigen sind in Kamid el-Loz Siegel und Skarabäen ein charakteristisches Element der Frauengräber. Daran zeigt sich nicht nur, daß der Amulettwert (vielleicht in Verbindung mit einem gewissen Schmuckwert) über den Siegelcharakter dominierte, sondern vor allem, daß der Amulettwert auf das Leben der Frau im Diesseits und Jenseits zu beziehen ist[497].

Hier ist der Befund der relativ wenigen, aber verhältnismäßig reichen Kindergräber anzuschließen. Der Amulettcharakter der Halsketten aus den Gräbern 10(?), 13, 20 und 34 ist durch die Zusammenstellung, besonders durch die in jedem Fall vorhandene Kaurischnecke, evident[498]. Neben dieser hatte die Kette des Grabes 13, das einem Kind von 2-2 1/2 Jahren gehörte, verschiedene Perlen und vier Udjat-Augen (z.T. vom Typus 49.A.2.3.1.2); zu den Resten der Kette(?) des Grabes 10 eines Kindes von 1 1/2 bis 2 1/2 Jahren gehörte u.a. ein vasenförmiger Bronzeanhänger unseres Typus 60; die Kette des Grabes 34, in dem ein Kind von 1-1 1/2 Jahren lag, enthielt neben der Kauri und verschiedenen Perlen einen Beskopf und eine oberägyptische Krone aus Fayence. Der Vergleich mit den Aegyptiaca der Kindergräber des 8. Jhs. von Pithekoussai (Ischia) drängt sich auf, bloß daß es sich dort in der überwiegenden Mehrheit um Skarabäen handelt und im Gegensatz zu Kamid el-Loz häufig um arme Gräber. Die Bevorzugung des Skarabäus gegenüber den figürlichen Amuletten ist ja eine griechische Eigenart, die sich bereits in Al Mina und Tarsos, also im nordsyrischen und kleinasiatischen Kontaktgebiet, deutlich erkennen läßt. Möglicherweise haben sich hier diese Tendenz, die uns so kraß im griechischen Mutterland (Perachora, Sounion usw.) und in Süditalien entgegentritt, sowie ihre magischen Grundlagen ausgebildet. Der Vergleich von ʿAtlit, Sarepta, Kamid el-Loz, Kition und Pithekoussai erweist jedenfalls nicht nur die bedeutungsmäßige Zusammengehörigkeit verschiedener figürlicher Amulette und des Skarabäus, sondern insbesondere die gemeinsame Basis dieser kulturellen Fazies, die in der Fruchtbarkeit der Frau, der Geburt und dem Wohlergehen des Kleinkindes, wahrscheinlich des Säuglings, zu suchen ist und deren Ursprung — wie F. De Salvia[499] so vorzüglich nachgewiesen hat — in Ägypten liegt.

Da sich eine weitere Besprechung der Einzelstücke in diesem Rahmen erübrigt, seien hier auf dem Weg nach Norden im heutigen Libanon nur noch die Aegyptiaca von *CHALDE* (südlich von Beirut) und *CHEIKH ZENAD*[500] (etwa 4 km südlich der Mündung des Nahr el Kebir) (Abb. 17) erwähnt. An die Ergebnisse von Kamid el-Loz schließt in Chalde das Kollier eines Kindergrabes an, auf dem sich u.a. ein Skarabäus aus blauer Paste und ein Fayencefigürchen (Bes oder Patäke) befanden[501].

Aus *TELL KAZEL*, das bereits in Syrien liegt und das unter den Achämeniden eine sehr blühende Siedlung darstellte[502], sind leider fast keine Aegyptiaca bekannt. Zwei Skarabäen aus weißer „Paste"[503] der phönikischen Eisenzeit I kommen zeitlich in die Kontexte der Skarabäen von Hama.

AMRIT ist zunächst wegen seines phönikischen Tempels mit dem ägyptisierenden Naos von Bedeutung. Auf diesen sowie die ägyptisierende Ädikula des nahe gelegenen Ain el-Hayat werden wir noch näher eingehen[504]. Die saitischen Skarabäen von Amrit[505] sind wahrscheinlich ein Ausdruck der an anderen Orten noch deutlicher erkennbaren direkten Beziehungen zwischen Ägypten und Syrien in der Eisenzeit II. Am wichtigsten ist Amrit für uns jedoch wegen des Isisfigürchens aus Steatit Taf. 31,2, das zu den wenigen Zeugnissen gehört, auf Grund derer wir den Ursprung der sardischen Steatitamulette nach Phönikien verlegen müssen. Zugleich mit dieser Isis kamen ein

Harpokrates, ein Nefertem und ein Sauamulett mit Jungen[506] aus Steatit ins Britische Museum. Diese Figürchen geben nach Material, Typologie und Stil exakt die aus Sardinien bekannten Typen wieder. Obwohl bei den zuletzt genannten Stücken keine Herkunft bekannt ist, könnten sie wegen der gleichzeitigen Eintragung ins Inventar ebenfalls aus Amrit gekommen sein.

In Syrien werden wir nun immer stärker mit der griechischen Aktivität in der Levante konfrontiert. TELL SUKAS bleibt zwar während der phönikischen Eisenzeit II (etwa 850-675 v.Chr.[507]) im wesentlichen eine phönikische Stadt, ist aber von einem starken griechischen ἐνοικισμός, einer friedlichen Ansiedlung von Griechen unter Phönikern, geprägt[508]. Aegyptiaca haben sich in Tell Sukas nicht sehr viele gefunden, darunter jedoch ein für uns außerordentlich wichtiges Parallelstück zu unserer Taf. 110,3[509].

Bessere Zeugnisse liefert das im Landesinneren gelegene HAMA, wo sich ebenfalls griechische, geometrische Keramik gefunden hat[510]. Aus der Siedlung des 9. Jhs. sind ein ḏd-Pfeiler, ein Fayenceskarabäus und ein Fayencesiegel mit einer Hundedarstellung publiziert[511]. Die Gräber mit ägyptischen Amuletten, Skarabäen und einem Skaraboid[512] erstrecken sich über einen Zeitraum vom Ende des 2. Jts. bis etwa 720 v.Chr.[513]. Hervorzuheben ist, daß es sich hier z.T. bestimmt um ägyptisches Importgut handelt. Für die Beziehungen zum Westen ist am wichtigsten ein Fayencefingerring[513a] mit dem Namen Thutmosis' I. (falls richtig gedeutet) aus einem Kontext von ca. 1075-925 v.Chr., weil er die nächste Parallele für das älteste Aegyptiacum des 1. Jts. im griechischen Raum darstellt; dieses ist ein ebensolcher Fayencering mit entstellter Mn-ḫpr-Rˊ-Kartusche aus einem frühprotogeometrischen, also ungefähr zeitgleichen Grab in Fortetsa (bei Knossos)[513b].

Etwas nördlich von Ras el-Basit[514] liegt AL MINA an der Orontesmündung, die bedeutendste und älteste griechische Ansiedlung im östlichen Mittelmeer. Die etwa hundert Aegyptiaca, in der Hauptmasse Skarabäen, aus Schichten ab dem 8. Jh.v.Chr. sind größtenteils unpubliziert und bedürfen noch der Bearbeitung[515]. Unter den Skarabäen befinden sich sehr gute, ägyptische Stücke, etliche blaue Pasten wohl unterschiedlicher Herkunft, vorderasiatische Steatitskarabäen, rohe, lokale Stücke aus schwarzem Stein mit überwiegend griechischen Motiven u.a. Die ägyptischen Importe fallen auch bei den Amuletten auf[516]. Obwohl diese Fundgruppe in erster Linie in Verbindung mit Süditalien, besonders Ischia, zu sehen ist, gibt es doch manches, was mit sardischen Aegyptiaca in Beziehung gebracht werden kann, etwa Skarabäen aus Fayence und blauer Paste in einer Typologie, die ähnlich unserer Taf. 147 derjenigen der Skarabäen aus hartem Stein verwandt ist[517], oder ein vorderasiatischer Steatitskarabäus, der zu den Vorläufern der Gruppe aus hartem Stein gehört[518], u.a. Diese breit gefächerten Aegyptiaca in einer relativ großen Anzahl sind umso bemerkenswerter, als es sich in Al Mina um eine Siedlungsgrabung handelt[519].

Die Aegyptiaca dringen weiter ins Innere Nordsyriens vor: Skarabäen fanden sich in *Tell Tainat*[520], *Çatal Hüyük*[521] und *Tell Cüdeyde*[522].

Interessant sind die Aegyptiaca der neubabylonischen Nekropole von *NEIRAB*[523] bei Aleppo. Das betrifft zunächst ihre Bedeutung innerhalb des Kontextes: Die Nekropole macht einen z.T. sehr ärmlichen Eindruck, allerdings stammen die Aegyptiaca aus den reicher ausgestatteten Gräbern. Weiters sind die Amulette, soweit feststellbar, ein Merkmal der Frauen- und Kindergräber. Die Aegyptiaca selbst repräsentieren den Übergang vom früheren Abschnitt der Saitenzeit zur Perserzeit. Auffällig ist sowohl bei Skarabäen[524] als auch bei Amuletten die blaue Paste. Unter diesen sind vor allem ein schöner naturalistischer Uräus auf Basis mit Aufhängeloch[525] und ein Beskopf[526] hervorzuheben; letzterer kommt bereits in die Nähe unserer Taf. 27,3-4. Die beiden Stücke stammen aus je einem Frauengrab. Ein Importstück aus dem saitischen Ägypten ist ein Igelgefäß aus Fayence[527] von dem bekannten, weit verbreiteten Typus, das heute in Aleppo ausgestellt ist. Dazu kommen zwei Udjat-Augen des so geläufigen Typus 49.A.2.3.1.1 aus einem Kindergrab, die das Bild abrunden (s. Tab. 3, S. 145).

In *KARKEMISCH* am oberen Euphrat reflektieren die zahlreichen ägyptischen Importstücke die Politik der Saiten während des Niederganges des Assyrerreiches, die in dem Zug Nechos II. nach Karkemisch und seiner Niederlage durch Nebukadnezar im Jahre 605 v.Chr. gipfelt. Die Bronzen, besonders drei Situlen, Siegelabdrücke mit der Kartusche Nechos II., ein bronzener Siegelring Psammetichs I., ägyptische Alabastergefäße und Fragmente einer Neujahrsflasche aus Fayence sowie die Amulette u.a.[528] gehören hauptsächlich dem 7. Jh. an mit einem *terminus ante quem* von 604 v.Chr., dem Jahr der Zerstörung der Stadt durch Nebukadnezar. Hier fassen wir somit ganz deutlich den Fall, daß die Existenz des ägyptischen Kulturgutes, zu dem auch ägyptische Scheintüren in späthethitischen Häusern[529] gehören, eine Folge der hohen Politik darstellt. Bemerkenswert ist, daß auch die uns bekannten Zeugnisse des ägyptischen Volksglaubens (Patäken, Besfigürchen, Sachmet, Udjat-Auge), der sich üblicherweise auf einer unteren Ebene ausbreitet, mit vertreten sind. Interessanterweise finden einige Patäken in Mittelitalien exakte Entsprechungen[530] in Kontexten vom späten 8. und der 1. Hälfte des 7. Jhs., sodaß es gar nicht sicher ist, ob auch diese Stücke erst im Zuge der saitischen Politik an den oberen Euphrat gelangten, zumal ja in einer Siedlungsgrabung, wie sie Karkemisch darstellt, eher zeitliche Verzögerungen begegnen.

In der Nachfolge von Karkemisch steht der Friedhof von *DEVE HÜYÜK*, der hauptsächlich in die Perserzeit fällt. Aber es gibt auch beste saitische Aegyptiaca wie eine Neujahrsflasche, Alabastergefäße und die ägyptisierenden Bronzeschüsseln[531]. Eine lokale Besvase[532] weist bereits in die Perserzeit. Unter den Amuletten (Besfigürchen, Widder, Udjat-Augen, Korbamulett [533]) finden sich die zeitgemäßen Beziehungen zu unserem sardischen Material. Interessant ist die Feststellung Woolleys [534], daß Skarabäen und Skaraboide aus „Paste" sehr geläufig sind. Eine Skarabäenflachseite [535] steht auch in engster Beziehung zu unserer Taf. 112,1, oder die sitzende Sphinx eines Stempelsiegels [536] scheint eine bessere Ausführung des Typus auf unserer Taf. 114 zu sein.

Selbst die ganz wenigen Skarabäen der achämenidischen Gräber von *TELL AHMAR* (Til-Barsib) [537] zeigen auf den Flachseiten gute stilistische Verwandtschaft zu Stücken aus Sardinien. Im nordsyrischen Hinterland läßt sich also das ägyptische Kulturgut kontinuierlich vom 7. Jh.v.Chr. (Karkemisch) über die neubabylonische Zeit (Neirab) bis zur Perserzeit (Deve Hüyük, Tell Ahmar) verfolgen.

In denselben Bereich gehören auch noch die Aegyptiaca von *Zencirli* [538] und die des griechischen *TARSOS* [539], worauf wir jedoch nicht näher eingehen wollen. Zu Tarsos sei noch hinzugefügt, daß eine Durchsicht des Materials sowie ein Vergleich mit westkleinasiatischen Fundstätten, etwa mit den noch unpublizierten Skarabäen von Erythrai, ganz deutlich zeigt, daß der Westen und der Osten Kleinasiens hinsichtlich der Aegyptiaca völlig getrennte Welten darstellen. Während Ephesos oder Erythrai insbesondere durch die Skarabäen der Perachora-Lindos-Gruppe und den rhodischen Fayencegefäßen direkt und fast ausschließlich mit dem ägäischen Raum verbunden sind, gehört Tarsos jenem Einflußbereich an, den auch Al Mina repräsentiert.

4. *Ergebnisse*

Da wir in diesem Rahmen weder auf die Randgebiete (Transjordanien [540], Mesopotamien [541], Iran [542], Anatolien [543] und Südrußland [544]) noch auf das umfangreiche ägyptische Kulturgut Zyperns [545] eingehen können, seien die wichtigsten Ergebnisse nochmals kurz zusammengefaßt.

In Palästina konnten wir seit der Hyksoszeit einen verstärkten ägyptischen Einfluß verfolgen. Wir beobachteten etwa in Tel Sharuhen, Lachish, Jericho oder Megiddo die Entstehung einer außerägyptischen Skarabäenproduktion, die durch Verarbeitung und Weiterentwicklung des ägyptischen Motivschatzes gekennzeichnet ist. Obwohl diese Skarabäen noch in vorrangiger Weise Siegel waren, läßt sich durch den zusätzlich feststellbaren Amulettwert auch das Vordringen der volkstümlichen ägyptischen Magie seit der Hyksoszeit nachweisen, eine Tendenz, die sich während des NR in zunehmendem Maße verstärkt, wie auch die jetzt zahlreich importierten ägyptischen Amulette beweisen. Die Bedeutung der Aegyptiaca läßt sich vor allem an ihrer Existenz in Gräbern und Tempeln (Lachish, Beth-Shean) erkennen, ihr z.T. spezieller Bezug auf die weibliche Sphäre zeigte sich während der 19. Dynastie in Deir el-Balah. Die Funde dieses Ortes führen uns den nahtlosen Übergang vom ägyptischen zum lokalen Kunsthandwerk in Palästina während des NR vor Augen.

In der Bronzezeit lassen sich auch bereits gewisse Tendezen des 1.Jts. erkennen, z.B. in der Beschränkung auf gewisse Amulette in Lachish und Megiddo. Außerdem zeigte sich, etwa in Tell el-ʿAjjul, Lachish, Gezer und Jericho, daß die Ursprünge des Motivschatzes von Skarabäen im punischen Westen z.T. in der lokalen Skarabäenerzeugung in Palästina zur Hyksoszeit und während des NR liegen.

Im allgemeinen ist das Belegmaterial unserer Aegyptiaca während der Eisenzeit I eher gering. Allerdings haben gerade Beth-Shean und Stratum VII von Megiddo die ägyptische Herrschaft in Anschluß an die Siege Ramses' III. über die Seevölker erwiesen, sodaß die Präsenz ägyptischer Kultur bei den Philistern zu einem großen Teil das Verdienst Ramses' III. ist. Während der ganzen Eisenzeit I bietet uns Megiddo (Stratum VI-V) Amulette und Skarabäen; letztere sind öfter älter als ihr Kontext. Dazu kommt Tel Sharuhen, ein vereinzeltes Figürchen in Stratum III von Beth Shemesh oder auch Stratum IV (11./10.Jh.) von Tell Abu Hawam.

Die palästinensische Kultur ist zur Zeit der 20. Dynastie auf der unteren Ebene der Volksreligion bereits so stark vom Glauben an die Kraft der ägyptischen Amulette geprägt, daß dieser nun integrierende Bestandteil der Kultur auch in einer Epoche weiterleben mußte, als die direkte politische Einflußnahme Ägyptens aufgehört hatte. Er überbrückte die in den palästinensischen Orten zu verschiedenen Zeiten nachgewiesen Besiedlungslücken und die z.T. herrschende kulturelle und materielle Regression.

Durch die libyerzeitlichen Kontakte erhält dieses Kulturgut einen neuen Aufschwung. Für das 10. und 9. Jh., als unter den Amuletten Sachmetfigürchen, Katzen, sowie löwen- oder katzenköpfige Ägiden dominieren, können Tel Sharuhen, Tel Ḥalif, Lachish, Grab 1 von Beth-Shemesh, Beth-Shean mit dem Steatitfigürchen in Stratum V, Stratum IV von Megiddo, Stratum III von Tell Abu Hawam, aber auch Tell Jemmeh oder Hazor genannt werden. Für das 8. und 7. Jh., eine Zeit, die die Beliebtheit des Bes mit sich bringt, stehen wieder Lachish, Beersheba, Ashdod, einige Gräber von Beth-Shemesh oder Megiddo (Stratum III-II).

Gerade Megiddo und Lachish ließen die Entwicklung der außerägyptischen Produktion von Skarabäen und Skaraboiden deutlich erkennen; dazu kommt das Material von Beth-Shemesh, Gezer und Samaria. Diese Produktion setzt einerseits die bronzezeitliche Tradition fort und ist andererseits als Folge des Endes der ägyptischen Herrschaft durch die verstärkte Aufnahme lokaler Elemente charakterisiert. Die Kontinuität mag teilweise auf der Existenz alter Stücke beruhen, die bisweilen in späten Kontexten, etwa in Lachish und Megiddo, gefunden wurden. Megiddo gab Einblick in ein Vorstadium des ägyptisierenden Materials von Sardinien, bzw. zeigte sich auch die Eisen-II-

Tradition der späteren Skarabäen aus hartem Stein. Außerdem ist der Zustrom aus Ägypten stets vorhanden, der die ererbte religiöse Einstellung und Sitte sowie Handwerks- und Kunstüberlieferung immer neu beeinflußte. Diese komplexe palästinensische Skarabäentradition wird später von den Phönikern unter großzügigem Hinzufügen neuer ägyptischer Elemente nochmals verarbeitet und an den Westen weitergegeben.

Demgegenüber stellen die Amulette in Palästina (Lachish, Beth-Shemesh, Megiddo usw.) fast ausschließlich ägyptischen Import dar, und zwar unter Bevorzugung von Gottheiten, die mit dem Delta in Verbindung stehen, wobei sich eine kontinuierliche Entwicklung während der Eisenzeit feststellen ließ; bloß einige Typen des Udjat-Auges gibt es längere Zeit hindurch. Einen Hinweis für gelegentliche lokale Herstellung von Amuletten ägyptischer Art gab uns die Tonform für einen Beskopf in Gezer, für die allerdings keine sichere stratigraphische Angabe gemacht ist.

Spätzeitliches Material mit Parallelen im Westen lieferten vor allem Tell Jemmeh (Libyerzeit bis Perserzeit), Lachish (libyerzeitliche Amulette; Beskopf und Udjat-Augen mit Gegenstücken in Sardinien), Beth-Shemesh, Gezer und Megiddo. Dieser Fundort hat vor allem Bedeutung hinsichtlich der auch in Italien belegten, vorderasiatischen Skarabäen aus blauer Paste, sowie der Amulette, die an rhodische Funde erinnern. Dazu sind die saitischen Neujahrsflaschen von Ashdod und Megiddo zu stellen — eine Gefäßart, die im ganzen Mittelmeergebiet beliebt war. Betont muß werden, daß sich kaum sicheres Material aus Naukratis anführen ließ, noch irgend etwas von den charakteristischen ägäischen Aegyptiaca, die in Perachora konzentriert sind.

Die Komponenten des ägyptischen Kulturgutes des 1. Jts. in Phönikien und Syrien bilden einerseits die kanaanäische, bronzezeitliche Kusttradition und die palästinensische, eisenzeitliche Entwicklung, andererseits die eigenen Kontakte zu Ägypten, die für die ägyptischen Impulse zur Libyerzeit und Perserzeit verantwortlich sind, sowie die selbständige Verarbeitung des Übernommenen und Einbettung des Ganzen in eigene Glaubensvorstellungen und eigenes Brauchtum.

Am Beginn unserer Betrachtungen standen die Amulette des libyerzeitlichen sog. Opferdepots des Baalattempels von Byblos, das an die vielen Tempeldepots mit Aegyptiaca im griechischen Raum erinnert. Unter den Figürchen, die gegenüber den perserzeitlichen Fundgruppen noch eine starke Beschränkung auf wenige Typen (Udjat, Bes, Patäke, Thoëris, Pavian, Nefertem, Schu, Thot, Anubis u.a.) aufweisen, gibt es echt ägyptisches Importgut, aber offenbar auch sehr viele Nachahmungen, bei denen sich gelegentlich eine Weiterentwicklung des ägyptischen Angebots verfolgen läßt. Auf Grund der Zeitdifferenz finden sich nur wenige exakte Parallelen auf Sardinien, aus anderen Gründen auch wenig typologisch Verwandtes im griechischen Raum. Dagegen zeigen Skarabäen aus blauer Paste Beziehungen

zu Palästina und Mittelitalien. Im übrigen erweisen lokale Skarabäen die
Verarbeitung ägyptischer Motive, z.T. in Verbindung mit der palästinen-
sischen Tradition und liefern einen Beitrag zur Genese späterer phönikischer
Skarabäen. Solche Stücke aus hartem Stein sind in Byblos selbst präsent.
Die Verbindungen mit dem saitischen Ägypten lassen sich an importierten
Fayencegefäßen fassen.

Die zeitliche Fortsetzung des byblitischen Opferdepots bieten die ägyptischen Amulette des Tempels von Sarepta, dessen besonderer Bezug zum
Astartempel von Kition evident ist. Diese Amulette (Bes, Patäke, Ptah, Sau,
Pavian, Udjat-Auge), die ebenfalls noch die vorpersische Typenbeschränkung
aufweisen, erläutern uns gerade durch ihre Existenz in dem Tempel einer
weiblichen Gottheit der Fruchtbarkeit und als Gaben von einfachen Frauen
das ägyptische Element des phönikischen Volksglaubens im 8. und 7. Jh.
v.Chr. Auch für dieses Material gibt es noch kaum exakte Parallelen auf
Sardinien.

Das Zentrum Phönikiens, in dem uns das ägyptische Kulturgut der Perserzeit geballt entgegentritt, ist Sidon, wo die Funde sowohl aus dem Bereich des
Eshmuntempels als auch aus Nekropolen stammen. Die direkten Kontakte
mit Ägypten zeigen sich nicht nur an importierten kleinen Aegyptiaca,
sondern vor allem an der Übernahme ägyptischer Bestattungssitten, die sich
an den anthropoiden Sarkophagen und dem Brauch der Einbalsamierung
erkennen lassen. Für die Fayenceamulette, die hier innerhalb einer gehobenen
Schicht nachweisbar sind, gibt es zeitgemäße, exakte typologische Entsprechungen in Sardinien. Dazu kommen Amulette aus Gold und Karneol,
phönikische Skarabäen, sowie eine einheimische Fayenceindustrie in ägyptisierendem Stil, die sicher auch Amulette hervorbrachte, wie uns die Tonform
eines Udjat-Auges bestätigt. Das Herkunftsgebiet der sardischen Steatitamulette läßt sich auf Grund von Stücken im Louvre, sowie aus Tell Abu Hawam
und Amrit in Ostphönikien lokalisieren, wie wir unten[546] noch eingehend
darlegen werden.

Die wichtigste Ergänzung des sidonischen Befundes bilden die Aegyptiaca
der Frauengräber von ʿAtlit. In Anschluß an Sarepta erweisen sie einerseits
ihre Bedeutung innerhalb der weiblichen Sphäre von Fruchtbarkeit und
Geburt, die sich wegen der Existenz in Gräbern auch auf das Jenseits
erstreckt. Die Amulette bieten trotz der verschiedenen Materialien ein stilistisch einheitliches Bild und zeigen durch die außergewöhnliche typologische
Vielfalt die volle Auswirkung des perserzeitlichen ägyptischen Impulses. Auf
Sardinien finden sich viele exakte Parallelen, deren Ursprung derselbe sein
muß wie der ihrer ʿAtliter Gegenstücke. Wie dort wurden sie auch in ʿAtlit
gelegentlich als Anhänger in Silberdraht gefaßt. Die Skarabäen stellen teilweise ägyptischen Import dar, dazu kommen phönikische Stücke aus hartem
Stein und ein wichtiger Beleg für einen charakteristischen Typus von Steatit-

skarabäen im Osten. Der Gesamtbefund erweist uns ʿAtlit als genaues Pendant zu Sardinien ohne die westlichen Besonderheiten; eine Zeitdifferenz zum Westen ist praktisch nicht feststellbar, vielleicht auch wegen der Schwierigkeiten bei der Datierung der sardischen Funde.

Weitere Ergänzungen des sidonischen Materials erbrachten Tell Abu Hawam, Tell Keisan, Chalde, Cheikh Zenad, Amrit, aber besonders das im Landesinneren gelegene Kamid el-Loz. Auch hier tritt die Bedeutung der Aegyptiaca in Bezug auf Fruchtbarkeit, Geburt und Aufzucht des Kleinkindes deutlich dadurch zutage, daß die Siegel und Skarabäen ein charakteristisches Element der Frauengräber bilden und die Amulette auf Halsketten in (hier interessanterweise) reichen Kindergräbern erscheinen [547].

Im syrischen Bereich mit griechischer Komponente (Tell Sukas, Hama, Al Mina) sowie in Tarsos ist das ägyptische Kulturgut so verankert wie sonst im vorderasiatischen Raum, wie die Beziehungen zu Zypern, Rhodos und Italien zeigen, die es aber nicht zum zentralen Griechenland gibt.

An der nördlichen Peripherie erbrachte Karkemisch Aegyptiaca des 7. Jhs. als Ergebnis der saitischen Politik. Dagegen läßt sich im neubabylonischen Neirab dieselbe Bedeutung der Amulette wie in Phönikien erkennen, da sie ein Merkmal der Frauen- und Kindergräber darstellen. Selbst hier im Norden (Deve Hüyük und Tell Ahmar) wirkte sich die Eingliederung Ägyptens in das Achämenidenreich in unseren Aegyptiaca aus. Dabei vermitteln die Amulette eher den Eindruck von ägyptischen Importstücken, die Skarabäen sind wohl größtenteils vorderasiatische Erzeugnisse.

Insgesamt ist festzuhalten, daß stets ein eklatanter Unterschied zwischen den vorpersischen und persischen Aegyptiaca offenkundig wird. Die vorpersischen Kontexte (Tell Abu Hawam III, Megiddo, Lachish, Rhodos, Italien usw.) sind stets durch gute Parallelen untereinander verbunden; dasselbe gilt für die perserzeitlichen (ʿAtlit, Tell Abu Hawam II, Sidon usw., punischer Raum). Ältere Stücke in jüngeren Kontexten und die wenigen Typen, die über längere Zeit hindurch gleichbleiben, fallen auf [548].

II. DIE FUNDSTÄTTEN AUF SARDINIEN
(s. Karte 3)

Die ältesten archäologischen Zeugnisse für eine phönikische Besiedlung auf Sardinien scheinen bis jetzt von *SULCIS* bekannt geworden zu sein. Ähnlich wie bei anderen phönikischen Kolonien wurde die Lage nach den Handelswegen und aus Sicherheitsgründen außerordentlich geschickt auf der kleinen Insel von S. Antioco gewählt, auf der auch eine einheimische Nuragensiedlung nachgewiesen ist [1]. In römischer Zeit ist ein Tempel für Isis und Sarapis bezeugt (CIL X, 7514). Die Aegyptiaca, die uns hier interessieren, fanden sich im Tophet und in der Nekropole.

Das Tophet [2] an der nördlichen Peripherie der Stadt reicht nach dem Zeugnis der ältesten Keramikfunde mindestens ins späte 8. Jh.v.Chr. zurück. Bedeutsam ist vor allem eine Urne vom Ende des Jahrhunderts, die einen Typus repräsentiert, der nach Pithekoussai weist [3]. Aus dem Tophet stammt auch das Frauenväschen aus Fayence auf unserer Taf. 2 [4]; nach unseren heutigen Kenntnissen wurde es in einer rhodischen Werkstatt hergestellt und gehört wohl der zweiten Hälfte des 7. Jhs.v.Chr. an. Angesichts der zahlreichen Parallelen auf Rhodos, in Mittelitalien und Karthago ist sicher keine Entscheidung darüber möglich, welche Handelsbeziehungen das Väschen im speziellen reflektiert. Dagegen dürfen wir die Sachmet unserer Taf. 7,1 mit guten Gründen [4a] für die Beziehungen des frühen Sulcis zu Italien in Anspruch nehmen. In dieser Hinsicht gesellt es sich zu der vorher genannten Urne mit euböischem, geometrischem Dekor.

Die ägyptischen und ägyptisierenden Amulette aus dem Tophet (Taf. 7,1; 19,6; 24; 34,1; 62,1; 75,4; 84,3; 91,7) hat Bartoloni [5] im Gesamtzusammenhang der dort gefundenen Amulette erstmals publiziert. Der relativ hohe Prozentsatz an Amuletten von lokalem, punischem Charakter zeigt, daß das ägyptische Kulturelement völlig in seiner Umgebung aufgegangen ist. Daraus kann aber keineswegs ein Bedeutungswandel geschlossen werden; vielmehr beweist uns ja gerade die Existenz der Aegyptiaca im Tophet, wo sie den geopferten Kindern mitgegeben wurden, daß sie ihre spezielle Amulettkraft für das Neugeborene bewahrt haben. Unter den ägyptischen Typen befinden sich abgesehen von der genannten Sachmet Taf. 7,1 Patäken (Taf. 19,6) [6], der ägyptische Bes auf Taf. 24, der Harpokrates der Taf. 34,1, die Thoëris der Taf. 62,1, Oberteile von falkenköpfigen Gottheiten [7] und eines Anubis [8], Uräen [9], Udjat-Augen (u.a. Taf. 84,3), das Herz auf Taf. 91,7 u.a. Die Amulette aus hellgelblicher, weicher Fayence sind auffällig zahlreich vertreten [10]. Im Tophet haben sich auch einige grüne Jaspisskarabäen gefunden,

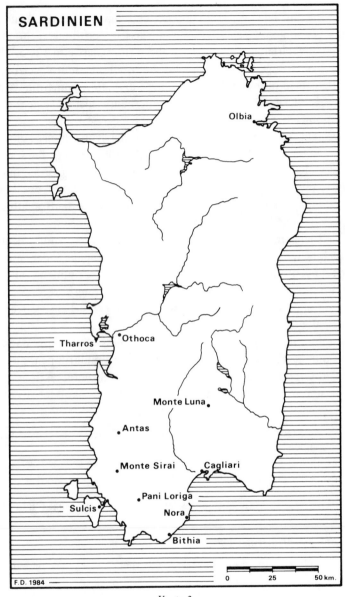

Karte 3

darunter unsere Taf. 154,1-2. Außerdem ist auf die über 1000 ausgegrabenen punischen Stelen mit der ihnen eigentümlichen Entwicklung hinzuweisen[11].

Im Gegensatz zum Tophet scheint in den bisher bekannten, mehreren hundert Hypogäen der Nekropole nichts älter als die Mitte des 6. Jhs.v.Chr. zu sein[12]. Aus einem dieser Gräber stammt auch das Hochrelief unserer

Taf. 166. Obwohl sehr viele ägyptische und ägyptisierende Amulette von Sulcis aus bekannten Gräbern stammen, lassen sich diese nicht aus ihrem Kontext heraus datieren, da in den Gräbern normalerweise 12-15, aber auch bis zu 20 Bestattungen über einen langen Zeitraum hinweg erfolgten; die exakten Beigabenkomplexe bleiben daher unklar [13]. Immerhin ist es aber doch interessant, welche Amulettypen überhaupt hier in einem Grab zusammenkommen.

Vorangestellt sei der Hinweis auf Nr. 3 der von Puglisi untersuchten Hypogäen [14]. Bei einer Körper- und einer Brandbestattung fand sich neben einer Menge Keramik eine Kette aus mindestens 26 Fayence- und Steatit amuletten, sowie einigen Glasperlen. Das Zentrum nahm ein kompaktes Sauamulett ein, also ein Typus, der in besonderer Weise die Fruchtbarkeit der Frau gewährleistete [15]. Dazu kamen fünf anthropomorphe, stehende Gottheiten (vielleicht mit Widderkopf, da sie Puglisi als Amun deutet); die Mehrheit bildeten kleine, doppelte Patäken (kompakt oder mit einigen Durchbohrungen); außerdem war auch einer der bekannten, polychromen Widderköpfe aus Glas [16] dabei. Die große Bedeutung dieser Amulettkette zeigt sich daran, daß sie bei den beiden Beisetzungen neben der Keramik die einzige Beigabe darstellte [17].

Das Studium der Aegyptiaca im Museum von S. Antioco gestattet die im folgenden durchgeführte Zuordnung zu einzelnen Fundgruppen, die sich aber mangels von Grabungspublikationen leider weder chronologisch noch in ihrer kulturellen und materiellen Zusammensetzung näher charakterisieren lassen:

Grab 11:
  19 Patäken [18] vom Typus Taf. 19,7 und Farbtaf. III,3 (die beide dazu gehören);
  wesentlich kleinerer Patäke mit denselben Formen (Nr. 1522);
  doppelter Patäke mit drei Durchbohrungen (Nr. 1524);
  Udjat (Nr. 1526);
  rechteckige Plakette, die auf beiden Seiten ein Udjat trägt (Nr. 1527)

Grab 13:
  Amulettbehälter mit Löwenkopf aus Goldblech, Taf. 165,1.

Grab 22 (mit der Bezeichnung „degli anelli crinali" oder „delle bare di argilla"):
  Patäke(?) (Nr. 1561);
  Schu, Taf. 35,5;
  widderköpfige Gottheit (Nr. 1564) [19];
  2 falkenköpfige Gottheiten, Taf. 44,2 (und Nr. 1533);
  kleiner, liegender Widder (Nr. 1551) [20];
  Falke (Nr. 1536);
  3(?) Thoërisfigürchen, Taf. 62,5 (und Nr. 1554, 1565);
  2(?) Katzen (Nr. 1535 mit hellgrüner Glasur, 1552);
  2 Udjat-Augen aus harter Fayence mit guter, hellgrüner Glasur und exakten Details (Nr. 1528, 1550);
  2 Wadj-Symbole (Nr. 1566, 1567);
  2 unklare Amulette (Nr. 1553, 1569).

„Tomba degli Scarabei"
Patäke, Taf. 11,1;
2 Patäken von Typus der Taf. 19,7 (Nr. 1517, 1523);
Meerkatze (Nr. 1540);
unklares Fayenceamulett.

„Tomba delle Teste"
Thot (Nr. 1538).

Gräber auf dem Grund Don Armeni [21]:
Grab 2, Don Armeni:
Nehebkau, Taf. 52,1;
2 Uräen aus Fayence (Nr. 2657, 2658);
2(?) Thoërisfigürchen aus Fayence (Nr. 2616?, 2618);
Rind, Taf. 77,3;
Hund, Taf. 64,8;
2 Udjat-Augen aus Fayence (Nr. 2612, 2685).

Grab 4, Don Armeni:
9(?) doppelte Fayencepatäken, davon mindestens vier exakt wie Taf. 20,4
(die dazu gehört) [22];
kleiner Schu aus Fayence (Nr. 2646);
stehende Göttin mit Tierkopf (Nr. 2643);
Uräus aus Fayence (Nr. 2620);
Meerkatze, Taf. 72,5;
Fayenceamulett in Tiergestalt (Nr. 2645);
3 Udjat-Augen aus Fayence (Nr. 2632, 2633, 2635);
Udjat aus Elfenbein, Taf. 84,2;
2 Wadj-Symbole aus Fayence (Nr. 2648, 2649);
unterägyptische Krone aus Fayence, Taf. 89,6.

Grab 5, Don Armeni:
5 doppelte Patäken, davon mindestens vier vom Typus der Taf. 20,4
(Nr. 2663, 2665, 2668 [23], 2670, 2672);
2 Udjat-Augen aus Fayence (Nr. 2694, 2696).

Grab 6, Don Armeni:
2 doppelte Patäken aus Fayence (Nr. 2661, 2667);
kleiner Schu aus Fayence (Nr. 2680);
Häsin aus Fayence, Taf. 71,4;
gekrönter Falke aus Fayence mit grüner Glasur (Nr. 2623);
Udjat aus weißer Fayence (Nr. 2631).

Grab 8, Don Armeni:
4 doppelte Fayencepatäken (Nr. 2662, 2666; 2664 und 2669 vom Typus
der Taf. 20,4);
tierköpfige Gottheit (Nr. 2684);
Thoëris(?) (Nr. 2683);
gekrönter Falke aus Fayence mit grüner Glasur (Nr. 2622);
2 Widder, Taf. 77,7-8;
7 Udjat-Augen, eines davon Taf. 82,1 (Nr. 2630, 2688, 2690-2692, 2697,
2698);
Wadj-Symbol (Nr. 2702).

Grab 12, Don Armeni:

Schu aus heller Fayence (Nr. 2681);
2(?) Thoërisfigürchen (Nr. 2654, 2674);
liegender Widder (Nr. 2676);
kleine Fayencekatze (Nr. 2621);
Sauamulett aus Fayence, Aufhänger am Rücken (Nr. 2675);
Rind, Taf. 77,2;
7 Udjat-Augen aus Fayence, darunter Taf. 82,2 (Nr. 2634, 2636, 2686 [24],
2687 [25], 2689, 2695, 2699);
rechteckige Plakette aus Fayence, Udjat/Kuh mit Kalb (Nr. 2660);
oberägyptische Krone, Taf. 89,8.

Für die meisten anderen Aegyptiaca [26] der Nekropole von Sulcis ist keine
bestimmte Fundstelle bekannt. Folgende Amulette fanden sich in den „*Tombe
profanate della Piazzetta Azuni*" während der Grabungen von 1962-63:

4 Fayencepatäken, Taf. 10,2; 13,3; 15,1; Nr. 2671 (vom Typus der
Taf. 20,4);
thronende Isis mit Horusknaben aus Fayence (Nr. 2615);
2 Harpokratesfigürchen, Taf. 33,1; 34,2;
Imhotep, Taf. 33,2;
3 falkenköpfige Gottheiten, Taf. 44,1; 44,3; Nr. 2647;
widderköpfige Gottheit, Taf. 39,3;
2 Thotfigürchen, Taf. 50; Nr. 2652;
Fayenceuräus (Nr. 2656);
Thoëris aus Fayence mit sehr guter, kräftig grüner Glasur (Nr. 2655);
2 Falken aus Fayence, Taf. 56,1 (punischer Typus); Nr. 2607;
2 Fayencekatzen, Taf. 61,1; 65,3;
Fayencehäsin, Taf. 71,3;
Meerkatze, Taf. 72,4;
2 Udjat-Augen aus Fayence (Nr. 2693, 2700);
Wadj-Symbol, Taf. 90,6.

Folgende Amulette ägyptischer Art befinden sich noch im Museum von
S. Antioco, für die bloß angegeben ist, daß sie im „Erdaushub" (*sterro*) der
Nekropole zutage kamen:

2 doppelte Patäken (Nr. 2057, 2059, dieser vom Typus unserer Taf. 19,7);
Harpokrates(?) aus Fayence (Nr. 2543);
falkenköpfige Gottheit (Nr. 1532);
Thot aus weißlichem Steatit (Nr. 2058);
Sau mit Jungen aus weißlicher Fayence (Nr. 1546);
Vogel aus hellbrauner Fayence (Nr. 2053);
Falke aus Steatit (Nr. 2056);
3 Udjat-Augen aus Fayence (Nr. 1529, 2086, 2638);
3 rechteckige Plaketten, zwei aus Fayence (Taf. 86,4-5) und eine aus
weißlichem Steatit (Nr. 1530: Udjat/Kuh mit Kalb, dahinter Lotos);
Handamulett aus Fayence vom Typus 64.2 (Nr. 1547);
4 weitere, unklare Fayenceamulette (Nr. 1545, 1548, 2061, 2091).

Solange die Grabinventare und anderen Fundkomplexe nicht publiziert sind, ist es schwer, Schlüsse zur näheren Charakterisierung des ägyptischen Kulturelementes in Sulcis zu ziehen. Im Museum von S. Antioco fällt aber die große Zahl von Fayenceamuletten mit sehr gut erhaltener Glasur auf; das gilt selbst für viele äußerst schematisch wiedergegebene Patäken. Bes ist merkwürdigerweise in den obigen Zusammenstellungen überhaupt nicht vertreten. Auffällig ist auch die geringe Präsenz der Steatitamulette des phönikischen Mutterlandes. Dagegen stellen sicher viele der guten Fayencefigürchen (wie Taf. 33) ägyptische Importware dar. Die Erfahrungen aus anderen Fundstätten Sardiniens sowie aus Karthago weisen darauf hin, daß es sich bei solchen Amulettgruppen, wie wir sie für einige Gräber anführen konnten, um (eine oder mehrere) Amulettketten handelt, die um den Hals getragen wurden. Dies läßt sich auch im Museum von S. Antonico für viele Stücke nachweisen (vgl. die kleine Kette auf Taf. 82,7). Aus Sulcis stammt auch der bei Amulettypus 32.2.1.3 zitierte Steatitlöwe mit phönikischer Inschrift[27]. Von den sieben im Museum aufbewahrten Fayenceskarabäen (Taf. 129,2; 141; 145,4; 148,1-2) wissen wir nur allgemein, daß sie aus der Nekropole stammen[28].

Aus Sulcis sind bisher zwei Privatsammlungen durch Publikationen bekannt geworden, die Fundstücke aus der Nekropole, darunter auch Skarabäen und figürliche Amulette, beinhalten. In der Sammlung Don Armeni befinden sich zwei Steatitskarabäen[29], ein Skarabäus aus grünem Jaspis mit einer Besdarstellung[30] und ein Fayenceskarabäus der Gruppe unserer Taf. 147[31]. Hinsichtlich der Amulette ägyptischer Art genügt an dieser Stelle ein Hinweis auf die Zitate (in Abschnitt III.1) bei den Amulettypen 5.2.A.1.1.2 und A.3.2 (Patäken), 6.1.A.1.1.3 (Bes), 11.A.1 (Schu), 19.A.3 (Thot), 25.A.2.1.2 (Falke)[32], 26 (Vogel), 27.A.1.1 und A.2.2 (Thöeris), 32.1.A.2.2 und 32.2.1.2 (Löwe; Basis des letzteren auf Abb. 21), 35.A.3 (Häsin), 36.A.2.1 (Meerkatze), 42.1.A.3 (Widder), 49.A.2.2.1 und A.2.2.2 (Udjat-Augen). Die einzelnen Typen werden in Abschnitt III besprochen. In der Sammlung Biggio befinden sich zwei Skarabäen aus Steatit (Nr. 9 u. 11 auf Typentafel I)[33] und drei aus Fayence[34]. Unter den Jaspisskarabäen ist vor allem ein Stück mit dem Motiv der Göttin auf dem Flügelsphingenthron[35] und ein weiteres mit einer knienden, ägyptisierenden Frauengestalt[36] hervorzuheben. Von den wenigen Amuletten sei auf ein Glasköpfchen (Typus 15) und eine sitzende Katze aus Fayence (Typus 31.A.1.1)[37] verwiesen.

Das etwa 15 km von Sulcis entfernt gelegene *MONTE SIRAI* hat für uns trotz der bis jetzt nicht sehr zahlreichen Aegyptiaca den besonderen Wert, daß es uns das ägyptische Kulturgut an einem seiner Endpunkte in der Ausbreitung vorführt. Monte Sirai wurde wahrscheinlich in der zweiten Hälfte des 7. Jhs.v.Chr.[38] von Sulcis aus gegründet und hatte wohl in erster Linie militärischen Charakter. Für uns ist einerseits das Tophet mit seinen für

Monte Sirai ganz charakteristischen Stelen [39] und andererseits die Nekropole von Bedeutung. Die Grabinventare, die vielleicht nicht weiter als etwa 540 v.Chr. zurückreichen [40], zeigen eine bestimmte Bescheidenheit. So fehlen bisher offenbar Schmuckstücke aus Edelmetall. Wenn dennoch Aegyptiaca (Skarabäen und Amulette) vorhanden sind, so wird uns dadurch die (wenn auch bescheidene) Existenz des ägyptischen Kulturgutes in ärmeren Bevölkerungskreisen vor Augen geführt. Dies ist gegenüber den bäuerlichen phönikischen und punischen Nekropolen Nordafrikas [41] hervorzuheben, paßt aber auf Sardinien zu den anderen Binnenzentren mit Aegyptiaca. In Monte Sirai kann darin sicher ein Reflex der nahen Stadtkultur von Sulcis gesehen werden. Eine Sphinx aus Bein mit typologischen und ikonographischen Parallelen unter den Funden von Ibiza und Ullastret (Gerona) sowie auf einem Kamm aus Karthago sei am Rande erwähnt [42].

Von den zwölf bekannten Hypogäen der Nekropole wurden nur drei wissenschaftlich ausgegraben. Grab Nr. 10 [43] barg eine große Menge Keramik aus einer älteren Periode (6. Jh.v.Chr.) und einer jüngeren um das 3. Jh.v.Chr. Unter den Beigaben fanden sich ein Udjat und ein Stieramulett aus Fayence [44], sowie ein Fayenceskarabäus [45], der mit dem Stück unserer Taf. 127,3 äußerlich fast identisch ist.

In der Kammer des großen Grabes Nr. 11 [46] gab es drei Nischen für Beisetzungen. Nische A, in der sich zwei Urnen mit Knochen und außerdem Knochenreste einer Köperbestattung befanden, lieferte außer Keramik (darunter auch eine Kanne von faliskischem Typus) ein tiergestaltiges Fayenceamulett [47], einen Fayenceskarabäus [48] und drei aus grünem Jaspis. Daß dabei auch ein Anhänger in Form eines doppelten Tanitzeichens zutage kam, wirft ein gewisses Licht auf die Amulettbedeutung der Aegyptiaca. Nische B mit Skelettresten (vielleich von zwei Personen) und Resten eines Sarkophages barg u.a. wieder Gefäße und nur einen Jaspisskarabäus. In Nische C mit einem ähnlichen Beisetzungsbefund wie Nische A fanden sich keine Aegyptiaca, obwohl auch Reste einer Halskette vorhanden waren. Die Bedeutung des ägyptischen Kulturelementes in Grab 11 ist also in seinem geringen Umfang und in seiner Qualität klar zu erkennen: Neben einer ungeheuren Menge von Keramik, aufgeteilt auf mehrere Beisetzungen, beläuft es sich auf einen Fayenceskarabäus, sechs aus grünem Jaspis [49] und ein kleines Fayenceamulett.

Grab 12 [50], wie die beiden anderen ein Kammergrab mit Dromos, war im Vergleich zur Größe der Kammer besonders ärmlich: Neben etwa zwanzig Tongefäßen und einigen Münzen beinhaltete es einen Falken vom Typus 25.A.2.2 (wie unsere Taf. 56,6-8 und 57,1) und den Oberteil eines falkenköpfigen Figürchens [51]. Da die Beigaben sich auch hier in zwei Perioden gliedern lassen, nämlich eine des 6. Jhs. und eine des 4.-3. Jhs.v.Chr., bekommen wir hier einen guten Hinweis für die zeitliche Einordnung dieser beiden Aegyptiaca punischer Herstellung[52]: Sie können nur der zweiten Periode angehören; dafür spricht auch unsere Taf. 56,8 aus Olbia. Weiters ist damit eine deutliche Aussage für die Charakterisierung des ägyptischen Elementes in der punischen Kultur von Monte Sirai verbunden: Es präsentiert sich uns *u.a.* in lokaler, punischer Verarbeitung.

Unter dem durcheinander geratenen Material der restlichen Gräber ist für uns bloß ein grüner Jaspisskarabäus mit dem Motiv eines liegenden, gut ägyptisierenden Greifen interessant: Quellenstück Nr. 225 zu Motiv XXIX der Skarabäen aus hartem Stein[53].

Nach diesem Einblick in die Grenzsituation der Ausbreitung des ägyptischen Kulturgutes innerhalb der phönikischen und punischen Welt wollen wir an die Küste zurückkehren und den Fundort ins Augen fassen, der durch Jahrhunderte das reichste archäologische Material Sardiniens geliefert hat und repräsentativ ist für die Gesamtheit aller hier besprochenen Aegyptiaca und aller unserer Ergebnisse: *THARROS*. G. Spano[54] stellt um die Mitte des vorigen Jahrhunderts fest, daß kein Grab, und mochte es auch noch so klein sein, geöffnet wurde, in dem sich nicht Amulette gefunden hätten, die eine Beziehung zur ägyptischen Religion bezeugen. Spano schätzt die in Tharros gefundenen Skarabäen auf über 4000, die Amulette auf etwa 10000-12000 Stück[55]. Auch Crespi[56] weist darauf hin, daß die Amulette zu Tausenden in Tharros gefunden wurden, und hebt dabei auch seltenere Materialien wie den Stein der Bese unseres Typus 6.C oder das Glas wie bei dem Beskopf 6.2.B[57] hervor. Die überragende Bedeutung der Aegyptiaca von Tharros betont Spano in seinem archäologischen Bericht von 1865[58], wenn er schreibt, daß im Verhältnis zu den Funden anderer Art die Skarabäen und Amulette am häufigsten sind.

Die phönikische Ansiedlung von Tharros auf der Halbinsel Capo S. Marco an der Westküste Sardiniens wurde ähnlich günstig wie Sulcis ausgewählt. Das Tophet löst im 7. Jh.v.Chr. ein Nuraghendorf ab[59] und läßt drei Phasen bis zum 2./1. Jh.v.Chr. erkennen. Ob die Amulettfunde mit denjenigen von Sulcis verglichen werden können und wie zahlreich sie sind, ist bis jetzt nicht bekannt geworden. Wir wissen jedoch von einem Harpokratesfragment aus Fayence (vielleicht mit pseudohieroglyphischer Inschrift auf dem Rückenpfeiler)[60], das in einer Urne gefunden wurde, die einem Kind von wenigen Monaten gehörte. Dieselbe Urne barg noch ein weiteres Fayencefragment, das nach Acquaro den Oberteil eines Pavianfigürchens mit Atefkrone darstellen soll[61]. Außerdem wurde ein doppelter Fayencepatäke publiziert[62], der ganz genau (d.h. auch ungefähr in der Größe) unserer Taf. 19,1 entspricht. Da bereits Hunderte von Urnen im Tophet ausgegraben wurden[63], wird vielleicht die Anzahl der Amulette beträchtlich sein. Für uns zeigt sich auch an dem bis jetzt bekannten, spärlichen Befund im Tophet der Wert der amuletthaften Aegyptiaca für das Kleinkind und das Neugeborene.

Die Bedeutung der Aegyptiaca von Tharros hängt mit der handels- und kulturgeographischen Situation der Stadt zusammen. Eine Hauptseeverbindung verlief von Karthago über Westsizilien (Mozia) nach Cagliari und Tharros, wo die Route einerseits nach Massalia und andererseits zu den Balearen weiterging[64]. Außerdem unterhielt Tharros im späten 7. und in der ersten Hälfte des 6. Jhs.v.Chr. enge Handelsbeziehungen mit Etrurien, die sich am Import der korinthischen und etrusko-korinthischen Keramik erkennen lassen[65]; in dieser Hinsicht stand Tharros offenbar mit Vulci in direkter Verbindung. Tharros hatte also alle Möglichkeiten, Objekte aus Ägypten, Phönikien, Zypern usw. direkt oder über Umwege zu erhalten. Die handelspolitische Situation, die die Absatzmärkte sicherte, begünstigte gleichzeitig das lokale Kunsthandwerk, das u.a. die Schmuckerzeugung und die Glyptik zu einer unübertroffenen Blüte brachte. Wir nennen gerade diese beiden Zweige des Kunsthandwerkes, da sich an ihnen der ägyptische Einfluß auf die Kultur des phönikischen und punischen Westens besonders deutlich greifen läßt. Unser Überblick über den ägyptischen Motivschatz auf Skarabäen aus hartem Stein (Abschnitt V) kann zu 90% auf Tharros bezogen werden. Die Amulette und der Schmuck aus Edelmetall, deren ägyptische Elemente in Abschnitt VI behandelt werden, wurden mit ganz wenigen Ausnahmen in derselben Stadt gefunden.

Die Goldarbeiten reflektieren die phönikische Blütezeit von Tharros im 7. und 6. Jh.v.Chr. Eine zweite kulturelle Blüte bringt die mächtigste Epoche des karthagischen Imperiums im 4. und 3. Jh.v.Chr. mit sich[66]. In diese Zeit gehört der monumentale Tempel mit seinen Hohlkehlengesimsen, den griechischen Halbsäulen mit der Hohlkehle darüber und dem steinernen Uräenfries[67].

Wie bereits angedeutet, sind in Tharros alle Arten von Zeugnissen ägyptischer Kultur des phönikischen und punischen Sardinien nachweisbar. Die Hauptmasse der Funde stammt aus Gräbern, deren älteste bis in die Mitte des 7. Jhs. zurückreichen[68]. Der Fundort hat auch interessante Einzelstücke zu bieten: die Plakette in Cagliari (Taf. 1), einige Fayencegefäße (das Frauengefäß auf Taf. 3; das Herkulesgefäß auf Taf. 4; ein saitisches Igelväschen im British Museum, Grab 5) oder einen Löffel in Gestalt eines schwimmenden Mädchens aus Elfenbein[69]. Vielleicht stammen trotz der unsicheren Herkunftsangaben einige Herzskarabäen[70] aus Gräbern der vorrömischen Zeit; sie würden zu dem unten[71] besprochenen Metallband Abb. 60 und dem Uschebti aus Ton[72] passen. Auch andere ägyptisierende Terrakotten haben sich in Tharros gefunden[73], sowie angeblich eine Marmorstatuette einer löwenköpfigen Göttin[74].

Fast alle Typen der auf Sardinien belegten ägyptischen und ägyptisierenden Amulette sind auch für Tharros bezeugt; das bestätigt auf den ersten Blick die in unserer Typologie (Abschnitt III.1) überall vorhandenen BM-Zitate der

Sammlung Barbetti aus Tharros[75]. Diese Amulette erstrecken sich über den Zeitraum des 7.-3. Jhs.v.Chr. Bei der Datierung der einzelnen Typen kommen wir vorläufig über die Schlüsse Acquaros[76], die auf dem Vergleichsmaterial im punischen Westen basieren, nicht viel hinaus[77]. Die ägyptisierenden Fayenceamulette, die im punischen Westen erzeugt wurden, könnten ihren Ursprung in einer tharrischen Werkstatt haben[78]; aus unserer Sicht kommen aber Karthago und Ibiza gleichermaßen dafür in Frage. Auf jeden Fall gilt die Feststellung, daß die Präsenz der zahllosen Amulette den weltweiten Handel der Stadt Tharros reflektiert und weniger ein lokales Kusthandwerk[79]. Ähnliche Erkenntnisse wird uns das Studium der Fayence- und Steatitskarabäen[80] liefern, die z.T. aus Ägypten, u.a. auch aus Naukratis, und z.T. aus dem phönikischen Mutterland kommen; eine Erzeugung mancher Typen in Tharros ist sehr wohl möglich, läßt sich jedoch mit unserem heutigen Wissen nicht ausreichend begründen[81].

Für eine Wertung des ägyptischen Elementes innerhalb der phönikischen und punischen Stadtkultur von Tharros wäre eine Kenntnis der Grabinventare vonnöten. Dafür haben wir leider nur sehr wenige Hinweise. Interessant ist die erhaltene Beschreibung von fünf Gräbern[82], die 1850 von Spano geöffnet wurden. Im ersten Grab fand sich u.a. das Herkulesväschen unserer Taf. 4. In dem Grab mit Nr. 2 war offenbar ein Ehepaar bestattet. Auf dem Körper der Frau lag eine Halskette aus Glasperlen; das Zentrum nahm ein Skarabäus aus grünem Jaspis mit einer Wildschweindarstellung ein[83]. Grab Nr. 3 war ebenfalls für zwei Personen bestimmt. Zu einem Skelett gehörte eine Halskette aus verschiedenen Perlen und der Fayenceskarabäus unserer Taf. 142,3. Da die Jaspisskarabäen die Fayence- und Steatitskarabäen im punischen Raum zeitlich ungefähr ablösen, zeigt uns der Vergleich ganz deutlich, daß die Skarabäen aus grünem Jaspis die Tradition derjenigen aus weichen Materialien in Verwendungszweck und Bedeutung fortsetzen. Daß sie zur Frau gehören, ist uns nicht neu.

In Grab Nr. 4, das für mehrere Personen bestimmt war, ist eine typische Frauenausstattung (mit großem Silberring usw.) beschrieben, zu der auch ein „weißer Fayenceskarabäus mit Hieroglyphen" gehört. Dabei ist interessant, daß keine Amulette erwähnt werden. Das letzte Grab dieser Gruppe war für eine reiche Frau bestimmt. Neben 90 vollständigen Keramikgefäßen und einer großen Menge von Fragmenten fanden sich ein nicht näher bezeichnetes Fayencegefäß und die — man möchte sagen: obligatorische — Halskette aus Perlen mit einem in Gold gefaßten Skarabäus im Zentrum; dazu kam ein weiterer aus Jaspis. Wir sehen also immer wieder, daß der Skarabäus im Zentrum einer Halskette hervorragende Bedeutung hat. Die Beobachtung kann in Gegensatz gestellt werden zu den etwa 160 Skarabäen eines reichen Tarentiner Frauengrabes[84].

Von den verschiedenen Sammlungen von Altertümern aus Tharros, die Aegyptiaca beinhalten, ist zweifellos die Sammlung Barbetti, die 1856 vom British Museum erworben wurde[85], für uns am wichtigsten, da hier die einzelnen Grabinventare erhalten sind. Diese Grabinventare werden in Kürze vom British Museum publiziert werden. Chronologisch ergeben sie ein für Sardinien nicht ungewöhnliches Bild[86]: Die Objekte der meisten Gräber sind vom 7. Jh.v.Chr. bis in die letzten Jahrhunderte vor oder die ersten nach Christus gestreut. Offenbar reicht nichts in die erste Hälfte des 7. Jhs. zurück, was wohl zur Ablöse der Nuraghensiedlung durch die phönikische passen dürfte. Wie in Sulcis beziehen sich die Grabinventare auf mehrere Beisetzungen zu verschiedenen Zeiten; meistens lassen sich zwei Belegungsperioden (eine frühere und eine spätere) erkennen; in diesen Fällen besteht also zu einer gewissen Zeit eine Lücke. Von den 33 Gräbern beinhalten 32 Amulette. Die Anzahl schwankt sehr, und zwar von zwei Stück in Grab 5, dreien in 14, 15 und 31 bis 21 Stück in Grab 6. Man gewinnt den Eindruck, daß die Figürchen stets von einer oder mehreren Halsketten stammen. Einige kleine sind auch noch als solche erhalten (z.B. in Grab 29). Auch echte Kaurischnecken finden sich (Grab 13, 14, 16, 21) und ägyptisierende Goldanhänger (Grab 7: Amulettbehälter mit Löwenkopf[87]; Grab 8: ägyptisierender Frauenkopf und Udjat auf einer Kette[88]). Die Skarabäen aus weichen Materialien sind gegenüber den Amuletten stark in der Minderzahl. Das ist leicht dadurch erklärbar, daß sie stets nur der frühen Periode eines Grabinventares angehören. Die Naukratisware und die ostphönikischen Steatitskarabäen[89] sind stark vertreten; dazu kommen einige sehr schöne, ägyptische Importstücke[90].

Bei den anderen Sammlungen ist der Fundzusammenhang verlorengegangen. Die Sammlung Spano, deren Katalog wir in unserer Studie soweit wie möglich ausgewertet haben[91] und die sich heute in Cagliari befindet, umfaßt ägyptisierenden Goldschmuck und eine große Zahl ägyptisierender Skarabäen aus hartem Stein, die in Tharros gefunden wurden. Von dort kommen auch alle der 51 ,,scarabei di pasta''[92] und mit einer Ausnahme die 238 figürlichen Amulette[93]; unter diesen dürften die meisten Typen, die wir in Abschnitt III.1 studieren, vertreten sein. Auch das Herkulesväschen unserer Taf. 4 kam in die Sammlung Spano.

Die Objekte der Sammlung Chessa[94], die sich heute im Museo G. A. Sanna in Sassari befindet, kommen ebenfalls größtenteils aus Tharros. Unter den insgesamt sechs Karneolskarabäen[95] ist insbesondere auf die kniende, falkenköpfige Gestalt unserer Nr. 107[96] zu verweisen, die eine Maat darbietet. Die 48 Jaspisskarabäen[97] tragen wie üblich teils ägyptische/ägyptisierende Motive[98] und teils griechische. Dazu kommt der harte blaue Skarabäus Nr. 230 mit dem Motiv der sitzenden Katze auf einem Oval[99]. Von den 22 ,,Pasteskarabäen''[100] waren 17 unter den in Sassari ausgestellten Fayence- und Steatitskarabäen identifizierbar; sie werden von uns soweit wie möglich in Abschnitt IV berücksichtigt. Crespi beschreibt kurz 211 Amulette[101], worunter sich aber auch rein punische Typen befinden, wie eines der beliebten Glasköpfchen. Ein Teil davon ist in kleinen Abbildungen bekannt[102]. Die Amulette werden durch einige echte Cypraen[103] ergänzt. Unter den Goldarbeiten sei auf den Amulettbehälter mit Löwen- und Falkenkopf auf unserer Taf. 165,4 hingewiesen, sowie auf einen schönen Lotosanhänger[104] und einen Silberring mit der Darstellung eines Udjat[105]. Zu den schönsten Zeugnissen ägyptischer Kultur von Tharros gehört sicher eine Kette mit herzförmigen Anhängern aus verschiedenen Materialien[106].

Einen Katalog von Fundstücken aus Tharros und Cornus, die ins Museum von Cagliari kamen, hat Cara[107] veröffentlicht. Abgesehen von den beiden Metallfolien unserer Abb. 58-59 sind einige besonders auffällige, ägyptisierende Jaspisskarabäen[108] und die Fayenceskarabäen (zumeist mit ungenauen Beschreibungen)[109] hervorzuheben. Außerdem sind dreißig figürliche Amulette ägyptischer Art erwähnt und dazu die üblichen, echten Kaurischnecken, die gleichfalls als Amulette getragen wurden[110]. Einige Amulettketten[111] führen uns wieder vor Augen, wie unsere Aegyptiaca verwendet wurden.

Auch die Sammlung Gouin[112] kam zur Gänze ins Museum von Cagliari. Leone Gouin war im vorigen Jahrhundert etwa 30 Jahre auf Sardinien als Agraringenieur tätig und hat nebenbei Ausgrabungen durchgeführt. Die Kette unserer Taf. 160 mit einem Goldudjat in Filigran- und Granulationstechnik sowie einem Karneolskarabäus stammt ausdrücklich aus Tharros[113]. Desgleichen kommen von dort nach der Feststellung Taramellis[114] die Steatit- und Fayenceskarabäen unserer Taf. 118,2, 138,2, 142,4, sowie eine Reihe von Jaspis- und Karneolskarabäen, deren Motive wir in Abschnitt V auswerten[115].

Aus der Sammlung Garavaglio sind einige ägyptisierende Skarabäen aus hartem Stein und einer aus schwarzem Steatit publiziert, als deren Herkunft Tharros angegeben ist[116].

Zusammenfassend dürfen wir somit für das phönikische und punische Tharros festhalten: Eine enorm große Anzahl von Fundstücken führt uns hier in konzentrierter Weise alle Aspekte des ägyptischen Kulturgutes vor Augen, die sich auf Sardinien studieren lassen. Tharros empfängt von Übersee Aegyptiaca verschiedenen Ursprungs; wahrscheinlich kann die Stadt auch für diese bis zu einem gewissen Grad als ausstrahlendes Zentrum innerhalb Sardiniens (aber vielleicht auch nach Ibiza) gelten. Das lokale Kunsthandwerk verarbeitet das ägyptische Kulturgut und bringt dabei Werke von höchster Qualität auf dem Gebiete der Goldarbeiten und der Glyptik hervor. Wichtig ist, daß die Aegyptiaca (auch wenn sie importiert sind) innerhalb dieser semitischen Umgebung keinen exotischen Fremdkörper darstellen, sondern einen integrierenden Bestandteil der lokalen Kultur. Die Bedeutung, die ihnen im phönikischen Mutterland zukommt (im besonderen für Frau und Kind), läßt sich auch in Tharros nachweisen.

Östlich von Tharros am Stagno di S. Giusta liegt *OTHOCA*[117], das heutige S. Giusta. Möglicherweise wurde die Siedlung als Subkolonie von Tharros aus gegründet. Im Altertum war sie höchstwahrscheinlich ein Lagunenhafen und kann in der Anlage mit Cagliari, Nora, Bithia, Sidon, dem ursprünglichen Karthago, Mozia u.a. verglichen werden[118]. In der Nekropole ist sowohl Köper- wie Brandbeisetzung bezeugt[119].

Insgesamt sind 28 Gräber bekannt. Ein Kammergrab der Grabung Busacchi von 1861 (Nr. 2 bei Zucca[120]), das offenbar für mindestens einen Mann und eine Frau bestimmt war, beinhaltete Keramik, Goldschmuck, Silberteller, eine Bronzesitula, einen Amulettbehälter mit goldenem Widderprotom (vgl. unsere Taf. 165,6), vier Skarabäen, Gläser und Eisenlanzen. Zu den Skarabäen gehört das Exemplar aus Steatit auf unserer Taf. 102,1, ein Beispiel aus Elfenbein(?) und zwei aus Jaspis[121]. Aus den Fossagräbern der Grabungen Busacchi von 1862 (Nr. 3-20 bei Zucca) ist für uns nur ein Glasskarabäus erwähnenswert[122]. Dazu kommt noch ein silberner Amulettbehälter mit Tierkopf aus Grab 26 und ein Fayenceskarabäus mit Hieroglyphendekor aus dem Brandgrab Nr. 27[123]. Der chronologische Rahmen von Ende 7./Beginn 6. Jh. bis 3. Jh.v.Chr.[124] paßt recht gut zu Tharros. Die Existenz der wenigen Aegyptiaca von Othoca hängt sicher von dem großen Zentrum ab.

Die südlichste Stadt Sardiniens, die uns hier interessiert, ist *BITHIA* (Bitia, heute Torre di Chia). Ihre handelspolitische Bedeutung liegt darin, daß sie seit etwa dem letzten Viertel des 7. Jhs.v.Chr. ein wesentlicher Stützpunkt der Handelsstraße war, die Südetrurien (Veio, Cerveteri) mit Karthago verband[125]. Für die engen und direkten Handelsbeziehungen zwischen Südetrurien und Bithia sind besonders zwei Grabinventare der Zeit 620-580 v.Chr. aufschlußreich[126].

Die archäologischen Reste[127] betreffen die Wohnstadt, das wahrscheinlich auf der kleinen Isola su Cardulinu zu lokalisierende Tophet[128], den sog. Bestempel und die Nekropole. Aus dem Tempel stammt die kolossale Sandsteinstatue unserer Taf. 167, die die Ikonographie des Bes wiedergibt und einst eine gut ausgebildete Federkrone hatte[129]. Die älteste Phase des Tempels gehört vielleicht ins 4. Jh.v.Chr.; nach einer neupunischen Inschrift[130] wurden noch unter Marc Aurel oder Caracalla Restaurierungsarbeiten durchgeführt. Die historische Bedeutung des Befundes für die Ausbreitung und das Weiterleben der ägyptischen Kultur liegt darin, daß wir hier bis ins 3. Jh.n.Chr. die Kultausübung in einem punischen Tempel verfolgen können, in dem eine Gottheit von ägyptischem Aussehen verehrt wurde. Diese Gottheit, in der die Punier Eshmun gesehen haben mochte, hat sicher nach der phönikischen Tradition, auf die wir noch zu sprechen kommen[131], auch einen guten Teil der Eigenschaften des ägyptischen Bes bewahrt. An dieser Stelle sei uns jedoch bewußt gemacht, daß es sich um ein Phänomen der vorhellenistischen Ausbreitung der ägyptischen Kultur handelt, das zumindest bis ins 3. Jh.n.Chr. weiterlebt und dadurch mit der Blüte der ägyptischen Religion im römischen Reich zeitlich zusammenfällt. Im übrigen sei darauf hingewiesen, daß der entwicklungsmäßige Ursprung der zahlreichen Terrakottafigürchen, die im Votivdepot beim Tempel gefunden wurden, in Ägypten zu suchen ist [132].

Von den Aegyptiaca im engeren Sinne, die sich in der Nekropole fanden, ist leider wenig bekannt, obgleich der Friedhof zu den ältesten des phönikischen Sardinien gehört [133]. Taramelli [134] erwähnt 1933 bei seiner kurzen Charakterisierung der Nekropole „einige Fayenceskarabäen". Pesce fand 1953 in einem Votivdepot beim Bestempel u.a. einfache, bronzene Amulettbehälter und zwei nicht näher bezeichnete, blaue Fayenceamulette [135]. 1955 fand Pesce nordwestlich des Bestempels achtzehn ärmliche Brandgräber [136]. Bloß der Pozzetto Nr. 14 [137], wahrscheinlich mit Kinderknochen, barg neben einem Gefäß zwei Kettenelemente aus Knochen und ein Udjat. Daß dieses aber innerhalb der sehr armen Umgebung gerade wieder in einem Kindergrab auftaucht, dürfen wir mit Nachdruck festhalten.

Barreca hat zwischen 1974 und 1979 etwa 120 Gräber von der 2. Hälfte des 7. Jhs.v.Chr. bis zum Ende des 2. Jhs.n.Chr. ausgegraben [138]. Die Brandgräber umfassen die frühe Zeit bis etwa in die Mitte des 6. Jhs.; danach folgen die Körperbestattungen mit punischem Material in zwei Perioden (2. Hälfte 6. Jh.-Beginn 5. Jh. und Mitte 4. Jh.-Beginn 3. Jh.v.Chr.). Ein derartiger Grabungsbefund müßte grundsätzliche Aufschlüsse über das Ausmaß und die Entwicklung des ägyptischen Kulturgutes auf Sardinien liefern. Allerdings ist bisher nichts davon bekannt geworden.

NORA gilt traditionell als ältestes phönikisches Zentrum auf Sardinien auf Grund der berühmten, großen phönikischen Inschrift, in der Sardinien selbst genannt ist [139]. Allerdings schwankt deren Datierung so stark, daß für die Zwecke unserer Studien kaum etwas daraus zu gewinnen ist. Nora ist gerade wegen seiner Lage abseits von den großen Handelswegen und wegen des archaischen/archaisierenden Charakters der Funde interessant [140]. Das Tophet hat gerade in dieser Hinsicht interessante Stelen mit ägyptischer Architektonik zutage gebracht [141]. Außerdem bietet uns die Ädikula von Nora mit Flügelsonne und Uräenfries (Abb. 69) das westliche Gegenstück zu den monumentalen, ägyptisierenden Naoi des phönikischen Mutterlandes [142]. Den aus einer Zisterne stammenden Holzbes haben wir bereits in Verbindung mit einem ebensolchen, aber weitaus besser erhaltenen Exemplar aus Sidon erwähnt [143]. Der in Nora gefundene Schmuck aus Edelmetall [144] zeigt keinen ägyptischen Einfluß.

Die Hypogäen mit Körperbestattung erbrachten punische Keramik vom Ende des 6. Jhs. bis zum Anfang des 3. Jhs. und attische Importkeramik des 5.-4. Jhs.v.Chr. Die Funde aus den Brandgräbern reichen dagegen in die 2. Hälfte des 7. Jhs. zurück [145]. Die etwa 60 figürlichen Amulette, drei Fayenceskarabäen und fünf Skarabäen aus hartem Stein kommen alle aus Gräbern. Die meisten Amulettypen [146] begegnen nur ein- oder zweimal; es fanden sich aber neun vasenförmige Anhänger (unser Typus 60), davon acht aus Glas, sieben Udjat-Augen [147] und vier Patäken [148]. Für diese Funde und die Überlegungen zur Datierung in Verbindung mit den Gräbern sei auf die Besprechung von Chiera [149] verwiesen.

Einige weitere Beobachtungen können uns jedoch die Bedeutung des ägyptischen Elementes innerhalb des Kontextes erläutern. Wie die Abbildungen bei Patroni zeigen [150], handelt es sich bei den Beispielen aus Grab VIII, IX, XII, XIII, XV, XXIII, XXV, XXIX, XXXVII und XXXVIII um Amulettketten (bzw. wird der Befund vom Ausgräber so gedeutet); die Kette des Grabes XII trägt im Zentrum den Skarabäus unserer Abb. 30.

Grab XII [151] ist sehr auffällig, da es außer drei Keramikgefäßen nur Aegyptiaca beinhaltet (Katze, Sau, Falke, Udjat, zwei Patäken und den genannten Skarabäus); diese haben also überragende Funktion in einem sonst sehr armen Grab. Die Kette des Grabes XV [152] enthält sieben Amulette: die falkenköpfige Gottheit unserer Taf. 43,3, einen kleinen, doppelten Patäken (Typus 5.2.A.3.2) [153], drei Udjat-Augen und zwei unklare Stücke. Dazu kommt ein bronzener Amulettbehälter mit organischen Resten darin, die wohl von einem Papyrusband stammen [154]. Weiters finden wir einen Jaspisskarabäus mit der Darstellung einer sitzenden Flügelsphinx (unsere Nr. 218 in Abschnitt V), zwei fragmentarische Skarabäen, Goldperlen, zwei Glasgefäße und viel Keramik. Der Befund vermittelt den Eindruck eines eher gehobenen Mittelstandes; die magische Sphäre wird völlig vom ägyptischen Element beherrscht. Damit können die Beigaben der Gräber XXIII und XXIV verglichen werden, obwohl sie etwas bescheidener wirken. Grab XXIII [155] erbrachte zwei goldene Ohrringe, einen Silberring, drei Glasgefäße, fünf Amulette, darunter den Harpokrates aus Steatit unserer Taf. 34,6 und etwas Keramik. Grab XXIV [156] lieferte Gold- und Silberschmuck, vier punische Münzen, einen Fayenceskarabäus mit Harpokratesdarstellung, einen Patäken [157] und zwei Udjat-Augen [158] auf einer Kette; dazu einige Bronze- und Keramikfragmente.

Die Fundstücke des Grabes XXIX [159] seien besonders hervorgehoben: Neben dem Silberschmuck gab es fünf Steatitamulette: die Isis unserer Taf. 31,1, eine unterägyptische Krone [160], zwei Udjat-Augen [161] und eine Plakette unseres Typus 51.B.1.3.1.1 (wie unsere Taf. 87,4) [162]. Wie wir unten darlegen werden [163], handelt es sich dabei um Importe aus dem phönikischen Mutterland. Dazu kommt ein schematischer Fayencepatäke ähnlich unserer Taf.

20,1-5 [164]. Der Typus (5.2.A.3.2) ist bis jetzt zwar nur im Westen nachgewiesen, steht aber im Zusammenhang mit den schönen Amuletten mit guter Glasur aus Sulcis; hier ist er auch sehr häufig. Daher scheint mir für dieses Stück gleichfalls ein östlicher, wohl ägyptischer Ursprung wahrscheinlich. Ein Skarabäus aus grünem Stein [165] trägt das Motiv der Kuh mit dem saugenden Kalb; wahrscheinlich ist auch bei diesem Stück noch zu klären, ob es aus dem Osten kommt oder der Produktion von Tharros angehört. Außer den Aegyptiaca beinhaltet das Grab etwas Keramik. Der Befund ist insofern sehr auffällig, da hier soviele Aegyptiaca des phönikischen Mutterlandes zusammenkommen. Nora hat also, auf welchen Wegen auch immer, seine überseeischen Beziehungen, aber die außerordentliche Vielfalt von Sulcis und Tharros wird bei weitem nicht erreicht. Das dürfte zur abgeschiedenen Lage passen.

Die Meerkatze unserer Taf. 72,2 ist eines der fünf Amulette aus Grab XXXVIII [166]. In diesem befanden sich weiters die genannten acht vasenförmigen Anhänger aus Glas, ein Glasalabastron, Bronzefragmente, zehn keramische Gefäße u.a.

Das Bild des ägyptischen Kulturelementes in Nora ist also sehr einheitlich: In einer eher bescheidenen Welt hat es den Bereich der Magie, die einen wichtigen Platz einnimmt, völlig für sich gepachtet. Gegenüber dem westlichen Stück unserer Taf. 43,3 — die Ursprungsproblematik wird in Abschnitt III behandelt [167] — sind die Importe aus dem Osten hervorzuheben.

Eine kulturelle Mittelstellung zwischen dem abgeschiedenen Nora und den weltoffenen Städten Sulcis und Tharros scheint CAGLIARI (Karalis) einzunehmen. Zumindest wird uns dieses Bild von den bisher bekannten Aegyptiaca vermittelt, die sich hier bis zu einem gewissen Grad innerhalb ihrer Kontexte studieren lassen und das ägyptische Element der phönikischen und punischen Kultur als festen Bestandteil innerhalb der magischen Sphäre von Frau und Kind erweisen. Die phönikische Ansiedlung von Cagliari, die mindestens ins 7. Jh.v.Chr. zurückreicht [168], lag an den Seewegen von Afrika und Sizilien nach den Balearen, Korsika und Südfrankreich [169]. Aus den Funden, die man im allgemeinen mit dem Tophet in Verbindung bringt [170], sind keine Aegyptiaca erwähnt.

Von der großen Bedeutung der Stadt zeugt die weitläufige Nekropole von S. Avendrace (Westnekropole; Hügel von Tuvixeddu); die Hypogäen reichen vom Ende des 6. Jhs. bis zum Beginn des 2. Jhs.v.Chr. Die älteste Nekropole muß also noch gefunden werden. Zeitlich schließt an die Westnekropole die östliche auf den Abhängen des Hügels von Bonaria an [171]. Für uns sind aber ausschließlich die Gräber von S. Avendrace von Bedeutung.

1867 führten Timon, Crespi u.a. Grabungen in dem Bereich durch und fanden die üblichen Aegyptiaca [172]. In der Sammlung Timon (heute im Museum von Cagliari) befinden sich viele Amulette, die aus der Westnekropole stammen, darunter unsere Taf. 46,2; 48,2; 55,3; 56,2; 57,3-4; 58,1; 59,1-2; 60,2; 64,1-2; 84,5; dazu der ägyptische Steatitskarabäus auf Taf. 103,2. Obwohl es offenbar möglich ist, daß von der im folgenden genannten Grabung Elena Objekte in die Sammlung Timon kamen[173], mögen diese Stücke oder ein Teil von ihnen zu den Funden von 1867 gehören.

Im nächsten Jahr (1868) hat Elena ca. 150 Hypogäen der Nekropole erforscht; elf davon waren intakt[174]. Elena[175] fand in den meisten Gräbern zwei Bestattungen, nicht selten auch drei. Die Amulettketten waren häufig in derselben Position zu finden; auf der Brust lagen oft Münzen und weitere Amulette. Der Ausgräber beschreibt[176] 18 Skarabäen aus „Paste" und aus hartem Stein (darunter wohl unsere Taf. 140,2 und unsere Nr. 78bis und 220 in Abschnitt V). Interessant ist ein Glasskarabäus/skaraboid[177] mit dem Motiv des königlichen Heros, der gegen einen aufgerichteten Löwen kämpft: Der Heros, der den Löwen mit dem rechten Arm umfaßt hat, trägt einen Schurz und hat hinter sich einen ägyptischen Uräus zum Schutz. Die 165 Amulette[178] zeigen gegenüber Nora eine große Vielfalt und umfassen vermutlich den größten Teil unserer in Abschnitt III.1 behandelten Typen. Auffällig sind u.a. ein doppelter Patäke[179] mit einem Basisdekor ähnlich unserer Taf. 18,7 (s. Tafelerklärung) oder die zahlreichen Thoërisfigürchen[180], von denen eines auf unserer Farbtaf. II,3 wiedergegeben ist. Elena gibt uns auch das Inventar eines unberührt gefundenen Grabes (vom 20.3.1868)[181], das starke Ähnlichkeit mit denjenigen zeigt, die Taramelli gefunden hat: Neben Gefäßen, Schmuck, punischen Münzen und anderen Kleinigkeiten fanden sich ein Uräus, ein Sauamulett, ein Patäke (?; „tifone") und ein geflügelter Löwe. Die ersten Ausgräber (Crespi[182] und Elena[183]) waren vom ägyptischen Kulturelement derart überwältigt, daß sie — wie man das analog für Tharros angenommen hatte[184] — auch Cagliari als eine ägyptische Kolonie ansahen.

Den Grabungen Taramellis von 1908[185] verdanken wir unsere Kenntnisse über die wesentlichen kulturellen Zusammenhänge in der punischen Nekropole. In vielen Gräbern gab es keine Aegyptiaca; allerdings war wohl ein hoher Prozensatz von diesen beraubt. Abgesehen von den einfachen Gräbern bestehen die Beigaben in der Mehrzahl aus Keramik, Schmuck, Amuletten und Skarabäen[186]. Die reichsten Beigaben und die meisten „Toilettegegenstände"[187] fanden sich in den ausschließlich Frauen vorbehaltenen Gräbern oder solchen, in denen auch Frauen bestattet waren. Die Kindergräber waren im allgemeinen sehr arm, jedoch fallen gerade einige wenige durch Amulette ägyptischer Art und Skarabäen auf[188].

Vor diesem allgemeinen Hintergrund können wir einige Grabinventare ins Augen fassen, aus denen Beispiele auf unseren Tafeln abgebildet sind. Grab 8[189] barg nur Keramik, etwas Schmuck, zwei Jaspisskarabäen (davon unsere Nr. 130 in Abschnitt V) und zehn Amulette. Zu letzteren gehören der Schu aus Fayence auf Taf. 35,2, die widderköpfige Gottheit aus Fayence auf Taf.

38,2, ein Schakalskopf und eine Plakette [190] aus Steatit. Die Fayencebeispiele können aus Ägypten kommen, diejenigen aus Steatit sind Erzeugnisse des phönikischen Mutterlandes. Auffällig ist das arme Grab 11 [191], weil es neben dem Bes unserer Taf. 26,2 (zusammen mit Glasperlen) und etwas Keramik auch eine Lanze aus Eisen lieferte. In Grab 17 fand sich als einziges Amulett das Udjat punischer Erzeugung [192] unserer Taf. 81,5; dazu kamen wieder Keramik, Fragmente eines Rasiermessers u.a.

Einen interessanten Befund lieferte Grab. 32 [193], da alle Amulette (Taf. 23,2; 29,1; 37,5 und eine Plakette [194]) aus Steatit gefertigt sind. Dazu kommen wieder Keramik, ein bronzenes Rasiermesser, ein Straußenei, Münzen u.a. In Grab 46 [195] fand sich außer den Amuletten (Taf. 11,3; 53,2; 71,5 — möglicherweise alle drei ägyptischen Ursprungs —, ein Patäke aus Steatit [196]) nur Schmuck. Grab 52 [197] erbrachte neben der Keramik und einem bärtigen Glaskopf das ägyptische Udjat der Taf. 83,5, einen Bes oder Patäken und einen Amulettbehälter aus Bronze mit Resten eines Bronzebandes. In Grab 79 [198] steht die Fayenceisis Taf. 30,4 der Keramik und einem bronzenen Rasiermesser gegenüber. Das etwas reichere Grab 81 [199] legt gerade wieder auf die Magie ägyptischer Art mehr wert: Zu Keramik und Schmuck kommt das wohl punische Udjat und zwei andere Fayenceamulette, davon ein Patäke [200]. Grab 91 [201] war für einen Mann und eine Frau bestimmt: Es barg viel Keramik und Aegyptiaca: das ägyptische, widderköpfige Figürchen Taf. 38,1, eine Katze, einen Falken, einen Widderkopf, einen Jaspisskarabäus (unsere Nr. 67 in Abschnitt V) und ein bronzenes Rasiermesser.

Die folgenden beiden Gräber, die wir hier erwähnen, gehörten Mädchen. Es ist symptomatisch, daß sie fast ausschließlich Aegyptiaca lieferten. In Grab 96 [202] (für ein älteres Mädchen) fanden sich vier Falken (darunter unsere Taf. 56,3-5), drei Patäken [203] und etwas Schmuck. In Grab 109 [204] waren der Steatituräus Taf. 64,4, ein Udjat aus blauer Paste, ein Fayencefalke, ein Fayenceskarabäus und Kettenglieder beigegeben.

Grab 147 [205] war wieder für zwei Bestattungen bestimmt, von denen eine weiblich ist. Die Aegyptiaca (neben der umfangreichen Keramik und sechs punischen Münzen) sind in ihrem Ursprung sehr heterogen: Der ägyptische Schu Taf. 36,2 steht der wohl ostphönikischen Sphinx Taf. 78,5, sowie den punischen Erzeugnissen Taf. 57,1 (Falke) und 83,11 (Udjat) gegenüber; dazu kommen noch vier weitere Udjat-Augen und drei Patäken [206]. Ein Ehepaar war sicher auch in Grab 150 [207] bestattet. Außer der Keramik und neun punischen Münzen gibt es einen Skarabäus aus grünem Jaspis und einige sehr verschiedene Amulette: den höchstwahrscheinlich ägyptischen Ptah der Taf. 5,1, die beiden Isisfigürchen Taf. 28,1-2 (letzteres aus hellgelblicher, feiner Fayence und daher vielleicht ein ostphönikisches Erzeugnis) und die punische, falkenköpfige Gottheit unserer Taf. 46,1 [208].

Obwohl die vorgebrachten Beobachtungen nur Beispielcharakter besitzen[209], kann doch folgendes festgehalten werden: In den Gräbern, in denen Aegyptiaca gefunden wurden, gibt es häufig nur zwei wirklich bedeutungsvolle Beigabengruppen, nämlich die Keramik und die Aegyptiaca, die die religiöse und magische Sphäre völlig beherrschen. Dabei macht es keinen Unterschied, ob es sich um ägyptische, ostphönikische oder punische Produkte handelt. Stücke solch verschiedener Herkunft begegnen in ein und demselben Grab (wie Nr. 147 und 150), wenngleich gelegentlich ein Schwerpunkt feststellbar ist (so in Grab 32 zugunsten der Steatitamulette des phönikischen Mutterlandes). Das Verhältnis bleibt auch in armen Gräbern etwa gleich (s. Grab 79), was wohl darauf hindeutet, daß die Aegyptiaca kein schichtspezifisches Phänomen darstellen. Hervorzuheben sind die Gräber, in denen fast ausschließlich Aegyptiaca auftreten (Grab 46, 96, 109), was uns bei den beiden Mädchengräbern nicht wundert. Wir gewinnen den Eindruck, daß das ägyptische Kulturelement, wie es uns in Phönikien entgegentritt, ohne bedeutende Veränderung nach Sardinien übertragen wurde, wobei sich die westlichen Erzeugnisse gut einfügen.

Ähnlich aufschlußreich sind die Ergebnisse der Grabungen von Puglisi in den Jahren 1938 und 1940[210], wobei der Ausgräber drei Gräbergruppen unterscheidet: solche ohne Beigaben, sehr arme und die reichen mit Metallschmuck, Aegyptiaca und viel Keramik. Wir müssen einerseits hervorheben, daß von den 42 Gräbern nur acht Aegyptiaca beinhalteten, aber andererseits, daß vier davon zur armen Gruppe gehören. Grab 5[211] enthielt neben einem Terrakottagefäß und einer Bronzenadel einen ägyptischen Steatitskarabäus mit der Inschrift „Psammetich": ⌘, der also hervorragende Bedeutung hatte. In Grab 32[212] bildete ein Udjat aus Steatit sogar die einzige Beigabe.

Von den reichen Gräbern sei auf zwei besonders hingewiesen. Grab Nr. 3[213] mit viel Keramik, drei Bronzeringen und einer Amulettkette[214] fügt sich in unsere allgemeinen Erfahrungen gut ein. Grab 41[215] mit nur einer Bestattung ist dagegen äußerst reich an Aegyptiaca und hat sonst gar nichts; es gehört wohl ins 7.-6. Jh.v.Chr.[216] Beim linken Handgelenk lag ein Armband, auf dem u.a. elf Amulette[217] (darunter die thronende Isis mit dem Knaben, Falke, Udjat, Blüte) vereinigt waren. In Brusthöhe lagen zwei Steatitskarabäen, ein himmelblauer Fayenceskarabäus und eine Gruppe von zwölf Amuletten[218]: darunter zwei rechteckige Plaketten aus Steatit (auf beiden: Kuh/Udjat), ein Sauamulett (mit zwei sichtbaren Jungen bei Betrachtung linkshin), eine sicher echt ägyptische Thoëris, vier Udjat-Augen (eines vom Typus 49.A.2.3.7, wie Taf. 83,8-9) und ein weiteres Amulett, vermutlich die unterägyptische Krone[219].

Das Ergebnis ist, daß den Aegyptiaca, sofern sie überhaupt vorhanden sind, eine hervorragende Bedeutung zukommt, die im Verhältnis zu den übrigen Beigaben bei armen und reichen Gräbern etwa gleich ist. Offen bleibt freilich, in welchem Ausmaß (unabhängig vom sozialen Stand) das ägyptische Kulturelement bzw. die magischen Vorstellungen in ägyptischem Gewande in die Bevölkerung eingedrungen sind. Es fanden sich ja stets zahlreiche Gräber ohne Aegyptiaca; dabei wird es sich nicht ausschließlich um Männergräber handeln. Soweit jedoch magische Vorstellungen faßbar sind, werden sie durch die Aegyptiaca vertreten. Diese Erkenntnis von Cagliari paßt sicher recht gut auf Sulcis, Tharros und Nora. Die Differenzierungen ergeben sich wohl nur auf Grund der handelspolitischen Situation des jeweiligen Zentrums und im besonderen durch das lokale Kunsthandwerk in Tharros[220].

Nach der Besprechung der großen Küstenzentren im Süden und Westen Sardiniens, sowie der direkt von diesen abhängigen Siedlungen (Monte Sirai und Othoca) wollen wir das Vordringen der Aegyptiaca weiter ins Landesinnere verfolgen. Etwa 40 km nördlich von Cagliari wurde seit 1977 in der Nekropole von *MONTE LUNA* (loc. Senorbì) gegraben[221]. Von den acht Gräbern (ein Fossagrab und sieben Kammergräber), die 1977 gefunden wurden, waren jedoch sechs bereits geplündert. 1978 wurden sieben Fossagräber und 31 Kammergräber entdeckt, die ebenfalls vielfach beraubt waren. Dasselbe gilt für die 49 Gräber (davon 39 Pozzogräber und neun Fossagräber) der Frühjahrsgrabung von 1980.

Unter den Beigaben ist die Importware von besonderer Bedeutung: Es gab attische Keramik und solche von der Apenninenhalbinsel; weiters Gold-, Silber- und Bronzeschmuck, sowie Skarabäen[222]. Der Ausgräber berichtet von einer „umfangreichen Serie von Amuletten" aus den Grabungen in dieser Nekropole; bezeugt seien menschliche Körperteile, anthropomorphe Figürchen (s. unsere Taf. 45,1) und göttliche Symbole „di cultura egizia" in verschiedenem Material, Tiere und Cypraeen[223]. Unsere Taf. 94 bietet aus diesen Funden eine Kette, auf der sich eine unterägyptische Krone befindet (diese nochmals auf Taf. 89,4). Außerdem kamen zehn grüne Jaspisskarabäen zutage; darauf erscheinen die geflügelte Isis mit dem Horusknaben, Isis, die Horus stillt, und griechische Motive. Einen Chalzedonskarabäus haben wir mit Nr. 192 unter die Motive auf den Skarabäen aus hartem Stein (Abschnitt V) aufgenommen. Da die Beinchen nicht als erhabene Stege gestaltet sind, sondern die Seitenausführung ein einfach eingraviertes Dreieck mit eingezeichneter Höhe bietet, paßt er besser zu einer bestimmten Skarabäengruppe östlicher Herkunft[224] als zur sardo-punischen Glyptik. Ein Karneolskarabäus mit einer Gazellendarstellung hat für uns kaum Bedeutung. Weiters erbrachte die Nekropole Objekte aus Glas, drei bronzene Rasiermesser, einen Spiegel und Münzen (in der Mehrzahl aus Sizilien) vom Ende des 4. und beginnenden 3. Jhs.v.Chr.

Unter den sechs publizierten, goldenen Fingerringen, „che costituiscono una nuova testimonianza della cospicua presenza dell'artigianato cartaginese in Sardegna"[225], trägt ein Exemplar mit fixem Ringkasten ein eingraviertes Udjat[226]. Dieser Ring aus Grab 16 der Nekropole ist gerade wegen der entstellten Wiedergabe des Udjat für das Weiterleben des ägyptischen Motivschatzes im punischen Westen während der spätvorhellenistischen bis frühhellenistischen Zeit interessant.

Für uns ist als Ergebnis festzuhalten, daß mit dem Vordringen Karthagos in das innere Sardinien, das uns diese Nekropole (5.-3. Jh.v.Chr.) und die nahe Akropolis von Santu Teru bezeugen, das ägyptische Kulturelement mitwandert. Das scheint ein Ausdruck der engen Beziehungen des Fundortes zum Küstenzentrum Cagliari zu sein.

Gleichfalls wegen seiner Lage im Landesinneren, und zwar im südwestlichen Sardinien, ist *PANI LORIGA* interessant[227], obwohl hier im Gegensatz zu Monte Luna nur wenige Aegyptiaca zutage kamen. Etwa 150 Fossagräber aus der ersten Hälfte des 6. Jhs.[228] dürften bisher bekannt sein. Aus der Grabung 1969 stammt eine Kette mit der Steatitplakette unserer Taf. 87,3 und dem phönikischen Steatitskarabäus Taf. 117,2. Herrn Dr. G. Tore (Cagliari) sei herzlichst für die mündliche Mitteilung gedankt, daß sich weitere fünf Amulette 1970, ein Amulett 1973/74[229] und ein Cippusamulett, sowie ein Ring 1976 gefunden haben. Dazu kommt noch ein ägyptisierender Anhänger aus Silber, den wir mit seinen Verwandten in Abschnitt VI[230] behandeln.

Einen für unsere Fragen einzigartigen Kontext bietet der Tempel von *ANTAS*. An diesem Ort sind vor allem drei Aspekte hervorzuheben: erstens handelt es sich um ein Heiligtum, zweitens liegt dieses im Landesinneren und ist wesentlich für die Auseinandersetzung der punischen Religion (und Kultur) mit der lokalen und drittens finden wir hier vom chronologischen Standpunkt die spätesten Beispiele der amuletthaften Aegyptiaca des punischen Sardinien. Diese sind grundätzlich als Zeugnisse der vorhellenistischen Ausbreitung ägyptischen Kulturgutes anzusehen, erscheinen hier aber in einem Kontext des 5.-1. Jhs.v.Chr.[231]

Der Tempel, den wir zur römischen Zeit als ein Heiligtum des Sardus Pater kennen, war in seiner punischen Phase (in diese gehört die Hohlkehle auf Taf. 182,2) dem Sid geweiht[232]. Die punische Phase des Heiligtums beginnt offenbar am Ende des 6. Jhs.v.Chr. und erlebt im 3. Jh. einen Umbau; sein klassisches Aussehen erhielt der Tempel im 2. und 3. Jh.n.Chr.[233].

Von den im Heiligtum gefundenen Amuletten sind für uns folgende Stücke interessant: eine falkenköpfige Gestalt (vgl. Taf. 41,2)[234], ein Falke (Taf. 56,6), zwei Uräen (einer davon auf Taf. 63,6), zwei Udjat-Augen[235], ein sehr schematischer, doppelter Patäke[236], zwei vasenförmige und zwei herzförmige Anhänger[237]. Dabei fällt uns auf, daß es sich bei den Stücken unserer Tafeln um die geometrisierten, punischen Typen aus grober, rauher (Halbglas-) Fayence handelt. In Cagliari ist auch die gut dazu passende Plakette unserer

Taf. 85,2 und das Fragment von Taf. 62,2 [238] unter den Amuletten von Antas
ausgestellt. Es dürfte sicher sein,daß alle diese Aegyptiaca westliche Erzeugnisse darstellen. Wir werden sehen, daß die nächsten Parallelen für dieses
Material konzentriert in Olbia, und zwar in Gräbern des 4.-3. Jhs.v.Chr.,
zutage kamen. In dieser Zeit werden wahrscheinlich auch die Amulette von
Antas hergestellt worden sein. Wenn die Begleitfunde bis ins 1. Jh.v.Chr.
herabreichen, ist das für Votivgaben in einem Tempel nicht weiter auffällig.
Als Ergebnis kann sicher formuliert werden, daß in der Spätphase der
punischen Kultur die geometrisierten, lokalen Aegyptiaca dominieren. Wahrscheinlich sind in dieser Zeit knapp vor oder am Beginn der römischen
Herrschaft die engen Beziehungen zum Osten abgerissen. Das wird insbesondere für ein Binnenzentrum wie Antas gelten.

Eine Grundfrage bleibt für uns unbeantwortet, nämlich warum die ägyptisierenden Amulette in einen Tempel des Sid kamen. Wir würden uns die
Aegyptiaca als Votivgaben von Frauen in einem Heiligtum einer weiblichen
Gottheit erwarten. Von Karthago wissen wir, daß Sid gemeinsam mit Tanit
und Melqart verehrt wurde [239]; hier wäre ein Hinweis auf Tanit gegeben. Nach
der Ansicht von Guzzo Amadasi [240] könnte sich die Ikonographie des Bes mit
der Federkrone, die an die Krone des Sardus Pater erinnert, nicht nur auf
Eshmun, sondern in gewissen Fällen auf Sid beziehen. Im übrigen gibt es zu
Bes auch eine andere Verbindung: Nach den klassischen Quellen war Sardus
Pater der Sohn des Herakles [241]; die Skarabäen aus hartem Stein werden uns
die Entwicklung von der Besikonographie zu der des Herakles deutlich vor
Augen führen [242]. Ansätze, um die Existenz der amuletthaften Aegyptiaca in
Antas zu erklären, sind also sicher vorhanden, eine befriedigende Antwort
scheint jedoch noch nicht möglich zu sein.

Die letzte Fundstätte [243], die hier betrachtet werden soll, liegt weit ab
von den bisherigen: Es ist *OLBIA* an der Nordostküste Sardiniens, am
geeignetsten Punkt für die Schiffverbindung mit der Apenninenhalbinsel.
Bevor wir auf die historischen Fragen in Verbindung mit den Aegyptiaca
eingehen, erscheint es in Anschluß an Antas angebracht, die Grabinventare,
die Levi [244] publiziert hat, ins Auge zu fassen.

In der Nekropole Fontana Noa, die allgemein ins 4. Jh.v.Chr. datiert
wird [245], wurden 51 Gräber [246] untersucht. Das höchst einfache Fossagrab
Nr. 22 [247] lieferte sechs punische Münzen, eine eiförmige ,,brocchetta" und
ein ,,sehr großes", falkenköpfiges Amulett ,,mit oberägyptischer Krone",
dessen unterer Teil während der Grabungsarbeiten völlig kaputt gegangen ist.
Ob unsere Taf. 48,1 dafür in Anspruch genommen werden kann, bleibt offen.

Das reichste Grab in Fontana Noa, Nr. 24, ist ein Pozzograb mit Zella, das
Levi [248] in das fortgeschrittene 4. Jh.v.Chr. datiert. In Halshöhe der verstorbenen Frau fanden sich die Bestandteile einer großen Kette [249]: Abgesehen von vielen Perlen lagen vorne an der Brust große, wunderbare Glas-

köpfe, wie sie auch aus Karthago bekannt sind. Oben in der Mitte, d.h. wohl im Genick, befand sich das schöne Udjat unserer Taf. 80,2, das wegen der beiden Uräen an der Vorderseite nach unserem heutigen Wissen eine außerägyptische Arbeit darstellt, vielleicht sogar eine punische nach den ausschließlich im Westen bekannten Parallelen [250]. Das Udjat als Lebenssymbol war hier also für den Schutz des Genickes verantwortlich. Außerdem hatte die Frau noch einen Spiegel, andere Schmuckstücke und Keramik bei sich.

Aus den beiden miteinander verbundenen Pozzi Nr. 28-29 stammt ein Amulett aus Fayence, das Levi für ein kauerndes Äffchen hält [251]. Für uns ist wichtig, daß es völlig mit Eisendraht umwickelt war und einen Eisenring zum Aufhängen hatte nach dem Brauch, den wir auch aus ʿAtlit, Karthago oder sonst auf Sardinien gut kennen (vgl. Taf. 57,2) [252]. Dazu kam ein weiteres Figürchen (Bes oder Patäke) mit derselben Umwicklung, vielleicht eine falkenköpfige Gottheit [253] und das Unterteil eines thronenden Figürchens [254]. In nächster Nähe des Fossagrabes Nr. 31 fand sich in gutem Erhaltungszustand der falkenköpfige Horus unserer Taf. 46,4 [255]. Bei der Bestattung des Pozzograbes 36 [256] lagen u.a. Gold- und Bronzeschmuck, sieben punische Münzen und zwei Uräen des geometrisierten, punischen Typus mit drei Durchbrechungen (wie auf unserer Taf. 63,5 aus Cagliari). Schließlich ist noch das Fossagrab Nr. 38 [257] hervorzuheben, das u.a. wieder sieben punische Münzen, einen versilberten Bronzespiegel, einen einfachen Amulettbehälter mit dem Rest eines eingerollten Papyrusstreifens [258] und das falkenköpfige Amulett unserer Taf. 46,3 erbrachte.

Wir gewinnen den Eindruck, daß die geringe Präsenz des ägyptischen Kulturelementes in Olbia im 4. Jh. v.Chr. — nur in sechs oder sieben Gräbern von 51 sind Aegyptiaca nachgewiesen — die Lage der Stadt fernab von den großen Zentren (Karthago, Tharros, Sulcis, Cagliari) wiederspiegelt. Daß die Aegyptiaca punischen Ursprungs dominieren, ist daher nicht verwunderlich. Umso interessanter ist es, daß der Brauch der Amulettbehälter mit den eingerollten Papyrusstreifen, wie er seit dem 7. Jh.v.Chr. nachgewiesen ist [259], hier noch lebt. Die Gegenüberstellung des armen Grabes Nr. 22 und des reichen Nr. 24 zeigte uns, daß auch in Olbia das wenig bezeugte ägyptische Kulturelement keinesfalls ein schichtspezifisches Phänomen darstellt. Außerdem hat es seine Bedeutung für die Frau (in Grab 24) bewahrt.

Die zeitliche Fortsetzung bringt für unsere Studie die Nekropole von Joanne Canu, die sich etwa von der Mitte des 3. Jhs. bis zur Mitte des 2. Jhs.v.Chr. erstreckt [260]. Unter den 84 ausgegrabenen Gräbern [261] ist zunächst das Pozzograb Forteleoni, Nr. 19 [262] mit punischen Münzen und dem falkenköpfigen Horus unserer Farbtaf. II,2 hervorzuheben. Das Pozzograb Forteleoni, Nr. 50 [263] mit rechteckiger Zella barg mehrere Beisetzungen (und zwar Bestattung und Verbrennung gemischt) vom Ende des 3. Jhs.v.Chr. [264].

Bei der Brandbeisetzung fanden sich u.a. zwei oder drei Amulettbehälter aus Silber und eine Kette mit sieben Fayenceamuletten, die (soweit es das Photo[265] erkennen läßt) den geometrischen, punischen Stil darbieten. Auffällig ist ein Sauamulett vom Typus unserer Taf. 69,5-6. Weiters gehört dazu ein Falke, vielleicht ein sitzender Bes, ein falkenköpfiger Horus, möglicherweise auch ein Steatitamulett[266].

Im anderen Teil der Nekropole von Joanne Canu auf der Proprietà Campesi ist nur Grab 10[267] interessant. Neben der Keramik (darunter eine kleine Amphore mit Parallelen in S. Avendrace, Djidjelli und Gouraya[268]) gibt es wieder einige zusammengehörige Amulette: einen vasenförmigen Anhänger aus Karneol, die extrem geometrisierte, falkenköpfige Gottheit unserer Taf. 47,1, das Fragment des schematischen Thot auf Taf. 49,3 und den geometrisierten Falken der Taf. 56,8; weiters gehört ein herzförmiger Anhänger aus dunkelblauem Glas dazu.

Aus den Gräbern der Nekropole von Abba Ona[269] die sich möglicherweise über das 3.-1. Jh.v.Chr. erstreckt, sind bisher keine Aegyptiaca bekannt geworden. Wie ist nun der Befund von Olbia für die Geschichte der Ausbreitung ägyptischen Kulturgutes zu deuten?

Zunächst ist auf den Skarabäus unserer Taf. 103,1 hinzuweisen, den wir bisher übergangen haben. Wie unten gezeigt wird[270], wurde er mit großer Wahrscheinlichkeit von Griechen, eventuell Euböern, in einer frühen Zeit (vielleicht im 8. Jh.v.Chr.) ins zentrale Mittelmeergebiet gebracht, möglicherweise zunächst nach Pithekoussai. Der Gesamtzusammenhang der Aegyptiaca in diesem Raum (einschließlich Sardiniens) weist darauf hin, daß der Skarabäus spätestens im 7./6. Jh.v.Chr. in ein Grab kam und keinesfalls erst im 4.-3. Jh.v.Chr., d.h. zur Zeit der punischen Gräber von Olbia, als die Epoche der Fayence- und Steatitskarabäen seit langem vorbei war.

Der kundige Leser merkt, daß wir mit solchen Feststellungen mit der derzeit vertretenen *communis opinio* in Konflikt kommen, die die alte Annahme ablehnt, nach der Olbia ursprünglich eine griechische Kolonie gewesen sei[271]. Panedda[272] leugnet die griechische Periode und tritt für eine punische Gründung des 4. Jh.v.Chr. ein. Tore[273] betont, daß wir für das 7. und 6. Jh. keine Hinweise auf eine griechische Präsenz in Olbia haben. Bondì[274] kommt nach ausführlichen Überlegungen zu dem Schluß, daß die in den klassischen Quellen überlieferte griechische Ansiedlung auf Sardinien ein Produkt mythischer Traditionen sei. Moscati[275] räumt zwar die Möglichkeit einer archaischen Nekropole in Olbia ein, jedoch hält Bartoloni[276] diese Annahme für nicht gerechtfertigt.

Es ist klar, daß wir mit unserem vereinzelten Skarabäus nicht die Existenz eines griechischen Olbia stützen können. Wir müssen aber darauf hinweisen, daß all die Tausende von Aegyptiaca des zentralen Mittelmeerraumes ihren bestimmten Stellenwert in der jeweiligen lokalen Kultur haben und kaum irgendwelche Stücke als unpassende Zufallsfunde erklärt werden können. Olbia liegt immerhin im Nordosten Sardiniens, wo der euböische Eisenhandel zwischen Elba und Pithekoussai in der Nähe vorbeiging[277].

Die von Levi gefundenen Aegyptiaca beleuchten die Spätphase des ägyptischen Kulturelementes im punischen Sardinien des 4.-3.(2.) Jhs.v.Chr. Charakteristisch sind einheimische Erzeugnisse, die die lokale Verarbeitung des ägyptischen Kulturgutes und das damit verbundene lokale Element besonders deutlich werden lassen (vgl. die extrem geometrisierte, falkenköpfige Gottheit auf unserer Taf. 47,1). Im reichsten Grab (innerhalb des armen Milieus) fand sich jedoch ein ausgezeichnetes Udjat (Taf. 80,2) in hervorragender Funktion, was in Verbindung mit der hohen Qualität die Wertschätzung bezeugt. Durch die Gräber von Olbia werden die im punischen Raum erzeugten, geometrisierten Aegyptiaca, für die Halbglasfayence ein typisches Material ist, wenigstens teilweise ins 4.-3. Jh.v.Chr. datiert. Das vereinzelte Auftreten dieser Aegyptiaca beweist allerdings auch, daß es sich für Olbia um Importstücke handelt (also vielleicht aus Tharros). Wir gewinnen den Eindruck, daß das an den Aegyptiaca faßbare vorhellenistische, ägyptische Kulturelement in den letzten Jahrhunderten vor Christus (in Antas mag es bis ins 1. Jh. reichen) langsam ausklingt. Das ist umso bemerkenswerter, als zu der Zeit die hellenistische Ausbreitung der ägyptischen Religion bereits in vollem Gange ist. Im Augenblick lassen sich keine Beziehungen erkennen. Die Amulette ägyptischer Art erleben auch keine Aufwertung durch die vielleicht bereits in der Nähe bekannte Isisreligion[278].

III. FIGÜRLICHE AMULETTE AUS FAYENCE UND STEIN

Ein Hauptverdienst E. Acquaros (s. Bibl.) für unsere und künftige Arbeiten ist es, bei den von ihm publizierten Amuletten im Museum von Cagliari der Frage nach der Provenienz der Einzelstücke nachgegangen zu sein. Gerade angesichts des hohen Prozentsatzes von Amuletten ohne Angabe von Fundort oder Sammlung kommt einer solchen zunächst enttäuschenden und undankbaren Aufgabe die größte Bedeutung hinsichtlich der wenigen gesicherten Stücke zu, die die Ausgangsbasis für die Weiterarbeit bilden. Acquaro hat weiters die allgemeine Verankerung der Typen in Ägypten beschrieben und durch Zitate belegt, außerdem wichtige stilistische Grundtendenzen festgehalten.

Unsere Aufgabe ist es daher, aus dem gesamten erreichbaren Material eine verfeinerte Typologie zu erstellen, die es jetzt und auch künftig bis zu einem gewissen Grad gestatten soll, Stücke derselben Produktion aus anderen Fundorten anzuschließen. Ein weiteres wichtiges Anliegen muß es sein, die Verankerung dieses Kulturgutes, im besonderen der im folgenden definierten Einzeltypen, im vorderasiatischen und westmediterranen Raum zu versuchen, zumal hier das spanische Material größtenteils in Bearbeitung vorliegt. Daraus ergeben sich von selbst die schwierigen, aber m. E. notwendigen Überlegungen zu den Einflußwegen und zum Ursprung einzelner Stücke und Typen, obwohl wir gerade in diesem Punkt durch den Mangel an Publikationen von Amuletten ägyptischer Herkunft, insbesondere durch das Fehlen jeglicher systematischer Bearbeitung der perserzeitlichen und ptolemäischen ägyptischen Amulette äußerst eingeschränkt sind. Bis zum Erscheinen solcher Studien müssen notgedrungen viele Fragen, die sich aus den Amuletten des punischen Westens ergeben, unbeantwortet bleiben.

1. Die in Sardinien belegten Typen

Belege [1]	Charakterisierung
	1 – Ptah
	auf Basis stehend mit anliegendem Gewand und anliegender Kappe, vor sich ein Szepter haltend, Durchbohrung im Rückenpfeiler.
Taf. 5,1	A – Fayence
Taf. 5,2	B – Steatit
BM, WAA 134037	

Belege	*Charakterisierung*

2 – Löwenköpfige Göttin
A – Fayence

Taf. 5,3 — 1 – thronend, mit degenerierter Doppelkrone;

Taf. 7,1 — 2 – schlanke Sachmet vom Typus Hölbl, *Beziehungen*, Taf. 137,4-8 (Tarquinia);

Taf. 6; 7,2 — 3 – stehend, herabhängende, anliegende Arme, auf dem Kopf Sonnenscheibe und Uräus.

B – Steatit

Taf. 7,4 — 1 – wie A.3;

Taf. 7,3 — 1.1 – mit einem Kopfputz, der an eine irrtümliche Übernahme der Mondscheibe mit Mondsichel vom Pavian denken läßt;

BM, WAA 134120 — 2 – ohne Kopfputz mit aufgerichteten Ohren, senkrecht gefältelter Schurz.

3 – Katzenköpfige(?) Göttin

Taf. 7,5 — Fayence, stehend, ohne Kopfputz, langes, senkrecht gefälteltes Gewand, abgewinkelte Arme.

4 – Nefertem

in Schrittstellung stehend, herabhängende, anliegende Arme, senkrecht gefältelter Schurz, üblicher Kopfputz des Nefertem (Lotosblüte, Federn, Menats)

Taf. 8,1-2
BM, WAA 133242 — A – Fayence, ägyptischer Bart

B – Steatit [2], nach der Art des Gesichtes:
1 – jugendlich

Taf. 8,4 — ohne Bart?

Taf. 8,5 — kurzer, breiter, rechteckiger Bart;

Taf. 8,3 — 2 – älterer Mann, kurzer, breiter, rechteckiger Bart;

Taf. 9,1 — 3 – greisenhaft, kurzer Bart (Deformierung des Typs von 2?)

5 – Patäken
5.1 – einfache Patäken
A – Fayence
1 – nackt, ohne Attribute;
1.1 – große Stücke, verschiedene Gesichtszüge, z.T. Durchlochung zwischen den Beinen;

Taf. 9,2
BM, WAA 133444 — 1.1.1 – naturalistischer, kindlicher Typ;

Taf. 10 — 1.1.2 – alter Zwerg, betonte Augen, Dreiecksnase;

BM, WAA 133526 — 1.1.3 – wie 1.1.2, aber mit großen Ohren wie bei Bes;

Taf. 11,1-3
BM, WAA 133636 [3] — 1.2 – kleine Stücke, übergroße, plumpe Dreiecksnase, kompakt;

Belege	*Charakterisierung*
Taf. 11,4 BM, WAA 133952	2 – nackt, mit Rückenpfeiler; 3 – nackt, statt des Hinterkopfes ein zweites Gesicht, im übrigen aber m.E. nur eine Vorderseite; 4 – mit Schutzgöttin auf der Rückseite; 4.1 – mit seitlichen Schutzgöttinnen; 　　die Schutzgöttin auf der Rückseite hat symmetrisch gesenkte Flügel;
Taf. 12,1 BM, WAA 133186 BM, WAA 133408	4.1.1 – realistisch ausgeführter Typus mit wohlproportionierten, gut erkennbaren Attributen: gut ausgeführter Skarabäus, Falken auf den Schultern, hinten Göttin mit Sonnenscheibe und Federn in den Händen, seitlich Isis und Nephthys; der Patäke steht auf Krokodilen und hält in den zum Bauch geführten Händen zwei Gegenstände, die wie oben umgebogene Stöcke aussehen; keine Halskette;
BM, WAA 127230	4.1.2 – der vorige Typus in leichter Veränderung: Die Schutzgöttin der Rückseite trägt nur die Strähnenperücke und hat keine Federn in den Händen; die seitlich stehenden Göttinnen in sehr guter Ausführung: Brüste gut kenntlich, auf dem Kopf Federkrone wie bei Bes.
Taf. 12,2	4.1.3 – = 4.1.1 in gröberer Ausführung: Zwischen den seitlichen Schutzgöttinnen ist ein typologischer Unterschied kaum erkennbar; der Patäke hält Messer.
Acquaro, Nr. 604	4.1.4 – Weiterentwicklung von 4.1.1 bis 4.1.3: Die seitlichen Schutzgöttinnen sind zu ungegliederten, senkrechten Gebilden geworden mit mehr oder weniger deutlichem Hervortreten eines kopfartigen Gebildes. Der Patäke hat ein kindliches Gesicht; die Schutzgöttin der Rückseite trägt nur die Perücke wie bei 4.1.2.
	4.1.5 – Der Patäke hat ein altes Gesicht mit Dreiecksnase und betonten Augen; eine Weiterentwicklung der Typen, bei denen die Schutzgöttin der Rückseite die Sonnenscheibe trägt (4.1.1 und 4.1.3);
Taf. 14	4.1.5.1 – mit vielen gut ausgeführten Details;
Taf. 13,3 Taf. 15,1	4.1.5.2 – geometrisierter Typus, fast keine Rundungen in komplizierterer und in einfacherer Ausführung.

Belege	Charakterisierung
	4.2 – seitliche Schutzgöttinnen wie bei 4.1; die Schutzgöttin der Rückseite hält die Flügel in Schutzhaltung nach rechts;
Taf. 13,1	4.2.1 – Einfache Linien deuten die Details an; kein Unterschied zwischen den seitlichen Göttinnen; 5 kreisrunde Durchbrechungen;
Taf. 13,2	4.2.2 – Details wesentlich schematischer; die seitlichen Schutzgöttinnen stehen als Stege gut ab; Basis mit Hieroglyphen;
BM, WAA 133617 BM, WAA 133779 BM, WAA 133829 BM, WAA 127231	4.2.3 – extrem schematisiert und mit 7 Durchbrechungen wie unten 4.4;
BM, WAA 134007	4.2.4 – derselbe extrem schematisierte Typus, jedoch mit nur 5 runden Durchbrechungen, die denjenigen des ausgebildeten Typus 4.2.1 entsprechen; einfacher Skarabäus auf dem Kopf.
	4.3 – ohne seitliche Schutzgöttinnen; die Schutzgöttin auf der Rückseite hat symmetrisch gesenkte Flügel;
Taf. 15,2 Taramelli-Lavagnino, S. 38 (obere Abb., oberste Reihe, 4. von links)	4.3.1 – realistischer Typus: mit bestens ausgeführten Details; die Schutzgöttin trägt eine Feder auf dem Kopf; Falken mit Doppelkrone auf den Schultern; Halskette; auf der Basis hieroglyphische Inschrift;
Taf. 16,1	4.3.2 – schematischer Typus mit guten Rundungen des Reliefs;
Taf. 16,2-3 Taf. 16,4	4.3.3 – geometrisierte Typen, für die eingravierte Linien charakteristisch sind;
Taf. 16,5 BM, WAA 133188 BM, WAA 133187 BM, WAA 133190 BM, WAA 133341 BM, WAA 133379 BM, WAA 133954 BM, WAA 134172 BM, WAA 135774	4.4 – ohne seitliche Schutzgöttinnen wie bei 4.3; die Schutzgöttin der Rückseite hält die Flügel in Schutzhaltung nach rechts; 7 Durchbrechungen; sehr abgeschliffene Stücke.
BM, WAA 133338 Taf. 11,5 Taf. 17 BM, WAA 133675 [4] BM, WAA 133725 BM, WAA 133953 BM, WAA 134075	B – Steatit 1 – ohne Attribute; 2 – entsprechend A.3; 3 – entsprechend A.4.2.2 mit verschiedentlicher Stilisierung der Schutzgöttinnen, schematischer Skarabäus, Krokodile, Basisdekor;

Belege	*Charakterisierung*

Crespi, S. 35, Nr. 145,
T. B, 10:

4 – Patäke mit Skarabäus; die Schutzgöttin der Rückseite umhüllt den Patäken mit ihrem Flügel.

5.2 – doppelte Patäken
   A – Fayence
     1 – mit mehreren Durchbrechungen;
     1.1 – der Patäke als vollständiges anthropomorphes Wesen;

Taf. 18,1
BM, WAA 134074

     1.1.1 – Die seitlichen Schutzgöttinnen sind noch relativ selbständige Gebilde in reicher, geometrischer Gliederung und offenbar kombiniert mit den stilisierten Überresten der Schulterfalken; Krokodile und Skarabäus erkennbar; 7 kleine, runde Durchbrechungen;

Taf. 18,2-3
BM, WAA 134121
BM, WAA 133637
Uberti, *Don Armeni*,
   Taf. XLVI, 9-10 [5]
BM, WAA 133955

     1.1.2 – Vereinfachung von 1.1.1: die seitlichen Schutzgöttinnen abstehend wie bei 1.1.1, aber mit pfeilerartigem Aussehen wie bei 1.1.3; 5 Durchbrechungen nach Art der Taf. 18,2-3.
     1.1.2.1 – Vereinfachung von 1.1.2: dieselben 5 Durchbrechungen, jedoch sonst völlig vereinfacht; die charakteristische Dreicksnase ist geblieben.

Taf. 18,4-7
BM, WAA 133509

     1.1.3 – weitere Vereinfachung: die seitlichen Schutzgöttinnen anliegend und mit pfeilerartigem Aussehen; quadratischer Raster auf dem Kopf, Basis glatt oder mit Strahlendekor, 3 Durchbrechungen;

Taf. 18,8
BM, WAA 133139

     1.1.4 – die beiden Vorderseiten wie 1.1.3, aber schmäler und mit auffälliger Dreiecksnase; 2 Durchbrechungen bei den Schultern;

Taf. 18,9; 19,1-2

     1.2 – rechteckiges Plättchen; der Kopf kann die große Dreiecksnase und betonte Augen haben; 4 oder 5 Durchbrechungen;

Taf. 19,3
BM, WAA 134146
Taf. 19,4

     1.3 – völlig glattes, rechteckiges Plättchen mit Durchbrechungen und Aufhänger.
     2 – mit einer Beindurchbrechung; undeutliche Gliederung in Relief.
     3 – kompakt mit Querdurchbohrung in Ohrhöhe;

Taf. 19,5

     3.1 – großer Typus;

Belege	Charakterisierung
Farbtaf. III,3 Taf. 19,6-7;20,1-5 BM, WAA 133243 BM, WAA 133518 BM, WAA 133657 BM, WAA 133780 Uberti, *Don Armeni,* Taf. XLVI,4-8	3.2 – geometrisierte, kleine Typen ähnlich 1.2 (gelegentlich mit 2. Querdurchbohrung bei den Füßen);
BM, WAA 133778	3.3 – die Vorderseiten gleichen völlig 1.1.4 (auch mit der auffälligen Dreiecksnase), jedoch ohne Durchbrechungen.
	B – Steatit
	1 – große Typen mit z.T. weit abstehenden, stilisierten, stets gleichen, seitlichen Schutzgöttinnen; Skarabäus über den vereinigten Köpfen; Krokodile erkennbar; eingeschnittener Basisdekor
Taf. 22,1	ägyptisierender oder
Taf. 20,6; 21	unägyptischer Art;
Taf. 20,6; 21,1	1.1 – die aus den Schutzgöttinnen resultierenden seitlichen, pfeilerartigen Gebilde tragen einen menschlichen Kopf im „Einheitsstil";
Taf. 21,2	1.2 – von den Schutzgöttinnen ist nur mehr die große Dreiecksnase erkennbar;
Taf. 22,1	1.3 – Die Schutzgöttinnen sind rein geometrische Pfeiler geworden.
	2 – kleine Typen mit mehr oder weniger abstehenden, stilisierten, stets gleichen Schutzgöttinnen;
	2.1 – Schutzgöttinnen stilisiert wie bei 1.1; die kleinen Krokodile sind zumeist noch erkennbar;
Taf. 23,1 und 3 BM, WAA 133371 BM, WAA 133616	2.1.1 – Kopf: einfacher Skarabäus; Basis: Hieroglyphen;
BM, WAA 133457 Spano: *BAS* 2 (1856), S. 72-74 & Abb.	2.1.2 – Kopf: einfacher Skarabäus; Basis: phönikische Inschrift [6];
Taf. 22,2-3	2.1.3 – Kopf: quadratischer Raster; Basis: glatt;
BM, WAA 133340	2.1.4 – Kopf: quadratischer Raster; Basis: Rechteckraster;
Taf. 23,2 und 4 [7]	2.2 – Schutzgöttinnen als geometrische Pfeiler; Krokodile nicht mehr wahrnehmbar; Kopf: parallele Rillen; Basis: Kreuz- oder Sterndekor;
BM, WAA 133508 BM, WAA 133694 (mit gutem Skarabäus auf dem Kopf)	2.3 – Mischtypus: Schutzgöttinnen nach 2.1 und Basis nach 2.2.

Belege	*Charakterisierung*

BM, WAA 133903 (Skara-
bäus auf dem Kopf
kaum sichtbar)
Acquaro, Nr. 653

6 – Bes

6.1 – Vollständige Figürchen

    A – Fayence

        1 – mit Federkrone

        1.1 – stehend, ohne Rückenpfeiler

Taf. 24 — 1.1.1 – wohlproportionierter ägyptischer Typus mit abstehenden Armen und Durchbrechung zwischen den Beinen, durchbohrte Ohren, Löwenschwanz;

Taf. 25,1 — 1.1.2 – ähnlicher, großer Typus, aber sehr vereinfacht und kompakt;

Uberti, *Don Armeni*, Taf. XLVI,2 — 1.1.3 – kleinerer, etwas vereinfachter Typus mit abstehenden Armen;

BM, WAA 133633 [8] — 1.1.4 – geometrisiert, Details durch eingravierte Linien (analog Taf. 16,4 beim Patäken) mit Ausnahme der runden Beindurchlochung;

        1.2 – stehend, mit Rückenpfeiler

Taf. 25,2-3; 26,1 — 1.2.1 – mit den seit der 3. Zwischenzeit üblichen, ägyptischen Proportionen;

Taf. 26,3 — 1.2.2 – extrem schlank;

Taf. 26,4 — 1.3 – hockend wie ein Affe, mit Rückenpfeiler;

Taf. 26,2 — 2 – ohne Federkrone, stehend, ohne Rückenpfeiler.

    B – Steatit

Taf. 26,5 — 1 – stehend in der Art von 1.2.1;

Taf. 26,6 — 2 – hockend wie 1.3.

    C – Harter Stein

Taf. 27,1-2
BM, WAA 133823
Taramelli-Lavignino, S. 38
(obere Abb., 2. Reihe,
4. von links)

— mit senkrecht gefälteltem Schurz und niedriger, stilisierter Federkrone.

    D – Elfenbein

Acquaro, Nr. 846-848 [9]
Taramelli-Lavagnino, S. 38
(obere Abb., 2. Reihe,
3. und 5. von links)

— stehend, ohne Rückenpfeiler, einfache Federkrone, abstehende Arme, Durchbrechung zwischen den Beinen.

6.2 – Beskopf

    A – Fayence

Taf. 27,3-4
BM, WAA 133526 [10]

— hinten verdickter Pfeiler mit Durchlochung.

Belege	*Charakterisierung*

BM, WAA 134123
Taramelli-Lavagnino, S. 38
(obere Abb., 2. Reihe,
ganz links)

                      B – Glas (grün, fast durchsichtig)
BM, WAA 133228   hinten glatt, in Stirnhöhe querdurchlöchert.

7 – Osiris

Taf. 27,5   stehend, mit Atefkrone, in Mumienbinden [11].

8 – Isis

        8.1 – stehend, mit anliegendem Frauengewand
              A – Fayence
              mit Thron auf dem Kopf
Taf. 28,1-2   1 – normaler Körperbau;
Taf. 28,3   2 – leicht schwanger;
Taf. 28,4   3 – mit fast tierischem Gesicht; stark schwanger;
                  offenbar vom Thoeristyp beeinflußt.
              B – Steatit
Taf. 29,1-2   1 – mit erkennbarem Hathorkopfaufsatz;
BM, WAA 133466
BM, WAA 133507
BM, WAA 133948   2 – mit nicht deutbarem Kopfaufsatz, der wahr-
                  scheinlich vom vorigen abgeleitet ist.
        8.2 – thronend, mit Horusknaben
              A – Fayence [12]
              1 – mit Hathorkopfaufsatz
Taf. 29,3 (= Farbtaf. II,1)   1.1 – gut ausgeführter, ägyptischer Typus aus
                  hellblauer Paste, dreiteilige Strähnenpe-
                  rücke, die die Ohren frei läßt, hieroglyphi-
                  sche Inschrift;
Taf. 30,1   1.2 – schematischer, kleiner Typus;
BM, WAA 133374
Taf. 30,2-3, 5   2 – mit Thron auf dem Kopf
BM, WAA 133144   3 – soweit schematisiert mit Tendenz zur Zweidi-
                  mensionalität, daß bloß die sitzende Frau mit
                  Kind als Grundtypus erkennbar ist.
              B – Steatit
Taf. 31,1   wie A.1.2, mit Gesicht im „Einheitsstil".

9 – Nephthys

Taf. 32,1 (Fayence)   Stehend, mit herabhängenden, anliegenden Armen, Korb
BM, WAA 134225 (Steatit) auf dem Kopf.

10 – Harpokrates

              A – Fayence
Taf. 32,2   1 – stehend, mit kurzem, „schwebendem" Rückenpfei-
                  ler; rechte Hand am Mund;

Belege	Charakterisierung
Taf. 33,1; 34,1-2 Mon. in., XI, Taf. LII,7 Taf. 34,3-4	2 – sitzend, rechte Hand am Mund; 3 – stehend, etwas verkrüppelt, ohne Rückenpfeiler; offenbar vom Patäken beeinflußt. B – Steatit
Taf. 34,5-6 BM, WAA 133373 BM, WAA 133695	stehend, mit Rückenpfeiler, im „Einheitsstil".

Taf. 33,2	10bis – Imhotep (?)

11 – Schu

A – Fayence

Taf. 35,1-3,5 Uberti, Don Armeni, Taf. XLVI,1 Taf. 36,1-3 Mon. in., XI, Taf. LII,21	1 – der mit einem Knie kniende Schu hebt mit beiden Händen ein ovales Gebilde hoch, das von der Sonnenscheibe abstammt; 2 – der Gott trägt nichts in den erhobenen Händen. B – Steatit
Acquaro, Nr. 555	analog A.1 [13].

12 – Stehendes, männliches, zur Gänze anthropomorphes Wesen mit ägyptischer Krone; Rückenpfeiler

BM, WAA 133722	1– mit etwas entarteter Atefkrone; Fayence; senkrecht gefältelter Schurz, Arme längs des Körpers herabhängend; 2 –mit oberägyptischer Krone
BM, WAA 133723 [14] BM, WAA 133948	2.1 –Haltung wie bei 1; Fayence; 2.2 –abgewinkelte Arme, kein Schurz erkennbar; Steatit.

Taf. 36,4	**13 – Nackte, stehende, männliche Gestalt mit spitzer Mütze; Bein**

14 – Nacktes, stehendes Frauenfigürchen mit herabhängenden, am Körper anliegenden Armen (Astarte-Typus)

A – Fayence

BM, WAA 133510	aus dem stehenden Isis-Hathor-Typus abgeleitet: Rückenpfeiler; Kopfputz, der von der Hathorkopfbedeckung abstammt: ⊕
BM, WAA 133220	B – Steatit mit ägyptischer, kurzer Perücke.

15 – Astarte(?)-Köpfchen aus Glas [15]

Taf. 36,5 Biggio, Taf. XXIV,1	mit ägyptischer Perücke.

16 – Mahes

stehend mit Löwenkopf, Atefkrone, Rückenpfeiler, Schurz

Taf. 37,1 Taf. 37,2-5 Acquaro, RSF 10, Suppl. (1982) Nr. 82-83	A – Fayence B – Steatit.

Belege	Charakterisierung

17 – Männliche, anthropomorphe Gottheit mit Widderkopf
in Schrittstellung, anliegende Arme, Schurz, Rückenpfeiler, Gehörn um die Ohren nach vor gebogen

A – Fayence[16]

Taf. 38,1-2 — 1 – naturalistisch mit rundlichen Formen;

Taf. 38,3; 39,1-3 — 2 – geometrisierte, eckige Formen.

BM, WAA 133463

Taf. 39,4 — B – Steatit.

18 – Männliche, anthropomorphe Gottheit mit Falkenkopf
in Schrittstellung, anliegende Arme in unterschiedlicher Haltung, Schurz, Rückenpfeiler

Taf. 48,1 — 1 – mit gut ausgeführter ägyptischer Doppelkrone;

2 – mit mehr oder weniger degenerierter Doppelkrone[17];

a) nach den Schurztypen:

Taf. 40,1-2; 41,1 — 1 – gut ausgeführt;

BM, WAA 133464

Taf. 41,2; 42,1 u. 3; 43,4; 44,1 u. 3; 45,1; 46,2-4; 47,2 — 2 – einfach senkrecht gestreift;

Taf. 42,2 u. 4; 47,1 — 3 – kaum erkennbar;

b) nach der Armhaltung:

1 – rechter Arm herabhängend, linker zu Brust geführt und ein Szepter haltend;

Taf. 43,1; 45,2 — 1.A – Fayence

Taf. 43,2[18] — 1.A.1 – im wesentlichen menschliches Gesicht mit Schnabel;

1.B – Steatit

Taf. 40,2 — sorgfältige Ausführung ägyptischer Art; links und rechts neben den Beinen geht eine ganz kleine menschliche Gestalt;

Taf. 42,2; 43;3; 46,4 — 2 – Haltung wie 1, aber ohne Szepter;

3 – beide Arme hängen herab;

3.A – Fayence

Taf. 40,1; 41,1[19] — 3.A.1 – sorgfältige Details in ägyptischer Art und ausgewogenen Proportionen;

Taf. 42,3; 44,3 (schon überleitend zu 3.A.3)[20] — 3.A.2 – schematisiert, rundliche Formen;

Taf. 41,2-3; 42,1; 44,1-2; 45,1; 46,1-3 — 3.A.3 – schematisiert, kantige Formen;

Taf. 42,4; 47,1 Farbtaf. II,2 — 3.A.4 – bis zur Unkenntlichkeit vom Ausgangstypus entfernt; in verschiedener Ausführung;

3.B – Steatit

Taf. 47,2 — in der Ausführung des Gesichtes dem anthropomorphen Einheitsstil sehr nahestehend;

BM, WAA 133950[21] — 3 – ohne Krone, zurückgelehnt in der Haltung der Meerkatzen (36.A.2; 36.B); Steatit.

Belege	*Charakterisierung*

19 – Anthropomorpher Thot mit Ibiskopf

Schrittstellung, herabhängende Arme, Schurz, Rückenpfeiler, dreiteilige Perücke.

A – Fayence

Taf. 48,2; Frontispiz — 1 – original ägyptischer Typus mit ausgezeichneten Details;

Taf. 50-51 — 2 – vielleicht von 1 abgeleitete größere Typen unter Hinzufügung affenartiger Züge am Kopf;

Taf. 49,1-3 — 3 – kleinere Figürchen mit mehr oder weniger Details.
Uberti, *Don Armeni*, Taf. XLV,4-6

B – Steatit

Taf. 49,4-7 — 1 – mit mehr oder weniger gut ausgeführtem Schnabel
BM, WAA 133314

BM, WAA 133561 — 2 – mit den Charakteristika von A.2, aber kleiner.

20 – Nehebkau

anthropomorph mit Schlangenkopf, Fayence

Taf. 52,1 — 1 – original ägyptischer Typus mit ausgezeichneten Details, dreiteilige Perücke;

BM, WAA 135713 — 2 – kleiner, schematisierter Typus einer stehenden anthropomorphen Gottheit mit schlangenähnlichem Kopf.

21 – Anubis

1 – ägyptischer Typus: stehend mit Kanidenkopf

A – Fayence

Taf. 52,2; 53,2 — Schnauze bisweilen sehr plump wie bei Taf. 52,2;
Ba., Nr. 25
Mon. in., XI, Taf. LII,18 [22]

Taf. 53,3-4 — B – Steatit
Taf. 53,1 (Fayence) — 2 – Vermischung mit dem Typus der Thoeris: Schnauze sehr an die mancher Thoeris angenähert; auf der Brust die nach vor fallenden Teile einer sonst nicht existierenden Perücke;

3 – Vermischung mit den falkenköpfigen, anthropomorphen Figürchen(?) (Typus 18):

BM, WAA 133337 — Gesicht möglicherweise eines Kaniden, an der Vorderseite der längsgestreifte Schurz sichtbar; offenbar mit
(Fayence) — schematisierter unterägyptischer Krone.

Belege	*Charakterisierung*
	22 – Vogelköpfige Gottheit mit Isiskopfschmuck [22a] stehend, herabhängende Arme, Rückenpfeiler A – Fayence
Taf. 54,1	mit verkümmertem Isisthron auf dem Kopf B – Steatit
Taf. 54,2	mit verkümmertem Hathorkopfputz
	23 – Anthropomorphe Gottheit mit plumpem, papageienartigem Kopf
Taf. 54,3	stehend, herabhängende Arme, langes Frauengewand(?), extra Aufhänger auf dem Kopf; Fayence
	24 – Anthropomorphe Gottheit mit unbestimmbarem Tierkopf
BM, WAA 133866 [23]	stehend, ohne aufgerichtete Ohren;
BM, WAA 134122	Schrittstellung, mit aufgerichteten, runden Ohren.
	25 – Falke A – Fayence 1 – mit verkümmerten, ägyptisierenden Kronen wie beim Typus der anthropomorphen Gottheit mit Falkenkopf (Typus 18); Durchbrechung zwischen Schwanzfedern und Beinen;
Taf. 54,4; 55,1-2 [24]	1.1 – wohlproportionierte, rundliche Formen mit Wiedergabe des Federkleides teils in Strichen, teils in Punkten; feine Details;
Taf. 55,3; 56,1 BM, WAA 133506	1.2 – kantigere Formen mit etwas kubischem Aspekt, plumpere Details; die Vorderansicht des Schnabels entspricht z.T. der sonst bekannten Dreiecksnase;
	2 – ohne Krone
	2.1 – ausgezeichnete, naturalistische Formen; Wiedergabe des Federkleides in Streifen;
Taf. 56,3-5	2.1.1 – ohne Durchbrechung zwischen Schwanzfedern und Beinen;
Taf. 57,3 Uberti, *Don Armeni*, Taf. XLVII,2-3 (letzteres mit leichter Variierung des Federkleides) Taf. 56,6-8; 57,1 Sassari, Inv. 7469	2.1.2 – mit Durchbrechung zwischen Schwanzfedern und Beinen;
	2.2 – extreme Schrägstellung, kantige Formen; Durchbrechung zwischen Schwanzfedern und Beinen, Federkleid durch Streifen
Taf. 56,2	2.3 – Formen ähnlich 1.2, ohne Wiedergabe des Federkleides, Beindurchbrechung;
Taf. 57,4	2.4 – kleiner Typus mit leicht abnützbarer Oberfläche, die daher keine Details zeigt; Beindurchbrechung.

Belege	*Charakterisierung*
	B – Steatit
	1 – einzelner Falke;
Taf. 57,6	1.1 – mit verkümmerter Doppelkrone;
BM, WAA 133696 [25]	1.2 – mit oberägyptischer Krone;
BM, WAA 133244	1.3 – mit Atefkrone;
Acquaro, Nr. 1204	
(Krone sehr entartet)	
Taf. 57,7	1.4 – mit nicht mehr deutbarem Kopfaufsatz;
Taf. 57,5	2 – zwei genau gleiche Falken stehen nebeneinander
Sassari, Inv. 7473 [26]	auf gemeinsamer Basis.
	C – Harter Stein
BM, WAA 127228 [27]	ohne Krone, glatte Seiten.
(Bergkristall u.	
Sardonyx)	
Spano: *BAS* 9 (1863) S.	
88 [28] (Karneol u. Achat)	
Taf. 57,8	

26 – Vogel (schematisierter Geier?)

Uberti, *Don Armeni,*   Fayence
    Taf. XLVII,4:

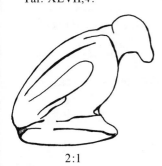

2:1

27 – Thoeris

A – Fayence
1 – ohne Kopfputz

Taf. 58,1-2; 59,1	1.1 – naturalistische, ägyptische Formen;
Uberti, *Don Armeni,*	
Taf. XLV,2-3	
Farbtaf. II,3	1.2 – geometrisierte Formen mit wenig Details;
Taf. 59,2; 60,1 (mit Schurz?)	
Taf. 60,2	1.3 – umgedeutet zu einem furchterregenden Wesen ähnlich der ägyptischen „Fresserin" mit Schurz;
Taf. 62,3-5	1.4 – kleine Stücke mit schematischen Details;
	2 – mit Federkopfschmuck
Taf. 61,1 (= Farbtaf. II,4)	2.1 – mit besonders stark ausgebildetem Krokodils-schwanz auf dem Rücken;

Belege	*Charakterisierung*
Taf. 61,2	2.2 – ohne das Charakteristikum vom 2.1.
BM, WAA 133543	
Uberti, *Don Armeni,*	
Taf. XLV,1 (Kopfputz	
sehr stilisiert)	
	B – Steatit
Taf. 63,1	1 – wie A.1.4 in weniger rundlichen Formen, hinten glatt;
BM, WAA 133562	2 – wie B.1 mit zusätzlicher Winkelschraffur auf der
BM, WAA 133676	Rückseite nach Art der Stücke auf Taf. 58.

28 – Uräus

A – Fayence

1 – ohne Kopfputz

Farbtaf. III,2	1.1 – naturalistischer Typus mit Schlangenkopf; zu-
Taf. 63,2	meist gegenüber dem Körper stark verbreiteter
BM, WAA 133569	Schild (Taf. 63,2, BM, WAA 133638, 135765); (3-)4
BM, WAA 133638	Durchbohrungen, davon eine das Aufhängeloch;
BM, WAA 135765	
Acquaro, Nr. 164	1.2 – mit naturalistischem Schlangenkörper und hun-
	deähnlichem Kopf;
Taf. 63,3	1.3 – vereinfachter Typus mit erkennbarem Tierkopf;
Taf. 63,4	1.4 – wie 1.3, aber Kopf bis zur Unkenntlichkeit sche-
	matisiert;
Taf. 63,5-6	1.5 – geometrisierte Typen mit verschiedenen Kopffor-
Farbtaf. III,1	men;
Acquaro, Nr. 151	2 – mit schematischem Kopfputz der Isis-Hathor.
	B – Steatit
	1 – mit Kopfschmuck der Isis-Hathor;
Taf. 63,7-8; 64,1	1.1 – naturalistische Typen;
BM, WAA 133864	
BM, WAA 134231	
Taf. 64,2-3	1.2 – vereinfachter Typus;
BM, WAA 133245	2 – mit undefinierbarer Andeutung eines Kopfschmuk-
BM, WAA 133568	kes;
	3 – ohne Kopfschmuck;
BM, WAA 133902	3.1 – mit naturalistisch ausgeführtem Schlangenkopf,
	Schildschraffur;
Taf. 64,4	3.2 – mit hundeähnlichem Kopf, zumindest teilweise
BM, WAA 133729	mit Schildschraffur.
Acquaro, Nr. 165-167	

29 – Hund

A – Fayence

BM, WAA 133565	1 – sitzend, annähernd waagrecht gehaltene Schnauze;
BM, WAA 134228	
Taf. 64,8	2 – ganz unägyptischer, sitzender Hund(?);
BM, WAA 134045	3 – stehend.

Belege	*Charakterisierung*

B – Steatit
Taf. 64,5   1 – analog A.1;
Taf. 64,6   2 – stehend, mit leicht gesenktem Hinterteil; schwer deutbares Tier, vielleicht Vermischung mit Typus 30 (Frosch).

C – Elfenbein
Taf. 64,7   stehend.

30 – Frosch
Acquaro, Nr. 84   A – Fayence
Taf. 64,9   B – Steatit

31 – Sitzende Katze
A – Fayence
    1 – naturalistische Formen
Taf. 65,1-3   1.1 – mit gestrichelter Fellandeutung;
BM, WAA 133443 [29]
Acquaro, Nr. 1081
Biggio, Taf. XXIV,3
Phönizier im Westen,
    Taf. 21g (Monte Luna)
Acquaro, Nr. 1080   1.2 – ohne Fellandeutung;
Taf. 66,1-2   2 – ähnliche Formen, aber ohne erhaltene Details und
BM, WAA 133313   etwas schematischer;
BM, WAA 134003
Acquaro, Nr. 1080
Taf. 65,4   3 – geometrisierter Typus mit Andeutung des Felles in grober Strichelung;

Taf. 65,5-6   4 – große Augen, aufgeblähte Brust, gewundene Hinterbeine.
BM, WAA 133950
Sassari, Inv. 7431

B – Steatit
    1 – naturalistischer Typus entsprechend A.1;
Taf. 66,3 [30]   1.1 – mit gestrichelter Fellandeutung;
Acquaro, Nr. 1087   1.2 – ohne Fellandeutung;
BM, WAA 133344   2 – in der Haltung wie Typus 36.A.2 und B.1 (Meerkatze): sitzend, Gesicht mit menschlich-dämonenhaften Zügen, Vorderbeine hängen längs des Körpers herab.

C – Andere Materialien
Taf. 66,4   1 – harter, beige-grüner Stein;
BM, WAA 127228 [31]
BM, detto   2 – Bergkristall.

32 – Löwe
    1 – liegend
    A – Fayence
Taf. 66,6   1 – naturalistisch, mit sehr exakten Details
    2 – etwas plumpere Details;

Belege	Charakterisierung
Taf. 67,1	2.1 – großer Typus;
Taf. 66,5	2.2 – kleiner Typus;
Uberti, *Don Armeni*, Taf. XLVII,7	
Taf. 67,2	3 – geometrisierter Typus.
	B – Steatit ziemlich realistisch, etwa wie A.2.2;
Taf. 67,3-4	1 – mit glatter Basis
BM, WAA 133346	
BM, WAA 133862	
BM, WAA 135766	
BM, WAA 133699 [32]	2 – mit hieroglyphischer Inschrift (*mnj R´*) auf der Basis.

Basis:

Orcurti: *BAS* 2 (1856) S. 103f. mit Abb.[33]

2 – stehend oder schreitend; Steatit
   1 – Kopf gerade gehalten;

Taf. 67,5	1.1 – glatte Basis;
Uberti, *Don Armeni*, Taf. XLVII,5-6	1.2 – mit hieroglyphischer Inschrift auf der Basis; (vgl. Abb. 21);
Mnemosine sarda, Taf. VII,2 (Inschrift: '*bd*' = *IFPCO* Sard. 2)	1.3 – mit phönikischer Inschrift auf der Basis;
Taf. 67,6	2 – Kopf um 90° zum Beschauer gewendet, wenn das Figürchen rechtshin gehalten wird; silbergraues Material.

3 – sitzend
   1 – ungeflügelt, Steatit;
   1.1 – Kopf gerade nach vor gehalten;

BM, WAA 133564	1.1.1. – glatte Basis;
BM, WAA 134124	
Taf. 68,1-2	1.1.2 – Hieroglyphen auf der Basis;
BM, WAA 133345	1.2 – Kopf um 90° zum Beschauer gewendet, wenn das Figürchen rechtshin gehalten wird;

2 – geflügelt, Steatit;

| Crespi, S. 32, Nr. 99, T. B, 5 [34]: | 2.1 – einzelner, sitzender Flügellöwe, Hieroglyphen auf der Basis; |

Belege	*Charakterisierung*
Crespi, S. 32. Nr. 97, T. B, 4[35]:	2.2 – zwei Flügellöwen auf gemeinsamer Basis.

33 – Ichneumon

1 – schreitend, mit Aufhänger im Rücken, Steatit;

Taf. 68,3 · 1.1 – auf der Basis über schraffiertem Segment Uräus mit stilisiertem Hathorkopfschmuck;

Taf. 69,1 · 1.2 – auf der Basis phönikische Inschrift;

BM, WAA 133566 · 2 – liegend, Durchlochung quer durch das Figürchen, Fayence.

34 – Sau

A – Fayence

Taf. 69,3 · 1 – ohne Jungtiere, naturalistisch;

2 – mit Jungtieren;

Taf. 69,2 · 2.1 – großer Typus mit zwei auf dem Boden liegenden Jungtieren, wenige Details;

Taf. 69,4 · 2.2 – kleiner, drei stehende Jungtiere, naturalistisch, gute Details;

Taf. 69,7 · 2.3 – wie 2.2, aber noch kleiner und sehr vereinfacht;

Taf. 69,5-6 · 2.4 – wie 2.2, jedoch etwas größer und geometrisiert;

2.5 – mit unterschiedlicher Anzahl von Jungtieren auf beiden Seiten;

BM, WAA 134210 (hinterer Teil weggebrochen) · 2.5.1 – auf der Seite, wo das Muttertier nach rechts blickt: mindestens zwei Junge (wenn nicht drei) zwischen Vorder- und Hinterbeinen, ein weiteres zwischen Vorderbeinen und Schnauze; andere Seite: nur zwei Junge zwischen Vorder- und Hinterbeinen;

BM, WAA 134229 Acquaro: *RSF* 10, Suppl. (1982) S. 39, Nr. 189. · 2.5.2 – auf der Seite, wo das Muttertier nach rechts blickt, vier Junge, davon eines zwischen Vorderbeinen und Schnauze (wie bei 2.5.1); andere Seite: drei Junge zwischen Vorder- und Hinterbeinen.

B – Steatit

durchwegs leicht vereinfachte, naturalistische Typen mit großen, hervortretenden Augen;

1 – ohne Jungtiere

Taf. 70,4 · 1.1 – glatte Basis, kompakt wie Taf. 70,4 und BM,
BM, WAA 133697 · WAA 133697 oder mit kleinen Durchbrechungen
BM, WAA 133698 · (BM, WAA 133698)[36];

Belege	*Charakterisierung*
Taf. 70,3 BM, WAA 133348 Spano: *BAS* 2 (1856) S. 54 mit Abb.[37]:	1.2 – Hieroglyphen auf der Basis, bisweilen deutliche Zitzen (Taf. 70,3);

	2 – mit einem saugenden Jungtier[38], das 2.1 – auf beiden Seiten sichtbar ist;
Taf. 70,2 BM, WAA 133470	2.1.1 – glatte Basis;
Taf. 70,1, 5-6	2.1.2 – Hieroglyphen auf der Basis; 2.2 – das Jungtier ist nur auf der Seite sichtbar, auf der das Mutterschwein nach rechts blickt;
BM, WAA 133512 Spano: *BAS* 2 (1856) S. 55 mit Abb.[39] BM, WAA 133727 [40]: Basis:	2.2.1 – glatte Basis; 2.2.2 – hieroglyphische Inschrift auf der Basis: stilisiertes *Wȝḥ-(jb-)Rˁ*;
Taf. 70,7	3 – mit stehenden Jungtieren; vier Junge, schematisch wie bei A.2.3.[41] C – Harter, grüner Stein
Taf. 70,8	ohne Basis.

35 – Häsin

A – Fayence

Taf. 71,2	1 – naturalistische, gerundete Formen;
Taf. 71,1	2 – etwas vereinfacht;
Taf. 71,3-4 Uberti, *Don Armeni*, Taf. XLVII,9	3 – wie 1 mit etwas eckigen Formen;
Taf. 71,5	4 – stark abgeschliffener Typus B – Steatit
Taf. 71,6-7	entsprechend A.3.

36 – Meerkatze

A – Fayence

Taf. 72,7	1 – auf den Hinterbeinen stehend, mit Fellwiedergabe; 2 – leicht zurückgeneigt, sich auf den Schwanz stützend; Vorderfüße hängen seitlich herab;

Belege	*Charakterisierung*
Taf. 72,5 (und 6?) BM, WAA 133544 Uberti, *Don Armeni*, Taf. XLV,7-8	2.1 – mit gestrichelter Fellwiedergabe;
Taf. 72,1-4	2.2 – ohne Fellwiedergabe. B – Steatit Die Haltung von A.2 ist so uminterpretiert, daß das Tier nun auf einem schrägen Untersatz halb sitzt bzw. daran lehnt. 1 – einzelnes Tier [42];
Taf. 73,2	1.1 – mit gestrichelter Fellwiedergabe;
Taf. 73,3-6	1.2 – ohne Fellwiedergabe;
Taf. 73,1	2 – zwei Tiere mit dem Rücken zueinander; gestrichelte Fellwiedergabe.

37 – Hockendes Äffchen

Taf. 73,7-8 — Elfenbein.

38 – Pavian

	1 – hockendes Männchen mit dem charakteristischen Mantel; die Vorderpfoten liegen auf den hinteren Knien. A – Fayence 1 – naturalistische Typen; 1.1 – ohne Kopfputz;
Taf. 74,2	1.1.1 – groß;
Taf. 75,2	1.1.2 – klein;
Taf. 74,3	1.2 – mit stilisierter Atefkrone;
Taf. 75,1	1.3 – mit Mondsichel und Vollmond auf dem Kopf; 2 – schematische Typen, ohne Kopfputz;
Taf. 75,4	2.1 – größer, mehr rundliche Details;
Taf. 75,3 BM, WAA 133834	2.2 – kleiner, schwach abgekantete Details. B – Steatit 1 – wie A.1.3, aber besonders naturalistische Details;
Taf. 75,5-6	1.1 – glatte Basis;
Taf. 76,1	1.2 – Hieroglyphen auf der Basis;

BM, WAA 133728
BM, WAA 133853
BM, WAA 133831
Taf. 74,1
BM, WAA 133830 [44]
BM, WAA 134036
BM, WAA 134226

2 – mit stilisiertem Kopfputz [43]:

3 – ohne Kopfputz, Mantel kaum hervortretend.
2 – hockendes Weibchen ohne Mantel, mit den Vorderpfoten die Schnauze haltend; nur Belege aus Steatit.

Belege	*Charakterisierung*

39 – Krokodil
1 – einzelnes Krokodil
    A – Fayence

Taf. 76,2   1 – ohne Maulstütze
Acquaro, Nr. 1191   1.1 – naturalistischer Typus
Sassari, Inv. 7662:   1.2 – geometrisierter Typus

Acquaro, Nr. 1177-1178   2 – mit Maulstütze.
    B – Steatit
        1 – ohne Maulstütze;
Taf. 76,3-4   1.1 – gestreckt;
BM, WAA 133567
Taf. 76,5   1.2 – leicht s-förmig geschwungen
BM, WAA 133833
Acquaro, Nr. 1179[45]   2 – mit Maulstütze; Basis mit Hieroglyphen.
Crespi, Taf. B,7[46]:   2 – zwei Krokodile nebeneinander auf gemeinsamer Basis.

40 – Ibis mit Feder
Taf. 76,6   Steatit; Basis mit Hieroglyphen;
Elena, S. 54, Nr. 114   „pietra schistosa".

41 – Rind (Stier)
1 – schreitender Stier
    A – Fayence
Taf. 77,2-3   1 – mit guten, kantigen Details;
Taf. 77,1   2 – mit rundlicheren, aber wenig deutlichen Details.
    B – Steatit
Taf. 77,4   ziemlich naturalistisch.
BM, WAA 134227
Acquaro, Nr. 1061   2 – liegendes Rind, Fayence.
    3 – Rinderkopf, unägyptisch;
Acquaro, Nr. 94   A – Fayence;
Taf. 77,5   B – harter, beige-grünlicher Stein; gut geglättet[47];
BM, WAA 133824
BM, WAA 133680   C – Elfenbein(?).

42 – Widder
1 – liegender Widder
    A – Fayence
Taf. 77,6-7   1 – rundliche Details;

Belege	Charakterisierung
Taf. 77,8	2 – kantige Details, leicht geometrisiert;
Uberti, *Don Armeni*, Taf. XLVII,8	3 – Körper samt Beine eine Masse mit ungegliederter Oberfläche, jedoch sorgfältig ausgeführtem Kopf.
BM, WAA 133832	4 – völlig schematisiert, schmal; Basis auf beiden Seiten hervortretend; Aufhängeloch im Rücken; ob Widder?
	B – Steatit
Taf. 77,10	1 – sehr gut ausgebildeter Kopf; Hieroglyphen auf der Basis;
Taf. 77,9	2 – etwas schematischer im gesamten; glatte Basis.
Acquaro, Nr. 1024	2 – Widderkopf, Holz.

nach Spano[48]

43 – Zusammengekauertes Tier (Schaf?)

BM, WAA 133799   Steatit; auf Basis.

44 – Steinbockkopf
auf Pyramidenstumpf

Taf. 78,1   A – Fayence; Hieroglyphen auf der Basis;
Taf. 78,2   B – Steatit.

45 – Sitzende Sphinx

Ba., Nr. 33[49]   1 – ungeflügelt, Fayence;
Taf. 78,3-5   2 – geflügelt, mit einer der griechischen Etagenperücke ähn-
BM, WAA 133467   lichen Frisur; nur Steatit.
BM, WAA 133563
BM, WAA 133955
Acquaro, Nr. 822-832

46 – Der sitzende, geflügelte Sphinxtypus mit Beskopf
A – Fayence

BM, WAA 133726   Die beiden Flügel decken einander bei Ansicht von der Seite wie bei 45.2.

Taf. 78,6   B – Steatit.

47 – Der sitzende, geflügelte Sphinxtypus mit Steinbockkopf

Taf. 79,1 (nur Oberteil   Fayence; der Kopf ist um 90° zum Beschauer gewendet,
   erhalten)   wenn das Figürchen rechtshin gehalten wird.

Belege	Charakterisierung

48 – Fayencekauri

mit durchbrochener Dekoration: Harpokrates mit Atefkrone, flankiert von zwei sich von ihm abwendenden, großen Uräusschlangen mit hoch aufgerichteten Schwänzen; auf dem Kopf tragen sie die oberägyptische Krone.

Taf. 79,3   1 – Harpokrates sitzt auf einem stilisierten Goldzeichen (*nb*);

Taf. 79,2   2 – das Goldzeichen fehlt; Harpokrates und die Uräen haben dieselbe Basis [50].

49 – Udjatauge ohne Einfassung

A – Fayence

1 – in Verbindung mit Uräus; freistehender Augapfel;

Taf. 80,2-3   1.1 – vorne unten zwei Uräen; extra Aufhänger; Braue
BM, WAA 133182   mit Winkelschraffur; großer, sehr sorgfältiger
Phönizier im Westen, Taf.
  21f (Monte Luna)
BM, WAA 133476   1.2 – kleiner Typus ohne Anhänger, mit herauswach-
BM, WAA 134149   sendem Uräuskopf und Pupille in Relief wie
  Taf. 84,4;

Taf. 81,1   1.3 – bloße Längsdurchbohrung (also kein Aufhänger) und Uräuskopf wie bei 1.2, jedoch freistehende Pupille;

2 – ohne Uräus;

2.1 – mit freistehendem Augapfel und extra Aufhänger; schräg schraffierte Braue;

Taf. 81,2 u. 4   2.1.1 – traditionelle, ägyptische Form;
BM, WAA 133214
Taf. 81,5   2.1.2 – schematisiert, leicht gelängt; zwei Durchbohrungen verselbständigen etwas den Augapfel;

Taf. 81,3   2.1.3 – Augapfel stark gekippt; selbständige Pupille in Relief ohne die seitlich angrenzenden Teile des Augapfels;

2.2 – mit freistehendem Augapfel und *ohne* extra Aufhänger;

Taf. 82,1-2, 4-6   2.2.1 – Pupille nur eingraviert, schräg schraffierte
Uberti, *Don Armeni,*   Braue [51];
  Taf. XLVII,10
Taf. 82,3 u. 7   2.2.2 – selbständige Pupille in Relief, schräg schraffierte
Uberti, *Don Armeni,*   Braue;
  Taf. XLVII,11 [52]
BM, WAA 133547
BM, WAA 133733
BM, WAA 133731
BM, WAA 133734
BM, WAA 133835
BM, WAA 134078

Belege	*Charakterisierung*
BM, WAA 134173	
BM, WAA 134174	
BM, WAA 133618	2.2.3 – wie 2.2.2, aber die Braue in Winkelschraffur;
	2.3 – kompakte Typen ohne extra Aufhänger;
	2.3.1 – glattes Auge mit erhabener Braue und Pupille; die erhabenen Stellen mit dunkler Glasur; Dekor auf einer Seite;
Taf. 83,2	2.3.1.1 – großer Typus;
BM, WAA 133936	
Mon. in., XI, Taf. LII, 25:	

Acquaro, Nr. 398-399	2.3.1.2 – kleiner Typus;
Farbtaf. III,4	2.3.2 – Augenzeichnung durch einfache, erhabene Linien mit dunkler Glasur; ebensolche, erhabene Pupille; Dekor nur auf einer Seite;
Taf. 83,1	2.3.3 – beidseitige Zeichnung des Auges in doppelter Linienführung; Braue in Winkelschraffur; Pupille in Relief, dunkler; sorgfältige Ausführung;
Taf. 83,3	2.3.4 – wie 2.3.3, jedoch einseitig dekoriert in grober Linienführung und Formgebung; die Pupille hebt sich weder durch Relief noch durch den Farbton ab; schräg schraffierte Braue;
Taf. 83,7	2.3.5 – ähnlich 2.3.4, aber kleiner, weniger grob und beidseitig graviert; alle Stücke aus blauer Paste;
Farbtaf. III,5	
BM, WAA 133279	
BM, WAA 133414	
BM, WAA 133783	
BM, WAA 133838	
BM, WAA 134081	
BM, WAA 134128	
Taf. 83,6 (blau)	2.3.6 – wie 2.3.5, aber die obere Begrenzungslinie des Augapfels ist gleichzeitig die untere Begrenzung der Braue;
Taf. 83,8-9	2.3.7 – einfache Zeichnung des Auges in stark erhabenen Stegen (für Pasteeinlagen?);
BM, WAA 133412	
BM, WAA 133851	
BM, WAA 133958	
BM, WAA 134080	

Belege	Charakterisierung
	2.3.8 – schematische, kurze Typen mit einer kreisrunden Durchlochung;
Taf. 83,10	2.3.8.1 – rundliche Formen, ohne ausgeprägte Brauenschraffur[53];
BM, WAA 134008	
Taf. 83,11-12	2.3.8.2 – kantige Formen, Brauenschraffur;
Taf. 83,13	2.3.8.3 – Formgebung wie 2.3.8.2, jedoch ohne Wiedergabe des Augapfels;
	2.3.9 – nur die äußere Form des Udjat ist geblieben;
Taf. 84,1	2.3.9.1 – leicht vertiefte Linien bieten eine schematische Gliederung;
BM, WAA 133352	2.3.9.2 – glatte Oberfläche ohne Gliederung;
BM, WAA 133517	
BM, WAA 133702	
BM, WAA 133736	
BM, WAA 133737	
	2.4 – kompakte Typen mit Aufhänger;
BM, WAA 133570	2.4.1 – einseitiger Dekor in Relief, Braue in Winkelschraffur;
Taf. 83,4	2.4.2 – einseitig dekoriert entsprechend 2.3.6;
BM, WAA 133546	
Taf. 83,5[54]	2.4.3 – einseitige, schwach eingravierte, aber realistische Zeichnung des Auges ohne Brauenschraffur;
BM, WAA 133678	
Ba., Nr. 31	2.4.4 – schwach eingravierte, geometrisierte Wiedergabe des Auges ähnlich 2.3.9.1.
BM, WAA 133837	B – Steatit
	alle ohne Aufhänger mit bloßer Längsdurchbohrung;
	1 – in Verbindung mit Uräuskopf; freistehender Augapfel;
Taf. 84,5	1.1 – freistehende Pupille wie A.1.3;
Taf. 84,4	1.2 – selbständige Pupille in Relief ohne Seitenteile des Augapfels wie A.1.2;
BM, WAA 133573	
BM, WAA 133904	
BM, WAA 133906	
BM, WAA 134044	
Taf. 84,6	1.3 – Pupille nur eingraviert;
	2 – ohne Uräuskopf
BM, WAA 133572	2.1 – freistehender Augapfel und freistehende Pupille (also wie A.1.3 und B.1.1 ohne Uräus);
BM, WAA 134234	
Taf. 84,8	2.2 – freistehender Augapfel, Pupille kompakt im Auge[55];
BM, WAA 133547	
BM, WAA 133701	
BM, WAA 133732	
BM, WAA 133735	
BM, WAA 133868	
BM, WAA 133905	
BM, WAA 134005	
BM, WAA 134006	

Belege	Charakterisierung

BM, WAA 134043
BM, WAA 134127
BM, WAA 134148
BM, WAA 135767

Taf. 84,7   2.3 – kompakter Typus mit ähnlichen Charakteristika wie A.2.3.5; recht sorgfältig

C – Kompakte Typen aus anderen Materialien

Taf. 84,2   1 – Elfenbein;

Taf. 84,3   2 – Bein.

50 – Udjatähnlicher Typus

BM, WAA 133215   offenbar unter dem Einfluß der Herkulesgefäße[56]: Oberteil vielleicht als Tierfell gestaltet, vorne ein Auge; extra Aufhänger mit Längsdurchlochung; beidseitig gleicher Dekor, nur schwach vertieft; kompakt; Fayence.

51 – Rechteckige Plaketten

A – Fayence

1 – beidseitig dekoriert;

1.1 – Udjat // Kuh, dahinter Lotosblumen;

Taf. 85,1   1.1.1 – Kuh mit saugendem Kalb (und Freßkorb?) drei(?) Lotosblumen;

BM, WAA 134125
BM, WAA 134126   1.1.2 – Kuh ohne Kalb, mit Freßkorb, 2 Lotosblumen;

Farbtaf. III,7   1.2 – stilisierte Ausführung von 1.1.1 ohne Lotosblumen;

Taf. 85,2

BM, WAA 133441

Taf. 86,2   1.3 – wie 1.1.1, aber Udjat innerhalb eines gepunkteten Rahmens;

Taf. 85,4   1.4 – beidseitig gleiches Udjat;

Taf. 85,3   1.5 – Kuh mit Kalb und Freßkorb, dahinter phönikische Palmette // Horusknabe auf dem Lotos zwischen geflügelten Schutzgöttinnen mit Sonnenscheibe bzw. Hathorkopfaufsatz;

Crespi, S. 30, Nr. 61, T. B,3[57]:   1.6 – Kuh // Gefäß, darüber die Sonnenscheibe, flankiert von zwei geflügelten, stehenden Göttinnen;

Farbtaf. III,6   1.7 – Kuh // Beskopf, beschützt von geflügelter Göttin mit Sonnenscheibe auf dem Kopf;

BM, WAA 134235   1.8 – auf beiden Seiten gleich: jeweils nach rechts blickende Kuh mit Freßkorb und Lotosrosette über dem Rücken;

Belege	Charakterisierung
Taf. 86,4-5	1.9 – stilisiertes, unägyptisches Udjat // Pferd (oder Rind) mit Mondsichel und Scheibe über dem Rücken;
BM, WAA 133278	1.10 – Udjat // Lotosrosette im schraffierten Rahmen;
	2 – einseitig dekoriert;
Taf. 86,1	2.1 – Udjat;
Taf. 86,3	2.2 – geometrisierter Beskopf;
Acquaro, Nr. 472	2.3 – Schwein.

B – Steatit

1 – beidseitig dekoriert;

1.1 – einfaches Udjat // Kuh mit Kalb, hinter der Kuh eine Lotosblume;

1.1.1 – das stilisierte Kalb steht zwischen den Beinen der Kuh und saugt;

1.1.1.1 – die Kuh hat keinen Freßkorb;

Taf. 87,1-2	1.1.1.1.1 – in einfachem Rahmen;
BM, WAA 133659	
Acquaro, Nr. 454	
Taf. 87,3	1.1.1.1.2 – in schraffiertem Rahmen;
Acquaro, Nr. 452 [58]	
BM, WAA 133513	1.1.1.2 – die Kuh hat einen Freßkorb vor sich; einfacher Rahmen;
Acquaro, Nr. 456	
Mon. in., XI, Taf. LII, 11 [59]	1.1.2 – ein kleines Kalb steht vor der Kuh unter ihrer Schnauze, zum Muttertier gewandt;
Crespi, S. 29, Nr. 54, T. B,2 [60]:	1.2 – Udjat, dessen hinterer unterer Teil zu einem Blatt verändert ist, rechts unten vielleicht stilisierter Uräus wie Taf. 88,1a // die andere Seite entspricht 1.1.1.2; beidseitig einfacher Rahmen

1.3 – Udjat // bloße Kuh, dahinter Lotos;

1.3.1 – einfaches Udjat in den traditionellen Formen wie bei 1.1;

Taf. 87,4	1.3.1.1 – die Kuh hat keinen Freßkorb;
BM, WAA 133241	
BM, WAA 134147	
Acquaro, Nr. 462, 463, 467, 469 (= Chiera, *Nora*, Taf. VI,2)	
BM, WAA 133473	1.3.1.2 – die Kuh hat einen Freßkorb;
BM, WAA 133730	
Acquaro, Nr. 460, 470 [61]	
Taf. 88,1	1.3.2 – Udjat mit Blatt und stilisiertem Uräus(?) wie bei 1.2; die Kuh hat einen Freßkorb;
Taf. 88,2	1.4 – einfaches Udjat // stehender Horusknabe ohne Krone (Locke, Hand am Mund) zwischen geflügelten Schutzgöttinnen mit Sonnenscheibe; beidseitig schraffierter Rahmen;
	1.5 – Kuh, dahinter Lotos // stehender Horusknabe mit entarteter Doppelkrone (Hand am Mund)

Belege	*Charakterisierung*
	zwischen geflügelten Schutzgöttinnen mit Sonnenscheibe;
Taf. 88,3	1.5.1 – die Kuh hat einen Freßkorb;
Acquaro, Nr. 482	
Taf. 88,4[62]	1.5.2 – die Kuh hat keinen Freßkorb;
BM, WAA 133867	1.6 – auf beiden Seiten: Kuh mit Freßkorb, dahinter Lotos;
Taf. 89,1	1.7 – Udjat //Lotos;
BM, WAA 133411	
Taf. 89,2	1.8 – Udjat // große, sitzende Katze, darüber eine zweite kleinere;
BM, WAA 133410	1.9 – Udjat // Schwein;
Acquaro, Nr. 471	
BM, WAA 134042	1.10 – Schwein //Lotos mit Knospen;
BM, WAA 134004	2 – einseitig dekoriert; Udjat.

52 – Unterägyptische Krone
A – Fayence

Taf. 89,3 u. 7	1 – mit senkrechter Schraffur des unteren Teiles;
Taf. 89,4-6	2 – ohne diese Schaffur;
BM, WAA 134232	
Acquaro, Nr. 140	B – Steatit[63]

53 – Oberägyptische Krone
A – Fayence

Taf. 89,8	1 – traditionelle Formen;
BM, WAA 133415	
BM, WAA 134039	
BM, WAA 134233	
Acquaro, Nr. 129-135	
BM, WAA 134079	2 – entartet mit Beziehung zu gewissen dreizackigen Kronen mancher anthropomorpher Figürchen mit Falkenkopf (vgl. Taf. 42,4; 43,1 u.a.);
	B – Steatit
BM, WAA 133865	traditionelle Formen.

54 – Djed-Pfeiler
leicht vereinfachte Formen

Taf. 90,2	1 – vier Querstege;
BM, WAA 133354	2 – fünf Querstege.

55 – Wadj-Symbol
nur Fayence

BM, WAA 133183	1 – sorgfältige Details, Blätter auf der Bodenkuppe sichtbar;
Taf. 90,3-7	2 – plumpe Form.
BM, WAA 133416	
Acquaro, Nr. 86-91	

Belege	*Charakterisierung*

56 – Cippus

Taf. 91,1   1 – ähnlich dem Djed-Pfeiler;
Acquaro, Nr. 1254-1256,
  1258-1259
Acquaro-Fantar,   *Antas*,
  Nr. 12
Ba., Nr. 37
Taf. 91,2   2 – ähnlich dem Obelisken.
BM, WAA 133774
BM, WAA 127212

57 – Blüte

Taf. 91,3   Fayence(?) und Silber kombiniert.

58 – Schreibtäfelchen
                 A – Fayence
Taf. 91,5   ohne Aufhänger
                 B – Steatit
BM, WAA 134150   1 – ohne Aufhänger;
Taf. 91,4   2 – mit Aufhänger.
Acquaro, Nr. 199-200.

59 – Menat
BM, WAA 133378   Steatit; wie Abb. 20.

60 – Vasenförmiger Anhänger
Taf. 91,8   verschiedene Materialien.
Acquaro, Nr. 22-63

61 – Korbamulett
Acquaro, Nr. 191-197   Fayence.

62 – Kamm
Acquaro, Nr. 198   Elfenbein.
Elena, S. 52, Nr. 92
Uberti, *Tharrica*, Taf. XL,
  D46-D50

63 – Herz
Taf. 91,6-7   verschiedene Materialien.
BM, WAA 127228 [64]
Acquaro, Nr. 15-21
  (harter Stein, Fayence,
  Glas)
Acquaro-Fantar, *Antas*,
  Nr. 15-16 (Glas)
Kette aus Tharros (s.
  unten, S. 343 mit Anm.
  49a)

Belege	*Charakterisierung*
	64 – Hand
Taf. 91,9	1 – gestreckte Finger;
Acquaro, 64-69	
(Elfenbein u. Fayence)	
BM, WAA 133632	2 – geschlossene Hand; zumeist ist der Daumen zwischen
Acquaro, Nr. 70-77	Zeige- und Mittelfinger eingeklemmt.
Acquaro-Fantar, *Antas*,	
Nr. 7	
	65 – Männliche Genitalien
	1 – Hoden mit Phallus;
BM, WAA 134041	A – Fayence
Acquaro, Nr. 78-79	B – Elfenbein
Acquaro-Fantar, *Antas*,	
Nr. 10	
Ba., Nr. 3	C – Bein
Acquaro, Nr. 80	2 – Phallus alleine(?); Fayence.

Die vorliegende Typologie stellt einen mit Sicherheit noch sehr unvollständigen Versuch dar, die dem Autor bekannten Stücke in ein Schema zu bringen, das dem Benützer je nach Bedarf eine gröbere oder feinere Gliederung bieten soll. Für eine Weiterarbeit in den Fragen der Verbreitung und der Ursprungsproblematik kann jedoch erfahrungsgemäß eine Typologie nicht fein genug sein. Grundlage der Typologie sind die vom Verf. in Cagliari[65], S. Antioco[66] und im British Museum studierten Objekte. Für die beiden letzteren Sammlungen ist die Herkunft aus Sulcis bzw. Tharros (BM) gesichert. Erweitert ist diese Basis durch Notizen zu den in Sassari (Museo Nazionale „G. A. Sanna") ausgestellten Amuletten[66a], die ebenfalls aus Tharros stammen, und durch Abbildungen in der Literatur.

Die Angaben zu den Einzelstücken, die einen bestimmten Typus vertreten, umfassen keineswegs alle dem Verf. aus Museen bekannten oder aus der Literatur zitierbaren Stücke, sondern bieten nur eine repräsentative Auswahl sinnvoll erscheinender Hinweise. Gerade die Literaturzitate sind auf einem Minimum gehalten, weil bei diesen die meisten Unsicherheiten bestehen. Es ist im übrigen grundsätzlich eine größere Unvollständigkeit der Gefahr einer Verfälschung vorgezogen. Somit sind angesichts der in neuerer Zeit aus Ägypten in die Sammlung Timon[67] gelangten Stücke gerade original ägyptische Typen in Cagliari ohne Herkunftsangabe nicht aufgenommen, wenn die Existenz dieser Typen auf Sardinien nicht aus anderen Gründen gesichert erscheint[68].

2. Zur ägyptischen Bedeutung, zur Verbreitung und zum Ursprung der Typen im einzelnen

2.1. Menschengestaltige und tierköpfige Gottheiten

An die Spitze stellen wir die MEMPHITISCHEN GOTTHEITEN, die sich entsprechend ihrer Dominanz im Nildelta unter den ägyptischen Importstücken in Palästina, Zypern, Rhodos und Italien einer besonderen Beliebtheit erfreuen. Das gilt in erster Linie für den Ptah-Patäken, Ptah in Zwergengestalt, aber auch für die löwenköpfige Sachmet und Nefertem, den Sohn von Ptah und Sachmet nach der memphitischen Götterlehre. Da auch die Ptah-Patäken als Ptah-Söhne gelten, sind sie Nefertem wesensverwandt [69]. Ptah selbst, der Hauptgott von Memphis, scheint in der volkstümlichen ägyptischen Magie nur geringe Bedeutung zu haben, da er außerhalb des Nillandes selten belegt ist [70] und offenbar nur im Gefolge von Sachmet, Nefertem und den Patäken dahinkam. Die im griechischen Einflußbereich feststellbare Dominanz der memphitischen Gottheiten setzt sich im engeren phönikischen und punischen Raum nicht fort, abgesehen vom Patäken, der nicht nur eine außergewöhnliche Beliebtheit erfährt (offenbar auf Grund seiner Beziehungen zu den phönikischen Patäken und Eshmun [71]), sondern uns auch in einer ungeheuren typologischen Vielfalt (Typus 5) entgegentritt.

Trotz des seltenen Auftretens des PTAH, das dafür spricht, daß die Fayenceexemplare wie unsere Taf. 5,1 aus Cagliari im allgemeinen ägyptische Importware darstellen, wurde der Typus außerhalb Ägyptens in Steatit verarbeitet, wie wir auf Grund der Beispiele Typus 1.B (Taf. 5,2) [71a] annehmen müssen, die gerade im Gesicht dieselben stilistischen Merkmale tragen wie die anderen anthropomorphen Steatitfigürchen.

Von den SACHMETFIGÜRCHEN fällt uns besonders Taf. 7,1 (Typus 2.A.2) aus dem Tophet von Sulcis auf, da es zu der in Italien in der 2. Hälfte des 8. und der 1. Hälfte des 7. Jhs. weit verbreiteten Gruppe von Sachmet- und Nefertemfigürchen gehört [72], aber sonst im punischen Bereich unter den publizierten Amuletten offenbar keine Parallele findet. Entsprechend der nur sehr spärlichen Präsenz phönikischen Kulturgutes auf Sardinien vor der Mitte des 7. Jhs.v.Chr. ist dieses Figürchen eines der wenigen Zeugnisse für eine Ausstrahlung der älteren rhodisch-italischen Verbreitungszone auf die Insel [73]. Im Gegensatz zu den übrigen Typen der löwenköpfigen Göttin hält diese Sachmet vor sich ein schematisch ausgeführtes Papyruszepter.

Die andere Ikonographie (stehend mit anliegenden Armen und Sonnenscheibe auf dem Kopf) ist ebenfalls aus Ägypten gut bekannt [74] und auf Sardinien in Fayence und Steatit belegt. Die Steatitfigürchen, besonders Taf. 7,3, geben den üblichen Einheitsstil wieder, auf den wir noch näher eingehen werden [75]. Einen Hinweis für die Bedeutung solcher Figürchen mag uns die Tatsache geben, daß der Typus der löwenköpfigen Göttin auch in die phönikische Kunst (Elfenbeinarbeiten [76], Skarabäen aus hartem Stein [77]) Eingang gefunden hat. Wie bereits an anderer Stelle festgestellt [78], lassen sich in der ägyptischen Spätzeit die löwenköpfige Sachmet und die katzenköpfige Bastet bedeutungsmäßig und ikonographisch kaum trennen, bisweilen sind sie auch völlig zusammengeflossen. Zu unserem Figürchen Taf. 7,2 (Typus 2.A.3) fand sich ein Gegenstück in Amathus [79] (Zypern); eine Statuette in Sarepta [80] ist unserer anthropomorphen Bastet(?) Taf. 7,5 ähnlich. Eine exakte Parallele zu unserer Taf. 6 ist aus Karthago bekannt [80a].

Von den Statuetten des *NEFERTEM* [81], der uns im Osten u.a. bereits in Byblos und Sidon [82] begegnete, sind gerade die Steatitbelege Taf. 8,3-5; 9,1 von besonderer Wichtigkeit für die Wertung der Weiterentwicklung des ägyptischen Kulturgutes im phönikischen Milieu: Die Darstellungsweise schließt mit dem jugendlichen Gesicht des Typus 4.B.1 direkt an ägyptische Vorbilder an (obgleich wir kein Stück mit dem üblichen ägyptischen Bart zitieren können) und verändert das Aussehen schrittweise zu einem greisenhaften Mann mit kurzem Bart. Ein Figürchen der Coll. De Clercq [83], das exakt unseren Typus 4.B.2 im Einheitsstil mit kurzem, breitem Bart und eher alten Gesichtszügen wiedergibt, stellt einen weiteren Beleg für die Existenz dieser Steatitamulette im Osten dar. Aus Tiflis [84] stammt ein Nefertem, der offenbar unserem Typus 4.B.1 entspricht. Im punischen Raum [85] kommt ein Stück aus graugrün glasierter Fayence [86] in den Proportionen, den Gesichtszügen (leicht dämonisch, alt u.a.) und im gesamten Stil unserer Taf. 8,3 aus Steatit sehr nahe. Daran zeigt sich die auch sonst feststellbare enge Zusammengehörigkeit der Fayence- und Steatitamulette. Ein Nefertem aus Marion (Zypern) [87] aus blauer Fayence ist unserer Taf. 8,1 verwandt.

Der zwergenhafte *PTAH-PATÄKE*, der beliebteste anthropomorphe Amulett-Typus, hat wie Sachmet und Nefertem schon in Ägypten im höchsten Maße apotropäische Bedeutung, ist besonders gegen Schlangenbisse wirksam, wird häufig wie Horus auf den sog. Horusstelen auf Krokodilen stehend dargestellt und steht wie die anderen memphitischen Gottheiten in Beziehung zur Erneuerung der Natur. Ähnlich Ptah selbst ist er in seiner Bedeutung mit den Bodenschätzen und dem Metall verbunden. In der westsemitischen religiösen Umgebung, die traditionsgemäß zu Assimilierungen und Gleichsetzungen neigt, kann der ägyptische, kindliche Patäke mit verschiedenen Formen des jugendlichen Gottes zusammengefallen sein, und zwar gerade durch seine Verbundenheit mit der Erde, mit dem Kreislauf der Natur und den Kräften der Wiedergeburt, also im speziellen mit Melqart, Adonis, Eshmun, den Kabiren u.a. [88]. Für seine Beliebtheit im phönikischen Zypern ist die Bedeutung des Gottes für die Metallgewinnung sicher mit ausschlaggebend [89], im übrigen waren die Patäken für die Phöniker auch Schiffahrtsgötter [90]. Der Patäke hatte also sowohl in Ägypten als auch im phönikischen und punischen Kulturraum umfassendste schützende Wirkung, wie sie sonst nur dem Udjat-Auge zukam.

Tabelle 1[91] gibt über die Verbreitung der auf Sardinien belegten Typen Auskunft, soweit es nach dem publizierten Material und den Stücken, die der Verf. in Autopsie studieren konnte, möglich ist. Gewisse Unsicherheiten bleiben bestehen, wenn die Figürchen nicht ausreichend abgebildet sind.

Typus	Osten	Westen
5.1.A.1.1.1 –	Sidon(?)[92]	Karthago[93]
2 –	Ägypten(?)[94], Byblos(?)[95], ʿAtlit[96]	Karthago[97], Marokko[98], Ibiza (S 11)
3 –		
1.2 –	Tamassos[98a]	Karthago[99], Ibiza (M 40)
2 –		
3 –	Amathus[100]	
4.1.1 –	Ägypten(?)[101]	Karthago, Louvre, AF[102]
4.1.2 –		
4.1.3 –		Ibiza (B 52)
4.1.4 –		⟩ Ibiza (B 63)
4.1.5 –		(Übergangstypus)
4.1.5.1 –		Karthago (825), Ibiza (M 25, Abb. 2), Louvre, AF[103]
4.1.5.2 –		Ibiza (B 60, Abb. 2)
4.2.1 –		
4.2.2 –		Karthago (803-805, 812), Ibiza (M 36)(?), Louvre, AF[104]
4.2.3 –		Ibiza (S 38)
4.2.4 –	Tamassos[104a]	
4.3.1 –	Byblos[105] Sidon (Abb. 1)[106]	
4.3.2 –		Ibiza (B 59, 61, S 23: Abb. 2, M 27?, 29?) ⟩ Ibiza (B 54, 55, S 17 (Übergangstypus)
4.3.3 –		Karthago (827), Ibiza (M 30, 31: Abb. 2, S 57)
4.4 –		
5.1.B.1 –		
2 –		
3 –	Phönikien[107]	Gouraya(?)[108] Ibiza (M 34-36)(?)

Typus	Osten	Westen
5.2.A.1.1.1 –	Kamid el-Loz [109] (Übergangstypus)	Karthago (807) Karthago (801, 811) (Übergangstypen)
1.1.2 –		Karthago (802, 806), Ibiza (B 58, S 52: Abb. 2, B 62, S 54, M 28)
1.1.2.1 –		
1.1.3 –		Ibiza (M 42, 44, 45, B 138?)
1.1.4 –		Ibiza (M 46)(?)
1.2 –	Tell Keisan [110]	Karthago (816, 818-820) [111]
1.3 –		Karthago [112]
2 –		
3.1 –		
3.2 –		Ibiza (B 57, M 43, 47), Louvre, AF [113]
3.3 –		
5.2.B.1.1 –		
1.2 –		(Karthago 813-814?)
1.3 –		Ibiza (M 32)(?)
2.1.1 –	Phönikien [114]	
2.1.2 –		
2.1.3 –		
2.1.4 –		
2.2 –		Ibiza (M 37)(?)
2.3 –		Karthago (808)(?), Ibiza (M 33)(?)

TABELLE I
(Erklärungen s. Anm. 91-114)

Abb. 1: Fayencepatake aus Sidon, Typus 5.1.A.4.3.1
(nach Contenau, *Civilisation*, s. Anm. 106).

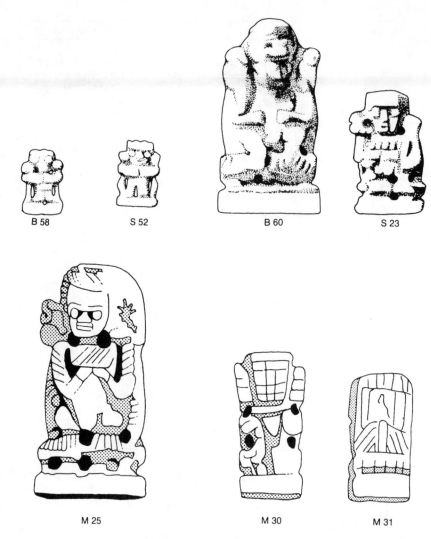

B 58   S 52   B 60   S 23

M 25   M 30   M 31

Abb. 2: Fayencepatäken aus Ibiza, nach Gamer-Wallert, *Funde*, S. 141, Abb. 44
(Sigel sind beibehalten).

Die allgemeine Verbreitung des Patäken[115] seit der Bronzezeit, vor allem
aber im 1. Jt.v.Chr. ist bereits in Abschnitt I zu Wort gekommen. Daß viele
aus Ägypten und dem Osten bekannte Typen[116] auf Sardinien nicht belegt
sind, liegt daran, daß Sardinien nur einen ganz bestimmten chronologischen
Rahmen (hauptsächlich 6.-3. Jh.v.Chr.) umfaßt. Das Fehlen vieler Typen im
östlichen Mittelmeerraum beruht einerseits auf dem Mangel an publizierten
Stücken und andererseits vielleicht darauf, daß möglicherweise ein gewisser
Teil im Westen hergestellt wurde. Desgleichen suchen wir auf unserer Tabelle

vergeblich westliche Orte wie Mozia[117], Gibraltar[118] oder Villaricos[119] wegen Unklarheit der Typen.

Bereits ein Überblick über unsere Gliederung der auf Sardinien gefundenen Patäken, deren ikonographische Elemente einzeln sowie in ihrer Kombination ausschließlich ägyptisch sind[120], zeigt sehr klar, daß eine absolut fließende Entwicklung unter steter Veränderung von nur kleinen Details vorhanden ist. Die Entwicklung verläuft sicher nicht (oder nicht nur) geradlinig, etwa vom kompliziertesten zum einfachsten Typus. Menschliche Gesichter wie die der seitlichen Schutzgöttinnen werden vereinheitlicht, zu dämonenhaften Fratzen umgedeutet und schließlich bis zur Unkenntlichkeit geometrisiert und stilisiert[121]. Hier ist für uns die Feststellung wichtig, daß das Vergleichsmaterial die Erkenntnis von den kontinuierlichen Übergängen noch zusätzlich stützt, indem weitere Nuancen und Mischtypen hinzukommen. Deutlicher Ausdruck dafür sind einige Patäken aus Ibiza[122], die von 5.1.A.4.3.2 zur geometrisierten Ausführung von 5.1.A.4.3.3 überleiten. Ibiza B 63[123] hat offenbar das kindliche Gesicht von 5.1.A.4.1.4, kommt aber sonst unserer Taf. 13,3 (Typus 5.1.A.4.1.5.2) ziemlich nahe. Der Louvre besitzt ein Amulett[124], das im wesentlichen Taf. 12,1 entspricht, jedoch mit dem Unterschied, daß die seitlichen Schutzgöttinnen ganz schmal und langgestreckt sind und kein Unterschied zwischen deren Köpfen feststellbar ist. Diese erinnern bereits an unsere Taf. 14, desgleichen der Skarabäus auf dem Kopf. Das beschriebene Figürchen steht somit typologisch genau zwischen Taf. 12,1 und 14. Ein nahtloser Übergang herrscht aber auch, wie oben[125] bereits erwähnt, von den Fayence- zu den Steatitpatäken, wie wir z.B. an einem karthagischen Stück aus Fayence[126] mit praktisch identischem Aussehen und dem charakteristischen Gesicht unserer Taf. 22,1 (Steatit) erkennen können.

Abgesehen von der Verbreitung der Einzeltypen sind die eben genannten Zusammenhänge für die Frage nach dem Ursprung der Figürchen von Bedeutung. Wie wir noch sehen werden, sind die Steatitamulette außerägyptische Erzeugnisse, hinsichtlich der Patäken zeigt dies positiv die phönikische Inschrift des Typus 5.2.B.2.1.2. Das könnte aber wegen der vielfachen stilistischen und typologischen Identität auch für einen guten Teil der Fayencepatäken gelten.

Weiters ergibt eine Durchsicht des Vergleichsmaterials, daß die in Sardinien belegten Patäkentypen auch hinsichtlich einer gröberen Einteilung nur einen Ausschnitt des im phönikisch-punischen Raum vorhandenen Repertoires darstellen. So gibt es in Karthago etwa Patäken mit Atefkrone[127], und auch aus Ibiza sind noch andere Typen bekannt.

An dieser Stelle seien noch einige Beobachtungen zum Material (Fayence, Steatit) der Patäken angeschlossen. Es kann bei ein und demselben Typus ein sehr unterschiedliches Aussehen haben, z.B. hat bei Typus 5.2.A.1.1.2 unsere Taf. 18,2 eine ausgezeichnete dunkelgrüne Glasur, die den Kern nirgends erkennen läßt, Taf. 18,3 besteht aus rein weißer, feiner, weicher Fayence ohne Glasur. Gamer-Wallert hat an den Vergleichsstücken aus Ibiza (Abb. 2; s. Tab. 1) gleichfalls nirgends Glasurreste gesehen. Daß es sich bei typologisch, stilistisch und materialmäßig einander entsprechenden Stücken um dieselbe Produktion handelt, muß vorausgesetzt werden.

Auffällig ist bei vielen Figürchen (wie auch bei anderen Amulett-Typen des punischen Sardinien) eine feine, weiche, hellgelbliche oder hellbraune (hellbräunliche) unägyptische Fayence, bei der die Glasur oft völlig abgegangen ist; daß sie auf jeden Fall vorhanden war, läßt sich ebenfalls an vielen Beispielen zeigen. Dazu gehören bezeichnenderweise die meisten Stücke der viel bezeugten, sehr schematischen und einander verwandten Typen 5.1.A.4.2.3 und 5.1.A.4.4. Auch der große, seinem Aussehen nach ganz unägyptische Typus 5.1.A.4.1.5.1 (Taf. 14) gehört dazu[128]. Im groben lassen sich die Fayencepatäken (Ibiza, Sardinien) in solche mit guten Glasuren ägyptischer Art und in solche mit dem zuletzt erwähnten Material gruppieren. Das stimmt mit dem Befund der Amulette aus ʿAtlit überein[129]. Dort hat sich aber gezeigt, daß es sich um eine technische Verschiedenheit handelt und nicht um eine Folge von unterschiedlichen Erhaltungsbedingungen.

Die in Tabelle 1 als Steatitfigürchen eingetragenen Stücke des punischen Westens sind alle mit einem Fragezeichen versehen, da ihnen in der Literatur als Material „Paste" oder „Fayence" zugeschrieben ist. Typus und Aussehen der Oberfläche auf den Photos sprechen bei den betreffenden Patäken aus Ibiza[130] und Karthago[131] eindeutig für Steatit. Darauf werden wir noch zurückkommen[132].

Bedeutungsmäßig und ikonographisch ist dem Ptah-Patäken der Gott BES[133] am nächsten verwandt. Im Gegensatz zum Patäken stellt er aber einen alten Zwerg mit Bart dar[134], trägt zumeist eine Feder- oder Palmkrone, häufig auch ein Löwenfell, von dem sehr oft nur der lange Schwanz geblieben ist (teilweise auf Taf. 24,b sichtbar). Entsprechend der Verbindung des Gottes mit Hathor erstreckt sich die magische Bedeutung der Besamulette im besonderen auf die erotische Liebe, Fruchtbarkeit und Geburt; wie der nahestehende Patäke (und die zu diesem gehörenden Gottheiten Sachmet und Nefertem) ist Bes auch speziell gegen Schlangen und Skorpione wirksam. Das groteske Aussehen seines Kopfes bringt ihn in die Nähe der mesopotamischen Dämonen Pazuzu, Lamashtu oder Humbaba, mit denen ihn auch seine apotropäische Bedeutung verbindet[135]. Daher ist es auch sehr wahrscheinlich, daß die Besikonographie als Bestandteil der vorderasiatischen, im speziellen phönikischen Kunst- und Kulturtradition nicht den spezifisch ägyptischen Gott meint, sondern lokale Religionsvorstellungen zum Ausdruck bringt[136]. Die Amulette, die zu einem guten Teil ägyptisches Importgut darstellen und Zeugnisse für die Ausbreitung der volkstümlichen ägyptischen Magie sind, müssen jedoch wegen ihres direkten Bezuges zu Ägypten grundsätzlich davon getrennt werden, obwohl Beziehungen zwischen beiden Bereichen bestehen und die Amulette gelegentlich eine sekundäre Bedeutung erhalten haben mochten.

Die angesprochene vorderasiatische Kunsttradition der Spätbronzezeit repräsentieren z.B. Bese in Verbindung mit Schlangen auf Elfenbeinstücken aus Megiddo [137] oder Darstellungen auf syrischen Zylindersiegeln [138]. Für die Bedeutung innerhalb der weiblichen Sphäre ist ein Silbersiegel eines spätbronzezeitlichen Grabes bei Accho interessant, auf dem Bes in Vorderansicht von zwei Thoërisgestalten flankiert wird [139]. Von der syrischen Tradition des 2. Jts. hängen die sog. Bese auf den späthethitischen Reliefs vom Karatepe ab, wo der Gott mit Schlangen und Affen assoziiert erscheint [140]. Auf einer phönikischen Metallschale aus Nimrud [141] finden wir schließlich einen Bes (Abb. 3), der einerseits durch seinen kurzen Schurz in enger stilistischer Verwandtschaft zu der Darstellung auf einem Megiddo-Elfenbein [142] steht und andererseits (trotz Fehlen der Federkrone) eine graphische (Vorläufer-)

Abb. 3: Bes auf einer Bronzeschale aus Nimrud
(nach Layard, s. Anm. 141)

Variante unseres Typus 6.1.C repräsentiert. Im übrigen können wir für den ostphönikischen Bereich auf die genannten Besbronzen im byblitischen Opferdepot, den Holzbes sowie den Beskopf aus Goldblech von Sidon, den Beskopf aus einem Kindergrab in Kamid el-Loz oder die Besfigürchen des perserzeitlichen Deve Hüyük verweisen [143].

Von den sardischen Funden ragt vor allem der schöne ägyptische Bes aus dem Tophet von Sulcis (Taf. 24) heraus, dessen Typus (6.1.A.1.1.1) exakt ein Fayencebes aus dem memphitischen Serapeum [144] oder ein Figürchen aus Kition [145] wiedergeben. Der Kontext des letzteren (Bothros 9: 800-600 v.Chr.) erinnert daran, daß auch das Tophet von Sulcis bereits im 8. Jh.v.Chr. bestand; das sardische Fundstück wird zu den ganz frühen Aegyptiaca der Insel gehören. Weitere schöne Stücke desselben Typus fanden sich in Karthago [146].

Das durch Publikationen leider nur wenig bekannte ägyptische Material beweist uns immerhin, daß auch unsere Taf. 26,4 der Sammlung Spano (Typus 6.1.A.1.3) einen ägyptischen Typus der Libyerzeit darstellt [147].

Was den punischen Raum anlangt, erinnert die auffallend kurze Federkrone eines Glasbeses aus Ibiza [148] an unsere Taf. 25,1, repräsentiert aber eine andere Produktion. Unseren Typus 6.1.C, auf dessen kunsthistorischen

Background bereits hingewiesen wurde[149], gibt jedoch exakt ein Figürchen von Ibiza (Abb. 4) wieder. Die sardischen Typen bieten zwar eine Fülle, die sich heute noch nicht zur Gänze im übrigen punischen Raum nachweisen läßt, aber sie erschöpfen dennoch nicht das gesamte im Westen existierende

S 6

Abb. 4: Bes aus Ibiza, nach Gamer-Waller, *Funde*, S. 142, Abb. 46.

Repertoire. So kennen wir gerade aus Karthago noch andere Typen, wie etwa den weit verbreiteten ägyptischen der Vetulonia-Bese[150].

Im Osten (Lachish, Gezer, Neirab, Al Mina[151]) wie im Westen (Karthago[152]) ist der Typus des Beskopfes unserer Taf. 27,3-4 (Typus 6.2.A) beliebt. Die aus Ägypten bekannten Stücke zeigen zumeist stilistische Unterschiede[153]. Der Typus 6.2.B aus Glas ist sicher punisch und genau entsprechend auf Ibiza belegt[154].

Während *OSIRIS* (Taf. 27,5) als typisch ägyptischer Totengott im Osten als auch im Westen[155] sehr selten auftritt, hat die Muttergöttin *ISIS* ihren festen Platz in der volkstümlichen ägyptischen Magie und in der weiblichen Sphäre von Fruchtbarkeit, Geburt und Aufzucht des Kleinkindes. Sie ist also geradezu ein Exponent des ägyptischen Kulturgutes, das in den phönikischen und punischen Bereich übernommen wurde. Außerdem konnte Isis bzw. Isis-Hathor mit der eigenen Fruchtbarkeitsgöttin, sei es Astarte[156] oder Baalat[157], identifiziert werden, was zur Folge hatte, daß die ägyptische Isis-ikonographie einfach in die phönikische Kunst übernommen wurde[158]. Das Motiv des Frauenoberkörpers in Vorderansicht mit Sonnenscheibe und Kuhgehörn begegnet sogar auf einer Stele des 5. Jhs.v.Chr. in Sousse[159].

Die in Sardinien belegten Isisfigürchen repräsentieren vier ägyptische Grundtypen: stehend mit Thron[160] oder Hathorkopfputz[161] und sitzend mit dem Horuskind, sowohl mit Hathorkopfaufsatz[162] als auch mit dem Thron auf dem Kopf[163]. Ähnlich unserem Sitzfigürchen Taf. 29,3 tragen in Vorderasien gefundene Isisstatuetten mit dem Horusknaben gerne hieroglyphische Inschriften, etwa Figürchen aus Lachish[164] und Beth-Shean[165] oder ein hervorragendes Exemplar aus Emesa im Louvre[166].

Diesen zuletzt genannten Typus (8.2.A.1.1), den wir unter die ägyptischen, libyerzeitlichen Figürchen aus blauer Paste einreihen dürfen[167], kennen wir ähnlich von Zypern[168] und Rhodos[169], genau entsprechend aber, und zwar aus dunkelblauer Paste, von Karthago[170]. Auch das kleinere Stück Taf. 30,1 (Typus 8.2.A.1.2) ist wohl für ein ägyptisches Original zu halten[171]. Im übrigen ist der Typus, und zwar offenbar in derselben bräunlichen Fayence wie unsere Taf. 30,1, auch auf Ibiza belegt (Abb. 5)[172].

B 135

Abb. 5: Isisfigürchen aus Ibiza, nach Gamer-Wallert, *Funde*, S. 139, Abb. 41.

Von den Figürchen des Typus 8.2.A.2 mit dem Thron werden wir Taf. 30,2 und wahrscheinlich auch 30,5 für ägyptisch ansehen dürfen[173]. Der Typus ist ebenfalls auf Ibiza häufig belegt und gehört dort z.T. sicher derselben

M 18

Abb. 6: Isisfigürchen aus Ibiza, nach Gamer-Wallert, *Funde*, S. 139, Abb. 41.

Produktion an wie einige Figürchen aus Sardinien (Abb. 6)[174]. Meines
Erachtens läßt sich an diesem Typus der Übergang zu einer außerägyptischen,
wahrscheinlich punischen Produktionsgruppe verfolgen, und zwar an Hand
eines dämonenhaften Gesichtstypus bei Figürchen aus Ampurias[175] und
Karthago[176], den wir bei der sitzenden Isis(-Thoëris) unserer Taf. 28,4
wiederfinden.

Der Sitztypus mit dem Hathorkopfputz wurde in Phönikien in Steatit in
dem für diese Amulette charakteristischen Stil mit den hervortretenden Augen
und der plumpen Nase verarbeitet, wie Taf. 31,2 aus Amrit zeigt. Durch die
Gegenüberstellung wird klar, daß Taf. 31,1 aus Nora derselben ostphönikischen Produktionsgruppe angehört.

Zu den stehenden Figürchen unserer Taf. 28 konnten aus Ägypten keine
stilistischen Entsprechungen gefunden werden[177]. Den Typus 8.1.A.1 gibt
auch ein Figürchen aus Ibiza wieder, das am ehesten mit Taf. 28,2 verwandt
ist[178].

Die Andeutung einer Schwangerschaft bei unserer Taf. 28,3 erhöht die
Symbolkraft im Sinne der Fruchtbarkeit der Frau und entspricht damit in
besonderer Weise der religiösen Konzeption, die im phönikischen Kulturkreis
mit diesen Figürchen verbunden war. Das Material (hellgelbe, feine, weiche,
sehr homogene Fayence ohne Glasur) scheint außerdem auf einen außerägyptischen Ursprung dieser „Isis" hinzuweisen.

Eine außergewöhnliche Kumulierung der Fruchtbarkeitssymbolik und des
damit verbundenen Amulettwertes offenbart sich in Taf. 28,4 (Typus 8.1.A.3),
wo Isis und die Geburtsgöttin Thoëris zusammengeflossen erscheinen. Der
hoch schwangere Bauch, die herabhängenden Brüste, sowie die offenkundige
Nacktheit stammen von der Nilpferdgöttin. Während das Gesicht eine
Mischung von menschlichem und tierischem Aussehen vermittelt, dürften die
Füße rein menschlich sein. Der Thron auf dem Kopf hat mit dem Isisthron
nicht mehr viel gemein, obwohl es sich nur um diesen handeln kann. Die
wesensmäßige wie ikonographische Verflechtung von Isis und Thoëris hat in
Ägypten eine lange Geschichte[179]. So können vor allem die weiße Sau als
Repräsentantin der Isis und die weiße Nilpferdkuh seit ältester Zeit bildlich
ineinander übergehen. Isis kann in späten Tempeln durch ein Nilpferdzeichen
determiniert oder als Nilpferdgöttin dargestellt werden. In nächste Nähe
unseres Typus 8.1.A.3 kommt eine Darstellung der Thoëris in Silsile aus der
Zeit Ramses' II.[180], in der die aufgerichtete Nilpferdgöttin einen Frauenkopf
mit Perücke und den Kopfputz der Isis-Hathor trägt. Dieses Bild sowie die
spätzeitliche Verschmelzung der beiden Göttinnen zu einer Isis-Thoëris erweisen uns die Tatsache, daß Inhalt und formaler Ausdruck des Figürchens
der Taf. 28,4 in der ägyptischen Religion und Darstellungsweise bestens
verankert sind. Das Material (bräunliche Fayence mit grüner Glasur) spricht
nicht gegen einen ägyptischen Ursprung.

Die in der ägyptischen Mythologie als Schwester der Isis auftretende *NEPHTHYS* (Typus 9) scheint ihre gelegentliche Existenz außerhalb Ägyptens (ähnlich Osiris) ihrer Verbindung mit der großen Muttergöttin zu verdanken. Die ägyptische Ikonographie unserer Taf. 32,1 [181] wurde offenbar auch in Ostphönikien verarbeitet, worauf das Steatitexemplar des British Museum (WAA 134225) hinweist.

HARPOKRATES vertritt in der weiblichen Sphäre nicht nur das Kind, sondern besitzt vor allem nach Ausweis der sog. Horusstelen Amulettkraft gegen Schlangen- und Skorpionbisse sowie gegen Krokodile. Seine Bedeutung hat er im wesentlichen mit den Ptah-Patäken und Nefertem gemeinsam, obwohl aus ägyptischer Sicht in jedem Fall spezifische Charakterzüge hinzukommen. Im Osten (Palästina, Phönikien, Zypern) [182] ist Harpokrates jedoch nicht häufig nachgewiesen, dagegen kommen die karthagischen Belege denjenigen des Bes dortselbst etwa gleich [183].

Das Figürchen auf Taf. 32,2 (Typus 10.A.1) repräsentiert mit Sicherheit dieselbe Produktion wie ein entsprechendes Stück aus dem Tempel von Conca (Satricum; Latium) [184], dem es auch in den Ausmaßen gleichkommt. Material und Stil weisen in den ostgriechischen Einflußbereich [185], als Herkunft mag wegen der Vergesellschaftung des Gegenstückes in Latium mit Skarabäen aus Naukratis diese Stadt naheliegend sein.

Zu unserer Taf. 33,1 ist ein exaktes Pendant mit blaugrüner Glasur aus Karthago publiziert [186]. Die beiden Stücke haben zusammen mit unserer Taf. 33,2 denselben ägyptischen Ursprung. Im übrigen ist Harpokrates auch im phönikisch-punischen Spanien nachgewiesen [187], genaue Gegenüberstellungen sind aber noch schwer durchführbar.

Das eben genannte Figürchen Taf. 33,2 (Typus 10bis) hängt mit dem Harpokrates Taf. 33,1 typologisch, stilistisch und materialmäßig engstens zusammen; doch fehlt ihm die Jugendlocke, es trägt einen Bart und hält beide Unterarme an die Oberschenkel. Diese sitzende Haltung eines jugendlichen Mannes mit der Kappe des Ptah charakterisiert aber die spätzeitliche *IMHOTEP*-Ikonographie [188]. Imhotep wird in dieser Haltung in einer entfalteten Papyrusrolle lesend wiedergegeben, was jedoch in der schematisierten Ausführung unseres Figürchens wie bei einem Amulett [189] in Kairo nicht zum Ausdruck kommt. Unsere Statuette hat einen Bart, der bei den Sitzbildern Imhoteps eine Ausnahme darstellt [190].

Imhotep gilt als Sohn des Ptah, mit dem der vergöttlichte Weise und Architekt Djosers den Kopfputz gemein hat. Bereits aus dieser Sicht ist Imhotep mit den Ptah-Patäken und mit Nefertem zu verbinden. Er ist gerade im spätzeitlichen Memphis ein volkstümlicher Heilgott und hat auch für die Fruchtbarkeit der Frau Bedeutung [191]. Die Sitzdarstellung, den offiziellen Tempelreliefs fast unbekannt, ist überdies ein Ausdruck für Imhotep als eine Gestalt des religiösen Glaubenslebens [192]. Das Amulett unserer Taf. 33,2, das

wir hier (mit einem gewissen Grad an Unsicherheit) als Imhotep interpretieren, ist nicht nur ägyptischer Herkunft, sondern kann aus dieser Sicht in
das Ensemble der memphitischen Gottheiten und unter die spezifischen
Zeugnisse ägyptischer Volksreligion eingereiht werden.

Bei den Figürchen, die wir als den ägyptischen Luftgott *SCHU* bezeichnen,
bleibt es, wie Gamer-Wallert [193] richtig bemerkt, unklar, ob damit tatsächlich
Schu oder Heh gemeint ist, zumal wenn die Gottheit weder den Himmel noch
die Sonnenscheibe oder ein ihr ähnliches Gebilde hochhebt. Das ägyptische
Vergleichsmaterial [194] zeigt, daß die Herkunftsangabe „Ägypten" für Taf.
35,4 durchaus stimmen kann. Ägyptischer Ursprung wird dadurch zumindest
für Taf. 35,5 sehr wahrscheinlich. Auch bei in Ägypten gefundenen Figürchen
hebt die Gestalt oft nichts mehr hoch [195], entsprechend unserem Typus
11.A.2. Dazu kommt, daß das Material des Stückes Taf. 36,2 aus Cagliari
einen ausgesprochen gut ägyptischen Eindruck erweckt. Unsere Taf. 36,1 ist
mit einem Amulett aus Sanam [196] sehr verwandt, wenngleich wir in diesem
Fall bei der Herkunftsbestimmung des sardischen Fundes noch zurückhaltend
sein werden.

Schu hat im Osten nicht nur eine Tradition im Kunsthandwerk aus Gold
(Abb. 7), sondern vor allem innerhalb des Fundgutes der Amulette ägyp-

Abb. 7: Goldanhänger aus Kourion, nach Cesnola, *Atlas*, III, Taf. V, 4.

tischer Art [197]. Auf die den sardischen Stücken verwandten Schufigürchen des
libyerzeitlichen Opferdepots von Byblos haben wir bereits hingewiesen [198].
Weitere Zeugnisse stammen aus Sidon [199] und vor allem ʿAtlit [200]. Hier gibt
es Beispiele unseres Typus 11.A.1 wie unsere Taf. 35,5 [201] und 35,3 [202]. Dabei
ist zu betonen, daß im zweiten Fall die Gleichung nicht nur die äußere
Typologie, sondern auch das Material betrifft (zum sardischen Stück s.
Tafelerklärung). Ein anderes ʿAtliter Stück [203] repräsentiert unseren Typus
11.A.2 entsprechend unserer Taf. 36,3. Im Westen ist Typus 11.A.1 sowohl in
Karthago [204] als auch auf Ibiza [205] beliebt.

Die Beispiele des folgenden *TYPUS 12* scheinen alle nicht-ägyptische
Erzeugnisse darzustellen. Für 12.1 mag man als Ausgangspunkt den Typus
des stehenden Harpokrates mit Atefkrone und längs des Körpers herabhängenden Armen zitieren [206]. Bei uns fehlt ihm jedoch die Jugendlocke, die
Atefkrone ist sehr schematisiert (ähnlich wie bei Taf. 37,2b), und das Gesicht
hat kaum ägyptische Merkmale.

Die weiteren Typen 13-15 bilden in unserem Rahmen nur eine Ergänzung zu den Amuletten in Form rein menschengestaltiger ägyptischer Gottheiten: Es handelt sich um *ÄGYPTISIERENDE, VORDERASIATISCHE TYPEN.* Bei Taf. 36,4 ist es neben der Haltung die spitze, phönikische Mütze, die uns als eine Uminterpretierung der oberägyptischen Krone interessiert. Zu BM, WAA 133510 (Typus 14.A) aus der unägyptischen, feinen, weißlichen bis hellgelblichen, weichen Fayence kann jedoch (aber nur in weiterem Sinne) Verwandtes aus dem Nildelta zitiert werden[207]. Gleichfalls begegnen in Ägypten ähnliche Köpfchen wie unsere Taf. 36,5[208].

Im folgenden wollen wir uns den *MENSCHENGESTALTIGEN GOTT-HEITEN MIT TIERKOPF* zuwenden, von denen wir Sachmet wegen des inhaltlichen Zusammenhanges bereits unter den memphitischen Gottheiten behandelt haben. Ikonographisch steht dieser der männliche Gott mit Löwen-kopf, Schurz und Atefkrone am nächsten, in dem wir *MAHES* (Miysis) erkennen dürfen. Mit Sachmet und den jugendlichen memphitischen Göttern hängt Mahes auch direkt zusammen, da er seit dem NR als Sohn der Sachmet, in der Spätzeit auch als Sohn der Bastet auftritt[209], daher über-nimmt er gelegentlich den Kopfputz des Nefertem. Abgesehen von der Bedeutung des Gottes innerhalb der späten Tempeltheologien ist für uns vor allem interessant, daß es sich um einen typischen Schutz- und Wächtergott der ägyptischen Spätzeit handelt, der erst seit der Perserzeit seine größte Beliebtheit erlangt[210]. Das Auftreten des Mahes als Amulett in Ägypten[211] und Sardinien ist daher leicht erklärbar. Seiner im gesamten eher lokalen Bedeutung werden wir es zuschreiben dürfen, daß wir den Typus im übrigen Mittelmeerraum unter den publizierten Stücken nur selten nachweisen können[212]. Der Ursprung der Steatitfigürchen Taf. 37,2-5 mag wegen des Gesamtzusammenhanges dieser Amulettklasse in Ostphönikien liegen[212a].

Die *WIDDERKÖPFIGEN FIGÜRCHEN* unserer Taf. 38-39 tragen alle das rund um die Ohren gebogene Gehörn des Amunswidders. Unsere Ikonographie entspricht auch vollkommen der ägyptischen für Amun-Re mit dem Widderkopf, wo jedoch auf dem Kopf noch die Sonnenscheibe mit Uräus hinzukommt[213]. Durch seine Verbindung mit Amun erhielt allerdings auch Chnum das für diesen spezifische Gehörn[214], sodaß es letztlich offen bleiben muß, ob unbeschriftete Figürchen in der Art unserer Amulette Chnum oder Amun darstellen[215]. Für den ägyptischen Volksglauben ist jedoch vor allem wichtig, daß es sich um einen Widdergott handelt, denn der Widder ist nicht nur eine Inkarnation des Schöpfergottes und des Herrn über das Schicksal, sondern verkörpert die Zeugungskraft, Fruchtbarkeit, Er-neuerung und Wiedergeburt[216]; seine Bedeutung bringt ihn also in nächste Nähe der bereits besprochenen memphitischen Gottheiten, im besonderen der Ptah-Patäken.

In Ägypten finden sich widderköpfige Figürchen mit rundlichen Formen [217], die wir in Typus 17.A.1 einreihen würden, und solche des geometrisierten Typus 17.A.2 [218]. Der Vergleich mit dem Stück der Anm. 218 zeigt, daß zumindest unsere Taf. 39,1 mit Sicherheit ägyptischen Ursprungs ist. Dieser Typus 17.A.2 ist sowohl im Osten ('Atlit [219] und Sidon [220]) als auch im Westen (Karthago [221], Westsizilien [222] und Ibiza [223]) sehr beliebt. Ob Taf. 39,2 mit seinem 'Atliter Gegenstück [224] wegen des Materials (hellgelbe, feine Fayence ohne Glasur) unägyptisch ist, bleibt offen. Daß der Typus aber außerhalb Ägyptens auch hergestellt wurde, zeigt mit großer Wahrscheinlichkeit das Steatitfigürchen Taf. 39,4.

Die vielfältige Gruppe der Amulette in Gestalt einer *MÄNNLICHEN GOTTHEIT MIT FALKENKOPF* (Typus 18) ist besonders aufschlußreich für die Weiterentwicklung und Verarbeitung des ägyptischen Kulturgutes im punischen Westen. Daß die charakteristischen Stücke, wie sie etwa auf unseren Tafeln 41-47,1 vorliegen, westliche Erzeugnisse darstellen, hat Gamer-Wallert [225] klar erkannt. Den ägyptischen Ausgangspunkt bildet die anthropomorphe Wiedergabe des stehenden, falkenköpfigen Horus mit Schurz und Doppelkrone, der so auch als Amulett beliebt ist [226]. Aus dieser Sicht dürfte sich ergeben, daß das Figürchen unserer Taf. 48,1 (Typus 18.1), von dem nur der Kopf mit Krone erhalten ist, ein ägyptisches Importgut darstellt. Dasselbe scheint für die hervorragende Statuette Taf. 40,2 (Typus 18.2.b.!.B) zu gelten, die sich durch das Material und die feine stilistische Ausführung von den anderen auf Sardinien gefundenen Steatitamuletten absondert; der Oberteil der Krone, der für ein sicheres Urteil ausschlaggebend wäre, ist leider nicht erhalten.

Der Typus der falkenköpfigen Gestalt ist in die phönikische Elfenbeinschnitzerei eingedrungen [227] und erlebt eine Hochblüte in der späten phönikischen und punischen Glyptik aus hartem Stein [228]. Einerseits scheint der ägyptische Horus, ob als Kind oder falkenköpfig, mit Baal identifiziert worden zu sein, andererseits ist der vorderasiatische Hôrôn selber falkenköpfig [229]. Es ist also auch im phönikischen Milieu ein religiöser Hintergrund für die im Westen gefundenen Figürchen gegeben. Bei dem Steatitfigürchen aus Tharros, Taf. 47,2 ist es unklar, ob es sich um ein ostphönikisches Erzeugnis handelt oder — wegen der dunklen Farbe des Steatits — um ein westliches. Desgleichen scheint sich auch ein Exemplar aus Ibiza [230] durch seine Krone von den sonst im punischen Raum üblichen Amuletten dieses Typs abzusondern.

Mit Karthago lassen sich wenig Vergleiche anstellen [231], da dort die unbeschrifteten Amulette noch nicht ausreichend publiziert sind. Aufschlußreicher ist der spanische Raum, vor allem weil sich hier z.T. auch die besonderen Materialmerkmale der sardischen Fundstücke nachweisen lassen. So entspricht ein gelblich glasiertes Figürchen aus Ibiza [232] ganz genau

unserer Taf. 41,3 (Typus 18.2.b.3.A.3) aus gelblicher Fayence miț hellgrüner Glasur. Andere Exemplare von Ibiza zeigen entweder exakt den Typus
unserer Taf. 45,1 aus Senorbì (Abb. 8,1), die gedrungene Variante 18.2.b.3.A.4

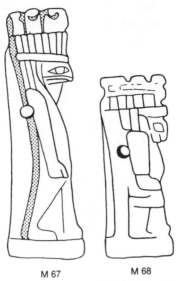

M 67   M 68

Abb. 8, 1 (links) und 8,2 (rechts): Falkenköpfige Figürchen aus Ibiza,
nach Gamer-Wallert, *Funde*, S. 144, Abb. 48.

unserer Taf. 47,1 u. Farbtaf. II,2 aus Olbia (Abb. 8,2) oder die Haltung des
Typus 18.2.b.2 (mit dem zur Brust geführten linken Arm)[233].

    Bei der Bearbeitung dieser Amulette aus Sardinien fallen besonders die
Stücke aus gelbgrüner (wie Taf. 41,2) oder grasgrüner (wie Taf. 44,1) Halbglasfayence auf[234]. Diese ist auch bei einem Stück des Grabes 586 des Cabezo
de Tesoro bei Verdolay (5.-3. Jh.)[235] und einem Figürchen in Alicante[236]
nachweisbar. Das zuletzt genannte Exemplar entspricht im Typus (nach dem
Schurz: 18.2.a.2; nach der Haltung: 18.2.b.2) einem anderen des Grabes 33
von La Albufereta bei Alicante (5.-3. Jh.) aus „bräunlich-weißem Pasten-
material"[237], dem außerdem in jeder Hinsicht ein Figürchen unbekannter
Herkunft im Louvre[238] gleichkommt.

    Aus der Gruppe dieser Figürchen fällt typologisch unsere Taf. 43,2 deutlich
heraus: Die Gottheit ist völlig anthropomorph mit Ausnahme des Falken-
schnabels. Die degenerierte Krone, die das Stück auf jeden Fall in den
phönikischen Kunstkreis verweist, sitzt offenbar auf einem stilisierten Uräen-
kranz, den in Ägypten Götter, Könige und Königinnen, z.T. unter einer
anderen Krone (analog unserem Figürchen) tragen können[239]. Der Uräus
über der Stirne ist besonders nach vorn geneigt. Im Anschluß an dieses
Figürchen sei noch auf das Gesicht von Taf. 42,3 hingewiesen, bei dem man
hinsichtlich einer näheren Charakterisierung im Zweifel bleibt.

Nach unseren derzeitigen Kenntnissen hat es den Anschein, daß die Fayenceamulette des Typus 18.2 insgesamt westliche Erzeugnisse darstellen; auch das wunderschöne Stück Taf. 40,1 kann wegen der Krone kaum davon getrennt werden. Mit welcher Vielfalt an Fayencearten man aber dann in dieser westlichen Produktion arbeitete und wie gut ägyptisch die Fayence sein kann (s. Taf. 40,1), darüber gibt teilweise die Tafelerklärung Auskunft.

Sonst sind die falkenköpfigen Amulette noch in Cádiz[240] und in West-sizilien[241] nachgewiesen. Wie der ursprünglich ägyptische Typus des falken-köpfigen Horus schließlich völlig im punischen Kunsthandwerk aufgegangen ist, zeigt uns ein Elfenbeinbegriff aus Tanger (Abb. 9)[242].

Bei der Frage nach der Ursache für die Existenz des falkenköpfigen Horus, des ibisköpfigen *THOT* und des weiter unten zu behandelnden kaniden-

Abb. 9: Elfenbeinbegriff aus Tanger, nach Ponsich (s. Anm. 242).

köpfigen Anubis unter den Amuletten des phönikischen und punischen Raumes müssen wir uns zunächst eines der grundsätzlichen Ergebnisse bei der Erforschung der vorhellenistischen Ausbreitung ägyptischen Kulturgutes vergegenwärtigen, d.i. die Erkenntnis, daß die kleinen Aegyptiaca (Skarabäen, figürliche Amulette) von der Ausbreitung volkstümlicher ägyptischer Glau-bensvorstellungen zeugen, im besonderen der volkstümlichen ägyptischen Magie[243]. Denken wir daran, welch ungeheuren Stellenwert in der spät-ägyptischen Volksreligion die Tierverehrung einnahm, die nicht zuletzt in den Tiernekropolen für uns deutlich faßbar ist! Der Kult betraf in erster Linie Falken, Ibisse, Hunde, Katzen und in Hinblick auf Thot auch Affen. Es hatten also die Götter, die sich in diesen Tieren objektivierten, größte Bedeutung für die Bedürfnisse des einfachen Volkes. Allein daher ist es verständlich, daß neben der rein theriomorphen Wiedergabe auch die anthropomorphe Form mit dem Tierkopf unter den Amuletten ihre Wirkung haben mußte. Dazu kommt noch die spezifische Bedeutung, die die Gottheit aus der ihr eigenen Theologie und Mythologie mitbrachte. Thot ist aus dieser Sicht oberster Weiser und Magier. In seinem volkstümlichen Wirkungsbereich treffen wir ihn z.B. auf den magischen Horusstelen an[244], die ja gegen Schlangen- und Skorpionbisse und ähnliche Gefahren schützen sollten. Offenbar in genau derselben Funktion wurde er auf den magischen Metallbändern in Karthago übernommen[245].

Zu den aus ägyptischer Sicht völlig entarteten punischen Horusfigürchen steht in krassem Gegensatz die wunderbare, saitische Thotstatuette Taf. 48,2[246]. Auch das Figürchen Taf. 49,1 des einfacheren Typus 19.A.3 kann im Vergleich mit ägyptischem Material[247] nur ein Importstück aus dem Niltal sein. Selbst für den merkwürdigen Typus 19.A.2 unserer Taf. 50-51 möchte man das angesichts eines Stückes im British Museum[248] annehmen.

Überblicken wir die östlichen Funde, fällt zunächst ein anthropomorphes Figürchen mit Tierkopf aus Beth Shemesh[249] auf, das gerade den Steatitfigürchen aus Tharros im British Museum (Typus 19.B.1-2) sehr nahesteht. Thot mit Ibiskopf ist auch im byblitischen Opferdepot belegt[250]. Entsprechend den perserzeitlichen Kontexten finden wir den vereinfachten ägyptischen Typus unserer Taf. 49,1 gerade in 'Atlit[251], Sidon[252] und Kition[253], den mit den affenartigen Zügen (19.A.2) ebenfalls in 'Atlit[254] und Kition[255].

Der übrige punische Westen gibt das von Sardinien bekannte Bild wieder.

Abb. 10: Bronze des Nehebkau, nach E. A. W. Budge,
A Guide to the Fourth, Fifth and Sixth Egyptian Rooms, and Coptic Room (London
1922) S. 171.

Den saitischen Typus 19.A.1 kennen wir aus Karthago[256], den affenartigen Typus von Ibiza[257], und schließlich entsprechen Figürchen aus Mozia[258] und Ibiza[259] in Typus und Stil den Steatitfigürchen unseres Typus 19.B.

Als Typus 20 haben wir *NEHEBKAU* eingeordnet, bei uns vertreten durch das Fragment eines gut ägyptischen Fayencefigürchens mit hellblauer Glasur (Taf. 52,1) aus Sulcis. Zum Gesamttypus vgl. Abb. 10 einer Bronze im British Museum[260]. Nehebkau kennen wir besonders aus dem ägyptischen Toten-buch: im Kap. 149,8 ist er ein mächtiger Unterweltsgott, in Kap. 149, 158 Stier der Nut; in Kap. 17,258 verbringt der Tote eine Ewigkeit wie Nehebkau, in Kap. 179,7 ist er der Gehilfe des Gottes und in Kap. 125,99 nennt er einen der 42 Unterweltsrichter, an die der Tote sein ,,negatives Bekenntnis'' richtet, mit diesem Namen. Im übrigen ist das ägyptische Jenseits mit schlangen-köpfigen, göttlichen Gestalten bevölkert[261]. Demnach hatten für den Ägyp-ter Nehebkau-Amulette offenbar hilfreiche Wirkung für den Toten im Jen-seits. Nehebkau paßt somit als typisch ägyptischer Unterweltsgott nicht in das Ensemble der außerhalb Ägyptens verbreiteten Fayence- und Steatitamulette; die beiden aus Sardinien zitierten Stücke müssen daher als Ausnahme gelten und fügen sich eher in das verwandte, aber komplexere Bild ein, das die magischen Metallbänder vermitteln[262]. Freilich hat Nehebkau auch unter den hier behandelten Figürchen eine gewisse Berechtigung, da er in ägyptischen Zaubertexten des NR mit Tradition des MR als Schutzgott erscheint, der Schlangen vernichtet[263]. Als schlangengestaltiger Gott mußte sich seine Amulettwirkung in den Augen des einfachen Mannes gerade gegen Schlan-genbisse richten.

Derselbe Nachteil eines ägyptischen Totengottes beeinträchtigt (wie auch bei Osiris) die Ausbreitung des *ANUBIS* in vorhellenistischer Zeit. Im grie-chischen Bereich, wo die Tendenzen durch die engere Auslese krasser zutage treten, ist er vielleicht überhaupt nicht belegt. Daß er sich im phönikischen und punischen Bereich dennoch einer gewissen Beliebtheit erfreut, liegt wohl zum größten Teil an seiner Breitenwirkung als gemeinägyptischer Gott, an seinem Bedeutungszuwachs durch den späten Tierkult, an der Konzentration von Anubis-Kultstätten im Gebiet von Memphis[264] und — gegenüber dem archaischen Griechentum — an der größeren Vertrautheit der Phöniker und Punier mit der ägyptischen Religion. Im übrigen hatte der Gott auch eine gewisse Bedeutung in der volkstümlichen ägyptischen Magie[265].

Für uns ist zunächst wichtig festzustellen, daß nicht nur der elegante Typus mit der spitzen Schnauze und den spitzen Ohren, sondern nach original ägyptischen Vergleichsstücken[266] auch der Typus mit der plumpen Schnauze und den abgerundeten Ohren unserer Taf. 52,2 ägyptisch ist.

Die östlichen Belege stammen aus dem byblitischen Opferdepot[267], ῾Atlit[268], Sidon[269], Tell Keisan[270] und Zypern[271]. In Karthago ist sowohl der elegante[272] wie der plumpe Typus[273] nachgewiesen, auf Ibiza überwiegt dieser letztere[274], der offenbar der Zeitstellung der Masse der westlichen Amulette (5.-3. Jh.) entspricht.

Zu den unter Typus 21.2-3 angeführten Beispielen ist kein Kommentar möglich, da keine Vergleichsstücke in der Literatur zu finden waren. Bei 21.2 scheint wie bei der Isis Taf. 28,4 (Typus 8.1.A.3) Beeinflussung von Seiten der fest in der weiblichen Sphäre und Fruchtbarkeitsmagie verankerten Thoëris vorzuliegen. Man möchte meinen, daß es sich bei den Typen 21.2-3 um außerägyptische Produkte handelt. Die gut ausgeführten Anubisfigürchen Taf. 53,3-4 können wir heute, da uns keine Vergleichsstücke bekannt sind, nur vermutungsweise unter die ostphönikischen Importe einreihen.

Von den restlichen, in unserer Typologie beschriebenen tierköpfigen Amuletten (Typus 22-24) ist bloß der Typus unserer Taf. 54,3 (Typus 23) besser bekannt. Nach einem nahestehenden Figürchen aus Yahudiyeh[275] handelt es sich vielleicht um ein ägyptisches Erzeugnis. Eine weitere Parallele stammt aus Byblos[276] und ein ähnliches Stück befindet sich in der orientalischen Sammlung des Louvre (ohne Herkunft)[277].

2.2. Tiergestaltige Amulette

Die *FALKENAMULETTE* lassen sich direkt an die anthropomorphen Figürchen mit Falkenkopf anschließen. Wegen des Zusammenhanges, der an den degenerierten Kronen deutlich wird, werden die Stücke des Typus 25.A.1 gleichfalls westliche Erzeugnisse darstellen.

Falken sind in Ägypten sehr geläufige Amulette[278], worauf wir hier nicht im einzelnen eingehen wollen. Auffällig ist die Tatsache, daß gerade bei kleinen Falken, genau wie auf Sardinien (Typus 25.C), auch in Ägypten die harten Materialien beliebt sind[279]. Kommen diese sardischen Funde aus Ägypten oder ist die Beliebtheit der harten Materialien bei Falken in das phönikische Milieu gewandert? Beim Falken mit Atefkrone (Typus 25.B.1.3) denken wir aus der Sicht des Ägypters in erster Linie an Sokar[280].

Die Tradition der ägyptischen Falken im Osten ist alt[281], obwohl die Belege nicht allzu zahlreich sind. Für die Eisenzeit können wir auf Fayencefalken aus Beersheba[282], Lachish[283], Byblos[284] oder Amathus (Zypern)[285] verweisen. Besondere Beziehungen zu unserem sardischen Material lassen sich daran nicht erkennen.

Die große Blüte des Falken ägyptischer Art im westphönikischen und punischen Bereich läßt sich demnach (heute noch) nicht mit den vorderasiatischen Funden in Einklang bringen, sehr wohl jedoch mit den überaus zahlreichen Fayencefalken im ostgriechischen Bereich (Rhodos, Naukratis und den davon abhängigen Gebieten), obwohl wir dort ganz andere Typen und Produktionsgruppen antreffen. Es könnte also hinsichtlich der Falken im punischen Raum ein ägyptischer Impuls faßbar sein, der Ostphönikien viel schwächer berührte. Wie unter diesen Umständen unsere Steatitfalken (Typus 25.B) einzuordnen sind, bleibt unklar. Das Falkenpaar von Taf. 57,5 ist mit einem ägyptisierenden, goldenen Falkenpaar in Beziehung zu setzen, das wohl eine sardo-phönikische Arbeit darstellt[286]. Die Basis (Taf. 57,5c-d) können wir mit ähnlichen Legenden gleichen Stils (mit dem Anfangselement *pȝ-dj*) auf Steatitskarabäen zusammenbringen[287]. Im übrigen gehört der ägyptische/ägyptisierende Falke nicht nur auf Goldarbeiten und in der Glyptik zum punischen Motivschatz: Mit und ohne ägyptische Krone finden wir ihn auf karthagischen „Rasiermessern"[288], ausnahmsweise auch auf einer karthagischen Stele des 4./3. Jhs.v.Chr.[289].

Die punische Verbreitungszone der Aegyptiaca läßt sich somit an Hand der Falken recht gut erläutern. Typus 25.A.1.1 können wir in Karthago[290] und Ibiza[291] nachweisen, 25.A.1.2 ähnlich in Ibiza[292], exakt gibt ihn ein Stück ohne Herkunft in der orientalischen Abteilung des Louvre[293] wieder. Ein Exemplar aus Mozia[294] trägt gleichfalls die degenerierte Krone ähnlich unserer Taf. 56,1. Die Produktion unserer Taf. 57,3 (Typus 25.A.2.1.2) repräsentieren ebenfalls in ganz gleicher Weise Falken aus Karthago[295] und Ibiza[296]. Von dort ist auch eines der charakteristischen, schon vom Aussehen her sicher punischen Figürchen des Typus 25.A.2.2 publiziert[297] sowie ein Exemplar des abgeschliffenen Typus 25.A.2.4[298]; in diesem letzten Fall stimmt wieder das Material (helle, bei unserer Taf. 57,4 hellgelbliche Fayence ohne Glasur) überein. Dazu kommen im spanischen Raum (Ibiza, El Castellar bei Crevillente)[299] noch Varianten, die sich nicht in gleicher Art auf Sardinien nachweisen lassen. Für die Art der Verwendung der Amulette ist interessant, daß unser Falke Taf. 57,2 gänzlich mit einem Silberdraht umwickelt ist, wie wir das ähnlich bereits in ʿAtlit beobachtet haben[300].

Da wir den *GEIERÄHNLICHEN VOGEL* des Typus 26 mangels an Vergleichsstücken übergehen können[301], wollen wir uns der *THOËRIS* zuwenden, die uns in die zentrale Thematik des Eindringens unseres ägyptischen Kulturgutes in das phönikische Milieu führt. Thoëris in Gestalt eines aufgerichteten trächtigen Nilpferdweibchens ist die Schutzgöttin der Fruchtbarkeit, Geburt und Mutterschaft par excellence und entspricht somit, wie wir mehrfach feststellten[302], dem Hauptanliegen, das die phönikische und punische Frau mit den amuletthaften Aegyptiaca verband.

Das Nilpferd findet sich als künstlerisches Motiv schon in der Badari-Kultur, häufiger Naqada I (El Amra) und II (El Gerzeh) sowie in thinitischer Zeit[303]. Offenbar handelt es sich um vorgeschichtlichen ägyptischen Einfluß, wenn sich das nilpferdgestaltige Amulett mit speziell geburtshelferischer Bedeutung in Gaza bereits um die Mitte des 4. Jts. findet[304]. Thoëris ist nach unseren Kenntnissen das älteste ägyptische Motiv, das ins minoische Kreta übertragen und dort in der Glyptik verarbeitet wurde[305]. Hinsichtlich der Fayencefigürchen erinnern wir an die Exemplare des mittelbronzezeitlichen Depots im byblitischen Obeliskentempel oder des Grabes 4004 von Lachish[306]. Ein spätbronzezeitliches Siegel aus Accho hat uns den Bedeutungszusammenhang mit Bes gezeigt[307]. Auf die Verarbeitung der Thoëris in der phönikischen Elfenbeinschnitzerei sowie auf ihre gelegentliche Verbindung mit dem Udjat-Auge, dem umfassendsten Amulett, haben die Autoren von Kition, II[308], hingewiesen.

Wenden wir uns nun der Verbreitung der in Sardinien gefundenen Typen zu! Bereits ein bloßer Überblick über unsere Tafeln 58-63,1 belehrt uns darüber, daß wir mehr als eine Produktion zu unterscheiden haben, etwa durch den Vergleich von Taf. 59,1 mit 59,2. Die Durchsicht des uns zur Verfügung stehenden Vergleichsmaterials führt zu folgendem schematischem Ergebnis:

Typus	Osten	Westen
27.A.1.1 –	Ägypten[309], Byblos[310], 'Atlit[311], Sidon[312], Zypern[313], Rhodos[314]	Karthago[315], Ibiza[316]
1.2 –		Ibiza[317]
1.3 –		
1.4 –	Ägypten[318], Gezer[319], 'Atlit[320]	Karthago[321]
2.1 –		
2.2 –		Karthago[322]
27.B.1 –		
2 –	Tell Abu Hawam[323]	

TABELLE 2
(Erklärungen s. Anm. 309-323)

Die Vergleichsstücke zeigen klar, daß es sich bei 27.A.1.1 und 27.A.1.4 um ägyptische Typen handelt; die meisten Figürchen dieser Gruppe von außerägyptischen Fundplätzen sind auch sicher ägyptische Importstücke. Für die Exemplare aus Byblos sowie die hellgelblichen aus 'Atlit (Anm. 311) und Karthago (Anm. 321) mag man dieses allerdings bezweifeln. Bei Typus 27.A.1.2 und 27.A.1.3 handelt es sich m.E. um eine punische Produktion, wofür in allen Fällen auch das Material spricht: Taf. 60,2 ist aus hellbrauner, rauher Fayence ohne Glasur; einige Stücke von 27.A.1.2 (Cagliari und Ibiza) bieten davon eine graue Variante. Dazu gehört bestimmt auch das fragmentarische Figürchen Taf. 62,2 aus dem Tempel von Antas, das wie Taf. 60,1 einen schwach wiedergegebenen, senkrecht gefälteten Schurz (der ja nicht zu Thoëris paßt!) trägt. Schließlich hat die wunderschöne Thoëris Taf. 61,1 (= Farbaf. II,4) (sowie das Bruchstück aus Sulcis Taf. 62,1) ihre charakteri-

stische Fayenceart mit dem unägyptischen Patäken von Taf. 14 gemein, was
an einer ägyptischen Herkunft zweifeln läßt. Die Steatitfigürchen sind ostphönikische Erzeugnisse, wie das Beispiel aus Tell Abu Hawam verdeutlicht [324].

Eines Kommentars bedarf noch das auf Grund des Stils und des Materials
als punisch bezeichnete Figürchen Taf. 60,2, das in der Ikonographie den
Einfluß der sog. Fresserin des ägyptischen Totengerichtes erkennen läßt.
Diese Fresserin [325] ist eine Mischgestalt aus Krokodil, Löwe und Nilpferd.
Alle drei Tiere stellen in Ägypten strafende und feindabwehrende Mächte dar
und erscheinen als solche auf den sog. Zaubermessern des MR. Wesen in
Krokodils-, Löwen- und Nilpferdgestalt bedrohen und strafen nach den
Darstellungen der Toten- und Unterweltsbücher sowie den mythologischen
Papyri die Verdammten, schützen aber den seligen Toten. Die positiven
Kräfte dieser Gestalten, die die Fresserin und die Thoëris in sich vereinigen,
liegen insgesamt in der Lebenserneuerung; das bezieht die hohe Theologie auf
die sich verjüngende Sonne, der einfache Mensch jedoch auf Schwangerschaft
und Geburt. Thoëris und „Fresserin" sind also in Ägypten sowohl von der
Bedeutung als auch von der Ikonographie her engstens verwandt; Thoëris
kann selbst den Kopf eines Krokodils oder einer Löwin tragen [326]. Wir stellen
somit fest, daß der geistige wie ikonographische Hintergrund des punischen
Figürchens von Taf. 60,2 in Ägypten vorgegeben ist. Der Schurz paßt
allerdings nicht dazu.

Eine gleichfalls sehr weit zurückreichende Tradition hat der ägyptische
URÄUS in Vorderasien, auf den wir in dieser Arbeit noch mehrfach zurückkommen werden [327]. Für das MR mag man auf das Fundstück aus Byblos
verweisen [328]; ein kleiner Karneoluräus stammt aus einem Kontext des NR
in Ugarit [329]. Interessanterweise zeigt sich von Anfang an eine absolute
Dominanz der Uräenamulette in Palästina. Hier ist auch in Beth-Shean
während des NR bis zum Seevölkerkrieg ein Kult für Uräusschlangen nachgewiesen [330]. Entsprechend finden wir gerade an diesem Ort eine Konzentration
von Uräenamuletten [331]. Feldspaturäen kennen wir von Tel Sharuhen aus der
Zeit der 19. Dyn. [332]. In der Nachfolge dieser Tradition stehen offenbar die
Serafim Israels, die — Vermittler von Heil und Leben — als geflügelte Uräen
vorgestellt werden, die über Jahwe schweben [333]. Dem steht nach unseren
Kenntnissen bis heute ein totaler Ausfall an Uräenamuletten im eigentlichen
Phönikien gegenüber. Auch unter Einschluß des weiteren phönikischen Ein-
flußbereiches im Osten lassen sich nur wenige Stücke zitieren, die mit den
sardischen Funden vergleichbar sind [334].

In Ägypten ist der Uräus eine Schutzmacht ersten Ranges: als feindver-
nichtende Kraft befindet er sich an der Stirn des Königs bzw. an der Stirn
oder auf dem Kopf von Göttern, in positiv beschirmender Funktion flankieren Uräen die Kartuschen oder verschiedene Symbole oder tragen Flügel

in Schutzhaltung. Da der Uräus auch eine Hypostase des Re-Auges ist, fällt seine magische Schutzkraft mit der des Udjat-Auges zusammen[335]. Im Gegensatz zu dem vorhin skizzierten, kärglichen Befund an Uräenamuletten in Ostphönikien fand diese ägyptische Schutzmacht Aufnahme in die phönikische Kunst und wurde hier sogar sehr beliebt[336]. Selbst von Ibiza kennen wir die Terrakottaform einer sich die Brüste haltenden Göttin, auf deren Stirn sich drei Uräen nebeneinander befinden[337]. Vor diesem religions- und kulturhistorischen Hintergrund müssen die Uräenamulette des punischen Raumes gesehen werden.

Das ägyptische Vergleichsmaterial[338] beweist uns, daß die Uräen des naturalistischen Typs 28.A.1.1 ägyptische Importstücke darstellen. Ein Amulett der ägyptischen Sammlung des British Museum[339], das einen sehr schematischen Uräus wiedergibt, dessen Kopf dem unserer Taf. 63,3 ähnlich ist, legt den Schluß nahe, daß auch Figürchen der vereinfachten Typen 28.A.1.3-4 im Niltal hergestellt wurden. Auch der Typus 28.A.2 mit dem Kopfputz der Isis-Hathor läßt sich im ägyptischen Bereich nachweisen[340], obwohl sich daraus für den Ursprung des zitierten Beispieles in Cagliari (Acquaro, Nr. 151) nichts ableiten läßt. Dieser Uräentypus findet übrigens auch bei anderen Amulettarten als Dekorationselement gerne Verwendung[341]. Auf die „Hundekomponente" bei den Typen 28.A.1.2 und B.3.2 hat Acquaro[342] hingewiesen. Ob sich Uräenamulette mit Hundekopf in Ägypten finden lassen, bleibt unklar. Allerdings gibt es dort solche mit Löwenkopf[343], die z.T. an unsere Stücke erinnern, und auch andere sehr verwandte Lösungen (Abb. 11).

Abb. 11: Fayenceuräus in Kairo, nach Reisner, *Amulets*, I, Taf. XXV, 12509.

Von diesen ägyptischen oder zumindest mit ägyptischen Uräenamuletten engstens verbundenen Figürchen unterscheiden sich in Stil und Material grundlegend die geometrisierten Beispiele des Typus 28.A.1.5. Gerade die Gruppe ist auf Ibiza besonders auffällig[344]. Die Halbglasfayence unserer Taf. 63, 5-6 sowie offenbar der meisten Gegenstücke aus Ibiza stellt eine direkte Beziehung zu den westlichen anthropomorphen, falkenköpfigen Figürchen her. Meines Erachtens handelt es sich auch bei diesen Uräen um punische Erzeugnisse.

Abgesehen von dieser charakteristischen Produktion können wir auch die meisten anderen auf Sardinien belegten Typen im übrigen punischen Bereich nachweisen, so 28.A.1.1, A.1.3-4 (Abb. 12), A.2 und 28.B.1.1 auf Ibiza[345], 28.A.1.4 und B.1.1 in Karthago[346], den letzt genannten auch in Mozia[347].

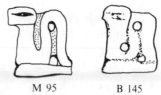

M 95   B 145

Abb. 12: Uräen des Typus 28.A.1.4 von Ibiza, nach Gamer-Wallert, *Funde*, S. 148, Abb. 55.

Aus den *HUNDEAMULETTEN* (Typus 29) läßt sich für unsere Untersuchung mangels geeigneter Vergleichsstücke[348] nichts gewinnen. Daß die Beispiele unserer Taf. 64,5-8 insgesamt nicht-ägyptische Erzeugnisse darstellen, ist offenkundig. Taf. 64,8 aus Sulcis ist wieder ein Beispiel für eine außerägyptische, wohl westliche Produktion in grün glasierter Fayence. Ähnlich unergiebig sind die *FROSCHFIGÜRCHEN* (Typus 30)[349], obwohl dem Frosch in Ägypten als Symbol der Auferstehung und Wiedergeburt eine besondere Amulettbedeutung zukam.

Die Bedeutung der mütterlichen Göttin Bastet seit der sog. Dritten Zwischenzeit sowie den Aufschwung des Tierkultes spiegeln die Beliebtheit der *KATZENAMULETTE* wider, die in ihrer prophylaktischen Wirkung den Sachmetfigürchen etwa gleichgekommen sein werden. Bereits aus einem Grab des 13. Jhs.v.Chr. in Deir el-Balaḥ (Palästina) ist ein kleines Katzenamulett (offenbar stehend) bekannt[350]. Libyerzeitliche, ägyptische Katzenamulette fanden sich in Tell Kheleifeh (an der Nordküste des Golfes von Aqabah)[351] und in Lachish[352]; aus etwas späteren Kontexten stammen die Figürchen aus Sarepta[353] und Neirab[354].

Es dürfte am Mangel der Publikationen liegen, wenn wir aus Ägypten[355] kaum typologische und stilistische Parallelen zu unseren sardischen Fundstücken zitieren können. Das beste Vergleichsmaterial findet sich auch hier wieder im punischen Raum, und zwar wegen der Publikationslage auf Ibiza. Die Stücke des naturalistischen Typus 31.A.1.1 — bekannt aus Karthago[356] und Ibiza (Abb. 13)[357] — müssen als ägyptische Importe gelten. Von der Baleareninsel sind auch die Typen 31.A.1.2-A.3 bekannt[358], wobei A.3 offenbar die geometrisierende Tendenz der punischen Produktion zum Ausdruck bringt.

B 96

Abb. 13: Fayencekatze aus Ibiza, nach Gamer-Wallert, *Funde*, S. 148, Abb. 56.

Eine seltene Beobachtung ist es, wenn wir eine stilistische Nähe der kaum ägyptischen Katzenamulette von Perachora (Peloponnes)[359] zu unserem Typus 31.A.2 feststellen. Für die weiteren Typen sind mir bisher keine exakten Parallelen aufgefallen, obwohl gerade 31.A.4 mit seinen Merkmalen stark ins Auge sticht; unsere Taf. 65,6 und BM 133950 sind auch im Material identisch.

Beim *LÖWEN*, der als Symbol des Königs außerordentliche Kraft, Wildheit und Tapferkeit verkörpert, muß die Amulettwirkung in erster Linie in seiner Wächter- und Schutzfunktion gesehen werden[360]. Im übrigen steht er innerhalb der hier zu behandelnden Amulette mit der löwenköpfigen Sachmet in Beziehung[361].

Nach dem aus Ägypten zur Verfügung stehenden Material[362] müssen die liegenden Löwen der Typen 32.1.A.1-2 als ägyptische Importstücke betrachtet werden. Typus 32.1.A.2.2 ist auch in ʿAtlit mehrfach belegt[363], dazu kommen dortselbst noch Varianten, die auf Sardinien fehlen[364]. Fast das gesamte Spektrum der liegenden Löwen einschließlich der Typen aus Steatit können wir in Karthago[365] nachweisen, dagegen auf Ibiza[366] vorläufig nur 32.1.A.2.2 in leichter stilistischer Variierung.

Die liegenden Steatitlöwen müssen wegen des Gesamtzusammenhanges dieser Amulettklasse als unägyptisch gelten. Auffällig ist aber, daß offenbar auch alle derzeit aus Sardinien bekannten Figürchen in Form stehender/ schreitender oder sitzender Löwen aus Steatit hergestellt sind. Dazu kommt der unägyptische Charakter dieser Typen, vor allem der sitzenden Flügellöwen des Typus 32.3.2. Die außerägyptische Herkunft[367] der Steatitlöwen wird hier noch durch die phönikische Inschrift des Typus 32.2.1.3 unterstrichen[368].

Den schreitenden und den sitzenden Löwen gibt es auch unter den Amuletten ägyptischer Herkunft[369]. Im Osten sind schreitende Fayencelöwen z.B. aus Samaria[370] oder Ajia Irini(?) (Zypern)[371] bekannt. Das von Gamer-Wallert aus Ibiza publizierte Stück (Abb. 14)[372] paßt nicht recht zu unseren sardischen Funden. Die übrigen aus dem punischen Gebiet (Karthago[373],

B 98

Abb. 14: Fayencelöwe aus Ibiza, nach Gamer-Wallert, *Funde*, S. 149, Abb. 57.

Ibiza[374]) publizierten sitzenden Löwen dürften alle — soweit sich das erschließen läßt — aus Steatit hergestellt sein.

Interessant ist, daß gewisse Gruppen dieser außerägyptischen Steatitamulette — Löwe, Ichneumon, Sau — für inschriftlichen oder ähnlichen
Basisdekor bevorzugt werden. Einerseits hatte man keine Scheu, diese mit
ägyptischen magischen Kräften ausgestatteten Figürchen mit phönikischen
Inschriften [375] zu versehen, andererseits hatten bei Phönikern und Puniern
die ägyptischen Hieroglyphen einen besonderen Amulettwert bewahrt, der
vermutlich das Amulett nicht nur „ägyptischer" machte, sondern dessen
Wirkkraft sicher steigerte. Dabei ist zu betonen, daß man sich im allgemeinen
bemühte, aus Ägypten wohl vornehmlich von Skarabäen her bekannte
Zeichenkombinationen nachzuahmen. Hall [376] liest die Inschrift von 32.1.B.2
mnj R' und versteht sie als Kurzform von *Mn-ḫpr-R'*, dem Thronnamen
Thutmosis' III.; die Basis des skizzierten Flügellöwen bei Typus 32.3.2.1 ist
sicher eine Imitation von *Mn-Mȝ't-R'*, dem Thronnamen Sethos' I., wobei der
Maat die Feder verlorenging. Das Tier des Löwenpaares vom Typus 32.3.2.2
scheint auf einer Patäkenbasis in Karthago [377] wiederzukehren.

Besondere Aufmerksamkeit verdienen die beiden Steatitamulette unserer
Taf. 68,3 und 69,1, die einen *ICHNEUMON* wiedergeben. Der Ichneumon
wurde in Ägypten als Mäuse- und Schlangenvernichter geschätzt, in letzter
Funktion dem Atum zugesellt, der als Ichneumon erscheinen kann [378]. Das
Tier wurde besonders im Delta verehrt und hat auch am Tierkult von
Bubastis teil [379]. Aus seiner natürlichen und magisch-religiösen Funktion
heraus mußten Ichneumon-Amulette in Ägypten [380] gerade gegen Schlangenbisse wirksam gewesen sein. Diese spezifische Funktion mögen sie auch
außerhalb des Nillandes bewahrt haben, wie der Basisdekor von Taf. 68,3b-c
(Uräus mit dem Kopfputz der Isis-Hathor) nahelegt; im übrigen paßt dies
in die allgemeinen Ergebnisse Vercoutters [381] über die Bedeutung der karthagischen Amulette.

Eines der interessantesten Objekte des gesamten ägyptischen Kulturgutes
im phönikischen und punischen Sardinien ist das hier erstmals [381a] vorgelegte
Ichneumonamulett (Taf. 69,1) aus Cagliari, das uns gerade durch seine
phönikische Inschrift die Lebendigkeit der volkstümlichen ägyptischen Magie
in Verbindung mit bester ägyptischer Ikonographie innerhalb der phönikischen und punischen Welt deutlich vor Augen führt. An dieser Stelle sei
Herrn Professor Giovanni Garbini (Pisa, Rom) nochmals aufrichtig dafür
gedankt, daß er uns sein Urteil über die Inschrift brieflich zukommen ließ:

»Il testo è: 'br/lḥ „va via, male!" e mi sembra assai indicato per un amuleto. La prima
parola potrebbe dare l'impressione di costituire l'inizio di un nome proprio del tipo *'bd*
..., ma questo va escluso nella maniera più assoluta per due ragioni: innanzi tutto
perché vi è il tratto divisorio dopo il supposto *'bd*, e poi perché *lḥ* non è né un nome né
un epiteto divino; il terzo segno è certamente *r*, non *d*. Nel fenicio finora noto *lḥ* è un
nome che significa „tavola, tavoletta" (come in molte altre lingue semitiche); tale
significato non si adatta, ovviamente, al contesto. La parola fenicia *lḥ* non era finora

attestata, ma essa va spiegata facilmente con la radice, attestata in aramaico, *lḥy* che significa „essere cattivo, malvagio", donde l'aggettivo *lḥy* „cattivo", e il verbo *lḥy* „perdere" o „fare del male". Quanto a *'br*, si tratta dell'imperativo del verbo *'br* „passare", usato già negli amuleti fenici.

Dal punto di vista paleografico non è possibile dire assolutamente nulla: la scrittura è di tipo monumentale, standardizzata, e può appartenere a qualsiasi periodo tra l'VIII e il IV sec.a.C. Ancor meno può dirsi della provenienza dell'amuleto, su base epigrafica. Solo elementi antiquari possono dare una datazione e una provenienza a questo ogetto con iscrizione fenicia.«

Aus unserer Sicht erübrigt sich jeder weitere Kommentar. Die Inschrift beweist die Herstellung des Figürchens durch einen Phöniker und definiert die Verwendung („Geh weg, Übel!") als Amulett von allgemein übelabwehrender Kraft. Zum Zusammenhang zwischen Beginn einer Basisinschrift und der Ausrichtung des Amulettes ist hinzuzufügen, daß offenbar dasselbe Gesetz gilt wie bei Skarabäen[382]: Die Amulette — Löwe, Ichneumon, Sau — sind nach der Seite hin ausgerichtet, auf der die Basisinschrift beginnt[383].

Große Bedeutung innerhalb und außerhalb Ägyptens haben die Amulette, die eine *SAU* (mit oder ohne Junge) darstellen. Wie bereits an anderer Stelle festgestellt[348], sind die Sauamulette aus der Sicht der ägyptischen Religion auf die Vorstellung von der Himmelsgöttin Nut in Gestalt eines Mutterschweines zu beziehen, die ihre Kinder, die Sterne, verschlingt und wiedergebiert. Gleichzeitig steht die Sau als Amulett auch mit Isis in Verbindung, wie uns die Inschrift („Isis gebe Leben ihrem Besitzer") auf einem Figürchen in Kairo[385] zeigt. Dieser ganze Vorstellungskreis von der himmlischen wie irdischen Mütterlichkeit vereinigt sich in der göttlichen Gestalt der bereits behandelten Thoëris, die ebenfalls als Sau angesehen werden kann[386]. Somit gehören die Saufigürchen in vorrangiger Weise zu den Amuletten, deren Wirkung sich auf die Fruchtbarkeit der Frau bezieht; in weiterer Hinsicht waren sie gegen giftige Bisse von Bedeutung[387].

Das ägyptische Vergleichsmaterial[388] zeigt, daß mindestens unsere Taf. 69,3 (Typus 34.A.1) ein ägyptisches Importstück darstellt. In Palästina können wir auf das Fragment eines Sauamulettes aus Fayence in einem früheisenzeitlichen Grab von Megiddo[389] hinweisen, auf ein Figürchen aus Grab 1 von Beth-Shemesh[390] oder eine schöne ägyptische Sau des Grabes 218 in Lachish[391]. Ein Amulett ähnlich unserer Taf. 69,3 aus dem Schrein der Tanit-Astarte von Sarepta haben wir bereits erwähnt[392]. Dies bezeugt somit ebenso wie ein Schweineamulett aus dem Bereich des Astartetempels in Kition[393] die Funktion der Saufigürchen innerhalb der weiblichen Sphäre der Fruchtbarkeit außerhalb Ägyptens. Das eben genannte Stück aus Zypern ist zwar aus Fayence, kommt aber durch die betonte Wiedergabe der Zitzen typologisch in die Nähe unserer Taf. 70,3c. Ein schönes Exemplar aus Fayence mit blauer Glasur fand sich unter den zahlreichen Aegyptiaca des Frauengrabes 21B in ʿAtlit[394].

Die besten Parallelen liefert auch hier wieder der punische Raum. Den ägyptischen Typus 34.A.1 ohne Jungtiere finden wir in Karthago [395] und auf Ibiza [396]. Hier gibt es auch den kleineren 34.A.2.2 [397], der bei uns (Taf. 69,4) durch ein Figürchen aus der charakteristischen hellgelben, weichen Fayence vertreten ist, und bezeichnenderweise auch Typus 34.A.2.4 [398] mit der westlichen Tendenz zur Geometrisierung der Formen. Die Sauamulette dieses Typs, von denen das auf unserer Taf. 69,6 offenbar wieder aus Halbglasfayence hergestellt ist, werden wir auf Grund der auch sonst nur im punischen Bereich anzutreffenden Stilmerkmale als punische Erzeugnisse ansprechen dürfen. Von den Steatitamuletten treffen wir in Karthago vielleicht 34.B.1.2 mit einem längeren Neujahrswunsch auf der Basis [399] und Typus 34.B.2.1.2 mit einer Inschrift, die unserer Taf. 70,1a-b entspricht [400]. Ein Stück aus Ibiza [401], für das als Material weiße Fayence ohne Glasur angegeben ist, entspricht in der publizierten Ansicht in Typus und stilistischen Details (vor allem in den hervortretenden Augen des Jungtieres und des Mutterschweines) exakt unserer Taf. 70,6c; da kein Basisdekor erwähnt ist, könnte es sich vielleicht um Typus 34.B.2.1.1 (wie unsere Taf. 70,2) handeln.

Die Inschriften auf den Basen der Schweineamulette, die auf unserer Taf. 70 zusammengestellt sind, sowie die Skizzen bei den Typen 34.B.1.2 und B.2.2.2 zeigen, daß sie größtenteils in ihrem strukturellen Aufbau von dreigliedrigen Königsnamen ausgehen, wobei der Typus *mn-...-R'* absolut dominiert, was angesichts der Beliebtheit von *Mn-ḫpr-R'* auf spätzeitlichen Skarabäen sowie von anderen Namen dieses Baus (*Mn-Mȝ't-R'* = Sethos I., *Mn-kȝ-R'* [402], *Mn-jb-R'* [403]) leicht einzusehen ist. Taf. 70,5a-b gibt auch *Mn-jb-R'* in etwas unbeholfener Art wieder. Vielleicht hat bei der Bevorzugung des mit dem Herzen geschriebenen Namens [404] die Tatsache mitgewirkt, daß es sich bei diesem Zeichen um ein Lebenssymbol handelt. Denn auch bei Taf. 70,1a-b hat man den Skarabäus von *Mn-ḫpr-R'* durch die Lotosblüte ersetzt, was der Austauschbarkeit von Lotos und Skarabäus in der ägyptischen Vorstellungswelt bestens entspricht [405]. Dieselbe Vermutung kann auch für Taf. 70,6a-b (*mn nfr R'*) zutreffen, da ᣔ ein auf Skarabäen beliebtes Symbol für „Schönes, Gutes, Glück, Vollkommenheit" [406] ist. Im übrigen mag man auch an eine gekürzte Wiedergabe der Gruppe ᣔ [407] denken, die ja selbst eine *contaminatio* [408] des Horus- und Thronnamens Psammetichs II. darstellt [409]. Die Variante von Taf. 70,3a-b wurde getreu von ägyptischen Skarabäen übernommen [410] und ist *dort* möglicherweise als Amunstrigramm zu deuten.

Dagegen bietet Typus 34.B.2.2.2 nach der sicher richtigen Deutung Halls [411] eine gekürzte Wiedergabe von *Wȝḥ-jb-R'* (Psammetich I.), wodurch klar wird, daß Acquaro: *RSF* 10, Suppl. (1982) S. 39, Nr. 188, als *contaminatio* von *Mn-(ḫpr)-R' + Wȝḥ-(jb-R')* zu verstehen ist. Die Gruppe unserer Skizze bei Typus 34.B.1.2 muß wohl als Zusammenstellung von zwei Lebenssymbolen verstanden werden. Das gilt sowohl für das Anch, das als ägyptisches Lebenszeichen der phönikischen Kunst seit langem bekannt ist[412], als auch für die sitzende Frau, deren Ursprung (wie die Skizze bei Typus 32.3.2.1 zeigt) nur in der von Königsnamen und anderen Skarabäenlegenden bestens bekannten Maat liegen kann; das Zeichen werden wir jedoch entsprechend der Bedeutung unserer Amulette im allgemeinen und der Sau im besonderen nicht als Ordnungsprinzip auffassen, sondern einfach als „Frau". Taf. 70,7a sieht ganz so aus, als hätte der phönikische oder punische Hersteller das ägyptische Ⓜ zu einem Tanitsymbol umgewandelt[413]. Wahrscheinlich geben die beiden zuletzt genannten Figürchen den gesamten Inhalt des zitierten[414] ägyptischen Sauamulettes mit der Inschrift „Isis gebe Leben" in phönikischer Auffassung und Religionsvorstellung wieder.

Die Hasenamulette stellen die ägyptische *UNUT-HÄSIN* dar, die im Volksglauben ein Symbol der Fruchtbarkeit und wohl auch der Ewigkeit darstellte[415]. Die aus Sardinien zitierten Belege aus Fayence sind vermutlich alle ägyptische Importstücke[416]. Solche Hasenamulette sind in Ost und West etwa gleich beliebt: Ein sehr schönes, bereits erwähntes Exemplar aus Byblos[417] vertritt unseren Typus 35.A.1. Bei einem Figürchen aus ʿAtlit[418] bleibt man im Zweifel, ob es zu 35.A.1 oder 35.A.3 gehört; zwei andere[419] repräsentieren sicher den letzteren Typus, ein Stück davon allerdings in der unägyptisch wirkenden, gelblichen Fayence ohne Glasur[420]. Typus 35.A.3 ist auch aus Sidon bekannt[421]. Weitere Hasenamulette fanden sich auf Zypern[422]. Alle Fayencevarianten begegnen uns in Karthago[423], und ein aus Ibiza publiziertes Figürchen[424] gehört zu Typus 35.A.4. Dadurch, daß die Unut-Häsin keinerlei Bedeutung in der ägyptischen Hochreligion hatte[425], unterstreichen die Hasenamulette gerade durch ihre relativ gleichmäßige Verbreitung die stets zu betonende Tatsache, daß es sich bei der Ausbreitung ägyptischen Kulturgutes im 1.Jt.v.Chr. in vorhellenistischer Zeit — soweit nicht bloße Ikonographien übernommen werden — um Elemente der Volksreligion handelt.

Wenn unsere Amulette somit aus ägyptischer Sicht „die volkstümliche Magie des lebenden Menschen"[426] repräsentieren, dann wird sich die Amulettwirkung der *MEERKATZENFIGÜRCHEN* (Typus 36) in erster Linie innerhalb der erotischen Sphäre bewegen, d.h. entsprechend der Symbolbedeutung des Tieres[427] erotische Erfüllung garantieren. In dieser Hinsicht passen die Affenamulette sehr gut in den Bereich der Fruchtbarkeit der Frau, der nach unseren obigen[428] Darlegungen größtenteils das Wesen der amuletthaften Aegyptiaca in der phönikischen Welt ausmacht. Außerdem konnten die Affen allgemein als Spender von Leben und Gesundheit sowie Schützer vor Mißgeschicken angesehen werden[429].

Meerkatzenamulette in der Haltung, bei der sich das Tier auf den Schwanz aufstützt (Typus 36.A.2), sind in Ägypten mit und ohne gestrichelte Fellwiedergabe sehr geläufig [430]; auf unserer Taf. 72 befinden sich sicher einige ägyptische Importstücke. Die heute erfaßbare Verbreitung in Ostphönikien erstreckt sich auf Byblos (Typus 36.A.2.1?) [431], 'Atlit (Typus 36.A.2.2) [432] und Sidon (36.A.2, Variante unklar) [433]. Im Westen ist Typus 36.A.2.1 aus Karthago [434] und Solunt [435], Typus 36.A.2.2 aus Ibiza [436] bekannt. Außerdem besitzt die orientalische Abteilung des Louvre je ein Stück aus Steatit vom Typus 36.B.1.1 [437] und 36.B.1.2 [438] ohne Herkunftsangabe.

Von dem *KAUERNDEN ÄFFCHEN* unseres Typus 37 hat bereits Acquaro [439] festgestellt, daß es sich zwar beträchtlich von den aus Ägypten bekannten Ikonographien unterscheidet, aber durch die Haltung mit dem dort geläufigen Typus des sitzenden Affen, der sein Maul mit den Vorderpfoten stützt, verwandt ist [440]. Deshalb haben wir die beiden Elfenbeinfigürchen Taf. 73,7-8 aus Tharros als „ägyptisierend" mitaufgenommen. Ein Gegenstück aus Bein von Ibiza [441] beweist uns die punische Herkunft dieser Amulette, die wohl eine nordwestafrikanische Affenart wiedergeben [442].

Der *PAVIAN* ohne Attribute oder mit Mond auf dem Kopf ist eine Erscheinungsform des Thot, woraus sich ergibt, daß solche Amulette an der Bedeutung der bereits behandelten Thotfigürchen [443] teilhaben und durch ihre rein theriomorphe Erscheinung von der Blüte des volkstümlichen Tierkultes profitieren [444]. Wie das Stück unserer Taf. 74,3 aus Tharros zu seiner Atefkrone kommt, bleibt offen (durch die Beziehung zu Osiris über den Mond?). Durch seine Technik steht das Stück tatsächlich den dunkelbraun gefleckten Fayencen (Figürchen, Gefäße) des ägyptischen Deltas und des ostgriechischen Bereiches nahe [445].

Ägyptische Pavianamulette [446] kamen seit dem NR nach Vorderasien [447] und Zypern [448]. Weitere Belege kennen wir zur Eisenzeit I in Palästina [449]. Für das Phönikien des 1.Jts. sind als Fundorte Byblos [450], Sidon und Tartus [451], zu nennen. Den Typus des Weibchens mit den Vorderpfoten am Gesicht aus Sarepta haben wir bereits erwähnt [452]. Die besten Parallelen zu unseren Stücken liefert wieder der punische Westen: In Karthago sind Typus 38.1.A.1.3 [453] und der außerägyptische Steatit-Typus 38.2 [454] — dieser exakt wie unsere Taf. 74,1 in allen Einzelheiten — nachgewiesen. Aus Ibiza stammt ein Beispiel von Typus 38.1.A.1.1.1 [455], mit dem wir die Aufnahme von Taf. 74,2 in unsere Typologie rechtfertigen, und der nun dritte Beleg für 38.2 (wieder in fast identischer Ausführung) [456]. Hinsichtlich der Basishieroglyphen von Taf. 76,1c sei auf die Ähnlichkeit zum unteren Teil der Inschrift von Taf. 70,3a-b verwiesen, der auch dort ein selbständiges Element bildet.

Mit den *KROKODILFIGÜRCHEN* haben wir wieder eine Gruppe von Amuletten vor uns, die allein durch ihr Aussehen gegen gefährliche Tiere wirksam gewesen sein mußten. Ein ägyptischer Zaubertext der NR [457] erwähnt ein krokodilgestaltiges Amulett, das mit Perlen, einem Siegel und einem Handamulett zu einer Halskette für ein Kind vereinigt werden soll. Das bedeutet, daß auch die speziell gegen Umweltgefahren bestimmten Amulette in den Mutter-Kind-Bereich gehören.

Die ägyptischen Krokodilamulette sind meistens sehr langgestreckt und haben fast immer eine durchbohrte Maulstütze[458]. Gelegentlich begegnen auch die aus Sardinien bekannten kurzen Typen[459]; aus dieser Sicht müßten die Stücke des Typus 39.1.A.2 ägyptisch sein, von denen Acquaro, Nr. 1177 aus Tharros stammt[460]. Bezüglich der Herkunft unserer Taf. 76,2 aus hellgelblicher, weicher Fayence ohne Glasur werden wir wegen des Materials vorsichtig sein[461]. Den geometrisierten Typus 39.1.A.1.2[462] werden wir vorläufig für punisch ansehen dürfen, obwohl es auch in Ägypten Vereinfachungen in diese Richtung gibt (Abb. 15).

Abb. 15: Krokodilamulett aus Tell el-Yahudiyeh, nach Petrie, *Hyksos*, Taf. XIXC, bei K; 2:1

Wie sehr fragmentarisch unsere Kenntnisse auf Grund des publizierten Materials sind, zeigt uns die Tatsache, daß sich aus der geläufigen Literatur kein Krokodilamulett vorderasiatischer Herkunft zitieren läßt. Der Louvre besitzt jedoch ein Steatitfigürchen[463] des Typs 39.1.B.1.2 aus Phönikien, das zu jenen Stücken gehört, die für eine Lokalisierung der Steatitgruppe im Osten ausschlaggebend sind[464]. Im punischen Raum können wir weitere Belege für die Typen 39.1.A.2[465], 39.1.B.1.1[466] sowie 39.1.B.1.2[467] aus Karthago und für 39.1.A.1.1 sowie die geometrisierte Variante A.1.2 aus Ibiza[468] anführen.

Für die ägyptische Bedeutung der *IBISAMULETTE* können wir auf die obigen[469] Ausführungen über Thot verweisen. Dazu kommt, daß der Ibis innerhalb des volkstümlichen Tierkultes der Spätzeit eine außerordentliche Verehrung erfährt und entsprechend seiner natürlichen Eigenschaften als Schlangenvertilger gilt[470]. Somit vereinigt sich in der Wirkkraft der Ibisamulette aus ägyptischer Sicht die Bedeutung des Thot als Weiser und Magier mit der des übelabwehrenden Tieres.

Daß wir derzeit von Sardinien nur Exemplare aus Stein kennen, muß als Zufall gelten, da sowohl in Karthago[471] als auch auf Ibiza[472] Fayencebeispiele nachgewiesen sind. Alle diese Stücke repräsentieren unter Variierung der Proportionen unseren Typus 40, bei dem der Ibis seinen Schnabel auf die Maat-Feder stützt und der der ägyptischen Tradition entspricht[473].

Die Basisinschrift unseres Figürchens Taf. 76,6b kommt in der Struktur *mn-...-R'* den Inschriften der Schweineamulette unserer Taf. 70 gleich, wobei auch hier wieder die unterste Stelle ein Lebenssymbol, und zwar das geläufigste, das Anch-Zeichen, einnimmt. Die Zeichenfolge *mn-'nḫ-R'* begegnet auf der Basis eines liegenden Löwen in Karthago[474] und auf ägyptischen Skarabäen[475].

Die ägyptischen Vergleichsstücke[476] zum *SCHREITENDEN RIND* zeigen, daß es sich dabei um *STIERGESTALTIGE AMULETTE* handelt. Als Wildstier verkörpert das Tier umfassende Königskräfte, im übrigen ist der Stier gleich wie der anschließend zu besprechende Widder ein Symbol der Zeugungskraft. Daß solche Amulette in den Frauengräbern von 'Atlit auftreten, beweist, daß diese seine männliche Wirkung bei den Phönikern als Garant für die Fruchtbarkeit der Frau angesehen werden konnte und die Stierfigürchen sehr wohl ihren Platz in der weiblichen Sphäre haben[477].

Ein Parallelstück des British Museum[478] spricht dafür, daß alle unsere Fayencestiere Taf. 77,1-3 echt ägyptisch sind. Von den beiden 'Atliter Stierfigürchen aus Fayence[479] kommt eines typologisch in die Nähe unserer Taf. 77,1, den exakter ausgeführten Typus 41.1.A.1 finden wir in Sidon[480]. Weitere ähnliche Beispiele sind aus Sidon[481] und Zypern[482] bekannt. Im Westen sind wie üblich Karthago[483] und Ibiza[484] zu nennen.

Die unägyptischen Rinderköpfe (Typus 41.3) wurden zur Ergänzung hinzugefügt, vor allem da nach dem Urteil Acquaros auch Fayence als Material belegt ist (Typus 41.3.A). Ein schönes Gegenstück zu unserer Taf. 77,5 aus Tel Sharuhen haben wir bereits erwähnt[485]. Die beiden Stücke sind wohl nordsyrischer Herkunft.

Wie angedeutet, müssen wir in den *WIDDERAMULETTEN*, die aus ägyptischer Sicht Chnum oder Amun repräsentieren, die Schöpfereigenschaften, d.h. innerhalb der magischen Sphäre des lebenden Menschen die Zeugungskraft als wesentliches Element betrachten. Die Frauengräber von 'Atlit beweisen auch hier wieder die Bedeutung im weiblichen Bereich. Für das spätzeitliche Ägypten dürfen wir die an Zaubersprüchen faßbare Schützerrolle des Widders gegen Schlangen[485a] hervorheben, die entsprechenden Amuletten eigen gewesen sein mußte.

Ein Gegenstück zu unserer Taf. 77,6 im British Museum aus Tell Defenneh[486] erweist uns die an sich klare Tatsache, daß die Beispiele des Typus 42.1.A.1 ägyptisches Importgut darstellen. Der häufigste ägyptische Typus ist aber 42.1.A.3 mit ungegliedertem Körper und einfach oder sorgfältig ausgeführtem Kopf[487]. Ein bandagierter, also im Körper völlig ungegliederter Widder mit dem ursprünglich zu Amun gehörigen, nach vorn gebogenen Gehörn ist im perserzeitlichen Hibistempel (El Charghe) eine Erscheinungsform des Chnum-Harachte[488].

Abgesehen von dem bereits erwähnten schreitenden Widder aus Lachish[489] stammen die besten östlichen Vergleichsstücke wieder aus dem phönikischen Bereich. Vorrangiger Fundort ist das eben genannte 'Atlit, von wo Typus

42.1.A.1 mit blauer Glasur[490] und Beispiele aus dem gelblichen Material ohne Glasur bekannt sind, die man Typus 42.1.A.2 zuordnen möchte[491]. Exakte Gegenstücke zu unserer Taf. 77,6-7 fanden sich in Sidon[492] und zu Typus 42.1.A.3 in Tell Keisan[493] und Deve Hüyük[494]. Im Westen können wir für fast alle Widdertypen einschließlich des Widderkopfes Belege aus Karthago anführen[495].

Auf der Basis unserer Taf. 77,10b lesen wir in ägyptischen Hieroglyphen, was die Widderfigürchen im gesamten vermitteln sollen: 'nḫ nb „alles Leben". Daß die Zeichen für den Phöniker bzw. Punier im Westen sehr wohl ihre Bedeutung bewahrt haben konnten, zeigt uns die Tatsache, daß sie einmal in umgekehrter Reihenfolge als nb 'nḫ „Herr des Lebens" auf einem karthagischen, magischen Metallband in gewohnter ägyptischer Art eine Gottheit bezeichnen[496].

Das ZUSAMMENGEKAUERTE TIER (Typus 43), das ein Steatitfigürchen aus Tharros im British Museum darstellt, ist mangels an Vergleichsstücken nicht weiter kommentierbar. Der STEINBOCK ist in Ägypten als Amulett belegt[497], Parallelstücke zu unseren Köpfen sind mir jedoch nur aus Karthago und Malta[498] bekannt. In Ägypten steht das Tier mit dem Neujahr und der Lebenserneuerung in Verbindung[499].

Die unägyptische Art des SITZENDEN SPHINXTYPUS mit hochgeschwungenen Flügeln (Typus 45.2) hat Gamer-Wallert[500] klar erkannt. Die Frisur erinnert an die griechische Etagenperücke, die jedoch von einer syrischen Form abstammt[501]. Angesichts der Tatsache, daß vielleicht nur Steatitbeispiele nachgewiesen sind — d.h. auch für die Belegstücke aus Ibiza[502] und Karthago[503] kann das gelten — werden wir eine Herkunft aus dem syrisch-phönikischen Raum erwägen dürfen[503a]. Naukratischer Ursprung mag nach der Vermutung von Gamer-Wallert ebenfalls in Frage kommen. Geflügelte weibliche Sphingen gehören bereits seit dem 2. Jt. zum kanaanäischen und später phönikischen Kunstrepertoire, wo sie offenbar mit Astarte zu verbinden sind[504].

Interessant ist die VERBINDUNG DES eben behandelten GEFLÜGELTEN SPHINXTYPUS MIT BES (Typus 46), in der die Amulettwirkung der beiden Wesen kumuliert erscheint. Der Bessphinx wurde offenbar in saitischer Zeit geschaffen, wie naukratische Skarabäen zeigen[505]. Für die Kombination der einzelnen göttlichen Kräfte, an denen unsere Amulette teilhaben, ist aus ägyptischer Sicht ein Relief im Sanktuar des perserzeitlichen Hibistempel[506] sehr aufschlußreich: Dort ist ein Bessphinx mit dem Kopfputz des Nefertem über einem Gefallenen, also in pharaonischer Siegerpose[507] dargestellt; die Beischrift nennt das Wesen: „Nefertem, Sohn der Sachmet". Parallelstücke zu unserem Amulett-Typus 46 sind mir vorläufig nicht bekannt.

Ebenso vereinzelt steht bis jetzt der *SITZENDE, GEFLÜGELTE SPHINX-TYPUS MIT STEINBOCKKOPF*[508].

Die *KAURISCHNECKEN* waren bei den mittelmeerischen Völkern[509] offenbar weit verbreitete und beliebte Amulette, die durch ihre Form die Assoziation mit dem weiblichen Geschlechtsteil nahelegten und weibliche Geschlechtskraft und Fruchtbarkeit symbolisierten[510]. Allerdings erstreckte sich deren Bedeutung nach dem erwähnten Befund von Kamid el-Loz[511] in Phönikien auch auf das Kind. Die Bereiche der Frau und des Kindes lassen sich in unseren Amuletten nicht trennen.

Die Fayencenachbildungen der Kaurischnecke, teils einfach und ohne Dekor[512], teils mit Dekor in à-jour-Technik[513], sind in Ägypten nicht allzu häufig. Sonst sind sie aus dem östlichen Mittelmeerraum[514], Italien und Karthago[515] bekannt. Die Verbreitung (Rhodos, Festlanditalien) und die Tatsache, daß ein karthagisches Exemplar den Namen Psammetichs II. trägt, weisen wohl darauf hin, daß die bei uns auf Taf. 79,2-3 abgebildeten Fayencekauris aus Tharros gegenüber der Masse der Amulette zu den frühen, d.h. saitischen ägyptischen Importstücken gehören. Sie geben auch genau die Form der italischen und karthagischen Stücke wieder und entsprechen in der Dekoration zwei Exemplaren aus Cerveteri[516], die dort in einem Grab der Mitte des 7. Jhs. gefunden wurden. Mit der Sachmet Taf. 7,1 aus Sulcis gehören sie zu den wenigen Amuletten, die deutliche Beziehungen zu den mittelitalischen Funden aufweisen.

2.3. *Udjat-Augen, Plaketten und andere Symbole*

Das *UDJAT-AUGE*, ikonographisch im wesentlichen ein Falkenauge, ist in Ägypten wie im gesamten phönikischen und punischen Kulturbereich das beliebteste Amulett, von dem offenbar da wie dort die umfassendste Schutzwirkung ausging. Im griechischen Raum findet es sich nur in den stärker orientalisch beeinflußten Gebieten (vor allem auf Rhodos), fehlt aber auf dem griechischen und italischen Festland[517], wo ja andere Aegyptiaca, vor allem Skarabäen, aber auch verschiedene figürliche Amulette geläufig sind. Trotz gelegentlicher Hinweise in der Kleinkunst, daß das Udjat-Auge auch von den Griechen verarbeitet wurde[518], liegt hier vielleicht der deutlichste Unterschied zwischen der Aufnahme des ägyptischen Kulturgutes bei den Griechen und der bei den Phönikern und Puniern. Die Bedeutung in Karthago wird allein dadurch evident, daß das Udjat-Auge das einzige Amulett ist, das in karthagischen Gräbern auch isoliert auftritt, d.h. des öfteren neben der Keramik die einzige Beigabe darstellt[519].

Vercoutter[520] sieht bei der Frage nach dem Ausgangspunkt für die Schutzfunktion der vorliegenden Amulettgruppe in Ägypten vornehmlich die Macht des Auges des Re, das diesen in der Mythologie gegen seine Feinde schützt.

Es bietet also die ägyptische Götterlehre sowie die Interpretation des Auges als Sonnenauge eine ausgezeichnete Erklärung. Wir werden noch weiter unten sehen[521], daß für die punische Kultur gewisse Einflüsse von Seiten der ägyptischen Hochreligion, auch des Totenkultes nicht zu leugnen sind. Im übrigen kann nach Totenbuch, Kap. 42, Zl. 17, dem Toten deshalb nichts passieren, weil er sich im Udjat befindet. Wenn wir aber zu dem in dieser Arbeit immer wieder betonten Volksglauben zurückkehren, müssen wir neben der Deutung als Auge des Re auch den Begriff des Horusauges in Erwägung ziehen. Als sog. Mondauge wird es seit ältester Zeit dem Himmelsgott Horus zugeschrieben und in Analogie zum voll gewordenen Mond als „heiles" Auge (Udjat) verstanden. Das Horusauge[522] ist Symbol für alles, das der Sicherung des Lebens dient; so sichert es die Institution des Königtums, das Leben der Götter, Könige und Toten, sowie das Leben der Menschen im Alltag. In diesem letzten Punkt liegt nach unseren heutigen Erfahrungen der wesentliche, zunächst ägyptische Kern für die überragende Stellung des Udjat-Auges im phönikischen und punischen Milieu. Gerade deswegen, weil es in seiner Schutzwirkung nicht spezifiziert ist, kann es immer und in jeder Situation helfen. Schon in Ägypten für den Lebenden wie für den Toten in gleicher Weise von Bedeutung, wird es als Element der volkstümlichen ägyptischen Magie in den phönikischen Bereich übernommen, wo es als Amulett dem lebenden Besitzer dient, mit ihm aber dann ins Grab wandert, um noch im Jenseits nützlich zu sein. Das Auge an sich drückt bereits persönliche Mächtigkeit aus, was im alten Ägypten u.a. wohl an den Augen auf Stelen und Särgen faßbar ist[523], im heutigen Volksglauben, speziell auch auf Sardinien, durch den sogenannten bösen Blick[524] zum Ausdruck kommt. Um wieviel größer mußte diese Mächtigkeit sein, wenn man im Besitze eines solchen Götterauges aus Ägypten war!

Für den Zusammenhang der Amulettfunktion des Udjat-Auges mit der Wirkung der anderen hier behandelten Figürchen sind bereits die mythologischen Verbindungen in Ägypten interessant. Die Beziehungen zu Horus und Re sowie der bedeutungsmäßige Zusammenfall mit dem Uräus als Hypostase des Re-Auges[525] wurden bereits angesprochen. Der ebenfalls genannte „heile" Zustand des Auges hängt ursächlich mit der Funktion des Thot zusammen, der für Zu- und Abnehmen des Mondes verantwortlich ist. Daher hält Thot sowohl in seiner anthropomorphen Erscheinung mit Ibiskopf[526] als auch in seiner Paviangestalt[527] gern ein Udjat-Auge. In der Mythenversion, in der sich das erzürnte Sonnenauge von Re entfernt hat, wird es mit Hathor-Tefnut gleichgesetzt und von Thot und Schu heimgeholt[528]. Thot-, Pavian- und Schu-Figürchen haben also auch auf dieser Ebene bereits engste Beziehungen zum Udjat-Auge.

Noch mehr Verbindungen ergeben sich auf Grund verwandter Amulettbedeutungen sowie der Tendenz, ein Amulett durch Kumulierung von Kräften möglichst stark zu machen. So kann etwa ein Ägisamulett [529] das Udjat mit Uräus und Sachmet vereinigen. Im Hinblick auf das sardische Repertoire ist unsere Taf. 80,1 besonders aufschlußreich; sie zeigt ein ägyptisches Udjat in Verbindung mit Löwe, Krokodil, Schlange und Hathorkuh, auf der anderen Seite auch die Lotosblume. Schöne Beispiele bieten die anschließend zu behandelnden Amulette in Form rechteckiger Plaketten. Als beliebtes Macht- und Schutzsymbol wurde das Udjat von der phönikischen (Elfenbeinarbeiten, Metallschalen, Pferdescheuklappen) und punischen (Glyptik; Rasiermesser u.a.) Kunst [530] verarbeitet und fand sogar Aufnahme in die Skarabäenglyptik im griechischen Stil [531]. Auf die Goldarbeiten aus Tharros werden wir noch näher eingehen [532].

Eines Kommentars bedarf die auf Sardinien so häufig belegte Kombination von Udjat mit Uräen (Taf. 80) oder Uräuskopf (Typus 49.A.1.2-3, Taf. 81,1; Typus 49.B.1, Taf. 84,4-6), wobei wir, wie die anschließende Übersicht zeigt, vorläufig(?) vor der Merkwürdigkeit stehen, daß diese Typen nur im Westen belegt sind. Angesichts der Beispiele aus Steatit, dürfen wir jedoch eine östliche Herkunft nicht ausschließen. Der Vergleich von Taf. 81,1 mit 84,4-5 führt uns wieder die enge Zusammengehörigkeit und unmittelbare gegenseitige Abhängigket der Fayence- und Steatitamulette deutlich vor Augen.

Daß ein Uräus vorne aus dem Udjat herauswächst oder zumindest mit ihm fest verbunden ist, können wir gerade an ägyptischen Amuletten [533] wie unsere Taf. 80,1 sehr gut belegen. Ein schönes Beispiel bietet uns auch ein Armband Psusennes' I. (Abb. 16) [534]. Diese ikonographische Kombination kommt bereits im MR nach Byblos, wie sich an einem Goldpektorale Amenemhets III. [535] erkennen läßt. Zur Zeit des NR bringen sie Fayenceamulette nach Palästina [536], und für die Spätzeit können wir eine Plakette

Abb. 16: Udjat mit Uräus auf einem
Armband Psusennes' I., nach Goff
(s. Anm. 534).

Abb. 17: Bronzeanhänger aus Cheikh
Zenad, nach Brossé: *Syria* 7,   S. 201,
Fig. 4.

Schabakas zitieren [537]. Auf dieser Tradition beruht die Existenz des Motives Udjat + Uräus in der phönikischen Elfenbeinschnitzerei [538], auf Gold- und Silberhängern aus Zypern [539] oder dem auf Abb. 17 [540] wiedergegebenen Bronzeanhänger aus Cheikh Zenad (Phönikien).

Vor diesem Hintergrund sei nun der Versuch unternommen, das aus Publikationen verfügbare Vergleichsmaterial zu den auf Sardinien gefundenen Udjat-Augen nach ihrer Verbreitung aufzugliedern. Dabei ergibt sich folgende tabellarische Zusammenstellung [541]:

Typus	Osten	Westen
49.A.1.1 –		Karthago [542], Ibiza (M 104)
1.2 –		(Ibiza B 122, M 105, jedoch beide mit Anhänger) Gibraltar [542a]
1.3 –		Ibiza (B 120)
2.1.1 –		Ibiza (B 117)
2.1.2 –		
2.1.3 –		Karthago [542b] Ibiza (S 35)
2.2.1 –		Karthago [543]
2.2.2 –		Ibiza (B 121, 124?, 125, S 28)
2.2.3 –		
2.3.1.1 –	Ägypten [544], Lachish, Tell Jemmeh, Beth Shemesh, Byblos, Sarepta, Neirab, Deve Hüyük, Kition [545]	Karthago [546]
2.3.1.2 –	Ägypten [547], Tell Jemmeh, Byblos, Kamid el-Loz, Gezer [548]	
2.3.2 –	Ägypten [549], Tell, Jemmeh Tell Keisan [550]	
2.3.3 –	Ägypten [551], Byblos [552]	
2.3.4 –	Byblos (besser) [553]	Ibiza (S 19, besser)
2.3.5 –	Byblos [554]	Ibiza (M 112)
2.3.6 –	Ägypten [555], Byblos (Material?) [556]	
2.3.7 –		Ibiza (M 114)
2.3.8.1 –		Ibiza (B 123, 126?, 129)
2.3.8.2 –		
2.3.8.3 –		Karthago [557]
2.3.9.1 –	Ägypten [557a]	
2.3.9.2 –	(Beth Shemesh, s. oben, S. 26 mit Anm. 187) 'Atlit [558]	

Ibiza (B 118) kombiniert A.1.1 u. A.2.1.3

Typus	Osten	Westen
2.4.1 –	Ägypten[559]	Kathago[560]
2.4.2 –	(Byblos), 'Atlit[561]	Ibiza? (M 111)
2.4.3 –		Ibiza (B 116, M 113)
2.4.4 –		
49.B.1.1 –		
1.2 –		Mozia[562]
1.3 –		(Ibiza, M 107, Fayence angegeben)
2.1 –		
2.2 –		
2.3 –		
49.C.1 –		
2 –		

Tabelle 3
(Erklärungen, s. Anm. 91, 542-562)

 Die Tabelle muß auf Grund der Publikationslage als äußerst unbefriedigend gelten; sie kann tatsächlich nur einen ersten Versuch darstellen, das bekannte Material in eine Übersicht zu bringen. Der Mangel zeigt sich sofort daran, daß 'Atlit nur zweimal (bei 49.A.2.3.9.2 und 2.4.2) erscheint, obwohl dort in den mit Amuletten ausgestatteten Gräbern das Udjat-Auge fast nie fehlt. Sidon ist überhaupt nicht genannt, obgleich in der Stadt die lokale Herstellung in Fayence gesichert ist sowie Udjat-Augen aus Gold und anderen Materialien belegt sind. Die häufige Nennung von Ibiza beruht einzig auf dem für uns wichtigsten Werk von Gamer-Wallert, beweist uns die Einheitlichkeit des punischen Gebietes, sagt aber nichts über die Stellung von Ibiza gegenüber Karthago aus. Von den sechs Erwähnungen Karthagos beruhen drei auf unpublizierten Stücken im Louvre. Da die Udjat-Augen unbeschriftet sind, können wir sie auch typologisch bei Vercoutter nicht erfassen. Im übrigen müssen wir annehmen, daß alle Typen Sardiniens in Karthago vertreten sind, vermutlich noch eine beträchtliche Anzahl mehr[563].

 Ähnlich ist die Situation für Mozia, wo wir ein Beispiel kennen, das exakt das Aussehen unserer Taf. 84,5 aus Cagliari bietet und deshalb unter 49.B.1.1 eingetragen wurde. Whitaker[564] bestätigt uns auch, daß viele der Amulette von Mozia aus „hard cement" Material hergestellt sind, was nach den auf Sardinien gemachten Erfahrungen nur Steatitfigürchen sein können. Wie überall im punischen Westen ist auch in Mozia das Udjat-Auge das beliebteste Amulett.

 Dennoch lassen sich auf Grund der Verbreitungstabelle einige Tatsachen festhalten: Die sardischen Fundstücke, die Parallelen in Ägypten finden, sind sicher ägyptische Importstücke. Es handelt sich dabei um relativ langlebige Typen, die zumeist auch in Palästina und Ostphönikien gut bezeugt sind (vor allem 49.A.2.3.1-3). Daß gerade solche Stücke unter dem gut publizierten Material von Ibiza nicht vertreten sind, mag ein Hinweis dafür sein, daß ein Teil der östlichen Importe nicht so weit in den Westen gelangte. Außerdem ist auffällig, daß die meisten der aus Kition[565] bekannten Typen nicht im sardischen Material vertreten sind. Wir sehen also auch daran, daß trotz der in vieler Hinsicht direkten Abhängigkeit des westlichen Materials von Ostphönikien, die wir vor allem im Vergleich mit ῾Atlit und Sidon feststellen konnten, beide Bereiche als eigene Verbreitungszonen sorgsam zu trennen sind.

Nach allem, was wir über den Stil westlicher Erzeugnisse wissen[566], müßten sich unter Taf. 81,2-5 (Varianten von 49.A.2.1) und Taf. 83,10-13 (49.A.2.3.8) einige punische Stücke befinden, sofern das nicht für alle gilt. Ein interessantes Verbindungsstück ist Ibiza: B 118[567], bei dem Typus 49.A.2.1.3 mit den Uräen — es handelt sich wohl um zwei — des Typus 49.A.1.1 ausgestattet ist. Typus 49.A.2.3.4 ist in zweifacher Art belegt: Die Vergleichsstücke (Byblos, Ibiza) sind besser ausgeführt, das Exemplar aus Ibiza besteht aus weißer Fayence mit hellgrüner Glasur; das sardische dagegen bietet eine wesentlich grobere Erscheinung und ist aus der bekannten hellgelblichen, weichen Fayence ohne Glasur hergestellt. Meines Erachtens stellen die genannten Udjat-Augen aus Byblos und Ibiza ägyptische Importware dar, das sardische möglicherweise ein außerägyptisches Erzeugnis.

Da wir auf den *UDJATÄHNLICHEN TYPUS 50* mangels an Vergleichsmaterial nicht näher eingehen können, wollen wir uns den *RECHTECKIGEN PLAKETTEN* (Typus 51) zuwenden. Daß dieser Typus so zu definieren ist und nicht als Udjat im rechteckigen Rahmen, wie es gelegentlich geschieht[568], zeigen die Varianten ohne Udjat-Augen (Typus 51.A.1.5-8, A.2.2-3, B.1.5-6, B.1.10).

Die beliebtesten Motive, die auch meistens zusammen vorkommen, sind das Udjat-Auge, auf dessen Sinngehalt wir hier nicht mehr eingehen müssen, und eine Kuh, häufig in Verbindung mit einem Kalb und Lotosblumen. Dem Motiv der Kuh mit einem saugenden Kalb, seiner Entwicklung und Deutung in den verschiedenen altorientalischen Kunst- und Kulturkreisen einschließlich Ägyptens wurden in jüngerer Zeit zwei zusammenfassende Untersuchungen gewidmet[569]. Der inhaltsreichste Typus, bei dem die Kuh ihren Kopf zum Kalb zurückwendet und dieses am Hinterteil leckt, kommt auf unseren Plaketten jedoch bisher nicht vor; wir werden bei der Behandlung des Motivs auf Skarabäen noch zurückkommen[570]. Es steht fest, daß das säugende Muttertier in all diesen Kulturen ein Symbol des Segens, der sorgenden Liebe der Gottheit, sowie der Regenerationsfähigkeit des Lebens darstellt [571]. Außerdem gab es überall Göttinnen, die in Kuhgestalt vorgestellt wurden, so Hathor, Isis, Ninḫursag, Ischtar oder Anat [572].

Bei unseren Amuletten ist die Kuh an sich wichtig, da das Kalb auch wegbleiben kann (Typus 51.A.1.1.2, A.1.6-8, B.1.3, B.1.5-6); wenn es vorhanden ist, unterstreicht es allerdings das Symbol der Mütterlichkeit. Aus Ägypten kennen wir eine Reihe von Plaketten, die unseren Typen mit der Kuh verwandt sind [573]: Auf diesen ist die Kuh zumeist mit der Sonnenscheibe als Hathorkuh gekennzeichnet; oft hat sie einen Lotos am Hals hängen; gelegentlich ist eine Art Freßkorb dabei. Wichtig ist, daß die Kuh bisweilen mit Udjat-Augen kombiniert ist, die auch auf der gegenüberliegenden Seite erscheinen können. Typologisch am nächsten steht nach unseren Kenntnissen das auf Taf. 84,3 abgebildete Steatitamulett, das in Luxor gekauft wurde. Die genannten ägyptischen Stücke weisen also auf eine Deutung der Kuh als Hathor.

Das läßt sich auch, und zwar für den ägyptischen Blickwinkel, an außerägyptischen Belegen unserer Amulettgruppe nachweisen. Eine aus Syrien stammende Plakette der Sammlung De Clercq [574] (m.E. sicher aus hellem Steatit) trägt auf einer Seite im teilweise gepunkteten Rahmen eine nach rechts schreitende Hathorkuh mit Sonnenscheibe zwischen den Hörnern; um den Hals hängt eine Lotosblüte mit zwei Knospen; über dem Rücken befinden sich ebenfalls zwei Lotosblumen und dazwischen eine Palmette von ägyptischem Typus, die aber auch in die phönikische Kunst übernommen wurde. Der Usprung des Stückes bleibt zweifelhaft, vor allem da die Rückseite (für die drei Hieroglyphenkolumnen genannt sind) nicht abgebildet ist. Angesichts unserer Taf. 84,9 kommt ägyptischer Ursprung in Frage, abgesehen davon, daß zur Anregung einer außerägyptischen Produktion auf jeden Fall solche ägyptische Plaketten in den östlichen Mittelmeerraum exportiert worden sein mußten. Das beschriebene Stück der Sammlung De Clercq beweist die Auffassung der Kuh als Hathor, was uns noch eine Fayenceplakette aus Karthago (Louvre, AO 3051) bestätigt: Auch hier trägt die Kuh eine Sonnenscheibe zwischen den Hörnern und das Goldzeichen (*nb* „Gold" = Hathor) über dem Rücken an Stelle des sonst üblichen Lotos oder der phönikischen Schalenpalmette unserer Taf. 85,3a [575].

Ein weiteres beliebtes Motiv unserer Plaketten ist das des jugendlichen Gottes zwischen zwei geflügelten Schutzgöttinnen. Der Gott kniet entweder auf der Lotosblume (Taf. 85, 3b) oder steht aufrecht (Taf. 88,2-4), hat entweder keinen Kopfputz (Taf. 88,2b) oder eine stilisierte ägyptische Krone (Taf. 85,3b; 88,3-4); stets führt er eine Hand zum Mund, sodaß er aus ägyptischer Sicht als Horusknabe angesprochen werden darf. Demnach entsprechen die Schutzgötinnen der Isis und der Nephthys, obgleich sie nach phönikischer Art zumeist einheitlich die Sonnenscheibe tragen (Taf. 88,2-4) oder eine von ihnen mit dem Isis-Hathor-Gehörn gekennzeichnet ist (Taf. 85,3b). Die eben genannte, für die phönikische Kunst typische Vereinheitlichung der geflügelten Schutzgöttinnen mit der Sonnenscheibe auf dem Kopf ist eine direkte Übernahme von libyerzeitlichen ägyptischen Darstellungen (vgl. Abb. 61).

Das Motiv des auf dem Lotos sitzenden Harpokrates zwischen zwei geflügelten Göttinnen oder vor einer solchen Schutzgöttin fand Aufnahme in die klassische phönikische Kunst der Elfenbeinarbeiten [576] und Metallschalen [577] und erreicht in der phönikisch-punischen Glyptik aus hartem Stein [578] eine besondere Blüte. In einer beliebten Variante der Elfenbeinarbeiten werden die Göttinnen zu geflügelten, männlichen Wesen mit ägyptischen Perücken und leicht zusammengedrückter Doppelkrone umgebildet [579]. Für die Deutung der Szene können wir einerseits auf die Ansicht Barnetts [580] verweisen, nach der es sich um die Wiedergabe der phönikischen Geburtslegende des Gottes Mot handelt, und andererseits auf einige sehr interessante Varianten. Auf einem Elfenbeinstück aus Nimrud [581] flankieren zwei stehende weibliche Gottheiten im langen Gewand, mit einheitlichem Isis-Hathor-Kopfputz und Flügeln in Schutzhaltung den Knaben auf einer einfachen Blüte; dieser trägt die Sonnenscheibe und ist am Körper kreuzschraffiert, als wäre er in Mumienbinden gewickelt wie Osiris. Dazu kommt die Variante, wo der Djed-Pfeiler (mit Sonnenscheibe), eine Erscheinungsform des Osiris, zwischen den Schutzgöttinnen steht [582] oder die in der phönikischen Glyptik belegte Szene des anthropomorphen Osiris in derselben Position [583]. Es ist also der Knabe nicht nur mit Osiris austauschbar, sondern wird ihm auch ikonographisch angenähert.

Es scheint hier die osirianische Vorstellung vom Vegetationsgott in das göttliche Kind eingeflossen zu sein und eine Auffassung vorzuliegen, die etwa der späten Verbindung Osiris-Adonis [584] gleichkommt. Damit wird Barnetts Meinung im wesentlichen bestätigt, da Adonis und Mot einander entsprechen. Uns gewähren diese ägyptisch-phönikischen Ikonographien nicht nur Einblick in die langsame Herausbildung später synkretistischer Vorstellungen, deren Wurzeln nicht mehr ausschließlich in Ägypten liegen, sondern ihre sinnvolle Anwendung zeigt im vorliegenden Fall völlig klar, daß mit den ägyptischen Bildern auch ihre geistigen Inhalte nach Phönikien kamen (d.h. die Bilder nicht etwa per Zufall übernommen und dann nachträglich mit einem gerade passenden Gehalt der eigenen Religion versehen wurden). Auf das Harpokratesmotiv unserer Plaketten bezogen, ergibt sich nun, daß wir eine spezielle Geburts- und Erneuerungsszene vor uns haben, die sich in die allgemeine Fruchtbarkeitsbedeutung und lebenserhaltende Funktion unserer Amulette bestens einordnet.

Eine Besprechung der anderen Motive auf den Plaketten (Beskopf alleine oder mit Schutzgöttin, Lotosblüte oder Lotosrosette, Sau, Katze) erübrigt sich an dieser Stelle. Sie zeugen von den eng verflochtenen Beziehungen eines Teiles der in diesem Abschnitt behandelten Figürchen, vor allem aber des Udjat-Auges.

Es gilt nun, Verbreitung und Ursprungsprobleme der rechteckigen Plaketten ins Auge zu fassen. Plaketten dieser Form aus Steatit und Fayence mit Darstellungen und Inschriften sind aus Ägypten gut bekannt [585]. In auffällige Nähe unserer Stücke kommt ein Exemplar aus blau glasiertem Steatit im British Museum [586], das auf der einen Seite ein Udjat-Auge und auf der anderen u.a. die in der Spätzeit geläufige Kartusche *Mn-kȝ-Rˁ* trägt; das Auge ist demjenigen unserer Plaketten durchaus vergleichbar. Eine in Leiden befindliche Fayenceplakette [587] zeigt auf der einen Seite einen Beskopf, auf der anderen ein Udjat. Auch einseitig dekorierte Plaketten mit einem Udjat in Relief analog unserer Taf. 86,1 sind aus Ägypten bekannt [588].

Den Steatitplaketten Sardiniens kommt nach unseren Kenntnissen jedoch das in Luxor gekaufte Stück der Taf. 84,9 am nächsten. Ähnlich wie auf Taf. 87,4 befindet sich auf der einen Seite ein durchbrochenes Udjat, aber mit freistehender Pupille, auf der anderen eine schreitende Kuh (ohne Kalb und ohne Korb), über deren Rücken eine Lotosblüte mit seitlichen Knospen. Eine genauere Untersuchung erbringt allerdings einige deutliche Unterschiede zu den sardischen Plaketten der Taf. 87, die von den anderen Steatitamuletten Sardiniens ja nicht zu trennen sind: Eine Bruchstelle an dem ägyptischen Beispiel zeigt, daß der Steatit innen dieselbe weiße Farbe hat wie außen, ist also weder dunkler noch schiefrig, was ein durchgehendes Kennzeichnen der Fundstücke Sardiniens ist, wo dies festgestellt werden kann. Weitere offensichtliche Unterschiede zu diesen letzteren liegen in der Winkelschraffur der Augenbraue, im Stil der Lotosblüte mit den Knospen, sowie im Stil des Kuhkopfes mit dem gut ausgeführten abstehenden Ohr und in der feinen Herausarbeitung der Durchbrechungen: Die Teile des Udjat sind gut abstehende Stege und nicht kompakt mit dem Inneren verbunden wie bei den sardischen Stücken.

Dieser ägyptische Befund wird noch ergänzt durch eine Plakette aus Daphnae (Tell Defenneh) im Delta [589], die auf der einen Seite ein Udjat im gepunkteten Rahmen trägt, auf der anderen ein nach rechts schreitendes Tier, vor diesem eine Pflanze und über ihm drei unklare Zeichen [590]. Außerdem liefert eine Tonform von Naukratis (Abb. 18) den Nachweis, daß dort rechteckige Fayenceplaketten hergestellt wurden, die auf einer Seite ein Udjat trugen.

Die ägyptischen Plakettenamulette gelangten nach Phönikien, wo sie unmittelbar in die lokale Produktion aufgenommen wurden. Ägyptische Importstücke befinden sich nach den vorhandenen, leider kärglichen Beschreibungen in der Sammlung De Clercq, die sich hauptsächlich im heutigen Libanon

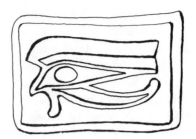

Abb. 18: Tonform zur Herstellung
einer Udjat-Plakette aus Naukratis,
nach Petrie, N. I, Taf. XXXVIII, 17;
1:1

Abb. 19: Tonform zur Herstellung
einer Udjat-Plakette aus Karthago,
nach Gauckler, I, Taf. CCXXVII.

formierte; die Möglichkeit, daß auch Plaketten aus Zypern dabei sein können, beeinflußt unser Bild nicht. Die Beispiele, die wir für ägyptisch ansehen müssen, tragen vor allem Hieroglyphen und ägyptische Motive, die die Nachahmungsproduktion offenbar nicht übernommen hat[591]. Andere Stücke derselben Sammlung[592] wird man — unter dem Vorbehalt, daß die Stücke nicht publiziert sind — eher in die vorderasiatische Nachahmungsgruppe einordnen.

Den Beweis, daß tatsächlich die Produktion der von Sardinien bekannten Steatitplaketten in Phönikien liegt, gibt uns ein von dort stammendes Beispiel im Louvre[593], das in Autopsie studiert werden konnte und Typus 51.B.1.1.1.1.1 (Taf. 87,1-2) repräsentiert. Daß wir jedoch hier keinesfalls vor einer ägyptischen Importgruppe stehen, ergibt sich nicht so sehr aus den oben[594] beschriebenen Unterschieden zur ägyptischen Plakette der Taf. 84,9, sondern insbesondere aus den Schlußfolgerungen innerhalb der sardischen Gruppe, die wir unten[595] zusammenfassen. In diesem Fall möchten wir den Leser auf folgende Verbindungen aufmerksam machen: Daran, daß die Beispiele unserer Taf. 87-88 einer einzigen Produktion entstammen, wird beim Vergleich von Typus und Stil der Kuhdarstellungen und Udjat-Augen niemand zweifeln. Die ganz charakteristischen Details der ja an sich schon einen unägyptischen Eindruck vermittelnden, geflügelten Schutzgöttinnen von Taf. 88,2b, 3b und 4b lassen sich jedoch nicht von den Patäkenschutzgöttinnen der Taf. 17,1b und 3b trennen. Den besten Beweis für die phönikische Herkunft dieser letzteren liefert neben allen Stilüberlegungen die phönikische Inschrift des Typus 5.2.B.2.1.2 mit den sonstigen Merkmalen der Patäken von Taf. 23, deren Vorderseiten mit denjenigen der Taf. 17 genau übereinstimmen.

In Anschluß daran sei noch auf weiteres Belegmaterial im Osten hingewiesen. Aus dem Astartetempel von Kition, Bothros 1 (600-450 v.Chr.) kennen wir eine Fayenceplakette[596], die äußerlich unserem Steatit-Typus

51.B.1.3.1 (Udjat und Kuh) entspricht. Das Stück ist wichtig für die Beurteilung der Bedeutung im Kult der Fruchtbarkeitsgöttin. Chronologisch paßt dazu eine Fayenceplakette mit Udjat und Kuh aus Grab 9 (frühes 6. Jh.) in Amathus (Zypern) [597]. Nicht näher eingehen möchten wir auf die restlichen zyprischen Belege sowie auf die rhodischen Funde [598].

Mit diesem geradezu ausgezeichneten Background im Osten wollen wir nun die westlichen Belege ins Auge fassen, die einander in der Typenvielfalt noch bereichern. So finden sich in Karthago sehr ägyptisch anmutende Varianten, bei denen das Udjat wie häufig auch in Ägypten mit Falkenfeder und Falkenfuß ausgestattet ist [599]; desgleichen erinnern wir uns an das gute Stück mit Hathorkuh und „Gold"-Zeichen [600]. Plaketten aus Ibiza geben die Typen unserer Taf. 88,2 [601] und 87,4 [602] in Fayence wieder. Wir verfolgen also die Verwirklichung ein und desselben Typus in Steatit und Fayence und erkennen, wie schon öfters, die unmittelbare Abhängigkeit dieser beiden Amulettklassen von einander. Beliebt sind Plaketten, die äußerlich unseren Steatit-Typus 51.B.1.1.1.1.1 (Taf. 87,1-2) wiedergeben, wobei wir aber über das Material im Zweifel bleiben; die Belege stammen aus Karthago, Gibraltar und Ibiza [603]. Weitere publizierte Stücke betreffen eine Variante von 51.B.1.1.1.2 in Karthago [604], den Fayencetypus 51.A.1.1 mit etwas unklaren Details in Ibiza [605] und Typus 51.A.1.1.2 in Palermo [606]. Hinsichtlich der Herkunft ist zu dem bereits Vorgebrachten nur hinzuzufügen, daß bei unserer Taf. 85,3a über dem Rücken der Kuh die phönikische Schalenpalmette erscheint, das Stück also phönikisch ist, wie im übrigen auch der Stil der Kehrseite (Taf. 85,3b) nahelegt.

Eines Hinweises bedarf die Ausgestaltung des Udjat mit Blatt und vielleicht stilisiertem Uräus der Typen 51.B.1.2 und 51.B.1.3.2 (Taf. 88,1). Zum Uräus können wir auf die Ausführungen beim Udjat-Auge [607] verweisen. Das Blatt kann nur aus der sonst an gleicher Stelle erscheinenden Falkenfeder [608] hervorgegangen sein. Diese Umbildung hat aber bereits in Ägypten ihren Ursprung und mag durch ägyptische Importstücke nach Phönikien gelangt sein; die genannte [609] Schabaka-Plakette aus Palästina ist ein Beleg dafür.

Als Abschluß der Untersuchung unserer Plakettenamulette haben wir uns die unägyptischen Fayencetypen 51.A.1.2 (Farbtaf. III,7; Taf. 85,2) und 51.A.1.9 (Taf. 86,4-5) aufgehoben. Typus 51.A.1.2, der eine deutliche Schematisierung und die uns von der punischen Produktion bekannte Tendenz zur Geometrisierung aufweist, begegnet (abgesehen von leichter Variierung in Ibiza [610]) in exakt derselben Ausführung, die die drei sardischen Belege bieten, ebenfalls auf der Baleareninsel, in Karthago und Selinus [611] wieder. Wo es nachprüfbar ist, stimmen auch die Ausmaße überein [612], sodaß wir zumindest bei den Stücken von Ibiza, Selinus und Sardinien dieselbe Form annehmen dürfen. Als Material finden wir neben glasierter Fayence wohl

(Ibiza und unsere Taf. 85,2) die schon von den punischen anthropomorphen Amuletten mit Falkenkopf bekannte grüne Halbglasfayence. Wenn wir noch bedenken, daß nach Ausweis der karthagischen Tonform Abb. 19, die im Stil sogar den eben behandelten Exemplaren nahekommt, im punischen Gebiet sicher solche Fayenceplaketten hergestellt wurden, wird es klar, daß die Gruppe des Typus 51.A.1.2 punische Erzeugnisse darstellt.

Dasselbe kann ohne weitere Diskussion für die Stücke der Taf. 86,4-5 (Typus 51.A.1.9) angenommen werden, angesichts der phönikisch-punischen Symbole von Scheibe und Mondsichel über dem jetzt plötzlich nach links schreitenden Tier (Pferd oder Rind)[613] und der Stilisierung des Udjat-Auges, das wenigstens auf Taf. 86,4a noch einen Uräus mit Sonnenscheibe vor sich hat. Die Plakettenamulette gehören somit nicht nur zu den aussagekräftigsten Beispielen für die Rezeption ägyptischen Kulturgutes in Ost- und West-phönikien, sondern sie lassen auch sehr deutlich die drei Produktionsgruppen der westlichen Amulette erkennen, nämlich die ägyptische[614], ostphönikische und punische. Naukratis (s. Abb. 18) muß trotz der bestehenden Unklarheiten in die Überlegungen miteinbezogen werden. Keinesfalls scheint die Entwick-lung geradlinig vor sich gegangen sein[615].

Die Amulettwirkung der ÄGYPTISCHEN KRONEN (Typus 52 und 53) beruht darauf, daß sie Symbole der königlichen Macht darstellen und da-her mit dem Uräus als Kronenschlange in engster Beziehung stehen. Ihre Funktion im Mutter-Kind-Bereich ist in Phönikien durch Funde von ʿAtlit und Kamid el-Loz gesichert. Ägyptische Kronen fanden Aufnahme in die kanaanäische und phönikische Kunst, vor allem bei Götterdarstellungen, und erleben dort auch eine gewisse Veränderung. Die ägyptische Doppelkrone begegnet bereits in starker Reduzierung des unterägyptischen Teiles im 12. Jh. unter den Elfenbeinarbeiten von Byblos[616].

Ägyptische Parallelen[617] zeigen, daß die UNTERÄGYPTISCHE KRONE Taf. 89,3 des Typus 52.A.1 ein ägyptisches Importstück darstellt; die roten Farbspuren entsprechen der wirklichen ägyptischen Königskrone. Die uns von Sardinien bekannten Fayencetypen der unterägyptischen Krone sind auch in ʿAtlit[618], wo sicher dieselbe Produktion wie auf unserer Taf. 89,7 (Typus 52.A.1) vorliegt, und in Sidon[619] belegt, wo wir der Produktion unserer Taf. 89,5 (Typus 52.A.2) begegnen. Die Belege von Karthago[620] und Ibiza[621] entsprechen dem genau.

Ähnlich ist der Befund der OBERÄGYPTISCHEN KRONEN; unsere Taf. 89,8 ist sicher ägyptisch[622]. Auffällig durch das Material ist Acquaro, Nr. 129, aus hellgelblicher, weicher Fayence[623]. Die bekannten Zeugnisse für Typus 53.A.1 aus Ostphönikien stammen aus einem ʿAtliter Frauen-grab[624] und dem Grab eines Kindes in Kamid el-Loz[625]. Im Westen sind Karthago[626] und Gibraltar[627] zu nennen. Bei der Variante von Typus 53.A.2

könnte es sich wegen der Verwandtschaft zu gewissen anthropomorphen Figürchen mit Falkenkopf um ein punisches Erzeugnis handeln.

Der *DJED-PFEILER* begegnet bereits unter den Elfenbeinarbeiten von Megiddo und Byblos[628], sowie in den oben[629] besprochenen kultischen Szenen in Samaria. Barnett[630] hat erkannt, daß der Djed-Pfeiler in der phönikischen Kunst die Vorstellung vom heiligen Baum ausdrücken kann, und kommt damit zu einem ähnlichen Ergebnis, zu dem uns unsere Überlegungen bei den Plaketten[631] geführt haben, nämlich daß die osirianische Symbolik in der phönikischen Vorstellungswelt der erst später faßbaren Verschmelzung von Osiris und Adonis entspricht. Auch die spätere phönikischpunische Skarabäenglyptik erweist den Djed-Pfeiler als anbetungswürdiges Kultobjekt oder Symbol einer Gottheit[632]; beides ist er ja auch in der ägyptischen Osirisreligion.

Taf. 90,1 bietet uns zum Vergleich eine sorgfältige ägyptische Ausführung; da das Stück ohne Herkunft ist, konnte es auch nicht in die Typologie aufgenommen werden. Ein ebensolches schönes, ägyptisches Exemplar ist jedoch in Karthago[633] belegt. Außerdem ist Ibiza[634] zu nennen. Das ägyptische Vergleichsmaterial[635] zeigt, daß auch im Niltal die beiden in Typus 54 unterschiedenen Varianten belegt sind.

Die in Sardinien bezeugten *WADJ-SYMBOLE*, Papyrussäulchen, die sich mit ihrer Symbolik des frischen Wachstums bestens in unsere Amulette eingliede.n, sind alle ägyptische Importstücke, sowohl der sorgfältige Typus 55.1[636] als auch die plumpen Stücke unserer Taf. 90,3-7 (Typus 55.2)[637]. Wadj-Symbole, z.T. mit sehr spitz zulaufendem unterem Abschluß, z.T. in der plumpen Form, fanden sich in ʿAtlit[638], Sidon[639] und auf Zypern[640], wo sie ihre Funktion innerhalb der weiblichen Sphäre bekunden. Karthago[641] und Ibiza[642] bieten im wesentlichen dasselbe Bild wie Sardinien. Nach Beispielen von ʿAtlit und Karthago wurden allerdings beide Typen auch in der gelblichen, feinen Fayence ohne erhaltene Glasur realisiert[643].

Als Typus 56 haben wir die allgemein als punisch angesehenen *CIPPUS-AMULETTE*[644] aufgenommen, weil sie in mehrfacher Hinsicht Beziehungen zu den ägyptischen und ägyptisierenden Stücken aufweisen. Das betrifft einerseits die Tatsache, daß es sich z.T. um Fayenceamulette handelt, die ihrerseits wieder eine punische Amuletterzeugung in Fayence beweisen[645], und andererseits den gelegentlich ägyptisierenden Dekor: So kann auf der Basis ein geflügelter Uräus mit Isis-Hathor-Kopfputz aufscheinen[646]. Die enge Verbindung zu manchen Steatitpatäken zeigt sich daran, daß auf der Basis genau derselbe Kreuzdekor wie bei den Typen 5.2.B.2.2 und 2.3 begegnet[647]. Solche Kreuze kennen wir schon von spätbronzezeitlichen Skarabäen aus Palästina[648] und von Skaraboiden aus neuassyrischem Kontext[649]. Wie weit die äußeren Formen der Cippusamulette mit Ägypten in Zusammenhang stehen, bleibt unklar[650].

Die *BLÜTE* Taf. 91,3 (Typus 57) ist vielleicht als vereinfachte Lotosblüte zu verstehen. Blumenamulette gibt es zwar in Ägypten[651], unser Stück ist jedoch sicher ein außerägyptisches Erzeugnis, dessen Tradition in Palästina bis in die Spätbronzezeit zurückreicht[652]. Die lebenserhaltende Amulettbedeutung unseres Typus ergibt sich aus seinem Auftreten in 'Atlit[653].

Keines Kommentars bedürfen die *SCHREIBTÄFELCHEN* (Typus 58), die aus Ägypten[654] und Karthago[655] bekannt sind.

Das *MENAT* (Typus 59) steht in engster Beziehung zu Hathor und konnte als Amulett wohl Liebeskraft, Fruchtbarkeit, Schutz für Mutter und Kind garantieren[656]. Die ägyptischen Menatamulette entsprechen entweder genau dem Stück aus Tharros (vgl. Abb. 20)[657] sind aber auch häufig zur Ver-

Abb. 20: Fayenceamulett in Form eines Menat in Kairo,
nach Reisner, *Amulets*, II, Taf. V, Nr. 12701.

stärkung der Wirkung mit Götterköpfen (Isis, Sachmet u.a.), Udjat-Augen, Uräen, u.a. ausgestattet; die Zusammengehörigkeit mit den entsprechenden anderen Amulett-Typen wird dadurch unterstrichen. Über das Menat aus Tharros läßt sich mangels an Vergleichsmaterial außerhalb Ägyptens nichts aussagen. Der Steatit ist weißlich und leicht gemasert wie der der meisten anderen Amulette dieser Klasse.

Die folgenden *TYPEN 60* und *61* wurden aufgenommen, weil sie durch ihre Existenz in Fayence als ägyptisierend gelten können. Der Form nach (Typus 60 in sehr unterschiedlichen Varianten) sind sie wahrscheinlich phönikisch. Typus 60 wird in Anschluß an die Belege von Kamid el-Loz[658] als vasenförmiger Anhänger verstanden. Auch für die Korbamulette gibt es Beispiele aus Ostphönikien, die in der Chronologie den sardischen Funden entsprechen[659].

MINIATURKÄMME (Typus 62) sind in Ägypten als Amulette bekannt[660], haben aber von ihrem Aussehen her mit den punischen[661] wenig gemein.

Mit den *HERZAMULETTEN* (Typus 63) befinden wir uns wieder in guter ägyptischer Tradition[662]. Solche Herzen kamen bereits während der 12. Dyn.

nach Byblos[663]. Im 1. Jt. gibt es Belege aus Palästina und Phönikien[664]. Ein Kollier aus Tharros bestand aus elf Herzen, dasjenige im Zentrum aus Gold, die anderen aus harten Materialien[665]. Auch in Karthago waren die Herzamulette sehr beliebt[666].

Aus Ägypten kennen wir Amulette in Form einzelner Finger bzw. von zweien zusammen[667], weiters die einfache, gestreckte *HAND*[668] und schließlich den Typus mit dem Daumen zwischen Zeige- und Mittelfinger[669]. Dieser Typus 64.2 ist auch in drei Exemplaren auf der bereits mehrfach erwähnten Kette aus Helalieh bei Sidon[670] belegt. Geschlossene und offene Hände, mit und ohne Unterarm, als Amulette fanden sich auch sonst im punischen Gebiet[671].

Als Abschluß haben wir Amulette in Form *MÄNNLICHER GENITALIEN* angefügt, von denen Typus 65.1.A. ebenfalls in Ägypten begegnet, nach Petrie[672] allerdings erst römerzeitlich. Diesen Typus kennen wir auch aus Sidon[673], der mit Sicherheit derselben Produktion wie das zitierte Stück aus Tharros im British Museum (WAA 134041) angehört.

3. *Typen, Stil und Ursprungsproblematik im Zusammenhang*

3.1. *Typologische Beziehungen*

Die auf Sardinien und weiter im westphönikischen und punischen Gebiet belegten ägyptischen und ägyptisierenden Amulette beinhalten nach unserer eher weit gespannten Typologie aus kulturhistorischer Sicht neben der großen „ägyptischen" Gruppe (bestehend aus ägyptischen und außerägyptischen Produktionsgruppen) eine „asiatische" (bes. Typus 13-15, 41.3) und eine „punische" Gruppe (vor allem Äffchen des Typus 37, Cippi des Typus 56). Da wir bis heute über keine Definition verfügen, was noch ägyptisierend ist und was nicht mehr, bleibt eine solche Eingrenzung des Themas immer willkürlich und bewegt sich zwischen zwei Polen. Auf der einen Seite steht die Forderung, zur Erhellung des Gesamtbildes möglichst viel miteinzubeziehen, auf der anderen die Notwendigkeit der Beschränkung, um das Thema überhaupt bewältigen zu können. So mag man mit gutem Grund das Amulett in Form eines Volutenkapitells bei Acquaro, Nr. 1251, vermissen, weil es sich dabei um ein Fayenceamulett handelt[674]. Da sonst nichts daran ägyptisch ist, wurde es bei uns weggelassen. Im folgenden wollen wir versuchen, einen Überblick über die Amulette ägyptischer Art im engeren Sinn zu erarbeiten.

Entsprechend der vorgegebenen Kontakte der Phöniker mit Ägypten konnten wir feststellen, daß wie in Vorderasien und im griechischen Raum unter den ägyptischen Gottheiten diejenigen des Nildeltas, vor allem die memphitischen Gottheiten, absolut dominieren. Die thebanischen Hauptgottheiten Amun und Mut sind in unserem Material kein einziges Mal mit

Sicherheit belegt. Eher gibt es diese Figürchen im griechischen und italischen Bereich[675]. Zu den Deltagottheiten kommen Typen, die eine besondere Schutzsymbolik für die Frau ausdrücken, wie Bes, Katze, Schwein, die Motive der Plaketten u.a. sowie das allgegenwärtige Udjat-Auge.

Ein deutlicher Ausdruck für die engen Beziehungen der Amulette untereinander sind neben der verwandten Bedeutung, die sie bereits in Ägypten haben, die verschiedenen Mischtypen. So kann der Patäke ein altes Gesicht erhalten (Typus 5.1.A.1.1.2), das (wenngleich ohne Bart) für Bes charakteristisch ist, oder mit den Ohren des Bes ausgestattet sein (Typus 5.1.A.1.1.3). Besonders auffallend ist die Verbindung von Isis und Thoëris (Typus 8.1.A.3) oder die Beeinflußung des Anubis durch Thoëris (Typus 21.2). Dazu kommen die Vermischungen des falkenköpfigen Horus mit Anubis (Typus 21.3) und der Meerkatze (Typus 18.3), sowie das offenbar von den ostgriechischen Herkulesgefäßen beeinflußte Udjat (Typus 50). An einigen dieser Mischtypen hat das alte Ägypten wesentlichen Anteil, was die Behandlung der Isis-Thoëris zeigte[676].

Wie bereits Gamer-Wallert feststellte[677], sind die einzelnen Typengruppen durch absolut kontinuierliche Übergänge charakterisiert; das gilt insbesondere für die Patäken. Andere Fundorte fügen zum sardischen Material noch weitere Verbindungen hinzu[678]. Zu erwähnen ist auch die mehrfach identische Basisgestaltung bei einigen Typen[679]. Gelegentlich erkennen wir auch eine Weiterentwicklung, die nicht als bloße Stilentwicklung angesehen werden kann, weil sich das Ergebnis als völlig neuer Typus präsentiert: Am deutlichsten ist die Erscheinung bei der Entwicklung vom falkenköpfigen Horus mit der Doppelkrone über die westlichen falkenköpfigen Fayencefigürchen zum Elfenbeingriff aus Tanger der Abb. 9.

3.2 *Fayenceamulette*

Abgesehen von der äußeren Typologie lassen sich die Amulette auch nach Materialien gliedern, die — unter Berücksichtigung von Überschneidungen — bestimmte Produktionsgruppen, auf die wir noch zurückkommen werden, charakterisieren. Wir haben gesehen, daß von den Figürchen aus verschiedenen Fayencearten mit mehr oder weniger gut erhaltener Glasur ein großer, wenn nicht der größte Teil ägyptische Importware darstellt. Halbglasfayence mit rauher, zumeist harter Oberfläche ist typisch für punische Erzeugnisse.

Eine dritte, sehr umfangreiche Gruppe besteht aus einer feinen, weichen, hellgelblichen Fayence (mit leichten Farbnuancen), wo die Glasur fast immer abgegangen ist. Bereits James[680] hat erkannt, daß extrem feine Fayence für Ägypten ungewöhnlich ist. Wie die Perachora-Skarabäen[681] trugen aber auch diese Amulette mit Sicherheit Glasuren[682]. Die hellgelblichen Figürchen scheinen ähnlich den Steatitamuletten das gesamte Typenspektrum zu umfassen; u.a. sind zu nennen: der Patäke Taf. 14, sowie viele kleine Patäken[683], die schwangere Isis Taf. 28,3, die widderköpfige Gottheit Taf. 39,2 mit ihrem ʿAtliter Gegenstück[684], der Falke Taf. 57,4, die Thoëris Taf. 61,1, die Sau Taf. 69,4, das Krokodil Taf. 76,2, das Udjat Taf. 83,3 oder eine oberägyptische Krone in den ägyptischen Formen[685]. Dieser schon umfangreiche Typenschatz wird noch ergänzt durch Belege von ʿAtlit[686] und Karthago[687].

Daß nicht nur die Farbe, Feinkörnigkeit und geringe Konsistenz, sondern auch das leichte Abgehen der Glasur zu den technischen Charakteristika der Gruppe gehört, darf nach dem ʿAtliter Befund als gesichert gelten[688]. Wenn wir nun das unägyptische Aussehen des Patäken der Taf. 14 (sowie seiner Parallelstücke aus Ibiza und Karthago; s. Tab. 1 bei Typus 5.1.A.4.1.5.1) mit dem Figürchen BM, WAA 133510 des „asiatischen" Astarte-Typus 14.A[689] und der phönikischen Palmette der Taf. 85,3 — alle aus derselben hellgelblichen, feinen, weichen Fayence mit völlig oder größtenteils abgegangener Glasur — verbinden, liegt es nahe, die Gruppe als ostphönikisch zu betrachten. Mangels an publiziertem Material aus Ägypten muß es allerdings vorläufig als ungelöstes Problem offenbleiben, ob die gesamte Gruppe ohne Ausnahme in den Osten zu verweisen ist, oder ob sie trotz der auffälligen technischen Einheitlichkeit in eine phönikische und eine ägyptische zu gliedern ist. Das spätzeitliche Ägypten hat bei Skarabäen wie Amuletten Ähnliches zu bieten[690]. Demnach ist es auch unklar, ob wir das Wissen um „die *rote* ägyptische Krone" nach Ausweis der Taf. 89,7 (s. Tafelerklärung) den Phönikern zutrauen dürfen, oder ob es sich hiebei um ein ägyptisches Importstück handelt.

Bevor wir uns den Steatitamuletten zuwenden, die sich durch spezielle stilistische Eigenheiten auszeichnen, sei auf die Ausführungen Acquaros[691] verwiesen, der einige stilistische Grundtendenzen innerhalb der Gesamtheit der Amulette zu charakterisieren versuchte. Dazu gehört nach Acquaro zunächst die Betonung des „Monströsen", u.a. mit greisenhaften und tierischen Elementen, das viele Ptah-Patäken mit den punischen Silenmasken gemeinsam haben. Der Autor erkennt den ägyptischen Ursprung dieser Tendenz[692] und vermutet in vorsichtiger Formulierung eine Weiterentwicklung im phönikischen und punischen Milieu. Diese „Modifizierungen, Hinzufügungen und Veränderungen"[693] sind gleichzeitig Ausdruck einer „Verallgemeinerung" (volgarizzazione) und „Banalisierung" (banalizzazione). Ein weiterer Grundzug liegt nach Acquaro[694] in der fortschreitenden Verkleinerung (miniaturizzazione) der Amulette.

In einer allgemeinen Formulierung wird man diese stilistischen Grundtendenzen für jeweils einen Teil der Amulette akzeptieren dürfen, wenngleich sich einige der von Acquaro vorgebrachten Beispiele widerlegen lassen. So geht die bekannte Kuh auf den Plaketten sicher nicht ihrer „kultischen

Wertigkeit"[695] verloren, sondern behält diese innerhalb des Kultes der lokalen Fruchtbarkeitsgöttin[696], wie die Plakette im Astartetempel von Kition[697] zeigt. Wichtig ist aber die Erkenntnis, daß bei den Amuletten nicht alle Details sorgfältig ausgeführt sein müssen, um sie funktionsfähig zu machen, sondern die Andeutung des Wesentlichen genügt. Daraus erklärt sich die so häufige Schematisierung und Geometrisierung der Typen. Obwohl sich auch in unserer Untersuchung gerade die Geometrisierung als ein Kennzeichnen westlicher Erzeugnisse erwiesen hat[698], müssen wir hinzufügen, daß wir aus dem späten Ägypten ebenfalls viele ganz winzige Amulette kennen, die zugleich eine äußerste Schematisierung aufweisen[699]. Von dieser sind im Zuge der Verkleinerung vor allem Bes, der Patäke und das Udjat-Auge betroffen, aber auch viele andere Typen, die nicht so häufig auftreten.

3.3. Steatitamulette

Bei den anthropomorphen Steatitamuletten haben sich die Wesenszüge des Gesichtes in auffälliger Weise einander angenähert. Charakteristisch für diesen „Einheitsstil" sind eine plumpe, große Dreiecksnase und ausgeprägte, hervortretende Augen. Die einheitlichen Merkmale erkennen wir z.B. bei Ptah (Taf. 5,2), den Nefertemfigürchen aus Sardinien (Taf. 8,3-5) und Phönikien[700], bei Patäken (Taf. 17,1; 22; 23,1), bei den Isisfigürchen aus Nora und Amrit (Taf. 31) und bei den Harpokratesfigürchen (Taf. 34,5-6). Auch die Löwengesichter der Sachmet (Taf. 7,3-4), sowie gelegentlich von sitzenden Löwen[701] haben daran Anteil. Sogar die hervortretenden Augen der Thotfigürchen (Taf. 49,6-7) fügen sich dem ein. Ein Vergleich dieser Steatitfigürchen erweckt auch in den anderen Details der Ausführung sehr starke Einheitlichkeit. Die Charakterzüge des Gesichtes tendieren zum Gesicht eines alten Mannes, wie es in ausgeprägtester Weise der doch jugendliche Gott Nefertem auf Taf. 9,1 trägt. Gelegentlich wirkt es besartig (im Vergleich mit Taf. 26,6), bei Isis (Taf. 29,2) auch sehr dämonisch.

Dieser Einheitsstil der Steatitfigürchen ist bei den Fayencen teilweise vorgegeben; man vgl. hierzu die Sachmet Taf. 7,2, die obigen[702] Feststellungen zum Nefertem Taf. 8,3, die Patäken auf Taf. 10, 11,2 und 18[703]; die stark hervortretenden Augen kennzeichnen auch die Fayenceisis vom Typus 8.2.A.1.2 des British Museum (WAA 133374) aus Tharros. Steht also hinter dem Gesichtstypus eine Tendenz der ägyptischen Libyerzeit angesichts der fratzenhaften Entwicklung des Bes[704] in dieser Epoche? Diese Tendenz kommt jedoch erst außerhalb Ägyptens voll zur Wirkung[705] und wird geradezu typisch für asiatischen Einfluß. Daher entdecken wir z.B. das Gesicht unseres Nefertem Taf. 8,3 (ältere Züge mit betonten Augen, Dreiecksnase, kurzem, breitem Bart) auf einer stark vorderasiatisch beeinflußten Dreifußschale der rhodischen Fayenceindustrie des 7. Jhs.v.Chr.[706].

Abgesehen von diesen Gemeinsamkeiten walten, wie bereits öfters betont, auch sonst enge Beziehungen zwischen den Fayence- und Steatitamuletten: Wir hoben den nahtlosen Übergang bei den Patäken hervor[707]; ʿAtliter Fayencelöwen[708] entsprechen den Steatitexemplaren unserer Taf. 67,3-4, Fayenceplaketten aus Ibiza geben genau den Typus von sardischen Funden aus Steatit wieder[709], oder man vgl. die Udjat-Augen Taf. 81,1 und 84,4-5[710].

Als Ergebnis präsentieren sich somit die Steatitamulette als stilistisch einheitliche Klasse, die in vieler Hinsicht als eine Umsetzung entsprechender Fayenceamulette aufgefaßt werden kann[711]. Die Geschlossenheit der Gruppe läßt sich außer am skizzierten „Einheitsstil" der Gesichter noch an vielen anderen Merkmalen aufzeigen. So begegnet der stilisierte Hathorkopfaufsatz der Isisfigürchen auf Taf. 31 in genau derselben charakteristischen Art beim Uräus wieder, sei es als selbständiges Amulett (Taf. 63,7-8) oder als Basismotiv (Taf. 68,3). Nach unseren dargelegten Beobachtungen[712] weist auch die stilistisch fast identische Ausführung der geflügelten Schutzgöttinnen einiger Steatitplaketten und Patäken zwingend auf ein und dieselbe Produktionsgruppe.

Was sagen dazu die Beobachtungen am Stein? Auf Grund der hellen Farbe handelt es sich durchwegs um gebrannten Steatit. Die ursprüngliche Glasur ist fast immer abgegangen, was offenbar als technische Unzulänglichkeit gewertet werden muß. Daß Glasuren vorhanden waren, beweisen unsere Taf. 64,2 und 77,10 (s. Erkl.). Die in Sardinien gefundenen Steatitamulette[713] sind im allgemeinen außen weißlich und zeigen eine Maserung; der Farbton kann allerdings in wenigen Fällen von weiß bis bräunlich variieren. Häufig vermitteln sie einen hölzernen Eindruck. Ein charakteristisches Kennzeichnen ist, daß Bruchstellen stets dunkler, d.h. braungrau oder grau, sind und schiefrig[714]. Exakt dieselben äußeren wie inneren Merkmale in derselben Variationsbreite zeigen die im Louvre befindlichen Steatitamulette phönikischer[715] und karthagischer[716] Provenienz. Soweit bei Vercoutter[717] feststellbar, umfassen die Steatitamulette in Karthago einen chronologischen Rahmen vom 7./6.-4. Jh.v.Chr.

Wir haben also eine in jeder Hinsicht einheitliche Produktionsgruppe von Steatitamuletten vor uns, die auf Sardinien, in Karthago und in Phönikien[718] sehr gut belegt ist. Den außerägyptischen Ursprung beweisen uns einerseits die phönikischen Basisinschriften, die nur auf Steatitamuletten anzutreffen sind (Typus 5.2.B.2.1.2, 32.2.1.3, 33.1.2) und mit hieroglyphischen Inschriften wechseln, sowie andere unägyptische Merkmale. Zu letzteren gehört der syrisch beeinflußte Sphinxtypus (45.2)[719], die Tatsache, daß gerade die unägyptischen Löwentypen aus Steatit hergestellt sind[720], sowie gelegentliche stilistische Details, wie die degenerierte Krone des Harpokrates und die nicht mehr unterschiedenen Schutzgöttinnen auf den Plaketten Taf. 88,2-4. Daß diese Amulette tatsächlich aus dem Osten kamen, ergibt sich sowohl aus ihrer Präsenz im phönikischen Mutterland als auch aus den offenbar ganz geringen Zeugnissen in Spanien[721], wo eine westliche Gruppe annähernd wie in Sardinien nachgewiesen sein müßte.

Die Anregung zu dieser Produktion von Steatitamuletten im Osten kann man sich (trotz des Einflusses nahverwandter Fayencefigürchen) am ehesten durch importierte ägyptische Steatitamulette vorstellen, die ja dort auch belegt sind[722]. Ein schönes Beispiel aus der Gruppe der ägyptischen Vorbilder bietet die Plakette unserer Taf. 84,9. Von den hier behandelten ostphönikischen Steatitamuletten sondert sich durch den feinen Stil der Ausführung sowie durch den ganz anders gearteten, gelblichen Steatit das falkenköpfige Figürchen der Taf. 40,2 ab; es mag ein ägyptisches Importstück darstellen[723]. Die Frage, ob einzelne Stücke auch im Westen hergestellt worden sein können (etwa Taf. 47,2 oder 57,5), ist schwer beantwortbar; die Cippusamulette aus Steatit Acquaro, Nr. 1253, 1258-1260 dürften für eine solche Annahme sprechen. Ob der in Sardinien lokale Steatit durch Bearbeitung und Brand das Aussehen unserer Figürchen erhält, bleibt jedoch ungewiß[724].

Zwischen den Steatitamuletten und Skarabäen, vor allem einer bestimmten Gruppe aus Steatit[725], herrschen engste Beziehungen. Bei vielen unägyptischen Steatitskarabäen macht das Material genau denselben Eindruck. Innen ist es dunkler und schiefrig glänzend; auf Grund der schiefrigen Struktur ist öfters der ganze Skarabäenrücken abgesprungen. Den direkten Zusammenhang mit Skarabäenlegenden zeigt uns der Basisdekor vieler Amulette. Bei den Löwen, Saulamuletten und dem Ibis der Taf. 76,6 haben wir bereits darauf hingewiesen[726]. Auffällig ist auch die *Pȝ-dj-Bȝstt*-Inschrift des Patäken der Taf. 23,3, die durch die Verschmelzung der beiden Zeichen *pȝ* und *dj* manchen Steatitskarabäen (Taf. 106,1; 107) Sardiniens auch stilistisch sehr verwandt ist. Desgleichen erinnert an Skarabäenlegenden (Taf. 109,2c) das dem Tanitzeichen sehr ähnliche Anch (Abb. 21) auf der Basis des bei Typus

Abb. 21: Basis des Löwen Typus 32.2.1.2,
nach Uberti, *Don Armeni*, Taf. XLVII, 6; 2:1.

32.2.1.2 zitierten Löwen. Vielleicht hat man das *dj* ʿnḫ „lebensspendend" oder „mit Leben beschenkt" im punischen Westen tatsächlich sekundär mit Tanit in Verbindung bringen können.

Ein weiterer bemerkenswerter Zusammenhang mit den Skarabäen ergibt sich dadurch, daß der Basisdekor (soweit es festgestellt werden kann) an der Vorderseite der Amulette beginnt (vgl. unsere Taf. 68-70) [727]. Desgleichen gilt wie bei den Skarabäenflachseiten im allgemeinen die Rechtsausrichtung; so schreitet die Kuh der Plaketten immer nach rechts.

3.4. *Die Produktionsgruppen*

Damit dürften sich die Ergebnisse bezüglich des Ursprunges der auf Sardinien und weiter im phönikisch-punischen Westen gefundenen Amulette zusammenfassen lassen. Vercoutter hat bei der Bearbeitung der karthagischen Funde seine Aufmerksamkeit in erster Linie auf die beschrifteten Amulette konzentriert, also der philologischen Methode den Vorrang eingeräumt. Er sieht daher in den Amuletten im wesentlichen ägyptisches Importgut. In zweiter Hinsicht betrachtete derselbe Autor die inhaltliche Aussage der ägyptischen Grundikonographie; es genügte also festzustellen, um welche Gottheit, welches Tier oder welches Symbol es sich handelte. Auch nach Gamer-Wallert [728] müssen die Amulette ägyptisch sein, wenn sie hieroglyphische Inschriften tragen. Da sie bereits im Groben die Typologien in ihre Betrachtung miteinbezog, kam sie zu der grundsätzlichen Erkenntnis [729], daß gewisse (eher wenige) Typen nicht ägyptisch sein können (falkenköpfige Figürchen, Sphinx). Die geringe Präsenz der Steatitamulette in Spanien, der Mangel an publiziertem Material von Sardinien und (bezogen auf die unbeschrifteten Amulette) von Karthago verhinderten differenziertere Ergebnisse für die Iberische Halbinsel.

Unsere Ausführungen zu den einzelnen Typen bestätigen nun Vercoutter und Gamer-Wallert insofern, als tatsächlich ägyptisches Material in großem Umfang vorhanden ist, das im allgemeinen nicht viel älter sein wird als die westlichen Kontexte. Besonders zu erwähnen sind allerdings die früheren, d.h. saitischen und libyerzeitlichen Stücke: die Sachmet (Taf. 7,1) und der Bes (Taf. 24) aus dem relativ alten Tophet von Sulcis, der Bes (Taf. 26,4) und die blaue Isis (Taf. 29,3) im libyerzeitlichen Stil, der vielleicht naukratische Harpokrates (Taf. 32,2), der schöne saitische Thot (Titelbild; Taf. 48,2) aus Cagliari und die Fayencekauris (Taf. 79,2-3). Gerade diese Stücke stellen auch Beziehungen zu Festlanditalien (Sachmet, Harpokrates, Fayencekauris) und Rhodos her. Auf Sardinien werden sie der phönikischen Phase der Insel angehören. Die meisten anderen ägyptischen Importstücke sind wohl perserzeitlich und finden ihre Parallelen in Ibiza, Karthago, 'Atlit und Sidon, gelegentlich auch auf Zypern.

Eine verhältnismäßig ebenso große Gruppe stellt nicht-ägyptische Produkte dar. Dazu gehören ostphönikische Importstücke, d.i. wenigstens ein Teil der Amulette aus (hell)gelblicher, weicher, feiner Fayence ohne erhaltene Glasur

und die besprochenen Steatitfigürchen. Diese außerägyptischen Stücke aus
Steatit führten zu einem völlig unerwarteten Ergebnis: Gerade auf ihnen
findet sich die überwiegende Mehrheit der Inschriften, die offenbar den
Amulettwert erhöhen sollen. Gelegentlich bringt man phönikische Inschriften
an; da aber die Amulettkraft mit Ägypten verbunden war, bevorzugt man
Hieroglyphen. Weitere östliche Stücke stellen vielleicht die Typen 60, 61 und
65.1.A dar. Zu trennen sind davon die punischen Erzeugnisse, von denen viele
aus harter, rauher Halbglasfayence hergestellt sind und die sich vor allem
durch extreme Geometrisierung auszeichnen. Dazu gehören von den Amuletten ägyptischer Art im engeren Sinne die bereits von Gamer-Wallert
ausgesonderten falkenköpfigen Figürchen, die Falken mit entsprechenden
Kronen, aber auch Taf. 56,6-8 und 57,1, Thoëris-Figürchen vom Typus
27.A.1.2 und A.1.3, Uräen wie Taf. 63,5-6, die Katze Taf. 65,4, die Sauamulette Taf. 69,5-6, der Krokodiltypus 39.1.A.1.2, einige Udjat-Augen auf
Taf. 81 und 83, die Plakettentypen 51.A.1.2 und 51.A.1.9 und wohl die
oberägyptische Krone des Typus 53.A.2. Daß auch hier eine größere Vielfalt
von Fayencearten besteht, erweisen uns gerade auch einige falkenköpfige
Figürchen oder die im engeren Sinne punischen Cippus-Amulette.

Mit dem Bewußtsein, daß wir viele Einzelstücke heute noch nicht mit
Sicherheit einordnen können, dürfen wir abschließend festhalten, daß sich
die im phönikisch-punischen Westen vorhandenen Amulette ägyptischer Art
in echt ägyptische Fayencefigürchen, ostphönikische Fayence- und Steatitamulette sowie die punischen Erzeugnisse gliedern. Wenn wir von den
erwähnten, frühen ägyptischen Importstücken absehen, besteht auch kein
echter Bruch zwischen den ägyptischen Vorbildern und den verschiedenen
Nachahmungen [730]. Es zeigt sich hingegen in der Typologie eine kontinuierliche Entwicklung von den naturalistischen bis zu den geometrisierten Typen.
An dieser Entwicklung haben Ägypter, Phöniker und Punier ihren Anteil.

IV. SKARABÄEN AUS STEATIT UND FAYENCE

1. *Zum Stand der Forschung*

Die wichtigste Studie über die Skarabäen aus Steatit und Fayence des phöniko-punischen Sardinien verdanken wir G. Matthiae Scandone [1], die fast alle im Museum von Cagliari befindlichen Objekte dieser Art publiziert hat. Obwohl diese Studie primär eine museumsbezogene Arbeit darstellt und daher (wie bei Acquaros Publikation der Amulette) auch ein Stück dabei sein kann, das in neuerer Zeit aus Ägypten nach Sardinien gelangte [2], deckt sich die Fragestellung der Autorin vielfach mit unserer; sie versucht ebenfalls, das Material auf Grund gewisser Kriterien in Gruppen verschiedenen Ursprunges zu gliedern.

Die Frage nach den Fundorten der Skarabäen gestaltet sich für Matthiae Scandone mangels überlieferter Notizen noch enttäuschender als für Acquaro hinsichtlich der Amulette. Allerdings scheint Tharros den Großteil erbracht zu haben [3]. Für uns ist in diesem Abschnitt in erster Linie die Herkunft aus Sardinien wichtig; diese darf *a priori* für alle Stücke außerägyptischer Erzeugung gelten. Wegen der Möglichkeit neuzeitlicher Importe aus Ägypten muß es eine Grundregel sein, daß kein allgemein formuliertes Schlußergebnis allein auf wenigen Einzelstücken ägyptischen Ursprungs ohne gesicherte Herkunft aufgebaut werden darf. Wir sind jedoch in der glücklichen Lage, daß wir auch das aus Tharros stammende Material im British Museum in allen Einzelheiten sowie die gleichfalls von dort kommenden Skarabäen in Sassari (diese jedoch mit großen Einschränkungen, da nur durch die Vitrine gesehen) miteinbeziehen können, sodaß m.E. eine Verfälschung des *Gesamtbildes*, auf das es uns hier ankommt, ausgeschlossen ist.

Während sich somit ein Großteil des Untersuchungsmaterials mit dem Katalog von Matthiae Scandone deckt — unsere abgebildeten Beispiele gehören wegen sonstiger Studienreserven überwiegend derselben Gruppe an — und auch die Fragestellung Wesentliches gemeinsam hat, gibt es große Unterschiede in der Methodik und zwar aus zwei Gründen: Einmal gehört für uns gemäß der einleitenden Feststellung [4] der Methodenpluralismus zu den wichtigsten Geboten. Allein auf Grund dieser Forderung müssen wir uns dem Fragenkomplex auf anderen Wegen nähern, um die Ergebnisse gegeneinander abwägen zu können. Viele Überlegungen, die wir bei Matthiae Scandone lesen, hätten auch bei uns ihren Platz finden müssen, dürfen aber jetzt unterbleiben. Zum anderen räumen wir hier der typologischen Methode, d.h. der Untersuchung des Materials und der äußeren Struktur, einen hervorragenden Platz ein, sodaß sich dieser grundsätzliche, methodische Unterschied zur Studie von Matthiae Scandone zwanglos ergibt. Gleichzeitig stimmt unsere Ansicht über die Bedeutung der Beobachtung stilistischer Details mit derjenigen von Matthiae Scandone[5] völlig überein, gemäß dem anderen methodischen Grundsatz, daß auch die kleinsten Details zu erfassen und zueinander in Beziehung zu setzen sind. Letztlich wird oft der Stil von Zeichen und Darstellungen entscheiden, ob zwei Skarabäen zusammengehören oder zu trennen sind. Daher werden unsere Ergebnisse diejenigen von Matthiae Scandone z. T. bestätigen, z. T. modifizieren und korrigieren und z. T. ergänzen. Es handelt sich dabei um einen ganz logischen Vorgang der wissenschaftlichen Diskussion, der das Verdienst von Matthiae Scandone keineswegs schmälern soll, sondern Ausdruck der Weiterarbeit auf dem Fundament ist, das die genannte Autorin geschaffen hat.

Matthiae Scandone gliedert die Skarabäen aus Steatit und Fayence im Museum von Cagliari ihrem Ursprung nach in drei Gruppen[6]. Die erste Gruppe bilden die *ägyptischen* Skarabäen, die sich auf Grund von Ikonographie, Stil und dem Ductus („grafia") der Hieroglyphen mit „aller Wahrscheinlichkeit" einheimischen, ägyptischen Arbeitern zuweisen lassen. Als *ägyptisierend* werden Stücke definiert, die in Ägypten von Arbeitern ausländischer Abstammung hergestellt wurden; diese Arbeiter hätten — „soweit heute bekannt" — „in den Manufakturen von Naukratis und Memphis" gearbeitet und dabei zwar auf der ägyptischen Tradition aufgebaut, diese jedoch in einer Art und Weise wiedergegeben, wodurch ihre eigenen unterschiedlichen, kulturellen Traditionen offenkundig würden. Die Fremden befriedigten nach Matthiae Scandone vor allem die ausländische Nachfrage, dienten also ihren eigenen Handelsinteressen, was sich „in der geringen künstlerischen Qualität der Stücke und in der Wiedergabe bestimmter Motive" niederschlug. Die dritte Gruppe bilden für Matthiae Scandone schließlich Stücke, die auf Grund gewisser, vor allem stilistischer Eigentümlichkeiten „sehr wahrscheinlich" die *Arbeiten sardischer Kunsthandwerker* darstellen, die sich an den importierten Originalen inspiriert hätten und daher gleichfalls ägyptisierenden Charakter besitzen. Die Eliminierung dieser Gruppe hat für die Autorin besonderen Wert, denn es wird im Schlußabsatz[7] nochmals als Ergebnis hervorgehoben, daß in Sardinien („secondo quanto è possibile dedurre esaminando la collezione di Cagliari") neben der bekannten Produktion von Skarabäen aus hartem Stein ein Kunsthandwerk existierte, „das sich der Herstellung von Skarabäen aus wenig wertvollem Material widmete und dessen Produkte mit wenigen Ausnahmen nur geringen künstlerischen Wert hatten"[8].

Aus dieser Gliederung resultiert als Fazit, daß es nach Matthiae Scandone nur Importstücke aus Ägypten gibt und eine sardische Produktion. Wir dürfen hinzufügen, daß von den aus Ägypten stammenden „ägyptisierenden"

Stücken die Naukratisware bestens definiert ist. Dagegen scheint über die Charakteristika von Skarabäen, die eventuell Phöniker in Memphis hergestellt haben mochten, nichts bekannt zu sein. Das Resultat von Matthiae Scandone hat vieles mit der Auffassung Vercoutters [9] gemein, der unter seinen „Pasteskarabäen" nur ägyptische Importstücke für Karthago geltend macht; darunter nehmen ebenfalls die naukratischen Skarabäen einen besonderen Platz ein; manche Legenden weisen nach Vercoutter auf Memphis [10]. Die Frage eventueller Nachahmungen von Skarabäen aus Steatit und Fayence aus spanischen Kontexten tritt auch bei Gamer-Wallert kaum in Erscheinung, d. h. die Autorin scheint sich eher der Annahme Vercoutters von einer allgemeinen ägyptischen Herkunft anzuschließen [11].

In dem Zusammenhang ist es für uns von größtem Interesse, wie Matthiae Scandone die Skarabäen von Mozia in Westsizilien beurteilt, die gelegentlich enge Beziehungen zu sardischen Fundstücken erkennen lassen [12]. Trotz verschiedentlicher Nuancen in der Formulierung der Ergebnisse [13] gibt es für die Autorin echt ägyptische, naukratische und außerhalb Ägyptens hergestellte, ägyptisierende Stücke, wobei der Ursprung der letzteren offen bleibt. Mit der Existenz naukratischer Skarabäen in Mozia kann Matthiae Scandone [14] gleichzeitig die Theorie Vercoutters [15] stützen, nach der die naukratischen Objekte Karthagos in erster Linie über Sizilien in diese Metropole gelangt seien. Daran dürfen wir Sardinien anschließen und müssen nicht von vornherein für das gesamte naukratische Material der Insel den Umweg über Karthago postulieren.

Aus dem Dargelegten ergibt sich, daß in den bisherigen Studien über Steatit- und Fayenceskarabäen des westphönikisch-punischen Raumes die Fragen nach eventuellen Produktionen in Vorderasien und in Karthago entweder nicht angeschnitten sind [16] oder negativ beantwortet werden. Außerdem fanden äußere Typologien und die verschiedenen Materialarten nur wenig Berücksichtigung, obwohl sich Matthiae Scandone bewußt ist, daß die Ausgestaltung des Rückens eine gewisse Hilfe für die Zuteilung eines Stückes zur „ägyptisierenden" oder zur „lokalen" Gruppe bietet.

Ausgangspunkt für die Frage nach außerägyptischen, östlichen Importen müssen die in anderem Zusammenhang gewonnenen Erkenntnisse sein. Hier können wir mehrere Tatsachen unterscheiden:

1. In dem großräumigen Gebiet, das das westliche Vorderasien und Zypern umfaßt, bestand eine Industrie von „Steatit"-Skarabäen, deren Material sich grundsätzlich vom ägyptischen unterscheidet. Dazu gehören etwa die Skarabäen des „Materialtyps A" von Kition, Ajia Irini und Amathus auf Zypern [17], ein Typus, der sich offenbar bei manchen Skarabäen aus Palästina und dem syrisch-phönikischen Gebiet wiederfindet, vielleicht auch in Perachora, aber zumindest im Louvre unter den Skarabäen ägyptischer Herkunft nicht existiert [18]. Diese Erkenntnis ergab sich auch aus dem vergleichenden

Studium von Steatitskarabäen aus Cerveteri und Vetulonia [19]. Es gelangten also die Produkte dieser östlichen Steatitindustrie auch nach Italien, und zwar etwa im 8.-7. Jh. v. Chr.

2. Im Osten stellte man auch Skarabäen aus blauer Paste her, die gleichfalls in Italien in Kontexten des 8. Jhs. auftreten (Veio, Tarquinia, Kampanien) [20].

3. Im ägäischen Raum sind wir mit einer gut charakterisierbaren Produktion von Fayenceskarabäen im 8. und 7. Jh. v. Chr. konfrontiert, die auch in Süditalien sehr gut vertreten ist [21].

4. In dieser Arbeit konnten wir Steatitfigürchen des phönikischen Mutterlandes aussondern, die einen Hauptanteil der auf Sardinien gefundenen Amulette ausmachen und auch in Karthago beliebt waren [22].

5. Außerdem existierte in Ostphönikien eine Erzeugung von Amuletten in feiner, weicher, hellgelblicher Fayence, die ebenfalls auf Sardinien nachgewiesen sind, obgleich es offen bleibt, ob und in welchem Ausmaß sich unter den sardischen Fundstücken dieser Gruppe auch Amulette ägyptischen Ursprungs befinden [23].

Zudem können auch die Fayenceskarabäen von Assur [24] nur außerägyptische Erzeugnisse darstellen. Warum sollten sich also im phönikischen und punischen Sardinien keine ostphönikischen Skarabäen aus Steatit und Fayence gefunden haben?

Zu den besten Arbeitsbeispielen gehört De Salvias *Pithekoussai I* [25]. Hier wird eine umfassende, archäologische Methode präsentiert. Soweit sie auf das Objekt bezogen ist, steht die Untersuchung des Dekors der Skarabäenflachseite (aspetto filologico, aspetto iconografico, aspetto stilistico) gleichwertig neben der Typologie des Käfers und des Materials (aspetto tipologico, aspetto materiale). Der Autor gliedert sein Material in typologische Klassen, wobei der springende Punkt darin besteht, daß dabei Materialbeschaffenheit und äußere Typologie miteinander verquickt sind. Von daher (und nicht etwa auf Grund der ebenso sorgfältigen Gliederung der Hieroglyphenlegenden) ergibt sich die Aufteilung in original ägyptische Stücke (aller Wahrscheinlichkeit nach Klasse I und II) und außerägyptische Stücke (Klasse III und IV).

Wir können somit festhalten, daß die Skarabäen grundsätzlich nach drei Gesichtspunkten gruppiert werden können: nach den Flachseiten, nach der äußeren Typologie und nach Materialien. Alle drei Gesichtspunkte sind zu berücksichtigen und miteinander zu verbinden, aber einer muß den Ausgang für die Arbeitsgliederung bilden.

Matthiae Scandone hat die Skarabäen von Cagliari nach dem Dekor der Flachseiten gruppiert, und zwar nach deren *inhaltlichen Aussage*; d. i. die stets notwendige „philologische Methode", von der sich eine typologische Betrachtung der Skarabäenflachseiten wesentlich unterscheidet [26]. Wir finden hier Königsnamen, Götternamen, Privatnamen, anthropomorphe und theriomorphe Götterdarstellungen mit heiligen Tieren, Menschendarstellungen, göttliche Symbole u. a. Mit den Registerskarabäen (Gruppe H) kommt allerdings ein formales Kriterium herein.

Bei der „Lesung" der Flachseite versucht Matthiae Scandone stets eine kryptographische Deutung als „Amunstrigramm", und zwar selbst bei den nach ihrer Meinung in Sardinien gefertigten Stücken. Damit setzt die Autorin[27] voraus, daß diese Skarabäen direkte Kopien ägyptischer Importstücke darstellen. Auf diese Weise hat sie die Ansicht von Drioton, Charles und Bosticco überwunden, nach der der Amunskult und der amuletthafte Wert der Trigramme selbst außerhalb Ägyptens einen großen Einfluß hatten[28]. Allerdings wird auch bei Matthiae Scandone durch die vorausgesetzte Annahme der direkten Kopie die Möglichkeit einer Entwicklung außerhalb Ägyptens bis zu einem bestimmten Ergebnis hin[29] nicht in Betracht gezogen.

Im übrigen haben wir bereits an anderer Stelle gezeigt[30], daß wir die „Methode" der „Amunstrigramme" für eine richtige Wertung von Skarabäen aus außerägyptischen Fundplätzen nicht für geeignet halten und sehen uns jetzt durch De Salvia[31] darin bestätigt. Obwohl die Existenz der Amunstrigramme in Ägypten nicht rundweg abzulehnen ist, darf es nicht passieren, daß die Deutung als Amunstrigramm zu einem Allheilmittel wird oder die leichte Anwendbarkeit den Weg zu weiterer Fragestellung verbaut[32].

Die Gliederung der Skarabäen nach dem Inhalt der Flachseiten bringt sehr viele Überschneidungen mit der Aufteilung nach dem Ursprung mit sich. Nach dem Ergebnis von Matthiae Scandone finden sich in fast jeder Gruppe „ägyptische", „ägyptisierende" und „lokale" Stücke. Wenn wir bedenken, daß sich verschiedene, räumlich auseinanderliegende Produktionsgruppen vor allem in technischen Nuancen und den zur Verfügung stehenden Materialien (also etwa in der Art des Steatits) unterscheiden werden, dürfte es sich anbieten, unserer Untersuchung eine Betrachtung der Materialien zugrunde zu legen. Freilich ist uns längst klar, daß ohne physikalische und chemische Materialanalysen eine ausreichende Charakterisierung von Material und Technik nicht möglich ist[33]. Allerdings kann das menschliche Auge mit einigem Bemühen den Anfang machen und Unterschiede (bei Fayence: Farbe, Körnigkeit, Konsistenz, Glasur u. a.; bei Steatit: Farbe, Glätte der Oberfläche, Art des Bruches u.a.) herausarbeiten. Dabei bleiben stets Überschneidungen der Produktionsgruppen bestehen, die die offenen Fragen in unseren Ergebnissen vermehren. Im Einzelfall ist es immer wichtig festzustellen, welches Kriterium für die Zuweisung zu einer bestimmten Gruppe ausschlaggebend ist.

Die anschließende Untersuchung, deren Schwergewicht entsprechend den in der Einleitung vorgetragenen methodischen Grundsätzen auf der typologischen Betrachtungsweise (Material, äußere Typologie und Typologie der Flachseiten) liegt, dürfte jedoch zeigen, daß sich bei einer Primärgliederung nach Materialarten trotz aller Unsicherheiten gewisse Produktionsgruppen relativ gut herausschälen lassen. Dem kommt in etlichen Fällen eine deutliche Beziehung zwischen Material, äußerer Typologie, sowie Typus und Stil der Flachseite zu Hilfe. Daß man in einer Produktionsgruppe in mehreren Materialien arbeitete, steht von vornherein fest, vor allem weil wir heute leider noch gezwungen sind, in sehr weitgespannten Kategorien zu denken, d. h. zum Beispiel die ägyptische Produktionsgruppe als solche (mit Ausnahme von Naukratis) zu akzeptieren, wenngleich sich gelegentlich spezifisch unterägyptische Merkmale erkennen lassen. Die Naukratisgruppe ist von ihren Flachseiten her so gut charakterisierbar, daß es ratsam erscheint, sie als besonderes, kulturelles Phänomen zusammenfassend zu betrachten. Außerdem lassen sich dadurch leichter verwandte Stücke anschließen.

Unsere Intention in der folgenden Betrachtung der Skarabäen betrifft nicht die Publikation einzelner Stücke, die für Cagliari vorliegt und sich für Sassari sowie das British Museum in Ausarbeitung befindet. Dem fügen wir nur wenige Ergänzungsstücke in Cagliari und S. Antioco hinzu, die sonst ,,durchgefallen" wären (s. Appendix 2). Wir wollen uns vielmehr auf folgende Gesichtspunkte konzentrieren:

1. Charakterisierung des ägyptischen Kulturgutes im gesamten, das uns die auf Sardinien gefundenen Skarabäen und Skaraboide aus Steatit und Fayence präsentieren. Dabei soll gemäß einem sehr wesentlichen Fragenkomplex unserer Studie in Ergänzung zu den bisher vorliegenden Ergebnissen die kulturelle Verankerung des sardischen Fundgutes in Ägypten, im ostphönikischen Raum und im Westen versucht werden.

2. In enger Verbindung mit dem ersten Punkt steht die Frage nach bestimmten Produktionsgruppen zusammen mit einer ungefähren Umgrenzung ihres Ursprungsgebietes. Dabei dürfte es interessant sein, wie sich das ägyptische Kulturgut innerhalb der jeweiligen Produktionsgruppe darstellt.

2. *Skarabäen aus einem Steatit ägyptischer Art und nächst verwandte Stücke*

Die Durchsicht der Steatitskarabäen in Cagliari und der aus Tharros stammenden im British Museum gestattet vom Material her eine grobe Aufteilung der Stücke in verschiedene Gruppen: Am auffälligsten sind die Skarabäen aus weißlichem, gemasertem Steatit in verschiedenen Helligkeitsnuancen und matter Oberfläche, den der Ägyptologe zunächst nicht kennt und der an die zahlreichen, östlichen Steatitamulette erinnert. In einer anderen Gruppe können wir die Skarabäen zusammenstellen, deren Steatit uns von den Sammlungen ägyptischer Skarabäen gut vertraut ist: Er variiert von weiß über weißlich bis hellbraun, hellbräunlich, teils auch mit gräulicher Oberfläche; die charakteristische Maserung der anderen fehlt, die Oberfläche ist hier glatt, sehr oft auch glänzend. Ausgewählte Beispiele finden sich auf unseren Taf. 95-100,2; 102f. Den restlichen Stücken fehlt ebenfalls die

Maserung, im übrigen macht der Steatit aber auch einen unägyptischen Eindruck, den manchmal andere Details noch bestätigen. Fließende Übergänge erschweren oft die Einordnung einzelner Exemplare.

Die Aussortierung der Skarabäen, die aus einem Steatit ägyptischer Art hergestellt sind [34], hat nun den Vorteil, daß die aus Ägypten importierten Steatitskarabäen nur unter diesen zu suchen sind; ob alle aus Ägypten stammen, ist damit noch nicht gesagt. Einige Beispiele sind zur Illustration der äußeren Typologie auf unserer Typentafel I mit Nr. 1-9 wiedergegeben und nach der Gestaltung des Rückens geordnet.

Typus 1 (Taf. 103,2) kann von seiner gesamten Form her ins MR oder NR gehören [35]; die vielen Parallelen, die uns Matthiae Scandone für die bestens ausgeführte, ägyptische Inschrift mit dem Namen des Amun gibt [36], weisen in die 18. und 19. Dynastie. Da für den Skarabäus die Herkunft aus der Westnekropole von Cagliari überliefert ist, fassen wir hier eines der wenigen, sicheren Beispiele des 2. Jts. v. Chr. in der späten Umgebung. Gerade im syrisch-palästinensischen Raum sind wir öfters solchen alten Stücken begegnet. Es ist daher für uns gleichfalls interessant, daß sich der vorliegende Typyus aus dem unägyptischen Materialtyp A in Kition im Fundzusammenhang von etwa 600-450 v. Chr. gefunden hat [37], und eine weitere, sicher außerägyptische Nachahmung (allerdings mit anderer Kopfausführung) in Ajia Irini in einem etwa zeitgleichen Kontext zu Tage kam [38]. Die Flachseite (Taf. 103,2c) findet anch in Megiddo Parallelen [39]. Vielleicht legt das östliche Vergleichsmaterial die Annahme nahe, daß der Skarabäus zunächst die lange Zeit im Osten überdauert hat und schließlich von dort nach Sardinien gekommen ist.

Der ausgezeichnete, naturalistische Typus mit einfacher Rückenteilung unserer Nr. 2 auf Typentafel I (Taf. 99,2) findet sich auf Taf. 99,3 wieder und in etwas klobigerer Ausführung auf Taf. 100,1-2. Es handelt sich dabei um relativ problemlose, ägyptische Stücke, von denen mindestens Taf. 99,2-3 und 100,1 spätzeitlich sind [40]. Die Inschrift *Jmn-R᾿ nb*, wie sie auf Taf. 99,2c vorliegt, ist sowohl im NR als auch in der Spätzeit beliebt, außerhalb Ägyptens u.a. in Lachish, ähnlich in Megiddo oder Karthago bekannt [41]. Der Dekor von Taf. 99,3c mit dem nach links ausgerichteten *mn* begegnet fast entsprechend auf einen Steatitskarabäus aus Koptos [42] und sehr ähnlich, aber nur mit einem Uräus, auf einem Stück aus Rhodos [43]. Der äußerst beliebte Typus unserer Taf. 100,1b, der in Cagliari noch mit einem zweiten Stück belegt ist [44], wurde bereits in anderem Zusammenhang behandelt [45]. Bei Taf. 100,2 ist schließlich nicht mit Sicherheit zu sagen, ob dieser *Wsr-Mȝ᾿t-R᾿*-Skarabäus mit Ramses II. zeitgenössisch ist oder ein spätzeitliches Erzeugnis darstellt, wie soviele Skarabäen dieser Art. Der Gesamtzusammenhang ägyptischer Skarabäen außerhalb Ägyptens spricht jedoch in solchen Fällen für die Spätzeit. Für keines der vier Stücke ist eine Herkunftsangabe überliefert, allerdings stehen sie nicht isoliert.

Hier ist ein weiterer *Wśr-Mꜣ'ꞓt-Rꞓ*-Skarabäus der Sammlung Castagnino[46] anzuschließen, dessen gelbbrauner Steatit vielleicht eine neuzeitliche Behandlung erfahren hat und daher nicht genau bestimmbar ist. Auffällig ist die Tatsache, daß die Maat bärtig ist, ähnlich wie auf Skarabäen aus Bisenzio (Etrurien) und Francavilla Marittima (Kalabrien)[47]. Die Diskussion um diese Stücke hatte zu der Vermutung geführt[48], daß es sich um Pianchi handeln könnte. Wenn wir bedenken, daß sich die bärtige Maat in *Wśr-Mꜣ'ꞓt-Rꞓ* bereits auf einem Steatitskarabäus aus Grab 925 der 20. Dynastie in Tel Sharuhen[49] findet, stellt sich die Frage von neuem, wann und wo die bärtige Maat entstanden sein konnte. Für das sardische Fundstück, bei dem die Beinchen durch die Silberfassung mit dem Rest des ursprünglichen, sichelförmigen Silberringes verdeckt sind, ist somit eine Herstellung vom Ende des NR bis in die Spätzeit möglich.

Typus Nr. 3 (Taf. 97,2) liegt auf Taf. 97,3 in fast identischer Weise ein zweites Mal vor. Der Zusammenhang von Material und äußerer Typologie erstreckt sich auch auf die Flachseiten[50]: In beiden Fällen erkennen wir eine der in der 25. (und wohl auch 26.) Dynastie beliebten Darstellungen mit der stehenden, löwenköpfigen Göttin, im einen Fall (Taf. 97,2) in einer göttlichen Dreierszene mit dem auf der Matte knienden Kind vor Ptah, im anderen Fall (Taf. 97,3) tritt der König der löwenköpfigen Göttin gegenüber, hinter ihm steht noch Isis-Hathor. Skarabäen mit solchen Götterszenen bilden ein ganz spezifisches Element im ägyptischen Kulturgut außerhalb Ägyptens: sie sind in Palästina, auf Zypern, Rhodos, sonst im ägäischen Raum, in Italien und Karthago bestens bekannt[51]. Teils stellen sie ägyptische Erzeugnisse dar, wie unsere aus Sardinien, teils außerägyptische Nachahmungen. Eine analoge Szene zu unserer Taf. 97,3c trägt ein Fayenceskarabäus aus Cuma (Kampanien)[52]. Diese Stücke gehören also zur älteren Facies der Aegyptiaca auf Sardinien, stehen in engstem Zusammenhang mit dem vorhellenistischen, ägyptischen Kulturgut des übrigen Mittelmeerraumes und gehören selbst zum ägyptischen Vorbildmaterial für Nachahmungen.

Daß für die beiden Skarabäen Taf. 97,2-3 keine Fundnotizen existieren, kann in dem Zusammenhang nicht ins Gewicht fallen. Außerdem tragen die beiden vielleicht einzigen Skarabäen aus ägyptischem Steatit, die sich unter den Tharros-Funden des British Museum befinden[53], ebenfalls solche Szenen mit der stehenden, löwenköpfigen Göttin; desgleichen sind sie den beiden Skarabäen in Cagliari in ihrer äußeren Typologie verwandt. Diese ist sowie die Flachseiten in der 25. Dyn. gut nachweisbar und identisch auch in Karthago bezeugt[54].

Dem Charakter der Darstellung nach darf hier Taf. 98,1 (Nr. 8 der Typentafel I) angeschlossen werden — ein Skarabäus, der sich durch einen besonders feinen, ägyptischen Stil auszeichnet: Die stehende Göttin ist hier Isis mit dem Kuhgehörn (durch den Thron vor ihrem Kopf noch besonders

	Keine Trennung der Elytra		
Ägyptische Typen	1	2 7	3
—und—			
nächst verwandte Stücke	10		11 1:2 12
Vorder- asiatische Typen		13 17 20	
Fraglich: östlich oder westlich	21 24	22	

STEATITSKARABÄEN

(1:1, Nr. 9 und 11 aber 1:2)

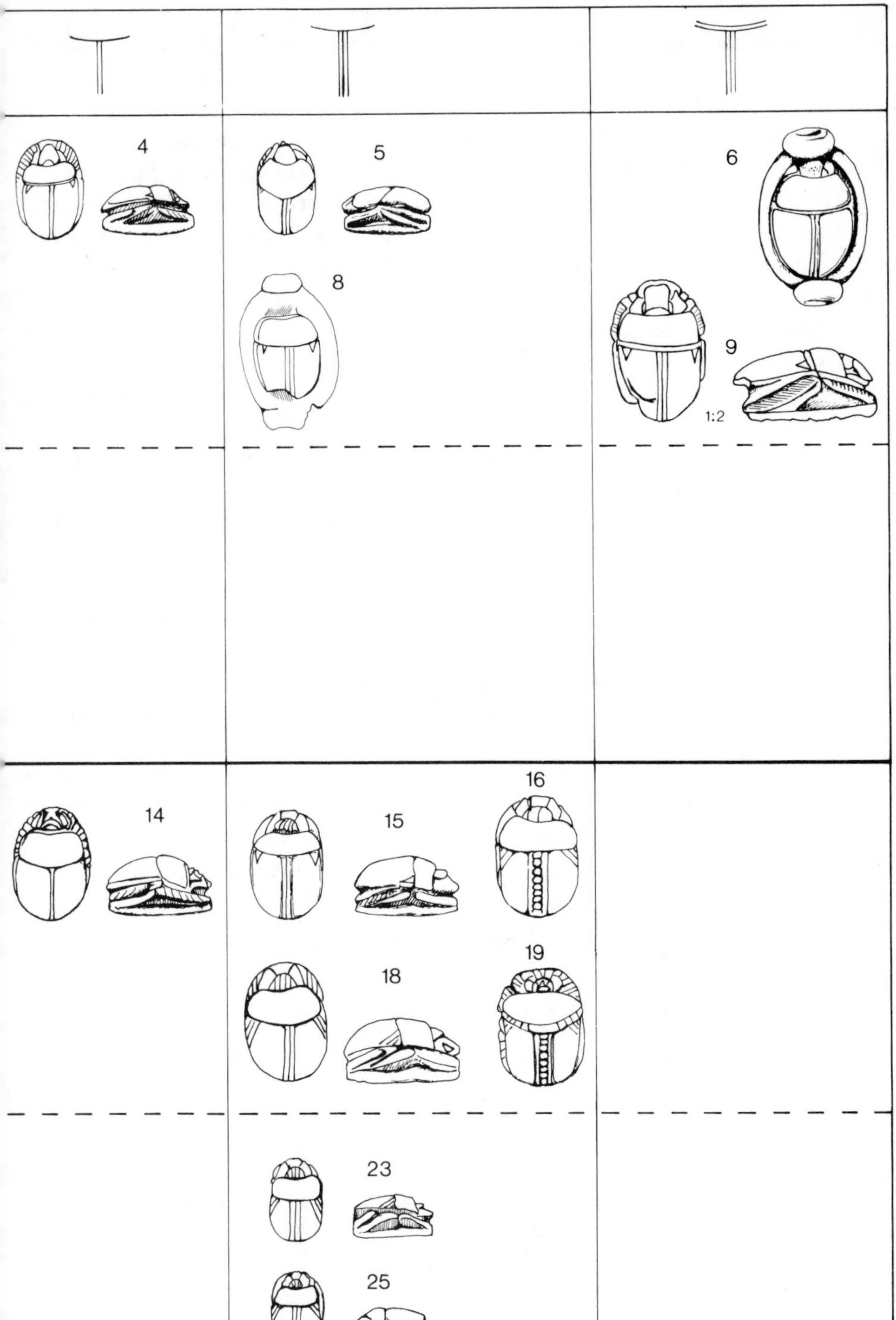

bezeichnet); vor ihr hockt der Horusknabe mit Atefkrone über der Lotosblume.

Nr. 4 der Typentafel I gibt gleichfalls einen gut ausgeführten, ägyptischen Typus wieder, der sowohl dem NR als auch der Spätzeit angehören kann und mit (Taf. 98,2) oder ohne (Taf. 98,3) die kleinen Rückendreiecke erscheint [55]. Bei den drei [56] in Cagliari aufbewahrten Stücken spricht nichts gegen eine Einordnung in die Spätzeit. Unsere Taf. 98,2c (= Farbtaf. IV,1b) gibt einen schön geschriebenen Spruch wieder: „Es dauert Theben, das Amun-Re liebt" [57]; das *wȝš* hat die für „Theben" typische Feder. Der Spruch ist eine Variante von „Es dauert «die Stadt» (scil. Theben), die Amun-Re liebt", die ebenfalls von Skarabäen gut bekannt ist [58]. Parallelen zu unserer Version sind in Leiden und aus spätzeitlichem Kontext von Tell Defenneh (Delta) zu zitieren [59].

Für Taf. 98,3 *Jmn-Rˁ ˁnḫ nfr*, wohl als „Amun-Re (gebe) Leben und Vollkommenheit" zu verstehen, fand sich eine Entsprechung in Ajia Irini (Zypern) [60], und zwar in derselben auffälligen Linksausrichtung der Inschrift. Pieper [61] hält das zyprische Fundstück für außerägyptisch, wobei ihm jedoch die stilistische Ähnlichkeit mit Skarabäen aus Sanam bewußt ist. Gerade dort ist aber die verkehrte Ausrichtung von *Jmn-Rˁ* [62], das nach unten ausgezackte *mn* und das Anch-Zeichen [63] im selben Stil wie bei unserem Skarabäus aus Tharros und dem aus Ajia Irini belegt. Da nun der Stil von Taf. 98,3 eindeutig als spätzeitlich ägyptisch anzusprechen ist und auch die Art des Steatits dazu paßt, handelt es sich sicher um ein ägyptisches Original [64].

In der äußeren Typologie ähnlich, bloß schematischer ausgeführt, ist der hier erstmals publizierte Skarabäus Taf. 99,1. Die Flachseite gehört in eine beliebte Gruppe, in der statt des Anch in der Mitte eine sitzende Maat, eine Königskartusche oder eine Gottheit erscheint [65]. Eine genaue Entsprechung zu unserem Exemplar ist aus Memphis bekannt [66].

←

ERKLÄRUNG ZU TYPENTAFEL I: STEATITSKARABÄEN

Nr. 1 = Taf. 103,2a-b;	Nr. 14 = Farbtaf. IV,2;
Nr. 2 = Taf. 99,2a-b;	Nr. 15 = Taf. 104,1a und d;
Nr. 3 = Taf. 97,2a-b;	Nr. 16 = Taf. 117,2a;
Nr. 4 = Taf. 98,2a-b;	Nr. 17 = Taf. 105,1a und c;
Nr. 5: Matthiae Scandone, *Cagliari*, A 3;	Nr. 18 = Taf. 110,2a und d;
Nr. 6: Matthiae Scandone, *Cagliari*, G 22;	Nr. 19 = Taf. 118,1a;
Nr. 7 = Taf. 103,1a und c;	Nr. 20 = Taf. 106,2a-b;
Nr. 8 = Taf. 98,1a;	Nr. 21 = Taf. 116,1a und d;
Nr. 9 = Uberti, *Biggio*, Taf. XVI;	Nr. 22 = Taf. 100,3a-b;
Nr. 10 = Taf. 103,3a-b;	Nr. 23 = Taf. 107,3a-b;
Nr. 11 = Uberti, *Biggio*, Taf.XVII;	Nr. 24 = Taf. 115,4a-b;
Nr. 12 = Taf. 102,2a und d;	Nr. 25 = Taf. 107,4a-b.
Nr. 13 = Taf. 104,3a-b;	

Die Flachseite von Typus Nr. 5 der Typentafel I bietet die überaus beliebte Inschrift 𓇋𓏤 [67], die zwar stets als Amunstrigramm verstanden wird, wo wir jedoch, wie an anderer Stelle gezeigt [68], zumindest als vordergründige Lesung *Mn-ḫpr-Rˁ* + *Jmn-Rˁ* vorziehen möchten. Demnach wäre 𓇋 doppelt zu lesen, wofür es auf Skarabäen, bedingt durch den geringen zur Verfügung stehenden Raum, genug Beispiele gibt. Für den Träger des Skarabäus wäre damit ein zweifacher Amulettwert der Inschrift gewonnen, einmal der des Namens Thutmosis' III. und zum anderen der des thebanischen Reichsgottes.

An dieser Stelle scheint es ratsam, die übrigen *Mn-ḫpr-Rˁ*-Skarabäen aus Steatit anzuschließen, die von Sardinien bekannt sind, da der Stein offenbar stets ägyptischen Charakter aufweist. Dazu gehört auf jeden Fall, obwohl das Stück nicht in Autopsie studiert werden konnte, der jüngst von Uberti[69] publizierte Skarabäus Abb. 22, dessen äußere Typologie auf Typentafel I als Nr. 9

Abb. 22: Steatitskarabäus Thutmosis' III. aus Sulcis;
1:1; nach Uberti (s. Anm. 69).

erscheint[70]. Dieser aus Sulcis stammende Skarabäus ist ein ägyptisches Original wahrscheinlich aus der Zeit Thutmosis' III. Außer den von Uberti genannten Vergleichsstücken sind noch weitere exakte Parallelen zur Flachseite bekannt, eine davon von Lindos auf Rhodos[71]. Gerade das letztere Stück gibt uns einen Hinweis dafür, daß solche Skarabäen im 1. Jt. v. Chr. im Mittelmeerraum verbreitet waren. Die Flachseite unserer Abbildung 22 ist durch ähnliche Stücke in einen größeren Zusammenhang zu bringen: In nächste Nähe kommt ein spätzeitlicher Steatitskarabäus in Palermo[72], bei anderen ist die Flügelsonne durch dreiteilige Pflanzen mit seitlich herabhängenden Dolden[73] oder durch den Königstitel „Guter Gott, Herr der beiden Länder"[74] ersetzt. Entfernt verwandt ist der aus Tharros stammende Skarabäus Abb. 23[75], der nicht mehr aufgefunden werden konnte und dessen Material als weiße Fayence angegeben ist.

Abb. 23: Skarabäus aus Tharros mit *Mn-ḫpr-R'*-(Pseudo?)-Kartusche;
2:1; nach Orcurti (s. Anm. 75).

Auf unseren Tafeln 95, 96 und 97,1 sind weitere Skarabäen aus einem Steatit ägyptischer Art mit *Mn-ḫpr-R'*-Kartuschen oder Pseudokartuschen abgebildet. In keinem Fall ist die äußere Typologie zu erkennen, abgesehen davon, daß es sich um naturalistische Formen mit gut ausgeführten Beinchen handelt. Tafel 95 hat Matthiae Scandone[76] ausführlich diskutiert und die ikonographische Nähe zu den besten, sardischen Skarabäen aus grünem Jaspis erkannt. Allerdings gibt es auch für Matthiae Scandone Elemente, die für einen ägyptischen Ursprung sprechen[77]. Dieser Skarabäus der Sammlung P. Spano di Oristano, also mit gesicherter, sardinischer Herkunft, ist spätzeitlich, wie die Gegenüberstellung der *Mn-ḫpr-R'*-Kartusche und der mit *Mn-k3-R'* beweist. *Mn-k3-R'*, typisch für die 25. Dynastie, wurde neuerdings wieder als „Mykerinos" aufgefaßt[78]. Ein strukturell sehr verwandtes Stück fand sich in Sanam[79]. Wenn wir bedenken, daß der Stil keineswegs unägyptisch wirkt, der Steatit sich von den außerägyptischen Steatitskarabäen klar unterscheidet und einen gut ägyptischen Eindruck erweckt, dürfte eine Entscheidung für außerägyptische Herstellung schwer fallen[80].

Ein schönes, ägyptisches Exemplar stellt der auf Taf. 96 erstmals publizierte Skarabäus mit einer *Mn-ḫpr-R'*-Pseudokartusche dar. Ikonographisch ist das unterste Zeichen ein *r*, wodurch wir einen auf Skarabäen seltenen Beleg für Cheperi[81] erhielten. Eine genaue Parallele hat sich nicht gefunden.

Taf. 97,1 wurde bereits bei Tel Ḥalif[82] erwähnt. Entsprechende Flachseiten kennen wir aus Ägypten aus der Zeit des NR[83]; die eckige Ausführung des Käfers in der Pseudokartusche paßt gleichfalls in das NR[84]. Stilistisch sehr verwandte Beispiele fanden sich auch in Megiddo[85], abgesehen von dem nächststehenden Stück aus Tel Ḥalif. Bei der Bestimmung des bräunlichen Steatits (mit Spuren grüner Glasur) bleiben gewisse Unsicherheiten; allerdings kann es sich nicht um eine weit von Ägypten entfernte Produktion handeln. Es spricht wohl manches dafür, daß es sich bei Taf. 97,1 um einen Skarabäus vom Ende des NR handelt, der in Palästina gearbeitet wurde.

Ein ägyptisches Importstück aus der Zeit Thutmosis III. ist auch die Plakette Taf. 149,1 aus weißem Steatit mit Resten grüner Glasur und ägyptischer

Goldfassung. Dieser Plakette aus Tharros mit der *Mn-ḫpr-R'*-Kartusche auf jeder Seite steht ein Stück in Basel [86] sehr nahe.

Taf. 103,1 aus Olbia repräsentiert sowohl durch die äußere Ausführung mit den seitlich umlaufenden Noppen (Nr. 7 in Typentafel I), als auch durch den Dekor der Unterseite eine Gruppe mit weitreichenden Verbindungen. Die umlaufenden Noppen statt der Beinchen trägt bereits ein Steatitskarabäus der Mittelbronzezeit II C [87] aus Gezer, ebendort ein Fayenceskarabäus der 18. Dynastie [88], der wohl eine rohe, lokale Arbeit darstellt, und drei Skarabäen aus Zypern [89] von Kontexten etwa des 6. Jhs. v. Chr. Diese östlichen Beispiele sind in erster Linie für die Existenz der Tradition von Bedeutung, denn der Skarabäus aus Olbia ist sowohl nach dem Stein als auch der Flachseite ein ägyptisches Original. Das gilt gleichermaßen für einen in Material, äußerer Typologie und Dekor nächststehenden Skarabäus aus Pithekoussai (Ischia) [90]. Wie die Untersuchungen dieses Stückes zeigten, ist die zentrale Pseudokartusche mit den drei Kreisen als eine Schematisierung von *Mn-ḫpr-R'* zu verstehen; die Seitenteile können variieren: entweder finden sich Udjat-Augen [91] oder daraus resultierende geometrische Gebilde [92], Uräen [93] oder Knospen wie bei unserem Stück und einem aus Tel Sharuhen [93a].

Für uns sind vor allem zwei Fakten von Bedeutung: Einmal, daß sich das in jeder Hinsicht am nächsten stehende Beispiel gerade in Pithekoussai, und zwar in einem Grab des 3. Viertels des 8. Jhs. v. Chr. gefunden hat. Zweitens kam in Al Mina in Level VIII (etwa gleichzeitig mit dem Kontext in Pithekoussai) ein Skarabäus mit den umlaufenden Noppen und einem glatten Rücken (analog dem zitierten Karthager Stück, Vercoutter, Nr. 24) zutage [94], der im geometrischen Seitendekor der Unterseite mit dem Stück aus Ischia exakt übereinstimmt, aber im Zentrum statt der Pseudokartusche nur einen eingravierten Skarabäus aufweist. Eine Autopsie in Antakya ergab: weißer Steatit mit glänzender Oberfläche; ob das Stück ägyptisch ist oder nicht, blieb unsicher, besonders auch wegen des grob und ziemlich tief eingeschnittenen Flachseitendekors. Uns drängt sich somit die Vermutung auf, daß die westlichen Fundstücke dieser Gruppe (Olbia, Pithekoussai) schon im 8. Jh. v. Chr., vielleicht durch die Euböer, aus dem Osten in den zentralen Mittelmeerraum gebracht worden sein könnten. Auf jeden Fall fassen wir hier wieder mit unseren Aegyptiaca eine Beziehung zwischen Sardinien und Festlanditalien, die chronologisch relativ früh angesetzt werden muß. Hervorzuheben ist der Zusammenhang zwischen äußerer Typologie und Flachseite.

Die besprochenen Steatitskarabäen können durch einige weitere ergänzt werden: Dem Stück in Cagliari Nr. 6 der Typentafel I [95] aus hellbraunem Steatit ägyptischer Art mit einem Schlingenmotiv der Hyksoszeit dürfte ein Skarabäus aus Gezer [96] eben dieser Epoche am nächsten kommen. Einen ägyptischen Skarabäus aus der Nekropole von Sulcis hat Uberti [97] publiziert; er trägt einen Registerdekor, in dessen Zentrum ein liegender Sphinx mit

Anch über dem Rücken wiedergegeben ist. Zuletzt sei ein in Gold gefaßter Skarabäus aus Tharros in Sassari[98] erwähnt, der im oberen Register eine *Wȝḥ-jb-Rʿ*-Kartusche (Psammetich I. oder Apries) trägt; darunter befinden sich drei stehende, menschliche Gestalten mit Tierkopf — die mittlere mag löwenköpfig sein, die rechte stellt vielleicht Anubis dar. Es handelt sich um ein schönes, ägyptisches Original der 26. Dynastie, dessen Material (bei Betrachtung durch die Vitrine) als hellgräulicher Steatit erscheint.

Bei den bisher behandelten Skarabäen ergab entweder die Autopsie, daß sie aus einem Steatit ägyptischer Art hergestellt sind, oder wir können dies aus der Publikation (da es sich in diesen Fällen aus anderen Gründen um ägyptische Originale handelt) schließen. Unsere Überlegungen ergaben auch, daß deren Ursprung mit Ausnahme der beiden unsicheren Stücke Taf. 95 und 97,1 tatsächlich in Ägypten zu suchen ist. Diese Skarabäen repräsentieren somit einen Teil der ägyptischen Produktionsgruppe auf Sardinien. Im allgemeinen handelt es sich um spätzeitliche, ägyptische Erzeugnisse, einige wenige (Taf. 97,1, 103,2, das Stück Nr. 9 der Typentafel I) und die Plakette Taf. 149,1 gehören in das NR, Nr. 6 der Typentafel I ist noch älter. Häufig ließen sich Parallelen und verwandte Typen (sowohl hinsichtlich der Käferausführung als auch der Flachseite) aus Zypern und Vorderasien anführen, sodaß die Vermutung nahe liegt, zumindest ein Teil könnte den Westen von dort erreicht haben. Gerade für die älteren Stücke möchte man annehmen, daß sie die Zeiten im Osten überdauert haben[98a]. Hervorheben möchten wir auch die gelegentlichen Beziehungen zu Kampanien wie bei Taf. 97,3 und vor allem Taf. 103,1. Das auf diesen Skarabäen mitgebrachte, ägyptische Kulturgut besteht vornehmlich aus hieroglyphischen Inschriften, z.T. Königsnamen (*Mn-ḫpr-Rʿ, Wsr-Mȝt-Rʿ, Wȝḥ-jb-Rʿ*), und den für die Äthiopenzeit typischen Szenen mit der löwenköpfigen Göttin.

Daran sollen einige Skarabäen angeschlossen werden, bei denen uns aus verschiedenen Gründen ein Urteil über die Art des Steatits schwergefallen ist, die aber dennoch mit den ägyptischen Importstücken in einen engen Zusammenhang zu bringen sind.

Das gilt besonders für einen aus Tharros stammenden Skarabäus aus weißem Steatit im British Museum[99], dessen Seitenausführung statt der Beinchen ein flaches Dreieck mit eingezeichneter Höhe zeigt — ein Typus, der mir vielfach von östlichen Nachahmungen bekannt ist[100]. Die waagerechte Flachseite zeigt im Zentrum einen Skarabäus und nach außen zu jeweils eine Feder und einen Uräus; Entsprechendes und Verwandtes ist aus Ägypten gut bekannt[101].

Interessante Überlegungen bringt der Skarabäus auf Taf. 103,3 mit sich, dessen äußere Formen auf Typentafel I mit Nr. 10 nochmals wiedergegeben sind. Das Material, ganz leicht hellbräunlicher Steatit mit fast weißer Oberfläche, hatte bei der Autopsie eher einen unägyptischen Eindruck erweckt,

obwohl ein deutlicher Unterschied zu den üblichen, unägyptischen Steatit-
skarabäen Sardiniens besteht. Die äußere Typologie mit dem abschnittsweise
schraffierten Wulst, der die Beinchen ersetzt, entstammt dem MR oder der
Hyksoszeit[102]. Das hat auch Pieper bei der Bearbeitung von Skarabäen dieser
Art aus Ajia İrini erkannt, die dort in Kontexten von etwa 650-530/520 v.
Chr. auftreten; von den dreien betrachtet er sogar zwei als echte, ägyptische
Originale des MR[103]. Daß solche Stücke mit Sicherheit auch in der Spätzeit
hergestellt wurden, beweist uns ein entsprechender Skarabäus aus dem stets
unägyptisch erscheinenden „Materialtypus A" von Kition[104], der eine entstellte *Mn-ḫpr-Rˁ*-Pseudokartusche trägt; er entstammt Bothros 1 (600-450
v. Chr.). Zu betonen ist, daß die hier genannten, zypriotischen Parallelen für
die äußere Typologie sowohl in der Seiten-, als auch in der Rückenausführung
(mit dem kleinen Zwickel zur Markierung der Grenze zwischen Thorax und
Prothorax) übereinstimmen. Im übrigen findet auch der Stil des Anch und
die Art der Schraffur auf den *nb*-Zeichen unserer Taf. 103,3c in Kition
Parallelen[105]. Als weiteres, nahverwandtes Stück ist ein Skarabäus aus Torre
del Mordillo zu zitieren[106], bei dem wir uns für außerägyptische Erzeugung
entschieden hatten.

Zum Typus der Flachseite unserer Taf. 103,3 ist nicht viel hinzuzufügen[107]:
Das Anch in der Pseudokartusche hat eine alte, bronzezeitliche Tradition auf
Skarabäen aus Palästina[108] und ist in gleicher Weise auch spätzeitlich
belegt[109]. Bei unserem Skarabäus handelt es sich somit vielleicht um ein
archaisierendes Erzeugnis aus dem Raum von Zypern und Westvorderasien.

Beziehungen mit Festlanditalien und Zypern läßt auch Nr. 12 (Taf. 102,2)
der Typentafel I erkennen. Die äußere Form ist sehr auffällig: ein großer
Prothorax gegenüber dem ganz kleinen Kopf, statt der Beinchen zwei stark
eingravierte Rillen; der ganze Skarabäus ist verhältnismäßig niedrig. Wir
werden annehmen dürfen, daß die Seitenansicht des in Gold gefaßten Skarabäus Taf. 102,1 entsprechend ist. Ein Vergleich des Flachseitendekors offenbart auch hier einen Zusammenhang von Flachseite und äußerer Typologie.
Diese entspricht exakt der eines Skarabäus aus Marsiliana d'Albegna (Etrurien)[110], dessen Begleitfunde in das erste Viertel des 7. Jhs. zu datieren sind.
Größte Ähnlichkeit haben zwei Skarabäen des gleichzeitigen, an Aeyptiaca
reichen Grabes 3 von Capodimonte in Bisenzio (Etrurien)[111].

Diese so markante Typologie ist in dem publizierten ägyptischen Material
kaum faßbar[112]. Dagegen findet sie sich dreimal in Kition[113] im Kontext
600-450 v. Chr. bei wohl außerägyptischen Nachahmungen in Materialtyp A.
Zu betonen ist, daß auch Kit. 1057 mit vier Uräen dekoriert ist in ähnlicher
Anordnung wie auf unserer Taf. 102,1 und daß diese gleichfalls eine Kreuz-
schraffur tragen.

Der Skarabäus der Taf. 102,1 stammt aus S. Giusta in der Nähe von
Tharros, sein Material ist laut unseren Notizen im Museum von Cagliari

hellbrauner Steatit ägyptischer Art. Für den vierfachen Uräendekor in der
vorliegenden Ausführung läßt sich mindestens seit dem NR die Tradition in
Ägypten[114] und Palästina nachweisen. Hier sind Tel Sharuhen[115], Tell el-
'Ajjul[116] und Lachish[117] zu nennen. In Tell Keisan hat sich das Motiv als Siegelabdruck erhalten[118], was gleichzeitig die Siegelfunktion solcher Skarabäen in
dem Raum beweist. Eine ganz ähnliche, auch in Ägypten belegte[119] Variante
aus Stratum II (etwa 538-332 v. Chr.) in Tell Abu Hawam[120] kommt
chronologisch in die Nähe der sardischen Aegyptiaca; dieser Skarabäus aus
blaßgrauem Steatit repräsentiert allerdings eine andere Typologie.

Der Dekor mit den vier Lotosblumen des Skarabäus auf Taf. 102,2, der der
Sammlung Spano entstammt und aus hellbeigebraunem Steatit hergestellt ist,
läßt sich im Vergleichsmaterial nur schwer fassen[121]. Ein Stück in Kairo aus
der 18. Dynastie(?)[121a] und ein Steatitskarabäus aus Kourion (Zypern)[122]
zeigen Varianten des Typus. Auf dem zyprischen Fundstück ist bei entsprechender Anordnung der Lotosblüten im Zentrum (an Stelle des Ringes
unserer Taf. 102,2b) ein Skarabäus eingraviert, sodaß die Symbolik der
Lotosblüten mit der des Käfers vereinigt ist.

Zusammenfassend können wir nun für die beiden Skarabäen auf Taf. 102
folgendes festhalten: Die Parallelen für die äußere Typologie aus Etrurien
und Zypern sprechen eindeutig für eine Herstellung im 1. Jt. v. Chr. Die
beiden Exemplare aus Bisenzio unterscheiden sich in den geringeren Ausmaßen und im Dekor von den übrigen; sie werden ägyptisch sein. Bei den
genannten Stücken aus Kition und Marsiliana d'Albegna spricht alles für
außerägyptischen Ursprung; diesen stehen die beiden sardischen Fundstücke
in der Form auch näher. Eine Entscheidung scheint mir dennoch zu gewagt.

Ein in Silber gefaßter Skarabäus aus weißlichem Steatit in Cagliari[122a]
trägt auf der Flachseite eine schlecht gelungene Nachahmung von Amun:

für . Daß in *Jmn* das *n* irrtümlich durch ein zweites *mn* ersetzt wird,
kann sogar im Niltal passieren[123]. Dazu gehören auch die Beispiele mit zwei
gegengleich angeordneten *mn*, was offenbar dekorativen Zweck hat und

vielleicht nur außerhalb Ägyptens begegnet: in Palästina[124],

in Mozia[125]. Unseren Skarabäus werden wir am ehesten an die Flachseite
 eines Stückes aus Ajia Irini[126] anschließen dürfen und ihn daher für ein
östliches, außerägyptisches Erzeugnis ansehen.

Auf unserer Typentafel I sind unter Nr. 11 noch Rücken- und Seitenansicht
eines Steatitskarabäus aus Sulcis[127] wiedergegeben. Die Flachseite trägt eine
Götterszene mit der Geburt des göttlichen Kindes, begleitet von ägyptischen
Inschriften. Unter der Szene befindet sich eine phönikische Besitzerinschrift,

deren Buchstabenformen nach Aussage der Publikation ihre nächste Entsprechung in Inschriften des 5. und 4. Jhs. v. Chr. von Elephantine finden. Aus unserer Sicht ist zu den Ausführungen Ubertis nichts hinzuzufügen; eine Herstellung des Stückes innerhalb des phönikischen Milieus in Ägypten während des 5.-4. Jhs. v. Chr. ist wohl möglich.

Zum Abschluß in der Betrachtung der ägyptischen Steatitskarabäen und ihrer engsten Verwandten sei noch auf zwei aus Tharros stammende Skarabäen in Sassari[128] hingewiesen, für deren genaue Einordnung wir erst die künftige Publikation abwarten müssen. Durch die Vitrine konnte man nur erkennen, daß es sich nicht um den beliebten außerägyptischen, gemaserten Steatit handelt, auf den wir noch eingehen werden[129]. Crespi Nr. 12 trägt auf der Flachseite oben eine schematische Flügelsonne, in der Mitte eine Flügelschlange und vor ihr vielleicht eine Eule, darunter ein *nb*; auf Crespi Nr. 20 sind über einem *nb* drei schreitende Gestalten dargestellt, die offenbar einen Tierkopf tragen.

Die zuletzt besprochenen Skarabäen, die wir den ägyptischen Originalen aus Steatit hinzugesellt haben, vermitteln in Material, äußeren Formen und Flachseitendekor mehr oder weniger gutes ägyptisches Kulturgut. Verschiedene Nuancen sowie die Aussagen des Vergleichsmaterials machen bisweilen eine außerägyptische Herstellung wahrscheinlich oder erwägenswert. Auffällig ist, daß häufig zyprische Fundstücke weiterhelfen[130].

3. *Unägyptische Steatitskarabäen und die Produktion des phönikischen Mutterlandes*

Wie bereits öfters angedeutet[131], ist die Tatsache der kontinuierlichen Übergänge von einer Produktion zur anderen ein stets wiederkehrendes Ergebnis bei der Erforschung vorhellenistischer Aegyptiaca im Mittelmeerraum. Das gilt zumindest solange, als unsere Arbeit nicht durch chemische und physikalische Materialanalysen begleitet wird. Im vorigen Kapitel haben wir die Skarabäen aus einem Steatit ägyptischer Art betrachtet und tatsächlich den größten Teil als ägyptisches Importmaterial erkannt; gleichzeitig haben wir uns unmerklich von der ägyptischen Produktion getrennt, obwohl hier vieles offenbleiben muß.

Wir beginnen dieses Kapitel mit dem Hinweis auf Taf. 101,3: Dieser aus Tharros stammende Skarabäus aus weißem Steatit in Silberfassung ist weder durch sein Material noch durch die Art der Oberseite von dem vorhin behandelten Stück mit der seltsamen Schreibung für Amun (s. Anm. 122a)

zu trennen[132]. Die Flachseite , eine entstellte „Petubastis"-Inschrift, verbindet den Skarabäus jedoch sowohl mit dem aus Syrien stammenden

Stück der Taf. 101,4, als auch mit den grob geschnittenen Exemplaren der Taf. 101,1-2. Das syrische Exemplar Taf. 101,4 gehört materialmäßig eindeutig zu der im folgenden behandelten Produktion des phönikischen Mutterlandes und stimmt typologisch im besonderen mit unserer Taf. 105,2-3 überein. Bei Taf. 101,3 dürfte das „Bastet"-Zeichen als Pflanze aufgefaßt sein.

Davon sind stilistisch verschieden die eben genannten Stücke Taf. 101,1-2, die mit Taf. 100,3 (Nr. 22 der Typentafel I) in Material und äußerer Typologie eine Einheit bilden. Die Anordnung auf Taf. 100-101 soll den Unterschied zur ägyptischen Produktion von Taf. 100,2 und die Nähe zur phönikischen von 101,4 verdeutlichen. Für die äußere Typologie mit der markanten, rechtwinkeligen Rückengliederung können bereits Hyksosskarabäen zitiert werden[133]. Diese Eigenheit ist aber noch in der ägyptischen Spätzeit in Verbindung mit dem bei uns vorliegenden Typus, bei dem Kopf und Schild des Käfers ohne Kante ineinander übergehen, beliebt[134]. Taf. 101,1-2 bilden einen auffälligen Fall von Übereinstimmung in Material, äußeren Formen und Flachseite. Von den karthagischen Petubastis-Skarabäen gehören mindestens zwei Stück[135] dazu. Bei Petubastis-Skarabäen fühlt man sich stets an Naukratis erinnert, wo verwandte Beispiele aus Fayence und Steatit[136] (vgl. Abb. 29) gefunden wurden. Schließlich ist auch der Falke von Taf. 100,3 von gewissen Falken auf Naukratisskarabäen nicht weit entfernt[137]. Hier könnten sich Beziehungen zwischen der unterägyptischen und der phönikischen Skarabäenproduktion wiederspiegeln, die wir auch sonst antreffen. Nach unseren Notizen in Cagliari hat der Steatit von Taf. 100,3 (Nr. 22· der Typentafel I) unägyptischen Charakter. Die stilistische Nähe der Petubastis-Inschrift auf Taf. 101,2c zur phönikischen Ausführung von Taf. 101,4c wird eher für eine östliche Herkunft der drei verwandten, sardischen Fundstücke sprechen, als für eine westliche in Anschluß an die hier belegten Naukratisskarabäen.

3.1. *Skarabäen aus gemasertem Steatit*

Wir wenden uns nun jener eigentümlichen Skarabäengruppe zu, die aus einem „Steatit" mit Maserung und matter Oberfläche hergestellt ist; die Glasur ist stets fast gänzlich abgegangen, was jedoch auch auf die ägyptischen Importstücke auf Sardinien zutrifft. Bei der großen Masse der Stücke kann der Steatit als weiß oder weißlich charakterisiert werden, viele zeigen einen hellbräunlichen oder hellgraubraunen Ton, gelegentlich mag man ein Exemplar einfach als hellbraun (Taf. 106,2) oder hellgrau (Taf. 109,3 u.a.) bezeichnen[138]. Diese Farbnuancen oder die verschiedene Helligkeit bis zu relativ dunklen Typen ist weniger wichtig als die charakteristische Maserung, die von ganz schwach fein bis auffällig stark variiert. Dazu kommt, daß viele dieser Skarabäen, besonders wenn sie Bruchstellen aufweisen, einen ausgesprochen hölzernen Eindruck vermitteln (vgl. bes. Taf. 111,4a-c; Farbtaf. IV,4). Außerdem ist bemerkenswert, daß bei größeren Beschädigungen ganze Teile einfach abspringen[139] und die Bruchstelle schiefrigen Charakter aufweist, zu Braungrau hin dünkler ist als die Oberfläche und vielfach glänzt. Genau dieselben Materialeigenschaften konnten wir bei der großen Gruppe der auf Sardinien gefundenen Steatitamulette feststellen[140], die nach unseren Ergebnissen Produkte des phönikischen Mutterlandes darstellen.

Wir verwenden hier den Terminus „Steatit" mangels besseren Wissens und weil das Material von den für Skarabäen verwendeten Steinen dem Steatit am nächsten kommt[141]. Daß es sich um einen Stein handelt, daran kann auf Grund der schiefrigen Bruchstellen kein Zweifel sein. Unter den von Gamer-Wallert bearbeiteten spanischen Fundstücken paßt (in auffälliger Übereinstimmung mit der geringen Präsenz der Steatitamulette im iberischen Raum) nur ein Skarabäus, der aus Alcacer do Sal stammt[142], gut in unsere Gruppe: Als sein Material ist Spinell angegeben. Dazu können wir uns nicht äußern, obwohl Uberti[143] den Spinell als steatitähnlich bezeichnet hat. Wertvoll war das Material unserer Skarabäen sicher nicht, da manche Typen den Eindruck einer minderwertigen Massenware vermitteln.

Es sei nicht verschwiegen, daß es im Grunde diese Steatitgruppe war, die den Ausschlag für eine primäre Gliederung nach Materialien in unserer Skarabäenuntersuchung gegeben hat. So sind Stücke trotz heterogener äußerer Typologie und verschiedenen Dekors auf den Flachseiten zusammengeführt und lassen sich zunächst materialmäßig an die bereits behandelten Steatitamulette anschließen. Es ist klar, daß es methodisch verfehlt wäre, die ganze Gruppe von vornherein in einen Topf zu werfen. Vielmehr muß für jeden Typus (äußere Formen und Flachseite) die kulturhistorische, stilistische und typologische Einordnung versucht werden, um so zu Antworten von relativer Sicherheit auf die Fragen zu gelangen, die wir an das vorhandene Material stellen. Vorweggenommen sei jedoch, daß sich bei all diesen Typen, seien sie sorgfältig und fein oder sehr grob ausgeführt, neben der beschriebenen Besonderheit des Steatits, eine einheitliche, stilistische Grundtendenz verfolgen läßt, und daß für viele Stücke auffällig tief eingravierte Zeichen charakteristisch sind[144].

3.1.1. *Große Skarabäen mit Rückenzeichnung in Punktreihen*

Für den Gang unserer Untersuchung erscheint es günstig, wenn wir uns zunächst den großen, sorgfältig ausgeführten Skarabäen zuwenden, deren Rückenzeichnung durch Reihen perlartig erhabener Punkte charakterisiert ist. Die beiden Varianten führen uns Nr. 16 (Taf. 117,2a) und 19 (118,1a) der Typentafel I vor Augen: In der einfacheren Ausführung der Nr. 16 bleibt die

Trennung von Thorax und Prothorax als bloße Linie bestehen, bei der komplizierteren der Nr. 19 trägt auch sie die Punktreihe, die zu einer einfachen Schraffur werden kann; diese ist fast immer im mittleren Bereich, wo die Trennung der Elytra auftrifft, unterbrochen (nicht bei dem phönikischen Stück Taf. 119,2a). Der Kopf ist stets gerippt (mit einem kleinen Zusatzelement bei Taf. 118, 1a), statt der seitlichen Rückendreiecke erkennen wir schräge Eingravierungen. Der so beschriebene Rücken in seinen beiden Varianten kann die einzige Besonderheit bei einer im übrigen gewöhnlichen Käferausführung bilden: Taf. 117,1 (etwas flüchtig); 117,2; 118,1; Exemplare in Sassari und im British Museum [145] oder das aus Phönikien stammende Fundstück Taf. 120,1. Bei einigen kommt eine seitliche Durchbrechung (vgl. Taf. 119,1e) dazu, etwa bei einem aus Tharros stammenden Stück im British Museum [146] und dem östlichen Fund Taf. 119,3; diese beiden Skarabäen stimmen also im wesentlichen überein (abgesehen davon, daß Taf. 119,3 zwei spitze Rückendreiecke trägt).

Taf. 118,2 repräsentiert einen anderen Typus, dessen auffallendste Elemente die beiden Ringe am vorderen und hinteren Ende sind; der Rücken ist dagegen relativ einfach, bloß die Trennlinie zwischen Thorax und Prothorax ist schraffiert. Der Typus begegnet in unserem Material ähnlich in Fayence (Taf. 126,2). Die besten Exemplare unserer Gruppe kombinieren den voll ausgeführten, komplizierten Rückentypus mit diesen beiden Ringen: Taf. 119,1, der Skarabäus der Abb. 28, Taf. 119,2 und 120,2 aus Phönikien [147], Abb. 24 aus ʿAtlit, sowie zwei Skarabäen aus Tharros im British Museum [148].

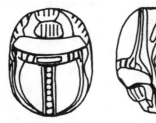

Abb. 24: Steatitskarabäus aus ʿAtlit, 2:1; nach Johns: *QDAP* 2, S. 63, Fig. 21 (stilistische Details aber auf dem Photo bei Rowe, *Catalogue*, Taf. XXIII, 903, besser erkennbar).

Es sei hinzugefügt, daß die angeführten Skarabäen der Sammlung De Clercq aus Syrien/Phönikien nicht nur in der äußeren Typologie absolut identisch sind, sondern auch im Aussehen [149] denselben Steatit darbieten, wie wir ihn für unsere Gruppe beschrieben haben. Auf die Flachseiten werden wir später eingehen.

Was hat nun Ägypten zu bieten, das mit der Typologie unserer Skarabäen in Verbindung gebracht werden kann? Zunächst ist festzuhalten, daß der

gerippte Kopf, typisch für den *Scarabaeus sacer*[150], vom NR[151] bis in die
Spätzeit beliebt ist, und zwar gerade in der Spätzeit in Verbindung mit einer
dreifachen Trennung der Elytra[152], wie sie bei uns auf den einfacheren Typen
Taf. 107-115 vorliegt, worauf wir noch zurückkommen werden. Daß die
kleinen Rückendreiecke durch seitliche Striche ersetzt werden, ist vor allem
aus dem NR bekannt[153]. Die schraffierte Rückenteilung, die bei uns als
Punktreihen erscheint, ist vom MR bis in die Spätzeit belegt[154]. Desgleichen
gibt es in Ägypten auch Skarabäen mit Ringen (wie unsere Taf. 118,2e-f;
119,1d und f), offenbar in einem weit gespannten, chronologischen Rahmen[155]. Es gibt also kein Element an den hier zur Diskussion stehenden
Skarabäen der Taf. 117-120,2, das nicht in Ägypten belegt wäre[156]. Obwohl
wir die stilistische Ausführung der ägyptischen Formen zumeist nicht beurteilen können, da nur Zeichnungen vorliegen, und die Seitenansichten in
Verbindung mit den zitierten Rücken überhaupt fehlen, scheint es, daß die
äußere Typologie der Fundstücke aus Sardinien und Phönikien getreu ägyptisch ist.

Nachzutragen sind noch zwei interessante Skarabäen ohne Herkunftsnotiz,
die beide eine Oberseite entsprechend unserer Nr. 19 auf Typentafel I
präsentieren[157], und zwar auch mit Aussetzen der Schraffur in der Mitte der
Trennung von Thorax und Prothorax[158]. Petrie bezeichnet das Material
seines Stückes mit „fossil wood" und datiert es in die 25. Dynastie[159]. Es
kann sich dabei genau um den Steatit unserer Skarabäen handeln, wo der
hölzerne Eindruck für viele Exemplare geradezu typisch ist. Die Flachseite,
die in Darstellung und Stil unserer Taf. 113,2 aus Phönikien (mit Hinzufügung einer Sonne) genau entspricht, macht klar, daß der Skarabäus in
unsere Gruppe gehört. Bei dem Basler Stück, das auch die Ringe aufweist und
für das die Autoren eine braune Glasur angeben, wird man das offenlassen:
Es trägt eine eher feine, wenig vertiefte Dreierszene, vergleichbar etwa mit
unserer Taf. 117,1, einem Skarabäus von Ibiza[160] oder einem in Kairo[161].
Das Stück aus Ibiza kommt zwar unseren in der äußeren Typologie nahe[162],
ist aber aus Fayence mit gut erhaltener Glasur und erweist sich auch durch
den Stil der Darstellung als ägyptisches Original, das von unseren Funden aus
Sardinien und Phönikien leicht zu trennen ist. Somit könnten wir den Ibiza-
Skarabäus für diese unter die unmittelbaren ägyptischen Vorbilder einreihen,
da er ja demselben kulturellen Milieu (im weiteren Sinne) entstammt. Bemerkenswert ist aber, daß wir Steatitskarabäen der Typen unserer Taf. 118-120,2
trotz der guten Publikationen bis jetzt weder in Karthago noch in Spanien
nachweisen können, sondern nur auf Sardinien und im phönikischen Mutterland.

Sowohl für ein Urteil in der Ursprungsproblematik als auch für die
Bewertung des von den hier diskutierten Skarabäen gebotenen Kulturgutes ist
der Dekor der Flachseiten von besonderer Bedeutung. Ein erster Überblick

zeigt, daß wir auf diesen so sorgfältig gearbeiteten Stücken ausschließlich
szenische Darstellungen vorfinden, hauptsächlich Götterszenen, dagegen
hieroglyphische Inschriften sowie einzelne Hieroglyphen völlig fehlen. Den
Anschluß an Götterszenen, die wir von ägyptischen Skarabäen kennen,
demonstrieren vor allem Taf. 117,1 (Abb. 25) und 118,1 (Abb. 26) aus Sardinien, sowie 119,3 und 120,2 aus Phönikien[162a]. Ähnlich den beiden zitierten

Abb. 25: Darstellung auf dem   Abb. 26: Darstellung auf dem
Skarabäus unserer Taf. 117,1b.   Skarabäus unserer Taf. 118,1b.

(Anm. 160f.) ägyptischen Originalen finden wir die stehende, geflügelte Isis
(ungeflügelt bei Taf. 119,3) mit dem Hathorkopfputz, wie sie den jungen
Horus (bei Taf. 117,1 und 118,1 stehend mit Königskrone, bei 119,3 hockend,
bei 120,2 stehend mit Jugendlocke und Uräus an der Stirn) beschützt. Die
dritte Gestalt, die die Szene ergänzt, hat wie bei den beiden ägyptischen
Exemplaren ebenfalls königlichen Charakter und kann in einigen Fällen als
Verdopplung des jugendlichen Horus aufgefaßt sein (Taf. 117,1 und das
Kairener Stück). Bei Taf. 118,1 und auf dem Ibiza-Skarabäus ist die Ergänzungsgestalt identisch: Sie hat eine Hand im Grußgestus erhoben, auf der
Stirn befindet sich der Uräus. Zu betonen ist, daß die sardischen und
phönikischen Fundstücke stilistisch völlig übereinstimmen; trotz seiner
großen Sorgfalt, die den Unterschied zu den ägyptischen Originalen etwas
verdeckt, geht der Stil mit dem der weniger gut ausgeführten Skarabäen aus
dem gemaserten Steatit konform. Diese letzte Feststellung bestätigt uns vor
allem ein Seitenblick auf Taf. 110, wo das Grundmotiv der geflügelten
Schutzgöttin mit dem stehenden Knaben, der eine Hand zum Mund führt,
wiederkehrt.

An die zuletzt behandelte Szene schließt das Motiv der stehenden, jugendlichen Königsgestalt vor einem großen Uräus (Taf. 117,2; 119,1) direkt an, da
die Schlange entsprechend ägyptischer Vorstellung die Schutzgöttin vertritt.
Bei dem in jeder Hinsicht ausgezeichnet gearbeiteten Exemplar der Taf. 119,1
ist das *nb* durch eine Lotosblüte ersetzt, sodaß im gesamten das ägyptische,
aber der phönikischen und punischen Kunst geläufige Motiv des Gottes auf
dem Lotos entsteht[163]. Das Motiv mit dem großen Uräus, das ebenso wie
die Variante mit der anthropomorphen Schutzgöttin auf die typologisch

einfacheren Skarabäen (Taf. 111) übergreift, kennen wir ebenfalls von ägyptischen Skarabäen [164], wo mir jedoch die Kennzeichnung der Königsgestalt als Kind nicht bekannt ist. Bereits Matthiae Scandone [165] hat gesehen, daß ein Skarabäus aus Grab 982 (20. Dynastie) in Tel Sharuhen (Abb. 27) in

Abb. 27: Skarabäus aus Tel Sharuhen;
nach *Beth Pelet*, II, Taf. LVII, 347.

auffällige Nähe zu unseren Beispielen kommt: Die mit den Königsinsignien ausgestattete Gestalt vor der Schlange hat einen Falkenschnabel; es handelt sich also um den falkenköpfigen Horus mit der Doppelkrone [166]. In Tel Sharuhen begegnet das Motiv der stehenden, falkenköpfigen Gestalt mit großem Uräus nochmals in dem spätesten der vier großen Philistergräber (Nr. 562, 11. Jh. v. Chr.) [167]. Ein Beispiel unserer Variante mit der Auffassung der stehenden Gestalt als kindlicher Horus mit Königskrone finden wir auf einem sicher in unsere Produktion gehörenden Kopfskaraboid aus Karthago [168].

Das Motiv der Taf. 118,2, das Vercoutter und Matthiae Scandone [169] wohl zurecht als die beiden Hapi (Nilgötter) mit Papyruspflanzen aus dem Kopf auffassen, bezeugt uns gleichfalls durch die stilistisch identische Ausführung auf Taf. 106,3 (und mit Variierung der linken Gestalt auf Taf. 104,3) die Zugehörigkeit dieser einfachen Typen (Nr. 13 der Typentafel I) zur Produktionsgruppe der ausführlich gearbeiteten Skarabäen mit der gepunkteten Rückengliederung. Der Typus solcher „Hapi"-Gestalten ist von ägyptischen Skarabäen und Skaraboiden gut bekannt: Auf einem Skarabäus aus Memphis [170] hält Hapi mit der dreifachen Kopfzier drei Libationsgefäße; auf einem saitischen Skaraboid aus Tell el-Yahudiyeh [171] hält er eine ähnliche Gestalt an der Hand, die auf dem Kopf nur zwei aufragende Elemente trägt und Petrie daher als Nefertem interpretiert; auf einem Igelskaraboid im Ashmolean Museum [172] finden sich sogar drei Gestalten unseres Typs unterhalb der Flügelsonne; der Ausführung unserer Taf. 106,3 kommt ein Skarabäus in Leiden [173] sehr nahe, wo die beiden Götter über dem *nb* mit einem Stab in ihrer Mitte dargestellt sind, der nur kurz ist und in Kopfhöhe schwebt.

Aus dem phönikischen Osten ist zunächst ein Skarabäus aus Byblos [174] zu erwähnen, auf dem sich die beiden Gestalten im selben Stil wie bei unseren Beispielen über einem senkrecht gestreiften *nb* wiederfinden; die Flachseite entspricht genau unserer Taf. 106,3, wobei jedoch über dem Stab in gewissem

Abstand ein eiförmiges Gebilde (Sonne?) hinzukommt. Ein einfacher Elfen-beinskarabäus aus Kamid el-Loz[175] zeigt zwei Götter unseres Typs, aber jeweils nur mit zwei „Kopfzipfel". Mit unserer Taf. 106,3 stimmt in Motiv und Stil der Kauroid Taf. 106,4 aus dem phönikischen Mutterland exakt überein; da er aus demselben gemaserten Steatit wie alle hier behandelten Skarabäen hergestellt ist, gibt er einerseits dieselben Aufschlüsse wie die übrigen ostphönikischen Parallelen auf unseren Tafeln und zieht außerdem m. E. die Tatsache derselben Produktion für den etwas detaillierter ausge-führten Kauroid der Taf. 150,1 aus Tharros nach sich, der eine schöne „Petubastis"-Inschrift trägt. Zu dieser Produktion gehören mit dem „Hapi"-Motiv ein Skarabäus aus Karthago[176] und einer aus Mozia[177] in einer äußeren Typologie, die unserer Taf. 106,3 entspricht. Das Motiv „der beiden Hapi", das wir ausgehend von den großen Typen mit gepunkteter Rücken-zeichnung untersuchten, führte uns somit einerseits die verzweigten Beziehun-gen innerhalb der gesamten Steatitgruppe mit Maserung und andererseits deren Einheitlichkeit vor Augen. Die Stellung zum ägyptischen Material ist gut erkennbar.

Für den nichtägyptischen Ursprung der Skarabäen unserer Taf. 117-120,2 sind u.a. die asiatischen Motive ausschlaggebend. So zeigt ein Stück aus Tharros aus gräulichem, leicht gemasertem Steatit, das sich im British Museum befindet[178] und in der äußeren Formgebung den entwickelten Typus unserer Taf. 119,1 wiedergibt, das Motiv des Mannes mit spitzer, phönikischer Mütze, der gegen einen aufgerichteten Löwen in assyrischer Manier kämpft. Eine solche Szene, die auch sonst in der phönikischen Kunst bekannt ist[179], begegnet bereits auf einem sicher lokalen Steatitskaraboid aus Stratum V (11. Jh. v. Chr.) in Megiddo[180], weiters in Lachish im 8. Jh.[181] oder später in Kition und Ajia Irini[182]. In diesem Zusammenhang ist auf unser Motiv XVII.3. (der gegen einen Löwen kämpfende Bes) der Skarabäen aus hartem Stein zu verweisen, wo auch ein wahrscheinlich östliches Import-stück aus schwarzem, d.h. ungebranntem Steatit eingereiht wurde (Nr. 147bis aus Tharros).

Auf einer Variante aus Tharros im British Museum[183] ist die Szene „befriedet": links die stehende Gestalt (hier mit Doppelkrone und vielleicht sogar Falkenschnabel wie bei Abb. 27 aus Tel Sharuhen), die ihre Hand aus-gestreckt hält zu einem rechts sitzenden Löwen(?) mit zurückgewandtem Kopf ähnlich wie auf unserer Taf. 115,4c.

Interessant sind auch die Tierkampfszenen wie Abb. 28 (dessen Bruchfläche auf Farbtaf. IV,4 abgebildet ist) und Taf. 119,2c aus Phönikien: Ein Löwe mit aufgerissenem Maul springt ein Tier mit langem Gehörn von hinten an. Ähnlich ist das Motiv auf einem aus Tharros stammenden Skarabäus im British Museum[184], wo das angesprungene Tier ein langes, geschwungenes Horn zeigt und den Kopf zurückwendet. Bei beiden sardischen Fundstücken

Abb. 28: Darstellung auf dem Steatitskarabäus unserer Farbtafel IV,4
(s. Tafelerklärung).

befindet sich die Szene innerhalb einer schraffierten Umrandung. Außerdem wird an diesem Motiv wieder einmal die Beziehung von äußerer Typologie und Flachseite deutlich: Alle drei Beispiele bieten den voll ausgeführten, kompliziertesten Typus mit den Ringen analog zu Taf. 119,1.

Das Motiv, wie es auf Abb. 28 vorliegt, steht in alter, vorderasiatischer Tradition [185]. Dazu gehören auch assyrische Szenen wie z. B. auf einem Zylinder im Louvre [186], auf dem ein Löwe mit offenem Maul, gezackter Mähne, erhobenem Schwanz und einer Beinhaltung ähnlich unserer Abb. 28 von hinten einen Stier anspringt. Das Motiv findet schließlich Aufnahme in die archaisch griechische Skarabäenglyptik.

Schließlich muß hier auch auf das assyrische Thema des Steatitskarabäus aus 'Atlit (Abb. 24) hingewiesen werden, der ebenfalls eine Typologie wie Taf. 119,1 darbietet. Wir werden darauf bei der Betrachtung des Stückes unserer Taf. 112,3 eingehen, dessen engere typologische Verwandte (Nr. 18 der Typentafel I) dadurch wieder in direkte Beziehung zu den hier behandelten Typen (Nr. 16 und 19 der Typentafel I) gebracht werden [187]. Wir haben hier nur festzuhalten, daß diese Typen eine einheitliche, außerägyptische Produktion repräsentieren (dazu werden noch weitere Argumente kommen) und nach der derzeit bekannten Fundlage ausschließlich im phönikischen Mutterland und auf Sardinien [188] belegt sind. Das wirft ein ziemlich klares Bild auf das Ursprungsgebiet [189] und erhellt die Beziehungen zwischen Phönikien und Sardinien. Dennoch bieten diese Skarabäen in ihren äußeren Formen und z. T. mit den Darstellungen auf den Flachseiten eine getreue, ägyptische Kulturtradition.

3.1.2. *Skarabäen mit einfacher Trennlinie zwischen den Elytra.*

Die auf unseren Tafeln 104-106 vereinigten Beispiele gestatten folgende Feststellungen auf Grund ihrer äußeren Typologie:

a. Taf. 104,2-106,3 haben eine Rückengliederung durch einfache, einzelne Linien gemeinsam.

b. Bei der Mehrheit (Taf. 104,2-3; 105) fehlt dem Kopf die Rippung.

c. Diese Rippung ist nur bei Taf. 106,2 deutlich erkennbar. Möglicherweise ist sie auch bei Taf. 106,1 und 106,3 vorhanden, die in ihrer äußeren Typologie fast identisch sind und eine weniger „klassische" Wiedergabe von Taf. 106,2 darstellen. Dieses zuletzt genannte Stück kennzeichnen ein besonderer Naturalismus, ein harmonisch gewölbtes Rückenprofil und ausgezeichnete Beinchen.

d. Demgegenüber erscheinen Taf. 105,1-3 und das typologisch entsprechende Fundstück aus Phönikien auf Taf. 101,4 mit einem Rückenprofil, das in der Mitte leicht plattgedrückt ist; die Beinchen sind eher flüchtig (Taf. 105,1b und c zeigen sogar einen auffälligen Unterschied zwischen den beiden Seiten).

e. In deutlichem Gegensatz dazu erscheint das Profil von Taf. 105,4b stark überhöht und mit einer halbkreisförmigen Rückenkurve.

f. Der Skarabäus Taf. 104,1 (Nr. 15 der Typentafel I) mit der hieroglyphischen Inschrift *Mn-jb-Rˁ* unterscheidet sich durch die bei der Hauptmasse unserer Skarabäen aus gemasertem Steatit dominierende, dreifache Trennung der Elytra, sowie die sonst wenig üblichen, eher breiten Rückendreiecke; außerdem hat er den sehr beliebten, gerippten Kopf. Meines Erachtens legt es aber nicht nur das Material, sondern insbesondere das Kopfprofil im Vergleich mit Taf. 104,2-3 nahe, daß das Stück in die Produktion dieser beiden eingereiht werden muß[190].

g. Nach unseren Ausführungen im vorhergehenden Kapitel kann Taf. 106,3 mit dem Motiv der „beiden Hapi" nicht von der ostphönikischen Produktion der großen Stücke mit perlartiger Rückenzeichnung getrennt werden. Mitausschlaggebend ist der Vergleich mit dem Kauroid östlicher Herkunft auf Taf. 106,4. Unter Berücksichtigung aller Details werden wir Taf. 106,1 und das mit diesem durch die Flachseite verbundene Stück 106,2 daran anschließen dürfen. Desgleichen können wegen des Hapi-Motivs auf Taf. 104,3 alle Skarabäen dieser Tafel 104 hinzugerechnet werden. Die Argumente für eine östliche Herkunft der Typen auf Taf. 104 und 106 ergänzt ein Skarabäus aus dem Beiruter Kunsthandel im Louvre[190a], ebenfalls hergestellt aus dem für die hier behandelten Skarabäen charakteristischen, gemaserten Steatit, der exakt die Typologie von Taf. 106,1 und 3 (d.h. mit denselben Unsicherheiten bei den kleinen Rückendreiecken) wiedergibt; das Motiv der Flachseite gehört in den Themenkreis der Skarabäen aus hartem Stein[191].

h. Die Zugehörigkeit von Taf. 105,1-3 zur ostphönikischen Steatitproduktion erweist wohl die identische und zugleich markante Seitengestaltung des ostphönikischen Fundstückes auf Taf. 101,4[192]. Diese spezielle Untergruppe (Nr. 17 der Typentafel I), und zwar mit den ganz geringfügig angedeuteten Rückendreiecken, ist auch in Karthago (soweit sich das vom Rücken her allein beurteilen läßt)[193] mit einer Flachseite präsent, die in Stil und Motiv unserer Taf. 105,1d gleichkommt (wobei allerdings das *mn* fehlt).

Was ist nun zum Dekor der Flachseiten dieser Fundstücke aus Sardinien zu sagen? An das Sphinxwesen von Taf. 104,2 [194] erinnert ein liegender, geflügelter Sphinx mit ähnlicher Atefkrone (also ohne Gehörn und mit Abstand zwischen den drei Elementen) auf einem Negerkopfskaraboid aus Beirut [195].

Bei der Inschrift *Mn-Mꜣʿt-Rʿ* (Sethos I.) auf Taf. 105,1 ist an die Basisinschrift eines Steatitamulettes in Gestalt eines sitzenden Flügellöwen zu verweisen [196]. *Mn-Mꜣʿt-Rʿ* begegnet übrigens noch einmal in entsprechender Zeichenanordnung auf einem aus Tharros stammenden Skarabäus aus weicher, feiner, hellgelblicher Fayence [197]. Unter den außerägyptischen Funden dürfen wir einen Fayenceskarabäus von Ibiza [198] nennen und als stilistisch nahestehend einen Skarabäus aus blauer Paste von Tell Halaf [199]: Hier nimmt die Stelle der Maat eine ähnliche Gestalt mit Atefkrone ein.

Die sitzende Gestalt der Taf. 105,2 mit unterägyptischer Krone, Menat im Nacken und *wꜣs*-Szepter auf dem Knie findet sich in genauer stilistischer Übereinstimmung auf einem Karthager Skarabäus [200] wieder, der sicher aus dem unägyptischen Steatit hergestellt ist, jedoch eine auf Sardinien bis jetzt unbekannte äußere Typologie aufweist. Der Hieroglyphendekor von Taf. 105,3-4 ist in entsprechender Anordnung von ägyptischen Skarabäen gut bekannt [201] und bedarf keines Kommentars.

Die Flachseite von Taf. 106,1c (*pꜣ-dj* in Ligatur, Falke und Sonnenscheibe) [202] bietet nicht nur eine aus dem spätzeitlichen Ägypten gut bekannte [203] Kombination, sondern stellt vor allem eine enge Beziehung zu einer Masse kleiner Steatitskarabäen geringer Qualität her, von denen auf Taf. 107f. einige Beispiele wiedergegeben sind. Das charakteristische Element von Taf. 106,1c und der auf Taf. 107 wiedergegebenen, verwandten Typen ist das als Anfangselement spätzeitlicher, ägyptischer Namen geläufige *pꜣ-dj*, und zwar dessen Wiedergabe mit Verschmelzung der beiden Hieroglyphen. Dieses stilistische Detail ist gerade auch von ägyptischen Skarabäen bekannt, etwa in „Petubastis" auf einem bereits genannten [204] Steatitskarabäus aus Naukratis (Abb. 29, rechts), besonders in *Pꜣ-dj-ꜣśt* [205], aber auch in der bei uns vorliegenden Verbindung mit dem Falken und der Sonnenscheibe [206]. Es ist also an diesem Hieroglyphendekor nichts Unägyptisches. Die Vorbilder, die getreu wiedergegeben sind, bieten spätzeitliche, unterägyptische Skarabäen und nicht irgendeine ägyptisierende, vorderasiatische Tradition. Das gilt in gleicher Weise für Patäkenbasen wie Taf. 23,3b, die ja von unseren Skarabäen nicht zu trennen sind.

Man mag sich an dieser Stelle fragen, mit welcher Begründung der Stil von Taf. 106,1c und 2c unägyptisch sein soll, wie Matthiae Scandone [207] meint und es auch unsere Ausführungen implizieren. Dazu kommt, daß naukratische Steatitskarabäen kaum jemand normal publiziert hat. Eine Antwort auf die Frage nach der Art des Stiles (der vielleicht in diesen beiden Fällen gar nicht unägyptisch sein muß) kann bei der Einfachheit und doch guten Qualität der Darstellung m. E. nicht erfolgen. Daß die Stücke aber selbst im phönikischen Mutterland (einschließlich des nordsyrischen Küstenge-bietes) hergestellt wurden, müssen wir auf Grund der vorgebrachten Ver-bindungen in den typologischen Details, wegen des Zusammenhanges mit den großen Skarabäen der Tafeln 117-120,2 (etwa über das Hapi-Motiv), der ostphönikischen Parallelen und schließlich wegen des einheitlich unägyp-tischen Charakterzuges des Steatits zwingend annehmen [208]. Dazu kommt, daß wir die Verbindung von Falke und Sonnenscheibe als Basisdekor der östlichen Steatitpatäken antreffen (Taf. 23,1c), was nicht nur die enge Be-ziehung zu dieser Objektklasse verdeutlicht, sondern auch die relative Selb-ständigkeit der beiden Elemente in den Skarabäenflachseiten Taf. 106,1c und 107 (d.h. des *pȝ-dj* und der darunter befindlichen Zeichen) unterstreicht.

In der hier behandelten Gruppe sowie den folgenden Stücken der Taf. 107-109 offenbart sich durch die Hieroglyphenlegenden ein anderer ägyptischer Einfluß als auf den großen Skarabäen der Taf. 110-113 und 116-120. Wahr-scheinlich gehört hierher auch ein aus Tharros stammender Skarabäus in Sassari [209] mit einfacher Rückenzeichnung und einer Flachseite von Ichneu-mon, Sonnenscheibe und Feder — ein Typus, der auch auf dem festländischen Italien Verbreitung gefunden hat [210].

3.1.3. *Skarabäen mit dreifacher Trennlinie zwischen den Elytra.*

Voranstellen wollen wir den Skarabäus der Taf. 104,1, den wir oben [211] versuchten, in einen typologischen Zusammenhang mit Taf. 104,2 und 3 zu bringen, vor allem in Hinsicht auf die Profile (1d, 2b, 3b). Den innerhalb und außerhalb Ägyptens in der Saitenzeit beliebten „Namen" *Mn-jb-Rʿ*, der hier von Uräen geschützt erscheint, kennen wir bereits von der Basis des Steatit-schweinchens Taf. 70,5 [212]. Keel [213] hat neuerdings die Ansicht vertreten, daß es sich tatsächlich um eine Variante des Namens Psammetichs II. *Mnḫ-jb-Rʿ* handle, die in Analogie zu *Mn-ḫpr-Rʿ* geschaffen worden sei. Für unsere Frage, wieweit das jeweils in Sardinien faßbare, ägyptische Kulturgut in Vorderasien verankert ist, erscheint ein weißer Fayenceskarabäus aus Tell Keisan [214] von besonderem Interesse: Er trägt eine von Federn bekrönte, echte Kartusche mit *Mn-jb-Rʿ*, daneben ein großes *wȝs*-Szepter, als Basis ein *nb*. Von gleicher Bedeutung ist ein *Mn-jb-Rʿ*-Skaraboid aus Nippur [215], dessen Material, blaßgelbe Fayence, offenbar mit unserem *Mn-jb-Rʿ*-Skara-bäus auf Taf. 131,2 in Verbindung zu bringen ist. In chronologischer Hinsicht ist bedeutsam, daß sich das Fundstück von Nippur in einem Grab der Perserzeit gefunden hat.

Die große Masse der aus dem unägyptischen Steatit hergestellten Skara-bäen Sardiniens ist durch eine sehr augenfällige Typologie der Oberseite gekennzeichnet (Nr. 18 und 23 der Typentafel I; Taf. 107-115): der halb-kreisförmige Kopf ist gerippt, der Thorax vom Prothorax durch eine einzelne Linie, die Elytra aber durch eine dreifache Linie getrennt; statt der Rücken-dreiecke erscheinen üblicherweise je drei schräge Einkerbungen[216], gelegent-lich aber nur zwei oder eine[217], bzw. können sie auch fehlen[218].

Eine einfache Ordnung nach der Größe der Einzelstücke (der wir auf unseren Tafeln mit einigen günstig erscheinenden Ausnahmen gefolgt sind) läßt wieder gewisse Zusammenhänge zwischen äußerer Typologie und dem Dekor der Flachseiten erkennen: Die kleinen Skarabäen in eher minder-wertiger Ausführung (vgl. Taf. 107, 108,1-2) tragen hieroglyphische In-schriften. Den tiefsten Stand in der Qualität erreicht wohl Taf. 107,4 (Nr. 25 der Typentafel I), wo die Vernachlässigung der Beinchen mit einer defektiven Wiedergabe des Flachseitentypus (im Hinblick auf Taf. 107,2-3) konform geht. Auf den großen und sorgfältig ausgeführten Stücken (Taf. 110-113) finden wir die Götterdarstellungen; hier kommen also sowohl die äußere Ausführung, wie die Mehrheit der Darstellungen unmerklich an die anfäng-lich besprochenen und am besten ausgeführten Exemplare der Taf. 117-120,2 heran. Freilich ist eine exakte Aufteilung nicht möglich, die Übergänge sind fließend. Auch Hieroglyphen-Skarabäen erreichen gelegentlich eine beträcht-liche Größe (Taf. 115,1). Die Sphinxdarstellungen finden sich im allgemeinen auf den Stücken mit mittleren Ausmaßen (Taf. 108,3-4; 109,1; 114), begeg-nen aber auch manchmal auf größeren Beispielen (Taf. 109,4; 113). Dennoch dürfte die Tendenz interessant sein: Die kleinen Skarabäen erscheinen z.T. als unmittelbare Nachahmungen spätzeitlicher, ägyptischer Originale, deren Legenden sie allerdings frei weiterentwickeln; die großen sind Zeugnisse der ägyptisierenden, phönikischen Kunst.

Sehen wir uns nun die Inschriften an! Zu den bereits besprochenen (s. oben, S. 181 f.) „Petubastis"-Skarabäen ist hier ein weiterer mit dreifacher Trennung der Elytra hinzufügen, der aus Tharros stammt und in Sassari ausgestellt ist. Eine Gegenüberstellung seiner Flachseite mit dem in Anm. 136 genannten Steatitskarabäus aus Naukratis verdeutlicht den direkten, sogar stilistischen Zusammenhang zwischen den Inschriften unserer kleinen Skarabäen und mancher unterägyptischer Exemplare (Abb. 29).

Abb. 29: *links*: Steatitskarabäus aus Tharros in Sassari; nach dem ausgestellten, seitenverkehrten Abdruck. *Rechts*: Steatitskarabäus aus Naukratis; nach Gardner, *N*. II, Taf. XVIII, 70.

Die Wendung *Pȝ-dj-Jmn-Rʿ* von Taf. 107,1c ist m.E. wie folgt zu erklären: Es handelt sich vermutlich um eine Vereinigung des verselbständigten Elementes *pȝ-dj* (dafür vgl. Taf. 115,1-2) mit dem geläufigen *Jmn-Rʿ* in Analogie zu dem beliebten Namen *Pȝ-dj-Jmn* (Peteamun), der auch auf einem wohl unterägyptischen Fayenceskarabäus aus Tharros im British Museum [219] erscheint. Die Feder in Peteamun ist nichts Außergewöhnliches [220]. Mit denselben Zeichen (wobei die Sonnenscheibe über dem *mn* zu liegen kommt) ist ein weiterer Skarabäus aus Tharros [221] dekoriert.

Eine andere Gruppe von durchwegs etwas größeren Typen vereinigt das selbständige Element *pȝ-dj* mit einer Legende von Schlange, *mn* und anderen Zeichen. Dazu gehören unsere Taf. 115,1, ein weiteres von Matthiae Scandone publiziertes Beispiel in Cagliari [222] und ein Stück aus Tharros, das in Sassari ausgestellt ist [223]. Die Addierung und damit die selbständige Verarbeitung der von Ägypten übernommenen Inschriftelemente wird vor allem durch Taf. 115,2 erwiesen, wo der Teil mit der Schlange allein auftritt. Wenn wir den allgemeinen Usus solcher außerägyptischer Entwicklungen zusammen mit der Beliebtheit von Feder und Schlange im Auge behalten, können wir annehmen, daß hier in der außerhalb Ägyptens vorherrschenden Schreibung von „Amun" mit der Feder dieselbe mit der Schlange vertauscht wurde. Daß die Sonnenscheibe [224] zumeist über dem *mn* erscheint (vgl. auch Taf. 68,1c), dürfte auf den Einfluß der vielen *mn-...-Rʿ*-Inschriften [225] zurückzuführen sein; bei dem Skarabäus in Sassari befindet sich die von Uräen flankierte Sonne jedoch (nach unserer Interpretation korrekterweise) unterhalb des *mn*. In Gibraltar fand sich ein Beispiel mit der gegenüber unserer Taf. 115,1 defektiven Legende 🔲 [226] (also ein Analogiefall zur defektiven Flachseite von Taf. 107,4), was mir wieder ein Beweis dafür zu sein scheint, daß diese Inschriften nicht nach philologischen Gesichtspunkten zu *lesen*, sondern entsprechend gewisser typologischer Entwicklungsgesetze der außerägyptischen Verarbeitung zu *verstehen* sind. Ägypten hat demnach — soweit heute bekannt — auch kaum etwas Vergleichbares zu bieten [227].

Zum selben Ergebnis führt die Gegenüberstellung der Legende 🔲 eines der Steatitskarabäen in Cagliari [228] mit unserer Taf. 109,3. Eine Variante, die statt des *pȝ-dj*-Elementes das beliebte *mn* an die Spitze setzt, findet sich auf einem angeblich aus Fayence hergestellten Skarabäus aus Villaricos (spanische Südostküste) [229]. Zu den drei senkrechten Zeichen der Taf. 109,3 ist aus der Sicht ägyptischer Skarabäenlegenden nichts zu sagen. In Hinblick auf Taf. 70,3a und 76,1c erscheint das *nfr* sekundär eingefügt, da eine freie Verwendung des *ś* 𓏤 in unserer Produktion unüblich ist.

Den Namen des Amun mit der bereits erwähnten Voranstellung der Sonnenscheibe und der Feder lesen wir auf dem aus Tharros stammenden, kleinen Skarabäus der Taf. 108,1 (darüber ist noch ein verkehrtes *nb* gesetzt). In der Tradition waagrechter Amunslegenden [230] steht ein in einem sichelförmigen Silberring gefaßtes Exemplar der Tharros-Funde im British Museum, das ebenfalls in die kleine Gruppe gehört[231]. Bei diesem Stück, wo auch die Feder am Beginn erscheint, ist unterhalb des *mn* ( ) ein *t* gesetzt (vgl. dazu unsere Taf. 115,2c; 137,2-3). Dafür ist bereits eine Parallele aus Memphis zu zitieren[232]. Der Stil der Zeichen und der tiefe Schnitt findet sich jedoch in identischer Weise auf dem unägyptischen, sitzenden Steatitlöwen der Taf. 68,1c wieder.

Taf. 108,2c zeigt die Kombination von Schlange und *nfr*, die wir bereits von dem Steinbockkopf Taf. 78,1 kennen. Legenden von diesem Typus sind in Ägypten überaus beliebt, wobei wir verschiedene Gruppen nach dem Zeichen, mit dem die Schlange verbunden ist (, , ,), unterscheiden können; ein oder zwei dekorative *nb* können hinzutreten[233]. Bei unserer Taf. 108,2c ist das unterste Zeichen von der Ausführung her eher ein als ein . In Ägypten ist bei diesen Flachseiten meistens die Schlange noch mit einer kleinen Sonnenscheibe verbunden, die über ihr (sodaß man an Renenutet denkt) oder neben ihr erscheint. Diese gut ägyptische Anordnung (Schlange mit Sonnenscheibe über dem Kopf, *nfr*, darunter *nb*)[234] bietet ein Skarabäus aus Tharros im British Museum[235], der aus gräulichem, gemasertem Steatit hergestellt ist, aber eine ausgezeichnete, ägyptische Typologie (ähnlich Taf. 100,2a-b) darbietet. Identisch sind weitere Stücke aus Tharros[236] und Karthago[237]. Die einfachere Ausführung unserer Taf. 108,2c, die Drioton[238] als Amunstrigramm liest, findet sich gleichfalls in Karthago (mit derselben ikonographischen Veränderung des Basiszeichens)[239] und Villaricos[240].

Die Zeichenanordnung Feder, Anch, *nb* von Taf. 109,2c ist bei ägyptischen Skarabäen[241] sowie außerägyptischen Funden[242], gerade auch auf Sardinien (Taf. 128,3 und 129,1), gut belegt. Bei dem Anch-Zeichen bildet der untere Teil ein Dreieck und der Querbalken trägt an seinen Enden ziemlich hohe Spitzen, sodaß sich die Frage erhebt, ob nicht ein Punier auf Sardinien dieses Zeichen als Tanit-Symbol aufgefaßt haben könnte (trotz der deutlichen Schleife gegenüber dem Kreis des letzteren). Wie dem auch sei, eine eventuelle Vermutung, daß das Anch hier an das Tanit-Symbol ikonographisch angenähert worden sein könnte, muß negativ beantwortet werden, da sowohl das Dreieck als auch die aufragenden Spitzen, die die besondere Ähnlichkeit mit dem Tanit-Zeichen ausmachen, innerhalb und außerhalb Ägyptens häufig belegt sind[243].

Ein weiterer Skarabäus mit Hieroglyphenlegende (Abb. 30), der aus Nora,

Abb. 30: Skarabäus aus Nora; nach Patroni, *Nora*, Taf. XVI, 1.

Grab XII (12), stammt [244], gehört nach dem Charakterzug, den die Abbildung bei Patroni vermittelt, aller Wahrscheinlichkeit nach in die Gruppe der
hier behandelten Steatitskarabäen, und zwar (sofern die Annahme zutrifft)
zu den großen Typen entweder der Taf. 110-113 oder denjenigen der Taf.
117-120,2. Das Anch ist ebenso wie das *nfr*-Zeichen zwischen zwei Federn auf
ägyptischen Skarabäen beliebt [245]. Zwei sardische Fundstücke (Taf. 132,1 und
Skizze auf S. 227) tragen typologisch engstens verwandte Flachseiten, einmal
mit dem Anch und einmal mit dem *nfr* in entsprechender Position. Den
oberen Teil des Skarabäus aus Nora nimmt nach ikonographischen Gesichtspunkten eindeutig eine Barke mit Sonnenscheibe ein. Die Besprechung desselben Elementes auf Taf. 132,1 [246] führt uns jedoch den nahtlosen Übergang
in den Darstellungen der Sonnenbarke und der von Uräen flankierten Sonnenscheibe in dieser Position vor Augen. Vor diesem Hintergrund bietet ein
Skarabäus von Kition (Abb. 31) aus blauer Paste mit Glasurhäutchen ein

Abb. 31: Skarabäus von Kition aus blauer Paste, 2:1;
nach *Kition*, II, S. 110, Kit. 3042.

sehr gutes Vergleichsstück; dessen Kontext ist vielleicht um 600 v. Chr. zu
datieren. Die Materialbeschreibung des Stückes aus Kition spricht für einen
außerägyptischen, östlichen Ursprung desselben [247], sodaß wir im Zusammenhang mit dem Skarabäus aus Nora einen gewissen Einblick in die Beziehungen zwischen den östlichen, blauen Pasten und der östlichen Steatitproduktion gewinnen dürften.
    Wir wenden uns nun den Steatitskarabäen mit Sphinxdarstellungen zu, die
wieder besonderes Licht auf die Verankerung dieses ägyptischen Kulturgutes
im Osten und die Ursprungsproblematik werfen. Der liegende Flügelsphinx
findet sich über einem *mn* auf dem für diese Gruppe verhältnismäßig kleinen
Stück der Taf. 108,3 sowie über dem Goldzeichen auf dem großen und
vorzüglich ausgeführten Exemplar der Taf. 113,1. Bei der Variante mit dem
mn fühlt man sich an das ägyptische Bild des Hasen über dem *mn* [248] erinnert,
den der Sphinx hier ersetzt hätte. Aus der Sicht der phönikischen Darstel-
lungswelt bilden das *mn* und das Goldzeichen wie auch der Hohlkehlensockel
oder die Lotosblüte [249] den Untersatz für ein göttliches Symbol. Bei der
Frage, wie das *mn* in diese Rolle gelangt sein könnte, bietet sich die den
Phönikern so geläufige Position der Sonne über dem *mn* (in den *mn*-...-*R´*-

Inschriften) im Vergleich mit der gleichfalls bekannten Sonnendarstellung über dem Goldzeichen[250] als Erklärung an. Die auffällige Kopfbedeckung scheint mit derjenigen einiger Flügelsphingen auf Skarabäen aus hartem Stein verwandt zu sein[251]. Eindeutig stehen auch die Sphingen mit den nach oben gerichteten Flügeln auf archaisch-griechischen Skarabäen nahe[252].

Einige stilistisch einander genau entsprechende, sitzende Flügelsphingen sind mit einer dahinterstehenden, männlichen Gestalt verbunden; über der Szene befindet sich die Flügelsonne, darunter ein *nb*. Aus Sardinien sind abgesehen von Taf. 109,1 noch zwei weitere Beispiele bekannt[253]. Das Beispiel auf Taf. 120,1 mit dem entsprechenden Stil (beachte die vorgestreckte Brust der Sphinx, sowie den Arm des Mannes, der mit dem Schwanz des Tieres zusammenfließt) weist nicht nur von neuem in den phönikischen Osten, sondern stellt auch eine direkte Verbindung mit den oben[254] besprochenen, komplizierten Stücken her. Gleichzeitig erkennen wir wieder, daß mit der prunkvolleren, äußeren Typologie eine reichere und sorgfältigere Ausführung der Flachseite konform geht. Die Stelle des Mannes, der die Sphinx am Schwanz packt[255], nimmt auf dem Skarabäus Taf. 113,2 aus Syrien/Phönikien und dem bereits erwähnten[256], von Petrie publizierten Stück ein *nfr*-Zeichen ein. Zur Deutung des Motives, das das Fabelwesen mit dem Mann verbindet, sind die Ausführungen von Bisi[257] zu einem Fayenceskarabäus aus einem reichen Grab (Nr. 218; 7.-6. Jh. v. Chr.) in Palermo interessant. Auf diesem Exemplar ist vor einem sitzenden Greif (so die Deutung von Bisi) ein stehender Mann im Anbetungs- bzw. Grußgestus wiedergegeben. Die Autorin findet den Ursprung der Darstellung in dem mesopotamischen und dann syrischen wie phönikischen Motiv des Kampfes zwischen dem Manne (Heros) und dem Greifen, sodaß sich eine Umdeutung im Sinne einer „Befriedung" ergibt. Für Bisi ist das Fundstück aus Palermo auch ein außerägyptisches Erzeugnis.

Die einfachere Ausführung von Taf. 113,2 führt hinüber zu den auf Taf. 114 wiedergegebenen Skarabäen mit sitzenden Flügelsphingen, wo sich davor eine Feder befindet. Der Flachseite von Taf. 114,1b entspricht ein Skarabäus mittlerer Größe und mit der üblichen Rückentypologie dieser Gruppe aus Tharros (heute im British Museum[257a]) und der oben[258] genannte Skarabäus aus Spinell von Alcácer do Sal. Dazu kommt in ebenso identischem Stil ein Exemplar aus Karthago vom Ende des 4. Jhs. v. Chr.[259]. Bei einem relativ großen Skarabäus aus Tharros in Sassari[260], auf dem das Tier den Kopf leicht zurückwendet, fühlt man sich an Naukratis[261] erinnert.

Der Typus der waagrechten Flachseite mit der Feder und der charakteristischen Flügelsphinx wird bei einigen Beispielen (Taf. 114,2, wo nur der schmale Teil der Skarabäenbasis erhalten ist; Taf. 114,3 aus Syrien/Phönikien; einem Skarabäus aus Sulcis[262]; dem Kopfskaraboid Taf. 124,4) durch ein senkrechtes *nb* ergänzt. Nicht nur die Gleichartigkeit der hier

genannten Skarabäen in der Ausführung des Käfers[263] zeigt den Zusammenhang derselben mit der Flachseite, sondern vor allem der Kopfskaraboid Taf. 124,4. Denn es befindet sich im Louvre[264] ein wahrscheinlich
aus Karthago stammender Kopfskaraboid in praktisch identischem Stil und
Gesichtszügen, der auf der senkrechten Flachseite eine sitzende Flügelsphinx
mit erhobenem Schwanz in exakt demselben Stil der hier besprochenen
Sphingen trägt; das Gesicht zeigt die beiden markanten Spitzen unserer
Taf. 109,1c-d. Eine karthagische Variante bietet in derselben Position wie Taf.
114,2-3 einen zurückblickenden Greifen[265] in der Art des zitierten (Anm.
261) Exemplares aus Naukratis.

Ein dritter Typus bringt schließlich dieselbe Flügelsphinx in senkrechter
Flachseite über dem *nb*[266]. Wenn wir Naukratis ausnehmen[267], hat Ägypten
nichts zu bieten, was diesen Sphingen stilistisch verwandt wäre. Eine ähnliche
Flügelsphinx trägt aber ein perserzeitliches Stempelsiegel aus Deve Hüyük[268],
und eine Flachseite, die im Ganzen der des in Anm. 266 zitierten Skarabäus
aus Tharros entspricht, kennzeichnet einen „Paste"-Skarabäus von Tell Ahmar
aus achämenidischem Kontext[269]. Im Osten ist weiters auf eine entsprechende Sphinx auf einem angeblich aus Paste hergestellten Skarabäus aus Ajia
Irini[270] zu verweisen, für den Westen auf eine stilistisch verwandte Flügelsphinx auf einem Fayence(?)-Skarabäus aus Karthago im Louvre[271].

Die angeführten Parallelen verdeutlichen, wie fest dieser charakteristische
Sphinxtypus in der östlichen Skarabäenproduktion verankert ist. Zudem
beweisen gleichfalls die auf Taf. 113,2 und 114,3 abgebildeten Stücke aus
Syrien/Phönikien die Existenz unserer Sphinxskarabäen aus dem unägyptischen, gemaserten Steatit im Osten. Die Sphinx finden wir jedoch zu unserer
Überraschung auch auf der Basis eines Amulettes aus weißem Steatit aus Ajia
Irini[272], dessen Fundzusammenhang bereits in die zweite Hälfte des 7. Jhs. zu
datieren ist. Hier ist die Sphinx sogar mit dem sitzenden, zurückblickenden
Löwen mit offenem Maul unserer Taf. 115,4, 133,2 und 138,1 vereinigt. Dazu
kommt, daß diese Sphinx auch auf einem Patäken vom Typus 5.2.B.1 aus
einem Kontext des 4. Jhs. in Karthago[273] erscheint. Damit ist m. E. der
zwingende Schluß gegeben, daß die hier behandelten Steatitskarabäen von
den figürlichen Amuletten des phönikischen Mutterlandes, die aus exakt
demselben auffälligen Steatit hergestellt sind und nahezu die Hälfte der
Amulette auf Sardinien ausmachen, nicht getrennt werden dürfen. D. h. diese
Skarabäen und Amulette entstammen demselben ostphönikischen Werkstatt-
milieu.

Zu den Flügelsphingen sei noch ergänzend ein Hinweis auf unsere Taf.
108,4 gestattet, wo das Tier merkwürdige Auszackungen auf dem Kopf trägt,
die an eine verkümmerte, ägyptische Doppelkrone denken lassen. Das zu den
größeren Skarabäen gehörende Stück aus Syrien/Phönikien, das auf Taf.
109,4 gegenübergestellt ist, scheint dies zu bestätigen; es ist in allem besser

ausgeführt und die Doppelkrone ist als solche erkennbar. Auch hier kann
wieder ein nahestehendes Sphinxwesen aus Naukratis angeführt werden [274].

Mit der Betrachtung der Götterszenen auf den großen Skarabäen unserer
Tafeln 110-112 schließt sich langsam der Kreis mit den großen und sorgfältig
ausgeführten Exemplaren der Taf. 117-120,2, deren Rückenzeichnung ganz
oder teilweise durch Reliefpunkte gekennzeichnet ist und mit denen wir
unseren Überblick begonnen haben. Wie oben [275] angedeutet, schließt an
diese direkt die Gruppe unserer Taf. 110 an, wo ein stehender Knabe mit
Hand am Mund (Harpokrates) zusammen mit einer geflügelten Göttin mit
dem Hathorkopfputz dargestellt ist; die Basis bildet ein *nb*, das bei Taf.
110,2b bereits zu dem für die Skarabäen aus hartem Stein charakteristischen,
kreuzschraffierten Segment umgebildet ist. Der stilisierte, eingeritzte Kopfputz der Göttin, bestehend aus den auseinanderstrebenden Hörnern und
einem Verbindungsbogen, der die dazwischen befindliche Sonnenscheibe verkörpert, steht in direktem Zusammenhang mit dem im selben Stil eingeritzten,
entsprechenden Kopfschmuck auf verschiedenen Steatitamuletten: Wir finden
ihn bei Isisamuletten unserer Taf. 31, bei den Uräen Taf. 63,7-8 und 64,1, auf
der Basis des Ichneumon Taf. 68,3b sowie der eines Cippusamulettes [276]. Zu
den auf Taf. 110 abgebildeten Beispielen kommen noch weitere sardische
Fundstücke, davon zwei aus Tharros im British Museum [277]. Das Motiv
dieser Skarabäen finden wir auf dem typologisch ganz anders ausgeführten
Skarabäus der Taf. 116,1 (= Nr. 21 auf Typentafel I) wieder. Dieses Stück,
aus hellbraunem Steatit mit grüner Glasur hergestellt, unterscheidet sich im
Material von der hier behandelten Skarabäengruppe und steht in den äußeren
Formen sichtlich in Beziehung zu dem auf Taf. 116,2 abgebildeten Fayence-
skarabäus.

Harpokrates hat in dem Motiv der Taf. 110 und 116,1 im allgemeinen keine
Kopfbedeckung; eine unägyptische, spitze Mütze trägt er auf Taf. 110,2b-c,
sowie eine entstellte, ägyptische Doppelkrone auf einem Exemplar im British
Museum (WAA 133541). Der jugendliche Gott ist also wie in den bereits
besprochenen Götterszenen der Taf. 117-119,1 gelegentlich als König gekenn-
zeichnet. Wir stellen somit eine genaue Parallele zur Gestalt des göttlichen
Kindes in den späten, ägyptischen „Geburtshäusern" fest; auch dieses ist
„König von Ober- und Unterägypten" und wird geboren, um königliche
Macht auszuüben [278]. Im übrigen ist uns die Szene durch die Besprechung
von Matthiae Scandone [279] klar geworden.

Der Louvre besitzt einen ziemlich kleinen Skarabäus [280] in der Typologie
der hier behandelten Stücke (gerippter Kopf, dreifache Trennung der Elytra;
je drei schräge Einkerbungen an Stelle der Rückendreiecke), auf dem gleichfalls das Motiv der geflügelten Göttin mit dem Isis-Hathor-Kopfputz und des
stehenden Harpokrates über dem *nb* dargestellt ist. In der Art des Steatits
paßt das Exemplar in unsere Gruppe, jedoch zeichnet es sich durch äußerst

feine Details und ausgewogene Proportionen in der Bearbeitung des Käfers aus. Mit dem Motiv steht auch die Darstellung auf einem aus Tharros stammenden Kegelsiegel phönikischen Typs (Abb. 32) in Zusammenhang[281]. Hinter einer schreitenden Königsgestalt mit Stab, Uräus an der Stirn und undeutlicher Krone steht eine unklar ausgefallene, geflügelte Göttin in Schutzhaltung.

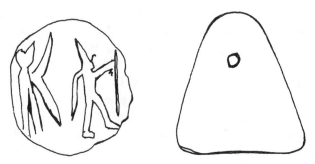

Abb. 32: Kegelsiegel aus Tharros (s. Anm. 281), 2:1; nach Photo vom Original.

Von größerer Bedeutung ist die Tatsache, daß sich das Motiv, wie es auf den Skarabäen unserer Taf. 110 vorliegt, im selben Stil auf der Basis eines Patäken vom Typus 5.2.B.1.3 aus Ibiza[282] wiederfindet; der Kopf des Harpokrates (vielleicht mit einem kleinen Uräus) kommt der Ausführung auf unserer Taf. 110,1c am nächsten. Wir fassen also auch hier wieder eine engste Verbindung unserer Steatitskarabäen mit den Amuletten desselben Materials, deren Ursprung nur im phönikischen Mutterland lokalisiert werden kann. Durch den bereits zitierten (Abschnitt I, Anm. 509) Skarabäus aus Tell Sukas sind die Beispiele der Taf. 110 und des Typus Nr. 18 der Typentafel I im Osten verankert.

Analog zu den oben[283] besprochenen Skarabäen Taf. 117,2 und 119,1 trägt auch eine Reihe der einfacher ausgeführten Stücke unserer Taf. 111 das Motiv des Harpokrates mit großem Uräus[284]. Der jugendliche Gott kann gleichfalls als König aufgefaßt sein (Taf. 111,4), die Schlange kann Flügel und Sonnenscheibe tragen (Taf. 111,3). Auf Taf. 111,4 scheint der Uräus löwenköpfig[285] zu sein, außerdem sitzt auf dem Kopf eine unklare Krone. Das Motiv des Harpokrates mit der Schlange finden wir weiters auf den Fayenceskarabäen Taf. 116,2 und Matthiae Scandone, *Cagliari*, D 24. Diese beiden Stücke, von denen eines aus hellbrauner, etwas gröberer Fayence hergestellt ist, müssen wir auf Grund des deutlichen Zusammenhanges demselben außerägyptischen kulturellen Milieu (im weiteren Sinne) zuordnen; ob sie örtlich zur Produktion der Steatitskarabäen gehören, kann daraus sicher nicht geschlossen werden. Dazu kommt, daß das Motiv nach einem Beispiel aus Tharros in Sassari[286] auch in die Glyptik aus hartem Stein Eingang gefunden hat.

Ergänzend zu den oben angeführten, verwandten Stücken aus Tell Sharuhen[287] sei erwähnt, daß sich eine dem kreuzschraffierten Uräus des in Anm.
284 zitierten Exemplares in Cagliari stilistisch sehr nahestehende Darstellung
auf einem Fayencesiegel von Stratum V (2. Hälfte des 11. Jhs. v. Chr.) in
Megiddo[288] findet.

Das auf Taf. 111,2 abgebildete Vergleichsstück aus dem Gebiet des phönikischen Mutterlandes entspricht exakt unseren sardischen Funden in Stil,
Typologie und Material; das Motiv präsentiert sich in der einfacheren
Ausführung unserer Taf. 111,1 mit einer zusätzlichen Basislinie wie auf Taf.
110,2; die Rückenwölbung des Käfers kann mit Taf. 111,3b verglichen
werden. Zumindest ein Skarabäus in Karthago[289] gehört zur selben Gruppe;
der spanische Raum hat aber trotz der guten Publikation nichts davon zu
bieten. Wir können also auch hinsichtlich der speziellen Typen von Taf.
111 wieder nur das phönikische Mutterland als Herkunftsgebiet ins Auge
fassen[290].

Eine merkwürdige Variante bildet der Skarabäus Abb. 33, von dem nur die
schmale Basis erhalten ist: Möglicherweise ist rechts neben dem Mann eine

Abb. 33: Basis des Skarabäus Matthiae Scandone, *Cagliari*, F 9;
graubrauner, gemaserter Steatit; 2:1; nach Photo vom Original.

auf menschlichen Füßen stehende Flügelschlange mit offenem Maul dargestellt[291]. Für eine auf menschlichen Füßen gehende Flügelschlange können
wir auf eine Szene im Papyrus eines Amenophis aus der 21. Dynastie
verweisen[292]; die Schlange heißt hier „Herr der Furcht in der Unterwelt". Im
phönikischen Kulturkreis ist mir dafür nichts Paralleles bekannt[293].

Das Motiv des jugendlichen Gottes, *hinter* dem sich die Schlange befindet,
kann, wie oben[294] betont, nur eine Variante des Motives darstellen, in dem
— aus ägyptischer Sicht — Harpokrates im Schutze der geflügelten Isis steht;
besonders deutlich ist dies, wenn die Schlange ebenfalls geflügelt ist, wie auf
Taf. 111,3 oder 119,1. Umgekehrt ist die Position auf Taf. 112,1: Hier
befindet sich die Schlange *vor* dem königlichen, jugendlichen Gott; die
Schutzschlange hat jetzt eher feindabwehrenden Aspekt, ähnlich wie der
Uräus an der Stirn des Königs (den wir übrigens auch an dem schreitenden
Gott wahrnehmen), und kann nicht mehr mit der schützenden Isis in direkten

Zusammenhang gebracht werden. Wie Keel[295] bei der Bearbeitung eines verwandten, früheisenzeitlichen Rollsiegels aus Tell Keisan treffend bemerkt, dürfte die Schutzfunktion des Uräus gegenüber der stehenden, männlichen Gestalt in Analogie auf den Träger des amuletthaften Siegels übergehen. Auf dem Siegel von Tell Keisan stehen die männlichen Gestalten mit dem großen Stock — dort sind es zwei — palästinensischer Tradition näher als ägyptischer. Das gilt auch für den hinter einem großen Uräus dargestellten Mann auf einem Fayencesiegel aus Stratum III (etwa 780-650 v. Chr.) von Megiddo[296]. Das ausschließlich von ägyptischer Kunst und religiöser Vorstellungswelt geprägte Bild unserer Taf. 112,1b-c — hier ergänzt durch eine Sonnenscheibe über der Schlange, ein *nfr* und ein *nb* als Basis — findet Parallelen in Ajia Irini im Kontext des 6. Jhs.[297] und in Deve Hüyük[298] im perserzeitlichen Zusammenhang. Diese beiden Stücke tragen das Motiv des Harpokrates mit einer Hand am Mund, der hinter einem Uräus mit Sonnenscheibe steht, ohne weitere Zutaten.

Bereits mehr dem östlichen Milieu verhaftet ist Taf. 112,2,c-d, wo das *nfr* durch ein *wȝś*-Szepter ersetzt ist, das auch Gottheiten in vorderasiatischer Ikonographie häufig zu tragen pflegen[299]. Der jugendliche Gott, dem die Charakteristika des ägyptischen Königs und des Harpokrates fehlen, ist vom Uräus ab- und zu diesem Szepter hingewandt, das nun sein Attribut geworden ist. Den Übergang zur Glyptik aus hartem Stein[300] verdeutlicht wieder das kreuzschraffierte Basissegment, das aus dem *nb* entstanden ist.

Taf. 112,3 führt uns das in der assyrischen Kunst vielfach variierte Thema des Heros, der gegen ein Untier kämpft, vor. Dem Tier in dieser Ausführung mit dem einen sichtbaren, leicht geschwungenen Horn und der charakteristischen Beinhaltung steht auffallend nahe die Darstellung auf einem assyrischen Zylinder im Louvre[301], wo der Heros allerdings vierflügelig und auch sonst mit allen assyrischen Details ausgestattet ist. Unser Stück gibt das assyrische Thema vereinfacht wieder (besonders was die einfache, für unsere Produktion beinahe typische anthropomorphe Darstellung[302] anlangt) und verbindet es mit ägyptischen Formen, d.i. die Form des Skarabäus und das *nb*, worauf die Szene gestellt ist. Das wichtigste Vergleichstück ist aber der zur selben Produktion gehörige Steatitskarabäus aus ʿAtlit Abb. 24, der unsere Szene (in leicht plumperer Ausführung) um eine einfache Flügelsonne und eine Scheibe unter dem Bauch des Tieres bereichert. Wie oben[303] angedeutet, stellt diese Parallele aus ʿAtlit die direkte Verbindung zwischen den „prunkvoll" ausgeführten Exemplaren mit gepunkteter Rückenzeichnung (wie Taf. 119,1) und den einfacheren Typen mit dreifacher Trennung der Elytra her. Außerdem beweist sie im speziellen die Herkunft unserer Taf. 112,3 aus dem phönikischen Mutterland.

Teilweise in der palästinensischen Tradition steht ein hier abschließend zu erwähnender Skarabäus aus Tharros im British Museum[304]: Im Zentrum

befinden sich drei einfache, menschliche Gestalten, die stark an Dreier-
gruppen auf eisenzeitlichen Siegeln aus Megiddo und Lachish [305] erinnern; als
Basis dient das übliche *nb*; oben schwebt die Flügelsonne, getrennt durch eine
Doppellinie, wie wir sie von Registerskarabäen kennen (vgl. Taf. 130,2-3).
Genau denselben Aufbau finden wir bei ägyptischen Skarabäen, wo Amun
und Re den König an der Hand führen [306]. Kann man hier eine Kontinuität
annehmen, wobei jedoch durch den früheisenzeitlichen kulturellen Bruch
lokale Stilelemente die Oberhand gewonnen hätten?

Die in dem Kapitel behandelten Skarabäen aus dem charakteristischen,
gemaserten Steatit haben alle den gerippten Kopf und die dreifache Trennung
der Elytra gemeinsam [307]. Aus spanischen Kontexten kann kaum Analoges
zitiert werden [308], und nur wenige exakte Parallelen bietet Karthago: Ein
Stück [309] gehört z.B. in die große Gruppe unserer Taf. 111 und stammt aus
einem Kontext des 4. Jhs., ein weiterer [310] vertritt vielleicht die mittelgroße
Gruppe mit Hieroglyphen (etwa wie unsere Taf. 109,2-3). Unsicherheiten
bleiben bestehen, da Vercoutter die Bezeichnung „Steatit" stets meidet.
Obwohl uns das Gebiet der phönikischen und syrischen Küste hinsichtlich
wissenschaftlicher Ausgrabungen und darauf beruhender Publikationen völlig
im Stich läßt, bieten bereits einige Stücke, die aus der Sammlung De Clercq,
der einzigen größeren Materialgruppe aus dem Gebiet, ausgewählt wurden,
exakte Parallelen zu den Sphinx- und anderen Darstellungsskarabäen. Daß
diese in Al Mina und unter den doch zahlreichen, publizierten, zyprischen
Funden fehlen, muß für eine Umgrenzung des Herkunftsgebietes in Erwägung
gezogen werden.

3.1.4 *Die restlichen Kleinobjekte aus gemasertem Steatit*

Hier sind zunächst die Steatitskarabäen zu erwähnen, die auf Grund ihrer
Typologie eine Sonderstellung einnehmen. Der am schönsten ausgeführte
Skarabäus aus hellbräunlichem, schwach gemasertem Steatit ist auf Farbtaf.
IV,2 abgebildet, obwohl die Feinheiten des Materials vielleicht nur am
Original wirklich erkennbar sind. Seine unter Nr. 14 der Typentafel I wiedergegebenen Formen mit halbkreisförmigem Kopf (Petries „lunate head") und
doppelter Trennung der Elytra bieten eine ägyptische Typologie, die ähnlich
auch Nr. 4 repräsentiert. Die Flachseite [311] ist durch großflächige, schraffierte
Zeichen charakterisiert, wie sie öfters auf außerägyptischen, östlichen Steatitskarabäen begegnen [312]. Es wird demnach auch hier am unägyptischen Ursprung festzuhalten sein.

Im krassen Gegensatz dazu steht die minderwertige Ausführung des Skarabäus aus bräunlichem Steatit der Taf. 115,4 (Nr. 24 der Typentafel I), wo die
Beinchen durch waagrechte Rillen ersetzt sind und eine Trennung der Elytra
fehlt. Ägyptische Vorbilder gibt es auch dafür [313]. Auf der Flachseite ist ein

sitzender Löwe mit zurückgewandtem Kopf, geöffnetem Maul und nach oben gerichtetem Schwanz dargestellt, wie wir ihn auf den Skarabäen der Taf. 133,2 (hellgelbliche, feine Fayence mit hellgrüner Glasur) und Taf. 138,1 (hellbraune, rauhe Fayence) wiederfinden [313a]. Matthiae Scandone hat den Zusammenhang mit archaisch griechischen Skarabäen erkannt [314]. Ähnlich sind Löwendarstellungen, bei denen das Tier ein Vorderbein erhoben hält [315]. Auf den griechischen Skarabäen ist dieser Löwe jedoch östliches Erbe, sodaß die Darstellung von Taf. 115,4c nicht auf ihnen beruhen muß. Angesichts der immer wieder festzustellenden Verbindung zwischen unseren Steatitskarabäen und den figürlichen Amuletten aus demselben Material werden wir der Darstellung eines Löwen in genau derselben Art auf dem oben [316] erwähnten Steatitfigürchen aus Ajia Irini den Vorrang einräumen und die Beziehungen zur archaisch griechischen Glyptik als sekundär verstehen.

Das bestätigt uns ein Skarabäus aus Tharros in der Sammlung Spano [317], auf dem der eben beschriebene Löwe zusammen mit einem *nfr* über dem *nb* als Basis begegnet. In Hinblick auf die Tatsache, daß dieser Löwe auf dem genannten Steatamulett aus Ajia Irini zusammen mit der phönikischen Flügelsphinx erscheint, ist die Analogie zu dem Fundstück der Taf. 113,2c aus Syrien/Phönikien auffällig. Den Ursprung des Skarabäus auf Taf. 115,4 werden wir jedoch noch offen lassen, da wir bis jetzt für dessen äußere Typologie noch kein Gegenstück aus dem phönikischen Mutterland anführen können [318].

Bereits mehrfach sind wir auf Petubastis-Inschriften auf unseren Skarabäen gestoßen [319], die einerseits — wie vor allem Abb. 29 zeigt — mit Naukratis in Verbindung zu stehen scheinen, andererseits aber nach Ausweis unserer Taf. 101,4 auch in der Produktion des phönikischen Mutterlandes bekannt waren. In Anschluß an den gleichfalls aus Syrien/Phönikien stammenden Kauroid Taf. 106,4 hatten wir Gelegenheit [320], auf den formverwandten, aber mit mehr Einzelheiten ausgestatteten Kauroid unserer Taf. 150,1 aus Tharros hinzuweisen, auf dem wir ebenfalls „Petubastis" lesen. „Petubastis" ist auf Kauroids keine Seltenheit [321]. Interessant ist, daß wir den bei uns vorliegenden Kauroidtypus bereits aus dem mittelbronzezeitlichen Jericho kennen [322].

Zu den hier behandelten Objekten gehören wohl auch rechteckige Plaketten wie unsere Taf. 149,2 aus Tharros, da der Stil der Zeichen und die Art der tiefen Eingravierung gut entsprechen. Die sitzende Maat mit dem Anch oder einem anderen Zeichen über dem Knie zwischen zwei Federn ist ein beliebtes Motiv auf Skarabäen [323]. In Tharros fand sich eine ähnliche Plakette

 aus „weißem, weichem Stein" [324], auf der ein Djed-Pfeiler von

Anchzeichen flankiert wird; das Gebilde auf dem Pfeiler dürfte eine verein-

fachte, phönikische Schalenpalmette darstellen, wie wir sie von Steatitskarabäen aus Rhodos[325] oder 'Atlit[326] kennen, obwohl auch die Schnörkel
(„scrolls") ägyptischer Skarabäen[327] nahestehen. Der von Anch-Zeichen
flankierte Djed-Pfeiler ist nicht nur ein beliebtes Motiv auf ägyptischen
Skarabäen[328], sondern begegnet auch in Palästina häufig seit der Hyksoszeit[329], auch auf Anra-Skarabäen[330]. Die beste Parallele zu unserem Stück
fand sich in Bothros I (600-450 v. Chr.) in Kition[331] und ist aus dem
unägyptischen Materialtypus A hergestellt; ein leichter Unterschied besteht
nur in dem Gebilde über dem Djed-Pfeiler, das die Autoren als Sonne mit
Uräen deuten. Dieser zuletzt genannte Skarabäus dürfte für die Bestimmung
des Ursprungsgebietes (in weiterem Sinne) unseres Exemplares aus Tharros
ausschlaggebend sein.

Bereits bei der Besprechung der sitzenden Flügelsphinx[332] haben wir den
Kopfskaraboid der Taf. 124,4 (Farbtaf. IV,3) und sein getreues, wahrscheinlich aus Karthago[333] stammendes Gegenstück in unsere Überlegungen miteinbezogen. Auf Grund der Darstellung der Flachseite können wir demnach
den Ursprung der beiden Kopfskaraboide nur im phönikischen Mutterland
suchen. Die in Palästina und Phönikien beliebten Kopfskaraboide — z. T.
auch Negerkopfskaraboide wie bisweilen fälschlicherweise die ganze Klasse
genannt wird — sind von den typisch naukratischen Exemplaren (dazu unsere
Taf. 124,1-2) gut zu unterscheiden. In Palästina können wir auf Funde aus
Tell en-Naṣbeh, Tell Qasile, Azor, Tell Abu Hawam oder Tell Keisan[334]
verweisen; im Norden sind Beispiele aus Beirut, Byblos oder Hama[335] bekannt, im ägäischen Raum aus Rhodos (mit *Mn-kȝ-Rˊ*-Pseudokartusche)[336]
und Perachora[337]; dieser letztere Kopf ist aus blauer Paste hergestellt, trägt
deutlich negroide Züge (jedoch ohne die naukratischen Kraushaare) und
hat auf der Unterseite eine Greifendarstellung. Die Siegel in Form eines
Menschenkopfes lassen sich also in den verschiedenen lokalen Produktionen
im östlichen Mittelmeerraum nachweisen und sind — wenn auch in kleinem
Ausmaß — ein deutlicher Ausdruck für den dort herrschenden Kulturaustausch. Das gilt besonders für unser Stück der Taf. 124,4, da es in die
Produktionsgruppe der phönikischen Steatitskarabäen gehört.

3.2. *Argumente für die Existenz von Steatitskarabäen des phönikischen Mutterlandes auf Sardinien*

Nach der Einzeluntersuchung erscheint es angebracht, die wichtigsten
Tatsachen und Argumente zur Ursprungsproblematik zusammenzufassen.
Vorausgeschickt sei, daß die hier vertretene Ansicht, soweit sie sich allein
auf die Tatsache des außerägyptischen Ursprunges der Skarabäen auf Taf.
104-119 bezieht, mit wenigen Ausnahmen[338] dem Ergebnis von Matthiae
Scandone entspricht. An der Zusammengehörigkeit aller dieser Stücke —

zumindest im weiteren Sinne des kulturellen Milieus — ist auf Grund der relativen Einheitlichkeit des Steatits und der allgemeinen stilistischen Grundzüge nicht zu zweifeln. Das Aussehen des Steatits mit der mehr oder weniger deutlichen, gröberen oder feineren Maserung usw. war für uns ein Ordnungskriterium, um die hier zur Diskussion stehenden Skarabäen zusammenzuführen, soll jedoch vor allem wegen der Fragwürdigkeit, die in der alleinigen Beobachtung durch das menschliche Auge liegt, *nicht* als Grundlage dafür dienen, *alle* diese Stücke einem einzigen Ursprungsgebiet zuzuweisen. Folgende Tatsachen, die über den vielleicht anfechtbaren, unägyptischen Eindruck von Material und Stil erhaben sind, weisen auf eine außerägyptische Herstellung der Gruppe:

1. Diejenigen Beziehungen zu den Steatitamuletten des phönikischen Mutterlandes, die dafür sprechen, daß zumindest ein guter Teil unserer Steatitskarabäen derselben Produktion entstammt; das sind:

    a) Die charakteristischen Übereinstimmungen in der Art des Steatits [339].

    b) Der direkte motivmäßige Zusammenhang zwischen manchen Skarabäenflachseiten und dem Basisdekor dieser Steatitamulette in stilistisch identischer Ausführung. Das betrifft die sitzende Flügelsphinx, die sich auf einem Patäken in Karthago und einem Amulett aus Ajia Irini wiederfindet [340], den sitzenden Löwen unserer Taf. 115,4c auf eben demselben Amulett aus zyprischem Kontext [341] oder das Motiv des Harpokrates mit der geflügelten Schutzgöttin, das wir auf einem Patäken von Ibiza nachweisen konnten [342]. Dazu gehört auch die stilistische Übereinstimmung des Isis-Hathor-Kopfputzes auf Skarabäen und Amuletten [343].

2. Die asiatischen Motive auf den großen Skarabäen mit einer Rückengliederung in Punktreihen (z. B. Taf. 119,2) und den gleich großen mit dreifacher Trennung der Elytra (Taf. 112,3) [344].

Welche Indizien gibt es nun dafür, daß unter diesen außerägyptischen Skarabäen Sardiniens die Existenz einer speziell ostphönikischen Produktion faßbar ist? Neben den genannten, direkten Verbindungen zu den östlichen Steatitamuletten bieten das Hauptargument die in jeder Hinsicht (materialmäßig, typologisch und stilistisch) exakt übereinstimmenden Fundstücke aus Syrien/Phönikien. Zu den einzelnen Typen unserer Typentafel I können wir folgende Argumente für eine östliche Herkunft zusammenfassen:

a) *Nr. 13*: Das Motiv der „beiden Hapi" (bei Taf. 104,3c etwas abgewandelt in der linken Gestalt), das den Typus an den östlichen Kauroid Taf. 106,4 und das große Stück Taf. 118,2 anschließt.

b) *Nr. 15*: Die Verwandtschaft im Seitenprofil von Taf. 104,1d mit 104,2b und 3b, sowie der in Anm. 190 genannte Skarabäus östlicher Herkunft.

c *Nr. 16 und 19*: Diese Typen mit der gepunkteten Rückenzeichnung sind mit entsprechenden Motiven im selben Stil bis jetzt nur auf Sardinien und im phönikischen Mutterland belegt (vgl. Taf. 119,2-3; 120,1-2)

d) *Nr. 17* (= Taf. 105,1; dazu 105,2-3): Die exakte Übereinstimmung in der
  äußeren Typologie mit dem östlichen Exemplar Taf. 101,4 (vgl. Anm. 192).

e) *Nr. 18*: Den großen Typus mit dreifacher Trennung der Elytra repräsentieren die östlichen Fundstücke Taf. 109,4; 111,2 und 113,2. Das Motiv
  von Taf. 112,3c steht mit dem ʿAtliter Stück Abb. 24 (vom Typus unserer
  Taf. 119,1) in engster Verbindung, dasjenige der Skarabäen auf Taf. 110
  mit den Steatitamuletten. Etwas kleinere Exemplare tragen sitzende Flügelsphingen (z. B. Taf. 109,1; 114,1-2), die im selben Stil auf ostphönikischen
  Beispielen anzutreffen sind (Taf. 113,2; 114,3).

f) *Nr. 20* (= Taf. 106,2; dazu Taf. 106,1 und 3): Ausschlaggebend ist auch
  hier das „Hapi-Motiv" von Taf. 106,3 im Vergleich mit dem östlichen
  Kauroid Taf. 106,4.

Für die Skaraboide (Plaketten, Kauroid, Kopfskaraboid) genügt hier ein
Hinweis auf die obigen [345] Darlegungen.

Es spricht alles dafür, daß diese Skarabäen im Gebiet des heutigen Libanon
und der syrischen Küste hergestellt wurden, da sich dort die Sammlung
De Clercq formierte und auch die anderen Vergleichsstücke im Louvre von
dort stammen. Zu den zyprischen Funden gibt es zwar immer wieder gute
Beziehungen, jedoch bis jetzt ist mir kein Stück bekannt, das völlig in die
Gruppe paßt. Dasselbe gilt für die zahlreichen Steatitskarabäen von Al Mina,
sodaß das Herstellungsgebiet unserer speziellen Gruppe nicht soweit nach
Norden reichte. Dort sind andere, gut ägyptisierende Skarabäen aus Steatit
bzw. dem Materialtyp A von Kition belegt, die auch auf Rhodos und in
Mittelitalien bezeugt sind, zu denen wahrscheinlich einige der Stücke aus
Sardinien gehören, die wir im Anschluß an die ägyptischen Originale behandelten. Man könnte nun erwägen, daß die zur selben Produktion gehörenden Skarabäen des phönikischen Mutterlandes und Sardiniens nicht im
Osten, sondern im Westen, nämlich auf Sardinien selbst, hergestellt worden
wären. Bei einer Herstellung auf Sardinien müßten wir ähnlich den Skarabäen
aus Jaspis einen annähernd gleichen Befund auf Ibiza und in Karthago
vorfinden, zumal wir von dort mit guten Publikationen ausgestattet sind
— es sei denn, die Produktion wäre so bedeutungslos gewesen, daß sie auf
Sardinien verblieben wäre. Dem ist aber nicht so, denn unter den wenigen
überhaupt aus Syrien/Phönikien zur Verfügung stehenden Funden ist diese
Produktion *massiv* vertreten. In Spanien gibt es aber (mit Ausnahme verein-
zelter Stücke aus Gibraltar) praktisch nichts, in Karthago einiges Wenige; bis
heute fehlen uns aber sogar von dort die großen Typen mit gepunkteter
Rückenzeichnung. Die Herkunft aus dem phönikischen Mutterland, zumindest der Typen Nr. 13-19 der Typentafel I, scheint somit die einzig
plausible Lösung.

An der Stelle dürfen wir jedoch fragen, ob es möglich ist, daß ein Teil der
großen Gruppe im Westen hergestellt worden sein könnte. Es wäre ja nicht

absurd, wenn es vor oder neben der punischen Glyptik aus hartem Stein auf Sardinien auch eine Herstellung von Steatitskarabäen gegeben hätte, wie es Matthiae Scandone annimmt. Eine Möglichkeit bestünde für die uns bis jetzt fast ausschließlich aus Sardinien bekannten, kleinen Exemplare (Nr. 23 und 25 der Typentafel I) mit dreifacher Trennung der Elytra und Hieroglyphen-legenden (Taf. 107f.); vielleicht auch für die rundlichen Stücke Taf. 109,2-3 in Hinblick auf die den ägyptischen Formen näher stehenden Beispiele Taf. 109,1 und 109,4. Läßt sich eine Grenze zwischen dem östlichen Fundstück Taf. 109,4 und dem sardischen Taf. 108,4 mit der etwas bizarr ausgefallenen Flügelsphinx ziehen?[346] Bis zum Bekanntwerden einer größeren Anzahl von Steatitskarabäen dieser Art aus dem Raume Syrien/Phönikien[347] muß daher die Frage offen bleiben, ob die hier studierte Produktion an einem gewissen Punkt in den Westen überspringt; es würde sich dann, wie so oft, um östliche Handwerker handeln, die sich in der neuen Heimat durch Nuancen von der Produktion des Mutterlandes unterscheiden[348].

4. Die Naukratisgruppe und ihre nächsten Verwandten

Wir hatten bereits mehrfach Gelegenheit, auf interessante Beziehungen zwischen den im vorigen Kapitel behandelten Steatitskarabäen und der Naukratisware hinzuweisen: Das betraf Petubastis-Inschriften (Abb. 29), den Falken auf Taf. 100,3c oder sitzende Flügelsphingen (u. a. Taf. 108,4c)[349]. Dabei scheint es derzeit nicht möglich zu sein, die Entstehung dieser Beziehungen näher zu charakterisieren, da sie hauptsächlich an Typen faßbar sind (Nr. 22 und 23 der Typentafel I), deren Existenz im Osten noch nicht gesichert ist. Allerdings scheinen nur zwei Alternativen akzeptabel: Die eine beruht auf der Tatsache, daß die ostphönikische Produktion von Steatit-skarabäen — soweit sie nicht zu einem echten Zweig phönikischer Kleinkunst geworden ist — gerade von der unterägyptischen Skarabäenerzeugung ab-stammen muß. Eine solche unterägyptische Produktion, bereichert durch griechische und von den Griechen mitgebrachte asiatische Elemente, ist die naukratische Industrie[350]. Spezielle Gemeinsamkeiten erklären sich also zwanglos. Nach der zweiten Möglichkeit würden sich die Beziehungen auf den Einfluß naukratischer Importstücke auf westliche Erzeugnisse gründen[351]. Für die erste Alternative könnte der Petubastisskarabäus unserer Taf. 101,4 oder die besondere Größe des in Anm. 260 genannten Skarabäus sprechen, der dadurch in die Nähe unserer Taf. 110-112 kommt. Daß aber die Nau-kratisskarabäen in anderer Hinsicht im Westen weiterwirken, versuchen wir unten[352] zu zeigen.

Eine große Gruppe von Skarabäen ist durch charakteristische Flachseiten, die harte, dunkelblaue Naukratispaste und eine Seitengestaltung von drei einander nicht berührenden Rillen im Dreieck (vgl. Taf. 122f.) eindeutig als naukratisch definierbar. Wenn wir jedoch keines dieser ausschlaggebenden Kriterien vorfinden, entstehen Unsicherheiten. Die Übergänge zu anderen unterägyptischen Stücken sind fließend, wobei das Material (hellbräunliche bis schwach gelbliche, feine, weiche Fayence) nach den Wahrnehmungsmöglichkeiten des Auges absolut gleichbleibt. Dieser Tatsache ist nicht nur in der obigen Kapitelüberschrift Rechnung getragen, sondern auch durch die Anordnung der auf unseren Tafeln ausgewählten Beispiele: Sichere Importstücke aus Naukratis sind Taf. 120,3-124,2. Die nächststehenden Skarabäen befinden sich auf Taf. 125f. Zeitlich gehören die Stücke in die 26. Dynastie.

Die äußere Typologie der Naukratisgruppe ist denkbar einfach (vgl. Typentafel II). Es dominiert eine Rückengliederung in einfacher Linienführung zusammen mit einem halbkreisförmigen Kopf entsprechend den von Petrie in Naukratis gefundenen Tonformen[353]; gelegentlich erkennen wir ganz kleine Ansätze der bekannten Rückendreiecke[354]. Die blauen Stücke geben oft eine geläufige, seitliche Typologie wieder, die sich durch eine an ein Rechteck annähernde Basis und deutlich schraffierte Beinchen auszeichnet (Taf. 120,3a)[355]. Zu den auffälligsten Merkmalen gehört die Seitenausführung durch drei Rillen im Dreieck, die einander in den Ecken nicht berühren; dazu kommt oft eine vierte parallel zur hinteren, schrägen Rille (Nr. 1 und 5 der Typentafel II; Taf. 122,2-123). Dieses Merkmal tragen auch sehr viele der Naukratisskarabäen aus Conca (Latium) und Tarent[356] und begegnet bei allen Fayencearten, in denen die Naukratisproduktion arbeitet.

Bis jetzt lassen sich vor allem drei Materialtypen in dieser Industrie erkennen: 1. die harte, dunkelblaue Naukratispaste (Taf. 120,3; 121,1-2; 123,3; 124,2)[357]; 2. Fayence mit Glasur, deren Farbton zwischen grün, gelb und hellblau schwankt (in guter Ausführung Taf. 123,1-2,4)[358]; 3. eine wenig widerstandsfähige, hellgelbgraue bis leicht bräunliche Fayencemasse, deren nur selten erhaltene Glasur entweder völlig farblos ist oder hellapfelgrün schimmert; die Stücke bieten oft eine extrem minderwertige Qualität und sind uns z. B. aus Karthago[359] und Tarent[360] bekannt. Zwischen der zweiten und dritten Gruppe gibt es Übergänge, wie möglicherweise unsere Taf. 122,2-3.

Die Inschrift von Taf. 121,3 leitet sich nach einem aus Tarent bekannten Schema[361] von „Psammetich" ab, wobei die p-Hieroglyphe durch die Sonnenscheibe ersetzt ist. Unser Stück, dessen Material den Tarentiner Skarabäen engstens verwandt ist, zeichnet sich diesen gegenüber sowohl durch eine eher realistische Käfertypologie[362], als auch durch die Beibehaltung der ś-Hieroglyphe aus.

Der hier erstmals publizierte Skarabäus der Taf. 123,1 trägt eine in Tarent beliebte[363] Kurzform des Horusnamens Psammetichs II.: Ḥr mnḫ ⟨jb⟩. Die gute Ausführung geht mit einem Exemplar aus Conca[364] konform. Im übrigen sind Beispiele, abgesehen von Naukratis[365], im argivischen Heraion[366] und von der spanischen Nordostküste[367] bekannt. An Ḥr⟨mnḫ⟩jb

TYPENTAFEL II: FAYENCESKARABÄEN
1: Naukratis und Verwandtes

(1:1)

Erklärung:

Nr. 1 = Taf. 122,2a und d;
Nr. 2 = Taf. 121,3a-b;
Nr. 3 = Taf. 125,2a und d;

Nr. 4 = Taf. 120,3a und d;
Nr. 5 = Taf. 123,3a-b;
Nr. 6 = Taf. 141,1a und d.

könnte man auch bei der Inschrift ⌀ eines wohl aus Tharros stammenden Skarabäus[368] denken, da sich der Falke mit dem *jb* allein auf einem der Naukratisskarabäen aus Conca[369] wiederfindet. Strukturell ist es eine Variante der auch in Karthago belegten Folge *jb-Mȝ't-R'* plus *nb*[370].

Einen weiteren Königsnamen, nämlich *Wȝḥ-jb-R'* (Psammetich I. oder Apries), finden wir auf dem sicher unterägyptischen Skarabäus mit seitlich umlaufenden Noppen[371] der Taf. 125,1. Dieses Exemplar steht nicht nur durch seine hellbräunliche Fayence, sondern auch durch den Stil der Zeichen Fundstücken aus Naukratis, Tarent und Karthago sehr nahe[372].

Die Hieroglyphenkombinationen der sicheren naukratischen Importstücke Taf. 123,2c (Feder, Anch, *nb*) und 123,3c (Sonne, Uräus, schematisches Udjat) sind außerordentlich beliebt. Ein in Material, äußerer Typologie und Flachseite mit Taf. 123,3 identischer Skarabäus aus Tharros befindet sich im British Museum[373]. Für beide Typen dürfen wir vor allem wieder die Parallelen aus Tarent und Karthago hervorheben[374]. Ein weiterer Skarabäus aus der harten Naukratispaste mit annähernd realistischer Beinchenausführung, der sich unter den Tharrosfunden im British Museum befindet[375], trägt auf der Unterseite von rechts nach links ein zweigeteiles Anch, eine ganz charakteristische Eule mit zurückgewandtem Kopf und verschmolzenen Beinchen[376] und einen Uräus[377].

Zu den häufigsten Darstellungen gehören die beiden Krokodile von Taf. 123,4c, die fast überall dort begegnen, wo es Naukratisskarabäen gibt[378]. Dazu kommt auf Sardinien noch ein Exemplar, das in Sassari (Raum H, Vitrine 42) ausgestellt ist. Angesichts des auch außerhalb der Naukratisproduktion beliebten Motives können wir bei Taf. 123,4 die Zugehörigkeit zu dieser Gruppe nur an Hand der markanten, äußeren Typologie nachweisen.

Für Naukratis ist auch eine ganze Reihe nach rechts schreitender Tiere typisch, deren Vorgeschichte teilweise in Vorderasien zu suchen ist. Das gilt insbesondere für unsere Taf. 122,2b: Das Motiv der Antilope(?) mit den langen Hörnern begegnet z. B. in der eisenzeitlichen, palästinensischen Glyptik von Lachish und Megiddo[379]. In der Naukratisproduktion befindet sich über dem Tier, das oft nur ein geschwungenes Horn in der Art eines Steinbockes zeigt, gewöhnlich die Sonnenscheibe. Beispiele kennen wir aus Rhodos, Perachora, Conca in Latium[380] und Can Canyís an der spanischen Nordostküste[381].

Nächst verwandt ist das Motiv des hornlosen, nach rechts schreitenden Tieres mit Sonnenscheibe über dem Rücken, das wir auf dem blauen Exemplar Taf. 121,2 (Farbtaf. V,5) und dem der Taf. 122,3 finden. Wir begegnen ihm auf Naukratisskarabäen im ägäischen Bereich, sowie im zentralen und westlichen Mittelmeerraum[382].

Einen Falken im Naukratisstil finden wir auf dem Stück der Taf. 122,1, das in der äußeren Ausführung mit Taf. 121,3 (= Nr. 2 der Typentafel II) übereinstimmt. In wesentlich eleganterer Ausführung und mit ägyptischer Doppelkrone begegnet der Falke auf dem naukratischen Kopfskaraboid Taf. 124,1. Charakteristisch für den Falken ist der große, schwer herabhängende Teil der Geißel und die dem gegenüber schwache Verbindung mit dem Falken selbst [383].

Aus Tharros kennen wir zwei Skarabäen [384], die einen sitzenden, bärtigen Flügelsphinx zeigen und dahinter, getrennt durch eine gerade Linie, ein Kreuz zwischen zwei Kreisen, das eine geometrisierte Form von *Wš-jb-Rˁ* darstellt [385] und gleichfalls in Naukratis beliebt ist. Daß es sich um Importstücke aus der Griechenkolonie handelt, beweist uns das Material (etwas dunklere, blaue Naukratispaste) des im British Museum aufbewahrten Exemplars. Parallelen und eng verwandte Stücke, auf denen das Thema mit einem Greif variiert ist, sind aus Naukratis, unter den entsprechenden Funden des Sarnotales (Kampanien) oder aus Karthago gut bekannt [386].

An dieser Stelle können wir auch an das Wesen mit gleichmäßig gebogenen Flügeln und s-förmig aufsteigendem Schwanz verweisen, das auf dem naukratischen Kopfskaraboid der Taf. 124,2 wiedergegeben ist. Die verwandten Flügelgreife, die wir derzeit aus Naukratis kennen, sind zwar nicht identisch [387], jedoch beweist uns wieder das Material, aber auch die charakteristische Form des Skaraboides, die wir bereits von den Naukratisfunden aus Tarent kennen [388], daß Taf. 124,2 hier einzuordnen ist.

Denselben Stil mit den beiden aufgerichteten, gebogenen Flügeln repräsentiert ein Pegasus mit zurückgewandtem Kopf innerhalb schraffierter Umrandung auf einem Skarabäus aus dunkelblauer Naukratispaste, der aus Tharros stammt und sich im British Museum befindet [389]. In ähnlicher Haltung können wir ein von einem Löwen angegriffenes Flügelpferd aus Naukratis selbst zitieren [390]; die äußere Typologie in Verbindung mit demselben Material scheint einem Pegasus-Skarabäus aus Tarent [391] nahezukommen.

Taf. 120,3 bringt uns, ebenfalls innerhalb schraffierter Umrandung, das Motiv des Mannes hinter einem Flügelpferd, das den Kopf zurückwendet. Obwohl wir unter den publizierten Naukratisfunden vergeblich nach einer Parallele suchen, lassen der Stil und das Material der harten, blauen Paste, sowie das Motiv im allgemeinen keinen Zweifel an dem naukratischen Ursprung.

In Naukratis hat man auch gerne menschliche Wesen mit Flügeln ausgestattet. So sehen wir auf einem Skarabäus aus Tharros im British Museum [392] eine aufrechte Gestalt mit zwei ausgestreckten Flügeln, deren Spitzen nach oben gebogen sind; vom Vorderflügel hängt ein Uräus herab; die Beine flankieren zwei zusammengekauerte Löwen mit nach innen, d. h. zurückgewandten Köpfen. Dieselbe Gestalt (ohne Uräus und mit weniger gebogenen Flügelspitzen) findet sich tatsächlich in Naukratis [393]. Aber auch die laufende

Gorgo mit Rückenflügeln (und Flügeln, die von den Waden ausgehen) auf einem griechischen Skarabäus[394] ist auffällig verwandt. Das Exemplar aus Tharros ist aus der harten, blauen Paste mit etwas dunklerer, glänzender Oberfläche hergestellt und repräsentiert eine ausgezeichnete saitische Typologie in der Art, die oben[395] besprochen wurde.

Aus Naukratis kommt sicher auch ein weiterer aus harter, blauer Paste hergestellter Skarabäus unter den Tharrosfunden des British Museum[396]. Er zeigt eine geflügelte, männliche Gestalt im Knielauf (davor einen Uräus), wie wir sie ähnlich aus Naukratis selbst[397], fast identisch auf einem Stück aus blauer Paste in Kairo[398] und einem Skarabäus der Naukratisfunde von der Insel Berezan (in der Nähe von Olbia in Südrußland)[399] kennen. Auch hier sei zum Vergleich auf einen griechischen Karneolskarabäus[400] mit einer geflügelten Gorgo im Knielauf hingewiesen.

Unsicherheiten ergeben sich dagegen bei der Einordnung eines zweiseitig dekorierten Skaraboides (Abb. 34) aus relativ harter, gelblicher Fayence mit

unten   oben

Abb. 34: Skaraboid in Cagliari (Matthiae Scandone, *Cagliari*, D 6), 2:1; nach Photo vom Original.

sehr guter, matter, beigegrüner Glasur: auf der Unterseite befindet sich eine kniende, vierflügelige Gestalt, auf der leicht gewölbten Oberseite eine Gans mit Feder. Den kulturhistorischen Hintergrund in Palästina beleuchtet ein zweiseitig dekorierter Skaraboid der Hyksoszeit mit ähnlichen, umlaufenden Noppen aus Lachish[401]; ebendort findet sich auf einem spätzeitlichen Steatitskarabäus eine kniende, zweiflügelige Gestalt mit zwei Federn auf dem Kopf, die an die Darstellung auf unserem Skaraboid erinnert[402]. Daß dieser wohl ein naukratisches Erzeugnis darstellt, zeigt ein völlig gleichartiger Skaraboid aus derselben „gelblichen bis gelbgrünlichen Fayence", der in Tarquinia gefunden wurde und auf beiden Seiten naukratische Tierkampfszenen trägt[403].

Die Thematik des Tierkampfes führt uns auch der auf Taf. 121,1 erstmals publizierte, blaue Skarabäus vor Augen: Ein Löwe oder Panther mit dem Kopf nach links fällt über ein auf dem Rücken liegendes Hörnertier (mit dem Kopf nach rechts) her. Eine genau entsprechende Parallele aus blauer Paste ist von Naukratis bekannt[404]. Hier handelt es sich gleichzeitig um ein Motiv der archaisch griechischen Skarabäenglyptik[405]. Bei unserem Exemplar ist interessant, daß der Kopf des Skarabäus bei Betrachtung wie auf

Taf. 121,1b links zu liegen kommt, was gleichzeitig der Ausrichtung des Löwen auf der Flachseite entspricht.

Für Naukratis werden wir uns auch bei dem Siegel der Taf. 126,3[406] entscheiden wegen der Nähe zu einem Skarabäus aus Tarent[407], auf dem sich dieselben Zeichen finden, ergänzt durch ein kleines, waagrechtes Schilfblatt, das dem kleinen Querstrich am oberen Rand unseres Siegels (vgl. Taf. 126,3c) entspricht. Eine genaue Parallele zu der bei uns vorliegenden Anordnung bietet ein Skarabäus aus Lindos[408], wo (in senkrechter Flachseite) allerdings noch ein *nb* am unteren Rand hinzugefügt ist.

Dazu gehört auch ein rundes Plättchen mit glatter, leicht gewölbter Oberseite (Abb. 35), eine in Naukratis sehr beliebte Siegelform, die gleichfalls weite Verbreitung erfahren hat[409]. Die Unterseite dieses Plättchens trägt ein sitzendes Tier mit erhobenem Schwanz und einem erhobenen Vorderbein, was auf eine Beziehung zu manchen „Inselgemmen"[410] weist.

Abb. 35: Rundes Plättchen aus weißlicher bis kremfarbener Fayence in Cagliari (Matthiae Scandone, *Cagliari* I 8), 2:1; nach Photo vom Original.

Der gerade aufsteigende Schwanz vertritt die senkrechte Linie, die sonst das Kreuz zwischen den Kreisen vom Rest der Darstellung trennt; Belege bieten dafür sowohl Skarabäen wie Plättchen dieser Art[411].

Die naukratischen Kopfskaraboide der Taf. 124,1-2[412] bedürfen hier keiner weiteren Erläuterung mehr. Das Verhältnis zu dem außerägyptischen Erzeugnis der Taf. 124,4[413] scheint ebenfalls klar zu sein. Weniger sicher ist die Zuweisung zu Naukratis bei Taf. 124,3, obwohl nichts dagegen spricht. In dieser Produktion ist auch das *nfr* zwischen den beiden Federn[414] und die Kombination des *nb* mit dem breiten *mn*[415] bekannt.

Wir haben in dem Kapitel, wenn wir von einigen Unsicherheiten absehen, bisher das charakteristische Importmaterial aus Naukratis zusammengefaßt. Diese Kleinfunde bieten uns ein für die griechisch-ägyptische Siedlung am kanopischen Nilarm typisches ägyptisches und vermischt ägyptisch-griechisches Kulturgut mit asiatischer Komponente, wie wir gesehen haben, in relativ weiter Streuung. Die naukratischen Skarabäen enden im griechischen Raum und in Italien um die Mitte des 6. Jhs. v. Chr. und können auch auf Sardinien der älteren Phase der Aegyptiaca, d. h. der vorpersischen oder saitischen Phase, zugerechnet werden. Sie stellen überdies Beziehungen zur gesamten griechischen Welt, sowie Mittelitalien und Karthago her. Jedoch scheint Karthago nicht Umschlagplatz, sondern nur Empfänger dieses

Materials gewesen zu sein, da es sich sonst in Spanien nicht ausschließlich im griechisch beeinflußten Nordosten fände. Für die Existenz der Naukratisware auf Sardinien müssen daher in erster Linie die Griechen in Italien, im besonderen auf Sizilien, verantwortlich gemacht werden. Ob sich in den Gemeinsamkeiten mit den Funden aus Etrurien und Latium außerdem Beziehungen zwischen Sardinien und Westmittelitalien widerspiegeln, ist ebenfalls zu überlegen.

Wie bereits oben[416] angedeutet, sind auf Taf. 125-126 einige Beispiele ausgewählt, die sich beim derzeitigen Publikationsstand nicht mit Sicherheit der Naukratisproduktion zuweisen lassen. Auf jeden Fall illustrieren diese Skarabäen den Übergang zu anderen unterägyptischen Erzeugnissen und kommen daher aus dem Nildelta. Viceversa ergibt sich daraus ein Argument mehr für die Verankerung der naukratischen Produktion innerhalb der unterägyptischen Tradition, die jedoch durch Elemente, die die Griechen mitbrachten (und mögen sie auch zahlreich sein), bereichert wurde bzw. durch diese ihre charakteristischen Merkmale erhielt[417].

Das Material der Stücke auf Taf. 125f. ist eine stets gleiche, hellbräunliche, feinkörnige, eher weiche Fayence ohne erhaltene Glasur im eigentlichen Sinne. Bei Taf. 126,1 ist die Oberfläche teilweise weiß (exakt wie bei Taf. 136,1) und bei dem nächst verwandten Stück Abb. 36 zumindest etwas heller als das Innere. Das Material entspricht im Charakter dem vieler Naukratisskarabäen von Tarent; auch die schwache Eingravierung, die bei Taf. 125,3 und 126,1-2 sehr auffällig ist, geht konform. Dennoch bieten diese Stücke hier eine andere äußere Typologie und sind auch im Stil des Dekors wesentlich besser und feiner gearbeitet. Interessant ist, daß der große Skarabäus mit den beiden Ringen auf Taf. 126,2 (Farbtaf. V,4) sich materialmäßig nicht im geringsten von dem kleinen Exemplar mit der beliebten Löwendarstellung der Taf. 125,2 unterscheidet. In der Fayenceart ist auch Taf. 136,1 von 126,1 nicht zu trennen. Taf. 136,1 wurde jedoch auf Grund seiner äußeren Typologie (vor allem des Rückens) in eine Gruppe von Skarabäen aus hellbräunlicher, feiner Fayence eingeordnet, die beim heutigen Stand unseres Wissens nicht mit Naukratis zu verbinden ist.

Ob der $W\underline{3}h$-jb-R^c-Skarabäus von Taf. 125,1 in Naukratis oder woanders im Delta erzeugt wurde, bleibt offen. Dasselbe gilt für das Stück der Taf. 125,2, auf dessen Unterseite ein liegender Löwe mit erhobenem Schwanz, Sonnenscheibe über dem Rücken und einem schmalen, senkrechten Zeichen vor der Schnauze wiedergegeben ist. Der Typus ist so beliebt[418], und zwar auch außerhalb von Naukratis im Delta, daß die Annahme einer ausschließlichen Erzeugung in der Griechenkolonie wahrscheinlich keine Berechtigung hat. Allerdings haben sich nicht nur dort Beispiele gefunden, sondern es können auch einige entsprechende Stücke aus Tarent, Conca, Karthago und Spanien auf Grund des deutlicheren Stiles mit Sicherheit der naukratischen Manufaktur zugewiesen werden. Für die Papyruspflanzen auf dem Skarabäus unserer Taf. 125,3 können wir aus Naukratis Ähnliches zitieren[419], bislang aber keine Parallele für die gesamte Flachseite.

Ein bei uns nicht abgebildeter Skarabäus in Cagliari[420] trägt auf der Unterseite zwei menschliche Gestalten, die zwischen sich eine hohe Papyruspflanze mit breiter Dolde halten; ganz oben befindet sich noch die von Uräen flankierte Sonnenscheibe. Ähnliche Kompositionen sind schon im NR mit ägyptischen Skarabäen nach Palästina gelangt[421]. Das Motiv der beiden Männer, zwischen denen sich eine hochstielige Pflanze mit breiter Dolde (oder ein Baum) befindet, kennen wir später von eisenzeitlichen, palästinensischen Siegeln[422]. Das Stück in Cagliari aus hellbräunlicher Fayence ohne Glasur entstammt entweder der Naukratisproduktion oder steht ihr wenigstens sehr nahe[423].

Für die restlichen hier eingeordneten Skarabäen (Taf. 126,1-2; Abb. 36), die Matthiae Scandone publiziert hat, läßt sich bloß eine allgemein unterägyptische Herstellung annehmen. Interessant ist vor allem der Widder[424] mit dem zweifachen Gehörn (dem alten des Chnum und dem jungen des Amun) und dem großen Uräus davor auf Abb. 36. Diese Darstellung ist ein

Abb. 36: Unterseite des Skarabäus Nr. 17 der Typentafel III
(Matthiae Scandone, *Cagliari*, E 19); hellbräunliche Fayence;
2:1; nach Photo vom Original

deutlicher Ausdruck einheimischen, ägyptischen Gedankengutes; sie scheint weder außerhalb Ägyptens eine Nachfolge gefunden zu haben, noch besteht ein Grund, sie Ausländern in Ägypten zuzuschreiben. Die Ikonographie entspricht dem Widder (mit eben demselben doppelten Gehörn, davor der Uräus) im Kap. 9 des Totenbuches in einem Papyrus der 21. Dynastie[425].

Abschließend sei noch auf eine ganz andere Gruppe hingewiesen, die m. E. direkt an die Naukratisskarabäen anschließt und im Westen erzeugt wurde; es handelt sich um die Skarabäen aus Sulcis auf Taf. 141, die den weißen/ weißlichen der folgenden Tafeln vorangestellt sind und gleichzeitig den Vergleich mit den verschiedenen braunen Typen der Taf. 140 anbieten sollen. Das auffallendste Merkmal dieser grob gearbeiteten Stücke ist die naukratische Seitengestaltung der drei Rillen im Dreieck, die einander nicht berühren, mit einer kurzen vierten, die parallel zur schrägen hinteren Rille verläuft (Nr. 6 der Typentafel II); leicht verändert sind die Details bei Taf. 141,2b und 3b. Gerade auch die annähernd kreisrunde Form (wie Taf. 141,1a) und die fast rechteckige Erscheinung von der Seite (Taf. 141,1d und 3b) sind Merkmale gewisser Skarabäen aus Naukratis[426].

Freilich sind die Stücke stilistisch weit von den naukratischen entfernt und unterscheiden sich von allem, was wir sonst an Skarabäen kennen. Die Flachseite meint vermutlich eine Schlange mit erhobenem Schwanz: ganz gut ausgefallen und nach rechts gerichtet bei Taf. 141,3c; mit einem entstellten Tierkopf ausgestattet und nach links gewandt bei Taf. 141,1b und 2c. Bei dem unklaren Gebilde vor der Schlange mag es sich um einen unkenntlichen Rest von Flügeln in Schutzhaltung handeln. Taf. 141,3c könnten wir also mit

$\mathcal{\widehat{U}}$ → $\mathcal{\widehat{U}}$ deuten. Die Flügelschlange ist im naukratischen Material belegt[427].

Nicht nur die Tatsache, daß diese minderwertige Ware völlig isoliert vor uns steht, spricht für eine Erzeugung im Westen, wahrscheinlich auf Sardinien, sondern insbesondere das Material von Taf. 141,3: Es handelt sich um graue Halbglasfayence (ohne Glasur), durch die eine enge Beziehung zu den westlichen Amuletten aus entsprechendem Material herzustellen ist. Dagegen bieten Taf. 141,1-2 eine weißliche Fayence der üblichen Art mit Glasur. Selten läßt sich bei außerägyptischen Fayenceskarabäen der Einflußweg so deutlich erkennen.

5. Probleme der Fayenceskarabäen mit gelben, braunen und weißen Farbtönen

5.1. Einige Querverbindungen am Beispiel der Skarabäen mit betonten Augen

Eine große Anzahl von Skarabäen aus weißer/weißlicher, feiner, hellgelblicher und hellbrauner/hellbräunlicher Fayence läßt in Typologie und Stil vielfältige Beziehungen untereinander erkennen. Diese sollen durch die Auswahl auf Typentafel III, wo sich (gegenüber Typentafel I und II) eine Numerierung in Kolumnen angeboten hat, in gewisser Vereinfachung illustriert werden.

---→

ERKLÄRUNG ZU TYPENTAFEL III: FAYENCESKARABÄEN, 2

Nr. 1	= Taf. 133,2a-b;		Nr. 15	= Farbtaf. V,1;
Nr. 2	= Taf. 133,3a-b;		Nr. 16	= Taf. 132,1a-b;
Nr. 3	= Taf. 135,2a-b;		Nr. 17: Matthiae Scandone, *Cagliari*, E 19;
Nr. 4	= Taf. 135,3a-b;		Nr. 18: Matthiae Scandone, *Cagliari*, D 24;
Nr. 5	= Taf. 137,3a-b;		Nr. 19	= Taf. 143,1a und d;
Nr. 6	= Taf. 140,3a und d;		Nr. 20	= Taf. 127,3a und d;
Nr. 7	= Taf. 133,1a-b;		Nr. 21	= Taf. 127,1a-b;
Nr. 8	= Taf. 144,3a-b;		Nr. 22	= Taf. 128,1a und d;
Nr. 9	= Taf. 131,1a-b;		Nr. 23	= Taf. 130,3a-b;
Nr. 10: s. Zitat auf der Typentafel;			Nr. 24	= Taf. 136,1a und d;
Nr. 11	= Taf. 139,2a-b;		Nr. 25	= Taf. 129,3a und d;
Nr. 12	= Taf. 144,1a-b;		Nr. 26	= Taf. 130,1a und d;
Nr. 13	= Taf. 131,2a und d;		Nr. 27	= Taf. 143,2a.
Nr. 14	= Taf. 131,3a-b;			

	runder	Kopf	
weiße/ weißliche Fayence			8
hellgelbliche, feine Fayence	1 2	7	9
hellbraune/ hellbräunliche Fayence	3 4 5 6		

ınder Kopf	Kopf und Schild ineinander übergehend		keine Rücken-gliederung
10 BM, WAA 133575 .S. 241 mit Anm. 609)	12	19	27 entsprechen- de Seite
	13	20	
	14	21	
	15	22	
	16		
11	17	23	
	18	24	
		25	
		26	

Interessant ist in dieser Hinsicht die sechste Kolumne von links (Nr. 19-26), zu der mit Ausnahme von Nr. 19 und 24 die auf Taf. 127-130 zusammengefaßten Beispiele gehören. Die typologischen Gemeinsamkeiten umfassen einen mehr oder weniger kontinuierlichen Übergang vom Kopf zum Schild, im allgemeinen deutlich hervortretende Augen und einen spitzen Winkel in der Mitte der Rückenteilung. Gemeinsamkeiten und Unterschiede werden noch besonders an den Beinchen deutlich. Ein Blick auf Taf. 127 bestätigt uns den gemeinsamen Ursprung der dort abgebildeten Beispiele: Zu jeweils derselben hellgelblichen, feinen Fayence ohne Glasur kommt eine identische Beinchenausführung mit charakteristischen Biegungen und die Tatsache, daß die Beinchen bruchlos in den Rücken übergehen. Die Gegenüberstellung von Taf. 127,1 und 2 soll verdeutlichen, wie gleichförmig bisweilen unter Einschluß der Flachseite gearbeitet wurde. Dasselbe gilt für Taf. 130,2-3 bei exakter Identität des Materials. Ein Vergleich der äußeren Typologie von Taf. 128,2-3 und 129,1 beweist m. E. (überdies in Hinblick auf die graphische und stilistische Entsprechung von Taf. 128,3c-d mit Taf. 129,1c-d) auch für diese Stücke eine gemeinsame Erzeugung. Taf. 129,2 aus Sulcis steht sicher in nächster Nähe. Dazu kommt, daß auch bei genauer Beobachtung von Nuancen (in Farbton, Feinkörnigkeit, Homogenität und grünen Glasurspuren) der sorgfältig ausgeführte Skarabäus von Taf. 129,3 (Nr. 25 der Typentafel III) im Material mit 129,1 völlig übereinstimmt; die äußere Typologie ist sicher nächst verwandt. Der Skarabäus von Taf. 129,3 zeigt wieder erstaunliche Gemeinsamkeiten, abgesehen vom Material, in Größe, Rückenausführung, Kopfprofil und Vorderbeinchen mit Taf. 130,1 (Nr. 26 der Typentafel III). Wir werden auch diese beiden Stücke ein und derselben Werkstatt zuschreiben dürfen. Dagegen sind die technischen Unterschiede zwischen den hellgelblichen Skarabäen der Taf. 127 und den weißlichen mit der kräftig grasgrünen Glasur auf Taf. 128,2-3 so groß, daß sich auch eine Verschiedenheit von sogar örtlich auseinanderliegenden Produktionsgruppen darin äußern könnte.

Die betonten, runden Augen sind typisch für die Species *Catharsius*[428]; der Schild mit glattem Rand, das wichtigste Kennzeichen des *Catharsius*[429], ist nur bei Nr. 20 und 23 der Typentafel III zweifelsfrei vorhanden. Die für die hier besprochenen Skarabäen typische Kopfform mit den charakteristischen Augen fällt bereits auf Skarabäen des späten MR und der zweiten Zwischenzeit[430] auf, ist aber auch später bezeugt[431].

Was ist nun zu den Stücken im einzelnen zu sagen? Nach unseren Darlegungen gehören die drei Beispiele auf Taf. 127 sicher einer einzigen Produktionsgruppe an, präziser ausgedrückt, wohl ein und derselben Werkstatt[432]. Zu dem Typus der Taf. 127,1-2 kommt noch ein weiterer Skarabäus mit entsprechender Flachseite in etwas geringeren Ausmaßen[433]. Es ist auffällig, daß bei der übergroßen Vielfalt, die ägyptische Skarabäen sonst darbieten, auf Sardinien immer wieder identische Exemplare auftreten[434]. Das wird ein

Hinweis dafür sein, daß das Material nur von wenigen Punkten aus auf die Insel kam. Die Kombination von Feder, Gans und Sonnenscheibe (Taf. 127,1-2) kennen wir bereits von Taf. 100,1 und wurde anderwärtig ausführlich besprochen[435]. Die Flachseite wird hier durch ein *mn-R'* ergänzt, das auch sonst als verselbständigtes Element bekannt ist[436] und ähnlich wie das *p₃-dj* (vgl. Taf. 115,1) bewertet werden kann.

Auch zu unserer Taf. 127,3 hat sich ein entsprechendes Stück, das gleichfalls die charakteristischen Augen erkennen läßt, gefunden, und zwar in Grab 10 (1. Periode: 7.-6. Jh. v. Chr.) von Monte Sirai (Abb. 37). Als Material ist „pasta vitrea verde" angegeben. Bei dem obersten Zeichen der senkrechten

Abb. 37: Skarabäus aus Monte Sirai, 2:1;
nach Bondì, *Scarabei Monte Sirai*, S. 77, Nr. 1.

Flachseite kann es sich entgegen den verschiedenen Annahmen von Matthiae Scandone und Bondì[437] nur um eine stilisierte Form der Sonne mit Uräen handeln. Das zeigen uns Entsprechungen, wo das oberste Zeichen eindeutig ist[438], und andere Beispiele für die Sonne mit Uräen an derselben Stelle[439]. Der hier vorliegende Typus wird auch auf höchstwahrscheinlich außerägyptischen Skarabäen verschiedentlich variiert[440]. Zusammengenommen scheint eine ägyptische Herkunft der Beispiele auf Taf. 127 nicht sicher zu sein. Eher erscheint dieselbe annehmbar für ein Stück in Cagliari aus weißlicher bis hellgelblicher, feiner Fayence mit einer auch aus Ägypten bekannten, komplizierten Flachseite[441]: Ihren oberen Teil nimmt der Gottesnahme Amun-Re ein, bekrönt von der Sonne mit Uräen, analog unserer Taf. 127,3b.

Auch der Skarabäus Taf. 128,1 mit dem Motiv des Fisches (Tilapia) ist aus hellgelblicher, feiner Fayence hergestellt, die hier allerdings mit brauner, matter Glasur überzogen ist, die nach einer Spur auf der Basis ursprünglich vielleicht hellgrün war. Der Schild zeichnet sich durch zwei Spitzen aus (s. Nr. 22 der Typentafel III), die den Typus mit Nr. 27 der Typentafel III in Zusammenhang bringen. Die Tilapia ist ähnlich dem Skarabäus selbst ein beliebtes Regenerationssymbol[442] und begegnet vielfach auf Skarabäen, die innerhalb und außerhalb Ägyptens gefunden wurden[443]. Man möchte also bei diesem Stück am ägyptischen Ursprung nicht zweifeln.

EXKURS über die Skarabäen aus gelber/gelblicher Fayence

Die Skarabäen der Taf. 127, 128,1 sowie 131-133 (vgl. auch Typentafel III) sind aus hellgelblicher, feiner Fayence hergestellt. Wir behalten hier gegenüber Fritte die Beziehung Fayence bei in Anlehnung an A. Kuschke[444], nach dessen Meinung der Unterschied zwischen den beiden Materialarten darin besteht, daß Fayence eine Glasur hat, Fritte aber nicht; die Zusammensetzung ist etwa dieselbe. Wie bei den hellgelblichen Amuletten[445] ist aber auch bei den Skarabäen immer eine ursprüngliche Glasur annehmbar; einige Beispiele, bei denen sich zumindest noch Reste von ihr finden, sind auf Taf. 132,3-133 zusammengefaßt. Dies sei vorausgeschickt, da in der Literatur das Material der Skarabäen, die uns hier interessieren, häufig mit gelber/gelblicher Fritte angegeben ist.

An dieser Stelle drängt sich die Frage auf, wie weit wir berechtigt sind, Skarabäen aus hellgelblicher, feiner Fayence, zumeist ohne erhaltene Glasur, einer ägyptischen oder außerägyptischen Produktion zuzuweisen. Gibt es solche Skarabäen in Ägyten und gibt es sie als außerägyptische Nachahmungen? Bei den Amuletten ließ sich beides positiv beantworten, obwohl eine sichere Zuweisung bestimmter hellgelblicher sardischer Fundstücke zu Ägypten nicht gelang. Die Autopsie in Cagliari hat zu der Feststellung geführt, daß die hellgelblichen Amulette (wie die Thoëris der Farbtaf. II,4) gegenüber den Skarabäen (wie Farbtaf. V,1) ein wenig kräftiger im Farbton sind und sich feiner und weicher angreifen, jedoch im Material zweifellos engstens verwandt sind. Die Skarabäen scheinen in dieser Hinsicht auch nicht von derselben Einheitlichkeit gekennzeichnet.

Darauf, daß in Ägypten extrem feine Fayence ungewöhnlich ist, haben wir bereits hingewiesen[446]. Eine Durchsicht des Bandes der Kairener Skarabäen von Newberry (New., *SSS*) zeigt, daß drei Materialarten dominieren: glasierter Steatit, glasierte Fayence und „Paste". Diese Paste, also ein feines, homogenes Fayencematerial, ist meistens die bekannte, blaue Paste mit Farbtönen bis violett und grün. In der Spätzeit gibt es ganz selten gelbe „Paste". Ein Skarabäus hat eine braune Oberfläche, entspricht in der äußeren Typologie unserer Taf. 133,1 und trägt den Namen des Taharka[447]. Bei einem Beispiel mit der Inschrift „Psammetich" (genau wie auf unserem hellbraunen Stück Taf. 134,1) heißt es „hellgelbe Paste" ohne Glasurangabe[447a].

Das feine Material ist also gerade ein Merkmal der Spätzeit. Ein Schabaka-Skarabäus in Genf ist aus „grüner, glasierter Paste"[448]. Entsprechend den Amuletten[449] fanden sich in Sanam auch rechteckige Plaketten aus „yellow glaze"[450], deren Konsistenz unseren hellgelblichen Skarabäen ähnlich sein muß. Eine unserem Skarabäus Taf. 131,2 sehr nahestehende, ovale Plakette mit dem Namen Psammetich ist unten erwähnt[451]. Spätzeitliche Parallelen aus „gelber Paste" gibt es auch zu unserer Taf. 134,3[452]. Die Existenz des gelben Fayencetypus ist also in Ägypten gesichert, jedoch wird seine extreme Seltenheit im derzeit verfügbaren Fundmaterial auch durch die Tatsache unterstrichen, daß in dem umfangreichen Corpus der Basler Skarabäen nur ein einziges Exemplar aus gelber Fayence zu finden ist[453], das in der äußeren Typologie sowohl unserer Taf. 132,3 (hellgelblich mit Spuren hellgrüner Glasur) als auch einem spätzeitlichen, braunen Exemplar desselben Corpus[454] sehr nahesteht. Die Eulendarstellung des gelben Skarabäus in Basel erinnert durch den leicht zurückgeneigten Kopf an Naukratis. Gerade dort wurde ebenfalls in feiner, gelber „Paste" gearbeitet, wie die Funde an Rohmaterial und Skarabäen beweisen[455]. Auch die sehr einheitlichen Naukratisskarabäen aus Tarent zeichnen sich durch gelbe Farbtöne aus[456]. Im übrigen unterscheidet sich auch das gelbliche bis bräunliche Material der unägyptischen Perachora-Skarabäen kaum davon[457].

Es steht somit fest, daß im spätzeitlichen Ägypten Skarabäen aus feiner, hellgelblicher Fayence hergestellt wurden, und zwar sowohl in Naukratis als auch woanders im Niltal. Diese Skarabäen stehen mit etwa gleichzeitigen braunen/bräunlichen Typen in enger Beziehung. Unsere Taf. 128,1 ist ein Importstück aus Ägypten, wie m. E. die Identität mit der braunen Oberfläche des oben genannten[458] Taharka-Skarabäus beweist.

Wie steht es nun mit der Frage nach einer außerägyptischen Produktion in hellgelber, feiner Fayence, abgesehen von den Perachora-Skarabäen, zu denen unsere sardischen Fundstücke wegen der Flachseiten nicht gehören können? Die Funde aus Jericho, Tell el-'Ajjul und Tell Sharuhen[459] führen uns offenbar eine lokale Skarabäenproduktion am Ende des NR im ägyptischen Vorderasien vor Augen, die in feiner, weicher Fayence arbeitete, bei der die Glasur leicht abging; die Farbe ist häufig gelb bis gelblich. Das ist gegenüber dem ägyptischen Befund überraschend. Hierzu kommt noch Grab 1 (10. Jh.) von Beth Shemesh mit mindestens einem Skarabäus[460] aus dem hellgelblichen Material („whitish yellow frit"), der aber auch ein Relikt der palästinensischen Produktion des NR darstellen könnte.

Leider sind nur vier Stück aus dem zur Diskussion stehenden Material von 'Atlit[461] bekannt, die außerdem nicht mit den auf Sardinien belegten Beispielen in engeren Zusammenhang gebracht werden können. Obwohl eine strikte Beweisführung nicht möglich ist, dürften drei Exemplare aus 'Atlit[462] eine außerägyptische Produktion bezeugen, die den dort gefundenen, gelblichen Amuletten entspricht. Auch die wenigen, gelblichen Skarabäen aus Kition[463] lassen die Existenz einer östlichen, außerägyptischen Erzeugung erkennen.

Interessant sind die Funde von Tarsos und Al Mina, die nach persönlichen Studien an den Objekten hier miteinbezogen werden können. In Tarsos fanden sich gleich zwei Exemplare aus feiner, leicht hellgelblicher Fayence, die

in der äußeren Typologie exakt mit unserer Nr. 9 der Typentafel III (= Taf.
131,1) übereinstimmen [464]. Die beiden Skarabäen haben identische Ausmaße,
die etwas über die unserer doch relativ großen, gelblichen Stücke aus Sardinien hinausgehen, aber sehr gut zu diesen passen. Im übrigen kann ja auch
bei strengen Maßstäben kein Zweifel bestehen, daß nach Material und
stilistischer Ausführung (sowohl der äußeren Formen als auch des Dekors der
Flachseite) eine größere Anzahl der sardischen Funde aus demselben Her-
stellungszentrum kommt; das darf mindestens für Nr. 9, 15, 16 und wohl
auch 13 der Typentafel III gelten. Die beiden Skarabäen aus Tarsos haben
sicher denselben Ursprung.

Können uns diese beiden Stücke für Sardinien weiterhelfen? Auf dem einen
Skarabäus (Anm. 464,1) sehen wir eine merkwürdige Barke, deren Bug und
Heck mit einem Tierkopf, der die Doppelkrone trägt, geschmückt ist. Darin
(aber ohne direkt aufzuliegen) befindet sich ein liegender, bärtiger Sphinx
ohne Kopfputz; über seinem Rücken die Sonnenscheibe. Der Sphinx erinnert
nicht nur an den phönikischen Usus der Verwendung des Sphinxbildes zur
Darstellung der Gottheit im Schrein oder auf dem Lotos [465], sondern steht
in direktem, stilistischem Zusammenhang mit dem Sphinx auf Farbtaf. V,1
(= Nr. 15 der Typentafel III). Der zweite Skarabäus (Anm. 464,2) zeigt einen
rechtshin liegenden, bärtigen Sphinx mit Doppelkrone, über seinem Rücken
einen Falken (vor dessen Füßen sich ein aufgerichteter Uräus befindet) und
über den Vorderpranken des Sphinx nach Art der dort beliebten Maat eine
ähnliche, sitzende Gestalt mit Falkenkopf und einer Blume auf dem Knie.
In dieser letzten Gestalt möchte man im Vergleich mit Abb. 38 aus Tel
Sharuhen, aber auch mit Hapi von Taf. 129,3b-c den falkenköpfigen Horussohn Kebehsenuef erkennen. Der Sphinx macht stilistisch sicher einen phönikischen Eindruck. Auch die falkenköpfigen Gestalten erleben in der phönikischen Glyptik in den verschiedensten Variationen eine außergewöhnliche
Beliebtheit. Der hier vorliegende Typus des Kebehsenuef (so nach ägyptischer
Terminologie) begegnet auch tatsächlich auf einem Skarabäus mit
phönikischer Inschrift, der offenbar ins 7. Jh. v. Chr. gehört, also vielleicht mit unseren hellgelblichen ungefähr zeitgleich ist [466]. Die Position des
Kebehsenuef an Stelle der sonst üblichen Maat vor dem Sphinx mag merkwürdig erscheinen. Reichen solche Bemerkungen aus, für all diese zusammengehörigen Skarabäen einen außerägyptischen Ursprung anzunehmen [467]?

Die hellgelblichen Fundstücke von Al Mina sind gleichfalls nicht problemlos; da sie etwa ein Zehntel des Gesamtbestandes ausmachen, kommt ihnen
einiges Gewicht zu. Darunter haben zwei die Form eines ovalen Plättchens,
wovon eines mit einem bereits genannten Exemplar aus 'Atlit identisch ist [468].
Diese Beispiele sind sicher keine ägyptischen Produkte, was m. E. auch durch
das mehrfache Auftreten einander entsprechender Stücke unägyptischen Charakters bestätigt wird. Außerdem zeigen sich daran die auch sonst bekannten,
guten Beziehungen zwischen Phönikien und Al Mina. Weiters gibt es in Al

Mina ein Rollsiegel[469] aus hellgelblicher, eher kompakter Fayence, die aber nicht so feinkörnig wie bei den Plättchen und Skarabäen sein dürfte; das Siegel hat mit Ägypten nichts zu tun.

Dagegen stehen die Skarabäen aus hellgelblicher, feiner Fayence ägyptischen Erzeugnissen zumindest sehr nahe. Ein Stück[470] trägt eine Flachseite, die fast identisch auf einem auch typologisch sehr nahestehenden Skarabäus von Ischia wiederkehrt[471]. Ein weiterer[472] steht mit unserer Farbtaf. V,1 in engster Beziehung und gehört zweifellos zur Produktion der sardischen Fundstücke, die uns hier interessieren. Schließlich fand sich auch in Al Mina ein Beispiel[473], das exakt die Formen unserer Nr. 9 der Typentafel III wiedergibt: neben der *Mn-k}-R'*-Pseudokartusche steht ein Falke, der keineswegs unägyptisch wirkt. Dazu kommt noch ein Stück[474] einer in Kampanien gut belegten Gruppe mit einer Rückengestaltung, die wir auf Sardinien noch nicht nachweisen können; diese Gruppe scheint in eine ägyptische und in eine außerägyptische Produktion zu zerfallen.

Die Funde von Tarsos und Al Mina machen nun folgendes deutlich:

1. Es existierte im vorderasiatischen Küstengebiet eine Produktion aus hellgelblicher, feiner Fayence, wie einige ovale Plättchen beweisen.

2. An Hand dieser Produktion läßt sich eine direkte Beziehung zum phönikischen Süden, im besonderen zu 'Atlit erkennen.

3. Mehrere Skarabäen aus Tarsos, Al Mina und Sardinien gehören zu ein und derselben Produktionsgruppe (entstammen wahrscheinlich sogar derselben Werkstatt), die vielleicht manche Züge erkennen läßt, die an phönikische Produkte erinnern, jedoch ansonsten Erzeugnisse in gut ägyptischer Art enthält.

4. Eine Entscheidung, ob diese Skarabäen (auf Sardinien wenigstens Nr. 9, 15 und 16 der Typentafel III) außerhalb oder innerhalb des Nillandes hergestellt wurden, scheint zur Zeit nicht möglich zu sein, da das zur Verfügung stehende Material aus Ägypten dafür zu gering ist.

5. Für verschiedene hellgelbliche Typen (wie Nr. 1,2, oder die bereits besprochenen Nrn, 20-21) konnten wir im Osten noch nichts Vergleichbares finden.

Zwischen den östlichen Funden und Pithekoussai lassen sich Beziehungen herstellen, die sich bis jetzt nicht nach Sardinien weiterverfolgen lassen, da es sich um Skarabäen mit anderer Rückenzeichnung handelt. Außerdem tragen diese Stücke vielfach Darstellungen mit der stehenden, löwenköpfigen Göttin in sehr schlankem Stil. Damit haben die Flachseiten der sardischen Fundstücke aus hellgelblicher Fayence nichts gemein. Für Karthago und Spanien lassen sich keine Überlegungen zu diesem Thema anstellen, da die Beschreibungen in den Publikationen dafür nicht ausreichen. Insgesamt kann unsere Eingangsfrage nach einer ägyptischen und vorderasiatischen Produktion für beide Fälle positiv beantwortet werden.

Ende des Exkurses

Kehren wir zu den Skarabäen auf Taf. 127-130 zurück, deren Besprechung wir unterbrochen haben! Die Zusammenstellung auf Taf. 128 soll die Gemeinsamkeiten dieser Stücke in den betonten Augen, sowie der Rücken- und Beinchengestaltung erläutern. Während Taf. 128,1 als ägyptisches Importstück erkannt wurde[475], ergeben sich für die technisch davon völlig verschiedenen, produktionsmäßig sicher zusammengehörigen Stücke der Taf. 128,2-3 Ungewißheiten. Taf. 128,3 ist möglicherweise mit einem von Bondì publizierten Skarabäus aus Monte Sirai identisch[476]. Skarabäen mit den drei Hieroglyphen in der Anordnung von Taf. 128,3 und weiter 129,1 sind uns gut bekannt[477]. Auf einem Beispiel in Genf[478], auf dem die Feder durch ein Schilfblatt ersetzt ist, finden wir ein Anch, das ganz genau die Form auf Taf. 129,1 wiedergibt: der senkrechte Teil ist ein spitzes Dreieck, der Querbalken endet mit Spitzen nach oben. Schließlich findet sich die Kombination auf einem Fayenceskaraboid aus Rhodos[479]. Die Frage nach dem Ursprung bleibt im Vergleich mit Taf. 128,2 offen, denn die dort dargestellte, kniende Gestalt mit wʒś-Szepter und den beiden Federn auf dem Kopf ist kaum einzuordnen. Ähnliche, mit *einem* Knie kniende Gestalten begegnen schon auf älteren, m. E. lokalen Skarabäen in Palästina[480].

Eine Betrachtung des Materials von Fayenceskarabäen läßt fast immer geringere oder größere Unterschiede erkennen. Diese allein dürfen freilich nicht zur Annahme von verschiedenen Produktionen verführen, die geographisch getrennt zu lokalisieren wären, vor allem dann nicht, wenn Objekte aus verschiedenem Material auf Grund anderer Kriterien zusammengehören, wie Taf. 128,3 und 129,1. Dagegen könnte man eher geneigt sein, Skarabäen ein und derselben Produktion zuzuweisen, bei denen sich auch mit großer Anstrengung keine Unterschiede erkennen lassen, vor allem wenn das Fayencematerial einen ganz spezifischen Charakter aufweist. Jedoch sind auch in dieser Hinsicht Schlüsse nur dann akzeptabel, wenn andere Kriterien die Zusammengehörigkeit bestätigen[481]. Wir müssen es also zunächst bei der einfachen Feststellung belassen, die der direkte Materialvergleich in Cagliari ergeben hat: Zwischen der Fayence von Taf. 129,1, 129,3 und 130,2-3 läßt sich kein wie immer gearteter Unterschied erkennen; es handelt sich um hartes, feines, leicht hellbräunliches, völlig gleichmäßiges Material mit Spuren grüner Glasur. Nach unseren Notizen ist Taf. 136,2 engstens verwandt, jedoch etwas heller und weicher. Wir müssen auch stets unterschiedliche Veränderungen auf Grund verschiedener Erhaltungsbedingungen voraussetzen; allerdings ist dieser Faktor wider Erwarten gering angesichts der weitgehenden Übereinstimmung vieler Stücke selbst in Nuancen und auch über große Distanzen hinweg, wie auf Sardinien und in Al Mina oder Tarsos.

Zu dem erstmals publizierten Skarabäus der Taf. 129,2 aus Sulcis gibt es eine genau entsprechende Parallele in Leiden[482]. Das schmale, bogenförmige Zeichen unter der Sonne wird in der beliebten Variante mit dem Käfer[483] statt unserem *mn* üblicherweise als '3-Zeichen verstanden und '3 *ḥpr R'* gelesen. Demnach würde unsere Flachseite '3 *mn R'* „Groß und dauerhaft ist Re" bedeuten.

Zu dem sehr gut gearbeiteten Stück der Taf. 129,3 (Farbtaf. V,3) scheinen keine Parallelen bekannt zu sein. Auch die sitzende Gestalt mit dem schönen Affenkopf, bei der es sich am ehesten um den Horussohn Hapi handelt, hat meines Wissens außerhalb Ägyptens bis jetzt einmaligen Charakter. Dies alles spricht für ein ägyptisches Original. Von diesem Skarabäus wird man Taf. 130,1 trotz der verschiedenen Beinchen wegen der Gleichartigkeit im Material, vor allem aber der Übereinstimmung der Kopfpartie und der Rückenzeichnung ungern trennen wollen. Zu diesem Exemplar mit den ungewöhnlichen Beinchen gibt es nun ein typologisch und größenmäßig identisches Gegenstück aus Tel Sharuhen, dessen Kontext in die Perserzeit gehört (Abb. 38)[484]. Daß dieses Beispiel und Taf. 130,1 derselben Werkstatt entstammen, bedarf wohl keiner weiteren Stütze. Die Lage des Fundortes Tel Sharuhen spricht auf jeden Fall eher für einen Import aus Ägypten als aus

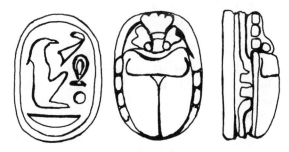

Abb. 38: Skarabäus aus Tel Sharuhen, 2:1;
nach *Beth Pelet*, II, Taf. LXXIII,57.

Phönikien. Dem entspricht die sitzende Gestalt mit Falkenkopf und der etwas verschobenen Feder auf dem Knie: Das ist die Ikonographie des Horussohnes Kebehsenuef[485], der thematisch die Verbindung zu dem eben genannten Skarabäus der Taf. 129,3 mit der Darstellung des Hapi herstellt. Es ist also am ägyptischen Ursprung von Taf. 129,3 und 130,1[486] nicht zu zweifeln.

Dafür spricht auch ein Skarabäus aus Tharros in Sassari[487], der in die schöne, hellbraune Gruppe unserer Taf. 129f. gehört (Kopf fehlt, Rücken wie

Taf. 129,3) und mit dekoriert ist. Entsprechend ist die Zeichen-

gruppierung auf einem gleichfalls aus Tharros stammenden Stück der Sammlung D. P. Spano[488]. Die Zeichenfolge *mn 'nḥ R'* kennen wir bereits recht gut
von den figürlichen Amuletten[489]. Unsere Anordnung, bei der das Anch von
Federn flankiert ist, scheint nach Ausweis von Skarabäen im British Museum
und in Leiden[490] auf ägyptischen Skarabäen beliebt gewesen zu sein.

An die engstens zusammengehörigen Skarabäen unserer Taf. 130,2-3 lassen
sich recht interessante Überlegungen knüpfen. Registerskarabäen mit Doppellinie als Registertrennung sind aus Ägypten gut bekannt[491]. Der Typus
wurde in die Perachora-Gruppe übernommen[492] und begegnet mehrfach in
Kampanien, Karthago und Spanien[493]. An Hand der spanischen Exemplare,
auf denen m. E. im mittleren Register wie auf dem in Anm. 491 zitierten Stück
aus Naukratis wieder eine Gestalt in der Ikonographie des Kebehsenuef
dargestellt ist, kommt Gamer-Wallert zu der Annahme[494], daß wir möglicherweise ägyptische und außerägyptische Skarabäen dieser Art zu unterscheiden haben. Zu dem Stück unserer Taf. 130,2 aus Tharros ist im besonderen hinzuzufügen, daß sich die merkwürdige Flügelsonne auf einem
vergleichbaren Registerskarabäus aus Naukratis[495] im selben Stil wiederfindet. Im mittleren Register des sardischen Fundstückes befindet sich im
Zentrum wohl ein Fisch 🐟 , rechts neben seinem Kopf ▭ ; außen
rechts ein ♀ und links ein ⌖ [496]. Wir lesen also *ḥr mn nfr*, wobei man an eine
contaminatio der bekannten Legenden *ḥr mn + mn nfr R'* denken möchte[497].
Eine solche Auffassung würde in die vielen saitischen, spielerischen Zeichen-
folgen auf Skarabäen bestens passen. Der Fisch bleibt auffällig[498]. Die
Herkunft aus dem ägyptischen Nildelta, die wohl anzunehmen ist, muß auch
auf Taf. 130,3 zutreffen[499]. Auf einem weiteren Skarabäus vom Aufbau
unserer Tafel 130,2 (d. h. mit der Flügelsonne im oberen Register), der sich in
Tharros gefunden hat und in Sassari ausgestellt ist[500], lesen wir im mittleren
Register eine undeutliche, vereinfachte Form von „Psammetich". Der Typus
der Registerskarabäen findet seine Fortsetzung in der phönikischen Glyptik
aus hartem Stein[501].

5.2. *Weitere Skarabäen aus hellgelblicher Fayence*

Im vorigen Kapitel haben wir versucht, an Hand einer kleinen Auswahl
Beziehungen zwischen den Skarabäen aus verschiedenen Fayencearten herzustellen, wobei sich zeigte, daß mit dem heute verfügbaren Material eine
befriedigende Interpretation vielfach nicht geboten werden kann. Jedoch
könnte in Nr. 20-21 der Typentafel III eine außerägyptische Produktion dem
ägyptischen Stück Nr. 22 derselben Tafel gegenüberstehen. Der Exkurs
erbrachte eine gute Verankerung von Nr. 9 in Tarsos und Al Mina, woran m.
E. Nr. 15 und 16 der Typentafel III anzuschließen sind. Ein sicheres Urteil
über den Ursprung dieser Stücke war jedoch nicht möglich.

Die Frage, ob der auf Sardinien sicher vorhandenen, ägyptischen Import-gruppe aus gelblicher Fayence überhaupt eine außerägyptische gegenüber-steht, beantwortet zunächst sehr einfach der Vergleich von Taf. 133,2 und 3: Taf. 133,2 ist durch den sitzenden Löwen mit dem zurückgewandten Kopf und dem offenen Maul direkt mit dem außerägyptischen Beispiel der Taf. 115,4 und den damit im Zusammenhang stehenden Skarabäen zu verbinden[501a]. Aus derselben Umgebung kennen wir das selbständige, darübergesetzte *pȝ-dj* in Ligatur (vgl. Taf. 107, 115,1). Der Skarabäus ist somit kein ägyptisches Produkt[502]. Ein ähnliches Verhältnis, wie es Abb. 29 ausdrückt, ergibt sich auch hier mit Taf. 133,3 durch die Ligatur in *Pȝ-dj-ȝśt*; das Stück paßt bestens zu den unterägyptischen Funden und hätte mit ebensolcher Berechtigung im Anschluß an die Naukratisgruppe behandelt werden können. Ein sehr gutes Vergleichsstück stellt ein Skarabäus aus Tell el Yahudiyeh[503]

 dar. Für die Frage nach der Verankerung des ägyptischen Kultur-

gutes im Osten müssen wir jedoch festhalten, daß uns der ägyptische Skarabäus Taf. 133,3 nichts bietet, das wir nicht auch aus Vorderasien kennen: Die äußere Typologie (Rücken, Kopf, Rillen statt der Beinchen) findet sich ganz genau an Steatitskarabäen aus Megiddo und Syrien wie-der[504]; *Pȝ-dj-ȝśt* lesen wir auf einem Skarabäus der Sammlung De Clercq[505], der angeblich aus grünem Jaspis hergestellt ist.

Was gibt es denn noch unter den hellgelblichen Skarabäen, das mit guter Begründung als echt ägyptisch angesehen werden könnte? Dafür dürfte Taf. 131,2 (Nr. 13 der Typentafel III) in Frage kommen, dessen charakteristisches Profil mit dem Knick am Übergang vom Prothorax zum Kopf zusammen mit ähnlichen Beinchen auch einen Skarabäus in Genf[506] auszeichnet. M. E. legt die strukturell äußerst nahestehende Unterseite einer ovalen Plakette aus „gelber Paste" mit dem Namen Psammetich[507] den ägyptischen Ursprung nahe; die in beiden Fällen an entsprechender Stelle dargestellte sitzende Gestalt mit dem Löwenmaul(?) und der Sonne zeigt genau denselben Stil. Daß der liegende Löwe, über dem sich die bekannte *Mn-jb-Rˁ*-Kartusche[508] befindet, ein offenes Maul hat, kann angesichts der vielfältigen Einflüsse im saitischen Ägypten nicht ins Gewicht fallen[509].

Die Inschrift *Jmn-Rˁ nb* von Taf. 131,3, die in identischer Weise der in Anm. 40 genannte ägyptische Steatitskarabäus aus Tharros trägt, konnte sicher sehr leicht nachgeahmt werden. Die äußere Typologie (Nr. 14 der Typentafel III) entspricht nicht nur recht gut der des ägyptischen Fayence-skarabäus Abb. 44 aus Sulcis, sondern findet sich auch auf Taf. 132,3 (mit kleiner Andeutung von Rückendreiecken) und einem aus Tharros stammen-den Exemplar im British Museum[510]: Diese beiden sind gleichfalls aus der feinen, hellgelblichen Fayence hergestellt. Die vielleicht löwenköpfige Gestalt auf Taf. 132,3 erinnert an die stilisierte Maat mancher Perachora-Skarabäen [511], der Typus der Flachseite *jmšḥw NN* ist vor allem in Verbindung mit Ptah („Geehrter des Ptah") bekannt [512]. Der genannte Skarabäus des British Museum zeigt auf der Unterseite den knienden Nilgott Hapi, davor das *ḥs*-Gefäß und als Basis ein *nb*. Dieser Dekor paßt nicht nur bestens in das aus Ägypten bekannte Material [513], sondern ist in ähnlicher Art auch mehrfach in Karthago [514] belegt.

Möglicherweise gehört noch ein weiterer Skarabäus des British Museum [515] aus weicher, feiner, hellgelblicher Fayence in den Umkreis der Nr. 14 unserer Typentafel III: Der Rücken ist leider ganz abgeschliffen, die Beinchen sind einfach, aber deutlich. Das Stück trägt auf der Flachseite eine gut ausgeführte Inschrift *Mn-Mš't-Rʿ* vom Typus unserer Taf. 105,1d, die uns gleichzeitig eine außerägyptische Nachahmung davon präsentiert. Wir sehen, daß diese hellgelblichen Skarabäen bestes ägyptisches Kulturgut darbieten, das jedoch auch im Osten bezeugt ist.

Nicht weniger guten ägyptischen Stil vermittelt die Darstellung des Ptah mit kompositem Szepter, *ḥs*-Krug davor und dem *nb* als Basis auf dem Skarabäus der Taf. 131,1, dessen äußere Typologie in Verbindung mit der hellgelblichen, feinen Fayence bis jetzt nur in Tarsos und Al Mina nachweisbar ist. Jedoch ist daran zu erinnern, daß diese Typologie auch bei dem hellbräunlichen Stück der Taf. 126,1 vorliegt, dessen Material engstens mit dem von Naukratisskarabäen verwandt ist; das könnte ein Hinweis auf unterägyptische Herstellung sein.

Zwischen Taf. 131,1 (Nr. 9 der Typentaf. III) und Farbtaf. V,1 (Nr. 15 der Typentaf. III) mit der wunderbar ausgewogenen Formgebung stellt ein Skarabäus aus hellgelblicher, feiner, leicht abreibbarer Fayence aus Al Mina [516] eine direkte Verbindung her, die für die Tatsache spricht, daß beide Typen denselben Ursprung haben: Das Beispiel von Al Mina vereinigt den Rücken von Nr. 9 mit der Seitengestaltung der Nr. 15 auf Typentafel III. Dazu kommt, daß die Flachseite typologisch engstens mit derjenigen der Farbtaf. V,1 verwandt ist: Auf dem sardischen Fundstück befindet sich oben ein liegender, bärtiger Sphinx ohne Kopfputz [517], über dessen Rücken die *ḥm*-Hieroglyphe; darunter sehen wir zwei eher schematische Mencheperre-Pseudokartuschen, als Basis ein *nb*. Auf dem Vergleichsstück aus Al Mina vertritt den Sphinx ein liegender Flügelgreif, und in den Pseudokartuschen, zwischen denen sich jetzt ein Anch befindet, lesen wir „Menkare"; außerdem sind die drei Register durch waagrechte Linien voneinander getrennt. Die Struktur der Flachseite von Farbtaf. V,1 kehrt auch sonst in mehrfacher Variation wieder: Ein Skarabäus in Basel [518] läßt das *nb* weg und ersetzt eine der beiden Pseudokartuschen durch ein Wadj-Symbol, was für die Bedeutung solcher Elemente aufschlußreich ist (hier entsprechen also Mencheperre-Pseudokartusche und das Symbol des Wachsens und Gedeihens einander).

Ein Beispiel aus Pithekoussai[519] verändert den Mittelteil derart, daß der Name Mencheperre im Zentrum erscheint und von zwei Anchzeichen flankiert wird.

Nach dem Typus der Flachseite mag hier ein Fayenceskarabäus aus Tharros (Abb. 39)[520] angeschlossen werden, wo sich über der Mencheperre-Pseudokartusche, die von einem Mann und einer Schlange flankiert wird, die

Abb. 39: Skarabäus aus Tharros, 2:1, wahrscheinlich seitenverkehrt; nach Orcurti (s. Anm. 520).

Sonnenbarke befindet. Auch dieser Typus unterliegt einer breiten Variation: So kann die Pseudokartusche mit Mencheperre von Obelisken flankiert sein und statt des *nb* das Goldzeichen eintreten[521], oder derselbe Königsname wird bloß durch Uräen geschützt[522].

Typus Nr. 16, der m. E. in der Ursprungsfrage von Nr. 15 der Typentafel III nicht zu trennen ist, bietet einen auffälligen Archaismus. Das Stück hat die längliche Form und die Rückenausführung von Skarabäen der 13. Dynastie[523], obwohl es auch ähnliche Ausführungen im NR gibt[524]. Derselbe Typus begegnet in unserem Material[525] und unter den Basler Skarabäen[526] auch in weißer Fayence. Diese Stücke sind mit unserem gelblichen Exemplar der Taf. 132,1 (Nr. 16 der Typentaf. III) im allgemeinen Charakter, durch die abgegangene Glasur und die wenig markanten Hieroglyphen stark verwandt.

Auf der Flachseite von Taf. 132,1 möchte man das oberste Zeichen

für eine einfache Barke mit der Sonnenscheibe halten, wie es Matthiae Scandone getan hat[527]. Auf einem bereits genannten Skarabäus aus Nora (Abb. 30) kann es wegen der seitlichen Dolden daran auch keinen Zweifel geben. Interessant ist, daß das Zeichen in der auf Taf. 132,1c vorliegenden Form gerade auf Skarabäen der Hyksoszeit aus Palästina immer wieder begegnet[528]. Die spätzeitliche Existenz können wir in Naukratis[529] und Ajia Irini[530] belegen. Rowe[531] faßt das Zeichen stets als Sonne auf, die von Uräen flankiert wird. Dazu kommt, daß die genauen Parallelen zu unserer Taf. 132,1c oben tatsächlich immer die mit Uräen ausgestattete Sonnenscheibe zeigen[532]; ein Stück hat sich sogar in Al Mina gefunden[533]. Die ikonographische Erklärung für die merkwürdige Sonne mit Uräen (worauf ja der Vergleich hinausläuft) bietet uns ein Skarabäus in Leiden, wo wir  vorfinden [534]. Das Exemplar auf Taf. 132,1 läßt also derart komplexe Traditionen aus Ägypten und Vorderasien erkennen, daß es schwer fallen dürfte, sich bezüglich seiner Herstellung für den ägyptischen Archaismus der 25. und 26. Dynastie oder für hyksoszeitlichen Einfluß auf ein phönikisches Stück zu entscheiden; daß in Phönikien in später Zeit Hyksosskarabäen kopiert wurden, ist ja nachgewiesen [535].

Von den noch verbleibenden Skarabäen, die in dieses Kapitel gehören, sind sicher einige außerägyptische, östliche Erzeugnisse. An die phönikischen Steatitskarabäen mit den Darstellungen der geflügelten Göttin erinnert der Skarabäus Abb. 40 [536] aus hellgelber bis beige, mittelkörniger Fayence in

Abb. 40: Skarabäus in Cagliari (s. Anm. 536), 2:1;
nach Photo vom Original.

Silberfassung; die äußere Formgebung ist nicht mehr erkennbar: In der Mitte steht Ptah mit einem großen $w3\check{s}$-Szepter und dem Menat im Nacken, flankiert von zwei Göttinnen mit Flügeln in Schutzhaltung. Darüber befindet sich eine Barke, deren Ende als Papyrusdolden gestaltet sind. Darin erkennen wir ein rechteckiges Gebilde, das an Taf. 130,3c-d erinnert, jedoch nicht mit der Barke verbunden ist. Ob es sich um eine mißverstandene Kombination von Sonnenbarke und dem selbständigen $p3$-dj-Element handelt?

Sehr unägyptisch wirkt auch der Skarabäus Abb. 41 [537] der aus ganz heller,

Abb. 41: Skarabäus in Cagliari (s. Anm. 537), 2:1;
nach Photo vom Original.

gelbgrüner, leicht abbröckelnder Fayence hergestellt ist und in schlechtem Stil einen liegenden, bärtigen Sphinx mit entstellter ägyptischer Krone zeigt [538]. Für die Stilisierung des Sphinx lassen sich bereits verwandte Beispiele aus

Stratum VII in Megiddo (etwa 1350-1150 v. Chr.) anführen [539]. Auffällig ist, daß der Skarabäus in der äußeren Typologie, und zwar exakt in der Seitenansicht, mit dem hellbräunlichen Stück Nr. 4 der Typentafel III übereinstimmt.

Die beiden Skarabäen Taf. 132,4 und 133,1 bilden in Material, äußerer Typologie (Nr. 7 der Typentafel III [540]) und Stil eine Einheit. Die sitzende Flügelsphinx von Taf. 133,1b mit den Auszackungen am Kopf mag an Taf. 108,4c erinnern. Das *mr*-Zeichen darunter stellt eine zusätzliche Beziehung zu Taf. 132,4c-d her, sowie zu dem in Anm. 511 genannten Skarabäus aus Syrien, wo ebenfalls ein *mr* die Basis darstellt. Die beiden Männer von Taf. 132,4 stehen eindeutig mit palästinensischer Tradition in Verbindung. Wir können hier auf Beispiele aus Tell el-ʿAjjul [541] und Megiddo [542] verweisen, sowie auf ein Stück aus blauer Paste aus Byblos [543]. Die beiden Skarabäen Taf. 132,4 und 133,1 mit der nur ganz schwach eingravierten Rückenzeichnung wurden also trotz der schönen, ägyptischen Formgebung wahrscheinlich im vorderasiatischen Küstengebiet hergestellt [544].

Mit Sicherheit dürfen wir den ovalen Skaraboid der Taf. 132,2 aus gelblicher Fayence als außerägyptisches Produkt betrachten; höchstwahrscheinlich gehört das Stück zu den genannten ovalen Skaraboiden aus ʿAtlit und Al Mina [545]. Auf der Flachseite befindet sich ein stehendes, nach rechts gewandtes Tier, hinter diesem eine menschliche Gestalt.

Das sardische Material der Skarabäen aus hellgelblicher Fayence spiegelt somit einen Großteil des Befundes wieder, den wir an Hand des knappen Überblickes über den östlichen Mittelmeerraum, einschließlich Ägyptens, kennenlernten [546]: Das Spektrum reicht von sicher ägyptischen Importstücken über schwer einzuordnende, aber nicht weniger interessante Skarabäen zu Objekten, die in Vorderasien, also wohl im phönikischen Mutterland hergestellt wurden. Für die Frage nach eventuellen westlichen Erzeugnissen innerhalb der Gruppe gibt es bis jetzt keine Hinweise. Die Skarabäen bieten uns zum großen Teil sehr gutes ägyptisches Kulturgut. Das Stück mit einer Götterszene (Abb. 40) nach Art der großen, phönikischen Steatitskarabäen fällt auch durch sein eher gröberes Material aus dem Rahmen.

5.3. *Skarabäen aus hellbrauner/bräunlicher Fayence verschiedenen Ursprungs.*

5.3.1. *Fundstücke aus feinem Fayencematerial*

Auf unseren Taf. 134-140 sind Skarabäen aus hellbrauner bis hellbräunlicher Fayence ausgewählt. Eine grobe Aufteilung in Beispiele aus feinem, homogenem Material (Taf. 134-137, die besonderen Typen Taf. 140,2-3 und die bereits besprochenen Stücke Taf. 129-130) und solche aus eher gröberer und rauher Fayence (Taf. 138-140,1) führt zu einem interessanten Ergebnis: Die gröberen Beispiele tragen fast ausnahmslos Darstellungen (gelegentlich in Kombination mit Hieroglyphen oder ähnlichen Zeichen wie Taf. 138,2b und 139,2c), die den direkten Anschluß an die phönikischen Steatjtskarabäen herstellen. So finden wir auf Taf. 138,1b den sitzenden Löwen mit zurückgewandtem Kopf, aufgerissenem Maul und gerade aufgestelltem Schwanz analog der Taf. 115,4 oder den Harpokrates mit dem großen Uräus [547] wie auf Taf. 111,1-2. Die Skarabäen aus dem feinen Material tragen überwiegend hieroglyphischen Dekor; ein Beispiel [548] trägt eine in Naukratis aber auch sonst in Ägypten beliebte Katzendarstellung; dasselbe gilt für den Skarabäus der Taf. 134,3 mit den Pflanzen [549].

Es scheint sich hier unerwartet problemlos eine Aufteilung in zwei Gruppen zu ergeben, von denen die eine dem phönikischen Milieu (im Osten oder Westen) zugewiesen werden kann und die andere — vielleicht weniger einheitlich — den feinen, hellgelblichen Stücken nächst verwandt ist; ein Teil der feinen Gruppe (Taf. 129,3-130) wurde bereits als ägyptisch, wohl unterägyptisch, erkannt [550]. Es ist klar, daß eine derartige Aufteilung bis zur letzten Konsequenz nicht durchführbar ist, da es wahrscheinlich Stücke gibt, die dazwischen liegen, und auch anzunehmen ist, daß ein und dieselbe Produktion sowohl gröbere, als auch feinere Exemplare hervorgebracht hat. Trotzdem bietet diese Gliederung an Hand der Funde in Cagliari und im British Museum wenig Schwierigkeiten. Wir dürfen also vorläufig in der unterschiedlichen Körnigkeit der Fayence Tendenzen bestimmter Produktionen erkennen. Zwischen den feinen, bräunlichen und feinen, gelblichen Skarabäen konnten wir tatsächlich in Einzelfällen direkte Beziehungen erkennen [551].

Die feinen, hellbräunlichen Skarabäen lassen sich auch bruchlos an die Naukratisgruppe und die ihr am nächsten stehenden Exemplare anschließen. Es wurde bereits darauf hingewiesen [552], daß sich im Material von Taf. 126,1 und 136,1 nicht der geringste Unterschied erkennen läßt. Das gilt fast in gleicher Weise für den Stil und die Art der Eingravierung des Dekors der Flachseite; Material und äußere Typologie (vgl. Nr. 24 der Typentafel III) stellen eine relative Einheit der Beispiele von Taf. 136, 137,1 und einem weiteren in Cagliari [553] her; zu beachten ist vor allem die geschwungene Rückenzeichnung.

Ägyptische Skarabäen der Saitenzeit aus feiner, hellbräunlicher, leicht abreibbarer Fayence sind gut belegt. Dafür können wir Skarabäen mit Königsnamen nennen wie unsere Taf. 134,1 („Psammetich") oder Taf. 135,1 (W_3h-jb-R^c); letzteres bislang unpubliziertes Stück aus Karthago gehört zu den schönsten der hier behandelten Gruppe. Ein Skarabäus aus „brauner Fayence" (offenbar ohne Glasur) in Basel [554], der in die Zeit Psammetichs I. zu datieren ist, gibt in etwas eleganteren Formen die Typologie unserer Taf. 136,1 (Nr. 24 der Typentafel III) wieder. Dieser Skarabäus aus Sardinien kann m.E. nur ein ägyptisches Original darstellen, was aber wohl auch für die unmittelbar damit verbundenen Exemplare Taf. 136,2 und 137,1 gelten muß. Daher wird die so merkwürdige Flügelsonne von Taf. 136,2b mit den Auszackungen nach oben im saitischen Ägypten entstanden sein. Das Zeichen in der Mitte interpretiert Matthiae Scandone [555] als ḥs-Gefäß mit Federn. Diese Deutung wird durch einen Skarabäus aus einem Frauengrab der neubabylonischen Zeit in Nippur [556] gestützt, auf dem wir genau dasselbe Zeichen neben einem sitzenden Pavian wiederfinden. Die Verbindung des Pavian mit einem ḥs ist aber sehr geläufig [557].

Damit im Zusammenhang stehen einige Skarabäen, deren Flachseiten an den Namen des Amun denken lassen: Taf. 135,2, 137,2-3. Die Beziehungen lassen sich an der Beinchenausführung von Taf. 135,2 (Nr. 3 der Typentafel III [558]), 136 und 137,2 gut erkennen.

Die Flachseite von Taf. 135,2   findet durch   [559], wo wir

einmal kryptographisch und einmal in Klarschrift „Amun-Re" lesen, ihre Erklärung. Spielerische Varianten von Jmn-Rˁ und mnt, wie sie Taf. 137,2-3 bieten, sind bekannt [560]. Auf Taf. 137,3c findet sich die Folge ḥr mnt, die an die außerägyptischen Skaraboide aus gelblicher Fayence von ˁAtlit und Al Mina erinnert, auf denen ḥr mn zu lesen ist [561]. Trotz der erkennbaren Beziehungen zu sicher ägyptischen Originalen, mögen hier Zweifel am Ursprung bestehen bleiben [562].

Diese gelten wohl auch für Taf. 140,3, obwohl die Hieroglyphen Sonnenscheibe, mn und nb in senkrechter Anordnung auf Skarabäen vielfach zu belegen sind [563]. Ein Beispiel aus Tharros bringt mn nb Rˁ innerhalb der von Federn flankierten Pseudokartusche [564]. Auffällig ist die äußere Typologie von Taf. 140,3 (Nr. 6 der Typentafel III). Sie findet sich, zumindest von der Oberseite her gesehen, genau entsprechend auf einem sicher lokalen „Paste"-Skarabäus aus Lachish [565] wieder; dieses Stück mit einer palästinensischen Tierdarstellung stammt aus einem Kontext von 810-710 v. Chr. (Grab 1002).

An die saitischen Skarabäen mit Königsnamen Taf. 134,1 und 135,1, wozu noch ein sehr gut ausgeführtes Beispiel aus weißlicher, feiner Fayence unter den Tharrosfunden des British Museum [566] zu zählen ist, können wir einen gleichfalls aus Tharros stammenden Skarabäus des British Museum mit der Inschrift Pȝ-dj-Jmn [567] anschließen. Das Material, hellgelbbräunliche, feine Fayence, könnte sogar naukratisch sein. Die Beinchen sind trotz der Kleinheit (Länge des Skarabäus: 12,2 mm) sehr gut ausgeführt und realistischer als alles, was mir aus Naukratis bekannt ist; der Rücken ist heute glatt.

Denselben unterägyptischen Charakter mit offensichtlicher Nähe zu Naukratis vermitteln zwei bereits erwähnte [568] Skarabäen: Taf. 134,3 mit einer Pflanzendarstellung, für die es unter anderen Parallelen [569] in Naukratis und

Vulci [570] (Etrurien) genaue Entsprechungen gibt, und ein Skarabäus [571] in der

äußeren Form von Nr. 5 der Typentafel III mit der Flachseite

Obwohl die Formen des Tieres eher einem Hund gleichen, sprechen die Parallelen eindeutig für eine Katze. Ein solcher Skarabäus, ohne das kleine Schilfblatt, fand sich auch auf Rhodos [572].

Auch bei einigen weiteren aus der hellbräunlichen, feinen Fayence spricht nichts gegen einen ägyptischen Ursprung. Zu Taf. 134,2 kennen wir ein nächst verwandtes Stück von Kameiros (Rhodos) aus weißlicher Fayence mit Resten hellgrüner Glasur [573]. Zu Taf. 135,3 (Farbtaf. V,2) mit dem Falken über p(?) (= Buto) gibt es Ähnliches in Naukratis und Kition [574]; näher kommen aber einige karthagische Beispiele [575]. Ein Skarabäus der hier besprochenen Materialgruppe, und zwar mit der teilweise weißlichen Oberfläche wie Taf. 126,1, trägt auch die überaus beliebte Gruppe Ichneumon, Sonne und Feder, die wir bereits von den Steatitskarabäen kennen [576].

Eindeutig zur hellbraunen, feinen Gruppe gehört auch der aus Cagliari stammende Skarabäus Taf. 140,2, der statt der Beinchen zwei waagrechte Rillen an den Seiten besitzt. Für uns ist interessant, daß die Flachseite (Skarabäus mit Sonnenscheibe), die in Ägypten offenbar auf Skarabäen der 3. Zwischenzeit beliebt ist [577], in Palästina eine Tradition besitzt, die bis in die Mittelbronzezeit zurückreicht [578].

Zum Abschluß seien zwei Stücke genannt, die außerhalb der oben geschilderten [579] allgemeinen Tendenz im sardischen Fundmaterial stehen. Der Skarabäus Abb. 42 [580] ist nach der Autopsie in Cagliari aus feiner, hell-

Abb. 42: Skarabäus in Cagliari (s. Anm. 580), 2:1;
nach Photo vom Original.

bräunlicher Fayence hergestellt. Gestalten wie auf unserem Stück kennen wir gerade aus Palästina und zwar in der Haltung der Abb. 42 [581], häufig aber gegengleich angeordnet, sodaß eine Gestalt immer kopfsteht [582]. Eine enge Beziehung zu dem ebenfalls in Palästina verankerten Motiv von Taf. 132,4c (gelblich) scheint sicher zu sein. Leider ist eine eventuelle Rolle Palästinas in der Spätzeit hinsichtlich einer Produktion von Skarabäen in diesen auch ägyptischen, feinen Fayencearten noch völlig unklar. Daß solche oder ähnliche Motive hin- und herwandern, erhöht die Unsicherheit außerordentlich.

Der zweite Skarabäus[583] mit der Inschrift *dmḏ ḥtp* „der den Frieden zusammenfügt"(?) ist offensichtlich aus einem gröberen Typus der hellbräunlichen Fayence hergestellt, wird aber trotz der rohen Ausführung ein ägyptisches Original darstellen.

5.3.2. *Fundstücke aus gröberem Fayencematerial*

Bereits die Betrachtung der Steatitskarabäen des phönikischen Mutterlandes hat uns gelehrt, daß sich der ägyptische Formenreichtum in der äußeren Typologie bei Übernahme in die phönikische Produktion auf wenige Typen verringert, die immer wieder kopiert werden. So ist bemerkenswert, daß unter den relativ wenigen Beispielen aus eher rauher, hellbrauner Fayence gleich drei Stück (Taf. 138,2; 139,1-2) einander in der Käferausführung, in der ganz schwachen, aber charakteristischen Rückenzeichnung usw., exakt entsprechen (Nr. 11 der Typentafel III). Diese Rückengliederung ist freilich aus dem ägyptischen NR gut bekannt[583a], fällt jedoch gerade auch auf Zypern[584] und in Palästina[585] auf.

Zu Taf. 138,2 dürfen wie einen verwandten Skarabäus stellen (Abb. 43), der wahrscheinlich aus Tharros stammt[586]. Auf diesem Stück ist die Maat noch

Abb. 43: Skarabäus der Sammlung G. Spano;
Nach *BAS* 1, S. 120, Abb. 7 (Ausrichtung dem Original angepaßt).

als solche zu erkennen, die Feder sitzt aber direkt auf dem Rumpf auf. Das große Anch gehörte wohl ursprünglich auf das Knie der Maat, sodaß wir als Ausgangspunkt ein *Nb-Mꜣʿt-Rʿ* (Amenophis III.) vermuten dürfen[587]. Bei Taf. 138,2 ist die Interpretation als Maat aus ägyptischer Sicht nicht mehr so eindeutig, da ägyptische, typologisch nahestehende Beispiele einen König oder eine andere, menschliche Gestalt im Verehrungsgestus vor einem solchen Anch zeigen[588]. Allerdings hat sich in der Gegend von Gaziantep im nordsyrisch-anatolischen Grenzgebiet ein Skarabäus gefunden[589], der möglicherweise mit den beiden sardischen Funden in unmittelbarem Zusammenhang steht: Eine Maat mit dem großen Kopf und der leicht gewölbten Brust der Gestalt auf Taf. 138,2b-c sitzt vor einem Anch, dessen unterer Teil eine deutlich dreieckige Form besitzt; die Maat hat hier auf dem Kopf die kennzeichnende Feder; darunter befindet sich ein *nb*-Korb. Dieser Skarabäus aus Fayence mit grob rauher, grüner Oberfläche, zwei Rillen statt der Beinchen und tief eingravierten Zeichen ist sicher ein außerägyptisches Produkt.

Vor diesem Hintergrund werden wir uns wohl auch bei Taf. 139,2c dem Vorschlag von Matthiae Scandone [590] anschließen und in der sitzenden Gestalt eine Maat erkennen, obwohl rein von der Ikonographie her der Kopfputz mehr Ähnlichkeit mit dem hohen Federpaar des Amun besitzt. Ein bereits in der Erstpublikation genannter Skarabäus aus Ajia Irini [591] bietet tatsächlich eine gute Parallele und läßt an eine Lesung *Mn-Mꜣ'ʾt-Rꜥ* (Sethos I.) denken. Bei unserem Stück bleiben die Zeichen neben der Maat letztlich unklar [592].

Auf dem durch Typologie und Material dazugehörenden Skarabäus Taf. 139,1 sehen wir drei menschliche Gestalten mit charakteristischen Köpfen, bei denen sich das Gesicht leicht zuspitzt. Die rechte Gestalt (Taf. 139,1b) hat den rechten Arm erhoben, und der linke Arm der knienden Gestalt in der Mitte hängt herab; der rechte Arm dieser zentralen Figur ist vor dem Gesicht erhoben; die Arme der linken Gestalt hängen herab. Die ganze Szene dürfte mit dem Motiv des göttlichen Kindes zwischen zwei Gestalten, die es anbeten, zusammenhängen [593]. Für den Stil der Figuren läßt sich zwar Ägyptisches zitieren [594], die eigentlichen Vorläufer können jedoch nur in der palästinensischen Glyptik zu suchen sein [595]. Außerdem paßt die Tatsache, daß die kniende Hauptgestalt in der Mitte nach links gewandt ist, nicht zur ägyptischen Rechtsausrichtung.

Die beiden einander in jeder Hinsicht entsprechenden Stücke Taf. 139,3 und 140,1 bilden zusammen mit dem grauen Skarabäus Taf. 145,3 die getreuen Gegenstücke in Fayence zu den phönikischen Steatitskarabäen mit dreifacher Trennung der Elytra. Bei Taf. 139,3a ist noch die Kopfrippung schwach sichtbar, bei Taf. 145,3a die seitlichen Einkerbungen an Stelle der Rückendreiecke. Die Darstellung auf den Flachseiten von Taf. 139,3c und 140,1c steht sicher in (entfernterem) Zusammenhang mit den eben genannten, palästinensischen Stücken oder auch den Gestalten auf Taf. 132,4c, jedoch wird der eigentliche phönikische Charakterzug, vor allem an den spitzen Mützen, besonders deutlich. Zunächst ist aber auf drei ähnliche Gestalten mit runden Köpfen und spitz zulaufender Kopfbedeckung auf einem Fayenceskarabäus in Kairo [596] hinzuweisen. Ein direkter Vorläufer scheint in einem Skarabäus aus dem früheisenzeitlichen Grab 39 von Megiddo [597] faßbar zu sein. Gute Vergleichsstücke fanden sich auch auf Zypern [598]. Das Motiv dieser beiden Männer im phönikischen Stil findet sich schließlich in der phönikischen und punischen Glyptik aus grünem Jaspis wieder[599], wodurch eine direkte Brücke zwischen unseren Fayenceskarabäen und denjenigen aus hartem Stein hergestellt wird. Die Darstellung auf dem grauen Stück

Taf. 145,3c variiert offenbar das Motiv der geflügelten Schutzgöttin

hinter dem stehenden Harpokrates (vgl. Taf. 110): Die beiden Spitzen auf dem Kopf der hinteren Gestalt scheinen noch das Kuhgehörn anzudeuten; die Flügel fehlen, dafür ist ein Arm entsprechend erhoben.

Drei Skarabäen bieten durch die dargestellten Motive getreue Versionen in Fayence zu den entsprechenden, phönikischen Steatitskarabäen. Taf. 116,2 mit dem Motiv des vor einer großen Schlange stehenden Harpokrates ist aus relativ grobkörniger Fayence hergestellt (mit noch guter Glasur); der Kern bleibt unklar. Das zweite Exemplar mit demselben Motiv, dessen Seitenansicht mit Nr. 18 auf Typentafel III wiedergegeben ist, paßt mit seiner etwas gröberen, hellbraunen Fayence ohne erhaltene Glasur genau in unsere Gruppe. Das Gleiche gilt für Taf. 138,1 mit dem charakteristischen Löwen, worauf wir bereits hingewiesen haben[600].

Zusammenfassend können wir festhalten, daß sich die hellbraunen/bräunlichen Fayenceskarabäen zumindest in zwei Produktionsgruppen aufgliedern: Unter den feinkörnigen Stücken befindet sich mit Sicherheit eine größere Anzahl ägyptischer Originale, die vermutlich im Nildelta hergestellt wurden. Der enge Zusammenhang mit den ägyptischen Skarabäen aus gelblicher, feiner Fayence sowie mit der Produktion in Naukratis ist erkennbar. Hier ist der Braunton auch im allgemeinen weniger stark. Wir erinnern uns daran, daß auch in Naukratis in gelblicher und bräunlicher Fayence gearbeitet wurde[601]. Allerdings ist es möglich, daß einige der Beispiele aus feiner Fayence außerhalb Ägyptens hergestellt wurden. Die grobkörnigen Skarabäen mit einem eher kräftigeren Braunton entstammen größtenteils dem phönikischen Milieu. Ob sie im phönikischen Mutterland oder im Westen in Anschluß an die dahin importierten, phönikischen Steatitskarabäen erzeugt wurden, dafür haben wir derzeit keine Anhaltspunkte, obwohl die manchmal feststellbare, enge Verbindung mit Funden aus Palästina eher für den Osten zu sprechen scheint. Eine Publikation der Skarabäen in der Sammlung De Clercq könnte Hinweise liefern. Das ägyptische Kulturgut, das diese Stücke nach Sardinien vermittelt, beruht somit auf der phönikischen Verarbeitung. Zu betonen ist, daß gerade ein Skarabäus unter den gelblichen Beispielen, der dasselbe Milieu repräsentiert und eine Darstellung mit geflügelten Göttinnen trägt (Abb. 40), ebenfalls durch eine etwas gröbere Fayence auffällt[602]. Allein daran zeigt sich, wie wichtig die Beobachtung solcher technischer Details sein kann. Denn die

Gegenüberstellung der Beinchenansichten von Nr. 18 (phönikisch) und Nr. 24 (ägyptisch) der Typentafel III zeigt hinreichend, wie eng verwandt in diesem Falle die äußeren Typologien sein können.

5.4. *Skarabäen aus weißer/weißlicher Fayence*

Die weiße, kompakte Fayence mit einer Glasur, die fest mit dem Kern verbunden ist, stellt den Materialtypus dar, den wir von ägyptischen Fayence-amuletten und Fayenceskarabäen am besten kennen. Dabei müssen wir uns aber bewußt sein, daß die in unseren Museen ausgestellten Objekte dieser Art hauptsächlich aus Oberägypten stammen und in ihrer Mehrheit dem NR angehören. Außerdem ist im allgemeinen eine Auswahl getroffen, die die Stücke hoher Qualität bevorzugt. Diese drei Punkte bilden aber genau das Gegenteil von den allgemeinen Charakterzügen der außerägyptischen Funde, die überwiegend der Spätzeit angehören, mehrheitlich unterägyptische Er-zeugnisse darstellen und zu einem großen Teil auch einfach und billig sind. Es kann daher nicht überraschend sein, wenn die Skarabäen aus weißer Fayence im Gegensatz zu unseren sonstigen Erfahrungen unterrepräsentiert sind und nur wenige verschiedene Typen bieten. Dabei müssen wir hier betonen, daß in dieser Gruppe zwangsweise auch diejenigen Beispiele aus einer hellen Fayen-ceart als „weißlich" mitverstanden sind, bei denen der Farbton eine andere Einordnung nicht gestattet. Schließlich besteht im besonderen die Gefahr, daß sich unter den Skarabäen ohne Herkunftsangabe einige befinden, die in neuerer Zeit aus Ägypten nach Sardinien kamen.

Die eben genannte Unsicherheit haftet leider an den drei bestens gearbei-teten Stücken der Taf. 144,2-4, wovon Taf. 144,3a auch auf Farbtaf. V,7 erscheint. Daß deren äußere Formen (Nr. 8 der Typentafel III) sehr gut ins NR passen, bedarf keiner Erläuterung, jedoch scheint eine Herstellung der Stücke selbst in der Spätzeit nicht ausgeschlossen. Der *Wsr-Mꜣʿt-Rʿ*-Skarabäus auf Taf. 144,2 kann durch die Form des *wsr*-Zeichens an den ägyptischen Steatitskarabäus der Taf. 100,2 angeschlossen werden[603]. Das von Matthiae Scandone[604] zitierte Vergleichsstück zu Taf. 144,4 in Kairo zeigt tatsächlich im Stil, vor allem durch die Bauchstreifen des Greifen (an dem allerdings zwei Flügel sichtbar sind), eine gute Übereinstimmung. Wichtiger ist vielleicht, daß sich ein ebensolcher Greif mit nur einem sicht-baren Flügel wie bei uns auf einem Steatitskaraboid aus Ajia Irini[605] auf Zypern wiederfindet. Die Flachseite von Taf. 144,3 mit Sobek über dem *ḏd*-Pfeiler erinnert an einen blauen Pasteskarabäus derselben äußeren Typologie aus Kition[606], wo das Sobek-Krokodil über einem Rechteck, d. h. vielleicht über einem vereinfachten Naos, wiedergegeben ist. Die Miteinbeziehung dieser ägyptischen Skarabäen Taf. 144,1-4 in unsere Überlegungen scheint auch ein Exemplar aus Karthago[607] zu stützen, das in jeder Hinsicht die

Formen von Nr. 8 der Typentafel III wiedergibt und gleichzeitig denselben Oberflächencharakter mit den auffälligen Glasurblasen wie unsere Taf. 144,3a (= Farbtaf. V,7) darbietet. Dieses karthagische Beispiel hat gleichzeitig auf der Unterseite eine Falkendarstellung auf einem Hügel, die als direktes Vorbild für entsprechende Skarabäen aus hartem Stein angesehen werden könnte[608]. Mit Taf. 144,4 stimmt in Material und Erscheinungsbild der Glasur Farbtaf. V,6 sehr genau überein.

Eine ebenfalls ausgezeichnete ägyptische Arbeit stellt der aus Tharros stammende Skarabäus im British Museum[609] dar, der mit Nr. 10 auf Typentafel III erwähnt ist. Auf der senkrechten Flachseite lesen wir oben „Amun-Re" in einer bekannten, kryptographischen Form, darunter befinden sich rechts ein Uräus und links daneben die Sonnenscheibe über dem ḥnm-Krug. Genau entsprechend ist die Beschriftung eines bereits in Zeichnung bekannt gemachten[610] Skarabäus der Sammlung G. Spano, der gleichfalls in Tharros gefunden wurde. Wir dürfen also auch hier wieder die identische Ausführung zweier auf Sardinien gefundener ägyptischer Importstücke hervorheben (vgl. Taf. 97,2-3 und 130,2-3). Die nicht sicher lesbare Flachseite läßt an vieles[611] denken; da es sich um ägyptische Importstücke handelt und die Amunstrigramme in Ägypten selbst nicht zu leugnen sein werden, mag es sich im unteren Teil um eine derartige Wiedergabe von „Amun" oder „Amun-Re" handeln, sodaß in diesem Fall der Gottesname zweimal vorkäme. Dreifache Teilung der Elytra zeigt auch ein weiterer aus Tharros stammender Skarabäus mit Hieroglyphendekor, der aus harter, offenbar weißer Fayence mit hellbeigegrüner Glasur hergestellt ist[612].

Einige Skarabäen bieten eine einfachere Rückengliederung durch einzelne Linien, sind aber in Material und Ausführung mit den vorigen eng verwandt. Das gilt im besonderen für ein Fundstück aus Tharros im British Museum[613] aus relativ kompakter, weißlicher Fayence mit einer qualitätvollen, ursprünglich grünen Glasur, die genau wie bei unserer Taf. 144,4 u. Farbtaf. V,6 größtenteils braun geworden ist. Auf der Unterseite ist nur ein Falke und dahinter ein Schilfblatt eingraviert. Hierher gehört auch ein weiterer Psammetich-Skarabäus aus Tharros[614], dessen Inschrift mit unserer Taf. 134,1b identisch ist. Die einfache Rückenzeichnung und ein auffällig schmaler Prothorax charakterisieren ein anderes Stück aus Tharros mit einem Dekor in Registern, der aber mit Taf. 142,3-4 nichts gemein hat[615].

Für den einfachen, weißen Fayenceskarabäus Taf. 144,1 (Nr. 12 der Typentafel III) ‿⌣ aus Tharros dürfte eine ziemlich deutliche, auch stilistische Parallele aus Naukratis[616] die unterägyptische Erzeugung nahelegen. Nächst verwandt ist ein Skarabäus der Sammlung Spano[617] ‿⌣ von demselben Fundort.

Den in der äußeren Form archaisierenden Typus Nr. 16 der Typentafel III (gelblich)[618], aber nicht ganz so schmal, gibt ein weißer Fayenceskarabäus in Cagliari[619] wieder, der im unteren Teil der ziemlich großen Flachseite eine von Federn flankierte Kartusche mit *Mn-ḫpr-Rʿ* zeigt und darüber, über einer Trennlinie, einen Falken zwischen Federn. Die von Federn flankierte *Mn-ḫpr-Rʿ*-Kartusche ist auf Skarabäen des NR beliebt, gerade auch bei Fundstücken in Palästina[620]. Strukturell nächst verwandt ist im gesamten die Dekoration eines Skarabäus in Basel[621].

Wenn wir noch bei den Typen verharren, die ungefähr in die 5. Kolumne (von links gezählt) unserer Typentafel III passen, so dürfen wir zunächst auf Farbtafel V,6 hinweisen. Für die bogenförmige Linie, die hinter dem Falken vorbeizugehen scheint, kennen wir nichts Vergleichbares. Die äußeren Formen des Skarabäus entsprechen dem gelblichen Exemplar Nr. 14 (= Taf. 131,3) unserer Typentafel III.

Vermutlich ist aus weißer Fayence auch ein grün glasierter Skarabäus aus Sulcis (Abb. 44)[622] hergestellt. Die Darstellung der Unterseite (bärtiger

Abb. 44: Skarabäus aus Sulcis, 2:1; nach Uberti (s. Anm. 622).

Sphinx mit Doppelkrone, Maat mit Feder auf dem Knie über den Vorderpranken, über dem Rücken eine Flügelschlange) fällt wieder auf ägyptischen Skarabäen aus Palästina auf. Zu den in der Publikation (s. Anm. 622) angeführten Beispielen sei ein Exemplar aus Megiddo[623] und ein Steatit-

skarabäus aus Grab 100 von Tell Sharuhen[624] hinzugefügt.

Die typologischen Verbindungen dieses Flachseitentypus wurden an Hand verwandter Skarabäen aus Pithekoussai erschöpfend behandelt[625]. Unserem Beispiel aus Sulcis steht sowohl in der äußeren Typologie als auch im Dekor ein Skarabäus aus Ajia Irini[626] sehr nahe.

Eine Variante davon bietet der durch seine Formen isolierte Skarabäus aus braungrauer Fayence mit dunkelgrüner Glasur, der auf Taf. 146,3 (Abb. 45) erstmals publiziert ist. Daß über dem Sphinx ein „Amun" gemeint ist, beweist

Abb. 45: Skarabäus unserer Taf. 146,3b, 2:1.

ein Basler Skarabäus, wo der Sphinx angeblich widderköpfig ist[627]. Ein letzter Sphinxskarabäus aus feiner, sehr kompakter, weißlicher bis schwach hellbräunlicher Fayence befindet sich im British Museum unter den Tharrosfunden[628].

Thematisch läßt sich hier ein in Tharros gefundener Fayenceskarabäus mit lückenlos erhaltener, beige-gelber Glasur anschließen[629], der auf der senkrechten Flachseite einen Greifen mit aufgerichtetem, gebogenem Flügel[630] und Sonnenscheibe auf dem Kopf zeigt. Ähnlich, aber mit zwei solchen gebogenen Flügeln, ist der Greif auf einem Kopfskaraboid aus blauer Paste aus Naukratis[631].

Interessant ist ein relativ großer Skarabäus aus sehr heller, weißlicher Fayence mit schöner Schraffur auf Vorder- und Hinterbeinchen und einer Rückengliederung in einfacher Linienführung, der in Tharros gefunden wurde und in Sassari ausgestellt ist[631a]. Die Darstellung der Flachseite

 zeigt unter einem liegenden Sphinx und über einem senkrecht

schraffierten *nb* drei Gestalten: die mittlere scheint ein hockender Knabe zu sein, den die seitlichen, stehenden Figuren im Verehrungsgestus flankieren. Es scheint sich dabei um das Motiv des ,,Sonnenkindes", wie es Giveon[632] nennt, zu handeln, das sowohl in die phönikische Kunst als auch in die palästinensische Glyptik der Eisenzeit II Eingang gefunden hat. Den ägyptischen Ausgangspunkt bildet vielleicht Harpokrates auf dem Lotos, der angebetet wird. So wurde das Motiv auch von der phönikischen Kunst übernommen[633] und spielt dort höchstwahrscheinlich an die Geburtslegende des Gottes Mōt an[634]. Die nächst verwandten Beispiele für die Dreierszene unseres Skarabäus sind mir jedoch aus Palästina bekannt: Dazu gehört vor allem das von Giveon behandelte Siegel aus Revadim (wahrscheinlich 7. Jh. v. Chr.) als auch ein Stück der Eisenzeit II aus Gezer[635]; auf letzterem hat die mittlere, hockende Gestalt allerdings beide Arme erhoben. Der Skarabäus aus Tharros erinnert in gewisser Hinsicht an das hellbraune Exemplar unserer Taf. 139,1, wo die mittlere Gestalt kniet[636]. Die kniende und hockende Haltung sind austauschbar (vgl. Taf. 97,2c-d und das Motiv IV.6, Nr. 48 in Abschnitt V). Ist das sardische Fundstück daher eine außerägyptische Arbeit, obwohl man es ihm sonst nicht ansehen würde?

Unter den Skarabäen aus weißer Fayence gibt es auch einige charakteristische Registerskarabäen, die an die bereits behandelten Stücke der Taf. 130,2-3[637] anschließen. Ein Skarabäus aus Tharros[638] mit ähnlicher Gliederung der Oberseite, hohem Rücken und sehr guter Beinchenausführung zeigt im oberen Register eine einfache Barke (vgl. Taf.130,3c) und darin die

Sonnenscheibe wie auf dem in Anm. 499 genannten Skarabäus aus Mozia. Im mittleren Abschnitt, der durch je eine doppelte Trennlinie von der Barke darüber und dem *nb* darunter getrennt ist, sitzen einander zwei bärtige Gestalten mit Uräus an der Stirn gegenüber, wie sie ähnlich auf einem Steatitskarabäus aus Tel Sharuhen, Grab 936 der 19.-20. Dyn., die *Mn-ḫpr-Rʿ*-Kartusche flankieren[639].

Diesen Gestalten entsprechen in ihrer Position die beiden Nilgötter im mittleren Register des Skarabäus aus weißer, harter Fayence auf Taf. 142,4: die knienden Nilgötter mit dem *ḥs*-Krug flankieren eine Kartusche, in der sich drei Elemente befinden; das sind oben zwei runde Zeichen und unten ein klar unterschiedenes Zeichen, das ein *wꜣḥ* 𓏤 sein könnte, das in ähnlicher Vereinfachung auf saitischen Fayencegegenständen in *Wꜣḥ-jb-Rʿ* (Psammetich I. oder Apries) begegnet[640]. Auffällig ist, daß dieses Zeichen am Ende steht und nicht, wie üblich, in der Mitte. Auf jeden Fall scheint diese Differenzierung sowie der Stil der beiden Nilgötter für ein saitisches, ägyptisches Erzeugnis zu sprechen[641]. Die Kartusche darüber, flankiert von zwei nach oben gerichteten, liegenden Löwen, dürfte als 🔲 *Mn-kꜣ-[Rʿ]* aufzufassen sein. Das mir bekannte, nächststehende Vergleichsstück zeigt wie bei uns die beiden Hapi, jedoch zusammengerückt, und über den beiden *ḥs*-Krügen befindet sich die *Mn-kꜣ-Rʿ*-Kartusche (von Falken flankiert); der Skarabäus stammt aus Salamis (Zypern)[642].

Wie immer man Taf. 142,4 beurteilen mag, das Fundstück aus Tharros Taf. 142,3 hat auf Grund der identischen äußeren Ausführung und der absolut entsprechenden Fayenceart denselben Ursprung. Sicher kommen Registerskarabäen aus hartem Stein nahe[643], jedoch gibt es auch hier keinen konkreten Grund für außerägyptische Herstellung. Der Mangel an exakten Parallelen darf dafür nicht in Anspruch genommen werden. Das Motiv des Skarabäus zwischen zwei Anch ist aus Ägypten bekannt[644]. Einen ähnlichen Aufbau der Flachseite zeigt ein Beispiel in Turin[645], bei dem allerdings die spezielle Registertrennung fehlt: Über dem von Anch-Zeichen flankierten Skarabäus befinden sich die dreiteiligen Pflanzen, unten bloß ein *nb*.

Denselben Registertypus mit einer senkrechten Flachseite bietet noch ein weiterer, nur aus einer alten Zeichnung bekannter Skarabäus[646] aus Tharros. Die mittlere Reihe 𓀗𓂀𓏤𓂓𓊃 stimmt genau mit dem zentralen Register eines Drei-Register-Skarabäus aus Cuma[647] überein. Das in der unteren Reihe befindliche, von Uräen flankierte Sistrum 𓏤𓊖𓏤 findet sich exakt auf einem entsprechenden Drei-Register-Skarabäus aus Sanam wieder[648]. Der Skarabäus aus Tharros paßt also bestens in das während der ägyptischen Spätzeit im östlichen Mittelmeerraum im Umlauf befindliche Skarabäenrepertoire. Wegen der mangelhaften Zeichnung ist eine sichere Herkunftsbestimmung zwar nicht möglich, jedoch sind m. E. bis zum Nachweis des Gegenteils,

die aus Sardinien bekannten Drei-Register-Skarabäen für ägyptische Importstücke zu halten.

Das könnte auch für den waagrechten Registertypus zutreffen, den wir
in zwei Exemplaren (eines Abb. 46) aus Tharros kennen[649]. Gerade in
Naukratis[650] fand sich ein ganz ähnlicher Skarabäus aus Stein, dessen

Abb. 46: Skarabäus aus Tharros;
nach Orcurti (s. Anm. 649), sicher seitenverkehrt.

Hieroglyphen keinen Sinn ergeben. Der Typus hat zwar in Palästina eine alte
Tradition[651] jedoch kann wegen des ganz anders gearteten Hieroglyphen-
dekors keine Linie von dort zu den Exemplaren von Tharros und Naukratis
verfolgt werden[652].

Die beiden Skarabäen der Taf. 143 (Nr. 19 und 27 der Typentafel III) sind
durch eine identische Beinchengestaltung miteinander verbunden. Diese ist
sichtlich mit der Ausführung an dem gelblichen, ägyptischen Exemplar Nr. 22
der Typentafel III verwandt. Bei Nr. 27 und 22 hat der Kopf auffällige
Hörner und die hervortretenden Augen. Diese sind bei Nr. 19 (Taf. 143,1a)
nicht so deutlich, bewirken aber eine extreme Verbreiterung des Kopfes. Auf
Grund dieser Beobachtungen werden wir die beiden Skarabäen Taf. 143,1
und 2 derselben Produktion zuordnen; der Anschluß an die ägyptische
Produktion von Taf. 128,1 liegt nahe.

Die Flachseite Taf. 143,1b, die wir fast entsprechend in der alten Zeichnung
eines Skarabäus aus Tharros[653] wiederfinden, liest Matthiae Scandone vielleicht mit Recht *Pȝ-dj-Jmḥ-ḥtp* (mit Verdopplung der Feder)[654]. Strukturell
verwandt ist ein wahrscheinlich lokaler Skarabäus des NR aus Tell el-
ʿAjjul[655]. Das Taf. 143,2 nächststehende Stück, das mir bekannt ist, stammt
aus ʿAtlit, hat eine ähnliche Beinchenausführung und ist aus feiner, weißer
Fayence hergestellt[656]. Hier findet sich eine gleichartige Lotosdolde vor einer
(leider größtenteils zerstörten) thronenden Gestalt, die ebenso wie unser
Chons (kenntlich an Mondsichel und Vollmond) die vordere Hand erhoben
hat. Die Verwandtschaft in Material und Seitenansicht, sowie die allgemeine
Gleichartigkeit des Befundes von ʿAtlit und Sardinien geben hier wieder einen
von zahllosen Hinweisen, daß das sardische Fundstück wahrscheinlich über
Phönikien nach Sardinien gelangte. Eine ägyptische Erzeugung ist aber auch
aus dieser Sicht nicht unwahrscheinlich[657], obgleich Taf. 143,2 ausnahmswei-

se so dekoriert ist, daß bei richtiger Betrachtung der Unterseite der Kopf des Skarabäus nach unten blickt (vgl. die inverse Anordnung von Taf. 143,2a-b).

Ein aus Tharros stammender und in Sassari ausgestellter Skarabäus[658] aus weißlicher Fayence ist auf der Unterseite wie unsere Taf. 70,3a dekoriert, obwohl dem *mn* die „Zacken" fehlen. Weiße Fayence ist auch für die beiden Skarabäen aus Tharros Abb. 47 angegeben, die wir nur aus diesen

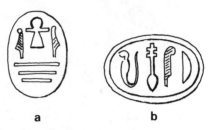

a   b

Abb. 47a: Skarabäus der Sammlung G. Spano aus Tharros;
nach Orcurti (s. Anm. 659).
Abb. 47b: Skarabäus der Sammlung Cara aus Tharros;
nach Orcurti (s. Anm. 659), wahrscheinlich seitenverkehrt.

Zeichnungen kennen und nicht weiter kommentieren wollen[659].

Die beiden Skaraboide[660] Taf. 145,1-2 sind trotz ihrer einfachen, äußeren Form von den hier zu behandelnden Skarabäen nicht zu trennen. Bei Taf. 145,1, wo der Kern als weißliche, kompakte, feine Fayence erkennbar ist und sich (wie bei Taf. 145,2) die Glasur mit einer hellbeigegrünen Farbe[661] erhalten hat, ergab der Vergleich in Cagliari, daß der Charakter des Materials in jeder Hinsicht mit dem des naukratischen Skarabäus der Taf. 123,4 identisch ist. Das nächstverwandte Beispiel zu Taf. 145,1c, das mir bekannt ist, stammt aus Byblos[662]: Hier blickt der Falke ganz leicht zurück, bzw. hat im Stil Ähnlichkeit mit einer Eule: man könnte meinen, es handle sich bei dem byblitischen Exemplar um eines der ganz seltenen, naukratischen Import-stücke in Phönikien. Taf. 145,1 ist daher wohl ein unterägyptisches Erzeugnis.

Diese Erkenntnis darf auf das typologisch und materialmäßig entsprechen-de Exemplar der Taf. 145,2 übertragen werden (obwohl dort die Glasur so gut erhalten ist, daß sie den Kern nicht erkennen läßt). Wie bereits fest-gestellt[663], läßt der hier dargestellte Gott mit der spitz zulaufenden Mütze und der Lanze an Reschef denken; jedoch kommen auch Onurisdarstellungen nahe. Der Gott begegnet in derselben Haltung, mit spitzer Mütze und Lanze, allerdings mit charakteristischen Flügeln auf einem Skarabäus des NR aus Tel Sharuhen[664]. Dieser Ausführung ist wieder die geflügelte Göttergestalt mit großem Speer auf einer libyerzeitlichen Steatitplakette aus Zagazig (bei Bubastis im Ostedelta) engstens verwandt[665]. Ohne Flügel finden wir unsere Göttergestalt in entsprechender Haltung und mit einer Lanze, die wie bei Taf. 145,2c-d hinten vorbeigeht, auf einem Skarabäus in Basel[666]; hier hat der Gott auf (oder über) dem Kopf das Mondzeichen. Mit Recht weisen die Autoren in der Publikation dieses letzteren Stückes auf die ikonographisch sehr verwandte Wiedergabe des Onuris auf einem Skarabäus aus Nebesheh[667]. Die nicht ganz klare Gottheit auf Taf. 145,2c paßt somit gut in die unterägyptische Produktion.

Ein weiterer Skaraboid dieser Form aus heller Fayence mit kräftig brauner Glasur befindet sich unter dem Material aus Tharros im British Museum[668]. Genau denselben Hieroglyphendekor bietet ein gleichfalls in Tharros gefundener Skarabäus der Sammlung Cara[669], dessen alte Zeichnung wir hier in Hinblick auf die künftige Publikation der Funde des British Museum vergleichsweise abbilden (Abb. 48). Diese wird vielleicht eine Lesung oder Deutung der Hieroglyphengruppe gestatten.

Abb. 48: Skarabäus aus Tharros, 2:1;
nach Orcurti (s. Anm. 669); sicher seitenverkehrt.

Abschließend dürfen wir festhalten, daß sich für den größten Teil der Skarabäen aus weißer oder weißlicher Fayence eine ägyptische Erzeugung nachweisen oder wahrscheinlich machen läßt. Angesichts von parallelen oder verwandten Stücken aus dem Nildelta (bisweilen aus Naukratis) ist in den meisten Fällen eine unterägyptische Herstellung wahrscheinlich. Im allgemeinen repräsentieren diese Skarabäen das kulturelle Pendant in Fayence zu den am Anfang besprochenen Skarabäen aus einem Steatit ägyptischer Art. Wie dort treten auch hier bei gewissen Stücken Zweifel am ägyptischen Ursprung auf, die sich aber eher an palästinensischen Funden orientieren, wie das oben, S. 243 skizzierte Stück in Sassari. Eine engere Beziehung zu den typisch phönikischen Produktionen, wovon die Steatitgruppe ja dem phönikischen Mutterland selbst zugewiesen werden kann, läßt sich nicht erkennen. Jedoch gibt es Hinweise dafür, daß auch die Skarabäen aus weißer Fayence wenigstens teilweise über Vorderasien in den Westen gelangt sind[670].

6. Besondere Fayenceskarabäen

Abgesehen von den im Material unklaren Skarabäen[671] gibt es im sardischen Fundmaterial noch einige besondere Stücke oder Gruppen.

Der Skarabäus auf Taf. 146,1, der sich durch seine feine, weiche, hellblaue Paste deutlich von den harten, dunkelblauen Naukratisskarabäen unterscheidet, gehört zu einer Gruppe großer Skarabäen aus blauer Paste, die unter den Funden von Sounion stark vertreten ist[672]; diese Stücke haben alle etwa die

Ausmaße unserer Taf. 146,1 und eine entsprechende Beinchengestaltung. Auf unserem Skarabäus befindet sich (in undeutlichem Erhaltungszustand) vorne ein Uräus, dahinter ein Falke mit stark eingravierter Geißel. Gerade in der Sounion-Gruppe ist auch der Falke mit der großen Geißel beliebt. Das Motiv des Falken mit Uräus tritt besonders in senkrechten Flachseiten ägyptischer Skarabäen auf[673] und läßt sich seit dem MR auch in Palästina[674] nachweisen. Eine identische Flachseite zu unserer Taf. 146,1b trägt ein Skarabäus aus Kition[675] und einer in Palermo[676]. Der Skarabäus scheint zwar ein ägäisches Erzeugnis darzustellen, ist aber hinsichtlich seiner kulturellen Tradition in Ägypten und Vorderasien fest verankert.

Der kleine Skarabäus aus blauer Paste auf Taf. 145,4 mit der gesicherten Herkunft Sulcis gehört in eine andere Gruppe stets ganz kleiner Skarabäen aus kompakter, blauer Paste, die wir aus relativ alten Kontexten in Kampanien kennen. Fundorte sind im besonderen Pithekoussai und Suessula[677]; gerade von diesem letzteren Fundort sind Beispiele mit derselben Rücken- und Seitentypologie bekannt. In Suessula zeigt sich auch die enge Zusammengehörigkeit dieser kleinen, blauen Skarabäen mit charakteristischen, großen Exemplaren aus kompakter, hellblauer Paste, als deren Fundorte vor allem Megiddo und Veio (Etrurien) zu nennen sind[678]. Der Skarabäus Taf. 145,4 ist ein vorderasiatisches Erzeugnis und gehört zu den ältesten Aegyptiaca Sardiniens; vermutlich hat er schon im 8. Jh. v. Chr. den zentralen Mittelmeerraum erreicht, wie die verwandten Stücke aus Etrurien und Kampanien nahelegen. Der Fundort Sulcis ist bezeichnend, da dort auch das Tophet ins 8. Jh. zurückreicht. Das Muster auf der Flachseite ist uns gut bekannt[679]; genau entsprechend trägt es auch ein Skarabäus aus Tarsos, der ebenfalls aus himmelblauer Paste hergestellt ist, jedoch größere Ausmaße und ausgezeichnete Beinchen hat[680].

Gleichfalls aus Sulcis stammt ein Skarabäus[681], dessen Material mit „pasta silicea, smalto verde" beschrieben ist und der das Motiv der Kuh (rechtshin) mit dem saugenden Kalb auf der Unterseite trägt; die äußeren Formen sind einprägsam (Abb. 49). Die Kuh hat in „klassischer" Weise den Kopf zum

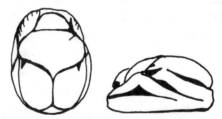

Abb. 49: Fayenceskarabäus aus Sulcis, 2:1;
nach Uberti (s. Anm. 681).

Kalb zurückgewandt; davor hängt ein achtstrahliger Stern herab, der das Zeichen der Ischtar darstellen wird[682]. Während das Motiv auf den Skarabäen aus hartem Stein aus Sardinien (wo dies im Augenblick feststellbar ist) nach links ausgerichtet ist[683], steht hier die Rechtsausrichtung in der Tradition ägyptischer Skarabäen. Das Motiv begegnet ebenfalls in Rechtsausrichtung, wobei die Kuh aber ihren Kopf geradeaus nach vorne hält, auf einem sicher östlichen Skarabäus aus graubläulicher Paste von Kition[684].

Wir bleiben vermutlich im Milieu, wenn wir hier einen Hinweis auf das Siegel aus schwarzbraunem Material auf Taf. 150,2 einschieben. Das Motiv

des Löwen, der einen Steinbock anfällt, kennen wir in anderer

Ausführung von dem phönikischen Steatitskarabäus der Taf. 119,2. Unserer Darstellung steht das Motiv auf einem wohl vorderasiatischen Steatitskarabäus aus der Gegend von Al Mina[685] näher. In naukratischem Stil[686] finden wir die Szene auf Skarabäen aus Karthago[687]. Besondere Beachtung verdient bei dem Siegel unserer Taf. 150,2 der auf beiden Seiten wiedergegebene Hathorkopf mit den Kuhohren, den dahinter vorbeigehenden, seitlich herabfallenden Haarsträhnen und dem großen Uräus, der vom Scheitel emporwächst. Ein entsprechendes Siegel ist mir nicht bekannt.

Unklar ist das Material auch bei einem Skarabäus in Cagliari[688] mit glänzender, bräunlicher Glasur. Auf der Unterseite befindet sich über einem *nb* eine kniende Gestalt in der Art des Heh-Gottes mit zwei Psalmrispen. Skarabäen mit dem Motiv sind aus Ägypten[689] und Palästina[690] gut bekannt; oft erscheinen noch zusätzliche Motive über dem knienden Gott (Sphinx, Sonnenbarke, Königstitel, *Mn-ḫpr-Rˁ*-Kartusche u. a.). Das Motiv fand schließlich Aufnahme in die phönikische Kunst[691]. Für unseren Skarabäus ist freilich eine Entscheidung bezüglich seines Ursprunges nicht möglich.

Ein besonderes Stück ist auch der Fayenceskarabäus der Taf. 146,2 mit sehr guter, hellgrüner Glasur; auf der Unterseite hebt eine kniende Gestalt einen Hirsch hoch (Abb. 50). Am nächsten steht tatsächlich ein von Matthiae Scandone zitierter Skarabäus aus rotem Jaspis in Kassel[692], der nach Zazoff phönikisch ist und ins 6. Jh. v. Chr. gehört: Dort ist ein Mann im Knielauf mit ägyptisierenden Elementen dargestellt, der die Hände erhoben hat; die

Abb. 50: Umzeichnung von Taf. 146,2c.

darüber wiedergegebene Sphinx wird aber nicht wirklich getragen. Bei unserem Stück wird das Tier sicher getragen, wie bei den von Zazoff und

Furtwängler zitierten[693] verwandten Stücken aus dem Osten. Daher scheint mir eine östliche Herkunft für Taf. 146,2 wahrscheinlicher als eine westliche.

Eine sehr eigenwillige Typologie, die sich von den ägyptischen Formen weit entfernt hat, repräsentiert Abb. 51 aus der Nekropole von Sulcis. Auf der Unterseite dieses porösen Fayenceskarabäus ohne erhaltene Glasur ist ein schwer erkennbares, nach rechts schreitendes Tier wiedergegeben. Im allgemeinen Charakter ist er von den Beispielen unserer Taf. 141 sicher nicht weit entfernt und könnte derselben Produktion angehören, die möglicherweise sogar in Sulcis selbst beheimatet gewesen sein mag. Die Seitengestaltung ist aber mit der eines oben[694] besprochenen Steatitskarabäus aus Tharros verwandt: Dort bildet sie ein vollständiges, flaches Dreieck mit eingezeichneter Höhe, wie wir es öfters bei östlichen Fundstücken antreffen.

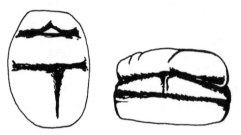

Abb. 51: Fayenceskarabäus aus Sulcis, 2:1;
nach Uberti, *Biggio*, Taf. XVIII,5.

Eine eigentümliche Skarabäengruppe repräsentieren die Beispiele auf Taf. 147: Sie bilden in äußerer Typologie und Flachseitendekor die Gegenstücke zu den Skarabäen aus hartem Stein. Mit diesen haben sie besonders die Wiedergabe der Beinchen gemeinsam, die sich reliefartig vom Körper abheben. Desgleichen haben die Flachseiten teils ägyptisierenden, teils griechischen Charakter und sind häufig nach links (wie Taf. 147,2-3) ausgerichtet. Für die Wiedergabe der Beinchen nach Art eines Reliefs gibt es Vorläufer in Ägypten zur Zeit der 18. Dynastie[695].

In Hinsicht auf die Ausbreitung ägyptischen Kulturgutes ist von den sardischen Funden dieser Gruppe vor allem auf ein Exemplar aus Tharros im British Museum[696] zu verweisen, das offenbar aus hellgräulicher Fayence mit heute beige Glasur hergestellt ist und auf der senkrechten Flachseite über einem *nb* eine Besdarstellung in Vorderansicht mit nach außen gebogenen Beinen und erhoben Händen trägt; die Federkrone ist kaum ausgebildet; darüber schwebt eine einfache Flügelsonne. In Tharros hat sich noch ein weiterer Skarabäus aus grauem Material (Steatit oder Fayence) mit einem Bes in Vorderansicht gefunden, der jetzt in Sassari ausgestellt ist[697]; hier ist zwischen den Beinen der Löwenschwanz sichtbar; seitlich befinden sich zwei senkrechte Elemente, von denen eines wohl als Schlange anzusehen ist. Gewöhnliche Bes-Skarabäen dieser Art sind innerhalb und außerhalb Ägyptens gut bekannt[698], gelegentlich hält der Bes auch Schlangen[699]. Ähnlich dem Beispiel in Sassari ist ein Bes, der wahrscheinlich Schlangen hält, auf einem Fayenceskaraboid aus Grab 1 (9./8. Jh. v. Chr.) von Tell ʿAitun[700]. Obwohl das publizierte Photo nichts über die äußere Typologie aussagt, gehört vermutlich ein karthagischer Skarabäus aus „grüner Paste" in unsere spezielle Gruppe, den Vercoutter[701] ins 4. Jh. datiert; auch hier hält Bes Schlangen. Vercoutter hält das Beispiel für eine Nachahmung entsprechender Jaspis-Skarabäen. Im Material ist auf jeden Fall ein Skarabäus aus „grüner Fritte"[702] mit einer Typologie der saitischen blauen Pasten[703] dazuzustellen, der aus Hypata (Ainis, Mittelgriechenland) stammt. Der Skarabäus gehört in den Bereich der Kampfszenen mit Bes: Die senkrechte Flachseite zeigt den aufgerichteten Bes (rechtshin) im Kampf gegen einen Ziegenbock innerhalb schraffierter Umrandung.

Aus der Sicht des damit verbundenen ägyptisch-phönikischen Kulturgutes ist hier ein goldener Fingerring aus Tharros im British Museum[704] einzu-ordnen; im Ringkasten befindet sich ein ovales Plättchen aus „pale blue glazed faience" mit der Darstellung des auf einer Blume hockenden Harpo-krates; dieser — nach links(!) gewandt — führt eine Hand zum Mund und hält in der anderen die Geißel; auf dem Kopf trägt er eine von Uräen flankierte Sonnenscheibe; zwei lange, leicht nach innen gebogene Papyrus-stengel rahmen die Darstellung ein. Auch mit dieser Szene werden wir durch Thema und Stil an die Skarabäen aus hartem Stein herangeführt[705].

Zur speziellen Gruppe der Taf. 147 gehört ein Fayenceskarabäus aus Monte Sirai[706], der auf der Unterseite eines der bekannten Tierkampfthemen trägt: Ein Löwe oder Panther hat einen Stier angesprungen[707].

Besonders interessant ist das Stück unserer Taf. 147,1 mit einem charak-teristischen Tanitzeichen. Deswegen möchte man hier, wie es auch Matthiae Scandone getan hat[708], zunächst an eine westliche Erzeugung denken. Nun trägt aber ein blauer Pasteskarabäus aus Ajia Irini[709] ein Tanitzeichen von genau derselben Form ⚱ (flankiert von Uräen?) unterhalb einer liegenden Sphinx mit unterägyptischer Krone; das Stück gehört in die örtliche Periode 4, die von der Mitte des Zypro-Archaisch I bis in den Beginn von Zypro-Archaisch II reicht — dies wäre nach der ursprünglichen Datierung von Gjerstad[710] die zweite Hälfte des 7. und der Beginn des 6. Jhs. v. Chr. Wir wissen heute, daß das Tanitzeichen im Osten entstanden ist[711]. Chrono-logisch dürfte der Skarabäus aus Ajia Irini zur Weihinschrift für Tanit-Astarte (oder Tanit und Astarte) aus Sarepta gut passen[712]. Es bleibt demnach aus dieser Sicht völlig unklar, ob der Skarabäus unserer Taf. 147,1 im Osten oder im Westen hergestellt wurde.

Abgesehen von den verschiedenen Proportionen entsprechen einander die Darstellungen auf Taf. 147,2-3: Wir sehen einen nach links(!) laufenden Satyr mit charakteristischem Bart und Kopfputz, erigiertem Phallus und Schwanz;

vor ihm ist ein kleiner Hund aufgesprungen. Dazu gibt es noch ein genau entsprechendes, drittes Exemplar aus der Nekropole von Sulcis[713]. Außerhalb Sardiniens steht offenbar eine Steatitgemme aus Melos[714] am nächsten, wo ein entsprechender Satyr ohne den begleitenden Hund dargestellt ist.

Ein weiterer Skarabäus dieser sardischen Fundgruppe stammt aus Tharros und befindet sich im British Museum[715]. Er ist aus weißer, relativ kompakter Fayence hergestellt, hat (wie auch auf Taf. 147,1a sichtbar) eine Rückenzeichnung in einfacher Linienführung, und die Beinchen bilden drei in Relief gestaltete Stege auf sonst glatter Seite; das Profil ist Taf. 147,3a verwandt, der Rücken ziemlich hoch. Leider ist die Flachseite so abgenützt, daß man kaum etwas dazu sagen kann. Wenn die Materialbestimmung Caras[715a] zutrifft, gehört hierher auch ein Skarabäus aus „grüner Paste", der sich in Tharros gefunden hat und auf dem die thronende Isis mit dem Kind (davor ein Altar) wiedergegeben ist.

Es erhebt sich nun die Frage nach Belegen im eigentlichen Vorderasien. Die reliefartige Beinchengestaltung müßte das ausschlaggebende Kriterium sein; gerade das ist aber in den Publikationen nicht nachprüfbar. Wir kennen jedoch eine Reihe von Skarabäen aus dem Bereiche des phönikischen Mutterlandes, die ganz genau wie die Skarabäen aus hartem Stein und ohne Einschränkungen die Motive der Isis-Astarte, die das Kind stillt, tragen und aus blauer oder grünlicher „Paste" hergestellt sind: Der Typus der thronenden Göttin mit dem Horusknaben (davor das Thymiaterion) ist aus blauer Paste in perserzeitlichem Kontext in ʿAtlit (Abb. 54)[716] belegt und zweimal aus grünlicher bzw. blaugrüner Paste mit der allgemeinen Herkunft Syrien oder Libanon[717]; diese entsprechen also dem von Cara erwähnten Beispiel aus Tharros. Die Herkunftsangabe „Beirut" trägt ein Skarabäus aus „grüner Paste"[718], auf dem die stehende Göttin mit Sonnenscheibe auf dem Kopf und einem nach vor gehaltenen Flügel dargestellt ist, wie sie dem stehenden Knaben mit ägyptisierender Krone die Brust reicht[719].

Diese Angaben aus der Literatur, die ja bezüglich des Materials bei wenigen, entscheidenden Stücken mit Vorsicht zu behandeln sind, bestätigte das persönliche Studium der Funde von Al Mina in Antakya, obgleich dort die Isismotive nicht vertreten sind. In Al Mina fanden sich insgesamt drei Exemplare mit der Typologie der Stücke unserer Taf. 147; d. h. die Beinchen bilden Stege in Relief. Davon sind zwei Skarabäen aus himmelblauer, feiner Paste hergestellt: Auf einem[720], der in Level III (etwa 430-375 v. Chr.[721]) gefunden wurde, ist ein von Rhomben flankiertes Anch eingraviert; auf dem anderen[722], der aus Level IV (etwa 520-430 v. Chr.[723]) stammt, ist die Flachseite so stark korrodiert, daß die Darstellung nicht mehr erkennbar ist, jedoch mag die Vermutung Woolleys (in seinen Grabungsnotizen), daß es sich um ein Pferd handelt, zutreffen. Am interessantesten ist das dritte Stück[723a] aus weicher, gelb und blau melierter, poröser Fayence, weil darauf ein Mann im Knielauf dargestellt ist, der mit unserer Taf. 147,2-3 in Beziehung gesetzt werden kann; der Mann läuft allerdings nach rechts entsprechend der Ausrichtung ägyptischer Skarabäen. Dieses letzte Stück fand sich in Level VIII (8. Jh. v. Chr.), ist also bemerkenswert alt. Die Flachseite ist auch so abgenützt, daß die Darstellung nur Spuren hinterlassen hat.

Diese Stücke dürfen nach äußerer Typologie, Material und Motivschatz mit den sardischen in eine Gruppe zusammengefaßt und als Pendants zu den im Westen und Osten belegten Skarabäen aus hartem Stein (hauptsächlich Jaspis und Karneol) aufgefaßt werden. Das zuletzt genannte Beispiel aus Al Mina zeigt, daß die Erzeugung dieser Fayencevarianten früher beginnt als die der aus Sardinien bekannten Jaspisskarabäen. Jedoch erweisen die anderen Stücke aus Al Mina und der Skarabäus von ʿAtlit auch die Gleichzeitigkeit, wenigstens im Gebrauch. Ob wir auf Grund der Einheitlichkeit dieser Fayenceskarabäen auf ein einziges Ursprungsgebiet schließen dürfen, bleibe dahingestellt. Das gute Belegmaterial im vorderasiatischen Küstengebiet und die Absenz im spanischen Raum (zumindest nach dem derzeit bekannten Material) sprechen für einen Import aus dem Osten. Läßt die Tatsache, daß sowohl auf Sardinien als auch in Al Mina gelegentlich die Flachseite bis zur Unkenntlichkeit abgenützt ist bei guter sonstiger Erhaltung des Skarabäus, auf einen Gebrauch als Siegel schließen, der ja gerade für die parallelen Skarabäen aus hartem Stein in Ost und West bezeugt ist[724]?

Die letzte Gruppe, der wir uns hier kurz widmen müssen, repräsentieren die Beispiele auf Taf. 148[725]. Es sind Skarabäen mit vereinfachter, plastischer Wiedergabe der Beinchen samt einer Aufhängeöse auf der Unterseite. Sie haben also auch nicht andeutungsweise eine Siegelfunktion und wären aus dieser Sicht in die figürlichen Amulette einzureihen. Es handelt sich um eine häufige Form der ägyptischen Spätzeit[726], die wir — etwa zeitgleich mit den sardischen Aegyptiaca — aus Lachish (Abb. 52)[727], ʿAtlit[728] und Sidon[729]

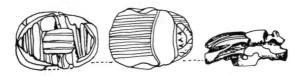

Abb. 52: Skarabäus aus Lachish;
nach *Laçhish*, III. Taf. 45, 127.

kennen. Gerade die gute Publikation der ʿAtliter Beispiele zeigt klar, daß diese und die sardischen Fundstücke ein und derselben Produktion entstammen, die nur ägyptisch sein kann. Die Gruppe ist mit genau entsprechenden Beispielen in Karthago vielfach bezeugt[730]. Auch hier weist die Verbreitung der Belege darauf hin, daß diese ägyptischen Originale über das phönikische Mutterland nach Sardinien gekommen sein werden.

7. Zusammenfassung der Ergebnisse

Den Ergebnissen sei hier eine Bemerkung vorangestellt, die den Gesamtbestand dieser Skarabäen aus weichen Materialien betrifft: Soweit sie in
Autopsie studiert werden konnten, hat sich gezeigt, daß mit nur ganz
wenigen Ausnahmen richtungsgebundene Flachseiten dort beginnen, wo auf
der anderen Seite der Kopf des Skarabäus zu liegen kommt. Es bestätigt sich
hier somit in unerwartet extremer Form ein Gesetz, das bei der Bearbeitung
von Skarabäen der Apenninenhalbinsel und aus Kition erkannt wurde [731].
Obwohl es uns bisher noch kein Bearbeiter einer größeren Gruppe von
Skarabäen aus ägyptischen Fundplätzen bestätigt hat [732], konnte man nicht
daran zweifeln, daß es sich um eine ägyptische Gewohnheit handelt, die auf
den Zusammenhang von Ober- und Unterseite des Käfers Wert legte. Vom
Tarentiner Material her wissen wir, daß das Gesetz in Naukratis ziemlich
lückenlos eingehalten wurde [733]; desgleichen war es in der außerägyptischen
Produktion der Skarabäen von Perachora bekannt, jedoch hat man sich dort
relativ oft „geirrt" [734].

In unserem Material aus Sardinien ist der blaue Naukratisskarabäus der
Taf. 121,1 auffällig, da der Kopf des Käfers links liegt (vgl. den Pfeil bei
Taf. 121,1b); durch die Linksausrichtung des Löwen wird allerdings der
Zusammenhang gewahrt. Eindeutig verkehrt dekoriert ist auch der naukratische Kopfskaraboid Taf. 124,1. Unter allen übrigen Skarabäen gibt es nur
eine sichere Ausnahme, nämlich Taf. 143,2, ein Stück, das nach den anderen
Kriterien offenbar ein ägyptisches Original darstellt. Diese Beobachtungen
führen somit zu dem Schluß, daß unser gesamtes, heterogenes Skarabäenmaterial in dieser Hinsicht bewußt der ägyptischen Tradition folgt, die ja in
einem solchen Fall nur eine magische Vorstellung zum Inhalt haben kann. Da
ein großer Teil unserer Skarabäen aus Ägypten kam, läßt sich das genannte
Gesetz nun viceversa tatsächlich für Ägypten innerhalb des uns gebotenen
Rahmens bestätigen. Weiters wurde es in der ostphönikischen Produktion,
sowie bei allen anderen unägyptischen, hellbraunen und gelblichen Skarabäen
streng beachtet. Dem fügen sich auch die wenigen Beispiele aus Sulcis (Taf.
141) ein, die wir für westlich halten, sowie die Gruppe, die in Typologie und
Flachseitendekor das Pendant zu den Skarabäen aus hartem Stein darstellt
(Taf. 147), obgleich im letzten Fall die Darstellungen nach links ausgerichtet
sind. In unserem Material gibt es auch kaum ein Stück, das mit Sicherheit der
ägäischen Perachora-Gruppe zugewiesen werden kann; im Grunde kommt
nur der hellblaue Skarabäus der Taf. 146,1 dafür in Frage, der jedoch dem
gesetzmäßigen Zusammenhang von Rücken und Flachseite folgt.

Mit der eben geschilderten Tatsache ist gleichzeitig eine wesentliche Aussage auf die eingangs gestellte Frage [735] nach der Charakterisierung des
ägyptischen Kulturgutes im gesamten getroffen. Die Feststellung solcher

übergreifender Erscheinungen führt uns nämlich die direkten Verbindungen
zwischen den einzelnen Produktionsgruppen vor Augen. Diese Verbindungen
erläutert uns in besonderer Weise auch Typentafel I, auf der ägyptische und
außerägyptische Steatitskarabäen zusammengeführt sind. Querverbindungen
gibt es auch bei den Skarabäenflächseiten — man denke etwa an die „Petubastis"-Inschriften — jedoch lassen sich gerade hier öfters produktions-
spezifische Merkmale erkennen.

Das kulturelle Verhältnis des sardischen Fundgutes zu Ägypten läßt sich im
groben in drei Schichten erfassen:

1. Die erste Schicht stellt das aus Ägypten (auf welchen Wegen auch
immer) in das phönikische und punische Sardinien mittels der Skarabäen
importierte Kulturgut dar. Einige wenige Skarabäen, die älter als das 1. Jt. v.
Chr. sind, bilden darin eine Ausnahme.

2. Als zweite Schicht möchten wir die durch die griechisch-ägyptischen
Kontakte in Naukratis geschaffenen Objekte auffassen.

3. Besonders umfangreich ist das ägyptische Kulturgut, das uns in vorderasiatischer und im speziellen in phönikischer Verarbeitung entgegentritt.

Was nun die Frage nach der Verankerung dieses Kulturgutes im weiteren
ostmediterranen Raum anlangt, müssen wir betonen, daß es fast zur Gänze
im Bereich von Palästina, Phönikien/Syrien und Zypern nachgewiesen werden
kann. Das gilt stets auch für die ägyptischen Originale des phönikischen und
punischen Sardinien und für eine ganze Reihe dem Ursprung nach unklarer
Stücke. Eine Ausnahme bilden bloß die Naukratisskarabäen, deren Existenz
in Syrien/Palästina nur selten faßbar ist; diese waren jedoch, wenigstens am
Anfang ihrer Reise, in griechischen Händen.

Wenden wir uns nun den konkreten Einzelergebnissen zu, die vor allem die
Problematik der Produktionsgruppen und deren Ursprungsgebiet betreffen!
Die sicher ägyptische Produktionsgruppe, die in unserem Material zum
überwiegenden Teil durch spätzeitliche, unterägyptische Erzeugnisse präsent
ist, umfaßt (abgesehen von den naukratischen Objekten) sowohl Skarabäen
aus Steatit als auch Skarabäen aus weißer sowie hellbräunlicher, feiner[736]
und hellgelblicher, feiner Fayence, desgleichen die Fayenceskarabäen ohne
Flachseite (Taf. 148).

Die ägyptischen Steatitskarabäen tragen Königsnamen (Mn-$ḫpr$-R', Wsr-
$M3't$-R' und $W3ḥ$-jb-R'), andere hieroglyphische Inschriften und die für die
25. Dynastie typischen Szenen mit der löwenköpfigen Göttin (Taf. 97,2-3).
Wahrscheinlich kamen die meisten über Vorderasien in den Westen. Das gilt
insbesondere für die wenigen Stücke des 2. Jts. wie Nr. 1 der Typentafel I
mit Parallelen auf Zypern und in Megiddo, oder Nr. 6, ein Stück, das bis
in die Hyksoszeit zurückreichen könnte. Taf. 97,1 ist möglicherweise ein
Skarabäus vom Ende des NR aus Palästina. Ein schönes, ägyptisches Stück
der 18. Dynastie ist die Plakette auf Taf. 149,1. Nr. 10 (Taf. 103,3) und 12

(Taf. 102) der Typentafel I sind späte, archaisierende Skarabäen mit Vorbildern mit MR und der Hyksoszeit und haben direkte Beziehungen zu Zypern. Nr. 7 (Taf. 103,1) aus Olbia stellt offenbar ein Zeugnis für relativ frühe Beziehungen zwischen Kampanien und Sardinien dar; der Skarabäus könnte im 8. Jh. v. Chr. von den Euböern in den Westen gebracht worden sein, da eng verwandte Stücke aus Al Mina und Pithekoussai bekannt sind.

Ein Überblick über das wenige aus Ägypten bekannte Material zeigte uns, daß Skarabäen aus feiner, hellgelblicher Fayence im spätzeitlichen Ägypten hergestellt wurden und daß diese engstens mit feinen, hellbräunlichen Skarabäen verwandt sind. Analog dem Befund von Naukratis können wir vermutlich für beide Arten ein und dieselbe ägyptische Produktionsgruppe annehmen. Solche hellgelbliche, ägyptische Importstücke sind auf Sardinien gut bezeugt (Taf. 128,1; 131,2-3; 132,3?, 133,3, zwei Stück im British Museum: s. Anm. 510, 515). Dasselbe gilt für die hellbräunlichen Typen (mindestens Taf. 125-126, 129-130, 134,1; 134,3; 136,1-2; 137,1), die sich durch den überwiegend hieroglyphischen Dekor und die Beziehungen zu Naukratis von den rauhen, hellbraunen Typen unterscheiden. Bei einigen bleiben Fragen offen (bes. bei Taf. 140,3); gelegentlich scheinen Beziehungen zu Palästina erkennbar zu sein (Abb. 42).

Abgesehen von der ägyptischen Erzeugung existierte eine außerägyptische Produktion in gelblicher, feiner Fayence spätestens seit dem Ende des NR in Palästina. Im ersten Jahrtausend sind solche Stücke aus ʿAtlit, Al Mina und Kition bekannt, darunter im besonderen einige Skaraboide in Form ovaler Plättchen. Außerägyptische Erzeugnisse aus gelblicher Fayence haben sich auch auf Sardinien gefunden, etwa Taf. 132,2, 133,2, Abb. 40; wahrscheinlich gehören auch Taf. 132,4, 133,1 und Abb. 41 dazu.

Zu Nr. 9 der Typentafel III konnten übereinstimmende Beispiele aus demselben Material von Tarsos und Al Mina angeführt werden. Nach dem Vergleich in Cagliari müßten mindestens Nr. 15 und 16 auf Typentafel III derselben Produktion entstammen, wobei Nr. 16 eine archaisierende Form vom Ausgang des MR darstellt. All diese Stücke vermitteln größtenteils gut ägyptische Charakterzüge, obgleich eine Entscheidung, ob ägyptisch oder nicht, heute noch nicht getroffen werden kann. Dabei handelt es sich um eines der wichtigsten, noch offenen Probleme, das nur durch Studien im östlichen Mittelmeerraum einschließlich Ägyptens gelöst werden kann.

Auch für den größten Teil der Skarabäen aus weißer Fayence läßt sich ägyptische Erzeugung nachweisen oder wahrscheinlich machen; meistens darf gleichfalls ein unterägyptischer Ursprung angenommen werden. Diese Stücke haben ihre nächsten Verwandten in den ägyptischen Steatitskarabäen (vgl. Taf. 100,2 mit 144,2); auch sie tragen Königsnamen des NR und der Spätzeit (*Mn-ḫpr-Rʿ*, s. Anm. 619; *Wsr-Mȝʿt-Rʿ*: Taf. 144,2; Psammetich, s. Anm. 614), wobei wir hier auf den allgemein bekannten, spätzeitlichen Gebrauch der beliebtesten Königsnamen des NR nicht näher einzugehen brauchen. Wie unter den Steatitskarabäen (Taf. 97,2-3) und den hellgelblichen (Taf. 127,1-2), sowie hellbräunlichen (Taf. 130,2-3) Exemplaren treffen wir auch hier gelegentlich auf Paare, die in jeder Hinsicht zusammengehören (z. B. Taf. 142,3-4). Die Registerskarabäen der Taf. 142,3-4 hängen sicher mit den hellbräunlichen, bestimmt ägyptischen Beispielen der Taf. 130,2-3 mehr oder weniger zusammen. Auch bei den weißen Registerskarabäen gibt es keinen konkreten Grund für außerägyptische Herstellung. Solche Drei-Register-Skarabäen sind im gesamten Mittelmeerraum verbreitet[737]. In Ägypten konnten eng verwandte Stücke aus Naukratis und Sanam[738] zitiert werden. Auch in dieser Gruppe bleiben immer wieder Unklarheiten bestehen, z. B. bei der Einordnung der Gestalt auf Taf. 128,2c.

Im allgemeinen repräsentieren die Skarabäen aus weißer bis weißlicher Fayence das kulturelle Pendant zu den Skarabäen aus einem Steatit ägyptischer Art. Hier wie dort treffen wir manche Beziehungen zu Palästina und zur palästinensischen Glyptik, jedoch fehlen die ägyptisierenden, phönikischen Szenen. Sicher gelangten auch diese Fayenceskarabäen zu einem guten Teil über Vorderasien in den Westen.

Einen besonderen Zweig der unterägyptischen Skarabäenerzeugung repräsentieren die naukratischen Objekte, die sich durch die von den Griechen mitgebrachten Motive vom übrigen unterägyptischen Kunsthandwerk unterscheiden. Zum Teil handelt es sich auch hier um Motive der palästinensischen Glyptik, wie bestimmte, nach rechts schreitende Tiere; dazu kommen charakteristische Tierkampfmotive, Pegasus u. a. Insgesamt bieten diese Skarabäen eine Mischkultur, die aus den griechisch-ägyptischen Kontakten im Nildelta zur Saitenzeit resultiert. Kurzformen und verschiedene Spielarten von saitischen Königsnamen gehören zum geläufigen Repertoire. Mittels der Naukratisskarabäen, die — abgesehen von Stil und Motivschatz — meistens auch durch das Material (im besonderen die harte, dunkelblaue Paste) und die Seitengestaltung charakterisiert sind, lassen sich Beziehungen im gesamten griechisch beeinflußten Mittelmeergebiet, aber auch zu Karthago erkennen. Die Parallelen zu den Funden von Tarent und Westmittelitalien sind in unserem Zusammenhang hervorzuheben. Von der Naukratisgruppe lassen sich auf Grund der äußeren Typologie einige grob gearbeitete Stücke ableiten, die vermutlich auf Sardinien selbst hergestellt wurden (Taf. 141; Nr. 6 der Typentafel II).

Unter den Skarabäen aus einem Steatit ägyptischer Art sind einige Stücke auf Grund anderer Kriterien wohl außerhalb Ägyptens hergestellt; diese finden ihre nächsten Verwandten unter dem derzeit bekannten Material auf Zypern. Unägyptischen Charakter hat der Steatit der Beispiele auf Taf. 100,3 und 101,1-3; durch die Inschrift „Petubastis" stehen sie sowohl unterägyptischen Erzeugnissen als auch solchen aus Phönikien (Taf. 101,4) nahe.

Die Produktion der Steatitskarabäen des phönikischen Mutterlandes ist charakterisiert durch einen fein gemaserten Steatit mit mehr oder weniger hölzernem Aussehen, der genau dem Material der Steatitamulette aus Phönikien, Karthago und Sardinien entspricht; Bruchstellen sind schiefrig und dünkler. Die Typologien (Nr. 13-20 der Typentafel I) sind in Ägypten vorgegeben. Trotz guter Bearbeitung des westlichen Materials (Karthago, Spanien) und dem fast totalen Ausfall an Publikationen über das phönikische Mutterland läßt sich gerade von dort an Hand der wenigen Funde im Louvre ein ziemlich große Anzahl an Parallelen finden. Im Westen gibt es nur in Karthago einiges Wenige; die komplizierten Typen Nr. 16 und 19 der Typentafel I fehlen bislang auch dort, obwohl sie im phönikischen Osten sehr gut zu belegen sind. Auffallend ist die Vorliebe für die dreifache Trennung der Elytra und für den Ersatz der Rückendreiecke durch Einkerbungen.

Auf den Flachseiten fallen vor allem die ägyptisierenden Motive der phönikischen Kunst auf: Wir finden den jugendlichen Gott nach Art des Harpokrates vor der stehenden, geflügelten Göttin (Taf. 110, 117,1, 118,1) oder vor einer großen Schlange (Taf. 111, 117,2, 119,1) — Motive, die an die Darstellungen auf den Skarabäen aus hartem Stein erinnern. Dazu kommen charakteristische Flügelsphingen (Taf. 109,1 und 4, 113,2, 114) oder asiatische Motive wie Tierkampfszenen (Taf. 119,2 und Abb. 28) und Szenen von Mensch und Tier (Taf. 112,3 und Abb. 24). Dagegen begegnen wir in den sog. beiden Hapi (Taf. 104,3, 106,3-4, 118,2) der Wiedergabe eines ägyptischen Motives. Ebenso fehlt den Königsnamen oder ähnlichen Inschriften (Taf. 104,1 : *Mn-jb-Rˁ*; Taf. 105,1 : *Mn-Mȝˁt-Rˁ*) sowie dem Hieroglyphendekor verschiedener Art (Taf. 105f.) ein speziell phönikischer Charakterzug.

Die kleinen Skarabäen mit dreifacher Trennung der Elytra (Nr. 23 und 25 der Typentafel I) stehen mit den sicher ostphönikischen in engster Verbindung, bringen aber den Zusammenhang mit spätzeitlichen, unterägyptischen Skarabäen noch deutlicher zum Ausdruck; die typisch phönikischen Szenen fehlen. Ob sie östlicher Herkunft sind, ist mangels an Parallelstücken im phönikischen Mutterland nicht klar. So besteht die Möglichkeit, daß sie westliche Erzeugnisse darstellen, die zwar an die Importe aus Phönikien anschließen, aber auch Einflüsse von unterägyptischen Skarabäen (etwa aus Naukratis) auf Sardinien aufgenommen hätten.

Nur wenige Beziehungen scheinen zwischen den östlichen blauen Pasten, zu denen das vereinzelte Exemplar auf Taf. 145,4 gehört, und der Steatitgruppe des phönikischen Mutterlandes zu bestehen (s. Abb. 30-31).

Abgesehen von der Art des Steatits erweisen auch einige stilistisch übereinstimmende Motive auf Skarabäen und Basen von figürlichen Steatitamuletten den gemeinsamen Ursprung dieser beiden Objektgattungen. Es kann daher die Argumentation für den außerägyptischen Ursprung der Steatitamulette, die von den phönikischen Inschriften auf ihnen ausgeht, auf diese Skarabäen übertragen werden. Chronologische Anhaltspunkte könnten beim heutigen Fundbestand (mit Ausnahme des perserzeitlichen ʿAtliter Grabes, das uns Abb. 24 geliefert hat) nur an Hand der karthagischen Gräber gewonnen werden. Daß Vercoutter aber stets die Bezeichnung „Steatit" meidet, erschwert ein solches Unterfangen enorm. Wahrscheinlich dürfen wir für die östlichen Steatitskarabäen im allgemeinen mit der Epoche des 6.-4. Jhs. v. Chr. [739] rechnen.

Gerade bei diesen Skarabäen erhebt sich wie bei allen außerägyptischen Erzeugnissen die Frage, ob sich eine gewisse Entwicklung des ägyptischen Kulturgutes außerhalb des Nillandes erkennen läßt. Je sorgfältiger man sich der Wirkung der ägyptischen Magie versichern will, desto getreuer sind die Kopien und desto geringfügiger die Tendenz zur Weiterentwicklung. Bei den ägyptischen Inschriften ist sicher am auffälligsten die freie Verwendung des verselbständigten Elementes $pȝ$-dj[740]. Im übrigen läßt sich an den Steatitskarabäen mit szenischer Darstellung die Entwicklung wahrnehmen, die bei der Übernahme von ägyptischen Motiven in die phönikische Kunst vor sich ging (vgl. etwa Taf. 112,1-2, 119,1b-c). Dazu gehören im besonderen die phönikischen Flügelsphingen oder die Verquickung von ägyptischen und asiatischen Motiven (z. B. Taf. 112,3: assyrische Szene auf ägyptischem nb-Korb).

Phönikisches Milieu repräsentiert auch eine Reihe von Skarabäen aus rauher, hellbrauner Fayence, die mit den phönikischen Steatitskarabäen in direktem Zusammenhang stehen. Das zeigt sich einerseits an der äußeren Typologie mit dreifacher Trennung der Elytra von Taf. 139,3, 140,1 und dem dazugehörenden, grauen Beispiel auf Taf. 145,3, anderseits an genau entsprechenden Motiven, wie dem sitzenden Löwen der Taf. 138,1 und der Darstellung des Harpokrates mit Schlange (auf Nr. 18 der Typentafel III). Unter den wenigen Beispielen finden sich drei Stücke, die einander in Material und äußerer Typologie genau gleichen (Taf. 138,2, 139,1-2). Eines davon (Taf. 139,1) zeigt den Einfluß der palästinensischen Glyptik. Ob das Herstellungsgebiet dieser Gruppe im Osten oder im Westen liegt, bleibt offen, obgleich der Osten wahrscheinlicher erscheint.

Ein Skarabäus aus Fayence trägt auch das in der phönikischen Kunst beliebte Motiv der Kuh mit dem saugenden Kalb (Abb. 49). Das Siegel der Taf. 150,2 zeigt zwar auf der Basis ein östliches Tierkampfmotiv, aber an den Seiten Hathorköpfe mit Kuhohren und Uräus. Eine ganze Gruppe von Skarabäen (Taf. 147) mit Beinchen in Relief ist mit den Skarabäen aus hartem Stein verwandt und ebenfalls in Vorderasien sehr gut bezeugt. Der chronologische Rahmen reicht in Al Mina vom 8.-4. Jh. v. Chr. Wahrscheinlich stammen auch diese Stücke aus dem Osten, wo in Ajia Irini (Zypern) auf einem Skarabäus das Tanit-Zeichen unserer Taf. 147,1 belegt ist.

Während ägyptische und vorderasiatische Erzeugnisse recht gut in unserem Material zu erkennen sind, bleibt die Frage nach westlichen Produkten weitgehend unbeantwortet. Ja es scheint sogar so zu sein, daß auch bei den nach strengen Gesichtspunkten als fraglich eingestuften Skarabäen (etwa die unterste Reihe von Typentafel I) manches für einen Import aus dem Osten sprechen könnte. Positiv glaubten wir dagegen einen westlichen Ursprung, der vielleicht sogar auf Sardinien selbst zu suchen wäre, für die Beispiele auf Taf. 141 vertreten zu dürfen wegen des offensichtlichen Einflusses der Naukratisskarabäen in der Seitengestaltung. Dazu gehört vielleicht auch der Skarabäus der Abb. 51.

Eine andere Frage ist die nach der karthagischen Vermittlung. Wie bereits angedeutet [741] muß sie nicht oder wenigstens nicht in vollem Umfang für die Naukratisskarabäen angenommen werden, da der Weg vom Nildelta nach Sizilien und von dort einerseits nach Karthago und andererseits nach Sardinien wahrscheinlicher ist [742]. Für die anderen Skarabäen würde man gern eine karthagische Vermittlung annehmen, wie sie auch für die figürlichen Amulette möglich erscheint. Diese Annahme wird aber gerade dadurch geschwächt, daß die im phönikischen Mutterland und auf Sardinien so zahlreich belegten, phönikischen Steatitskarabäen in Karthago so wenig bezeugt sind. Die großen ,,Prunkskarabäen" mit einer Rückengliederung in Punktreihen (Nr. 16 Und 19 der Typentafel I) sind in der Publikation von Vercoutter mit keinem einzigen Beispiel nachzuweisen. Es hat also den Anschein, daß uns gerade die große Gruppe der phönikischen Steatitskarabäen (aber vielleicht auch viele andere), die schon in anderem Zusammenhang erkannten Beziehungen [743] zwischen dem phönikischen Mutterland und Sardinien erhellen, die Karthago nicht berühren.

In kulturhistorischer Hinsicht fügen sich diese Ergebnisse bestens in die Erkenntnisse ein, die die Untersuchung der figürlichen Amulette erbrachte: Neben einem hohen Anteil an ägyptischem Importmaterial steht eine gleichfalls sehr gewichtige Gruppe an Erzeugnissen des phönikischen Mutterlandes, die das ägyptische Kulturgut wenigstens teilweise in phönikischer Verarbeitung vermittelt. Der Anteil der westlichen Produkte, die bei den Amuletten viel klarer erkennbar sind, ist dem gegenüber eher gering.

V. MATERIALIEN ZUM ÄGYPTISCHEN UND ÄGYPTISIERENDEN MOTIVSCHATZ AUF DEN SKARABÄEN AUS HARTEM STEIN.

1. *Einleitung*

Zu den zahlreichsten Aegyptiaca des punischen Raumes gehören Skarabäen aus harten Materialien, in ihrer Mehrheit aus grünem Jaspis, aber häufig auch aus Karneol und anderen Steinen. Solche Skarabäen kennen wir im Westen vor allem von Sardinien, Karthago und Ibiza [1], im Osten in erster Linie von den Stücken der Sammlung De Clercq, von Byblos, ʿAtlit und Zypern [2].

Im Westen ist eine Herstellung von Skarabäen aus Jaspis und Karneol auf Sardinien, und zwar in Tharros gesichert [3]. Der Jaspis für diese Produktion wurde im Inneren Sardiniens gewonnen, wahrscheinlich in den Lagerstätten im Gebiet des Monte Arci und im Mogorese [4]. Die Herstellung auf Sardinien wird auch dadurch offenkundig, daß dort der Motivschatz gegenüber Karthago und Ibiza am vielfältigsten ist [5]. Bereits Vercoutter hatte vermutet [6], daß die karthagischen Funde aus Sardinien gekommen sein mußten. Obwohl nur wenige Stücke durch Begleitfunde datierbar sind, hat sich durch jüngste Studien gezeigt, daß sich der chronologische Rahmen dieser westlichen Produktion vom Ende des 6. bis zum Beginn des 3. Jhs. erstreckt [7]; die Hauptmasse ist ins 5. und 4. Jh. v. Chr. zu datieren.

Der praktische Gebrauch dieser Skarabäen als Siegel ist durch Funde von Abdrücken im Osten [8] und Westen [9] gesichert. Die Siegelfunktion ergibt sich auch aus der Tatsache, daß eine phönikische Inschrift spiegelbildlich eingraviert sein kann. Dazu gehört etwa unsere Taf. 155,2. Wie vielfach in unserer Arbeit dargelegt, waren die Skarabäen aber schon im phönikischen Mutterland wie in Ägypten (auch) ein Produkt der Volksreligion, und zwar unabhängig vom Material (ob Fayence, Steatit oder harter Stein). Schon im Osten scheint der Amulettwert über die Siegelfunktion zu überwiegen [10], obwohl uns klar ist, daß diese beiden Funktionen in ihrer Bedeutung nicht völlig zu trennen sind: Das Siegel hat die Bedeutung eines Schutzamulettes für das, was versiegelt ist (Papyrus, Truhe, Türe u.a.). Amulettwert hat nicht nur der Skarabäus selbst [11], sondern insbesondere die darauf befindlichen Darstellungen und Inschriften. Diese Amulettfunktion scheint auf Sardinien nach unseren heutigen Kenntnissen bei weitem vorrangig gewesen zu sein.

Daß die Darstellungen auf den Unterseiten nicht dekorativer Natur waren, sondern religiöse Inhalte ausdrücken, darauf hat besonders Culican [12] hingewiesen und Beziehungen zu den phönikischen Metallschalen und Elfenbeinarbeiten hergestellt. Er betont im speziellen die himmlische Symbolik, die die szenische Darstellung begleitet; diese zeigt sich z. B. in den Sternen, dem

Sonne-Mond-Motiv oder der Flügelsonne. Letztere hat als besonderes Kennzeichen Ausstrahlungen nach oben und unten oder auch nur in eine der beiden Richtungen [13], wodurch sie sich von der ursprünglichen, ägyptischen Darstellungsweise unterscheidet. Unsicher bleibt vielleicht Culicans Auffassung des aus dem nb-Korb hervorgegangenen kreuzschraffierten Segments als himmlisches Terrain, das sehr häufig die Basis der Szenen bildet [14], obwohl eine Assoziation mit dem kreuzschraffierten Hügel [15] naheliegt. Der religiöse Inhalt zeigt sich aus unserer Sicht vor allem in der selbständigen, aber vom ägyptischen Standpunkt äußerst sinnvollen Verwendung ägyptischer Motive. Das betrifft z. B. die vielfältige Wiedergabe des Lotos als Basis oder unterhalb von göttlichen Bildern, was dem ägyptischen Motiv des Gottes auf der Blume entspricht. Zahlreiche Einzelheiten werden dies noch verdeutlichen.

Diese punische Glyptik ist aus den Produktionen des Ostens hervorgegangen. Bisi [16] betont, daß die Wurzeln in der mesopotamischen Kunst vom Ende des 4. und Beginn des 3. Jts. liegen und die akkadische Glyptik, die syrische Steinschneidekunst des 2 Jts., sowie die Elfenbeine und die syrisch-palästinensische Toreutik der Spätbronzezeit die Mittlerrolle spielen. Jedoch darf die ägyptische Tradition nicht unterschätzt werden. Unbeschriftete Skarabäen aus grünem Jaspis haben wir bereits von den hyksoszeitlichen Gräbern in Tel Sharuhen kennengelernt [17]. Syrische Zylindersiegel können bisweilen einen starken ägyptischen Einfluß bekunden [18]. Unsere Übersicht im Abschnitt I versuchte den ägyptischen Einfluß in Palästina durch die Skarabäen des NR (importiert oder lokal) aufzuzeigen; er wirkte in der Eisenzeit weiter und erhielt dabei teils neuerliche ägyptische, besonders aber auch lokale Impulse. Diese Tradition läßt sich gerade an Hand der Darstellungen der Falken und falkenköpfigen Gestalten bis hin zur punischen Glyptik gut nachzeichnen [19]. Dabei ist eine große Anzahl der östlichen Vorläufer auch im 1. Jt. aus weichen Materialien (Steatit und Fayence) hergestellt [20].

Bisi hat jedoch gezeigt [21], daß spätestens seit dem 8. Jh. v. Chr. die Skarabäen aus Jaspis bereits einen wesentlichen Teil der phönikischen Produktion des Ostens ausmachen und zu den wichtigsten Trägern phönikischer oder noch älterer vorderasiatischer „Thematik" in den griechischen und punischen Westen gehören. In den Bereich der direkten Abhängigkeit der westlichen Glyptik von derjenigen des phönikischen Mutterlandes [22] gehört auch die Übernahme der Technik mit dem Bohrer [23]. Der ägyptisierende Motivschatz ist jedoch in der frühen Zeit (8.-7. Jh. v. Chr.) noch wesentlich geringer als in dem Material, das wir aus dem späteren Sardinien kennen. Bisi [24] stützt sich bei ihrer Argumentation vor allem auf das vorderasiatische Motiv des Kampfes eines Heros gegen einen Löwen, das uns auf Skarabäen mit Besdarstellungen entgegentritt. Das von Galling [25] gesammelte Material aus Syrien und Palästina umfaßt von den für uns relevanten Motiven nur den Flügelgreif und Flügelsphinx, den Löwen und den Stier, das säugende Mut-

tertier, den zwei- und vierflügeligen Skarabäus, den entsprechenden Uräus
und die Sonne mit Atefkrone; hier dominiert auch die einfache Form des
ovalen Plättchens.

Eine eigenständige, stark ägyptisierende Gruppe offenbar syrischen Ursprungs stellen Glasskaraboide des 7. Jh. v. Chr. dar, die wir außerhalb ihres
Heimatlandes vor allem auf Rhodos und in Italien antreffen [26]. Bald danach
sind diejenigen Skarabäen zu datieren, die als unmittelbare Vorläufer sowohl
für die archaisch griechischen als auch die punischen Skarabäen aus hartem
Stein gelten können. In dieser Entwicklung dürfte den zyprischen Fundstücken besonderes Gewicht zukommen, die zum Teil den Motivschatz der
dort gefundenen phönikischen Metallschalen übernommen haben und dem
späten 7. bis frühen 6. Jh. v. Chr. angehören [27]. Gerade seit dem 6. Jh. treten
die phönikischen Jaspisskarabäen auf Zypern sehr häufig auf [28], wobei das
ägyptische Element stark hervortritt. Boardman [29] verweist in diesem Zusammenhang mit Recht auf die engen Beziehungen zwischen Ägypten und
Zypern, die zur Zeit der ägyptischen Herrschaft auf der Insel (6. Jh.) einen
Höhepunkt erlebt haben müssen. Daraus folgt hier ein zunächst örtlich
gebundener ägyptischer, kultureller Impuls auf das phönikische Kunstschaffen, der demjenigen der Perserzeit unmittelbar vorausgeht.

Dieser gehören bereits die Fundstücke von ʿAtlit an, die zusammen mit den
entsprechenden Beispielen aus Byblos und in der Sammlung De Clercq, die
vielfach im Amrit gefunden wurden, von größter Bedeutung sind für das
Studium der punischen Skarabäen aus hartem Stein [30]. Sie sind mit den
sardischen Funden fast zeitgleich oder nur wenig älter und repräsentieren
dieselbe Mischkultur von ägyptischer, assyrischer und griechisch-zypriotischer
Tradition [31]. Die Verwandtschaft ist so stark, daß bisweilen ein und derselbe
Ursprung angenommen wurde [32], wonach die östlichen Beispiele aus Sardinien gekommen sein müßten. Bei einem so hochstehenden Kunsthandwerk,
wie es die Jaspisskarabäen repräsentieren, die auch von Sardinien in großer
Zahl nach Karthago und Ibiza exportiert wurden, muß es dagegen keine
grundsätzlichen Einwände geben. Das Verbreitungsbild ist auch völlig anders
als das der phönikischen Steatitskarabäen und Steatitamulette, wo die
Schwerpunkte im phönikischen Mutterland und auf Sardinien liegen, Karthago nur wenig bietet und Ibiza fast gar nichts. Allerdings paßt die jüngst
vertretene Ansicht von Bisi [33], nach der ein Import aus dem Westen in den
Osten höchst unwahrscheinlich wäre, weitaus besser in das von uns gewonnene Gesamtbild des ägyptischen Kulturgutes innerhalb der phönikischen und
punischen Welt: Ein Rückfluß in den (fast möchte man sagen davon über-
sättigten) Osten läßt sich nirgends nachweisen.

Demnach ist die punische Glyptik Sardiniens von der phönikischen des
Ostens zu unterscheiden, von der sie sich jedoch direkt ableitet und die in
den Skarabäen von ʿAtlit, Byblos und Amrit greifbar ist. In der Produktion

von Tharros erreicht nicht nur die phönikische, d.i. jetzt punische Glyptik einen Höhepunkt, der alle früheren Zeugnisse in den Schatten stellt, sondern auch das ägyptische Element präsentiert sich in einer bisher (d.h. unseren Zeugnissen nach) unbekannten Vielfalt des Motivschatzes, der häufig in ausgezeichnetem Stil und Technik dargeboten wird.

Ein Studium der Rücken- und Seitentypologien müßte die Verbindungen zwischen westlichen und östlichen Erzeugnissen besser erkennen lassen. Vor allem wird es in Zukunft auch notwendig sein, innerhalb des sardischen Fundgutes die lokalen Erzeugnisse von den Importstücken aus dem Osten genauer abzugrenzen. Hinsichtlich der Rückenausführung teilt uns Acquaro auf Grund der von ihm studierten Skarabäen aus Tharros mit, daß sie im wesentlichen dem Typus V bei Newberry mit gerundetem Prothorax und Trennung der Elytra entsprechen[34]. Nach Boardman[35] sind die Jaspis- und Karneolskarabäen phönikischen und punischen Ursprungs durch eine massive Käfergestalt ausgezeichnet. Prothorax und Elytra haben manchmal schraffierte Ränder. Im allgemeinen fehlen auch die Rückendreiecke und der Grat der archaisch griechischen Skarabäen. Diesen Grat auf dem Rücken finden wir allerdings auf dem schönen Beispiel unserer Taf. 153 (vgl. auch Fernández-Padró, S. 133, Nr. 40).

Für die vorliegende Studie wurden mit Rücksicht auf die künftige Unter-suchung Acquaros nur einige wenige, stark ägyptisierende Exemplare von den in Cagliari ausgestellten Skarabäen in dieser Hinsicht ausgewertet. In diesen Fällen sind Thorax und Prothorax durch eine Doppellinie voneinander getrennt und der Thorax durch eine einzelne Linie geteilt (vgl. Taf. 154,3c, 156). Auf die Besonderheit von Taf. 153 wurde bereits hingewiesen; hier ist auch der Prothorax durch eine geschwungene Linienführung gekennzeichnet. Häufig ist die Trennung von Thorax und Prothorax schraffiert (Taf. 151,1c[35a]; 152,c; dieselbe Typologie mit Goldeinlagen auf Taf. 155,1b). Die einfache Form mit je einer zusätzlichen, seitlichen Einkerbung an Stelle der von den ägyptischen Skarabäen bekannten Rückendreiecke zeigt das Beispiel auf Taf. 157,1. An all diesen Varianten ist aus ägyptischer Sicht nichts Besonderes. Jedoch erinnern wir uns, daß die Rückengliederung mit der schraffierten Trennung von Thorax und Prothorax auch den phönikischen Steatitskarabäus auf Taf. 118,2a auszeichnet. Dieselbe Rückentypologie bietet ebenfalls ein grüner Jaspisskarabäus mit der Darstellung einer thronenden Astarte, der offenbar im phönikischen Mutterland im späten 7. Jh. v. Chr. gefertigt wurde[36].

Einen Einfluß der Arbeitstechnik in dem harten Material werden wir darin erkennen dürfen, daß die Beinchen auf dem Käferkörper stehengebliebene Stege in Relief darstellen (Taf. 151,1d; 153; 154,3d; 155,1c). Dieses Kenn-zeichen bildet den Hauptunterschied zur üblichen ägyptischen Skara-bäenausführung und wurde auch auf die Fayencegruppe unserer Taf. 147

übertragen. Wie dort gehen auch bei den Exemplaren aus hartem Stein die Beinchen ohne Bruch in die gleich weit vorstehende Basis über. Nach Art mancher Steatitskarabäen[37] verdickt sich die Basis häufig an der Stelle, wo die mittleren Beinchen auftreffen, sodaß diese etwas kürzer ausfallen. Ein Merkmal der (oder vieler) punischer Skarabäen aus harten Materialien ist die Tatsache, daß die Beinchen sehr gut vom Rücken abgesetzt sind[38].

Eine erste grobe Gliederung des Motivschatzes verdanken wir Georg Ebers[39], den wir wegen der dahinter stehenden ägyptologischen Intention trotz des Zeitabstandes von 100 Jahren als unmittelbaren Vorgänger für unsere Ausführungen in diesem Abschnitt verehren dürfen. Aus den acht Kategorien, in die er die Amulette und Skarabäen des phönikischen und punischen Sardiniens einteilt[40], ist zunächst Nr. II „tipi egittizanti(sic) molto pronunziati" herauszugreifen. Dazu gehören die wunderschön ausgeführten Skarabäen aus hartem Stein mit fast rein ägyptischer Motivik (Ebers meint im speziellen unsere Nr. 7, 22, 23, 30, 106, 109, 111, 113, 117, 187, 193, 245, 248). Wir dürfen Ebers in seiner Feststellung beipflichten, daß diese Motive einen „aspetto particolare" haben, „che colpisce subito l'occhio del conoscitore"[41]. Dieser besondere Aspekt drückt sich nach Ebers in der Oberflächenglätte (levigatura), in der Rundung (rotondità) der tiefsten Stellen des Einschnittes und in der anatomisch richtigen Wiedergabe der menschlichen Körperteile aus. Diese drei Charakteristika zeigen sich nicht in gleicher Weise an allen Stücken, „ma noi rimarchiamo però quasi istintivamente, che essi sono eseguiti in maniera non del tutto egiziana"[42].

Die nächste hierher gehörende Gruppe ist Nr. III „soggetti egiziani eseguiti e combinati in maniera più o meno egiziana"[43]. Auf diesen Skarabäen (unsere Nrn. 8, 15, 53, 172, 198, 199, 201, 213, 224) sind nach Ebers die ägyptischen Ikonographien in einer Art wiedergegeben, in der wir sie im Niltal niemals in gleicher Weise, weder in den einzelnen Formen, noch in ihrer Zusammenstellung (disposizione) finden. Ebers nimmt hier ein Ergebnis vorweg, das sich bei unserer gesamten Arbeit mit dem ägyptischen Kulturgut außerhalb des Nillandes immer wieder bestätigt: Neben dem reinen Kopieren kommt es zu einer mehr oder weniger kreativen Verarbeitung dessen, was aus Ägypten übernommen wurde. D.h. das ägyptische Kulturgut erlebt bei den übrigen Mittelmeervölkern keine Erstarrung, sondern eine lebendige Entwicklung, die in mancher Hinsicht diejenige in Ägypten übertreffen kann. Dadurch wurde die kulturelle Gabe Ägyptens erst zu einer echten historischen Kraft.

Als besondere Gruppe hebt Ebers auch die Bes-Skarabäen heraus und bringt sie in eine Linie mit den rein griechischen Silendarstellungen[44]. Auf die übrigen Kategorien nach der Gliederung von Ebers, darunter die assyrisierenden (König im Kampf mit Löwe usw.) und griechischen Typen, wollen wir hier nicht näher eingehen[45].

Die ägyptologische Intention, von der wir uns leiten lassen, beschränkt sich auf die Erfassung der auf Sardinien belegten[46] ägyptischen und ägyptisierenden Bildinhalte sowie deren Aussage aus ägyptischer Sicht. Dazu kommt unser Interesse für die Verbreitung der Ikonographien, um der Frage der territorialen Ausbreitung der ägyptischen Kultur sowie dem Problem der Durchdringung der außerägyptischen Mittelmeerwelt mit ägyptischen Kulturgütern näherzukommen. Wir befassen uns daher weder mit Stil[47], Technik[48], den verschiedenen Anhängertypen[49] noch mit den Arten der Steine. Das bleibt Aufgabe desjenigen, der sich mit phönikisch-punischer Archäologie, Kunst und Kultur im gesamten beschäftigt. Derzeit befinden sich auch andere Studien in Ausarbeitung, die die Erforschung der phönikischen und punischen Glyptik zum Ziel haben.

Unsere Motivauswahl gründet sich auf die in Cagliari, S. Antioco und Sassari ausgestellten Stücke, auf die Tharrosfunde des British Museum, sowie Abbildungen und Erwähnungen in der Literatur. Mit Rücksicht auf die künftige Studie Acquaros blieben die im Magazin von Cagliari befindlichen Stücke, die sonst in der Literatur weder genannt noch abgebildet sind, unberücksichtigt. Ausgestellte, aber unpublizierte Stücke sind beschrieben, weil sie jedermann zugänglich sind und auch im Universitätsunterricht von Cagliari behandelt werden. Gleichfalls mit Rücksicht auf die genannte Arbeit von Acquaro sind auf unseren Tafeln nur solche Skarabäen abgebildet, die in neuerer Zeit woanders in Photographie publiziert wurden. Die diesbezügliche Angabe findet sich bei der Nr. des betreffenden Exemplares. Davon gehören etwa die beiden Stücke der Taf. 155 seit dem vorigen Jahrhundert zu den bekanntesten Aegyptiaca Sardiniens. Daß vieles vom einstigen Gesamtrepertoire fehlen muß, macht nicht nur die von Spano genannte Zahl von über 4000 Skarabäen aus Tharros[50] deutlich, sondern zeigen auch die Motive von Ibiza[51] und Karthago, die in unserer Übersicht nicht vertreten sind.

Im Grunde gestattet uns der in dieser Studie abgesteckte Rahmen nicht mehr, als eine Auswahl von Belegmaterial mit knappen Bemerkungen vorzulegen mit dem übergeordneten Zweck, das Verständnis des Gesamtzusammenhanges und damit der Bedeutung des auf soviele Denkmälergruppen verstreuten ägyptischen Kulturgutes in einem begrenzten Raum des phönikopunischen Westens zu bereichern. Die Anordnung der Motive erfolgt daher auch aus der Sicht des Ägyptologen unabhängig von stilistischen, technischen, (leider auch) chronologischen oder anderen Gesichtspunkten und hat nur den ägyptologischen Aspekt zur Voraussetzung; es sollen dem, der sich für die Ausbreitung des ägyptischen Kulturgutes interessiert, Hinweise auf das gegeben werden, was ungefähr zu erwarten ist.

2. Die ägyptischen und ägyptisierenden Motive

Motiv I: Sonne über „Urlandschaft"

I.1. Die von Uräen flankierte Sonne trägt die Hemhem- oder Atefkrone.

1. 3. 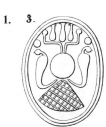 C. Orcurti: *BAS* 1 (1855) S. 120 mit Abb. 6; G. Spano: *BAS* 2 (1856) S. 150, Anm. 2; Della Marmora, T.A, 3; Perrot-Chipiez, III, S. 656, Fig. 464; Quillard, *Bijoux*, S. 73,3, Taf. XXV,3. — Tharros; Sammlung D. S. Carta; grüner Jaspis; 4. Jh. v. Chr. (nach Quillard).

(nach Della Marmora)

2. Quattrocchi Pisano, *Dieci scarabei da Tharros*, S. 44f., Nr. 4, Taf. VI,1. — Tharros; Sammlung Garovaglio, heute in Como; grüner Jaspis; 5. Jh. v. Chr.; Motiv wie Nr. 1.

3. Cagliari, Inv. 19738, Sammlung Castagnino, Nr. 126; schwarzer Stein; Motiv wie Nr. 1 (dazu zwei weitere kleine Scheiben zwischen den Uräenköpfen und dem Ansatz der Hemhemkrone).

4. Acquaro, *Tharrica*, Taf. XXV, B 17. — Tharros, Nekropole; grüner Jaspis (zwei Fragmente von verschiedenen Stücken mit demselben Motiv); die Sonne trägt über dem Gehörn die Atefkrone, flankiert von Federn und Uräen; die Uräen, die die Sonnenscheibe flankieren, tragen die Doppelkrone.

5. Quillard, *Bijoux*, S. 73, Nr. 4, Taf. XXV,4. — Tharros?; grüner Jaspis; 4. Jh. v. Chr.; Motiv wie bei Nr. 1, jedoch tragen die Uräen die Doppelkrone wie bei Nr. 4.

6. Cagliari, Sammlung Cara, mit Nr. 125 (= Cara, *Monumenti*, S. 21, Nr. 9?). — Tharros; grüner Jaspis. Die Sonnenscheibe mit der Hemhemkrone wird von Uräen mit Löwenköpfen (die ein Kopftuch oder eine Perücke tragen) flankiert; über deren Stirn schwebt je ein sechszackiger Stern (als Variante zur Sonnenscheibe auf den Schlangenköpfen); darunter befinden sich statt des kreuzschraffierten Hügels fünf Papyruspflanzen.

Variante

7. Ebers, S. 89f., Nr. 9, Taf. F,12; Quillard, *Bijoux*, S. 72/f, 2, Taf. XXV,2. — Tharros, Sammlung Busacchi; grüner Jaspis; 4. Jh. v. Chr. (nach Quillard). Über der von Uräen (mit oberägyptischen? Kronen) flankierten Sonnenscheibe mit Hemhemkrone schwebt eine Flügelsonne. Die Stelle der „Urlandschaft" nimmt ein Rechteck mit unklaren ägyptischen Hieroglyphen ein.

Das Motiv der Sonnenscheibe, aus der von unten symmetrisch zwei Uräen herauswachsen und die eine Krone mit wesentlichen Elementen der Atefkrone trägt (Gehörn mit zwei Federn, nach außen zu zwei Uräen) finden wir bereits auf einem Pektorale Amenhemets III. aus Byblos [52], hier ist es in eine Hathor-

und Fruchtbarkeitssymbolik eingebettet. Als Zeugnis für Palästina im 1 Jt. v. Chr. mag ein Karneolskarabäus mit hebräischer Besitzerinschrift gelten, den Galling ins 8. Jh. datierte[53]. In Karthago trägt ein Glasskaraboid des 4.-3. Jhs. allein dieses Motiv[54]. Die einfache Sonnenscheibe mit Atefkrone ist vor allem in der Naukratisproduktion und auf verwandten Skarabäen sehr beliebt[55].

Bei dem Gebilde unterhalb der Sonnenscheibe, das Quillard[56] diskutiert, kann es sich aus phönikischer Sicht entsprechend der Ansicht der Autorin nur um einen Berg nach Art der assyrischen Palastreliefs oder der phönikischen Metallschalen handeln. Aus ägyptischer Sicht müssen wir damit die Urhügelvorstellung verbinden. Dieser Auffassung entspricht z. B. ein Skarabäus des späten NR in Kairo[57], der das Motiv ähnlich den verwandten Goldanhängern[58] wiedergibt. Der Hügel ist von sich vereinigenden Uräenschwänzen umgeben; darüber schwebt die bloße Sonnenscheibe. Ein anderes Beispiel in Kairo[59] wählt als Sonnensymbol an entsprechender Stelle über dem Hügel den Obelisk, flankiert von zwei sitzenden, falkenköpfigen Gestalten.

Den Weg der ägyptischen Vorstellung nach Vorderasien illustriert wunderschön ein Steatitskaraboid aus Stratum III (780-650 v. Chr.) von Megiddo[60]: Über der eigentlichen ägyptischen Urhügelhieroglyphe ($\underbar{h}'$) schwebt das Udjat-Auge, das auch in ägyptischen Darstellungen häufig die Sonnenscheibe selbst vertritt; seitlich befinden sich die beiden Uräen. Phönikische Varianten zeigen die mit der Hemhemkrone ausgestattete Sonnenscheibe, in der noch das Udjat eingezeichnet ist, in ebenfalls bester ägyptischer Konvention zwischen den beiden Hügeln der Horizonthieroglyphe aufgehen; dazu kommen wieder die flankierenden Uräen[61]. Die Phöniker beweisen dabei die Fähigkeit, die ägyptische Vorstellung ikonographisch sinnvoll zu variieren, wobei auch verschiedene Verschmelzungen vorgenommen werden. So kommt die ägyptische Auffassung des Urhügels als Kampfplatz der Götter in einem Skarabäus aus Zypern[62] deutlich zum Ausdruck: Hier ist auf dem kreuzschraffierten Hügel die assyrische Szene, in der der königliche Heros gegen einen aufgerichteten Löwen kämpft, wiedergegeben; ägyptisierende Details und der darüber schwebende Horusfalke sind auffällig[63]. Den schraffierten Hügel kann wie bei dem Motiv des Falken[64] auch hier das ägyptische Goldzeichen vertreten[65].

Ähnlich wie auf unseren Beispielen Nr. 1-5 aus Sardinien finden wir die Motivkombination auf Jaspisskarabäen von Ibiza[66]. Diese späte Glyptik bietet eine Variierung des Motivschatzes bereits gut bekannter älterer Goldanhänger des 7.-6. Jhs.[67], die sich besonders in Karthago, aber auch auf Malta, in Mozia, Sulcis[68], Trayamar und Ibiza gefunden haben. Die westlichen Goldanhänger, die mit Goldarbeiten aus Syrien/Phönikien in engstem Zusammenhang stehen[69], tragen in der Mitte das astrale Symbol von Scheibe und Mondsichel über dem von Uräen geschützten „Urhügel"; zuoberst schwebt die Flügelsonne. Das zentrale Motiv von Scheibe und Sichel (Sonne und Mond) ist innerhalb der phönikischen und punischen Welt geradezu als charakteristisch für dieses Milieu anzusehen.

Eine interessante Verbindung zwischen den eben genannten Anhängern und unserem Skarabäus Nr. 6 stellt ein Skarabäus aus Achat von Kurion [70] her: Die „Urlandschaft" bilden gleichfalls Papyruspflanzen, darüber befindet sich die von Uräen flankierte Sonnenscheibe in einer Papyrusbarke; über dem Sonnensymbol sind in ägyptischer Manier Mondsichel und Vollmond | ⊖ dargestellt; über allem schwebt wieder die Flügelsonne. Eine ähnliche Kombination von Sonnen- und Mondsymbolik kennen wir bereits von einem ägyptischen Pektorale der 18. Dynastie aus dem Grabe Tutanchamuns [71]: Über dem geflügelten Sonnenkäfer sehen wir eine Barke, in der sich das linke Udjat (Mondauge) und darüber Mondsichel mit Mondscheibe befinden; das kombinierte Mondsymbol wird von sonnenhaften Uräen (mit Scheiben auf den Köpfen) flankiert. Auf dem ägyptischen Kunstdenkmal ist dadurch u.a. die Geburt von Sonne und Mond ausgedrückt [72]. Wir verfolgen also immer wieder, wie sich die phönikische und punische Kleinkunst des ägyptischen Motivschatzes bedient, diesen teils getreu wiedergibt, teils jedoch frei verarbeitet, aber dabei in einer auch aus ägyptischer Sicht sinnvollen Weise zum Ausdruck der eigenen Vorstellungen verwendet [73].

Für das Motiv unserer Skarabäen, d.h. der Sonne mit Hemhem- oder Atefkrone über dem Hügel oder Papyruspflanzen, ist einzig eine kosmogonische Interpretation anzunehmen. Eine ausgezeichnete Variante bietet ein im Ursprung unklarer Skaraboid aus Kition [74], der einen Skarabäus mit Atefkrone über dem Lotos trägt: Auch hier handelt es sich um den Sonnengott (Cheperi), der aus dem Lotos entsteht.

I.2. *Die Sonne trägt keine Krone*

8. Ebers, S. 93f., Nr. 8, Taf. F,24; Quillard, *Bijoux*, S. 73, Nr. 5, Taf. XXV,5. — Tharros; grüner Jaspis; 4. Jh. v. Chr. (nach Quillard). Über kreuzschraffiertem Hügel Sonnenscheibe mit Uräen (deren Schwänze sich unter der Scheibe vereinigen), oben Flügelsonne.

9. Chiera, *Nora*, S. 101, unten; Patroni, *Nora*, Sp. 217, Grab III (3). — Nora, Grab 3; grüner Jaspis; 6.-5. Jh. v. Chr. (nach Chiera, S. 104). „Un disco alato con sottostante globo e una cesta inquadrata tra due serpenti urei" (Chiera, S. 101).

10. BM, WAA 133327. — Tharros, BM, Grab 6; Karneol? [75]

11. G. Spano, *Scarabei di Tharros: BAS* 10 (1864) S. 15. — Tharros, Sammlung L. Spano d'Oristano; grüner Jaspis. Wie **9**, aber die Sonnenscheibe verdreifacht in symmetrischer Anordnung [76].

12. Spano, *Catalogo*, S. 18, Nr. 55. — Tharros; Jaspis. „Corba, sopra globo raggiato tra due urei con globo in testa" (Spano).

MOTIV II: SONNENBARKE ALS HAUPTMOTIV[77]

II.1. *Von ägyptisierender Gestalt hochgehoben*

13. Della Marmora, T.A, 46. — Tharros; Jaspis. Die männliche Gestalt trägt eine ägyptische Perücke und Schurz, wird von Lotosträußen und *w３ś*-Szeptern flankiert.

(nach Della Marmora)

Vom ägyptischen Inhalt her kann es sich wohl nur um eine veränderte Wiedergabe des Schlußbildes zum Pfortenbuch handeln[78], in dem der Gott *Nun* die Sonnenbarke mit dem neugeborenen Sonnengott aus dem Urgewässer hebt. Nun, der selbst das Urgewässer darstellt, hat zur Verdeutlichung auf unserem Skarabäus die Lotossträuße bei sich; ihm fehlt aber der Bart der ägyptischen Darstellungen. Außerdem ist der Skarabäus mit der Sonnenscheibe, der im ägyptischen Bild den Sonnengott in der Barke repräsentiert, durch die phönikische Sonnenscheibe mit Uräen ersetzt.

II.2. *Sonnenscheibe mit Atefkrone (oder Hemhemkrone) in der Barke*

14. Furtwängler, *Gemmen*, I, Taf. XV,65; Quillard, *Bijoux*, S. 72,f, Nr. 1, Taf. XXV,1; Acquaro, *Tharrica*, S. 55. — Tharros; grüner Jaspis; 4. Jh. v. Chr. (nach Quillard). Die in der Barke befindliche Sonnenscheibe wird von Uräen flankiert und trägt eine einfache Hemhemkrone (vgl. Motiv I,1); unter der Barke sehen wir drei Papyrusstengel, links und rechts von diesen je einen kleinen Silenkopf.

15. = Taf. 151,1; Acquaro, *Tharrica*, S. 66, B 18, Taf. XXV. — Tharros, Nekropole; grüner Jaspis. Die Barke, deren geschwungene Enden als große Papyrusdolden gestaltet sind, wird von einem Krokodil getragen.

Zu Nr. 14 sind Siegelabdrücke von der Akropolis in Selinunte zu erwähnen[79], auf denen sich unter einer Barke ein von Uräen flankierter Bes- oder Silenkopf befindet. Unter den Funden von Selinunte begegnen wir auch dem parallelen Motiv der von Uräen flankierten, leeren Pseudokartusche[80], die gelegentlich die Tendenz zeigt, sich zu einem rundlichen Oval zu verändern.

Das Motiv der Barke mit der einfachen Sonnenscheibe über dem Wasser (Himmelsozean) trägt ein weißer Fayenceskarabäus aus Ajia Irini[81]. Die Kombination der Barke mit einer großen Sonnenscheibe, die die Hemhemkrone trägt, geben fünfzehn blau glasierte Fayenceamulette aus Grab 335 von Sanam[82] wieder. Ohne besondere Veränderungen treffen wir diese ägyptische Darstellung auf phönikischen Elfenbeinen[83] und in der hier behandelten Glyptik[84]. In Hinblick auf Nr. 15 kann sich auch in ägyptischen Darstellungen unterhalb der Sonnenbarke ein Krokodil befinden[85]. Die Sonnenscheibe in der Barke war im phönikischen Bereich, vielleicht sogar in Tharros selbst, unter dem ägyptischen Namen „Re" bekannt[85a].

II.3. *Zwei Flügellöwen tragen die Sonnenbarke*

16. Spano, *Catalogo*, S. 14, Nr. 3. — Tharros; Jaspis. „Due leoni alati collo pscent in testa, uno per parte, che sostengono una barca solare. Sopra la corba altra piccola barca".

MOTIV III: GOTT AUF DEM LOTOS

III.1. *Astrales Symbol mit Hemhemkrone über Lotos in der Barke*

III.1.1. *„Bedient" von falkenköpfigen Gestalten in der Amunsbarke*

17. 24.  Della Marmora, T.A, 24. — Tharros; Karneol. Das astrale Symbol besteht aus Sichel und Scheibe; die falkenköpfigen Gestalten tragen die ägyptische Doppelkrone; Bug und Heck der Barke bilden Widderköpfe mit dem Amunsgehörn, darauf sitzt je ein Falke.

C

(nach Della Marmora)

Bei dem zentralen göttlichen Symbol handelt es sich wohl um die ägyptische Wiedergabe von Mondsichel und Mondscheibe wie auf einem Fingerring aus grünem Jaspis in Leiden[86]: Hier wird dasselbe Symbol in der Barke, die über den Ozean fährt, von zwei Affen flankiert (der Lotos fehlt). Hierzu mag man Darstellungen der Mondbarke vergleichen, wie wir sie etwa vom Schmuck Tutanchamuns kennen[87]. Der sitzende, falkenköpfige Gott mit Scheibe auf dem Kopf innerhalb der Scheibe auf dem Leidener Fingerring müßte demnach Chons meinen. Auf unserem Skarabäus dürfte ähnlich wie auf dem in Anm. 71 zitierten Pektorale Tutanchamuns die Geburt des Mondes dargestellt sein, und zwar in diesem Fall aus dem Lotos.

Die Papyrusbarke mit hoch aufgeschwungenen Dolden, auf denen je ein Vogel wie bei unserer Nr. 17 aus Tharros sitzt, finden wir auf einem Skarabäus aus Bergkristall von Kurion[88]: In der Barke sitzt eine anthropomorphe Gottheit (mit Scheibe auf dem Kopf) auf einem Thron; diese flankieren zwei stehende Gestalten (gleichfalls mit Sonnenscheiben auf den Köpfen), von denen eine falkenköpfig ist. Eine entsprechende Barke trägt auch ein Goldring der Sammlung De Clercq[89] aus Tartus; in dieser befindet sich allerdings der vierflügelige Skarabäus, also der Repräsentant des Sonnengottes. Unsere Barke mit den Widderköpfen des Amun erinnert sehr stark an die Lastschiffe mit ganz ähnlichen Köpfen auf dem Bronzetor von Balawat, auf denen die Tyrer und Sidonier ihre Tribute bringen[90]. Es gab also ganz ähnliche Schiffe in Phönikien zur Zeit Shalmanesers III. (859-824 v. Chr.).

III.1.2. *Flankiert von zwei Affen in der gewöhnlichen Barke*

18. Walters, Nr. 388, Taf. VII; BM, WAA 133361. — Tharros, BM Grab 7; grüner Jaspis. In der gewöhnlichen Papyrusbündelbarke mit aufgeschwungenen Dolden steht eine Lotosblume (wohl mit seitlichen Knospen); darüber befindet sich die Sonnenscheibe mit Hemhemkrone (die Enden des Gehörns gehen in die aufsteigenden Uräen über wie bei Nr. 17); die Sonnenscheibe wird von zwei nach innen gewandten, sitzenden Affen mit Scheiben auf den Köpfen flankiert.

Dieses Gegenstück zu Nr. 17 stellt die Geburt des Sonnengottes aus dem Lotos dar und steht mit Nr. 19 in engster Beziehung.

III.2. *Skarabäus mit Sonnenscheibe über Lotos*

19. **30.** Della Marmora, T.A, 30. — Tharros; Sardonyx. Die Umwicklung des Stieles der Lotosblume durch die Knospenstiele und die in diese übergehenden Uräenschwänze erinnert stark an die Umwicklung der *śmȝ*-Hieroglyphe beim Akt der Vereinigung der beiden Länder. Über der Blüte der ägyptische, zweiflügelige Skarabäus mit Sonnenscheibe in den Vorderbeinchen und kleiner Kugel in den Hinterbeinchen. Die flankierenden Affen hocken auf ägyptischen *šn*-Ringen[91].

(nach Della Marmora)

Der Skarabäus als Gott auf dem Lotos ist von ägyptischen und phönikischen Kunstdenkmälern gut bekannt[92].

III.3. *„Harpokrates" auf dem Lotos (oder stilisierter Papyrusdolde)*

III.3.1. *alleine*

20. **44.** Della Marmora, T.A, 44. — Tharros; Jaspis.

(nach Della Marmora)

21. G. Spano: *BAS* 10 (1864) S. 91f. — Tharros, Sammlung I. Serra; Jaspis. Auf der Lotosblume hockender Harpokrates; rundherum kommen strahlenartig 36 kleine Lotosstengel heraus (auch aus der Doppelkrone, die er auf dem Kopf trägt).

22. Ebers, S. 87, Nr. 2, Taf. F,2; vermutlich identisch mit Spano, *Catalogo*, S. 19, Nr. 83. — Tharros; Jaspis. Nach Ebers sitzt hier Harpokrates auf der „Nordpflanze" (also einer Papyrusdolde). Wasserpflanzen umgeben das Kind wie bei Nr. 20.

23. Ebers, Taf. F, 5. — Sammlung Sclavo (Sassari). Der Knabe ohne Kopfbedeckung mit Geißel auf dem Lotos (dieser mit zwei seitlichen Knospen), sonst nichts; schraffierte Umrandung.

24. Elena, S. 34, Nr. 9. — Cagliari, S. Avendrace; grüner Jaspis. Elena bezeichnet das Stück als ähnlich unserer Nr. 20.

25.  Taramelli, *Predio Ibba*, Sp. 159, Nr. 10, Fig. 69. — Cagliari, S. Avendrace, Grab 139; grüner Jaspis. Horusknabe mit Geißel auf der Lotosblume, die von kleinen Blüten flankiert wird; seitlich die hohen Papyrusstengel.

(nach Taramelli)

26. Taramelli, *Guida*, Taf. XXXIX, Fig. 67 (3. Reihe, 4. Stück von Links). — Tharros, Sammlung Gouin. Harpokrates mit Szepter und Geißel auf Lotos (mit seitlichen Knospen); Kopfputz unklar.

27. Quattrocchi Pisano, *Dieci scarabei da Tharros*, S. 50f., Nr. 9, Taf. VII,2. — Tharros; Karneol; wahrscheinlich 4. Jh. v. Chr. (nach S. 53). Rechtshin sitzender Harpokrates mit Scheibe auf dem Kopf und Geißel; Lotosblume von Knospen flankiert; rechts vor dem Knaben ein Papyrusstengel, der oben gebogen ist und in einer großen Dolde endet.

Variante: Harpokrates hockt auf dem *nb*-Korb.

28. Spano, Catalogo, S. 20f., Nr. 99. — Tharros; Jaspis „Arpocrate accoccolato sopra una corba, attorno a quattro gambi di loto. In testa globo con due urei per parte mal'espressi, forse le due aste della luna". Die Variante mit dem *nb*-Korb bestätigt Ebers, S. 87, bei Nr. 2, und begegnet ähnlich auf einem Jaspisskarabäus aus Ibiza (Fernández-Padró, Nr. 12), wo der Gott aber die Atefkrone trägt.

Das zentrale Motiv dieser Skarabäengruppe kennen wir bereits von einem goldenen Fingerring aus Tharros mit einem ovalen Plättchen aus blauer Fayence[93]; auf diesem trägt Harpokrates die Sonnenscheibe mit zwei Uräen wie auf unserer Nr. 28. Die Variante von Nr. 21, wo Harpokrates von dichten Papyruspflanzen umgeben, also in diesen versteckt ist[94], gibt die Mythenversion wieder, nach der das Kind vor Seth geschützt werden sollte[95]. Wie auf unserem Beispiel bringt das auch ein Steatitskaraboid aus Meroë der Zeit von Schabaka bis Tanutamun zum Ausdruck[96]. Desgleichen ist Harpokrates auf einem Karneolskarabäus aus Bolsena ringsum von Papyrusdolden umgeben; ausnahmsweise sitzt er hier auf einem ägyptischen Untersatz mit Rundstab und Hohlkehle[97]. Das Motiv des Harpokrates (mit Geißel) auf der Blume[98] ist auch auf den phönikischen Metallschalen[99] beliebt und erlebt (wenn Gallings Datierung zutrifft) bereits im 8. Jh. v. Chr. eine phönikische Weiterbildung in der Art, daß die Hand, die zum Mund geführt werden sollte, zum Gruß erhoben ist[100]. In der Sammlung De Clercq befindet sich ein Goldring aus Amrit[101] mit der motivmäßigen Ausführung unseres Skarabäus Nr. 21. Auf einem Karneolskarabäus derselben Sammlung aus Syrien[102], dessen Darstellung am ehesten mit unserer Nr. 27 vergleichbar ist, wurde vor dem Knaben offenbar ein kleiner Altar hinzugefügt. Abschließend ist noch ein

Achatskarabäus des 4. Jhs. aus Karthago [103] zu erwähnen, auf dem das Motiv von Nr. 27 von den besprochenen Papyrusstengeln der Nr. 21 umgeben wird. Aus phönikischer Sicht könnte die Darstellung des göttlichen Kindes auf dem Lotos die Geburtslegende des Gottes Mot zum Ausdruck bringen [104].

III.3.2. *Harpokrates auf dem Lotos wird von der geflügelten Isis beschützt.*

29.  Della Marmora, T.A, 43. — Tharros; Karneol.

(nach Della Marmora)

30. Sassari, Inv. 2878 (Erwähnung Quattrocchi Pisano, *Dieci scarabei da Tharros*, S. 56, Anm. 108; gesehen im Raum H, Vitrine 42); vermutlich Crespi, S. 9, Nr. 5; Ebers, S. 87, Nr. 1, Taf. F, 1. — Tharros, Sammlung Chessa; grüner Jaspis; „a globulo"-Technik. — Im Unterschied zu Nr. 29 tragen beide Gottheiten die Sonnenscheibe; zwischen deren Köpfen Mondsichel und Scheibe.

30bis. G. Spano, *Memoria sulla Badia di Bonarcadu e scoperte archeologiche fattesi nell'isola in tutto l'anno 1869* (Cagliari 1870) S. 18. — Kunsthandel von Oristano; grüner Jaspis. Über dem hier behandelten Motiv noch eine Kartusche mit nicht näher erkennbaren Hieroglyphen.

Variante: Kontamination mit Motiv IV.5?

31. 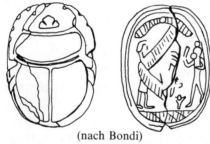 Bondì, *Scarabei Monte Sirai*, S. 76, Nr. 10. — Monte Sirai, Grab 11; grüner Jaspis; 4. Jh. v. Chr. (für den Skarabäus; nach Bondì, S. 92). Über kreuzschraffiertem Segment und unter einfacher Flügelsonne die stehende, geflügelte Göttin (ohne Kopfputz), die nach der Interpretation Bondìs (S. 76, 90f.) eine menschliche Gestalt über einer Blume beschützt, also wohl Horus auf dem Lotos; als Erweiterung steht rechts eine schematisch wiedergegebene männliche Gestalt mit kleiner Scheibe auf dem Kopf (deren rechte Hand ist erhoben, die linke zur Brust geführt).

(nach Bondì)

Das Motiv der stehenden, geflügelten Göttin vor „Harpokrates" auf dem Lotos kennen wir innerhalb der phönikischen Kunst vor allem von der sog. Amathus-Schale (mittlerer Fries) [105]. Innerhalb der Elfenbeine mag man hinsichtlich der erweiterten Variante unserer Nr. 31 an ein Fragment aus Samaria [106] denken, auf dem Barnett [107] rechts neben dem Horusknaben auf dem Lotos (Mot) eine geflügelte Schutzgöttin rekonstruiert; die Szene ist links durch den knienden Harachte ergänzt.

III.3.3. *Harpokrates auf dem Lotos wird von zwei stehenden, geflügelten Göttinnen beschützt.*

32.  Della Marmora, T.A, 41. — Tharros; Karneol.

(nach Della Marmora)

33.  Della Marmora, T.A, 45. — Tharros; Jaspis.

(nach Della Marmora)

Variante

34.  Taramelli, *Predio Ibba*, Sp. 159, Fig. 70. — Cagliari, S. Avendrace, Grab 153. Der Knabe sitzt hier auf einer Kugel[108].

(Nach Taramelli)

Das Motiv des göttlichen Kindes auf dem Lotos, das von zwei geflügelten Göttinnen (Isis und Nephthys) beschirmt wird, konnten wir bereits an Hand der rechteckigen Plaketten ausführlich besprechen[109]. An dieser Stelle sind bloß einige Parallelen auf Skarabäen nachzutragen. In der Sammlung De Clercq befinden sich zwei Beispiele ähnlich unserer Nr. 32: Der eine Skarabäus[110], aus grünem Jaspis, stammt aus Amrit; für den anderen[111], aus Tartus ist „pâte verte" als Material angegeben. Den Typus von Nr. 32, aber in viel schwungvollerem Stil, gibt ein Skaraboid aus gelblichem Chalzedon wieder, der aus dem Istanbuler Kunsthandel stammt und in die zweite Hälfte des 7. Jhs. v. Chr. datiert wurde [112]; die Basis wird hier noch durch die ursprüngliche, ägyptische nb-Hieroglyphe gebildet. Unserer Nr. 32 entspricht genau ein Skarabäus aus grünem Jaspis von Ibiza [113], der ja wohl als ein Produkt der punischen Glyptik von Tharros angesehen werden darf. Interessant ist eine stilistisch hervorragende Variante aus Karthago [114], auf der der auf dem Lotos sitzende „Harpokrates" die Doppelkrone trägt und die seitlichen Göttinnen keine Flügel haben.

III.3.4. Harpokrates auf dem Lotos wird von zwei nach innen blickenden Flügelschlangen flankiert.

35. Walters, Nr. 358, BM WAA 134169. — Tharros, BM, Grab 30; dunkelgrüner Jaspis.

Die Flügelschlangen sind nur eine andere Form der Schutzgöttinnen Isis und Nephthys in Motiv III.3.3 [115]. Für die phönikische Arbeit mit ägyptischem Motivschatz ist ein Skarabäus aus durchscheinendem Stein aus Kourion [116] aufschlußreich, auf dem die beiden nach innen blickenden Flügelschlangen ein Kämpferpaar schützen, das nichts mit ägyptischer Ikonographie zu tun hat.

III.4. Weitere Motive des „Gottes auf dem Lotos"

Siehe folgende Motive: XVII.4.5 (Nr. 161)
XX (Nr. 172)
XXII (Nr. 174)
XXIV.2 (Nr. 195, 198)
XXVIII.1.1 (Nr. 209)
XXVIII.2.2 (Nr. 219)
XXXIV.3 (Nr. 239).

36. Spano, Catalogo, S. 19, Nr. 70. — Tharros; Jaspis. „Iside sopra un calice di loto, e colla sinistra sostiene lo scettro a testa d'upupa, o cucufa (sessor) potente" (= wśr-Zeichen?).

37. Furtwängler, Gemmen, I, Taf. XV,32. — Museum in Cagliari; grüner Jaspis. In senkrechter Flachseite befindet sich über einer Lotosblume mit seitlichen Knospen eine Sirene mit aufgebogenem Flügel (ähnlich den Sphinxamuletten unserer Taf. 78,3-5) und menschlichen Armen; in einer Hand hält sie ein ägyptisches wśś-Szepter.

Das Motiv des Gottes auf dem Lotos hat die phönikische und punische Kunst nach Ausweis unserer Beispiele zu außerordentlicher Blüte gebracht. In besonderer Weise läßt sich hier die phönikische Eigenständigkeit in der

Verarbeitung des ägyptischen Kulturgutes erkennen. Dabei wird die Lotosblume gelegentlich zur phönikischen Palmette umstilisiert (Nr. 174)[117]. Ein ovales Stempelsiegel aus Achat des 8. Jhs.(?) aus Beirut[118] zeigt einen hockenden Affen, der eine Frucht zum Mund führt, über einer Blüte; dazu kann der Pavian auf dem Lotos in einer Barke verglichen werden, der in einem Papyrus der 21. Dynastie dargestellt ist[119]. Der sardo-punischen Produktion entstammt vielleicht ein Skarabäus aus grünem Jaspis in der Bibliothèque Nationale, Paris[120]: Über einer Lotosblume mit seitlichen Knospen, flankiert von zwei aufgerichteten Uräen, sehen wir mit beiden Knien kniend eine vierflügelige Gestalt mit ägyptischer Doppelkrone und an der Schläfe herabhängender Jugendlocke; in einer Hand hält die Gottheit ein oben umgebogenes Szepter; unter der Lotosblume befindet sich ein kreuzschraffierter nb-Korb. Dieser in ausgezeichnetem Stil gearbeitete Skarabäus kommt in nächste Nähe unseres Motives XXII (Nr. 174).

MOTIV IV: JUGENDLICHER GOTT („HARPOKRATES")
— nicht auf dem Lotos und außerhalb der Mutter-Kind-Szene (s. auch Nr. 28).

IV.1. Sitzend in ägyptisierendem Schrein

38. Crespi, S. 9, Nr. 6, Taf. II,3; möglicherweise identisch mit dem von Ebers, S. 87, unter Nr. 2 genannten Stück. — Tharros; grüner Jaspis. Bei dem von Crespi erwähnten Skarabäus mag es sich um den handeln, der in Sassari, Raum H, Vitrine 42, mittlere Gruppe, ausgestellt ist: Der Knabe[121] mit Geißel und Hand am Mund hockt (rechtshin) zwischen zwei unägyptischen Stützen, die eine Flügelsonne tragen; letztere repräsentiert den Architrav des vereinfacht wiedergegebenen ägyptisierenden Schreines (der Typus begegnet wieder bei Nr. 116).

Eine andere Wiedergabe des jugendlichen Gottes im Tempel bietet ein Skarabäus aus grünem Jaspis von Tyros[122]: Über kreuzschraffiertem nb steht der Gott wie bei Nr. 40, jedoch mit einfachem Stab, in einer Ädikula, bestehend aus zwei Stützen (mit je drei Kugeln im oberen Abschnitt), die eine stilisierte Flügelsonne als Architrav tragen; genau in der Mitte schwebt darüber eine zusätzliche, kleine Sonnenscheibe; gleichfalls wie bei Nr. 40 steht vor dem Gott ein Feueraltar. Auf einem anderen Skarabäus aus grünem Amphibolit, der in Byblos gefunden wurde[123], sehen wir den sitzenden Knaben (vielleicht auf einem schematischen Lotos) mit Sonnenscheibe auf dem Kopf; hinter und vor ihm stehen die Stützen des eben genannten Beispieles aus Tyros, aber eine Angabe des Daches fehlt. Demgegenüber geht ein Goldring des Grabes 94 von Ard el-Kheraïb (Karthago)[124] noch weiter: Harpokrates (mit Hand am Mund und Sonnenscheibe auf dem Kopf) sitzt zwischen zwei Bäumen. Das Bild des göttlichen Knaben im Tempel würde ein Ägypter der Spätzeit auf jeden Fall als Geburtshaus (Mammisi) aufgefaßt haben (vgl. Abb. 53).

Abb. 53: Darstellung eines Geburtshauses in Dendera, das durch Kaiser Nero dargeboten wird; nach Lepsius, *Denkmäler aus Aegypten und Aethiopien*, IV, 79c.

IV.2. Sitzend vor Flügelschlange über Lotosteich

39.

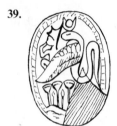

(nach Walters, Ausrichtung des Originals

Walters, Nr. 357, Taf. VI; BM, WAA 133460. — Tharros, BM, Grab 10; grüner Jaspis. Die Flügelschlange mit dem Isis-Hathor-Kopfschmuck repräsentiert die Schutzgöttin Isis; der hockende Knabe hält eine Hand zum Mund und trägt die Doppelkrone, wodurch der Herrscheraspekt des göttlichen Kindes zum Ausdruck kommt [125]. Dadurch, daß die Szene über dem Lotosteich (šš) wiedergegeben ist, kommt die Darstellung in nächste Nähe zum Motiv des Gottes auf dem Lotos [126] (vgl. Nr. 225).

IV.3. Stehender, jugendlicher Gott mit wꜣs-Szepter

40.

(nach Della Marmora)

Della Marmora, T.A, 40. — Tharros; Jaspis. Vor dem Gott das phönikische Thymiaterion [127].

41. Taramelli, *Guida*, Taf. XXXIX, Fig. 67 (2. Reihe, ganz rechts). — Tharros (Sammlung Gouin). Die rechtshin stehende Gottheit trägt einen Schurz, der knapp über den Knien endet; die hinten herabfallende Frisur würde jedoch besser zu einer weiblichen Gottheit passen; die rechte Hand ist wie bei Nr. 40 (seitenverkehrt!) im Grußgestus erhoben, die linke hält ein wꜣs-Szepter, dessen oberer Teil im Gegensatz zu Nr. 40 zum Kopf des Gottes gewandt ist.

Ein interessantes Stück für die Verbindung von östlichen Steatitskarabäen und Jaspisskarabäen stellt ein grüner Jaspisskarabäus der Sammlung De Clercq [128] aus Syrien/Phönikien dar: Der darauf wiedergegebene Mann mit kurzem Stab und hohem Papyrusszepter steht stilistisch ganz in der

Tradition palästinensischer Skaraboide; das beweist vor allem die zum Gesicht hin spitz zulaufende Kopfform, die ein Steatitskaraboid aus Megiddo und unsere Taf. 139,1b-c verbindet[129]. Das Papyrusszepter trägt er in einer Art, die gerade bei der löwenköpfigen Göttin beliebt ist (vgl. unsere Taf. 97,2). Mit den Jaspisskarabäen verbindet das Exemplar syrischer Herkunft nicht nur sein Material, sondern auch der kurze Stab, der dem unserer Nr. 43 entspricht. Im ganzen stellt diese männliche Gestalt eine gute Beziehung zwischen unserer Nr. 40 und unserer Taf. 112,2 her[130].

IV.4. *Der stehende jugendliche Gott wird angebetet.*

42. 27.

Della Marmora, T.A, 27. — Tharros; Jaspis. Der jugendliche Gott trägt eine stilisierte Geißel, Schurz und auf dem Kopf die Sonnenscheibe. Die Gestalt gegenüber kann vom knienden ägyptischen König in den verschiedensten Szenen abgeleitet werden; dem entspricht die spitze, phönikische Mütze in Hinblick auf die oberägyptische Krone.

(nach Della Marmora)

IV.5. *Der jugendliche Gott steht vor geflügelter Schutzgöttin*

43. 38.

Della Marmora, T.A, 38. — Tharros; Jaspis. Der stehende, zur Göttin gewandte Gott trägt eine stilisierte Mütze, ein bis über die Knie herabreichendes Gewand (vgl. Nr. 133) und einen kurzen Stab.

(nach Della Marmora)

44. 39.

Della Marmora, T.A, 39. — Tharros; Jaspis. Der stehende Gott kehrt der Göttin den Rücken; er trägt einen gefältelten Schurz und hat eine Hand zum Mund geführt nach Art des Harpokrates.

(nach Della Marmora)

45. Walters, Nr. 374, Taf. VII; Marshall, *Finger Rings*, S. 161, Nr. 1006; BM, WAA 133532. — Tharros, BM, Grab 12; roter Karneol. Die Flügelgöttin (links) vor dem kleineren Gott mit spitzer Mütze (rechts); in Goldfassung, drehbar in sichelförmigem Silberring.

46. Walters, Nr. 35, Taf. VI; BM, WAA 134141. — Tharros, BM, Grab 29; dunkelgrüner Jaspis. Ähnlich wie 45 (die Göttin mit Sonnenscheibe).

47. Crespi, S. 10, Nr. 11. — Tharros, Sammlung Chessa; grüner Jaspis. Flügelgöttin wie bei Nr. 44 (die Feder aber offenbar in der herabgesenkten Hand); der Knabe trägt vielleicht die Atefkrone, über den Schultern Szepter und Geißel; oben noch Scheibe und Mondsichel.

Es handelt sich um das Motiv des Harpokrates mit der anthropomorphen, geflügelten Isis, das wir bereits von den Steatitskarabäen des phönikischen Mutterlandes (Taf. 110)[131] sehr gut kennen. Taf. 110,2 zeichnet sich auch durch das kreuzschraffierte Segment der Skarabäen aus hartem Stein aus. Auf den Beispielen aus Steatit trägt die Göttin jedoch im Unterschied zu den hier behandelten Stücken stets einen stilisierten Isis-Hathor-Kopfputz. Das gilt auch für die geflügelte Göttin mit Maat-Federn in den Händen, die im mittleren Streifen der Amathus-Schale den stehenden, jugendlichen Gott (im langen Gewand und mit einer Hand am Mund) beschirmt[132]. Das Motiv unserer Skarabäen begegnet auch auf dem Goldring aus Tharros Taf. 159,3.

Innerhalb der Glyptik dürfen wir zunächst einige Beispiele aus dem syrisch-phönikischen Raum hervorheben, die die Beziehungen unter unseren Nrn. 43-45 verdeutlichen. Auf einem grünen Jaspisskarabäus der Sammlung De Clercq[133] blickt der Knabe von der Göttin weg wie bei Nr. 44, hält jedoch in der einen Hand einen Stab wie bei Nr. 43 und hat vor sich noch ein Thymiaterion ähnlich dem der Nr. 40. Dazu kommen astrale Symbole (Scheibe & Sichel und Stern). Ein Skarabäus aus Byblos[134], gleichfalls aus dunkelgrünem Jaspis, entspricht im wesentlichen unserer Nr. 43, jedoch fehlt der Stern, und der Knabe hat nicht dieselbe Kopfbedeckung. Auf einem anderen Beispiel von Byblos[135] aus demselben Material trägt der stehende Knabe sogar einen Falkenkopf und darauf die Sonnenscheibe[136].

Die Skarabäen dieser Gruppe, die aus Karthago und Ibiza bekannt sind, bringen in Hinsicht auf die sardischen Funde durchwegs Varianten: Auf zwei Stücken aus grünem Jaspis[137] hat der Knabe wie auf dem genannten byblitischen Beispiel einen Falkenkopf; auf einem anderen aus rotem Karneol[138] trägt er offenbar die Atefkrone. Unserer Nr. 44 kommt jedoch ein Jaspisskarabäus aus Ibiza[139] am nächsten, obgleich dort der Knabe auch die Sonnenscheibe trägt. Auf einem zweiten Exemplar derselben Herkunft ist hinter dem jungen Gott wieder das Thymiaterion zu sehen, das an das in Anm. 133 zitierte Beispiel aus dem Osten erinnert.

IV.6. *Kniender jugendlicher Gott vor der geflügelten Göttin in der Barke*

48.

Della Marmora, T.A, 42. — Tharros; Jaspis. Der Knabe kniet auf einem Hocker (oder einer in Draufsicht gezeichneten Matte) und bringt der stehenden, geflügelten Göttin etwas dar; dahinter steht eine männliche Gestalt mit Spitzbart, dreiteiliger Perücke, stilisierter Doppelkrone und einem Gewand, das bis zu den Knien herabreicht. Die Barke lehnt sich durch die weiblichen Köpfe mit ägyptischer Krone an Bug und Heck ikonographisch an die Mut-Barke an.

(nach Della Marmora)

Im Aufbau steht die Szene unserer Nr. 31 sehr nahe, wo gleichfalls die Gruppe des jugendlichen Gottes (in diesem Fall Harpokrates auf der Blüte) mit der geflügelten Schutzgöttin durch eine männliche Gestalt ergänzt wird. Gegenüber den bisherigen Beispielen der Motivgruppe IV liegt hier eine funktionale Umdeutung vor: Die geflügelte Göttin, der durch ihre Schutzhaltung dem jugendlichen Gott gegenüber eine dienende Funktion zukam, ist hier die Hauptgottheit, der die Opfer gelten. Strukturell steht der ägyptische Steatitskarabäus unserer Taf. 97,2 sehr nahe, auf dem der jugendliche Gott ebenfalls auf der senkrecht gestreifen Matte mit Händen in Gebetshaltung vor Ptah kniet [140] und die Szene durch die stehende löwenköpfige Göttin vervollständigt wird. Die Entsprechung liegt nicht nur im Aufbau der Dreierszene [141], sondern auch darin, daß der Inhalt der Darstellung sich nicht auf den Knaben im Zentrum, sondern auf den seitlich thronenden Ptah konzentriert.

IV.7. *Stehender jugendlicher Gott mit großem Uräus*

49. Sassari, Mus. „G. A. Sanna" mit Nr. 978 (ausgestellt in Raum H, Vitrine 42). — Roter Karneol. Stehender Mann, der eine Hand zum Kopf geführt hat (ganz im Stile der rechten Figur unserer Taf. 139,1b [142]), dahinter hoch aufgerichteter, einfacher Uräus mit Schildzeichnung. In Goldfassung mit Anhänger (dieser völlig mit Golddraht umwickelt) exakt wie unsere Taf. 142,4.

Wie bereits mehrfach betont, stellt die Schlange hinter dem jugendlichen Gott nur eine andere Form der Schutzgöttin Isis dar. Auf den Steatitskarabäen des phönikischen Mutterlandes (Taf. 111) ist diese Schlange z.T. ungeflügelt und z.T. geflügelt. Desgleichen stehen der ungeflügelten Ausführung unserer Nr. 49 entsprechende Darstellungen mit der Flügelschlange auf Skarabäen aus hartem Stein gegenüber. Ein stilistisch ausgezeichnet gearbeiteter Skarabäus aus grünem Jaspis (Taf. 157,2), der bei den Ausgrabungen Macridi's von 1905 in Sidon zutage kam [143], trägt das Motiv in folgender Ausführung auf der Unterseite: Auf der linken Seite befindet sich (nach rechts gewandt) die Flügelschlange mit der Sonnenscheibe auf dem

Kopf[144]; rechts, mit Blickrichtung zur Schlange, steht der jugendliche Gott in genauester stilistischer und ikonographischer Übereinstimmung mit dem Gott unserer Nr. 43; die Basis bildet das übliche, kreuzschraffierte Segment. Ein Karneolskaraboid[145], der durch seinen Fundort Terni die Beziehungen zwischen Mittelitalien und der punischen Welt reflektiert, zeigt das Motiv in folgender Ausführung: Der große, geflügelte Uräus (linkshin) trägt ebenfalls die Sonnenscheibe; der jugendliche Gott davor — abgewandt wie auf den Steatitbeispielen der Taf. 111[146] — trägt eine spitze Mütze und hat beide Hände leicht erhoben; der Flügel des Uräus (in diesem Fall hat er nur einen) verdeckt etwa die Gegend der Oberschenkel des Gottes.

IV.8. *Thronender „Harpokrates"*

50.

Della Marmora, T.A, 35. — Tharros, Sammlung D. P. Spano di Oristano; Jaspis. Harpokrates mit stilisierter Geißel und Doppelkrone[147] sowie einer Hand am Mund sitzt auf einem ägyptischen Stuhl; vor ihm Thymiaterion.

(nach Della Marmora)

51. *Spar.ɔ, Catalogo*, S. 19, Nr. 65. — Tharros; Jaspis. „Arpocrate seduto, colla destra staffile, e colla sinistra in bocca, ed altare di fuoco sacro davanti". Spano erwähnt also keine Königskrone.

IV.9. *„Harpokrates" in der Barke (ohne Flügelgöttin)*

52.

Della Marmora, T.A, 25. — Tharros; Jaspis. Der in der Barke stehende Harpokrates mit Königsinsignien (Doppelkrone, Geißel) und einer Hand am Mund wird von zwei Gestalten mit spitzer Mütze flankiert, die je eine Palmrispe halten.

(nach Della Marmora)

53. Spano, *Catalogo*, S. 16, Nr. 26; Ebers, S. 93, unter Nr. 4, Taf. F, 20. — Tharros; grüner Jaspis. In der Barke der auf einem ägyptischen Stuhl thronende Harpokrates (in Einzelheiten unklar), vor ihm Thymiaterion, hinter ihm unklares Gebilde[148].

53bis G. Spano, *Memoria sopra l'antica cattedrale di Galtelli e scoperte archeologiche fattesi nell'isola in tutto l'anno 1872* (Cagliari 1873), S. 20. — Tharros, Sammlung Busacchi; Material unklar. „Arpocrate accoccolato in barca, con ambe le mani stringe due fiori di loto, e sotto due urei".

53ter. Acquaro, *Tharrica*, S. 68, B 37, Taf. XXVII. — Tharros, Nekropole; *Silber*;
vielleicht 6. Jh. v. Chr. (nach S. 61). Harpokrates hockt in der Barke mit den
aufgeschwungenen Papyrusdolden.

Die Darstellung auf Nr. 52 gibt die Vorstellung wieder, wie dem in der
Mitte stehenden Herrscher Jahresrispen als Symbole für viele (oder unendlich
viele) Regierungsjahre überreicht werden. Im alten Ägypten tut dies meistens
Thot oder Seschat, von der Palmrispe hängt dabei häufig die Sedfesthiero-
glyphe herab (als Zeichen für viele Regierungsjubiläen). Es kommt aber auch
vor, daß dem König (in Hinblick auf unsere Darstellung) von beiden Seiten
durch eine Gottheit eine Palmrispe zum Ausdruck der geschilderten Vorstellung überreicht wird [149]. In unserem speziellen Fall handelt es sich aber
nicht um einen irdischen König, sondern um das göttliche Kind entsprechend
dem der späten, ägyptischen Geburtshaustheologie, dem in der Schlußphase
der in den Geburtshäusern praktizierten Liturgie die kosmische Herrschaft im
Sinne eines universellen und ewigen Königtums verliehen wird [150]. Gerade
innerhalb dieser Theologie, die wahrscheinlich während der 25. und 26.
Dynastie entstand und uns zum ersten Mal im Geburtshaus Nektanebos' I.
(380-362) in Dendera entgegentritt, wird uns der Herrscheraspekt des kindlichen Gottes (mit der Hand am Mund!) voll verständlich. Eine Darstellung
wie diese scheint also zu den Zeugnissen für den ägyptisierenden Impuls nach
Phönikien zur Perserzeit zu gehören, wenngleich Anknüpfungspunkte in der
älteren phönikischen Kunst vorhanden sind [151]. Im übrigen müssen wir auch
hier mit der Anpassung der ägyptischen Ikonographie an eine phönikische
Religionsvorstellung rechnen.

Das Motiv des in der Barke thronenden Harpokrates (Nr. 53) entspricht
einem seit der 18. Dynastie gut bekannten Skarabäentypus, bei dem der
ägyptische König (vor ihm die entsprechende Kartusche) in einer Barke
thront [152]. Es dürfte also auch hier der Herrscheraspekt mit vorhanden sein.
Diese Feststellung wird durch einen weißen Steatitskarabäus der Periode 5 [153]
von Ajia Irini bestätigt: Der in der Barke hockende Knabe mit einer Hand
am Mund trägt die ägyptische Doppelkrone.

Der Skarabäus aus Silber (Nr. 53ter) hätte streng genommen unter die
Amulette aus Edelmetall eingereiht werden müssen. Äußere Form und Dar-
stellung der Flachseite bringen ihn jedoch mit unserer Gruppe in engste
Verbindung. Auch in der Angabe für Nr. 53bis bleibt das Material unklar.
Daß es im punischen Westen Skarabäen aus hartem Stein mit dem Motiv
des einfach in der Papyrusbarke hockenden „Harpokrates" gab, führt uns
ein sehr gut gearbeiteter grüner Jaspisskarabäus des 4. Jh. v. Chr.(?) aus
Tipasa [154] vor Augen.

MotivV: Osiris (55-57 mit geflügelter Schutzgöttin)

54. G. Spano: *Rivista Sarda* 2 (1875) S. 357. — Tharros, Sammlung F. Calvi. Einer von fünf hier genannten Skarabäen zeigt Osiris mit „pscent" (damit meint Spano entweder die Doppelkrone oder die oberägyptische Krone) und Szepter in der rechten Hand; der Typus bleibt unklar.

55. Walters, Nr. 350, Taf. VI; Ward, *A Phoenician Scarab*, S. 345, Nr. 3; BM, WAA 133321. — Tharros, BM, Grab 6; dunkelgrüner Jaspis. Über kreuzschraffiertem Segment rechts der stehende, in Mumienbinden gehüllte Osiris mit Geißel und Szepter, auf dem Kopf die Atefkrone (nach links gewandt); ihm gegenüber die stehende Isis mit Flügeln in Schutzhaltung, wobei sie in der linken Hand (ausgestreckt entlang des nach oben gehaltenen Flügels) eine Feder hält, auf dem Kopf die Sonnenscheibe; zwischen den beiden Gottheiten ein kleines Wadj-Symbol, das den Charakter des Grünens und Gedeihens, der der Szene zugrunde liegt, unterstreicht.

56. Walters, Nr. 351, Taf. VI; Ward, *A Phoenician Scarab*, S. 345, Nr. 4; BM, WAA 133491. — Tharros, BM, Grab 11; grüner Jaspis. Im wesentlichen wie Nr. 55, jedoch fehlt das Basissegment, Osiris trägt die oberägyptische Krone und zwei Geißeln, oben schwebt noch eine Sonnenscheibe zwischen den Gottheiten, und außerdem ist die Szene gegenüber Nr. 55 seitenverkehrt.

57. Ein in Sassari, Museo G. A. Sanna, Raum H, Vitrine 42, ausgestellter Skarabäus aus hartem Stein; ähnlich Nr. 55-56.

Ward, der die Darstellung des Osiris mit der geflügelten Isis behandelte [155], betont die Seltenheit dieses Motivs auf Skarabäen, das offenbar typisch ist für die außerägyptische Entwicklung ägyptischen Motivschatzes. Dabei kann die Szene durch den falkenköpfigen Horus ergänzt werden [156] oder dieser steht Osiris gegenüber, wobei Isis weggefallen ist [157]. In Karthago und Ibiza finden wir das Motiv ähnlich wie auf den sardischen Fundstücken [158], auf einem Stück aber steht der in Mumienbinden gehüllte Osiris vor der thronenden „Isis" mit Sonnenscheibe auf dem Kopf [159]. Auf einem Jaspisskarabäus von Ibiza steht dem Osiris ein Mann mit spitzer Mütze im Anbetungsgestus gegenüber [160]. Wie in der Motivgruppe des Harpokrates auf dem Lotos (III.3.3) wird auch Osiris auf einem grünen Jaspisskarabäus aus Amrit [161] von zwei Flügelgöttinnen beschirmt. Mit diesem Motiv, das mir derzeit von Skarabäen aus Sardinien nicht bekannt ist, mußten die Phöniker und Punier eine besondere Bedeutung verbunden haben, da es auf Münzen aus Malta im 2.-1. Jh. v. Chr. erscheint [162]. Ein Überblick über die im Vergleichsmaterial gebotenen Darstellungen legt sicher den Gedanken nahe, daß es sich bei den Osirismotiven um Pendants zu den Motiven des „Harpokrates" auf dem Lotos handelt. Im übrigen kann analog zu unserer Nr. 53 auch der thronende Osiris in der Barke durch die Deltamarschen fahren [163]. Es spricht vieles dafür, daß es sich nach phönikischer Auffassung um einen einzigen Gott handelt, für den Sterben und Wiedererstehen charakteristisch ist; demnach würden die Osirisskarabäen den sterbenden (oder verstorbenen) Aspekt ausdrücken, die Harpokratesskarabäen aber, im besonderen diejenigen mit der Darstellung des jugendlichen Gottes auf dem Lotos, den Aspekt der Wiedergeburt. Die ägyptischen Ikonographien wurden also wahrscheinlich auch hier wieder zum Ausdruck der Vorstellungen um Mot und Adonis verwendet [164], wobei der wesentliche ägyptische Sinngehalt durchaus gewahrt blieb.

MOTIV VI: ISIS (ASTARTE), DIE DAS KIND STILLT.

VI.1. *Die sitzende Göttin reicht dem Kind die Brust.*

58. 32.   Della Marmora, T.A, 32. — Tharros; Jaspis.

(nach Della Marmora)

59. 34.   Della Marmora, T.A, 34. — Tharros; Jaspis.

(nach Della Marmora)

60. Spano, *Catalogo*, S. 12f., Nr. 2; Spano: *BAS* 5 (1859) S. 185; Cagliari, Inv. 9451 (in Goldfassung). — Tharros; grüner Jaspis. Die auf einem ägyptisierenden Thron sitzende Isis (linkshin) trägt ein langes Gewand, die dreiteilige Perücke und die Sonnenscheibe auf dem Kopf; auf dem Schoß der Horusknabe mit entarteter Doppelkrone (d.h. der oberägyptische Teil ist stark reduziert), dem sie die Brust reicht; der Knabe trägt ein vereinfachtes ḥk3-Szepter und die nḫḫ-Geißel; links davor Thymiaterion; einfache Grundlinien.

61. Spano, *Catalogo* S. 14, Nr. 4. — Tharros; Jaspis. „Iside seduta che allatta il piccol Oro con pscent in testa, e dietro altare col fuoco sacro".

62. Walters, Nr. 353, Taf. VI; BM; WAA 136023. — Tharros; grüner Jaspis. Mit Nr. 58 fast identisch.

63. Quattrocchi Pisano, *Dieci scarabei da Tharros*, S. 45, Nr. 5, Taf. VI,2. — Tharros; hellgrüner, harter Stein; 2. Hälfte 5. bis Anfang 4. Jh. v. Chr. (nach S. 47). Ähnlich Nr. 59; unten kreuzschraffiertes nb.

64. Taf. 152; Acquaro, *Tharrica* S. 65, B 11, Taf. XXIV. — Tharros, Nekropole; grüner Jaspis. Bei der Krone des Knaben ist ein oberägyptischer Teil nicht mehr erkennbar.

65. Acquaro, *Tharrica*, S. 65, B 12, Taf. XXV. — Tharros, Nekropole; grüner Jaspis. Motiv wie bisher mit dem Thymiaterion davor.

66. Acquaro, *Tharrica* S. 65, B 13; Taf. XXV. — Tharros, Nekropole; grüner Jaspis. Sehr ähnlich Nr. 58.

66bis. Furtwängler, *Gemmen*, I, Taf. XV,7 (Cagliari). — Grüner Jaspis. Motiv ähnlich Nr. 58. Ohne eigene Nummer, da die Gefahr besteht, daß das Stück mit einem der bisher genannten Beispiele identisch ist.

67..  Taramelli, *Predio Ibba*, Sp. 158, Fig. 64. — Cagliari, S. Avendrace, Grab 91 (4. Jh. v. Chr., nach Quattrocchi Pisano, *Dieci scarabei da Tharros*, S. 46); grüner Jaspis. Typus wie bisher, aber Details entstellt (Isis hält einen Stab in der sichtbaren Hand; Mondsichel über dem Knaben).

(nach Taramelli)

68. Crespi, S. 9, Nr. 7. — Tharros, Sammlung Chessa; grüner Jaspis. Typus wie bisher, jedoch tragen beide Gottheiten die Sonnenscheibe.

69. Taf. 151,2; Acquaro, *Tharrica* S. 65, B 14, Taf. XXV. — Tharros, Nekropole; grüner Jaspis. Beide Gottheiten mit der Sonnenscheibe wie bei Nr. 67, Isis trägt aber einen auffälligen, geschwungenen Spitzbart (vgl. Nr. 78).

70. BM, WAA 133363 (fragmentarisch). — Tharros, BM, Grab 7; grüner Jaspis. Rechts die den Horusknaben stillende Isis auf dem Thron (linkshin); gegenüber (nach rechts blickend) ein sitzender Affe mit Mondscheibe [165].

71. P. C. Orcurti, *Nuovo scarabeo sardo: BAS* 7 (1861) S. 165f.[166] — Tharros. In einer Barke mit den charakteristischen Blütendolden mit Sonnenscheibe an den Enden (vgl. Nr. 52) befindet sich die thronende Isis mit dem Horusknaben auf den Knien; ihr gegenüber steht eine falkenköpfige Gestalt mit Sonnenscheibe auf dem Kopf; unter der Barke ist ein Delphin dargestellt.

72. Acquaro, *Tharrica*, S. 64, B 6, Taf. XXIV (nur oberes Drittel erhalten). — Tharros, Nekropole; grüner Jaspis. Isis wie üblich mit dem Horusknaben, der die Doppelkrone trägt; gegenüber falkenköpfige Gestalt (mit dreiteiliger Perücke und Sonnenscheibe auf dem Kopf), die eine Hand zur Brust führt.

72bis. G. Spano, *Scoperte archeologiche fattesi in Sardegna in tutto l'anno 1873* (Cagliari 1873) S. 13. — Tharros; Jaspis. Nach der Beschreibung Spanos genau wie Nr. 72, jedoch hat die falkenköpfige Gestalt ihre Hände erhoben „in atto supplichevole".

73. Culican, *Iconography*, S. 71, Fig. 7; Cara, *Monumenti*, S. 19, Nr. 1; Cagliari. — Tharros, Sammlung Cara, mit Nr. 46; grüner Jaspis. Das übliche Motiv der thronenden Isis mit dem Horusknaben, beide mit Sonnenscheibe. Die Gruppe wird von einem Doppellöwen getragen, dessen beide Vorderteile im Rücken verschmelzen, sodaß es kein Hinterteil gibt; die Köpfe der Löwen en face, je ein

Tuch zwischen den Vorderbeinen [167]. Auf den Löwenköpfen ruhen die Säulen (mit den drei Kugeln im oberen Abschnitt) einer vereinfachten ägyptisierenden Ädikula, deren Architrav durch eine Flügelsonne gebildet wird; über dieser befindet sich, direkt anschließend, eine zusätzliche Sonnenscheibe. Die Löwen stehen auf einem kreuzschraffierten Segment.

Aus Ägypten kennen wir das Motiv — um den nächstliegenden Vergleich zu bringen — besonders von spätzeitlichen, rechteckigen Plaketten [168], auf denen die thronende Isis mit dem Horusknaben innerhalb des Papyrusdickichtes wiedergegeben ist. Der Ägypter stellt hier die mythische Episode vom Überleben des gefährdeten, göttlichen Kleinkindes dar; daraus ergibt sich auch ein Aspekt für die Wirkung als Amulett. Die Hersteller der phönikischen Skarabäen erheben dagegen die Gruppe durch die Hinzufügung des Thymiaterions (des Räucheraltares) in die kultische Sphäre. Das einfache Motiv mit diesem Altar kennen wir aus Phönikien sowohl von den bereits erwähnten Fayence- oder Pasteskarabäen (Abb. 54) [169] als auch von Bei-

Abb. 54: Blauer Pasteskarabäus aus ʿAtlit, 2:1;
nach Johns: *QDAP* 2, S. 67, Fig. 24.

spielen aus hartem Stein [170]. Dazu kommen die entsprechenden grünen Jaspisskarabäen aus Karthago und Ibiza [171].

Die kultische Wertigkeit der Mutter-Kind-Szene wird durch verschiedene ergänzende Elemente erhöht: Hier ist zunächst auf die falkenköpfigen Gestalten unserer Nr. 71 und 72 zu verweisen. Ähnlich wie auf Nr. 72bis finden wir sie auf einem weiteren Jaspisskarabäus ohne Herkunftsangabe [172]: Der Inhalt der Szene wird dadurch besonders verdeutlicht, daß diese „Ergänzungsgestalt" die Hände im Verehrungsgestus erhoben hat. Die Aussage der kultischen Verehrung verstärkt noch die männliche Gestalt mit spitzer, phönikischer Mütze und einem Widderkopfszepter vor der Göttin mit dem Kind auf dem Siegelabdruck einer Beiruter Sammlung [173]. Das Widderkopfszepter ist ein typisches Requisit, das in Syrien und Phönikien vor einer hohen Gottheit getragen wird [74]. Wir denken daran, daß es gerade auch in Verbindung mit Astarte auf einem perserzeitlichen Relief aus Memphis (Abb. 63)

erscheint. Auf einem Siegelabdruck aus Kition[175] trägt die an die Muttergöttin herantretende, gänzlich anthropomorphe Gestalt zwar die Sonnenscheibe, ihre beiden Hände hält sie aber einfach nach unten.

Noch klarer wird die Auffassung der Mutter-Kind-Szene als Götterbild
hohen Ranges, wenn die Szene wie der Sonnengott selbst (vgl. Nr. 13-18) in
der Barke dargestellt wird und gleichzeitig um eine „Ergänzungsgestalt"
bereichert wird (Nr. 71)[176]. Eine Variante dazu stellt ein grüner Jaspisskarabäus aus Karthago[177] dar, auf dem die Mutter-Kind-Szene in der Barke
zwei Thymiateria flankieren. Sehr deutlich ist auch die Wiedergabe des Bildes
in einem Schrein wie auf unserer Nr. 73, wo das Tempelchen ikonographisch
und stilistisch exakt demjenigen auf einem bereits genannten Jaspisskarabäus
aus Tyros[178] entspricht.

Völlig aus der irdischen Sphäre herausgehoben wird die Götterdarstellung
in der Ädikula nun dadurch, daß sie auf Nr. 73 von einem Doppellöwen
getragen wird, wobei wir uns daran erinnern, daß Spano auch von einem
Skarabäus berichtet, auf dem zwei Flügellöwen die Sonnenbarke tragen
(Nr. 16). Bei diesem Doppellöwen liegt es nahe, an die beiden mit dem
Gesäß zueinander gekehrten sog. Horizontlöwen im ägyptischen Totenbuch
(Vignette zu § 5 des Kap. 17)[179] oder in mythologischen Papyri[180] zu
verweisen. Auf den Löwen, die die Ränder der Erde symbolisieren, ruhen
Himmelsgewölbe und Sonnenball bzw. der Sonnengott. In diese ägyptische
Deutung würde sich die von Stützen getragene Flügelsonne (der Architrav der
Ädikula als Himmel) und die darüber befindliche Scheibe (der Sonnengott)
bestens einfügen. Die göttliche Mutter-Kind-Szene ist somit in den Mittel-
punkt der Welt gerückt. Im Totenbuch Kapitel 17, Zl. 8-9 werden die beiden
Löwen außerdem mit den Begriffen „Gestern" und „Morgen" verbunden als
Ausdruck für den Zyklus der Regeneration (d.h. von Tod und Wiedergeburt)[181]; darauf beziehen sich offensichtlich viele Darstellungen (Osiris;
„Harpokrates" auf dem Lotos; Mutter-Kind-Szene) unserer Skarabäen, obgleich deren Zielrichtung eindeutig den Akt der Geburt bzw. der Entstehung
bevorzugt, was sie ja zugleich als Amulette innerhalb der weiblichen Sphäre
geeignet macht. Für Ägypten sei in diesem Zusammenhang auf die Doppel-
löwenamulette verwiesen, die ebenfalls im syrisch-phönikischen Raum nachgewiesen sind[182]. Auf den magischen Stäben des MR (Apotropaia) erscheint
der Sonnengott mit feindabwehrenden Kräften als Doppellöwe mit menschlichem Antlitz[183]. Sowohl für die hier behandelte Thematik als auch im
Zusammenhang mit den Sphingenthronen der Astarte[184] ist ein spätzeitliches
Fayenceamulett der thronenden Isis mit Harpokrates aus Saqqara[185] interessant; der Thron wird hier von zwei Löwen getragen. Zusammenfassend läßt
sich somit festhalten, daß es sich bei dem Motiv der Isis mit Harpokrates
innerhalb des neuen Milieus unserer Skarabäen nur um die höchste Göttin
des phönikischen Pantheons handeln kann; d.i. Astarte[186], für den punischen
Westen Tanit.

VI.2. *Beide Gottheiten stehen*

74.  Della Marmora, T.A, 31. — Tharros; Jaspis. Die stehende Göttin, die einen Flügel in Schutzhaltung nach vor hält und die Sonnenscheibe trägt, bietet dem gegenüber stehenden Knaben (mit stilisierter Doppelkrone und Geißel) ihre große, runde Brust (so durch die Drillbohrtechnik).

(nach Della Marmora)

75. Taramelli, *Guida*, Taf. XXXIX, Fig. 67, 3. Reihe, 3. Stück von links (= Taramelli, *Gouin*, S. 269, Fig. 28). — Tharros, Sammlung Gouin. Wie 74, aber großer, mehr waagrecht gehaltener Flügel; auch die Geißel des Knaben ist groß und gut ausgebildet; die Göttin auf der linken Seite und nach rechts gewandt.

76. Ebenda, 3. Reihe, 2. Stück von rechts. — Tharros, Sammlung Gouin. Typus wie Nr. 74, aber in Einzelheiten unklar; Haltung der Göttin wie auf Nr. 75.

77. Walters, Nr. 352, Taf. VI; BM, WAA 133634. — Tharros, BM, Grab 15; dunkelgrüner Jaspis. Gottheiten wie auf Nr. 75, die Göttin aber auf der rechten Seite und nach links gewandt (die Zeichnungen von Della Marmora geben alle offenbar den Abdruck wieder). Rund um die Gruppe sind kleine Papyrusdolden wiedergegeben.

78.  Parrot, *Die Phönizier*, S.232, Abb. 260. — Tharros(?), Nekropole; grüner Jaspis; etwa 4. Jh. v. Chr. Die stehende Göttin, mit dem merkwürdigen Spitzbart unserer Nr. 69 (Taf. 151,2), trägt die dreiteilige Strähnenperücke, darüber die Sonnenscheibe mit Uräen, und ein langes Federkleid (dazu s. unten, S. 312); über der Schulter trägt sie die durchbrochene Axt vorderasiatischer Gottheiten; offenbar Korrektur während der Herstellung am Gesicht (auf unserer Zeichnung nicht sichtbar), die es möglich erscheinen läßt, daß ursprünglich eine Löwenschauze beabsichtigt war. Der Knabe (mit senkrecht gefälteltem Schurz und stilisierter Krone) hält ein Anch und die Geißel; über ihm die Mondsichel. Die beiden senkrechten Rechtecke symbolisieren Hieroglyphenkolumnen.

(nach Parrot)

78bis. Elena, S. 32f., Nr. 1, Taf., 4. — Cagliari, S. Avendrace; grüner Jaspis. Die Zeichnung bei Elena ist bis in kleinste Details identisch mit unserer Nr. 78, sodaß sich der Verdacht erhebt, es könnte sich um dasselbe Stück handeln. In diesem Fall müßte der Herkunft aus Cagliari der Vorzug gegeben werden.

79. Walters, Nr. 391; BM, WAA 133418. — Tharros, BM, Grab 8; Karneol. Nur unterer Teil erhalten; die Göttin hat offenbar das Federkleid wie bei Nr. 78. Die beiden Gottheiten stehen in Papyruspflanzen.

80. Crespi, S. 9f., Nr. 9. — Tharros, Sammlung Chessa; grüner Jaspis. Die Gruppe (beide mit Sonnenscheibe; die Göttin hat vermutlich das Federkleid) wie bei Nr. 79

innerhalb des Papyrusdickichts (das muß mit der Angabe vom Strahlenkranz aus Lotosstengeln gemeint sein).

81. 33.  Della Marmora, T.A, 33. — Tharros; Jaspis. Die Szene von Nr. 74 ist um ein Thymiaterion erweitert (und außerdem anders ausgerichtet).

(nach Della Marmora)

82. 50.  Della Marmora, T.A, 50. — Tharros; Jaspis. Die Gruppe, bei der die Göttin das Federkleid trägt, ist um ein Thymiaterion und eine Gestalt mit spitzer Mütze, Schurz und herabhängenden Armen erweitert.

(nach Della Marmora)

82bis. G. Spano: *BAS* (1859) S. 158. — Tharros. Unklar, ob hierher gehörend. „In mezzo è Iside colle corna di luna e disco in testa (also mit Isis-Hathor-Kopfputz), allattando il piccol Oro, ed al lato due sacerdoti che colla destra sostengono un prefericolo, mentre sollevano in alto la sinistra: sopra ha il disco alato, e sotto le due linee su cui posa questa scena, vi è un ippogrifo". Zum Aufbau vgl. unsere Taf. 118,1.

Das Motiv der stehenden Isis, die dem stehenden Horusknaben die Brust reicht, wird in der phönikischen Kunst von Anfang an gerne in das Papyrusdickicht verlegt, sodaß aus der Sicht des Ägypters dem Aspekt einer mythischen Episode besonderes Gewicht verliehen wird. In der genannten Art findet sich das Motiv bereits auf phönikischen Silberschalen, einmal sogar im Medaillon [187]. Die stehende Frau, die ihr gleichfalls stehendes Kind stillt, schmückt sogar ein Relief von etwa 730 v. Chr. auf dem Karatepe [188]. Einen Skarabäus aus „pâte verte", der angeblich in Beirut gefunden wurde, haben wir bereits erwähnt [189]; er trägt das Motiv in der Ausführung unserer Nr. 74. Das gilt auch für einen Karneolskarabäus aus Tel Megadim (Palästina) [190]. Das beliebte Papyrusdickicht unserer Nrn. 77, 79-80 begegnet uns in Verbindung mit der Ausführung von Nr. 79-80 (wo die Göttin ihre Flügel um den Leib gewickelt hat) auf Beispielen aus ʿAtlit [191], Karthago [192] und der Sammlung Castellani [193]. Zu Nr. 81 ist ein entsprechender Jaspisskarabäus aus Ibiza [194] und zu Nr. 82 ein solcher aus Palermo [195] zu zitieren.

Zwei Skarabäen[196] sind bekannt, auf denen auch diese Mutter-Kind-Szene innerhalb der Barke wiedergegeben ist. Durch die häufige Verbindung des Motivs mit dem Papyrusdickicht könnte in diesem Fall jedoch die in der phönikischen und punischen Glyptik geläufige himmlische Götterbarke mit der Vorstellung von der Fahrt durch die Deltamarschen verbunden sein. Aus Tartus stammt ein Skarabäus aus Sardonyx[197], auf dem über dem Kopf des Knaben eine kleine rechteckige Pseudohieroglyphenkolumne eingraviert ist, die sich einerseits mit den beiden senkrechten Rechtecken auf unserer Nr. 78 verbinden läßt, andererseits aber auch mit den Hieroglyphen, die eine Astartedarstellung auf einem Jaspisskarabäus des späten 7. Jh. v. Chr. in Hamburg[198] begleiten. Diese letzte Darstellung ist für die Deutung unserer Isis-Horus-Szene im phönikischen Bereich ausschlaggebend: Auf dem zuletzt genannten Skarabäus sitzt Astarte auf einem ägyptischen Thron mit der dreiteiligen Strähnenperücke, dem Isis-Hathor-Kopfputz und dem ägyptischen Federkleid; in einer Hand hält sie eine große Lanze, über der Schulter die durchbrochene Axt wie auf unserer Nr. 78. Dem altägyptischen Federkleid, das schon im 2. Jt. in Ugarit und dann weiter häufig in der phönikischen Kunst nachgewiesen ist, hat Gubel einige treffende Bemerkungen[199] gewidmet. Bei uns trägt es die Muttergöttin auf Nr. 78-80 und 82. Dabei erhebt sich gerade im Zusammenhang mit den Varianten, auf denen die Göttin einen Flügel in Schutzhaltung nach vor streckt, und überhaupt in Hinblick auf die Beliebtheit der geflügelten Göttin die Frage, ob die Vorstellung vom Feder*kleid* vorrangig ist oder ob die Göttin einfach ihre Flügel um den Körper gewickelt trägt; darauf werden wir noch zurückkommen[200]. Zunächst ist für uns wichtig, daß diese Ikonographie bei Astarte nachzuweisen ist. Die Deutung der thronenden Göttin als Astarte auf dem Hamburger Skarabäus stützt sich in erster Linie auf die typisch syrische, durchbrochene Axt, für die Gubel überzeugend nachgewiesen hat[201], daß sie ein *Fruchtbarkeitssymbol* für Astarte als *Himmels*göttin darstellt und außerdem als „magic power object" Bedeutung in der *volkstümlichen Magie* hatte. In unserer Nr. 78 konzentriert sich also alles Wesentliche, was über das ägyptische Kulturgut innerhalb des phönikischen Milieus ausgesagt werden kann: Es handelt sich um ein Zeugnis der volkstümlichen, ägyptischen Magie mit Amulettbedeutung in der weiblichen Sphäre, wobei die ägyptische Ikonographie unter Wahrung des wesentlichen Sinngehaltes zum Ausdruck einer phönikischen religiösen Vorstellung verwendet wurde; d.h. die Isis unserer Skarabäen ist für den Phöniker Astarte. Daß aber diese geflügelte Isis-Astarte im Westen mit Tanit identifiziert werden konnte, legen Funde von Ibiza und Karthago[201a] nahe.

MOTIV VII: GEFLÜGELTE GÖTTIN MIT MENSCHENKOPF

VII.1. *In Vorderansicht mit gesenkten Flügeln*

83.  Della Marmora, T.A, 55. — Tharros; Karneol. Die Göttin mit dreiteiliger Perücke und Sonnenscheibe steht auf dem *nb*-Korb und hält zwei hohe Stiele mit Dolden, die vielleicht als Lotosblumen zu deuten sind [202].

(nach Della Marmora)

84.-86. Ebers, S. 102, 5, Taf. H, 75-77 (H, 75 = Spano, *Catalogo*, S. 19, Nr. 75). — Wenigstens H, 75 aus Tharros; alle aus Jaspis. Motiv wie Nr. 83 (das Basis-*nb* bleibt unklar).

87. Crespi, S. 10, Nr. 9. — Tharros, Sammlung Chessa; grüner Jaspis. „Iside alata di fronte con le mammelle molto rilevate, con ambe le mani sostiene due lunghi rami o scettri, come vogliono molti, di fior di loto".

88. Quattrocchi Pisano, *Dieci scarabei da Tharros*, S. 43, Nr. 3, Taf. V, 3. — Tharros; grüner Jaspis; Ende 5. bis Anfang 4. Jh. v. Chr. (nach S. 44). Motiv wie bei Nr. 83, jedoch sind die Arme in der Beuge abgewinkelt, und die Basis bildet eine einfache Linie.

89. Acquaro, *Tharrica*, S. 64f., B 8, Taf. XXIV. — Tharros, Nekropole; grüner Jaspis. Motiv wie bei Nr. 88.

90.  Taramelli, *Predio Ibba*, Sp. 158, Fig. 63. — Cagliari, S. Avendrace, Grab 74 (2. Hälfte 4. Jh. bis Anfang 3. Jh. v. Chr.; vgl. Quattrocchi Pisano, *Dieci scarabei da Tharros*, S. 44; Acquaro, *Tharrica* S. 57); grüner Jaspis. Die Dolden sind durch drei Blütenblätter gegliedert.

(nach Taramelli)

91. Taramelli, *Predio Ibba*, Fig. 60, T.N. 116 (nach Sp. 156). — Cagliari, S. Avendrace, Grab 116 (Ende 4. — Anfang 3. Jh. v. Chr.); grüner Jaspis. Motiv wie bei Nr. 88-89 [203].

Für die Geschichte des Motivs ist ein Elfenbeinstück des späten 8. oder frühen 7. Jhs. aus Carmona (Spanien) [204] interessant: Hier flankieren zwei Göttinnen mit ausgespreizten Flügeln, wie wir sie von den Plaketten (Taf. 85,3b; 88,2-4) und unseren Skarabäen Nr. 32-34 kennen, eine ebenso gut ägyptisierende Göttin mit zwei herabgesenkten Flügeln, die in ihren Händen noch jeweils eine Lotosblume hält; diese zentrale Göttin trägt bloß die

ägyptische Strähnenperücke, ist im allgemeinen in Vorderansicht wiedergegeben, aber hält ihr Gesicht zur Seite[205] wie auf unseren Skarabäen
Nr. 83-91. Wie bei diesen sind auch an der zentralen Gestalt des Elfenbein-
stückes bloß ikonographische Details ägyptisch; Haltung und Wesen verbinden die Göttin wohl mit der *Potnia theron*[206]. Zu erwähnen ist, daß eine
geflügelte Göttin ohne Gemeinsamkeiten mit Ägypten bereits häufig in der
altsyrischen Glyptik des 2. Jts. v. Chr. erscheint[207]. In Anschluß an unsere
vorangegangenen Ergebnisse, die sich auf die Auffassung der ungeflügelten
und geflügelten Isis als Astarte beziehen, dürfen wir hier hinzufügen, daß
Astarte auch sonst häufig geflügelt erscheint[208]. Grüne Jaspisskarabäen
ähnlich den sardischen Fundstücken fanden sich in Karthago und Ibiza[209].

VII.2. *Geflügelte Göttin im Profil mit ausgebreiteten Flügeln*

92. 36. Della Marmora, T.A, 36; Spano, *Catalogo*, S. 16, Nr. 18;
Ebers, S. 96, 1a, Taf. G, 41. — Tharros; grüner Jaspis. Vor der
Göttin mit unägyptischer Frisur achtblättrige Rosette (Astarte-
symbol?).

(nach Della Marmora)

93. Walters, Nr. 354; BM, WAA 134165. — Tharros, BM, Grab 30; dunkelgrüner
Jaspis. „Isis holding sceptre, with wings extended in front of her. In front is an
altar?".

Ebers[210] reiht Nr. 92 mit Recht in die Gruppe ein, in der ägyptische und
assyrische Details vermischt sind. Interessant ist ein ovales Stempelsiegel aus
Karthago[211], das einen geflügelten Mann in dieser Schutzhaltung zeigt; die
Vermännlichung der geflügelten Schutzgöttinnen ist auch von phönikischen
Elfenbeinen bekannt[212]. Bei unseren Skarabäen scheint die Deutung als
Astarte wieder naheliegend.

VII.3. *Kniende, geflügelte Gottheit (Göttin?) in der Barke*

93a. Olivetti-Barbetti (Zitat s. Anm. 86 zu Abschnitt II), S. 13, Nr. 78. — Tharros;
Jaspis. Weitere Einzelheiten unklar.

MOTIV VIII: ISIS ALS SCHLANGE

VIII.1. *Harpokrates beschützend*
s. Motiv IV.2 (Nr. 39).

VIII.2. *Isis, deren Unterkörper in eine Schlange ausläuft*

94. G. Spano: *BAS* 10 (1864) S. 91. — Tharros, Sammlung G. Muscas; Jaspis. Isis, deren Unterkörper in eine gewundene Schlange ausläuft („con coda attortigliata"[213]); darunter liegender Löwe über *nb*, aus dem fünf Lotoskelche herausragen.

MOTIV IX: „UTO" (GANZ UNSICHER)

95. Ebers, S. 8, unter 4b, erwähnt als Motiv die sitzende Uto mit Lotosszepter in der Hand; davor ein sehr hoher, unägyptischer Altar. Ebers hat vielleicht eine sitzende Gestalt mit Schlangekopf gesehen. Solange das Motiv nicht publiziert ist, bleibt es unklar.

MOTIV X: KNIENDE, ÄGYPTISIERENDE, WEIBLICHE GESTALT MIT SONNENSCHEIBE (NICHT IM DARBIETUNGSGESTUS)

96.  Della Marmora, T.A, 49. — Tharros, Jaspis;

(nach Della Marmora)

97.-99. Taramelli, *Guida*, Taf. XXXIX, Fig. 67 (= Taramelli, *Gouin*, S. 269, Fig. 28). — Tharros. Drei Skarabäen der Sammlung Gouin, die im westlichen Nr. 96 entsprechen, auf folgenden Positionen der zitierten Abb.: ganz rechts oben (Kopf kaum wahrnehmbar); zweite Reihe, Mitte (mit großer ägyptischer Perücke und senkrechtem Streifen hinter dem Rücken als Andeutung einer Inschriftkolumne); letzte Reihe, zweites Stück von rechts (die Sonnenscheibe durchbricht die obere Umrandung).

100.  Della Marmora, T.A, 47. — Tharros; Jaspis.

(nach Della Marmora)

101. Crespi, S. 10, Nr. 10. — Tharros; grüner Jaspis. Motiv wie Nr. 100.

Die kniende ägyptisierende Frauengestalt mit langem Gewand wie bei Nr. 100 begegnet bereits in der bronzezeitlichen, palästinensischen Skarabäenglyptik[214]. Eine ähnliche Gestalt wie bei Nr. 96, aber männlich, ist von den phönikischen Elfenbeinen bekannt [215]. Im übrigen mag man bei Nr. 100 an eine Variante der knienden Gestalt mit zwei Palmrispen nach Art des ägyptischen Heh denken [216]. In die hier vorgeführte Gruppe gehören auch Exemplare aus Ibiza [217].

MOTIV XI : KNIENDE ÄGYPTISIERENDE GESTALT, DIE ETWAS DARBIETET

XI.1. *Weibliche Gestalt*

102. Acquaro, *Biggio*, S. 46f., Nr. 8, Taf. XXII. — Sulcis; grüner Jaspis; 3. Jh. v. Chr. (nach S. 49). Nach Acquaro, S. 47, hätte die Gestalt einen Falkenkopf, wovon aber auf dem ausgezeichneten, klaren Photo (von dem unsere Skizze angefertigt wurde) nichts zu sehen ist. Die senkrechten Streifen vor und hinter der knienden Frau imitieren wohl Hieroglyphenkolumnen. Was sie in der linken Hand darbietet, bleibt unklar.

(nach Acquaro)

103. Spano, *Catalogo*, S. 20, Nr. 87. — Tharros; Jaspis. „Iside accoccolata che colla sinistra sostiene un globo, e colla destra sopra in atto di adorazione".

103bis. G. Spano, *Scoperte archeologiche fattesi in Sardegna in tutto l'anno 1873* (Cagliari 1873) S. 13. — Tharros, Sammlung Busacchi; Jaspis. „Iside a testa d'ibis, accoccolata in mezzo a due Urei, con pscent in testa, facendo un' offerta che sostiene colla destra". In den Einzelheiten unklar.

XI.2. *Kniende männliche Gestalt mit Hemhemkrone bietet einen Pavian dar.*

104. Della Marmora, T.A, 48. — Tharros; Jaspis. Der Affe hat die spitze Schnauze, die für Darstellungen auf ägyptischen, spätzeitlichen Skarabäen und Plaketten charakteristisch ist [218]. Unter dem Affen die vereinfachte *ḥ*-Hieroglyphe.

(nach Della Marmora)

XI.3. *Eine kniende männliche Gestalt mit Atefkrone bietet eine Eule dar.*

105. Cagliari, Inv.: 19756, Sammlung Castagnino. — Grüner Jaspis. Eines der besten Stücke in ausgezeichnetem Stil: Auf dem linken Knie kniende männliche Gestalt mit anliegendem, senkrecht gestreiftem Schurz und dreiteiliger Perücke; auf dem Kopf die Atefkrone: auf dem Widdergehörn ein Mittelteil, flankiert von zwei nach außen blickenden Uräen mit Sonnenscheibe auf dem Kopf; die Uräen sitzen nach ursprünglich ägyptischer Art auf dem Gehörn auf (also nicht wie bei Nr. 17 mit den Spitzen des Gehörns verschmolzen); die Handhaltung ist dieselbe wie bei Nr. 106; in der rechten Hand hält die Gestalt eine Eule (mit Kopf en face) auf dem *nb*; die Zehenballen und der rechte Fuß ruhen auf dem kreuzschraffierten *nb*-Korb (als Basis). Wie bei Nr. 106 befindet sich unter der rechten Hand eine Inschriftkolumne, eine identische zusätzlich hinter dem Rücken bis zum Gesäß herab; in beiden lesen wir *m tḥn*, wohl ohne sprachlichem Sinn[219].

Zur Eule ist zu bemerken, daß sie (ausgestattet mit den ägyptischen Attributen von *ḥkꜣ*-Szepter und Geißel) ein beliebtes Motiv tyrischer Münzen des späten 4. Jhr. v. Chr. darstellt[220].

XI.4. *Eine kniende, falkenköpfige Gestalt bietet etwas dar*

106.  Ebers, S. 88f., Nr. 5, Taf. F, 9; vermutlich Crespi, Taf. II, 1. — Tharros; grüner Jaspis. Der kniende, falkenköpfige Horus mit der Doppelkrone bietet eine Maat dar; unter dieser Rechteck zur Andeutung einer Inschriftkolumne[221]. Guter, ägyptischer Stil.

(nach Ebers,
Ausrichtung des Originals

107. Crespi, S. 6, Nr. 1, Taf. A,1; G. Spano: *BAS* 8 (1862) S. 133f.; Perrot-Chipiez, III, S. 656, Fig. 466. — Tharros; Karneol, in Gold gefaßt. Entspricht exakt unserer Nr. 106, phönikische Buchstaben im Inschriftrechteck.

108.  Acquaro, *Tharrica*, S. 65f., B 15, Taf. XXV. — Tharros; grüner Jaspis. Kniende und zugleich auf den Fersen sitzende falkenköpfige Gestalt mit Sonnenscheibe auf dem Kopf über dem Goldzeichen; von den Hüften geht ähnlich wie bei Besdarstellungen (vgl. Nr. 151-153) je eine Uräusschlange (mit Sonnenscheibe) aus; in der linken Hand bietet die Gestalt nach der Interpretation Acquaros ein Udjat-Auge dar.

(nach Acquaro)

109. Ebers, S. 90, Nr. 12, Taf. F, 15. — Tharros; grüner Jaspis. In der Haltung wie bei Nr. 108 der falkenköpfige Horus, hier mit Hemhemkrone, über dem Goldzeichen; was er darbietet, bleibt unklar; vor ihm aufgerichteter Uräus mit Sonnenscheibe, hinter ihm eine von Federn bekrönte Kartusche, in der nach Ebers eventuell *wsr ʾꜣ* („mächtig und groß") stehen könnte.

Wenn ein falkenköpfiger Gott die ägyptische Maat (Ordungsprinzip usw.) in Händen hält (in Hinblick auf Nr. 106f.), muß dahinter eine mit dem Sonnengott verschmolzene Horusform gesehen werden, z.B. wie wir sie von Horus von Edfu kennen, der auch die Doppelkrone tragen kann. Maat ist die Kraft des Sonnengottes, die ihn gänzlich durchdringt, und wird als seine

Tochter verstanden[222]. Allerdings sind mir aus dem älteren Ägypten nur Darstellungen bekannt, wo der Akt der Darbietung der Maat, der ja äußerst häufig begegnet, vom König (oder auch Privatleuten) ausgeht und auf eine Gottheit bezogen ist; der König will dadurch die Existenz der Maat im irdischen Bereich unter Beweis stellen: Auf unserem Bild ist jedoch die Aktion umgekehrt und geht vom Gott aus[223].

Der Typus der über dem Goldzeichen knienden Gestalt ist uns bereits von den phönikischen Elfenbeinen bekannt[224]. Von einem Elfenbeinstück aus Samaria[225] kennen wir auch den knienden Harachte (mit Sonnenscheibe auf dem Kopf), der in genau entsprechender Haltung wie auf unserer Nr. 106 vor dem Horus auf dem Lotos die Maat[226] darbringt. In Hinblick auf Nr. 108 kann innerhalb derselben Kunstgattung auf stehende weibliche Gestalten verwiesen werden, die ein Udjat präsentieren[227]. Unter den östlichen Skarabäen hat Acquaro[228] auf ein Beispiel aus schwarzem Hämatit aus Byblos verwiesen, auf dem eine über dem Goldzeichen kniende Gestalt in der Haltung unserer Nr. 106 wiedergegeben ist; m. E. scheint diese Figur aber menschenköpfig zu sein und bietet eine Maat dar. Das interessanteste Stück aus dem syrisch-phönikischen Osten ist wohl ein Exemplar aus Karneol der Sammlung De Clercq[229]: Der über dem Goldzeichen kniende falkenköpfige Horus mit gut ausgeführter Hemhemkrone bietet eine Maat (mit Anch auf dem Knie) dar; hinter ihm befindet sich eine Pseudohieroglyphenkolumne. Dieses Vergleichsstück verbindet also das Sujet von Nr. 106 mit dem Goldzeichen von 108-109 und der Hemhemkrone sowie der der Hieroglyphenkolumne entsprechenden Kartusche von Nr. 109. Ansonsten kennen wir die kniende, falkenköpfige Gestalt im Akt der Darbietung auch von zwei karthagischen Skarabäen aus hartem Stein des 4.-3. Jhs. v. Chr.[230].

XI.5. *Weitere Beispiele der knienden Gestalt[231] im Darbietungsgestus* vgl. Motiv XX.

110. Spano, *Catalogo*, S. 12, Nr. 21. — Tharros; Jaspis. „Sacrificatore con ginocchio in terra, colle mani sostiene un'anfora, e dietro un *pedum*, allude alle pompe Isiache!" (Ähnlich ist vielleicht Fernández-Padró, Nr. 32: Ibiza, grüner Jaspis).

MOTIV XII: THOT

(nach Ebers, Ausrichtung des Originals)

111. Ebers, S. 88, Nr. 4a, Taf. F, 6; Crespi, S. 8f., Nr. 3, Taf. A,3; Perrot-Chipiez, III, S. 656, Fig. 467. — Tharros, Sammlung Chessa; grüner Jaspis. Auf dem kreuzschraffierten Segment steht Thot mit Schurz, Ibiskopf und dem ägyptischen Mondzeichen darauf; in einer Hand ein großes w$\underline{3}$s-Szepter; davor das unägyptische Thymiaterion; dahinter senkrechtes Rechteck, das offenbar eine Inschriftenkolumne repräsentiert[232]; darüber die Flügelsonne mit den phönikischen Ausstrahlungen nach oben und unten.

Den ibisköpfigen Thot kennen wir in kniender Haltung und mit Händen im
Adorationsgestus von einem grünen Jaspisskarabäus aus Byblos[233]. Am
interessantesten ist aber ein Karneolskarabäus aus Kourion (Zypern), auf
dem der sitzende Thot mit Ibiskopf und Mondzeichen darauf über dem *nb*
(das nicht die Basis bildet) und zwischen Γ und ∥ erscheint. Darüber schwebt
die Flügelsonne. Der Gott wird also auf dem zyprischen Fundstück in
sprachlich richtiger Form von seinem Beiwort *nb mdw nṯr* „Herr der heiligen
Schriften" bzw. „Herr der Gottesworte" begleitet.

MOTIV XIII: GOTTHEIT AUF DEM THRON

XIII.1. Gottheit auf dem Sphingenthron

XIII.1.1. Männliche Gottheit (assyrisierend)

XIII.1.1.1. Als alleiniges Motiv

Die männliche Gottheit auf dem Thron, der von Flügelsphingen flankiert
wird, hat im allgemeinen assyrisierenden Charakter. Diese Beispiele werden
daher trotz des ägyptischen kulturellen Hintergrundes für den Thron übergangen[234]. Bemerkenswert sind aber die ägyptischen Details des folgenden
Skarabäus:

112. Della Marmora, T.A, 29; Culican, *Melqart*, Taf. I, Fig. 1d;
Bisi, *Stele*, Fig. 57; Keel, *Jahwe-Visionen*, S. 32, Abb. 15.
— Tharros; Jaspis. Der Gott im Thron mit den Flügelsphingen hat an der Stirn einen Uräus und hält ein großes
wȝś-Szepter (vgl. unten, S. 301 mit Amm. 249).

(nach Della Marmora)

XIII.1.1.2. Innerhalb der ägyptisierenden Ädikula

113. = Taf. 153; Della Marmora, T.A, 22; Orcurti: *BAS* 1 (1855) S. 40f. mit Abb.
Nr. 1; G. Spano: *BAS* 7 (1861) S. 144; id., *Catalogo*, S. 13, Nr. 5; Ebers, S. 90,
Nr. 10, Taf. F, 13; Culican, *Melqart*, S. 48; id., *Iconography*, S. 65 mit Fig. 4;
S. Moscati: *RSF* 1 (1973) Taf. XXXIa; u.a. — Tharros; roter Karneol; in Gold
gefaßt. Das Götterbild befindet sich innerhalb der vollständig wiedergegebenen
Ädikula mit den ägyptischen, architektonischen Elementen, die auch viele puni-
sche Stelen auszeichnen: Flügelsonne und Uräenfries (mit Sonnenscheiben),
dazwischen Rundstab, nach außen hin Andeutung der Hohlkehle; darüber
Flügelsonne; von links und rechts kommt je ein Priester heran; unterhalb der
Basisleiste eine Lotosgirlande aus Blüten und Knospen.

Keel[235] bringt die geflügelten Sphingen als Thronträger mit den alttesta-
mentlichen Cherubim zusammen. Die Vorläufer der kanaanäisch-phönikischen
Cherubimthrone bilden von Sphingen flankierte, ägyptische Königsthrone[236].
Das Dreieckstuch der ägyptischen Sphingen hat die phönikische Kunst
übernommen[237]; es findet sich auch häufig an den Sphingen der hier
behandelten Skarabäengruppe. Nach Culican[238] handelt es sich bei unserer
Nr. 113 um den tyrischen Melquart-Baal, genauer um die Wiedergabe von
dessen Statue im Tempel. Die Beziehungen der ägyptisierenden Ädikula mit
der Architektonik der punischen Stelen zeigt sich nicht nur an den übereinstimmenden Elementen, sondern wird auch durch die Denkmäler bestätigt:
Das Motiv des Gottes auf dem Thron mit den Flügelsphingen begegnet
nämlich in der Nische einer solchen ägyptisierenden Stele mit Flügelsonne aus
Sousse[239], die ins 5.-4. Jh. v. Chr. zu datieren ist[240].

XIII.1.2. *Weibliche Gottheit*

114. Crespi, S. 8, Nr. 1, Taf. II,2; Ebers, S. 96, Nr. 1c, Taf. G, 44. —
Tharros, Sammlung Chessa; grüner Jaspis. Weibliche Gottheit mit
Doppelkrone auf dem von Flügelsphingen flankierten Thron über *nb*;
in einer Hand hält sie das *w3s*-Szepter wie der Gott unserer Nr. 112;
vor der Göttin der phönikische Feueraltar.

(nach Crespi)

Allein wegen des Sphingenthrones wird man bei der Göttin an Astarte
denken dürfen, obwohl diese auf perserzeitlichen Denkmälern zumeist das
Kuhgehörn mit Sonnenscheibe der Isis-Hathor trägt. Eine solche gut ägyptisierende Astarte auf dem Flügelsphingenthron schmückt z.B. eine Statuen-
basis aus Tripolis in Istanbul[241] oder begegnet auf dem Relief aus Memphis
unserer Abb. 63 innerhalb der Ädikula wie auf Nr. 113.

XIII.2. *Gottheit auf einfachem, ägyptisierendem Thron*[242]

s. Motiv IV.8. (Nr. 50)
VI.1. (Nr. 58-73)

XIII.2.1. *Der bärtige Gott des Motives XIII.1.1.*

115. Della Marmora, T.B, 78; Culican, *Melqart*, Taf. I, Fig. 1c. — Tharros; Jaspis.
Vor dem Gott, der eine große Lanze hält, das Thymiaterion[243].

116. Furtwängler, *Gemmen*, I, Taf. XV,3 (Cagliari). — Grüner Jaspis. Innerhalb einer
einfachen ägyptisierenden Ädikula vom Typus unserer Nr. 38 (kein Thymiaterion; der Gott hält bloß die große Lanze); *nb* als Basis.

XIII.2.2. Göttin in ägyptisierender Ikonographie

s. Motiv XVIII.3. (Nr. 168)

117. Ebers, S. 88, Nr. 4c, Taf. F, 7. — Sammlung Sclavo; grüner Jaspis. Auf dem ägyptischen Stuhl (linkshin) sitzende Göttin mit dreiteiliger Perücke und Sonnenscheibe auf dem Kopf, sowie mit langem Frauengewand; in einer Hand hält sie die lange, unägyptische Lanze (oder Szepter) der männlichen Gottheit; vor ihr unägyptischer Altar; kreuzschraffiertes Segment als Basis.

118-119. Spano, *Catalogo*, S. 16, Nr. 22f. — Tharros; Jaspis. Als Motiv für beide nennt Spano die sitzende „Isis" mit Szepter in einer Hand; vor ihr das Thymiaterion, zu dem sie die rechte Hand hinstreckt.

XIII.2.3. Rinderköpfige Gottheit in ägyptisierender Ikonographie

120. = Taf. 154,1. Museum in S. Antioco, ohne Nummer; unter dem Material des Tophet von Sulcis (aber nicht bei *Ba.*); erhaltene L.: ca. 14mm; unpubl. — Sulcis; dunkelgrüner Jaspis. Innerhalb des schraffierten Rahmens auf einem Thron mit geschwungener Lehne anthropomorphe Gestalt mit Rinderkopf; anliegendes Gewand mit weiten Ärmeln; dreiteilige, ägyptische Strähnenperücke; vielleicht auch hier zwischen dem Kuhgehörn Uräus (hier aber zerstört); die linke Hand hält ein hohes Szepter, die rechte ist zum Gruß erhoben; davor Thymiaterion.

121. Walters, Nr. 356, Taf. VI; BM, WAA 134278. — Tharros; grüner Jaspis. Das Motiv entspricht Nr. 120.

122.

(nach Bondì)

Bondì, *Scarabei Monte Sirai*, S. 75f., Nr. 8 (Abb. auf S. 77). — Monte Sirai, Grab 11; grüner Jaspis; 5.-3. Jh. v. Chr. (nach S. 90). Das Motiv entspricht genau Nr. 120: Bondì deutet die Gottheit als stierköpfig.

XIII.2.4. Widder(?)köpfige Gottheit mit Atefkrone

123. Taramelli, *Guida*, Taf. XXXIX, Fig. 67 (= Taramelli, *Gouin*, S. 269, Fig. 28), 2. Reihe, 2. Stück von rechts. — Tharros. Auf ägyptischem Thron sitzende, vermutlich widderköpfige Gottheit (vgl. Motiv XXII, Nr. 174) mit Atefkrone (rechtshin); das Gewand reicht bis zu den Knöcheln; der rechte Arm liegt auf dem Oberschenkel; die linke, nach vorn gestreckte Hand hält eine langstielige Lotosblume, deren Dolde sich zum Gesicht der Gottheit richtet und deren Stiel fast auf der Grundlinie aufsitzt.

Der ägyptische Thron fand bereits auf den phönikischen Elfenbeinen verschiedentliche Verwendung; auch ägyptisierende Gestalten mit dem *wȝś*-Szepter in der Hand können darauf Platz finden[244]. Das bei uns vorhandene

Repertoire ergänzen andere Fundstücke noch um weitere Typen, wie den thronenden Harachte [245] oder Osiris [246]. Auf einem Karneolskarabäus aus Kourion [247] sitzt eine nach links gewandte Gottheit mit der stumpf-konischen Kopfbedeckung ähnlich den assyrisierenden Typen (aber ohne Bart) auf dem ägyptisierenden Thron; die Szene ist um einen davor stehenden Verehrer erweitert.

Den Typus unserer Nr. 115, bereichert um eine Flügelsonne, gibt ein Skarabäus aus grünem Jaspis im British Museum [248] wieder, der gleichfalls aus Tharros stammen könnte. Ansonsten sind Beispiele aus Ibiza und Karthago bekannt; hier auch ein Stück, auf dem die asiatische Gottheit das ägyptische wȝs-Szepter hält (vgl. Nr. 112) [249].

Zu den Skarabäen mit der thronenden, weiblichen Gottheit ist in guter Entsprechung zu unserer Nr. 117, jedoch ohne das Thymiaterion, ein Jaspisskarabäus des 4. Jhs. aus Karthago [250] zu erwähnen. Auf anderen karthagischen Fundstücken sehen wir gegenüber der thronenden Göttin als Ergänzung eine falkenköpfige Gestalt oder Osiris [251]; die astrale Symbolik des einen Exemplares [252] weist die Göttin als Himmelsgöttin aus. Wenn wir bedenken, daß Astarte auch auf solchen ägyptischen Thronen gerne dargestellt wird [253], allerdings meist mit dem Isis-Hathor-Kopfputz (Kuhgehörn mit Sonnenscheibe), dürfte auch bei Nr. 117 wie bei 114 die Deutung als Astarte naheliegen. Daran läßt sich sicher ein Skarabäus aus Kition [254] anschließen, wo die Göttin auf dem ägyptischen Thron sitzt, die hohe Lanze (vgl. Nr. 117) hält und die unterägyptische Krone trägt.

Offen bleibt zunächst die Deutung der rinderköpfigen Gottheit, die Bondì (s. bei Nr. 122) als stierköpfig auffaßt. Die früheren Beschreiber solcher Skarabäen bezeichneten die Gottheit jedoch als kuhköpfig [255]. Das müßte man unvoreingenommen auch von unserer Taf. 154,1 behaupten, und zwar nicht wegen des Kopfes, sondern weil die Gottheit die Charakterzüge eines weiblichen Körpers erkennen läßt. Angesichts der Tatsache, daß nicht nur Astarte seit langem das Kuhgehörn der Hathor übernommen hat, sondern auch Ninḫursag, Ischtar oder Anat gänzlich als Kuh vorgestellt werden können [256], würde man sich nicht daran stoßen müssen, die Gottheit als kuhköpfige Astarte nach dem ägyptischen Muster der anthropomorphen Gottheiten mit Tierkopf zu interpretieren [257]. Culican konnte dagegen einen Karneolskarabäus beibringen [258], auf dem die rinderköpfige Gottheit einen ganz typisch männlichen Kopfputz trägt, der keinesfalls zu Astarte paßt. In diesem Zusammenhang denkt er an den Stiergott El. Es scheint also weiterhin unklar zu sein, ob diese Skarabäen einheilich gedeutet werden müssen (El) oder ob sie in El- und Astarte-Typen zerfallen. Innerhalb der so stark ägyptisierenden Glyptik werden wir aber wohl annehmen dürfen, daß das vorliegende Götterbild von den ägyptischen Gottheiten mit Tierkopf beeinflußt wurde.

Motiv XIV: „König" schlägt Feind nieder nach ägyptischer Art

124. = Taf. 156; Brandt, *München*, 1, S. 49, Nr. 219, Taf. 24; München, Staatliche Münzsammlung, A.1276. — Tharros; grüner Jaspis. Ein bärtiger „König" (oder Heros) in assyrischer Tracht hat einen bittflehenden Mann mit silenhaftem Gesicht am Schopf gepackt und ist im Begriffe, ihn mit der durchbrochenen Axt der vorderasiatischen Gottheiten zu erschlagen; eine solche Axt ist hinter ihm nochmals zu sehen; vor seinem Gesicht astrale Symbolik; *nb* als Basis.

125. Walters, Nr. 385, Taf. VII; BM, WAA 134280; Fürtwängler, *Gemmen*, I, Taf. VII,16. — Tharros; grüner Jaspis. Das Motiv entspricht exakt der Nr. 124 (es fehlt aber die zusätzliche Axt hinter dem König und die astrale Symbolik).

126. P. C. Orcurti: *BAS* 4 (1858) Taf. II,27. — Tharros; Jaspis. Etwa Nr. 125 entsprechend.

127. Della Marmora, T.B, 80. — Tharros; Jaspis. Der König hat mit einer Doppelaxt zum Schlag ausgeholt.

128. Spano, *Catalogo*, S. 14, Nr. 2. — Tharros; Jaspis. Details nicht klar.

129.

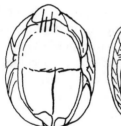

Bondì, *Scarabei Monte Sirai*, S. 75, Nr. 7. X Monte Sirai, Grab 11; grüner Jaspis; 5. Jh. v. Chr. (nach S. 88). Der assyrische König hat den Besiegten, der eher ein affenartiges Aussehen hat, am Schopf gepackt und holt offenbar mit dem Sichelschwert zum Schlag aus.

(nach Bondì)

130.

Taramelli, *Predio Ibba*, Sp. 157, Fig. 61. — Cagliari, S. Avendrace, Grab 8; grüner Jaspis; 4.-3. Jh. v. Chr. (nach Bondì, *Scarabei Monte Sirai*, S. 86). Der Besiegte hat menschliches Aussehen; der „König" trägt ein Gewand, das auch die Oberarme im Bausch umgibt und holt mit dem Sichelschwert zum Schlag aus.

(nach Taramelli)

Es handelt sich um das seit vorgeschichtlicher Zeit in Ägypten geläufige Thema des Königs, der im Begriffe ist, einen Feind niederzuschlagen. Dieses ist uns in teils rein ägyptischer, teils aber auch assyrischer Ausführung von den phönikischen Metallschalen vertraut [259]. Hier finden wir auch eine genaue Übereinstimmung zur Darstellung des Königs mit der durchbrochenen Axt unserer Taf. 156 (Nr. 124), und zwar im äußeren Streifen der sog. Uräus-

Schale aus Palestrina [260]. Der König packt hier allerdings einen großen Affen am Schopf, der im Aussehen viel mit dem Besiegten unserer Nr. 129 gemein hat; von da ist es ikonographisch nicht weit zu dem silenhaften Typus von Nr. 124.

Das ägyptische Motiv des Königs beim Niederschlagen eines Feindes ist vor allem auf Skarabäen der 19. Dynastie in Palästina gut bezeugt [261]. Interessant ist aber bereits ein altbabylonisches Siegel aus der Zeit Aplisins (etwa 1830-1813 v. Chr.) [262], auf dem der babylonische König (mit Schurz) dabei ist, einen in die Knie gesunkenen, bittflehenden Gefangenen mit demselben Sichelschwert wie auf Nr. 130 niederzuschlagen. Das Sichelschwert, das in Ägypten erst seit Thutmosis III. in der Szene des Niederschlagens der Feinde belegt ist, war bereits im altbabylonischen Mesopotamien ein Zeichen göttlicher Siegesmacht und drang von dort in die Kunstkreise der Nachbargebiete ein [263]. Eine entsprechende Geschichte hat die durchbrochene Axt unserer Nrn. 124-125, die wir bereits bei der Mutter-Kind-Szene besprochen haben [264]. Da es sich dabei aber um eine Waffe in der Hand von Göttern handelt, scheint auch für unser Skarabäenmotiv die alleinige Deutung der siegreichen Gestalt als König schwer annehmbar [265].

MOTIV XV: STEHENDE, MÄNNLICHE GESTALT IN ÄGYPTISIERENDER DARSTELLUNG.

131. Walters, Nr. 386, Taf. VII; BM, WAA 133721. — Tharros, BM, Grab 19; grüner Jaspis. Nach links gewandte, stehende männliche Gestalt mit ägyptischem Schurz, ägyptischer Perücke und ägyptischem Königsbart (ohne Krone!); linke Hand zum Gruß erhoben, in der rechten ein großes Papyrusszepter; davor der phönikische Feueraltar; zwei Basislinien.

132.  Della Marmora, T.B., 77; Spano, *Catalogo*, S. 14, Nr. 10; Crespi, Taf. II,6. — Tharros; Jaspis; in Goldfassung. Der Mann trägt den phönikischen Mantel, die phönikische, spitze Mütze, hält in der einen Hand einen großen Speer, in der anderen einen Stab, der mit dem asiatischen, ägyptisierten Widderkopfszepter (vgl. Abb. 63) [266] Ähnlichkeit besitzt; vor der Gestalt stilisierte Pseudokartusche, dahinter Anch; unklares Basiselement.

(nach Della Marmora)

Auf beiden Skarabäen trägt die Gestalt königliche Merkmale; bei Nr. 131 ist es die Ikonographie selbst, bei Nr. 132 sind es Pseudokartusche und Anch. Seit dem 8. Jh. v. Chr. sind phönikische Siegel bekannt, die mit männlichen Gestalten in ägyptischer Königsikonographie (mit Doppelkrone, Atefkrone oder auch ohne Krone) dekoriert sind [267]. Aus Karthago ist in unserem Zusammenhang ein Karneolskarabäus zu zitieren [268], auf dem ein stehender Mann mit Schurz, vereinfachter oberägyptischer Krone (die starke Ähnlichkeit mit der phönikischen, spitzen Mütze hat) und *wȝś*-Szepter wiedergegeben ist.

MOTIV XVI: ZWEI STEHENDE GESTALTEN MIT PHÖNIKISCHEN MÜTZEN

133. Crespi, S. 10f., Nr. 14; Ebers, S. 103, Nr. 8, Taf. H, 84. — Tharros, Sammlung Chessa; grüner Jaspis. Auf kreuzschraffiertem Segment zwei nach rechts schreitende, jugendliche Gestalten in der Ikonographie unserer Nr. 43 (s. das Gewand und den rundlichen, wohl von der Technik her beeinflußten Abschluß der Mütze); in der zur Brust geführten Hand hält wenigstens die vordere Figur eine vereinfachte Geißel (ungefähr wie bei Nr. 42).

Dieses Stück ist nicht so sehr wegen seiner eher geringfügigen ägyptisierenden Züge interessant, sondern vielmehr wegen der Aufschlüsse, die es uns für das Verhältnis der Skarabäen aus weichen Materialien zu denjenigen aus hartem Stein vermittelt, worauf bereits hingewiesen wurde[269] (vgl. Taf. 139,3 und 140,1). Aus Syrien/Phönikien ist auch ein Skarabäus aus „pâte verte"[270] bekannt, auf dem wir drei solche Gestalten mit ganz ähnlichen Mützen (bzw. vereinfachten oberägyptischen Kronen) im phönikischen Stil finden. Auf einem Skarabäus aus grünem Jaspis von Amrit[271] flankieren zwei Figuren dieser Art einen Feueraltar. Schließlich sei noch auf einen weiteren grünen Jaspisskarabäus aus Amrit[272] verwiesen, auf dem zwei ähnliche Männer mit einem einfachen Stab in der Mitte dargestellt sind; ein solches Stück schlägt die Brücke zu den phönikischen Steatitskarabäen mit dem Motiv der sog. beiden Hapi (vgl. Taf. 106,3-4; 118,2)[273].

MOTIV XVII: BES

XVII.1. *Bes als Herr der Tiere (en face, in symmetrischer Darstellung)*

134. 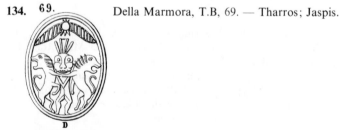 Della Marmora, T.B, 69. — Tharros; Jaspis.

(nach Della Marmora)

135.  Della Marmora, T.B, 70. — Tharros, Sammlung Arcais; Jaspis. Nr. 137 entsprechend.

(nach Della Marmora)

136. Ebers, S. 94f., 1d, Taf. F, 28 (Sammlung Spano). — Grüner Jaspis. Motiv ohne Flügelsonne ähnlich wie bei Nr. 135. (in Details unklar).

136bis. Spano, *Catalogo*, S. 16, Nr. 17. — Tharros; Jaspis. „Tifone che abbraccia quasi per istrozzare due leoni, nel campo globo raggiato". Da es im Katalog bei Spano keinen weiteren Jaspisskarabäus mit dem Motiv gibt, liegt eine Identifizierung mit dem Exemplar bei Ebers nahe. Der Abdruck ist dort so undeutlich, daß für einen „globo raggiato" wohl Platz wäre.

137. Crespi, S. 11, Nr. 20. — Tharros, Sammlung Chessa; grüner Jaspis. Die Beschreibung paßt genau auf unsere Nr. 135.

138. Walters, Nr. 368, Taf. VII; BM, WAA 133401. — Tharros, BM, Grab 8; grüner Jaspis. Bes (en face) hält seine Arme um die Nacken der Löwen, wie bei den vorigen Stücken; neben den Löwenköpfen außen je eine leere Kartusche oder Pseudokartusche; über *nb*; keine Flügelsonne.

139. = Taf. 157,1; Delaporte, Nr. A.1132; Louvre, AO 1543 *und* AO 5829. — Tharros; grüner Jaspis; 19 × 14 × 11 mm. Bes en face über Segmentstrich hält zwei Pferde (deren Schwänze aber wie bei den Löwen nach oben gerichtet sind); über dem linken Tier Scheibe und Mondsichel, über dem rechten Sonne mit Strahlen.

140. Taramelli, *Guida*, Taf. XXXIX, Fig. 67 (= Taramelli, *Gouin*, S. 269, Fig. 28), 3. Reihe, ganz links. — Tharros. Bes hält zwei Ziegenböcke symmetrisch in Schulterhöhe; Unterkörper und Beine flankiert von zwei nach außen blickenden Uräen, deren Schwänze offenbar von den Hüften ausgehen; über der niedrigen Federkrone eine einfache Flügelsonne.

XVII.2. *Bes trägt ein Tier*

141. Walters, Nr. 371, Taf. VII; BM, WAA 136022; Furtwängler, *Gemmen*, III, S. 111; vgl. Anm. 86 zu Abschnitt II. — Tharros; Karneol; mit Goldring. Satyrähnlicher, nach links schreitender Bes (mit vierteiliger, stilisierter Federkrone), der eine Antilope auf den Schultern trägt; hinter ihm springt ein Hund vorbei.

XVII.3. *Bes kämpft gegen einen Löwen*

142. 71. Della Marmora, T.B, 71. — Tharros; Jaspis.

(nach Della Marmora)

143. 72.    Della Marmora, T.B, 72. — Tharros; Jaspis.

(nach Della Marmora)

144. Furtwängler, *Gemmen*, I, Taf. XV,74. — Tharros (s. Bondì, *Scarabei Monte Sirai*, S. 85); grüner Jaspis. Ähnlich Nr. 143, Bes aber nach links gewandt (Nr. 143 nach Abdruck).

145. Furtwängler, *Gemmen*, I, Taf. XV,16; zitiert in Culican, *Iconography*, S. 95. — Tharros(?); Chalzedon. Ähnlich Nr. 142, jedoch hat der Löwe den Kopf zurückgewandt.

146. Taramelli, *Predio Ibba*, Sp. 159, Fig. 73 (fragmentarisch). — Cagliari, S. Avendrace, Grab 20bis (etwa 4. Jh. v. Chr.; vgl. Bondì, *Scarabei Monte Sirai*, S. 86); grüner Jaspis. Die Haare des Bes sind beinahe zu einer ägyptischen Strähnenperücke umstilisiert.

147. Walters, Nr. 279; BM , WAA 136036. — Die Herkunft aus Tharros ist nicht sicher; grüner Jaspis.

147bis. Quattrocchi Pisano, *Dieci scarabei da Tharros*, S. 38, Nr. 1, Taf. V, 1. — Tharros; *schwarzer Steatit*; Ende 6. Jh. v. Chr. und vermutlich östliches Importstück (nach S. 40). Übliches Motiv, oben Flügelsonne, unten schraffiertes Segment.

Varianten: ohne Federkrone

148. 73.    Della Marmora, T.B, 73. — Tharros; Jaspis. „Bes" ohne Kopfbedeckung.

(Nach della Marmora)

149. 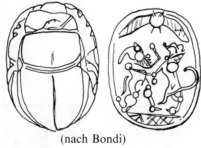   Bondì, *Scarabei Monte Sirai*, S. 75, Nr. 6. — Monte Sirai, Grab 11; grüner Jaspis; 4. Jh. v. Chr. (nach S, 86). „Bes" mit Zipfelmütze.

(nach Bondì)

Die Skarabäen mit Besdarstellungen hatte bereits Ebers als eigene Gruppe herausgehoben und festgestellt, daß das ägyptische Vorbild verschiedene Veränderungen, teils durch phönikischen, teils aber auch durch griechischen Einfluß erfahren hat [274]. Das Ägyptische an den angeführten Beispielen ist die Tatsache, daß es sich um einen ursprünglich ägyptischen Zwergengott mit verschiedenen Möglichkeiten der bedeutungsmäßigen und ikonographischen Ausweitung handelt und dieser Gott auf Nr. 134-147 mit dem in Ägypten geläufigen Attribut der Federkrone ausgezeichnet ist; diese Krone ist jedoch auf unseren Skarabäen zumeist in sehr stilisierter Form wiedergegeben. Dazu kommen noch die Uräen der Nr. 140.

Auf die verschiedenen Beziehungen des Bes zu vorderasiatischen göttlichen Wesen haben wir bereits bei der Übersicht über die Besamulette hingewiesen [275]. Die Motive der Skarabäen aus hartem Stein illustrieren vor allem den Übergang von Bes, der die Funktion des vorderasiatischen „Herrn der Tiere" (*potnios theron*) übernimmt, zum Typus Herakles-Melqart [276]. Desgleichen wurde — wie wir am Motiv XVII.3 sehen — die ursprünglich ägyptische Gottheit mit stark apotropäischem Charakter von dem mesopotamischen Helden (König, Heros) überlagert, der gegen ein wildes Tier oder ein Mischwesen kämpft [277]. Zu betonen ist, daß Bes in der neuen Funktion grundsätzlich seinem Wesen treu bleibt. Denn wenn Bisi richtig bemerkt [278], daß der vorderasiatische Held „ein Symbol für den Sieg der guten Kräfte über die bösen bzw. des Sonnengottes über die Finsternis" darstellt, dürfen wir hinzufügen, daß auch der ägyptische Bes ein kämpferischer Gott ist, in engsten Beziehungen zum Sonnengott steht und vermutlich selbst als volkstümliche Form des Sonnengottes aufzufassen ist [279]. Entsprechend den vielen Darstellungen mit Schlangen auf der folgenden Motivgruppe XVII.4 ist Bes bereits im alten Ägypten in hervorragender Weise Schlangentöter. Es ist also offenbar schon alles Wesentliche im ägyptischen Bes enthalten, das ihn dafür geeignet macht, auf dem Umweg über Phönikien zum griechischen Herakles zu werden. Die Skarabäen mit den Heraklesmotiven können jedoch bei uns nicht mehr zu Wort kommen [280].

Den beliebten Typus des Bes in Vorderansicht, wie ihn etwa unsere Nr. 135 repräsentiert, kennen wir aus dem Osten u.a. von den bekannten Fundstätten ʿAtlit und Kamid el-Loz [281], desgleichen aus dem Westen [282]. In Hinblick auf unsere Motive II.3 (Nr. 16) und VI.1 (Nr. 73), auf denen Löwen als Träger von Sonnenbarke oder Götterschrein auftreten, wird Culican [283] sicher recht haben, daß auch bei Bes der kosmische Aspekt besonders dadurch unterstrichen wird, wenn er in der hier behandelten Stellung als *potnios theron* von einem liegenden Löwen getragen wird [284]. Aus dem Osten wie aus dem Westen sind Varianten bekannt, auf denen Bes die beiden Tiere (Löwen oder Wildschweine) an den Schwänzen mit dem Kopf nach unten hält [285].

Auch auf Nr. 140 ist Bes in Vorderansicht wiedergegeben, hält jedoch zwei Ziegenböcke. Dem entspricht ziemlich gut die Darstellung auf einem Silbergürtel aus Poli-tis-Chrysokhou (Zypern)[286]. Verwandt ist auch ein Skarabäus aus Achat in Berlin[287], wo Bes zwei Böcke und zwei Löwen hält und von seinen Hüften zwei Schlangen ausgehen[288]. Unsere Nr. 141 zeigt Bes, wie er eine Antilope trägt. In Karthago fanden sich auch Jaspisskarabäen mit Bes *en face* in Verbindung mit Antilopen[289], jedoch gehören auch diese nicht zum Typus des *potnios theron*. Die Bes-ikonographie von der Seite (Nr. 141) ist entwicklungsmäßig später als die symmetrischen Darstellungen von vorne[290]. Mit unserer Nr. 141 sind Bei-spiele zu vergleichen, auf denen Bes auf den Schultern einen Löwen mit offenem Rachen[291] oder ein anderes Tier[292] trägt und eventuell noch mit einer Hand ein kleines Wildschwein am Schwanz hält. Ähnliche Exemplare aus Tharros[293] und Ibiza[294] zeigen statt Bes bereits Herkules. Bei dem Hund, der Bes (bei Nr. 141) oder Herkules begleitet, mag man sich zunächst an den Löwen erinnern, der den ägyptischen Pharao in Siegerpose begleitet und in dieser Funktion auf die phönikischen Metallschalen übernommen wurde[295], dem aber in derselben Denkmälergruppe auch ein Hund ent-sprechen kann[296]; weiters begleitet ein Hund den Satyr (der auch Bes verwandt ist) auf den Fayenceskarabäen unserer Taf. 147,2-3, die ja mit den hier behandelten Skarabäen in engster Beziehung stehen.

Zu Bes in der Rolle des vorderasiatischen Heros, der gegen einen Löwen kämpft, genügt für uns ein Hinweis auf die Skarabäen aus Phönikien (bzw. Syrien)[297], Zypern[298], Etrurien[299], Karthago[300] und Ibiza[301]; bei mehreren Stücken ist die Herkunft unbekannt[302]. Die östlichen Fundstücke gehen chronologisch der Produktion von Tharros voraus und gehören ins späte 7. und 6. Jh. v. Chr.[303]. Auch dieser Typus begegnet in Fayence oder vielleicht wirklich Fritte (wenn eine Glasur nie vorhanden war)[304].

XVII.4. *Andere Besmotive*

XVII.4.1. *Bes mit Schlangen*

150. Uberti, *Don Armeni*, S. 296, Nr. 19, Taf. XLIV,5-6. — Sulcis, Nekropole; grüner Jaspis. Klassische Darstellung des Bes *en face* mit Federkrone, Arme abgewinkelt und Hände zu den Hüften geführt; Beine bei den Knien gleichfalls abgewinkelt und Füße nach außen gedreht; mit den Händen hält er an den Hüften zwei Schlangen, die die Kurvung der Beine etwa mitmachen und bis zum Ende des Kopfes nach oben reichen.

151. Walters, Nr. 370, Taf. VII; BM, WAA 133673. — Tharros, BM, Grab 17; grüner Jaspis. Nach rechts schreitender Bes, aus dessen Taille (links und rechts) und Fußknöcheln vier Uräen herauskommen.

152. G. Spano: *Rivista Sarda* 2 (1875) S. 357. — Tharros. „Tifone" mit vier Uräen.

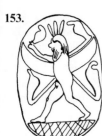

153. Walters, Nr. 367, Taf. VI; BM, WAA 133400. — Tharros, BM, Grab 8; grüner Jaspis. Nach links schreitender Bes mit zwei Flügeln und vier Uräen gemäß Skizze.

(Nach Walters, Ausrichtung
    des Originals)

154. G. Spano, *Scavi fatti presso S. Giusta*: *BAS* 7 (1861) S. 144. — Othoca (S. Giusta); Jaspis. „... tifone alato sopra una corba, ed ai quattro lati ha un serpente ureo".

155. Ebers, S. 94,1a, Taf. F,25; vermutlich Spano, *Catalogo*, S. 13, Nr. 7. — Tharros(?); Karneol (wenn die Identifizierung mit dem Stück bei Spano stimmt). Vierflügeliger Bes *en face* mit Federkrone und Schlangen(?) in den Händen; über kreuzschraffiertem Segment.

XVII.4.2. *Bes mit Fischen*

156. Furtwängler, *Gemmen*, I, Taf. XV,73 (Mus. Cagliari). — Grüner Jaspis. Nackter Oberkörper des Bes mit Löwenohren, Federkrone und vier Rückenflügeln; der Gott hält in jeder Hand einen Fisch.

XVII.4.3. *Bes reitet auf ägyptisierendem Löwen*

157. Furtwängler, *Gemmen*, I, Taf. XV, 68 (Mus. Cagliari). — grüner Jaspis. In einer von vorne gesehenen Darstellung reitet Bes (normale menschliche Formen; nackt; mit den üblichen Löwenohren und zwei Hörnern wie bei Nr. 161, aber ohne Federkrone) auf einem ägyptisierenden, stilisierten Löwen (mit der Latzmähne, die die ionischen Löwen übernommen haben).

XVII.4.4. *Bes und Gorgo* (s. auch Nr. 162).

158. Furtwängler, *Gemmen*, I, Taf. XV, 67 (Mus. Cagliari); Boardman, *AGG*, S. 37. — Grüner Jaspis. Nach Boardman handelt es sich um Bes, der ein Gorgonenhaupt hält.

159. Furtwängler, *Gemmen*, I, Taf. XV, 69 (Mus. Cagliari). — Grüner Jaspis. Ein Dämon mit Gorgonenkopf hält mit beiden Händen eine Besmaske (mit Löwenohren und gewundenen, hornartigen Auswüchsen; ohne Federkrone).

XVII.4.5. *Beskopf* (s. auch Nr. 159).

160. Spano, Catalogo, S. 14, Nr. 9. — Tharros; Jaspis. Spano beschreibt einen doppelgesichtigen Beskopf[305].

161. Ebers, S.94, 1b, Taf. F,26; Spano, *Catalogo*, S. 15, Nr. 15; Furtwängler, *Gemmen*, I, Taf. XV,66. — Tharros; Jaspis. Über einer Lotosblüte mit seitlichen Knospen ein großer Beskopf *en face* mit niedriger Federkrone, seitlich von dieser zwei Hörner und die kleinen Löwenohren.

162. Ebers, S. 94,1c, Taf. F,27. — Jaspis. Beskopf ähnlich wie bei Nr. 161, jedoch scheint die Federkrone durch kleine Schlangen ersetzt zu sein, sodaß ein Übergangstypus zu Gorgo vorliegt; darunter Krokodil.

163. Babelon, Nr. 39, Taf. IV (Sammlung Castagnino; heute Paris, Bibl. Nationale, Dép. des Médailles). — Grüner Jaspis. Beskopf *en face*; die Federkrone wird von zwei Uräen mit Sonnenscheiben auf den Köpfen flankiert.

164. Walters, Nr. 427, Taf. VII; BM, WAA 133360. — Tharros, BM, Grab 7; grüner Jaspis. Im oberen Teil ein besähnlicher Kopf *en face* zwischen zwei Negerköpfen im Profil.

165. Walters, Nr. 369, Taf. VII; BM, WAA 133610. — Tharros, BM, Grab 14; grüner Jaspis. Zwei gegengleiche, schematische Bes(?)-Köpfe entsprechend Skizze.

(nach Walters,
Ausrichtung des Originals)

Die verschiedenen auf Sardinien belegten Besmotive liefern uns weitere Einsichten in die Bedeutung und Funktion dieser Ikonographie. Zunächst tritt uns in dem Bes in Verbindung mit Schlangen, besonders in dem schlangenhaltenden Typus der Nr. 150, der altägyptische Bes als Bezwinger von Schlangen entgegen, wie wir ihn bereits von den magischen Messern (Apotropaia) des MR kennen[306]. Vorerst ist festzuhalten, daß auch die einfache, klassische Besikonographie der Steatit- und Fayenceskarabäen in die Glyptik aus hartem Stein übernommen wurde[307]: Der Gott ist in Vorderansicht mit Federkrone wiedergegeben und führt die Hände mit abgewinkelten Armen fast zu den Knien. Hinsichtlich des auf Nr. 150 vorliegenden Typus dürfen wir jetzt auf ein erst kürzlich bearbeitetes kubisches Siegel aus schwarzem Stein verweisen[308], das offenbar dem 7. Jh. v. Chr. angehört und zypriotischen oder syrischen Ursprungs ist. Für die Position der vier Uräen auf Nr. 151 können wir einen Jaspisskarabäus aus dem römischen Kunsthandel[309] erwähnen.

In Hinblick auf unsere Nr. 155 ist bemerkenswert, daß wir den vierflügeligen Bes, aus dem Schlangen herauswachsen, schon auf den spätbronzezeitlichen Elfenbeinen von Megiddo vorfinden[310]. Weitere vierflügelige Bese in Vorderansicht mit Federkrone kennen wir von einem Skaraboid aus Sardonyx von Samos[311] und von einem Jaspisskarabäus aus Karthago[312].

Die Funktion des Bes als Schlangenbezwinger kann insofern umgekehrt werden, als der Gott wie jeder andere auch oder jedes göttliche Symbol von

Uräen beschützt werden kann. Dies drücken sicher die beiden Uräen mit Sonnenscheiben auf unserer Nr. 163 aus. Ein ähnliches Motiv unterhalb der Flügelsonne findet sich auf einem Siegelabdruck aus Karthago[313]. Sehr deutlich wird diese Umkehr auf einem Zylindersiegel aus Steatit des 8. oder 7. Jh. v. Chr., das in Lachish gefunden wurde[314]. Hier wird der frontal wiedergegebene Bes von vier Flügelschlangen beschützt.

Auf unserer Nr. 157, wo Bes auf einem Löwen reitet, rückt wieder (ähnlich wie bei der Variante des Bes als *potnios theron* auf dem Löwen[315]) der kosmische Aspekt in den Vordergrund. Bes hat ja selbst wesentliche Elemente des Löwen an sich: Von dem um die Schultern geworfenen Löwenfell bleibt ihm zumindest noch der Schwanz; auf unseren Skarabäen hat er häufig Löwenohren. In diesem Zusammenhang können wir auf ein sehr interessantes Beispiel ohne Herkunftsangabe verweisen[316], das die Beziehung zwischen dem schlangenhaltenden Bes und dem *potnios theron* auf dem Löwen verdeutlicht: Bes (*en face*, mit Federkrone, im langen Gewand) steht auf einem liegenden Löwen und hält in den zur Brust geführten Händen vier Uräen; die links und rechts von dem Gott übereinander stehenden je drei Anch-Symbole verstärken dabei den Bezug auf das Leben — wir dürfen nicht vergessen, daß es sich bei unseren Skarabäen (auch) um Amulette handelt, die das Leben schützen sollen. Das Motiv des Beskopfes über dem Krokodil (Nr. 162) erinnert wieder an das Krokodil als Träger der Sonnenbarke (Nr. 15). Lebens- und Lichtaspekt sind vereinigt, wenn Bes als Gott auf dem Lotos (Nr. 161) erscheint.

Dagegen kumuliert sich der apotropäische Aspekt, wenn der Beskopf verdoppelt ist (Nr. 160 und 165) oder zwischen Negerköpfen erscheint (Nr. 164). In besonderer Weise gilt dies für die Verbindung mit Gorgo (Nr. 158-159)[317]. Interessant ist, daß schon in der früheren phönikischen Elfenbeinkunst apotropäische Besköpfe (mit Federkrone und löwenähnlichem Aussehen) mit dem Skarabäus, dem Sonnenkäfer, verbunden werden, indem sie ihn flankieren[318]. Mehrere Skarabäen aus hartem Stein mit der Darstellung eines Beskopfes sind auch aus Karthago bekannt[319].

MOTIV XVIII: LÖWENKÖPFIGE GÖTTIN

XVIII.1. „*Trias*" in Vorderansicht

166. 53. Della Marmora, T.A, 53. — Tharros, Sammlung D. P. Spano; Jaspis. Drei löwenköpfige Göttinnen mit nacktem(?) Oberkörper *en face*, zur Brust herabfallenden Haarsträhnen und Sonnenscheiben auf den Köpfen. Die mittlere Göttin hat ihre Flügel nach unten zu ausgebreitet, die seitlich stehenden Göttinnen haben sie um den Leib gewickelt[320]. Unterhalb der doppelten Basislinie befindet sich das ägyptische Himmelszeichen, über den Göttinnen die Flügelsonne.

(nach Della Marmora)

166bis. Taramelli, *Guida*, Taf. XXXIX, Fig. 67 (= Taramelli, *Gouin*, S. 269, Fig. 28),
3. Reihe, 2. Stück von links. — Tharros, Sammlung Gouin. Das Stück trägt
eine Flachseite, die mit Nr. 166 absolut identisch ist, sodaß sich die Frage
erhebt, ob es sich nicht um denselben Skarabäus handelt, also ob es möglich
ist, daß ein Stück der Sammlung D. P. Spano in die Sammlung Gouin
gelangte.

XVIII.2. *Einzelne, geflügelte, löwenköpfige Göttin*

167. 54.
Della Marmora, T.A, 54. — Tharros; Jaspis. Die Göttin in Vorderansicht ist nackt und hält ihre Flügel nach unten; über dem Kopf
die Sonnenscheibe; in den Händen hält sie jeweils eine langstielige
Lotosblume. Dazu kommt außen nochmals je eine Lotosblume,
deren Dolden die Sonnenscheibe flankieren.

D

(nach Della Marmora)

Wenn wir in Ägypten nach Gottheiten Ausschau halten, die ihre Flügel
um den Körper gewickelt tragen (wie bei Nr. 166), fällt auf, daß diese
Ikonographie gerade in dem perserzeitlichen Hibis-Tempel äußerst beliebt ist,
bei Göttinnen dominiert[321], aber grundsätzlich bei allen Göttern erscheinen
kann[322]. In Parallele zu unseren Beispielen treffen wir dort so auch die
löwenköpfige Tefnut an[323]. Innerhalb der punischen Welt erinnern wir uns
an die sogenannte Tanit-Priesterin mit am Körper anliegenden Flügeln auf
einem Sarkophag von Rabs[324] oder an die löwenköpfigen Göttinnen im
Federkleid von Thinissut[325], die Culican[326] jedoch erst in die Römerzeit
datiert. Schließlich ist auf die Isis-Astarte mit dem Horusknaben unserer Nr.
78 zu verweisen.

Die Göttin mit den ausgebreiteten, nach unten gehaltenen Flügeln bildet
auf Nr. 166 die zentrale Hauptgestalt. Daß die genannte „Trias" im Himmel
gedacht ist, beweist die Himmelshieroglyphe als Basis. Dieselbe Göttin ist
auf Nr. 167 alleine zusammen mit der Lebenssymbolik der Lotosblumen
dargestellt. Dieses Motiv bildet aber das getreue Gegenstück zu unserem
Motiv VII.1 (Nr. 83-91), wo die Göttin in derselben Haltung einen Menschenkopf hat. Es besteht also die Möglickheit, daß es sich für den Phöniker oder
Punier da wie dort um dieselbe Göttin handelt und der Löwenkopf eine
Variante darstellt. Aus ägyptischer Sicht ist aber zu betonen, daß die stehende, löwenköpfige Göttin mit Sonnenscheibe auf dem Kopf und zwei gesenkten, leicht geöffneten Flügeln (also in einer Haltung, die genau der mittleren
Gestalt von Nr. 166 entspricht — auch mit deren Hathorlocken) als Amulett-
typus aus dem Niltal bekannt ist[327]. Aus Ägypten ist auch die löwenköpfige
Göttin in der Funktion einer Muttergöttin oder Amme des göttlichen Kindes
geläufig[328]. Der Vergleich läuft wohl darauf hinaus, daß das ägyptische
Gedankengut von den Phönikern im Kern übernommen und in ähnlicher

ikonographischer Vielfalt angewandt wurde. Dazu kommt die Vermischung mit vorderasiatischer Tradition [329].

XVIII.3. *Löwenköpfige Göttin (ohne Flügel) auf dem Thron*

168.  Della Marmora, T. A, 52. — Tharros; Jaspis. Die Göttin trägt die ägyptische Doppelkrone und hält eine unägyptische Lanze; vor ihr das Thymiaterion.

D

(nach Della Marmora)

Die Darstellung läßt aus ägyptischer Sicht an Amulette denken [330], wo eine auf einem Stuhl sitzende Sachmet wiedergegeben ist, die in einer Hand das Papyrusszepter hält wie unsere Göttin ihre Lanze. Nach den eben dargelegten Beziehungen unserer Nr. 166 und 167 geben uns auch hier das analoge Exemplar Nr. 117 und die dort behandelten [331] Vergleichsstücke einen Hinweis für die Deutung.

XVIII.4. *Hockende, löwenköpfige Göttin in der Barke*

169.  Walters, Nr. 365, Taf. VI; BM, WAA 134281. — Tharros; grüner Jaspis. Über *nb* die Barke mit den Papyrusdolden; darin die hockende löwenköpfige Göttin mit Sonnenscheibe, auf dieser die Atefkrone; in der rechten Hand das *ḥkȝ*-Szepter, die linke vielleicht nur im Darbietungsgestus erhoben [332]; vor der Göttin zwei „Inschrift"-Rechtecke(?)

(nach Walters,
Ausrichtung des Originals)

Eine mit beiden Knien kniende, löwenköpfige Göttin begegnet in Verbindung mit einem großen Uräus auf einem Steatit(?)-Skarabäus im Louvre aus dem Beiruter Kunsthandel [333]. Abschließend dürfen wir zum Thema der löwenköpfigen Göttin noch auf einen stilistisch ausgezeichnet gearbeiteten Jaspisskarabäus aus Süditalien [334] hinweisen, der vielleicht auch eine sardopunische Arbeit darstellt: Die schreitende „Sachmet" im durchscheinenden, anliegenden Frauengewand trägt auf dem Kopf die dreiteilige Perücke und die Sonnenscheibe mit Uräus; in einer Hand hält sie ein großes Szepter, in der anderen (herabhängend) ein Anch; vor und hinter der Göttin befindet sich je eines der bekannten, leeren „Inschrift"-Rechtecke.

Motiv XIX: Hathorkopf und Sistrum

170. Walters, Nr. 373, Taf. VII; BM, WAA 133860. — Tharros, BM, Grab 22; grüner Jaspis. Hathorkopf in Vorderansicht mit den herabfallenden Locken, bekrönt von einfachem Schrein, an dessen Vorderseite ein Uräus mit Sonnenscheibe sichtbar ist; seitlich des Schreines die Voluten des Sistrums; unterhalb des Kopfes ein großes Kollier, das an beiden Seiten mit einem Falkenkopf endet, der die Doppelkrone trägt.

171. = Taf. 154,2; Ba., Nr. 123. — Sulcis, Tophet; grüner Jaspis. Über ungleichmäßig schraffiertem *nb* ein Sistrum mit einer kleinen Sonnenscheibe zuoberst; das Sistrum wird von zwei Uräen flankiert, deren Schwänze bis zum untersten Querstäbchen des Sistrums hinaufreichen; schraffierte Umrandung.

Das Hathorsistrum ist ein beliebtes Motiv ägyptischer Skarabäen[335]; ein solcher Steatitskarabäus ohne Herkunftsangabe befindet sich auch in Palermo[336]. Mit dem ägyptischen Einfluß kommen bereits in der Mittelbronzezeit, aber vor allem in der Spätbronzezeit zahlreiche Skarabäen mit Hathorsistrum nach Palästina; als Fundorte sind Gezer, Tell el-Farʿa (Nord), Tel Sharuhen, Lachish und Accho zu nennen[337]. Auf den Hathortypus der kanaanäischen Elfenbeinschnitzerei, besonders auf die Beibehaltung der Kuhohren auf den Funden von Tell Fakhariyah, haben wir bereits hingewiesen[338]. In die Eisenzeit I gehört ein Karneolanhänger in Form eines Hathorkopfes (flankiert von Uräen) über dem Goldzeichen aus Grab 7 der „coffin group" im Nordfriedhof von Beth-Shean[339]. In Kontexten des 1. Jts. v. Chr. kennen wir Steatitskarabäen mit dem von Uräen flankierten Hathorsistrum aus Lachish[340] und Kourion (Zypern)[341]. Aus Karthago[342] gehört ein schöner Jaspisskarabäus in unsere Thematik; allerdings ist darauf kein Sistrum dargestellt, sondern nur der Frauenkopf in Hathorikonographie mit einer von Uräen flankierten Sonnenscheibe auf dem Kopf.

Motiv XX: Gottheit mit Pferdekopf(?)

172. Ebers, S. 92f., Nr. 3, Taf. F,18; Spano, *Catalogo*, S. 17, Nr. 40. — Tharros; grüner Jaspis. Auf einer Lotosblume mit seitlichen Knospen sitzt eine anthropomorphe Gottheit, die nach der Beschreibung von Ebers einen Pferdekopf hat, auf dem sie die Hemhemkrone trägt. Die Gottheit bietet eine Katze dar in der Art, wie sonst die ägyptische Maat präsentiert wird (vgl. Nr. 106f.). Hinter der Gottheit ein Rechteck, das offenbar wieder eine Inschriftenkolumne andeuten soll.

Den ägyptischen Ausgangspunkt für die Ikonographie bietet entweder der anthropomorphe Sobek mit Krokodilskopf oder Thoëris mit Krokodilskopf. Das mir bekannte, nächst verwandte Beispiel bietet ein lokaler Skarabäus aus hartem, schwarzem Stein von Level III (etwa 430-375 v. Chr.) in Al Mina[343]: Darauf sehen wir eine schreitende, anthropomorphe Gestalt mit Pferdekopf;

die linke Hand hat sie zum Gruß erhoben, in der rechten hält sie eine Art *wȝś*-Szepter.

MOTIV XXI: STEHENDE GOTTHEIT MIT AFFENKOPF

173.
Della Marmora, T.A, 51. — Tharros; Jaspis. Die Gottheit trägt ein knielanges Gewand, die ägyptische, dreiteilige Perücke, darauf die Sonnenscheibe; in der Hand hält sie die große unägyptische Lanze; vor ihr das Thymiaterion (zu den letzten beiden Elementen vgl. etwa Nr. 117-122).

(nach della Marmora)

MOTIV XXII: WIDDERKÖPFIGE GOTTHEIT

s. Motiv XIII.2.4 (Nr. 123)

174. Ebers, S. 97, h, Taf. G, 49. — Sammlung Busacchi; grüner Jaspis. Anthropomorphe, widderköpfige Gestalt mit Doppelkrone und ausgebreiteten Flügeln kniend in einer flachen Schalenpalmette; deren floraler Untersatz wird von Uräen flankiert; darunter *nb*.

174bis. Taramelli, *Guida*, Taf. XXXIX, Fig. 67 (links oben) (= Taramelli, *Gouin*, S. 269, Fig. 28). — Tharros, Sammlung Gouin. Entspricht exakt Nr. 174, sodaß es sich um dasselbe Stück handeln könnte, wenn es möglich ist, daß das Stück der Sammlung Busacchi in die Sammlung Gouin gelangte.

Unter den figürlichen Amuletten sind sowohl völlig theriomorphe Widder als auch widderköpfige Gestalten sehr beliebt[344]. Auch in der eigentlichen phönikischen Kunst sind schreitende Widder geläufig[345]. Einen schreitenden Widder mit zurückgewandtem Kopf und über dem Rücken das Tanit-Zeichen trägt ein Jaspisskarabäus aus Tharros[346]; dieser ist aber schwerlich als ägyptisierend anzusprechen. Dagegen sehen wir auf einem Skarabäus aus Kourion[347] einen geflügelten, schreitenden Widder mit Sonnenscheibe und Uräus auf dem Kopf. Demgegenüber sind die widderköpfigen Gestalten auf unseren Skarabäen selten (s. Nr. 123). Von Karthago kennen wir ein Beispiel aus Jaspis[348], auf dem ein Widderkopf mit dem üblichen nach vorn gebogenen Gehörn und dem Isis-Hathor-Kopfputz dargestellt ist. Im Gesamtaufbau kommt unserer Nr. 174 ein bereits genannter Skarabäus in Paris[349] am nächsten.

Motiv XXIII: Falkenköpfige Gestalten

XXIII.1. *Einzeln*

ś. Motiv XI.4 (Nr. 106-109)

175.  Taramelli, *Predio Ibba*, Sp. 158, Fig. 68. — Cagliari, S. Avendrace, Grab 125; grüner Jaspis. Schreitend, mit kurzem, senkrecht gefälteltem Schurz; in einer Hand die große Lanze; davor Thymiaterion.

(nach Taramelli)

176. Walters, Nr. 366, Taf. VI; BM, WAA 133995. — Tharros, BM, Grab 25; dunkelgrüner Jaspis. Nach links schreitender Harachte ähnlich wie bei Nr. 175 (auch mit Lanze), der jedoch eine Hand zum Gruß erhoben hat und auf dem Kopf die Sonnenscheibe trägt; davor Thymiaterion.

177. Walters, Nr. 363; BM, WAA 133462. — Tharros, BM, Grab 10; dunkelgrüner Jaspis. Nach eigener Notiz „anthropomorphe Figur mit Falken(?)kopf und Geißel."

178. Crespi, S. 9, Nr. 4. — Tharros, Sammlung Chessa; grüner Jaspis. Wie Nr. 175, jedoch trägt die falkenköpfige Gestalt die Sonnenscheibe auf dem Kopf und hält in der linken Hand einen Stock „con testa di cucufa" (ein *wȝś*-Szepter?).

179. G. Spano, *Memoria sopra l'Antica cattedrale di Galtelli e scoperte archeologiche fattesi nell'isola in tutto l'anno 1872* (Cagliari 1873) S. 21. — Tharros; grüner Jaspis. „...col dio Phre con testa di sparviere con globo e luna falcata sopra, e al lato croce ansata".

180.  Taramelli, *Predio Ibba*, Sp. 157, Fig. 66. — Cagliari, S. Avendrace, Grab 100; grüner Jaspis. Motiv ähnlich wie auf Nr. 108, jedoch hat die Gottheit ihre Hände im bloßen Gruß- oder Verehrungsgestus erhoben. Der Kopfputz meint wohl die Sonnenscheibe mit Uräus (), obwohl auch eine mißverstandene Verwendung von Kuhgehörn mit Sonnenscheibe nicht ausgeschlossen ist[349a].

(nach Taramelli)

XXIII.2. Den Palmettenbaum flankierend

181.₂₈.  Della Marmora, T.A, 28. — Tharros; Jaspis. Die auf der Skizze linke Gestalt hat jedoch einen Geierkopf.

(nach Della Marmora)

XXIII.3. In Verbindung mit anderen Hauptmotiven

s. Motiv III.1.1 (Nr. 17)
VI.1 (Nr. 71, 72, 72bis).

Der falkenköpfige Harachte ist ein beliebtes Thema hyksoszeitlicher Skarabäen[350]. Auf Skarabäen dieser Epoche aus Palästina hält er gerne eine langstielige, bis zum Boden reichende Lotosblume, an der er riecht[351]. Als Vorbild für den Typus unserer Nrn. 175-178 werden wir die schon im NR in Palästina gut bekannte Skarabäendarstellung des schreitenden Re-Harachte mit dem wȝś-Szepter[352] ansprechen dürfen; dieses Motiv wurde in Palästina und Phönikien in der Spätzeit weitertradiert[353]. In die östliche Gruppe der hier behandelten Stücke gehört ein Karneolskarabäus aus ʿAtlit[354] mit einer nach links schreitenden, falkenköpfigen Gottheit, die auf dem Kopf die Sonnenscheibe (offenbar mit Uräus) trägt, in einer herabhängenden Hand ein Anch-Zeichen und in der anderen ein wȝś-Szepter hält. Auf einem nahverwandten Smaragdskarabäus aus Tartus[355] hält der falkenköpfige Harachte (mit ₊Ѻ̣ ˎauf dem Kopf) ein großes Papyrusszepter, und auf einem rechteckigen Plättchen aus Karthago[356] einen großen Lotosstengel.

Die kniende Stellung (sowohl mit einem als auch mit beiden Knien auf dem Boden) ist auf palästinensischen Fundstücken des NR[357] gleichermaßen beliebt. Im späteren phönikischen Kunsthandwerk wird jedoch die Position, in der der Gott mit nur einem Knie den Boden berührt, bevorzugt[358].

Daß auf Nr. 181 eine falkenköpfige Gestalt zusammen mit einer geierköpfigen den phönikischen Palmettenbaum flankiert, ist nur eine ägyptisierende Variante zu dem Motiv, in dem dieser Lebensbaum von phönikischen Männern mit spitzen Mützen[359] oder von assyrisierenden Gestalten[360] flankiert wird. Hier erkennen wir bereits eine untergeordnete Rolle des falkenköpfigen Wesens, die in der Motivgruppe XXIII.3. (die wir hier nicht mehr behandeln müssen) voll zum Ausdruck kommt.

Die untergeordnete Rolle der falkenköpfigen Gestalten, der Culican sehr interessante Überlegungen widmete [361], ist in Ägypten vorgegeben. Wir erinnern uns vor allem an entsprechende göttliche Wesen im Amduat, die den Sonnengott in der Barke führen, ihn verteidigen und die Barke lenken [362]; eine auffällige, zweitrangige Rolle hat hier der falkenköpfige „Horus, welcher preist" (*Ḥrw ḥknw*) im mittleren Register der einzelnen Stunden [363]. In unseren Zusammenhang gehören auch die zahlreichen Skarabäen, auf denen Amun von zwei falkenköpfigen Gottheiten geführt wird und die auch in Palästina zur Zeit des NR häufig belegt sind [364]. In dieser Funktion flankieren die beiden Gottheiten auch ein hohes Pfeilersymbol [365], eine langstielige Pflanze [366], den Palmettenbaum unserer Nr. 181, den Sonnenkäfer auf der Amathusschale oder das Sonnensymbol in der Barke auf unserer Nr. 17 [367]. Schließlich nehmen zwei einfache falkenköpfige Gestalten auf einem Steatitskarabäus aus Ashdod (Area A, Stratum 6: spätes 8. — frühes 7. Jh. v. Chr.) unterhalb von ⚇ den Platz des dort üblichen Lebenssymbols [368] ein. Wie unsere Nr. 72bis deutlich macht, übernehmen falkenköpfige Gestalten bisweilen die Rolle von Verehrern einer Gottheit nach Art menschlicher Wesen [369].

Motiv XXIV: Falke

XXIV.1. *Falke auf schraffiertem Hügel*

182. 58   Della Marmora, T.A, 58; P. C. Orcurti: *BAS* 2 (1856) S. 136f. — Tharros; Jaspis. Der Falke trägt *ḥkȝ*-Szepter und Geißel in stilisierter Form.

(Nach Della Marmora)

183. Spano, *Catalogo*, S. 18, Nr. 47. — Tharros; Jaspis. Falke über „doppeltem Korb" (damit kann nur der Hügel mit Netzmuster gemeint sein) mit Szepter und Geißel; davor Uräus mit Sonnenscheibe (vgl. Nr. 190).

184. Quattrocchi Pisano, *Dieci scarabei da Tharros*, S. 47, Nr. 6, Taf. VI,3. — Tharros; harter, hellgrüner Stein. Über dem Hügel mit Netzmuster ein nach rechts blickender Falke mit Doppelkrone, Szepter und Geißel; davor Uräus mit Doppel(?)-Krone, beschirmt durch den offenen, rechten Flügel des Falken.

185. Babelon, Nr. 29, Taf. IV. — Sardinien; grüner Jaspis. Motiv wie bei Nr. 184, jedoch trägt der Uräus, den der Falke beschützt, offenbar keine Krone.

186. Quattrocchi Pisano, *Dieci scarabei da Tharros*, S. 47, Nr. 7, Taf. VI,4. — Tharros; harter, hellgrüner Stein. Über dem Hügel mit Netzmuster ein nach rechts blickender Falke mit Doppel(?)-Krone, der seine entfalteten Flügel nach unten gerichtet hält (vgl. Nr. 197); auf dem Rücken Szepter und Geißel.

Die Darstellung eines Falken auf dem schraffierten Gebilde, das wir bereits in Zusammenhang mit Motiv I besprochen und als „Urhügel" gedeutet haben[370], läßt sich nach der ägyptischen, mythischen Schöpfungslehre, wie sie uns etwa in Edfu[371] überliefert ist, sehr gut erklären: aus dem Urgewässer hat sich eine Insel („Land der Ahnen", „Insel des Stampfens" o.ä.) erhoben, auf der sich der Falke (Schöpfergott) niedergelassen hat; die Insel ist mit dem „Urhügel" gleichzusetzen. Eine zweite Möglichkeit der Deutung bietet von der Ikonographie her der Falke (oft mit Geißel) in Kap. 77 des Totenbuches[372] der sich auf einem Hügel niedergelassen hat und mit dem sich der Tote identifiziert. Die kosmogonische Erklärung dürfte angesichts der Sonnendarstellungen über dem Urhügel in Motiv I vorzuziehen sein. Vergleichsstücke zu unseren Skarabäen sind aus dem Osten und Westen bekannt[373].

XXIV.2. *Andere Falkenmotive*

187. 59. Della Marmora, T.A, 59; P. C. Orcurti: *BAS* 2 (1856) S. 137 mit Abb.; Spano, *Catalogo*, S. 13f., Nr. 8; Ebers, S. 87, Taf. F,3. — Tharros; Jaspis. Der Falke mit Doppelkrone, Szepter und Geißel steht auf Blütendolden (Lotos? Papyrus?).

(nach Della Marmora)

188. P. C. Orcurti: *BAS* 3 (1857) S. 87, Nr. 4, Taf. I,4. — Tharros; grüner Jaspis. Ähnlich Nr. 187, jedoch steht der Falke auf zwei waagrechten Linien; vor ihm Anch.

189. Acquaro, *Tharrica*, S. 64, B 5, Taf. XXIV. — Tharros, Nekropole; grüner Jaspis; 4. Jh. v. Chr. oder später (nach S. 56). Falke mit geschlossenen Flügeln linkshin; Sonnenscheibe auf dem Kopf, Szepter und Geißel im Rücken.

190.  Taramelli, *Predio Ibba*, Sp. 157, Fig. 62. — Cagliari, S. Avendrace, Grab 65; Grüner Jaspis. Motiv wie Nr. 183, aber mit großem *nb*-Korb (vgl. Taf. 159,1).

(nach Taramelli)

191. Cara, *Monumenti*, S. 22, Nr. 18; Cagliari, Archäologisches Museum, mit Nr. 202. — Tharros, Sammlung Cara; grüner Jaspis. Flüchtig eingeritzter Falke (rechtshin) mit Szepter und Geißel; geschlossene Flügel; über dem Kopf schwebt eine kleine Sonnenscheibe; nach Cara handelt es sich bei den mir unklaren Einritzungen vor dem Falken möglicherweise um zwei phönikische Buchstaben.

192. A. M. Costa, *Santu Teru — Monte Luna: RSF* 8,2 (1980) S. 268; Taf. XCVI,2. — Monte Luna, Gräber vom 5.-3. Jh. v. Chr. (nach S. 269); Chalzedon. Über dem Goldzeichen ein nach rechts gewandter Falke mit geschlossenen Flügeln; Geißel im Rücken; über dem Kopf kleine Sonnenscheibe; davor hoch aufgerichteter Uräus mit Scheibe.

193. Ebers, S. 87, Taf. F, 4; Crespi, S. 10, Nr. 13. — Tharros, Sammlung Chessa; grüner Jaspis. Falke mit geschlossenen Flügeln und dreiteiliger Hemhemkrone (Hörner gehen in die Uräen über); Szepter und Geißel; als Basis kreuzschraffiertes Segment.

194. Walters, Nr. 360, Taf. VI; BM, WAA, 133170. — Tharros, BM, Grab 1; Karneol. Falke mit Doppelkrone und Geißel (linkshin), Flügel nach vorne gehalten.

195. Walters, Nr. 362, Taf. VI; BM, WAA 133538. — Tharros, BM, Grab 12; dunkelgrüner Jaspis. Falke über Lotos mit Doppelkrone (linkshin); Szepter und Geißel; obwohl er auf zwei Beinen steht, hält er in einer Klaue die ägyptische Doppelkrone; Flügel nach vorne gehalten.

196.  Taramelli, *Predio Ibba*, Sp. 157, Fig. 65. — Cagliari, S. Avendrace, Grab 92; grüner Jaspis. Wie Nr. 195 (der Falke hält in einer menschlichen Hand die entstellte Doppelkrone); auf seinem Kopf eine stark mißgestaltete Doppelkrone.

(nach Taramelli)

197. Walters, Nr. 361; BM, WAA 133327. — Tharros, BM, Grab 6; Karneol. Falke von vorne (Kopf aber zur Seite blickend) mit Doppelkrone und entfalteten Flügeln (vgl. Nr. 186); darüber Kuhgehörn und Sonnenscheibe der Isis-Hathor; aus dem Körper des Falken entspringt links und rechts je ein Uräus.

198. Ebers, S. 93, Nr. 6, Taf. F, 22; Furtwängler, *Gemmen*, I, Taf. XV, 11. — Jaspis. Ein Jüngling steht auf einem Bein auf einem *nb*; mit einer Hand hält er eine Lotosblume an dem langen, gebogenen Stengel; auf deren Blüte sitzt der Horusfalke mit geschlossenen Flügeln.

Falkenmotive, die unseren Beispielen aus Sardinien mehr oder weniger nahestehen, sind von Skarabäen aus Palästina und Phönikien gut bekannt; dort wurden sie auf lokalen Arbeiten sehr beliebt[374]. Der Louvre besitzt auch einen Steatitskarabäus aus dem Beiruter Kunsthandel, der der Produktion des phönikischen Mutterlandes angehört[375]: Auf der Flachseite trägt er einen Falken mit Doppelkrone, davor einen Uräus mit unterägyptischer Krone, dahinter einen mit oberägyptischer Krone. Solche Stücke erweisen uns die enge Zusammengehörigkeit der östlichen Steatitgruppe mit den Skarabäen aus hartem Stein.

Das Motiv unserer Nr. 190 läßt sich ziemlich genau auf einem ägyptischen, ovalen Plättchen aus Steatit [376] nachweisen. Diesem ägyptischen Plättchen entspricht ein Karneolskarabäus aus Kourion [377]. Ein exaktes Gegenstück zu dem sardischen Beleg fand sich jedoch in Karthago [378]. Das Motiv unserer Nr. 187, bereichert um den Uräus der Nr. 190, finden wir auf einem Jaspisskarabäus aus Phönikien [379]: Über einem Lotos mit seitlichen Knospen steht der Falke mit Doppelkrone, Szepter und Geißel; davor der Uräus mit Sonnenscheibe. Zur Variante des Falken über dem Goldzeichen (Nr. 192) läßt sich ein kubisches Siegel aus schwarzem Stein des 7. Jhs. v. Chr. zitieren [380], das entweder auf Zypern oder in Syrien hergestellt wurde: Auf einer senkrechten Seite ist rechtshin der Falke mit geschlossenen Flügeln, Szepter, Geißel und Doppelkrone dargestellt; vor ihm ein Uräus, gleichfalls mit Doppelkrone. In Hinblick auf unsere Nr. 193 (Falke mit Hemhemkrone) dürfen wir festhalten, daß der Falke (oder ist es ein anderer Vogel?) mit einfacher Atefkrone als Motiv der phönikischen Elfenbeinschnitzerei zu belegen ist [381]. Auch Falkendarstellungen mit entfalteten Flügeln (vgl. Nr. 197) haben auf Siegeln in Palästina eine alte Tradition [382]. Schließlich ist für den Osten wieder an die bereits erwähnten [383], tyrischen Münzen zu erinnern, auf denen eine Eule in der Art unserer Falken mit geschlossenen Flügeln samt Szepter und Geißel dargestellt ist. Ähnliche Stücke wie auf Sardinien sind auch von Ibiza bekannt [384].

MOTIV XXV: PHÖNIX

199. Ebers, S. 92, Nr. 2, Taf. F, 17. — Tharros, Sammlung Chessa (offenbar nicht bei Crespi); grüner Jaspis. Phönix mit Doppelkrone erhebt sich aus der eigenen Asche; Flügel symmetrisch ausgebreitet und nach unten geknickt.

MOTIV XXVI: SKARABÄUS

XXVI.1. *Ungeflügelter Skarabäus*

200. Cagliari, Archäologisches Museum, Inv. 19843 (ausgestellt; Sammlung Castagnino). — Kalkstein. Auf der Basis ein Skarabäus ähnlich der ägyptischen *ḫpr*-Hieroglyphe.

XXVI.2. *Zweiflügeliger Skarabäus*

s. Motiv III.2 (Nr. 19)

XXVI.3. *Vierflügeliger Skarabäus*

201. Spano, *Catalogo*, S. 14, Nr. 8; Ebers, S. 91f., Nr. 1, Taf. F, 16. — Tharros; grüner Jaspis. Über kreuzschraffiertem Segment ein Skarabäus ähnlich unserer

Taf. 158,3, d.h. mit Falkenkopf[385], Sonnenscheibe in den Vorderbeinchen; in den Hinterbeinchen ein Zeichen, das der ägyptischen *šs*-Hieroglyphe entspricht, aber nur eine Variante für den *šn*-Ring sein kann.

Obwohl auch der zweiflügelige Skarabäus gelegentlich auf Skarabäen des vorderasiatischen Raumes begegnet (hier zumeist in sekundärer Funktion als unterer Abschluß einer Szene)[386], nimmt demgegenüber der vierflügelige Käfer eine überragende Stellung ein. Dieser Typus paßt auch bestens in die Welt der östlichen, vierflügeligen Gestalten hinein; möglicherweise verdanken sogar Skarabäus und Uräus ihre vier Flügel dem asiatischen, vielleicht hurritischen Einfluß[387]. Dennoch kann kein Zweifel bestehen, daß der vierflügelige Skarabäus ein Motiv der spätzeitlichen ägyptischen Kunst darstellt[388] und seine Bedeutung innerhalb der phönikischen Kunst mit der libyerzeitlichen, ägyptischen Komponente in derselben zusammenhängen kann[389].

Der vierflügelige Skarabäus begegnet mehrfach auf phönikischen Metall- und Elfenbeinarbeiten, gelegentlich auch mit Falkenkopf[390]; auf Schalen aus Amathus und Palestrina nimmt er den Rang einer höchsten Gottheit ein[391]. Der vierflügelige Skarabäus wird auch zu einem geläufigen Motiv auf phönikischen und hebräischen Siegeln[392]; beide Typen — sowohl der zweiflügelige wie der vierflügelige Käfer — erscheinen im späten 8. und frühen 7. Jh. v. Chr. auf Krugstempeln von Juda[393]. Interessant ist, daß der vierflügelige Skarabäus auch in die archaisch griechische Glyptik eindringt[394] und offenbar auf frühen Elektronmünzen aus Ephesos[395] begegnet. Im Westen können wir abgesehen von unseren Ausführungen zu dem Armband der Taf. 158,3[396] auf ein Tonmodell eines vierflügeligen Skarabäus aus Karthago[397] verweisen. Auf späten (3.-2. Jh. v. Chr.?) karthagischen Stelen[398] tritt offenbar eine Vermischung mit dem vierflügeligen Uräus ein.

MOTIV XXVII: FLÜGELSCHLANGE

s. Motiv III.3.4 (Nr. 35)
　　　IV.2 (Nr. 39)

202. 2.  Della Marmora, T.A, 2; C. Orcurti: *BAS* 1 (1855) S. 119, Abb. Nr. 5; G. Spano: *BAS* 3 (1857) S. 107; id.: *BAS* 7 (1861) S. 77; C.-W. Mansell: *Gazette Archéologique* 44 (1878) S. 40; Perrot-Chipiez, III, S. 656, Fig. 465. — Tharros; Jaspis. Auf kreuzschraffiertem Hügel; auf dem Kopf das ägyptische Mondsymbol(?); vor den Flügeln entarteter *šn*-Ring(?).

D

(nach Della Marmora)

203.-204. Spano, *Catalogo*, S. 14, Nr. 1 (die Schlange hat angeblich einen gespaltenen Schwanz); S. 21, Nr. 100 (die Schlange hat wahrscheinlich ein Kuhgehörn; vor den Flügeln ein Vogel). — Beide Tharros; Jaspis.

205. Crespi, S. 14f., Nr. 33. — Tharros, Sammlung Chessa; grüner Jaspis. „Serpente ureo alato con disco in capo e corba sotto".

206. Taramelli, *Guida*, Taf. XXXIX, Fig. 67, ganz rechts unten (= Taramelli, *Gouin*, S. 269, Fig. 28). — Tharros. Wie bei Nr. 202, auf dem Kopf aber vielleicht nur eine Scheibe; zwischen den Flügeln ist nichts zu sehen.

Mit dem Vorkommen von Uräen auf Skarabäen und anderen Siegeln in Palästina hat sich Keel[399] eingehend beschäftigt. Für uns genügt hier ein Hinweis auf den geflügelten Uräus als Motiv der phönikischen Elfenbein-schnitzerei und Metallschalen[400]. Auf den Skarabäen Nr. 202 und 206 erscheint der geflügelte Uräus als hohe Gottheit auf dem „Urhügel" wie die Sonnenscheibe mit Hemhemkrone (Motiv I.1) oder der Falke (Motiv XXIV.1). Eine Verbindung zu unseren Skarabäen scheint bereits ein grob geschnitzter weißer Steatitskarabäus aus Al Mina (Level VIII-IX: 8. Jh. v. Chr.)[401] herzustellen, der nach der äußeren Struktur wohl eine vorder-asiatische Arbeit darstellt: Auf der Flachseite befindet sich ein geflügelter Uräus mit Sonnenscheibe; darunter ein unklares, waagrechtes Zeichen. Ein grüner Jaspisskarabäus aus Kourion[402] zeigt uns einen nach links gewandten, aufgerichteten Uräus mit Flügeln in Schutzhaltung. Auf unserer Nr. 204 hat der Uräus vermutlich das Hathorgehörn, ähnlich wie auf einem Skarabäus von Cheikh Zenad[403] oder den Amuletten unserer Taf. 63,7-8; 64,1-3. Schließlich stellt auch ein Karneolskarabäus aus Karthago[404] die Verbindung mit dem Falkenmotiv unserer Nr. 192 her: In beiden Fällen bildet das Goldzeichen die Basis, das den schraffierten Hügel ersetzen kann.

MOTIV XXVIII: SPHINX

XXVIII.1. *Liegendes Sphinxwesen*

XXVIII.1.1. *Ungeflügelt, ohne Bart*

207. = Taf. 155,2; M. L. Uberti, *Scarabeo punico del Museo Archeologico Nazionale di Cagliari*; in: *Atti del I° Convegno Italiano sul Vicino Oriente Antico (Roma, 22-24, Aprile 1976)* (Roma 1978) 157-162, Taf. XII-XIII[405]. — Tharros, Sammlung Spano; hellblaugrauer Chalzedon. Über kreuzschraffiertem Segment liegende Sphinx mit Doppelkrone; zwischen den Vorderbeinen Uräus mit Sonnenscheibe; über dem Rücken liegende, leere Kartusche; darüber spiegelbildlich eingravierte, phönikische Inschrift: ʿḥr.

Zur Inschrift hat uns Herr Dr. Günther Vittmann (Würzburg) folgende briefliche Mitteilung zukommen lassen, für die ich ihm herzlichst danken möchte:

„Ein Personenname *'ḥr* begegnet in einem aramäischen Papyrus, dessen Herkunft und Datierung unsicher ist, s. Cowley, *Aramaic Papyri of the Fifth Century B.C.*, S. 182, Nr. 72 (übliches Sigel: *AP* 72), Z. 6; Kornfeld, *Onomastica Aramaica aus Ägypten* (Wien 1978), S. 85 s.v. *'ḤR*. Nach Cowley, a.a.O., muß der Papyrus nicht aus Elephantine stammen und kann aus späterer Zeit als die anderen dort gefundenen Papyri datieren. Die Namen in diesem Text sind alle ägyptisch, weswegen auch für den Personennamen *'ḥr* in *AP* 72,6 ägyptische Herkunft sehr wahrscheinlich anzunehmen ist. Es handelt sich m.E. wohl um eine nicht normgemäße Schreibung für den in der Spätzeit sehr verbreiteten Namen *'nḫ-Ḥr*[406], für den auf Grund der zu rekonstruierenden Aussprache **'a(n)ḥaḥōr* (griech. als Χαῦρις überliefert) eher eine Wiedergabe *'ḥḥr* zu erwarten wäre (vgl. ähnliche Beispiele — bei anderen Namen — bei Kornfeld, a.a.O.). Die aramäische Wiedergabe mag aber auf eine kontrahierte Aussprache **'aḥḥōr* bzw. **'aḥḥōr* weisen.

Auf Grund dieses Befundes ist es nicht unwahrscheinlich, daß auch in dem *'ḥr* aus Tharros ein ägyptischer Personenname vorliegt; eine solche Erklärung mag überzeugender sein als die von Uberti, die in *'ḥr* eine punische Graphie für den — nur sehr schwach belegten — semit. Personennamen *'ḥr* sehen möchte. Letzte Gewißheit dürfte vorläufig aber schwer zu erlangen sein".

208. Walters, Nr. 378, Taf. VII; BM, WAA 133238. — Tharros, BM, Grab 3; grüner Jaspis. Liegende Sphinx mit Doppelkrone; den Gegenstand vor der Sphinx interpretiert Walters als *ḥs*-Gefäß, das als Sistrum mißverstanden sei.

(nach Walters,
Ausrichtung des Originals

209. Walters, Nr. 379, Taf. VII; BM, WAA 134285. — Tharros, Sammlung Castellani; Karneol. Liegende Sphinx mit entstellter Doppelkrone und *ḥs*-Vase bei den Vorderbeinen über Lotosblüte mit seitlichen Knospen; über dem Rücken Udjat; darüber Scheibe und Mondsichel.

(nach Walters,
Ausrichtung des Originals)

Über einem liegenden Sphinx stehen auf ägyptischen Skarabäen gerne Königs- oder Götternamen. Unsere Nr. 207 ist in dieser Hinsicht also eine gute Analogiebildung mit der leeren Kartusche und dem Namen des Besitzers darüber. Auch für den Gesamtaufbau mit Uräus davor läßt sich aus Ägypten ähnliches zitieren[407]. Interessant ist für uns ein Steatitskarabäus aus der Zeit der 18. Dynastie, der in Lachish gefunden wurde[408]: Hier sehen wir eine liegende, bartlose Sphinx mit degenerierter ägyptischer Krone, vor ihr eine *Mn-ḫpr-R'*-Pseudokartusche, über dem Rücken eine Flügelschlange und als Basis ein *nb*; außerdem ist das Stück verkehrt dekoriert[408a]; es spricht somit alles für eine lokale Arbeit. Auch unter den späteren Skarabäen aus hartem Stein gibt es zu Nr. 207 verwandte Stücke, die Uberti behandelt hat[409]. Liegende Sphingen, über deren Rücken sich leere Pseudokartuschen befinden, trägt auch der Skarabäus unserer Taf. 155,1. Aus der Sammlung Castellani stammt ein Karneolskarabäus des British Museum[410] mit einem liegenden Sphinx mit Doppelkrone und Uräus wie auf unserer Nr. 207; über dem Rücken steht eine leere Kartusche mit Federn; das Sphinxwesen liegt auf einer Reihe von Pflanzen, die denjenigen unserer Nr. 39 sehr verwandt sind; über allem schwebt die Flügelsonne. Die Bedeutung des Sphinxtypus unserer sardischen Funde (liegend, ohne Bart, mit Doppelkrone) wird auch durch die Tatsache erhellt, daß er als Motiv phönikischer Münzen (Abb. 55) erscheint.

Abb. 55: Phönikische Münze, in Byblos gefunden;
nach Dunand, *Byblos*, II, Texte, 1, S. 68, Fig. 45, Nr. 7144.

Sollte sich die ägyptische Deutung des Namens 'ḥr von Nr. 207 bestätigen, würde daraus folgen, daß es sich wahrscheinlich um keinen punischen Skarabäus, sondern um ein östliches Erzeugnis, vermutlich aus Ägypten, handelt.

XXVIII.1.2. *Geflügelt*

210. Ebers, S. 97, p, Taf. H,57; Spano, *Catalogo*, S. 19, Nr. 68. — Tharros; grüner Jaspis. Liegende, weibliche Sphinx mit Flügeln, deren einer geknickt ist; was sie in den Vorderbeinen hält, ist unklar, ebenso die Kopfbedeckung.

211. Spano, *Catalogo*, S. 20, Nr. 91. — Tharros; Jaspis. „Sfinge alata accoccolata col serpente ureo innanzi, e globo in testa".

212. Acquaro, *Tharrica*, S. 66, B 16, Taf. XXV. — Tharros, Nekropole; grüner Jaspis. Sphinx mit unägyptischem Bart und helmartiger Kopfbedeckung, einem sichtbaren, aufgeschwungenen Flügel mit deutlicher Innenzeichnung und s-förmig aufsteigendem Schwanz; der Oberkörper ist ganz leicht erhoben, ein Vorderbein geknickt.

Die Sphinx von Nr. 210 führt offenbar den Typus der liegenden, geflügelten weiblichen Sphingen des NR[411] fort[412]. Dagegen erweist die helmartige Kopfbedeckung von Nr. 212 wieder deutliche Beziehungen zu den außerägyptischen Steatitskarabäen (vgl. Taf. 113,1b-c). Diese helmartige Kopfbedeckung trägt auch eine liegende Sphinx mit einem sichtbaren, nach oben gehaltenen Flügel auf einem Chalzedonskaraboid im Louvre[413]. Sehr ähnlich unserer Nr. 212 ist ein grüner Jaspisskarabäus aus Karthago des 4. Jhs. v. Chr.[414]. Schließlich dürfen wir festhalten, daß gerade dieser zuletzt behandelte Sphinxtypus in ähnlicher Weise in der archaisch griechischen Glyptik zu finden ist; möglicherweise kommt also von daher ein Einfluß[415].

XXVIII.2. Sitzendes Sphinxwesen

XXVIII.2.1. Ungeflügelt

213. Ebers, S. 93, Nr. 7, Taf. F,23. — Sammlung Busacchi; grüner Jaspis. Sitzende(r) Sphinx (ob Bart, ist unklar) mit zurückgewandtem Kopf und Tuch zwischen den Vorderbeinen; davor, halb kniend, Harpokrates (er hat offenbar eine Hand am Mund) mit Doppelkrone[416].

XXVIII.2.2. Geflügelt

214. Walters, Nr. 380; BM, WAA 133611. — Tharros; BM, Grab 14; dunkelgrüner Jaspis. Nach rechts gewandter, sitzender, männlicher Sphinx mit hochgeschwungenem Flügel; über kreuzschraffiertem Segment.

215. Walters, Nr. 381; BM, WAA 133776. — Tharros, BM, Grab 20; schwarzer Stein. Gekrönter (mit Doppelkrone), sitzender[417] Flügelsphinx vor Altar; nb als Basis.

216.　　　　　P. C. Orcurti: *BAS* 3 (1857) S. 87, Nr. 5, Taf. I,5. — Tharros, Sammlung G. Spano; Jaspis. Auf einem nb sitzende, weibliche Flügelsphinx.

(nach Orcurti)

217. Ebers, S. 97, k, Taf. G,51. — Sammlung Spano; grüner Jaspis. Wie Nr. 216, aber mit s-förmig aufgerichtetem Schwanz und Tuch zwischen den Vorderbeinen.

218. Chiera, *Nora*, S. 102, Taf. VI,3. — Nora, Grab XV; harter Stein; 4.-3. Jh. v. Chr. (nach S. 104). Rechtshin sitzende Sphinx mit nur einem sichtbaren[418], hoch aufgeschwungenem Flügel; aufgerichteter Schwanz; Sonnenscheibe auf dem Kopf.

219. Quattrocchi Pisano, *Dieci scarabei da Tharros*, S. 53, Nr. 10, Taf. VII,3. — Tharros; Karneol; etwa Mitte 4. Jh. v. Chr. (nach S. 54). Sitzende Sphinx mit zwei sichelförmig hochgeschwungenen Flügeln, Sonnenscheibe auf dem Kopf; die Sphinx sitzt auf einer Palmette, die auf einer Lotosblume ruht (diese wird noch von zwei unklaren Elementen flankiert); unter der Basislinie (nach Quattrocchi Pisano) eine weitere, offene Lotosblume.

220.　　　　　Elena, S. 34, Nr. 8, Taf. 9. — Cagliari, S. Avendrace; grüner Jaspis. Sitzende[419] Flügelsphinx mit Doppelkrone über der ägyptischen Perücke; Tuch zwischen den Vorderbeinen.

(nach Elena)

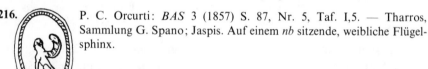

221. Cagliari, Archäologisches Museum, Inv. 19780, Sammlung Castagnino. — Grüner Jaspis. Sitzende Sphinx mit s-förmig aufsteigendem Schwanz und aufragendem Flügel; über der Perücke die Doppelkrone; Tuch zwischen den Beinen.

222. Ebers, S. 97, o, Taf. G,56; Spano, *Catalogo*, S. 19, Nr. 81. — Tharros; grüner Jaspis. Sitzende(r) Flügelsphinx (linkshin) mit s-förmig aufsteigendem Schwanz und Helm[420]; hält in der rechten Vorderpfote ein mir unklares Objekt.

Beim sitzenden, männlichen Flügelsphinx (Nr. 214) ist man geneigt, an naukratischen Einfluß zu denken. Vor allem besitzt das British Museum selber einen aus Tharros stammenden Skarabäus mit diesem Motiv[421], der aus blauer Naukratispaste hergestellt ist.

Das Motiv der weiblichen, sitzenden Flügelsphinx entspricht der östlichen Tradition[422] und ist auf phönikischen Skarabäen und ovalen Stempelsiegeln recht beliebt[423]. Zwei Skarabäen aus grünem Jaspis, einer aus Tartus[424], der andere aus dem Florentiner Kunsthandel[425], kommen in der Ausführung unserer Nr. 218 aus Nora besonders nahe. Eine sitzende Sphinx mit Doppelkrone und s-förmig aufsteigendem Schwanz trägt ein Skaraboid aus olivgrünem Stein von Beth Shemesh[426]. Zu diesem Typus sind auch zwei antithetisch sitzende, weibliche Sphingen auf einem persischen Siegel im Louvre[427] zu vergleichen: Sie zeigen einen aufgeschwungenen Flügel mit genauer Innenzeichnung, die Doppelkrone und den s-förmig aufsteigenden Schwanz. Vercoutter publizierte zwei karthagische Skarabäen aus hartem Stein[428], die in unsere Thematik gehören; davon erinnert einer (Vercoutter, Nr. 572) besonders stark an die Sphingen der Steatitskarabäen des phönikischen Mutterlandes (Taf. 113,2; 114).

XXVIII.3. *Schreitende oder stehende Flügelsphinx*

223.

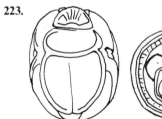 

Bondì, *Scarabei Monte Sirai*, S. 74f., Nr. 5. — Monte Sirai, Grab 11; grüner Jaspis; 4.-3. Jh. v. Chr. (nach S. 84). Nach rechts schreitende Flügelsphinx mit helmartiger Kopfbedeckung und erhobenem Schwanz.

(nach Bondì)

224. Ebers, S. 93, unter Nr. 4, Taf. F,21; Spano, *Catalogo*, S. 16, Nr. 29. — Tharros; grüner Jaspis. Stehende Sphinx[429] mit aufgerichtetem Schwanz und aufgerichtetem Flügel, sowie kleiner Sonnenscheibe auf dem Kopf; davor Thymiaterion; die Darstellung befindet sich innerhalb eines Schreines, dessen Gebälk, die Flügelsonne, von zwei Säulen getragen wird; auf einer Barke.

Interessanterweise gibt es zu dem so unägyptisch anmutenden und flüchtig ausgeführten Skarabäus Nr. 223 aus Monte Sirai sehr gutes Vergleichsmaterial unter ägyptischen Skarabäen des NR. Ein Steatitskarabäus Thutmosis' III.[430] zeigt ein geflügeltes Sphinxwesen (ohne Bart, in Schrittstellung) mit Kriegshelm über einem Gefallenen. In Kairo befindet sich ein Skarabäus aus hellvioletter Paste[431], auf dem ein schreitender Flügelsphinx dargestellt ist, der fast genau dem unserer Nr. 223 entspricht: die Flügel haben dieselbe Haltung, der Helm ist fast gleich; der Sphinx trägt einen kurzen Bart; vor ihm befindet sich ein aufgerichteter Uräus[432]. Der Sphinxtypus von Nr. 223 erscheint schließlich auf einem Skarabäus aus blauer Paste der östlichen Gruppe in Kition, Bothros 1 (600-450 v, Chr.)[433].

Für schreitende Sphingen (mit und ohne Bart, geflügelt und ungeflügelt) können aus Palästina und Phönikien zahlreiche Beispiele auf Skarabäen und anderen Siegeln angeführt werden[434]. Den schreitenden, männlichen Flügelsphinx kennen wir auch von den phönikischen Elfenbeinen des 8. Jhs.[435]. Ein rechtshin schreitender Flügelsphinx auf einem karthagischen Skarabäus aus grauem Stein[436] erinnert dagegen eher an Naukratis[437].

Die Flügelsphingen werden mit guten Gründen als Repräsentanten der Cherubim des Alten Testamentes angesehen[438]. Für uns ist nun bemerkenswert, daß eine solche geflügelte Sphinx innerhalb eines Barkenschreines nach Art ägyptischer Gottheiten dargestellt werden kann (Nr. 224).

Motiv XXIX: Greif

225.

(nach Bondì)

Bondì, *Scarabei Monte Sirai*, S. 74, Nr. 4. — Monte Sirai, eines der geplünderten Gräber; grüner Jaspis; 4.-3. Jh. .v. Chr. (nach S. 83). Liegender, geflügelter Falkengreif mit s-förmig aufsteigendem Schwanz und Doppelkrone über dem Lotosteich oder Papyruspflanzen; der untere Abschluß wird durch eine doppelte Wasserlinie gebildet (vgl. Nr. 39).

226. 37.   Della Marmora, T.A, 37. — Tharros; Karneol.

c

(nach Della Marmora)

227. Crespi, S. 15, Nr. 38. — Tharros, Sammlung Chessa; grüner Jaspis. „Grifone con specie di corno in testa in corsa a destra".

Der liegende Falkengreif, der auch auf ägyptischen Skarabäen[439] ein beliebtes Motiv darstellt, ist von zahlreichen Skarabäen aus hartem Stein syrisch-phönikischer Herkunft bekannt[440]. Ein Karneolskaraboid aus Kourion[441] zeigt einen liegenden Flügelgreif mit degenerierter Doppelkrone. In Karthago fallen besonders einige Skarabäen aus hartem Stein auf, die das Motiv des liegenden (hier ungeflügelten) Greifen tragen, da sie als unmittelbare Nachahmungen von Skarabäen ägyptischer Art gelten können[442].

Die sitzenden Flügelgreifen tragen auf palästinensischen Siegeln üblicherweise die Doppelkrone, gelegentlich auch die Sonnenscheibe[443]. Bei unserer Nr. 226 ist von Bedeutung, daß der Flügelgreif über dem Goldzeichen sitzt. Dieses Motiv (mit Doppelkrone und parallel nach oben gehaltenen Flügeln) trägt ein Skarabäus in Basel[444]; ein ähnlicher Karneolskarabäus hat sich in Kourion gefunden[445]. Auf verwandten Beispielen von demselben Fundort ist das Goldzeichen weggelassen, der Greif trägt die Sonnenscheibe und kann dabei auch den Kopf zurückwenden[446]. In Karthago hat sich ein Karneolskarabäus gefunden[447], wo der Greif mit einem aufgerichteten Flügel über dem Goldzeichen sitzt; ein besonders stark nach Ägypten weisendes Element bildet hier die hieroglyphische Wasserlinie über dem Mischwesen. Das beste Vergleichsstück, das einerseits in der Tradition ägyptischer Skarabäen steht und mit dem andererseits unsere Nr. 226 direkt verbunden werden kann, bildet ein Skarabäus aus Kition (Bothros 1: 600-450 v. Chr.)[448], der aus dem dort geläufigen „Materialtyp A" hergestellt ist: Der sitzende Flügelgreif entspricht dem des sardischen Exemplares in Flügel- und Schwanzhaltung; der Kopf ist dagegen zurückgewandt und hat keine Bedeckung; als Basis finden wir das Goldzeichen; zwischen diesem und dem Greifen ist auch eine unlesbare Pseudokartusche eingeschoben. Das Beispiel aus Kition ist sicher eine außerägyptische Arbeit und beleuchtet wieder die Beziehungen zwischen diesen Skarabäen aus weichen Materialien und den hier behandelten aus hartem Stein.

MOTIV XXX: HOCKENDER PAVIAN

XXX.1. Als Hauptmotiv

228. Della Marmora, T.A, 17. — Tharros; Amethyst. Der hockende Pavian hat vor sich das ägyptische Schutzzeichen (sꜣ); unter ihm befinden sich ein Vogel und andere, nicht im Zusammenhang lesbare Hieroglyphen.

Auf einem Karneolskarabäus aus Kourion[449] hält der Pavian Schreibfeder und Palette (in stilisierter Form) und trägt auf dem Kopf Mondsichel und Mondscheibe; hier ist also der Bezug zum ägyptischen Thot sehr deutlich. Analog zu unserer Nr. 226 sitzt auf einem Jaspisskarabäus aus Karthago[450] ein Pavian (mit rundem Zeichen auf dem Kopf) über dem Goldzeichen.

XXX.2. *Zwei Affen flankieren ein göttliches Symbol*

s. Motiv III.1.2. (Nr. 18)

     III.2.   (Nr. 19)

     XL   (Nr. 248, dritter Streifen)

229. Walters, Nr. 387, Taf. VII; BM, WAA 133322. — Tharros, BM, Grab 6; dunkelgrüner Jaspis. Zwei nach innen blickende Affen mit den überlangen, schnabelähnlichen Schnauzen (u.a. ein Charakteristikum von Darstellungen der 24. und 25. Dynastie[451]) flankieren eine phönikische Palmette, die aus einer großen Schalenpalmette herauswächst.

Die Palmette im Zentrum ist im Zusammenhang mit den Objekten und Symbolen zu sehen, die zwei Affen sonst flankieren können: Bei Nr. 18 ist es die Sonnenscheibe mit der Hemhemkrone, bei Nr. 19 der Skarabäus über dem Lotos, auf einem Skarabäus vielleicht des späten NR in Kairo der Obelisk[452], desgleichen auf einem Steatitskarabäus aus Tell Sharuhen[453], falls es sich hier nicht um einen ähnlich aussehenden Baetyl handelt. Ein Skarabäus aus Syrien/Phönikien[454] zeigt zwei Affen mit gut ausgeführten, aber extrem schmalen Schnauzen, die das *ḥs*-Gefäß flankieren, also ein Reinigungssymbol. Schließlich ist ein grüner Jaspisskarabäus aus Karthago zu nennen, auf dem in einer Papyrusbarke vom Typus unserer Nr. 52 in der Mitte eine Palme steht, die von zwei hockenden Pavianen mit dem Mondzeichen auf dem Kopf flankiert wird. Wenn wir dazu noch unsere Nr. 248 ins Auge fassen, wo die Paviane ein Anch anblicken, können wir zusammenfassend festhalten, daß es sich bei dem zentralen Motiv im Grunde um ein Lebenssymbol handelt (Nr. 229 wird wohl den Lebensbaum meinen), das bisweilen in die höchste theologische Sphäre gehoben ist, nämlich dann, wenn der aus dem Lotos entstehende Sonnengott erscheint.

Motiv XXXI: Sitzende Katze

230. Crespi, S. 19, Nr. 1 (Sassari, Museo G. A. Sanna, Raum H, Vitrine 42). — Material nach Crespi blaues Glas (sieht bei Betrachtung durch die Vitrine dem vorderasiatischen, harten Ägyptisch Blau oder Lapislazuli ähnlich). Auf einem Oval sitzende Katze mit aufgerichtetem Schwanz; hinter ihrem Rücken kommen Papyrusdolden hervor.

Zu unserem Stück ist vor allem ein Karneolskarabäus aus Byblos[455] zu vergleichen, auf dem über einem senkrecht gestreiften *nb* eine sitzende Katze im Papyrusdickicht wiedergegeben ist (d.h. die Dolden auf langen Stielen kommen hinter dem Tier hervor wie auf unserer Nr. 230). Eine sitzende Katze zeigt auch ein Achatskarabäus aus Karthago[456]; über ihrem Rücken die ägyptische *šw*-Binse.

Motiv XXXII: Sitzender Hund(?)

231. Acquaro, *Tharrica*, S. 66, B 19, Taf. XXV. — Tharros, Nekropole; grüner Jaspis. Innerhalb einer einfachen Umrandungslinie ein sitzendes Tier, wohl Hund, mit aufgerichtetem Schwanz; darüber schwebender Falke[457].

Motiv XXXIII: Ibis

232.

(nach Spano)

G. Spano: *BAS* 2 (1856) S. 123 mit Abb. (= unsere Skizze); id.: *BAS* 7 (1861) S. 144; id., *Catalogo*, S. 20, Abb. bei Nr. 98. — Tharros. Der Ibis wird von einem Krokodil getragen und pickt mit dem Schnabel nach einer Blume; zwischen diesen beiden Tieren ein Kücken (vgl. Anm. 86 zu Abschnitt II).

233. Crespi, S. 15, Nr. 41. — Tharros, Sammlung Chessa; grüner Jaspis. „Ibi con ali sparse sopra corba".

Als Vorbild für das Motiv von Nr. 232 kommen ägyptische Skarabäen in Frage, auf denen sich über einem Krokodil der Horusfalke[458] oder eine Gans[459] befinden.

Motiv XXXIV: Löwe [460]

Als Träger von Barke oder Götterschrein:
s. Motiv II.3 (Nr. 16)
　　VI.1 (Nr. 73)

XXXIV.1. *Schreitender oder stehender Löwe* [461]

234.
20.

D
(nach Della Marmora)

Della Marmora, T.A, 20. — Tharros; Jaspis. Der Löwe trägt auf dem Kopf die von Uräen flankierte Sonnenscheibe; hinter ihm offenbar ein hoher Papyrusstengel; neben diesem sowie vor dem Löwen ein Uräus.

235. Ebers, S. 99, VII,3, Taf. H, 64; Crespi, S. 15, Nr. 36. — Tharros, Sammlung Chessa; grüner Jaspis. Nach rechts schreitender Löwe mit geschlossenem Maul; darüber einfache Flügelsonne.

235bis und ter. Crespi, S. 15, Nr. 34 und 35. — Tharros, Sammlung Chessa; grüner Jaspis. Auf beiden ein geflügelter Löwe (bei Crespi, Nr. 35, ausdrücklich nach rechts schreitend). Ägyptischer Einfluß ist hier aber ganz unsicher.

XXXIV.2. *Sitzender Löwe*

236.  Della Marmora, T.A, 56. — Tharros; Jaspis.

(nach Della Marmora)

236bis. Della Marmora, T.A, 57. — Tharros; Jaspis. Ähnlich wie Nr. 236; unklar bleibt aber, um welches Tier es sich handelt (es könnte auch eine gewöhnliche Katze oder ein Panther sein).

237. Crespi, S. 11, Nr. 19, Taf. A,5; Ebers, S. 103f., Taf. H,85; Furtwängler, *Gemmen*, II, S. 34f., zu Taf. VII, 34 (hier ein identisches Stück abgebildet). — Tharros, Sammlung Chessa; grüner Jaspis. Über kreuzschraffiertem *nb* sitzender Löwe mit Gesicht *en face*; über seinem Kopf astrales Motiv; über seinem Rücken Beskopf mit Arm; vor ihm Uräus mit Doppelkrone.

(nach Crespi)

238. = Taf. 154,3; Acquaro, *Tharrica*, S. 64, B 3, Taf. XXIV. — Tharros, Nekropole; grüner Jaspis; etwa 5. Jh. v. Chr. (nach S. 55). Ähnlich Nr. 237, links jedoch Löwenprotom im Profil.

238a. s. Anm. 86 zu Abschnitt II. — Tharros; Jaspis. Sitzender Löwe im Papyrusdickicht.

Mit unserer Nr. 237 ist ein grüner Jaspisskarabäus aus der Sammlung Castellani[462] völlig identisch; Beispiele aus Karthago und Ibiza[463] kommen sehr nahe. Das Motiv über dem Rücken des Löwen (Uräus: Nr. 236; Beskopf: Nr. 237; Löwenprotom: Nr. 238) hat offensichtlich apotropäische Bedeutung. In Hinblick auf unsere Nr. 237 ist interessant, daß auf verwandten Beispielen die Stelle des Beskopfes ein sitzender Affe einnehmen kann[464]; darin mag — wie in dieser Arbeit bereits festgestellt[465] — wieder die Nähe von Affe und Bes zum Ausdruck kommen. Der ägyptische Typus des ruhig sitzenden Löwen mit Gesicht *en face* wurde auch in die archaisch griechische Glyptik übernommen, wo er analog unserer Nr. 238a erscheint[466].

XXXIV.3. *Liegender Löwe*[467]
s. Motiv VIII.2 (Nr. 94)

239. G. Spano: *BAS* 5 (1859) S. 158. — Tharros. „... un leone accovacciato collo pscent in testa, a destra un cinocefalo, ed a sinistra un canopo che termina in testa di sparviero collo pscent in testa, e sopra il disco alato. Sotto è la corba dalla quale spunta un calice di loto con due foglie al lato". Also der liegende Löwe[468] mit Doppelkrone als Gott auf dem Lotos; dabei ein Hundskopfaffe.

240. Spano, *Catalogo*, S. 19, Nr. 82. — Tharros; Jaspis. „Leone accoccolato a destra".

241. Ebers, S. 97, 1, Taf. G,52; Spano, *Catalogo*, S. 19, Nr. 79. — Tharros; grüner Jaspis. Liegender Löwe, dahinter Dattelpalme.

Motiv XXXV: Stier

14.

242. Della Marmora, T.A, 14. — Tharros; Jaspis. Laufender Stier unter Flügelsonne mit nur einem sichtbaren Horn nach phönikischer Art.

(nach Della Marmora)

Unklar bleibt, ob der Stier bei Della Marmora, T.B, 62 (Tharros, Jaspis) die beiden Hörner nach ägyptischer Art zeigt, oder ob nur ein Ohr neben einem Horn in der Zeichnung so groß geraten ist. Den galoppierenden Stier mit einem oder zwei sichtbaren Hörnern kennen wir von syrischen Stempelsiegeln des 8.-7. Jhs. v. Chr.[469].

Motiv XXXVI: Kuh mit Kalb

Das Motiv der Kuh, oder besser des Muttertieres, das ihr Junges säugt, kennen wir bereits von den rechteckigen Plaketten[470]. Da dieses Motiv einerseits von Keel[471] ausreichend behandelt wurde und andererseits in gleicher Weise in ägyptischer wie vorderasiatischer Kunsttradition verankert ist, sollen hier nicht alle uns bekannten Quellenstücke einzeln charakterisiert werden. Es sei nur hervorgehoben, daß sowohl der „klassische" Typus, wo die Kuh ihren Kopf zum Kalb zurückwendet[472], als auch der andere, bei dem sie dies nicht tut[473], auf unseren Skarabäen aus hartem Stein häufig belegt ist. Zum Vergleichsmaterial des ersteren Typus[474] gehört auch der oben[475] besprochene Fayenceskarabäus aus Sulcis. Die Darstellungsweise, wo das Muttertier den Kopf geradeaus hält, ist gleichfalls aus Phönikien, Zypern oder Karthago bekannt[476].

Motiv XXXVII: Tierschlachtung unter Flügelsonne

23.

243. Della Marmora, T.A, 23. — Tharros; Jaspis.

(nach Della Marmora)

Auf dem Skarabäus ist der Vorgang des Schächtens dargestellt, der seit der ausgehenden 4. Dynastie in Ägypten die häufigste Methode ist, Schlachttiere zu töten[477]. Die unter dem Kopf liegende Schale ist aber sehr unrealistisch, da das Blut bei der Schächtung ja weit spritzt. Unsere Szene entspricht im sog. „Antilopenopfer" der Darstellungsweise, bei der dem gefesselten liegenden Tier der Kopf abgetrennt wird; in einer bestimmten Wiedergabe dieses Oryxopfers liegt das Tier wie bei uns auf einem Altar oder Tisch[478]. Auch dessen Ausführung auf unserem Skarabäus darf als ägyptisierend angesehen werden[479]. Der Gott in asiatischer Tracht sitzt auf dem üblichen, ägyptisierenden Götterthron, dessen Lehne nach phönikischer Art nach hinten geneigt ist. Ein genaues ägyptisches Pendant zu unserer Szene dürfte schwer oder gar nicht zu finden sein. Allerdings erinnert die Rückenlage des Tieres (Kalb?) mit den gefesselten Beinen und die Szene im gesamten vor dem sitzenden Gott an ähnliche Darstellungen der ersten Zwischenzeit vor dem sitzenden Grabherrn[480]. Wie dieser sein ẖm-Szepter, hält der Gott seine Keule und blickt auch von links nach rechts (die bei uns wiedergegebene Skizze von Della Marmora wurde ja nach dem Abdruck angefertigt).

MOTIV XXXVIII: KARTUSCHE

XXXVIII.1. *Als zentrales Motiv, von Uräen flankiert*

244. Crespi, S. 10, Nr. 12. — Tharros, Sammlung Chessa; grüner Jaspis. Über dem nb-Korb leere, eher ovale, von Federn bekrönte Kartusche, flankiert von je einem Uräus mit Sonnenscheibe auf dem Kopf; darüber einfache Flügelsonne.

245. Ebers, S. 90, Nr. 11, Taf. F, 14; Spano, *Catalogo*, S. 13, Nr. 3. — Tharros; grüner Jaspis. Über dem nb-Korb Kartusche, die von einer Hemhemkrone bekrönt ist; sie wird von Uräen mit kleinen Sonnenscheiben auf den Köpfen flankiert. In der Kartusche ḏt „Ewigkeit", geschrieben mit Schlange, t und supplementärem n wie auf der phönikischen Kotyle aus Pontecagnano[481].

Die von Uräen flankierte Kartusche ist von ägyptischen Skarabäen sehr gut bekannt[482]. Im äußeren Streifen einer phönikischen Bronzeschale aus Nimrud[483] finden wir bereits von Federn bekrönte Pseudokartuschen, und zwar alternierend mit Hirschen und von diesen durch stilisierte Bäume getrennt. Unter den Skarabäen aus hartem Stein gibt es aber Beispiele, die als direkte Nachahmungen ägyptischer Skarabäen gelten können. So zeigt ein Karneolskarabäus aus Mozia[484], der wahrscheinlich dem 6. Jh v. Chr. angehört und ein ostphönikisches Erzeugnis darstellt, im Zentrum eine stilisierte Neb-Maat-Re-Kartusche, nach außen hin je eine Feder und ein unklares Zeichen. Nachgeahmte Schriftzeichen in einer von Uräen flankierten Kartusche trägt auch ein Achatskarabäus aus Kourion[485]. Sonst sind zu unseren Nrn. 244-245 aus dem Osten sehr verwandte Stücke aus Byblos[486] und Al Mina[487] zu erwähnen. Ein Jaspisskarabäus aus Ibiza[488] ist mit unserer Nr. 244 identisch, desgleichen ein Siegelabdruck aus Karthago[489], allerdings befindet sich hier in der Kartusche der Skarabäus. Daß aber auch die Kartusche selbst das anbetungswürdige Symbol einer Gottheit höchsten Ranges darstellen konnte, beweist uns ein Chalzedonskarabäus aus Kourion[490]: Über dem senkrecht schraffierten *nb* befindet sich die Kartusche oder eher Pseudokartusche, bekrönt von zwei Federn; links davon sehen wir eine kniende, ägyptisierende Gestalt im Anbetungsgestus und dahinter ein Anch; die rechte Seite nimmt in entsprechender Haltung eine kniende, ägyptisierende, falkenköpfige Gestalt mit Sonnenscheibe auf dem Kopf ein. Diese letztere ist somit dem zentralen Symbol untergeordnet. Schließlich wird das Motiv der von Uräen flankierten, leeren Pseudokartusche wie andere Götterbilder in einer Barke wiedergegeben[491]; darüber schwebt wieder die Flügelsonne. Dabei beobachten wir auf den Siegelabdrücken von Selinunte die Tendenz, daß die Kartusche an Längenausdehnung einbüßt und zu einem gewöhnlichen Oval wird, sodaß sie sich nur mehr unwesentlich von der Sonnenscheibe in analoger Position unterscheidet.

XXXVIII.2. *Die Kartusche als sekundäres, ägyptisches Motiv*

s. Motiv IX.4 (Nr. 109)
     XVII.1 (Nr. 138)
     XXVIII.1.1. (Nr. 207)

246.

Walters, Nr. 395, Taf. VII; BM, WAA 133403(a); Furtwängler, *Gemmen*, I, Taf. VII, Fig. 56, II, S. 311; Boardman, *Kolonien*, S. 253, Abb. 255a. — Tharros, BM, Grab 8; grüner Jaspis. Über dem *nb* der laufende Herkules (mit kleiner Löwenhaut auf dem Kopf), umgeben von den ägyptischen Symbolen *wꜣs*-Szepter und Kartusche[492].

(nach Boardman)

MOTIV XXXIX. CIPPUS AUF ÄGYPTISCHEM ALTAR

247. Walters, Nr. 383, Taf. VII; BM, WAA 133941; Marshall, *Finger Rings*, Nr. 286. — Tharros, BM, Grab 24; grüner Jaspis; in Goldring gefaßt. Cippus mit Pyramidion auf einem Altar mit Rundstab und Hohlkehle (ähnlich Abb. 68); auf der Spitze ein kleiner Vogel[493]; den Cippus flankieren zwei Gestalten in ägyptisierender Tracht; außen zwei nach innen gebogene, langstielige Papyruspflanzen[494].

MOTIV XL: ÄGYPTISCHE SYMBOLE IN DER ART VON INSCHRIFTEN

248. = Taf. 155,1[495]; Mus. Cagliari, Inv. 21912; Chabas, *Notice*; Ebers, S. 89, Nr. 8, Taf. F, 11; G. Spano, *Scoperte archeologiche fattesi in Sardegna in tutto l'anno*

1876 (Cagliari 1876) S. 11 (mit dem Urteil von Chabas); P. Gastaldi-Millelire, *Studi e ricerche, dispensa 1a, scarabei egiziani* (Cagliari 1920) S. 7-27, Taf. I,1 [496]; neuerdings wieder publiziert von W. Culican, *A Phoenician Seal from Khaldeh: Levant* 6 (1974) Taf. XXXVI, f. — Tharros, Nekropole (Grabung 1848); grüner Jaspis; in drehbarem Goldanhänger.

Die Registerskarabäen, bei denen in den einzelnen Streifen hieroglyphenartige Zeichen symmetrisch um eine gedachte Mittellinie aufgereiht sind, haben in Vorderasien eine ungebrochene Tradition von der Hyksoszeit [497] über das NR [498] in das 1. Jt. v. Chr. [499]. Besonders bei einigen späten Stücken, kann die Hyksostradition noch sehr deutlich zum Ausdruck kommen [500]. Desgleichen läßt sich ein ganz bestimmter Kolumnentypus der Hyksoszeit [501] durch eine wunderschöne, späte Kopie, nämlich einen grünen Jaspisskarabäus aus Byblos [502], nachweisen. In der palästinensischen Tradition steht auch ein Kalksteinskaraboid aus der Nekropole von Chalde (9. und erste Hälfte 8. Jh. v. Chr.), der fünf Register mit Darstellungen trägt, die an unsere Nr. 248 erinnern [503]; so befindet sich in der ersten Reihe ein vierflügeliger Skarabäus, flankiert von Zeichen, in denen Anch und *nfr* ikonographisch vermischt erscheinen. Dieses Siegel aus Chalde ist aber wesentlich weniger ägyptisch in Aussehen und Stil als unser westliches Fundstück, das einen späteren ägyptischen Impuls deutlich bezeugt.

Unser Skarabäus Nr. 248 schließt sowohl an die außerägyptische Tradition in Phönikien und Palästina, als auch an die innerägyptische Entwicklung bis in die Spätzeit an [504]. Das Letztere zeigen die bestens wiedergegebenen, ägyptischen Hieroglyphen, sowie insbesondere die Affen links und rechts des Anch. Solche Affen flankieren z.B. die Kartuschen des Schabaka und Bocchoris [505], und es ist interessant, daß sie in dieser Stellung auch auf einem Registerskarabäus aus Cuma [506] präsent sind. Es ist also nicht auszuschließen, daß der ägyptische Impuls, der bei unserer Nr. 248 die östliche Tradition überlagert, u.a. von der Gruppe von Registerskarabäen ausging, die auch auf Sardinien belegt ist und zu der z.B. ein von uns behandelter Skarabäus aus Tharros [507] mit seinen Verwandten aus Sanam und Cuma gehört. Ob die hier angesprochene Überlagerung erst auf Sardinien selbst geschehen sein konnte, muß als Frage offen bleiben. Die Sphingen mit den Pseudokartuschen in der zweiten Zeile zeigen auch eine Beziehung zu unserer Nr. 207.

Es wäre sicher voreilig, auf Grund des gebotenen Materials — und mehr sollte es auch nicht sein — Schlüsse ziehen zu wollen, die dem Thema annähernd gerecht werden. Wenn wir nach diesen Beispielen aber einen Eindruck davon erhalten, welche Fülle an ägyptischen Motiven die Phöniker und Punier übernommen, aufgearbeitet und ihren eigenen Vorstellungen angepaßt haben, ist unser Zweck vollkommen erreicht. Zu betonen ist, daß wir hier nicht nur Zeugnisse ägyptischer Kultur auf Sardinien fassen, sondern insbesondere ägyptischen Einfluß auf die Punier und ihre Kultur, da ja nach unseren derzeitigen Kenntnissen ein Großteil der grünen Jaspisskarabäen auf Sardinien selbst hergestellt wurde.

Hinsichtlich der Motive würden sich die wichtigsten Fragen auf die Querverbindungen beziehen, die durch verschiedene Elemente hergestellt werden. Man denke etwa an die Barke, die wir bei einer großen Anzahl von sardischen Fundstücken und auch im Vergleichsmaterial immer wieder angetroffen haben. Es zeigte sich, daß die ägyptische Papyrusbarke in der Vorstellung des Phönikers und Puniers eine Darstellung in den Rang eines besonderen Götterbildes erhebt. Daher kann auch der thronende Baal mit seiner Lanze, der ikonographisch nichts mit Ägypten zu tun hat, in dieser Barke fahren [508]. Ähnliches gilt für die Götterschreine (Nr. 38, 73, 113, 224). Die weit über das ägyptische Angebot hinausgehende, selbständige Anwendung des Motives der Gottheit auf dem Lotos (s. Motivgruppe III) mag im Zusammenhang mit der Amulettbedeutung dieser Skarabäen auf den ägyptischen Aspekt des Werdens und Entstehens zu beziehen sein.

Ein ganz anderer Fragenkomplex, der uns zwar im Einzelnen immer wieder aufgefallen ist, aber hier nicht weiter behandelt werden kann, betrifft die Beziehungen zwischen diesen Skarabäen aus hartem Stein mit ihren ägyptischen Motiven und den Skarabäen aus weichen Materialien, denen wir in Abschnitt IV unsere Aufmerksamkeit schenkten. Eine Gruppe aus Fayence, die eine gewisse Mittelstellung einnimmt, haben wir dort erwähnt [509]. Dazu kommen die Steatitskarabäen des phönikischen Mutterlandes, die auf Sardinien so häufig belegt sind, und eventuell direkt davon abhängige Steatitskarabäen, die auf Sardinien selbst hergestellt worden sein mochten — diese Skarabäen entstammen ja demselben kulturellen Milieu (im weiteren Sinne) und sind zumindest mit den unmittelbaren östlichen Vorläufern der Jaspisgruppe von Tharros ungefähr zeitgleich. Besonders die Motive des Harpokrates mit der geflügelten Göttin oder der Schlange (Taf. 110-111) erläutern diese Beziehungen. Aber auch die Verbindungen zu Naukratis [510] dürfen nicht übersehen werden.

Keinesfalls haben wir es hier mit erstarrten Elementen einer fremden Kultur zu tun, die mangels eigener Kreativität immer wieder reproduziert wurden. Vor einer solchen Annahme mögen uns vor allem unsere Überlegungen zu den Motiven des kindlichen oder jugendlichen Gottes mit Königsinsignien behüten [511]. Sie haben uns gezeigt — obwohl im einzelnen manches offen bleibt —, daß die wesentliche religiöse, theologische oder auch philosophische Aussage an einem zentralen Motiv in der neuen Umgebung durchaus erhalten bleiben kann. Ein Weiterleben der ägyptischen Inhalte möchte ich auch für die immer wieder kumulierten ägyptischen Symbole des Schutzes, der Geburt oder Wiedergeburt, Fruchtbarkeit usw. annehmen [512].

VI. AMULETTE UND SCHMUCK AUS EDELMETALL

1. *Einleitung*

Mit Ausnahme der Amulettbehälter und Metallfolien erfahren wir in diesem Abschnitt gegenüber den bereits besprochenen figürlichen Amuletten und Skarabäen nichts grundsätzlich Neues zur Rezeption ägyptischen Kulturgutes im westphönikischen Raum. Die Ringe sind mit Motiven dekoriert, die wir von den Skarabäen aus hartem Stein kennen, die Anhänger lassen sich teilweise mit den figürlichen Amuletten verbinden (Patäke, Falke, Udjat), z.T. gibt es aber auch hier sehr interessante, für uns noch neue Formen. Angesichts der guten Publikationslage in dieser Materialgruppe [1] dürfen wir uns entsprechend kurz fassen und wollen nur das herausstreichen, was für ein Gesamtverständnis der Ausbreitung ägyptischen Kulturgutes notwendig ist.

Für die Einschätzung der ägyptischen Formen und deren Inhalte ist für uns interessant, daß es sich bei den in Karthago wie auf Sardinien gefundenen Metallarbeiten (unter denen die ägyptisierenden Stücke ja nur einen Teil ausmachen) um technisch und künstlerisch äußerst hochstehende Produkte im 7. und 6. Jh. v. Chr. handelt, deren Qualität später nicht annähernd mehr erreicht wird [2]. Der hier genannte chronologische Rahmen läßt sich schwer im einzelnen einengen, da vor allem für die Tharros-Funde meistens keine Kontexte bekannt sind [3]. Am ehesten können die karthagischen Gräber Hinweise geben.

Wie eben angedeutet, ist Tharros auch in dieser Hinsicht der alle anderen Stätten weit überragende Hauptfundort und darf auch als Produktionszentrum auf Sardinien angesehen werden. Es handelt sich demnach um eine lokale Verarbeitung ägyptischer Motive, z.T. in lokaler Ausformung, die dem an den Skarabäen aus hartem Stein sichtbaren ägyptischen Einfluß zeitlich vorausgeht. Damit ist gleichzeitig ein wesentliches Faktum der Kulturbeziehungen angedeutet, denn die karthagische Kolonisation beginnt nach allgemeiner Ansicht erst um die Mitte des 6. Jhs. Bezogen auf die Goldarbeiten des 7.-6. Jhs. v. Chr. bedeutet das also wohl, daß Sardinien zumindest in einem gewissen Ausmaß direkt aus dem Osten schöpft. Welche hervorragende Stellung Tharros einnimmt, zeigt vor allem ein Vergleich mit den Gräbern von Nora, in denen Goldschmuck mit nur wenigen Ausnahmen fehlt. Karthago nimmt demgegenüber eine selbständige Position ein; gewisse Typen sind für die nordafrikanische Metropole charakteristisch. Außerdem zeichnet sich Karthago im Hinblick auf Tharros bei den Goldarbeiten durch größeren Formenreichtum und durch größere Nüchternheit im Dekor aus [4]. Obwohl für die Tharros-Funde die nächsten Parallelen Karthago erbracht hat, lassen sich — wie die Ergebnisse von Quillard zeigen — beide Produktionszentren gut unterscheiden; sie schöpfen zwar aus derselben Tradition, verarbeiten sie aber in etwas unterschiedlicher Weise.

Wenn auch der Schmuckcharakter bis zu einem gewissen Grad nicht auszuschließen ist, so hat uns doch Quillard klar gemacht, daß gerade die ägyptisierenden Anhänger Amulettbedeutung hatten. Nach unseren bisherigen Ausführungen liegt dies ja auf der Hand: Warum sollte ein Udjat aus Fayence, das auf einer Halskette getragen wurde, andere Bedeutung haben als eines aus Gold; dasselbe gilt etwa für die Falken u.a. Aber auch einen Fingerring, der mit einem Motiv der Jaspisskarabäen dekoriert ist (z.B. Taf. 159,1-3[6]), wird man schwerlich davon trennen können. Wie die karthagischen und sardischen Funde zeigen, wurden die ägyptisierenden Anhänger auf Halsketten (s. Taf. 160) getragen; öfters auch mehrere Ketten übereinander. Dabei ist interessant, daß in Karthago die ägyptisierenden Anhänger z.T. Gebrauchsspuren zeigten, wodurch bewiesen wird, daß es sich nicht nur um Amulette für das Jenseits handelt, sondern diese auch vom lebenden Menschen getragen wurden[7].

Wir können somit festhalten, daß die Aegyptiaca innerhalb der Goldarbeiten von Tharros und Karthago die lokale Verarbeitung und Weiterentwicklung ägyptischen Kulturgutes und der damit verbundenen geistigen Werte bezeugen. Die ägyptischen Elemente sind auch hier keine erstarrten Bestandteile einer Imitationskunst, sondern leben einerseits in den verschiedenen ikonographischen Realisierungen und andererseits durch ihre magisch-religiöse Aussagekraft, die hier unbedingt an den Menschen auf Sardinien und in Karthago angepaßt gewesen sein mußte. Diese Objekte gehören demnach zu den besten Zeugnissen für ein aktives Weiterleben ägyptischen Kulturgutes in der phönikischen Phase Sardiniens.

2. *Ringe und Armbandteile*

Der Typus des Ringes auf Taf. 159,4 gibt die ursprünglich ägyptische Form des Kartuschenringes wieder, die nach Phönikien und von da auch von den Griechen übernommen wurde[8]. Mit den Beispielen des phönikischen Mutterlandes, vor allem aus sidonischen Gräbern, hat sich jüngst Culican beschäftigt[9]; auf diesen begegnen Harpokratesmotive und ägyptische Hieroglyphen. Auf unserem Goldring Taf. 159, 4a finden wir zwei Paare sitzender Flügelgreifen, die den heiligen Palmettenbaum flankieren[10]. Vier Silberringe dieser Art aus Tharros[11] tragen das Motiv der stehenden, geflügelten Schutzgöttin[12] im Verbande einer größeren Szene, die aber zumeist sehr unklar ist. Weiters begegnen auf Kartuschenringen aus Tharros verschiedene Flügelsphingen[13], die uns gleichfalls von den Skarabäen aus hartem Stein gut bekannt sind. Interessant sind für uns auch die fünf hintereinander aufgereihten Falken auf einem solchen Silberring[14], die sich ganz ähnlich auf einem Fayenceskarabäus aus Byblos[15] und einem Steatitskaraboid aus Megiddo[16] wiederfinden.

Einen anderen Typus geben die Ringe auf unserer Taf. 159,1-3 wieder. Die Darstellungen auf ihnen zeigen uns, daß die Motive, die wir ja aus dem vorigen Abschnitt gut kennen, bereits im 7.-6. Jh. im westphönikischen Kunstschaffen verankert waren. Taf. 159,3 trägt das Motiv der stehenden, geflügelten Göttin vor dem jugendlichen Gott mit Schurz und Sonnenscheibe auf dem Kopf; Taf. 159,1 nimmt das Falkenmotiv unserer Nr. 190 der Skarabäen aus hartem Stein vorweg, mit dem einzigen Unterschied, daß auf unserem Goldring der Vogel eine kleine Doppelkrone trägt. Die beiden Zeichen links und rechts vom Falken auf Taf. 159,2 scheinen mir innerhalb dieses ägyptischen Motivs eher Anchzeichen zu sein als Tanitsymbole, zumal das Anch ja den senkrechten Teil als Dreieck ausgebildet haben kann[17].

In unser Thema gehört auch das apotropäische Udjat-Auge, mit dem einige Fingerringe teils in Filigrantechnik, teils in Einritzung geschmückt sind. Wenn der Ringkasten rechteckig gestaltet ist[18], ergibt sich eine auffällige Verwandtschaft zu den rechteckigen Plaketten mit dem Udjat. Dazu kommt ein Goldring aus Monte Luna mit mandelförmigem Rindkasten[19], wo der untere, geschwungene Teil des Auges zu einer in die Gegenrichtung eingerollten Spirale umgebildet ist. Die magische Bedeutung des Udjat ist nicht nur auf Grund seines sonstigen Auftretens in der phöniko-punischen Welt evident, sondern in unserem speziellen Fall gerade deswegen, weil auf genau entsprechenden Ringen das Tanit-Symbol erscheinen kann[20]. Ein Udjat in Filigrantechnik und Granulation schmückt auch das goldene Armbandglied unserer Taf. 161,4. Zwei entsprechende Armbandteile besitzt das British Museum[21].

Den vierflügeligen Skarabäus in der Barke (s. Taf. 158,4a) kennen wir nicht nur in sehr schöner Ausführung von der nur wenig älteren, sog. Eschmunja'ad-Schale aus Palestrina[22], sondern auch von einem bereits erwähnten Goldring aus Tartus[23]. Auch der Ringkasten Taf. 158,4 ergänzt mit seinem Motiv der Sonnenbarke den ägyptischen Motivschatz der Skarabäen aus hartem Stein.

Das Motiv des vierflügeligen Skarabäus nimmt eine zentrale Position auf dem Goldarmband der Taf. 158,3 ein, das sicher zu den schönsten Aegyptiaca Sardiniens gehört und in hervorragender Treib- und Granulationstechnik ausgeführt ist. Flügelhaltung und menschliche Hände, Falkenkopf und Sonnenscheibe entsprechen der Ausführung auf der eben genannten Eschmunja'ad-Schale aus Palestrina, obgleich auf dieser die Sonnenscheibe im Gegensatz zu unserem Armband ihre Kreisform bewahrt hat. Von den ikonographischen Elementen müssen wir vor allem den ägyptischen šn-Ring, den der Käfer in den Hinterbeinchen hält, hervorheben, da ihn Quattrocchi Pisano nicht erkannt hat[24]. Der Skarabäus, der in den Vorderbeinchen die

Sonnenscheibe hält und in den Hinterbeinchen den *šn*-Ring, ist ein sehr geläufiges Motiv in der ägyptischen Kunst und gerade auch auf Denkmälern der 21. Dynastie und der darauffolgenden Libyerzeit beliebt, die ja in vieler Hinsicht die direkten Vorbilder für phönikische Arbeiten des 8. und 7. Jhs. v. Chr. abgegeben haben[25]. Um auf ein möglichst nahestehendes Vergleichsstück hinzuweisen, ist in dieser Hinsicht eines der Armbänder des Amenemope aus dem Grab Psusennes' I. in Tanis[26] zu nennen.

Zwei parallele Armbänder mit dem geflügelten Skarabäus fanden sich in Karthago; dazu kommen zwei weitere Exemplare ohne den Teil mit dem Skarabäus, eines aus Tharros im British Museum und eines aus Zypern[27].

3. *Ägyptisierende Anhänger*

Den in Abschnitt III behandelten figürlichen Amuletten steht sicher am nächsten der Goldpatäke der Sammlung Castellani, der sich heute unter den Tharrosfunden im British Museum befindet[28]: Der nackte Patäke steht auf einer Basis, trägt den üblichen Skarabäus auf dem Kopf und hat eine Aufhängeöse im Genick. Die Tradition der Goldpatäken reicht in Palästina bis in die Spätbronzezeit zurück[29]. Im punischen Westen sind zwei weitere Goldpatäken bekannt, einer aus Karthago und einer aus Cádiz, die jedoch einer etwas späteren Zeit angehören als der Großteil der hier besprochenen Goldarbeiten[30]. Diese zuletzt genannten Figürchen geben einen komplizierteren Patäkentypus wieder: Der Zwergengott steht auf den Krokodilen und wird hinten von einer geflügelten Schutzgöttin beschützt; an dem Beispiel aus Cádiz befinden sich noch die seitlichen Göttinnen, die wir von den Fayencepatäken kennen (Taf. 12). Die festgestellte punische Eigenständigkeit in der Ausführung gibt uns wieder einen Hinweis für die lebendige Entwicklungsfähigkeit des ägyptischen Kulturgutes im fremden Milieu. Das einfachere Exemplar des British Museum darf daran angeschlossen werden.

Gute ägyptische Formen geben die Falken aus Goldblech wieder, von denen wir aus Tharros acht Beispiele als Bestandteile von Ohrgehängen kennen (Taf. 162,3-5)[31] und zwei als selbständige Anhänger (Taf. 162,1-2). Überdies nennt Spano[32] einen Falken aus massivem Gold aus Tharros. Von den selbständigen Anhängern trägt Taf. 162,1 die oberägyptische Krone und kommt dadurch den ägyptischen Vorbildern des NR[33] und der Dritten Zwischenzeit (die ja in diesem Abschnitt für uns am wichtigsten ist) sehr nahe. In diese zuletzt genannte Epoche gehören im besonderen eng verwandte, kleine Falken mit der Doppelkrone aus Goldblech, die ein Pektorale aus Tanis zieren[34].

Den doppelten Falken der anderen Amulette (Taf. 57,5) entspricht ein Falkenpaar aus Goldblech, das wie auf Taf. 162,3-5 Bestandteil eines Ohrgehänges ist[35]; möglicherweise kommt es aus Sardinien. Culican hat darauf hingewiesen [36], daß der Falke als Mittelteil eines Ohrgehänges in Ägypten unbekannt, aber in der phönikischen Sphäre gut belegt ist. Bei dem Typus unserer Taf. 162,3-4 befindet er sich über einem Kultobjekt in Gestalt eines quaderförmigen Anhängers, der ein Häufchen Körner trägt [37]. Diese Ohrgehänge gehören dem 7. und 6. Jh. v. Chr. an.

Das oberste Element des Ohrgehänges der Taf. 162,5a ist in Granulationstechnik verziert und endet in zwei Vogelköpfen. Ein Parallelstück des British Museum aus Tharros [38] läßt besser erkennen, daß es sich um Falkenköpfe handelt. Hier, wo statt der phönikischen Palmette einfache Punktreihen in Granulation erscheinen, wird auch die kunsthistorische Herkunft dieses Elementes mit ziemlicher Wahrscheinlichkeit deutlich: Es dürfte sich um Miniaturnachbildungen der vielen ägyptischen Kragengehänge handeln, die an den Enden entsprechende Falkenköpfe tragen [39].

Daß das im gesamten ost- und westphönikischen Raum so häufig belegte Udjat-Auge auch unter den ägyptisierenden Anhängern aus Edelmetall einen sehr wichtigen Platz einnimmt, bedarf hier keiner weiteren Erläuterung. Unter den Anhängern, die das Udjat darstellen, können wir zwei Typen unterscheiden: Der eine gibt das Auge vollplastisch wieder, wobei die Zeichnung in Filigran (Taf. 161,3) oder in Filigran in Verbindung mit Granulation (Taf. 161,1-2) ausgeführt ist. Dieser Typus, von dem aus Tharros Beispiele aus Gold [40] und Silber [41] bekannt sind, entspricht den Udjat-Augen aus Fayence und Steatit. Die andere Art stellt eine rechteckige Plakette dar, die mit dem Udjat dekoriert ist (Taf. 161,5); d.h. es handelt sich um eine Wiedergabe unserer Plaketten Taf. 85-89,2 in Edelmetall. Dieser zuletzt genannte Typus wird auch mit zwei großen Ringen verbunden, sodaß sich ein Anhänger größeren Ausmaßes ergibt: Vier Beispiele aus Silber, die in Tharros gefunden wurden, sind davon bekannt, drei im British Museum und einer in Cagliari [42].

Als Ergänzung zu den Zitaten bei Quillard [43] sei darauf hingewiesen, daß uns gerade wieder die ägyptische Libyerzeit sehr ähnliche, vollplastische Udjat-Augen aus Goldblech bewahrt hat [44]. Bei diesen libyerzeitlichen Parallelen handelt es sich um Objekte aus den Königsgräbern in Tanis. Schließlich zeigten auch die Ausführungen von Gamer-Wallert, daß die libyerzeitlichen Alabastergefäße aus dem phönikischen Spanien wenigstens teilweise mit diesen Gräbern in Verbindung zu bringen sind, d.h. das eine oder andere von dort geraubt, nach Phönikien und Spanien gelangt sei, wo es bereits wieder in der ersten Hälfte des 7. Jhs. v. Chr. unter die Erde kam. Hier liegt sicher *u.a.* der Schlüssel für eine Antwort auf die Frage, warum es den Phönikern immer wieder gelingen konnte, selbst stilistische Details von libyerzeitlichen, ägyptischen Kunstdenkmälern zu übernehmen, die im allgemeinen königlichen Grabausstattungen angehören.

Vollplastische Udjat-Augen, teils aus Silber, teils aus Gold, sind aus Syrien/ Phönikien (hier besonders aus Sidon), Zypern (Salamis), Karthago, Ibiza und

Villarícos bekannt[45]. Hinsichtlich des Typus der rechteckigen Plakette ist zunächst auf ein Beispiel mit plastischem Udjat aus Gold von Megiddo zu verweisen[46], das im dortigen Stratum VII A (etwa 1250-1150) gefunden wurde. Im Osten fanden sich vor allem Beispiele, auf denen das Udjat mit einem Uräus verbunden ist, so der Bronzeanhänger auf unserer Abb. 17 aus Cheikh Zenad und die bereits erwähnten[47] Fundstücke aus Zypern. Im Westen kennen wir Udjat-Plaketten, die unserer Taf. 161,5 nahe kommen, aus Karthago und Cádiz[48]. Interessant ist in diesem Zusammenhang der bewegliche Ringkasten eines karthagischen Ringes[49], der auf der einen Seite mit dem Udjat und auf der anderen mit dem vierflügeligen Skarabäus dekoriert ist; der Amulettwert des Udjat und des Skarabäus konnten also einander ergänzen.

Außer den Udjat-Augen gibt es auch den Typus des herzförmigen Anhängers, Krokodilamulette und Uräen aus Gold[49a]. Weiters seien die schönen, goldenen Anhänger in Form einer Lotosblüte aus Tharros[50] erwähnt; sie fügen sich in die vielfältige Verwendung des Lotosmotives in der gesamten phönikischen und punischen Kunst ein und haben sicher den Kern ihrer alten Lebenssymbolik bewahrt. Diese Anhänger sind von der voll ausgebildeten, ägyptischen Form der Nymphaea caerulea nicht weit entfernt[51].

Besonders hervorgehoben seien jedoch die Anhänger in Gestalt eines Frauenkopfes auf unserer Taf. 163. Von dem einfachen Typus (Taf. 163,3) mit einer Strähnenfrisur, die die Ohren sichtbar sein läßt, besitzt das British Museum zwei weitere Beispiele aus Tharros[52]. Im übrigen ist der Typus, auf den wir bei der Besprechung der punischen Stelen noch genauer eingehen werden[53], auf phönikischem und punischem Schmuck gut belegt[54]; er begegnet auch auf der sog. Pantheon-Schale aus Nimrud[55]. Ganz ähnliche Hathorkopfanhänger aus Fayence kennen wir aus dem spätzeitlichen Nubien[56]. Wie solche Köpfe im phönikischen Milieu einzuschätzen sind, zeigt eine sehr schön ägyptisierende Terrakottaform für ein Astarte(?)figürchen aus Ibiza[57], das dem Typus der sich die Brüste haltenden Frau angehört: Diese trägt gleichmäßig auf die Brust herabfallende Haarsträhnen, die die Ohren sichtbar sein lassen, und drei Uräen nebeneinander auf der Stirn.

Den asiatischen Typus der Göttin, die sich die Brüste hält[58], verkörpern die beiden Goldanhänger auf Taf. 163,1-2; die Frau trägt jeweils eine Krone, die der ägyptischen Hemhemkrone sehr nahe kommt. Bei dieser sitzen die drei Atefkronen auf langgezogenen Widderhörnern auf und außen links und rechts noch ein Uräus[59]. Bei der Übernahme in den asiatischen Kunstkreis verliert das Gehörn häufig den Charakterzug der ägyptischen Widderhörner (wie auf Taf. 163,1) bzw. wird durch Stierhörner ersetzt, und die Uräen wachsen vielfach direkt aus den Hornspitzen heraus; das ist offenbar bei beiden Anhängern der Fall. Die in das Zentrum der Krone hineinkomponierte, menschliche Figur auf Taf. 163,2 dürfte eine Besonderheit von Tharros darstellen, was Moscati[60] überhaupt für den ganzen Anhängertypus annimmt.

Die einfache Atefkrone wurde im vorderasiatischen Küstengebiet schon im 2. Jt. v. Chr. immer wieder von Göttern (Adad, Reschef oder El) getragen[61]. Sonst finden wir sowohl auf ägyptischen wie phönikischen Denkmälern die Atef- oder die Hemhemkrone bei Anat[62], und zwar auch mit Ersatz der Widderhörner durch Stierhörner. Der jugendliche Gott trägt die Krone gelegentlich auf phönikischen Elfenbeinarbeiten, wie Beispiele aus Samaria und Nimrud zeigen[63]. Im punischen Westen kommen die Frauenköpfe mit herabfallender Strähnenfrisur und Hemhemkrone auf den karthagischen „Ägiskrügen"[64] unseren beiden Goldanhängern ikonographisch nahe.

Eine besondere Gruppe ägyptisierender Amulette aus Edelmetall stellen die Anhänger des Typus unserer Taf. 158,1-2 dar, die die Form der ägyptischen Rundbogenstele nachbilden. An der Vorderseite tragen sie über einem ägyptisierenden Untersatz (mit Rundstab, Hohlkehle und Sonnenscheibe darauf) ein von Uräen flankiertes göttliches Symbol; die Uräen sind in Vorderansicht wiedergegeben und tragen die Sonnenscheiben. Eine direkte Verbindung zwischen diesen Anhängern und den ägyptischen Rundbogenstelen stellt ein Silberanhänger mit eigenständiger Ikonographie aus einem Grab des 4. Jhs. von Karthago her[65]: Auf einem eher stilisierten, ägyptisierenden Untersatz steht ein ganzer Schrein mit anikonischem Göttersymbol (einer Art „Flaschenidol"); der Schrein wird von einem Uräenfries abgeschlossen. Darüber befindet sich, wie wir das ähnlich von spätägyptischen Totenstelen kennen[66], eine kleine Flügelsonne, die den waagrechten Abschluß der Uräenreihe mit dem Rundbogen des Anhängers ausgleicht. Im übrigen kommt die Form einer gut bekannten ägyptischen Amulettgruppe gleich, die auch in Karthago belegt ist[67].

Aus dem Dargelegten wird aber auch deutlich, daß diese Anhänger des 7.-6. Jhs. v. Chr. gleichzeitig mit den punischen Stelen in enge Verbindung zu bringen sind; auch dort steht das Götterbild, das wie hier das „Flaschenidol" sein kann, innerhalb einer Nische sehr häufig auf demselben ägyptisierenden Untersatz[68]. Die Uräen stellen auf den Anhängern ganz eindeutig eine übelabwehrende Schutzkraft dar, wie wir sie vielfach von ägyptischen Schmuckarbeiten kennen[69].

Quillard, die diese Anhänger zusammenfassend behandelt hat, konnte aus Sardinien zwölf Beispiele anführen[70], zwei aus Gold (darunter unsere Taf. 158,1) und zehn aus Silber (darunter Taf. 158,2); Fundorte sind Tharros und Pani Loriga, wo in den Grabungen von 1969 und 1973 drei Stück aus Silber gefunden wurden[71]. Interessant ist ein Silberanhänger aus Pani Loriga, auf dem nach der Vermutung von Quillard[72] statt des Flaschenidols ein Skarabäus zwischen den Uräen sehr schematisch wiedergegeben sein könnte. Aus

Karthago kennen wir mindestens neun Anhänger dieses Typs[73]. Bemerkenswert ist hier vor allem ein Stück[74] im Verbande einer großen Halskette, auf der sich auch ein Patäke und ein Udjat aus Fayence befinden. Das Kollier gehörte einer Frau; unter den Beigaben befand sich auch eine ägyptische Neujahrsflasche, die gleichzeitig die Datierung um 600 v. Chr. bestimmt. Auch ein zweites karthagisches Beispiel[75] stellte das zentrale Stück eines großen Goldhalsbandes dar. Die besondere Position sowie die Verbindung mit Fayenceamuletten macht die Amulettbedeutung der ägyptisierenden Metallanhänger höchstwahrscheinlich. Im übrigen läßt sich auch wieder die karthagische Produktion von der in Tharros unterscheiden[76].

Eine andere, in Karthago ebenso bedeutungsvolle Anhängergruppe, die wir im Zusammenhang mit der Motivgruppe I der Skarabäen kurz erwähnt haben[77], ist auf Sardinien bis jetzt nur durch ein einziges Fragment aus dem Tophet von Sulcis[78] bekannt. Immerhin weist die Fundstelle darauf hin, daß der Anhänger wohl ein Amulett für ein Kind darstellte.

Ergänzend zu den Anhängern aus Edelmetall ist nochmals auf den Silberskarabäus Nr. 53ter zu verweisen[79], den wir unter die Motive der Skarabäen aus hartem Stein eingereiht haben. Dazu kommen Anhänger in Form der Mandragorafrucht (s. die Kette unserer Taf. 160)[80] und in Gestalt kleiner Väschen[81], die vielleicht in Ägypten ihre Wurzeln haben. Auch die zwei- oder mehrfach aneinandergereihten Perlen, die an den Enden konisch zusammenlaufen[82], stehen mit Ägypten in irgendeiner Weise in Verbindung. Aus Sanam kennen wir ganz ähnliche Beispiele aus Silber[83]. Allerdings gibt es bereits spätbronzezeitliche Vorläufer in Megiddo[84], sodaß der tatsächliche Einflußweg unklar bleibt.

4. *Amulettbehälter und Metallfolien*

Eine besondere, bereits mehrfach besprochene[85] Gruppe von Amuletten aus Edelmetall stellen zylindrische Kapseln dar, in denen entweder figürliche Amulette[86] oder eingerollte magische Bänder aus Papyrus, Stoff[87] oder Metall (Abb. 56-60) verwahrt wurden; diese Objekte hat man als Amulette um den Hals getragen bzw. so dem Toten mitgegeben. Der Form nach lassen sich drei Typen von Amulettbehältern auf Sardinien unterscheiden: einfache zylinderförmige, obeliskenförmige und solche mit Tierkopf[88]. Letztere Gruppe läßt den ägyptischen Einfluß am stärksten erkennen. Nur diese Stücke, von denen eine Auswahl der schönsten Beispiele aus Tharros und Sulcis auf Taf. 164-165 abgebildet ist, sollen daher im einzelnen berücksichtigt werden.

Diese Amulettkapseln tragen einen Tierkopf ägyptischer Art[89], dessen göttlicher Charakter dadurch erwiesen wird, daß sich auf dem Kopf meistens die Sonnenscheibe mit einem Uräus befindet; dahinter ist im allgemeinen die

Aufhängeöse befestigt. Unter den sardischen Funden dominieren bei weitem die Behälter mit Löwenkopf (Taf. 164,3 mit dem Goldband Abb. 59, 164,4-5, 165,1 aus Sulcis, 165,2 und 165,3 mit dem Silberband Abb. 58)[90]; unsere Taf. 165,4 (mit dem Goldband Abb. 57) vereinigt einen Löwen- mit einem Falkenkopf. Ob es sich in letzterem Fall vielleicht um den Kopf einer Löwin handelt[91], bleibt unklar; bei Taf. 164,3 scheint dies die besondere Gestaltung der Mähne, die einer ägyptischen Frauenperücke nahekommt, wahrscheinlich zu machen. Taf. 164,1 (mit dem Goldband Abb. 56), 164,2 und eine weitere goldene Amulettkapsel in Cagliari[92] tragen einen Falkenkopf. Dazu kommen der Kaniden(?)kopf von Taf. 165,5 und die Amulettbehälter mit Widderkopf (Taf. 165,6 und das S. 66 genannte Exemplar aus Othoca).

Für die Zielsetzung unserer Arbeit ist vor allem der ägyptische Befund wesentlich, den jüngst Leclant[93] zusammengefaßt hat. Zunächst ist interessant, daß im Niltal der Typus des Amulettbehälters seit dem MR bekannt ist und auch kleine, figürliche Amulette darin aufbewahrt werden konnten, wie wir das für den phönikischen und punischen Bereich festgestellt haben. Die wichtigsten ägyptischen Zeugnisse gehören aber in die Libyerzeit und ins 7.-6. Jh. v. Chr. Beispiele aus Theben, Napata und Meroë[94] repräsentieren einen einfachen, zylindrischen Typus, der mit den zylindrischen Amulettbehältern des punischen Westens in Parallele gesetzt werden kann; da gerade diese einfache Form in Karthago am frühesten, d.h. bereits im 7. Jh. v. Chr.[95], auftritt, erscheint ein Zusammenhang wohl möglich. Unseren Beispielen der Taf. 164-165 mit den ägyptisierenden Köpfen ist sicher ein ägyptischer, hölzerner Amulettbehälter in Paris[96] nächst verwandt, da er mit den Köpfen von Mut und Chons geschmückt ist; der darin befindliche magische Text auf einem Papyrusband nimmt auch auf diese beiden Gottheiten Bezug.

Der ägyptische Befund ist nun für die Bewertung der Gesamtheit der in dieser Studie betrachteten Aegyptiaca in mehrfacher Hinsicht von größter Bedeutung. Was die Chronologie des vorpersischen ägyptischen Einflusses in der phönikischen Welt anlangt, so bestätigt uns die Tatsache, daß die aus ägyptischen Amulettbehältern stammenden, publizierten Papyri[97] alle der 22.-23. Dynastie angehören, den auch sonst immer wieder feststellbaren libyerzeitlichen Kulturaustausch. Zum zweiten ist interessant, daß die Sprüche, die häufig für *Kinder* bestimmt waren, den Träger des Amulettes im irdischen Leben gegen *Krankheiten* und *gefährliche Tiere* schützen und *Fruchtbarkeit* gewährleisten sollten[98]. Leclant hebt auch scharfsinnigerweise hervor, daß die am meisten genannten Gottheiten (Amun, Mut, Chons, Sachmet, Bastet) mit den Köpfen der punischen Amulettbehälter in Beziehung gebracht werden können (Amun: Widder; Chons: Falke; Sachmet, Bastet: Löwe, Katze). Außerdem wissen wir, daß einige Amulettbehälter aus Theben und Meroë tatsächlich für ein Kind bestimmt waren[99].

Betrachten wir kurz die weitere Verbreitung der Amulettbehälter mit Tierkopf! Die auf Sardinien häufigen Löwenkopfkapseln kennen wir sonst aus Tartus [100], Marion (Zypern) [101], Karthago [102], Lilibaeum [103], Cádiz [104], Almuñécar [104a] und Ibiza [105]. Die Kombination von Löwen- und Falkenprotom ist außer von Tharros nur aus Tyros [106] bekannt. Dagegen sind vielleicht die Falkenkopfkapseln bis jetzt nur im Westen nachzuweisen, nämlich außerhalb Sardiniens auf Malta [106a], in Karthago [107], Cádiz [108], im Schatz von La Aliseda [109] und möglicherweise auf Ibiza [110]. Zum Typus mit Widderkopf unserer Taf. 165,6 gibt es Parallelen aus Tyros [111], Karthago (ohne Sonnenscheibe) [112], Almuñécar [112a] und Cádiz (mit Hemhemkrone) [113]; der Schakalskopf (unsere Taf. 165,5) dürfte hingegen nur noch in Karthago [114] bezeugt sein.

Es wird uns klar, daß die Funde aus Ägypten, Nubien, Phönikien und dem punischen Westen [114a] in dem Bereiche der hier besprochenen Amulettbehälter eine kulturelle Koiné repräsentieren, deren Ausgangspunkt in den Formen, in Zweck, Motivschatz und dessen Inhalten Ägypten war. Freilich fällt auf, daß wir im Niltal die Amulettbehälter mit Tierkopf bis jetzt nicht nachweisen können. Außerdem wird angenommen, daß die bekannten östlichen Fundstücke dieser Gruppe nicht vor das 5. Jh. v . Chr. zu datieren seien [115]. Quillard meint daher nicht nur, daß die karthagischen Beispiele in Karthago hergestellt wurden — wie ja auch die sardischen Funde tharrische Arbeiten darstellen dürften —, sondern daß der Typus der Amulettbehälter aus Metall mit dem Tierkopf überhaupt in Karthago selbst entwickelt worden wäre [116]. In diesem Falle käme Karthago eine besondere Rolle in der Übernahme und Verarbeitung ägyptischen Kulturgutes zu; die Präsenz ganz ähnlicher Fayenceamulette in Karthago [117], die vielleicht ägyptische Importware darstellen, könnte die These stützen. Allerdings muß uns bewußt sein, daß solche Amulettbehälter mit Tierköpfen jederzeit in Phönikien in älteren Kontexten gefunden werden könnten. Die Forschungsgeschichte des Tanitsymbols oder der punischen Stele ist u.a. signifikant für unsere Fundsituation. So fügte etwa die Stele von Achzib [118] der Problematik von der Entwicklung der punischen Stele im Westen einen ganz neuen Aspekt hinzu.

Während wir von Stoff- und Papyrusbändern, die in einigen Amulettbehältern aus Sardinien aufbewahrt wurden, nur mehr wenig wissen, sind die fünf Metallfolien unserer Abb. 56-60 bekannt, davon Abb. 57-60 in Cagliari auch noch vorhanden [119].

Abb. 56 ist der kleine, nur mehr nach der wiedergegebenen Zeichnung studierbare Rest eines Goldbandes, das zu Taf. 164,1 gehört. In der Mitte sehen wir die von Federn flankierte Sonnenscheibe über dem *mn*. Diese Kombination, die sehr an Skarabäenlegenden erinnert, soll sicher nicht in ägyptischem Sinne gelesen werden [120]. Die Erklärung liegt wahrscheinlich in der Existenz der zahlreichen *mn*-...-*R´*-Inschriften der Skarabäen, die wohl bewirkten, daß das *mn* als Untersatz für ein Göttersymbol (analog dem *nb*, dem Goldzeichen oder der Lotosblüte) dienen konnte (vgl. unsere Taf. 108,3)[121]; den Federn käme bei dieser Annahme eine Funktion zu, die etwa den Uräen der Anhänger unserer Taf. 158,1-2 entspricht. Was die sitzenden, geflügelten Tiere anlangt, könnte es sich um Greifen handeln. Verwandte Darstellungen finden sich auf goldenen Armbandteilen aus Malta[122], auf denen zwei Greifen den Palmettenbaum flankieren.

Das reich in Treibarbeit verzierte Goldband Abb. 57[123], das in dem Amulettbehälter unserer Taf. 165,4 gefunden wurde, ist dank der Ergebnisse Vercoutters, die auch heute noch ihre volle Gültigkeit besitzen, sehr leicht zu verstehen. Vercoutter hat nämlich erkannt[124], daß das längste und mit den meisten Figuren verzierte, karthagische Goldband (seine Nr. 934) im ersten Register am Beginn die 36 ägyptischen Dekangötter trägt, und zwar genau wie wir sie z.B. von der Denderaliste kennen; dann folgen Dekandarstellungen, die ähnlich auf anderen ägyptischen Denkmälern zu finden sind. Unser Goldband Abb. 57 bietet im unteren Register unter Variierung geringfügiger Details[125] eine getreue Wiedergabe des ersten Registers des eben genannten karthagischen Bandes; Nr. 1-48 (der Nummerierung Vercoutters, die wir zum leichteren Verständnis auf unsere Abb. 57 übertragen haben) sind identifizierbar, bloß Nr. 35-36 und 39 fehlen.

Die Dekane verkörpern die Wirkung der Sterne auf die Menschen und werden als „lebende Seelen von Göttern" bezeichnet; in der Architravinschrift des Esnatempels sind sie Herren über Leben und Tod, erscheinen dort somit als Schicksalsmächte erster Ordnung. Diese Glaubensvorstellungen sind uns zwar vor allem von späten Denkmälern bekannt, jedoch lassen sich ihre Wurzeln bis ins MR und NR zurückverfolgen[126]. Nicht uninteressant ist es, daß Dekandarstellungen gerade wieder auf Armbändern aus einem Grab der libyschen Königsnekropole in Tanis zu finden sind[127] und sie dort zweifellos Schutzbedeutung für den Besitzer hatten.

Im oberen Register unserer Abb. 57 sind die Gottheiten des zweiten Registers derselben karthagischen Folie (Vercoutter Nr. 934) wiedergegeben, und zwar von Nr. 55-100, d.h. es fehlt ein kleiner Rest der Darstellungen von Karthago; außerdem sind dazwischen einige Figuren ausgelassen[128]. Obwohl für diese Götterdarstellungen — und das gilt auch für die übrigen Register des karthagischen Bandes — das ägyptische Vorbild unbekannt bleibt, steht doch nach Vercoutter[129] fest, daß zumindest der karthagische Graveur ein ägyptisches Dokument vor sich hatte. Dieser Ansicht, die unseren bisherigen Ergebnissen von der freien Verarbeitung ägyptischen Kulturgutes ein wesentliches Element hinzufügt, können wir nur zustimmen, da ja auch die Dekanbilder genauestens den ägyptischen Modellen entsprechen. Vom Charakter

Abb. 56: Fragment des Goldbandes, das sich in dem Amulettbehälter
unserer Taf. 164,1 befand; nach G. Spano: *BAS* 4 (1858) Taf. I, 24.

Abb. 58: Silberband des Amulettbehälters unserer Taf. 165,3; 1:1 (L.: 144 mm);
nach der in Cagliari neben dem Band ausgestellten Zeichnung
(die punische Inschrift ist weggelassen).

Abb. 59: Goldband des Amulettbehälters auf Taf. 164,3; L.: etwa 192 mm;
nach der in Cagliari neben dem Band ausgestellten Zeichnung.

der Darstellungen und vom Zweck her gesehen stehen solchen punischen
Metallfolien in Ägypten die magischen Stäbe (Apotropaia) des MR, die
späten Horusstelen und die Kopftafeln (Hypokephalen) am nächsten.

Hier dürfen wir direkt das Silberband unserer Abb. 58[130] aus dem silber-
nen Amulettbehälter unserer Taf. 165,3 anfügen. Herr Prof. Giovanni Garbini
hat uns freundlicherweise seine Ansicht über die punische Inschrift (über dem
„Löwen" in der linken Hälfte) zukommen lassen[131], die er wie folgt über-
setzt: „Schütze, bewache und segne '*šy*", wobei '*šy* der Name des Besitzers
ist. Eine ähnliche punische Schutzinschrift trägt das große Goldband aus
Karthago[132]. Die Darstellungen auf unserem Silberband Abb. 58 finden
sich gleichfalls im zweiten Register jenes karthagischen Bandes; daraus ist
aber kein direkter Zusammenhang mit unserer Abb. 57 zu folgern, da trotz

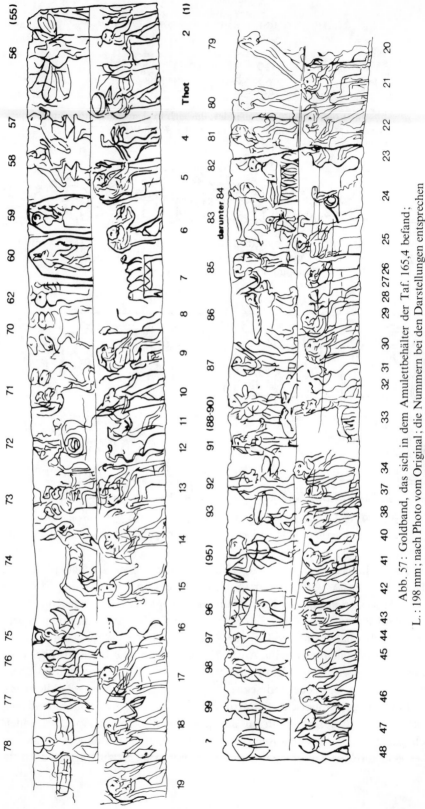

Abb. 57: Goldband, das sich in dem Amulettbehälter der Taf. 165,4 befand;
L.: 198 mm; nach Photo vom Original; die Nummern bei den Darstellungen entsprechen
denjenigen Vercoutters für das karthagische Goldband Nr. 934.

der wenigen Figuren auf Abb. 58 einige vorhanden sind, die auf Abb. 57 gerade fehlen. Vercoutter beschreibt noch zwei weitere Metallbänder aus Karthago [133], die gleichfalls Ausschnitte aus dem von uns zum Vergleich herangezogenen, großen karthagischen Band bieten. Während eines wieder die Dekandarstellungen erkennen läßt (Vercoutter, Nr. 936), bringt das andere (Vercoutter, Nr. 935) die Götter unserer Abb. 58 (= Anfang des 1. Registers unserer Abb. 57 mit der genannten Auslassung und Anfang des 2. Registers von Vercoutter, Nr. 934). Unsere Abb. 58 und die Entsprechung in Abb. 57 stehen nun Vercoutter, Nr. 935 insofern näher, als hier gleichfalls die zweite Gottheit nach den Ba-Vögeln innerhalb einer einfachen Kapelle erscheint; auf unseren beiden Abb. 57-58 stehen ja beide Götter nach den Ba-Vögeln in Kapellen, auf dem großen karthagischen Band fehlen diese Kapellen aber gänzlich.

Fazit ist, daß sich nicht nur die karthagischen Bänder in geringfügigen Details unterscheiden, sondern daß auch die beiden besprochenen Metallfolien aus Tharros kleine Varianten hinzufügen. Diese beiden Bänder unterscheiden sich auch sonst in Details. So sind etwa auf Abb. 58 die beiden Ba-Vögel über den Djed-Pfeilern mißverstanden und zu undefinierbaren Vögeln geworden [134]. Es gab somit eine Reihe von punischen, amuletthaften Metallbändern, die einander engstens verwandt sind — ein Band aus Malta soll mit Vercoutter, Nr. 936 weitgehend identisch sein [135] — aber sich in gewissen Punkten unterscheiden. Das große karthagische Goldband mit den vier Registern gibt das Vorbild, das sich wohl in Karthago befand, am getreuesten und vollständigsten wieder. Demgegenüber sind viele Gestalten unseres Bandes Abb. 57 bis zur Unkenntlichkeit entstellt. Wir werden also wohl annehmen dürfen, daß die beiden aus Tharros stammenden Metallfolien, die wir hier besprochen haben, von karthagischen kopiert wurden und nicht direkt auf ein ägyptisches Vorbild zurückgehen.

Zur Annahme der freien Verarbeitung ägyptischer Göttergestalten werden wir wahrscheinlich bei Abb. 59 [136] aus dem Amulettbehälter Taf. 164,3 zurückkehren müssen. Es ist eine ägyptisierende Götterprozession wiedergegeben (auch eine thronende Königsgestalt unter einem Schiff ist zu sehen), die an die üblichen ägyptischen, magischen Bänder erinnert, auf denen einfach aufgereihte Gottheiten dargestellt sind [137]; solche könnten ja auch in Karthago kopiert und diese Kopien vielleicht sogar gefunden worden sein [138]. Allerdings dürfte unsere Abb. 59 diesen einfacheren Typ und den mit den Dekandarstellungen vereinen. Auf den spätzeitlichen, ägyptischen Dekanlisten erscheint jeder dritte Dekan als löwenköpfige, thronende Göttin und der Dekan davor als aufrecht stehende Schlange [139]. Eine solche Dekangruppe sehen wir zweimal rechts neben dem Boot auf dem Goldband aus Tharros, wobei die thronende Göttin einen undefinierbaren Tierkopf erhalten hat. Im übrigen sieht die Figur links neben dem Boot wie eine sich auf den

Schwanz stützende Meerkatze aus. Die Gestalt davor hält wohl ein Sistrum in der Hand.

Am interessantesten für die Frage nach dem Einfluß der ägyptischen Religion auf die Punier ist sicher das in Ritztechnik gravierte Band Abb. 60 [140]. Die am rechten Ende der Silberfolie befindliche punische Inschrift [141] lautet nach der brieflichen Mitteilung, die uns Herr Prof. G. Garbini gesandt hat, „Schütze ʿAbdo, den Sohn des Šamšay vor den Herren der Waage". Wir sehen hier also, daß dieses Amulettband ganz konkret den Toten beim Jenseitsgericht schützen soll. Nach ägyptischem Muster spielten darin die Waage und die Totenrichter die zentrale Rolle. Angesichts der bewußten Übernahme des gesamten Motivschatzes unserer Metallfolien und der Behälter aus Ägypten kann kein Zweifel darüber bestehen, daß wir in der punischen Inschrift ein sicheres Indiz dafür haben, daß die Vorstellung vom Totengericht aus Ägypten in die punische Welt übernommen wurde. Ob sie dort nur bei ganz wenigen Menschen präsent war oder tiefer in gewisse Bevölkerungsschichten eingedrungen ist, kann jedoch nicht ausgesagt werden. Schließlich gibt es auch in Etrurien nur sehr vereinzelte Hinweise für eine Übernahme ägyptischer Jenseitsvorstellungen [142]. Tieferes Eindringen in den ägyptischen Totenglauben scheinen dagegen gewisse Metalltäfelchen mit griechischen Inschriften zu bezeugen, die in Großgriechenland den Toten beigegeben wurden [143]. Daß auch die Griechen der Kyrenaika, also die östlichen Nachbarn der Punier, das ägyptische Totengericht kannten und das Thema künstlerisch verarbeitet haben, beweist uns die Schale mit König Arkesilas von Kyrene (um 560 v. Chr.), die in Vulci gefunden wurde [144]. Als weiteres positives Indiz für die Frage nach dem Einfluß ägyptischer Jenseitsvorstellungen im punischen Bereich dürfen auch die Uschebtis von Mozia, Erice [145] und anderen Orten angesehen werden.

Auf der linken Seite des Silberbandes Abb. 60 sehen wir eine Papyrusbarke mit den charakteristischen Dolden an den beiden Enden; darin sitzen zwei Gestalten auf einem Thron, von denen die erste einen Geierschnabel hat. Da nun, wie wir gesehen haben, die punische Inschrift deutlich Bezug auf das ägyptische Jenseits und das Jenseitsgericht nimmt, werden wir für eine Deutung der Darstellung zunächst an die Barke des Re zu denken haben, in der der Tote mitfahren möchte, wie es etwa im Totenbuch, Kap. 134, ausgedrückt wird und wo auch die Vignette den thronenden, falkenköpfigen Re in der Barke wiedergibt [146]. Dasselbe Thema finden wir z.B. auf den spätägyptischen, sog. Schiffstelen [147], auf denen ebenfalls die Sonnenbarke mit dem thronenden Harachte erscheint, worin „die Jenseitshoffnung des Toten, sein Ba möge zum Himmel aufsteigen und an der allmorgendlichen Wiedergeburt der Sonne teilhaben," [148] zum Ausdruck kommt. Angesichts unseres Quellenstückes Nr. 181 zum Motivschatz der Skarabäen aus hartem Stein, wo eine geierköpfige Gestalt vielleicht nur als Variante der falkenköpfigen erscheint, ist wohl der Gedanke zu rechtfertigen, daß es sich bei dem Boot unserer Metallfolie um einen Abkömmling der Barke des Re handeln könnte; die zweite, etwas unklare Gestalt auf dem Thron wäre demnach der Tote selbst. Die vor der Barke schreitenden Gestalten mit ägyptischen Perücken, ägyptischen Szeptern und Anchzeichen in der herabhängenden Hand erinnern in diesem Zusammenhang an ähnliche Figuren des Pfortenbuches, die die Sonnenbarke ziehen [149].

Offen bleibt die Frage, wie der punische Hersteller des Silberbandes tatsächlich den skizzierten ägyptischen Hintergrund aufgefaßt hat. Nach der punischen Inschrift befindet sich der Tote auf dem Wege zum Jenseitsgericht. Die vor der Barke gleichmäßig schreitenden Gestalten, die sie ja hier nicht wie im Pfortenbuch ziehen, können möglicherweise als ein jenseitiges Gefolge des Toten aufzufassen sein; die Bootsdarstellung würde auch in die verbreitete Vorstellung von der Überfahrt ins Jenseits mit einem Boot hineinpassen. Es kann also der ägyptische Hintergrund sehr wohl mit phönikischen bzw. punischen Vorstellungen zusammengeflossen sein [150]. Wichtig ist jedoch die Tatsache, daß das Jenseits von dem Hersteller des Bandes als das ägyptische präsentiert wird, und zwar sowohl durch die Inschrift als auch durch die Darstellungen. Gleichzeitig soll das Band den Toten auf seinem Wege in bzw. durch das Jenseits schützen. In diesem Sinne entspricht es ganz genau dem ägyptischen Totenbuch, im speziellen dem Kapitel 125, das den Schutz beim Jenseitsgericht und vor den 42 Totenrichtern gewährleistet.

Abb. 60: Silberband eines Amulettbehälters; L.: etwa 117 mm; nach Photo vom Original in Cagliari.

VII. DER ANTEIL ÄGYPTISCHER KUNST
AN DEN PUNISCHEN STELEN SARDINIENS

Vielleicht das eigentümlichste Element der punischen Kultur, das zugleich den heutigen Menschen zutiefst ergreift, sind die sog. Tophet (*tephatim*), in denen Kindesopfer (aber auch Tieropfer als Ersatz) dargebracht wurden. Ab der Wende vom 7. zum 6. Jh. v. Chr. treten in ihnen Stelen auf und werden gleichzeitig zur wesentlichen Erscheinung dieser religiösen Anlagen. Ihrem Aufstellungsort entsprechend war den Stelen auch keine ästhetische Bedeutung zugedacht, sondern — über den Aschenurnen errichtet — sollten sie als Votivgaben [1] Zeugnis für die Durchführung des Opfers ablegen. Diese Tatsache ist stets evident zu halten, wenn wir im folgenden die ägyptische Architektonik und die ägyptischen Ikonographien dieser Denkmalgruppe besprechen. Dabei sei gleich am Anfang betont, daß sich im allgemeinen die spezifisch ägyptischen, religiösen Bedeutungsinhalte an den einzelnen ikonographischen Elementen im punischen Westen nicht mehr nachweisen lassen. Die Dedikationsinschriften der punischen Stelen nennen zumeist Baal Hammon und später Tanit, also die höchsten Gottheiten des punischen Pantheons. Den Ursprung der religiösen Bedeutung der Stelen müssen wir im Kult des Steines als Manifestation und Sitz der Gottheit sehen, der im Alten Orient weit verbreitet war; man denke etwa an die anikonischen Steine Transjordaniens, die hebräischen Masseboth (*massēbāh*) oder die phönikischen Baetylien [2]. Ähnliche Vorstellungen vom Stein als Sitz einer göttlichen Wesenheit lassen sich ebenso im zentralen Mittelmeerraum (z. B. Malta, Sardinien) nachweisen, sodaß auch innerhalb der Substratbevölkerung gewisse Voraussetzungen für das Phänomen der punischen Stelen bestanden.

Seit dem 4. Jh. v. Chr. erscheint im punischen Gebiet der Brauch, Stelen auf das Grab zu stellen [3]. Von diesen Grabstelen, die mit ihren jüngsten Stücken bis in neupunische Zeit reichen (2.-3. Jh. n. Chr.) [4], sind hier nur die sog. Nischenstelen und diejenigen mit eingeritztem Dekor zu nennen, da sie vielfach als Vereinfachung des Typus der Stele mit ägyptisierender Ädikula verstanden werden.

Die Stelen und Cippi der Tophet weisen ein ungemein reiches Typenrepertoir auf. Von den Hauptklassen (Cippi verschiedener Art einschließlich Thron- und Altarcippi, Stelen mit ägyptisierender Ädikula, Stufenstelen, Rundbogenstelen, Stelen in Form einer rechteckigen Platte, Stelen mit Dreiecksgiebel [5]) sind für uns außer den Cippi [6] besonders die Stelen interessant, deren Architektonik sich vom ägyptischen Naos ableitet, sowie einige Stelen mit Dreiecksgiebel aus Sulcis, in denen griechische und ägyptische Elemente verbunden sind.

1. Die Architektonik der Stelen mit ägyptisierender Ädikula

1.1. Der ägyptische Ursprung der Architektonik

Bereits ein erster Blick auf unsere Tafeln 172-180 lehrt, daß die hier abgebildeten punischen Stelen aus Sardinien in besonderer Weise von der ägyptischen Kunst geprägt sind. Trotz aller typologischen Vielfalt ist die Grundstruktur der voll ausgebildeten archaisch-punischen Ädikulastele im gesamten punischen Raum (Karthago, Mozia, Tharros, Nora, Sulcis und z.T. auch Monte Sirai) gleich. Sie gliedert sich von unten nach oben in drei Abschnitte: 1. Die Basis ist entweder glatt oder wird durch den ägyptischen Sockel, der oben mit Rundstab und Hohlkehle abschließt, gebildet; dieser Sockel kann dreidimensional wiedergegeben sein (Taf. 172,3; 175,1; 177,1) oder nur als Relief (Taf. 173,3; 177,2 und 4). 2. Im Zentrum befindet sich die Nische, die einfach oder gestaffelt zurückspringen kann. Die Staffelung ist in zwei verschiedenen Arten ausgeführt: Bei der einen springen alle vier Seiten der Nische gleichmäßig zurück (Taf. 172,3; 173,2), bei der anderen finden sich die Rücksprünge nur oben, links und rechts (Taf. 173,3; 175,2). Die Nische wird von Pilastern oder Halbsäulen flankiert, die aber für unsere Thematik kaum von Belang sind [7]. Die ägyptisierenden Merkmale der Darstellungen im Inneren der Ädikula werden wir gesondert behandeln [8]. 3. Am interessantesten ist für uns das oft sehr massige Gebälk der Ädikula, das aus zwei Teilen bestehen kann: Den unteren Abschnitt bildet zumeist eine Hohlkehle, auf der gerne die geflügelte oder ungeflügelte Sonnenscheibe angebracht ist; der obere Abschnitt hat üblicherweise ein gewelltes Profil, auf dem sich ein Fries von Uräen mit Sonnenscheiben auf den Schlangenköpfen befinden kann.

Die Tatsache, daß die hier kurz skizzierte ägyptische Architektonik das Bild einer Gottheit oder deren Symbol in der Nische umgibt, lenkt unser Augenmerk auf die analogen Denkmäler des Alten Ägypten, die ägyptischen Naoi oder Götterkapellen, die wir z.T. als reale Objekte und z.T. durch ägyptische Abbildungen kennen. Für das NR sei hier z.B. auf den Naos von Ramses II. für den Sonnen- und Mondgott aus Abu Simbel verwiesen [9]. Das etwa kubische Gebilde verjüngt sich leicht nach oben und wird mit Rundstab und Hohlkehle abgeschlossen. Links und rechts vom Eingang zur Zella stehen einfache Inschriftenpfeiler; in der Zella selbst befinden sich die beiden Gottheiten (Skarabäus und hockender Pavian) mit der Blickrichtung nach außen. Der ganze Naos stand auf einem steinernen Hohlkehlensockel, wie wir ihn bereits von den punischen Stelen kennen.

In ein ganz anderes Milieu gehört dagegen ein einfacher, rundlicher Naos von Goldschmieden aus Abydos (20. Dynastie) [10]: An der Vorderseite ist eine rechteckige Türe ausgespart, deren Umrandung vorspringt; wie die vollständigen punischen Stelen ist sie oben durch Rundstab und Hohlkehle sowie darüber einen Fries von scheibentragenden Uräen abgeschlossen; auf dem Türsturz unter dem Rundstab sehen wir noch eine isolierte Sonnenscheibe. Bereits Bisi[11] hat erkannt, daß von den in Kairo befindlichen ägyptischen Naoi gerade diejenigen aus der Zeit ab dem 4. Jh. v. Chr. die größte Verwandtschaft zu den punischen Stelen aufweisen. Man kann hier etwa einen Naos Nektanebos' II. (360-343 v. Chr.)[12] nennen: die Ädikula erhebt sich auf einer glatten Basis; die Zellaumrahmung ziert ein Rundstab und ist oben von einer Hohlkehle abgeschlossen, die die Flügelsonne trägt. Unter Hinweis auf die gestaffelte Nischeneinfassung vieler punischer Stelen ist vielleicht interessant, daß auch hier die Zella erst nach einem kleinen, allseitigen Rücksprung weit nach hinten geht. Daran anschließen wollen wir einen Naos griechischer Zeit mit zweifach abgetrepptem Innenraum aus Sais[13]. Typologisch steht den punischen Stelen ein Naos des Jahres 50 v. Chr. aus Dimê (Fajjûm) überraschend nahe[14]: Über der Zellaöffnung sehen wir die übliche Hohlkehle mit der Flügelsonne darauf und darüber einen stilisierten Fries von Uräen mit Sonnenscheiben; gerade diese Stilisierung des Uräenfrieses ist der auf etlichen punischen Stelen Sardiniens sehr ähnlich.

Es ist klar, daß Denkmäler wie die zuletzt genannten Naoi keinen Einfluß auf die punischen Stelen haben konnten, da diese um einige Jahrhunderte älter sind. Dabei ist aber zunächst zu bedenken, daß die späten Denkmäler ihre Vorgänger hatten, die sich nach der traditionsliebenden Art des Ägypters kaum von ihnen unterschieden haben können.

Die eigentlichen ägyptischen Vorbilder gehörten wohl in die Libyerzeit. Sie ist eine Epoche von besonders fruchtbarem Kulturaustausch mit dem vorderasiatischen Küstengebiet und muß zu einem guten Teil für die in der phönikischen Kunst dominierende ägyptische Komponente verantwortlich gemacht werden. Ein besonders instruktives Beispiel bildet ein Miniaturnaos aus Bronze im British Museum (Abb. 61)[15] mit den Namen des *Ḏḥwtj-m-ḥ3t* (etwa 725-710 v. Chr.)[16]. Im Inneren der Zella befindet sich eine kleine Sitzfigur des Amun-Re mit der üblichen Blickrichtung nach außen. Der architektonische Aufbau gleicht dem der archaischen punischen Stelen: Über dem Türsturz (der selbst mit der Flügelsonne geschmückt ist) erhebt sich ein Gebälk aus Rundstab und Hohlkehle, die ebenfalls die Flügelsonne trägt; den obersten Abschnitt bildet ein sehr schematischer Uräenfries mit kleinen Sonnenscheiben. Die einfachen Türpfosten, die hier mit einer Schlange verziert sind, leben in letzter Konsequenz in den Halbpilastern der punischen Stelen fort. Das häufige Auftreten der Schlangen, zumeist als Uräenfries, aber auch wie hier auf den Türpfosten, gründet sich auf die Schutzsymbolik der Schlange: Was sich im Schrein befindet, gilt es zu schützen. Dieselbe Bedeutung haben z.B. die geflügelten Schutzgöttinnen, die die Schreine aus dem Grabe des Tutanchamun schützen[17]. In ähnlicher Weise zieren solche geflügelte Schutzgöttinnen auch den unten[18] genannten phönikischen Naos aus Sidon in Istanbul. Das Motiv der geflügelten Göttinnen, die antithetisch eine dritte Gottheit umgeben, finden wir auch auf dem zuletzt behandelten Minia-

Abb. 61: Miniaturnaos des *Ḏḥwtj-m-ḥ3t* aus Bronze im British Museum, EA 11015; spätes 8. Jh. v. Chr.; 1:1; nach Photo vom Original.

turschrein des BM (Abb. 61) an den Außenseiten, und zwar jeweils in zwei Registern übereinander. Ein schöner Naos mit allen uns bekannten Elementen ist im Grabe Osorkons II. (862-833 v. Chr.) abgebildet[19]: Der ägyptische Sockel hat hier ähnlich wie auch auf manchen punischen Stelen[20] Füße, er ist somit als Holzmöbel gedacht, was gleichzeitig bedeutet, daß der Schrein darüber ebenfalls aus leichtem Material bestehen soll. Die Kapelle, in der sich der thronende Osiris, die stehende Isis und die Horuskinder auf dem Lotos befinden, ist mit Rundstab, Hohlkehle und Uräenfries bekrönt. Götter-kapellen mit dieser Bekrönung sind auch auf ägyptischen Stelen des NR wiedergegeben[21]. Solche Schreine mit demselben Aufbau hat uns das alte Ägypten ebenfalls in Form von Amuletten bewahrt[22]; in der Öffnung kann auch hier eine Gottheit stehen[23]. Wie der Ägypter einen dreidimensionalen Götterschrein im Flachbild wiedergibt, illustriert unsere Abb. 62, die sich auf einem Spiegel der 25. Dynastie befindet; im Kiosk ist eine Opferszene vor Mut wiedergegeben.

Interessant sind in unserem Zusammenhang auch die ägyptischen Denk-mäler, die mit den Naoi eng verwandt sind. Dazu gehören etwa die

Abb. 62: Zeichnung des Schreines auf dem Spiegel BM, EA 51067
(Herrn Dr. T. G. H. James, Keeper of Egyptian Antiquities im BM, sei herzlich
dafür gedankt, daß er Photos für die Abb. 61-62 zur Verfügung stellte).

Darstellungen der Königskioske, die mit der Hohlkehle und einem Fries
scheibentragender Uräen bekrönt sind[24]. Auch hier ist es wieder die symboli-
sche Aufgabe der Uräen, den König zu schützen. In Hinblick auf die
punischen Stelen stellen wir außerdem fest, daß die Basis der Königskioske
seit Amenophis III. oben durch Rundstab und Hohlkehle abgeschlossen ist.
Strukturell verwandt sind auch die ägyptischen Scheintürstelen mit Hohlkehlenabschluß; jedoch fehlt ihnen durchwegs der Uräenfries[25]. Die Scheintürstelen sind nur für das AR typisch, wenngleich sie auch im NR bezeugt
sind[26]; die Spätzeit kennt fast keine Belege. Deshalb scheint mir die Annahme, daß die ägyptische Scheintürstele für die punischen Stelen mit dreiseitig gestaffelter Zella auf einer einzigen Grundebene[27] das Vorbild abgegeben haben könnte[28], nicht gerechtfertigt. Als Modell kommt eher der
Typus des dreiseitig gestaffelten „Fensters" in Frage, den wir von zahlreichen
phönikischen Elfenbeinstücken mit dem Motiv der „Frau am Fenster"[29] und

den mit diesen in Zusammenhang stehenden zyprischen Stelen kennen [30]. Die rechteckigen ägyptischen Stelen des NR sind größtenteils degenerierte Scheintürstelen und tragen den Hohlkehlenabschluß [31]. Auf einer Stele aus Amarna im British Museum [32], in deren Mittelfeld Amenophis III. und seine Gattin Teje vor einem Opfertisch sitzen, befindet sich über der Hohlkehle noch der Uräenfries [33].

Die üblichen spätägyptischen Totenstelen mit Rundbogenabschluß und einer sich daran anschmiegenden Flügelsonne haben nichts mit der hier behandelten Architektonik gemein. Hervorzuheben ist jedoch eine mittel- bis spätsaitische Stele im British Museum [34], die einen Naos in Vorderansicht analog den punischen Stelen wiedergibt. Diese ägyptische Parallele ist deswegen so interessant, weil wir in ihr das Phänomen wiederfinden, das den wesentlichen Sprung vom ägyptischen Naos zur punischen Stele ausmacht: d.i. der Verlust der Dreidimensionalität. Der Verlust ist aber wie bei den gut ägyptisierenden punischen Stelen nicht völlig eingetreten, da die Zellarückwand gegenüber der Pfeilereinfassung nach hinten versetzt ist. Der Architrav des Naos auf der Stele wird wie bei Abb. 62 von drei übereinander befindlichen Hohlkehlen gebildet, die mit Flügelsonnen ausgestattet sind; die oberste Hohlkehle ragt seitlich stark heraus und wird extra von ägyptischen Zeltstangensäulen getragen. Es wird hier somit der Eindruck eines gestaffelten Heiligtums erweckt, bei dem man bis in den innersten Raum blicken kann. Darauf werden wir bei den punischen Stelen noch zurückkommen [35].

Zur Thematik des ägyptischen Naos und seines Fortlebens gehören in besonderer Weise auch die Hathorkapitelle, da wir sie auf Zypern wiederfinden [36]. Die seit dem NR bekannten Kapitelle zeigen über dem Kopf der Göttin die Fassade eines Heiligtums, das oben mit Rundstab und Hohlkehle abgeschlossen ist; in der nach vorne offenen Zella können ein oder zwei Uräen mit Sonnenscheiben in Vorderansicht wiedergegeben sein [37]. Bei dem offenbar libyerzeitlichen Typus aus Bubastis [38] trägt der Hathorkopf bloß die Hohlkehle und einen Uräenfries.

Ein den punischen Stelen sehr nahestehendes Gegenstück in Ägypten ist ein perserzeitliches, vielleicht auch frühhellenistisches Marmorrelief aus Memphis (Abb. 63) [39]: Das Relief gibt einen Naos wieder, dessen Gebälk von — eher ägyptisierenden — Hathorsäulen getragen wird. Die Bekrönung des Heiligtums besteht von unten nach oben aus einem Fries von alternierend angeordneten und nach unten gerichteten Lotosblumen und Lotosknospen, einer Hohlkehle mit Flügelsonne, einer zweiten Hohlkehle mit einem Uräenfries, und zuletzt folgt eine Reihe von Rosetten. Im Inneren spielt sich eine Opferszene bei der auf dem Sphingenthron sitzenden Astarte ab. Vermutlich wird es sich um eine Arbeit der in Memphis bezeugten Phöniker [40] handeln:

Abb. 63 : Relief aus Memphis (nach Dunand, *Oumm el-'Amed*, S. 170/Fig. 70).

Nicht nur der Inhalt der dargestellten Szene, sondern auch die Lotosgirlande bringen das Relief in die Nähe der phönikischen Naiskoi; außerdem geht die Mauer des dargestellten Heiligtums über der oberen Hohlkehle noch ein Stück weiter, was ein wesentliches Merkmal des monumentalen Naos von Amrit[41] ist. Dieses memphitische Relief kann vielleicht im Zusammenhang mit den oben[42] genannten Stelen aus Karthago und Sousse mit Hathorsäulen gesehen werden, in der allgemeinen Entwicklung vom ägyptischen Naos zur punischen Stele kann es aus chronologischen Gründen keine Bedeutung haben. Im Vergleich mit Abb. 62 zeigt es uns jedoch, wie exakt die Phöniker in Ägypten ein von der ägyptischen Kunst vorgegebenes Schema für die Darstellung einer Kultszene innerhalb ihrer eigenen Religionsausübung übernehmen konnten[43]. Dasselbe Faktum beweist uns eine verwandte Kalksteinstele in Form einer Kioskfassade, die wohl der ersten Hälfte des 6. Jhs. v. Chr. angehört und in Tell Defenneh gefunden wurde[44].

Nach diesen Ausführungen über den ägyptischen Hintergrund der auf den punischen Stelen wiedergegebenen Architektonik seien kurz die zwei wesentlichsten Unterschiede zwischen dem ägyptischen Naos und den punischen Stelen hervorgehoben: Der eine liegt in der bereits genannten, bisweilen fast völligen Aufgabe der Dreidimensionalität in den punischen Stelen, die aber in der abbildhaften Wiedergabe der ägyptischen Naoi und Königskioske strukturell vorgegeben ist[45]. Der andere Unterschied betrifft die bei den punischen Stelen beliebten Kontaminationen der ägyptisierenden Ädikula mit zypriotischen und später griechischen Elementen. Die Produkte alexandrinischer Mischarchitektur sind damit nur sehr bedingt vergleichbar.

1.2. Die Verarbeitung der ägyptischen Architektonik im Osten.

Im vorderasiatischen Küstengebiet kreuzten sich verschiedene Traditionen. Wir haben unter anderem auf die in großer Zahl vor allem in Heiligtümern belegten, sogenannten Massaboth hingewiesen[46], die im Zusammenhang mit den Vorläufern der punischen Stelen in Syrien und Palästina gesehen werden müssen[47]. Im allgemeinen handelt es sich um unbeschriftete Steine ohne Darstellungen, wobei sowohl die Form der rechteckigen „Stele" als auch die mit Rundbogenabschluß beliebt ist. Diese Steine können, wie erwähnt, gleich den phönikischen Baetylien u.a. die Gegenwart einer Gottheit anzeigen[48]. In Syrien entstanden Varianten der Masseboth mit Darstellungen, worin sich vielleicht mesopotamischer Einfluß greifen läßt. In diesen Zusammenhang gehört ein Cippus des 15. Jhs. v. Chr. aus Ugarit[49] : Der vierkantige, sich nach oben verjüngende und oben abgerundete Stein hat an der Vorderseite einen vorspringenden Sockel; vorne trägt er eingemeißelt das Sonnensymbol mit vier Strahlen. Es handelt sich um den kanaanäischen Vorläufer der Stufenstele[50], die später in Mozia, Nora oder Karthago[51] wieder begegnet. Dieser Stelentypus gehört wahrscheinlich zum Kulturgut der ältesten phönikischen Kolonisation[52], hat aber in unserer Untersuchung keine Bedeutung, da ihm die ägyptischen Elemente fehlen.

Die nördliche Tradition der Stele mit Darstellungen breitete sich dann nach Süden aus. Hier ist zunächst der Obeliskentempel von Byblos aus den ersten Jahrhunderten des 2. Jts. v. Chr. zu nennen. In Byblos macht sich ja ein starker ägyptischer Einfluß bemerkbar, besonders in der Obeliskenform dieser Steine[53], von denen ein Stück sogar eine hieroglyphische Inschrift trägt[54]. Hinter Byblos rangiert Hazor in der Anzahl der Masseboth, übertrifft es aber an Vielfalt. Am bedeutendsten ist die Gruppe des Heiligtums 6136[55]. Besonders eine Stele mit Rundbogenabschluß[56], die auf der Vorderseite zwei nach oben gerichtete menschliche Unterarme mit offener Hand sowie Mondsichel und Scheibe trägt, wird gerne unter den vorderasiatischen Vorläufern der punischen Stelen hervorgehoben[57].

Zu Byblos müssen wir wegen des offenkundigen ägyptischen Einflusses noch zwei Naoi des Obeliskentempels erwähnen: Sie sind frontal ausgerichtet und haben eine tiefe Nische. Der Zugang zum einen[58] wird durch eine Treppe gebildet[59], die seitlich von kleinen Mäuerchen[60] flankiert ist. Der andere Naos[61] hat bereits ganz den Charakter der späteren punischen Stelen: auf der glatten Vorderseite ist die rechteckige Umrahmung der Zella in Relief wiedergegeben; die Zella ist außerdem relativ hoch angesetzt.

Zum vorderasiatischen Hintergrund der punischen Ädikulastelen gehören auch Tonmodelle von Schreinen[62], die bereits in der Spätbronzezeit gewisse ägyptische Elemente aufweisen[63]. Ein solcher vorne offener Schrein von nur 27 cm Höhe stammt aus dem spätbronzezeitlichen Tempel von Kamid el-Loz

(Libanon)[64]. Vor dem kleinen Naos, links und rechts vom Zellaeingang stehen zwei Brandaltärchen, die mit dem Schrein durch kleine Mäuerchen verbunden sind; diesen Brandaltärchen kommt dieselbe Funktion zu wie denjenigen der späteren punischen Altarcippi[65]. Der Schrein ist oben an drei Seiten (vorne, links und rechts) mit einer Hohlkehle umgeben, und das Dach darüber zeigt einen ähnlichen Schwung wie das vieler ägyptischer Naoi.

Den oberen Abschluß durch Rundstab und Hohlkehle finden wir bei mindestens drei Modellschreinen der mittleren Eisenzeit (etwa 10.-9. Jh., vielleicht auch 1. Hälfte des 8. Jhs. v. Chr.) aus Megiddo[66]. Diese Kapellen sind aber mehrseitig ausgerichtet und können daher nicht in eine direkte Entwicklungslinie mit den punischen Ädikulastelen gebracht werden.

Dagegen präsentieren uns drei phönikische Terrakorra-Naiskoi aus Achzib, dem Libanon(?) und aus dem Nebo-Gebiet (Jordanien)[67] durch die Existenz eines massigen Architravs, der über die Zella links und rechts hinausragt, bereits das wesentliche architektonische Schema der ägyptisierenden punischen Stelen. Wie viele von diesen zeichnet das Tonmodell aus dem Nebo-Gebiet eine Zella aus, die allseitig (oben, unten, links und rechts) in einfacher Staffelung zurückspringt. Bei diesem Stück sind über der Zella in zwei Nischen auch zwei ägyptisierende Frauenköpfe angebracht, die sicher einen Bezug zu Astarte ausdrücken. Der Terrakottaschrein gehört nach der Begleitkeramik in die Eisenzeit II, also in die ersten Jahrhunderte des 1. Jts. v. Chr.; im Kontext des Schreines aus Achzib ist sicher nichts nach 650 v. Chr. zu datieren[68]. Demnach darf man annehmen, daß solche Naiskoi mit der Grundstruktur des ägyptischen Naos und der späteren punischen Ädikulastelen im syrisch-palästinensischen Raum mindestens seit dem 8. Jh. v. Chr. in Gebrauch waren. Da der Ton des Achzib-Schreines auch typisch lokal ist, wird man die Priorität der Stücke des phönikischen Mutterlandes gegenüber den im folgenden genannten aus Zypern als gesichert annehmen.

Auf Zypern fanden sich ähnliche Naiskoi aus Ton, und zwar sind drei aus Idalion und sechs aus Amathus bekannt[69]. Sie tragen den schweren Architrav und darauf die Sonnenscheibe mit der Mondsichel. Im Inneren der Nische, deren Einfassung abgetreppt sein kann, befindet sich zumeist ein Abbild der Astarte, das eine Entwicklung vom anthropomorphen Kultbild zum anikonischen Symbol durchmacht. Am deutlichsten zeigt die ägyptischen Elemente ein Schrein aus Amathus im British Museum[70]: Das Gebälk, das mit der Hohlkehle seitlich stark hinausragt, zerfällt in zwei Abschnitte: auf dem unteren, der zur Gänze als Hohlkehle zu verstehen ist, befindet sich die Flügelsonne; den oberen Abschnitt bildet ein Fries stilisierter Uräen. In der Nische befindet sich wie bei vielen punischen Stelen eine gut ägyptisierende, junge, männliche Gestalt in Schrittstellung auf einer rohen Basis; sie trägt den ägyptischen Schurz, die linke Hand hängt längs des Körpers herab, der rechte Arm ist abgewinkelt und die Faust zum oberen Teil der Brust geführt[71]. Der

Kontext dieses Stückes ist auf jeden Fall vor 600 v. Chr. zu datieren[72]. Es handelt sich hier vielleicht um das schönste Denkmal im Osten, das alle wesentlichen ägyptischen Elemente der punischen Stelen in sich vereinigt und mit Sicherheit älter ist als sie. Außerdem haben die phönikisch-zypriotischen Schreine bereits den zweidimensionalen Charakter der punischen Stelen erreicht.

Die kunsthistorische Stellung der hier behandelten Tonmodelle von Götterkapellen ist signifikant für die phönikische Kunst im allgemeinen und die Entwicklung zur punischen Stele im besonderen: die kanaanäische Tradition, die bereits eine Mischung von ägyptischen und vorderasiatischen Elementen in sich birgt, lebt weiter und erhält um die Jahrtausendwende bzw. am Beginn des 1. Jts. v. Chr. einen neuerlichen ägyptischen Impuls, der den phönikischen Charakter perfekt macht. Gleichzeitig stehen solche Denkmäler am Ausgangspunkt zur phönikisch-punischen Kunst des Westens[73].

In gewisser Hinsicht stehen den punischen Stelen einige Kalksteinnaiskoi aus Sidon näher, da sie die vorderasiatische Tradition der stehenden Steine mit der ägyptischen Götterkapelle verbinden. Sowohl das Stück im Louvre (Abb. 64)[74] als auch das in Istanbul (Abb. 65)[75] steht auf einer hohen Basis,

Abb. 64: Phönikischer Naos aus Sidon im Louvre Abb. 65: Phönikischer Naos aus Sidon in Istanbul
(nach Bisi, *Un naïskos tardo-fenicio*, S. 20/Fig. 6 und 7).

die oben Rundstab und Hohlkehle aufweist[76]. Das Gebälk bietet uns den vollständigen ägyptischen Aufbau: Über einem eher kantigen „Rundstab" folgt ein Abschnitt, der durch seine seitlichen Vorsprünge deutlich als Hohlkehle gedacht ist und auch eine Flügelsonne phönikischen Stils trägt; darüber befindet sich der Uräenfries. Die Lotosgirlande als obere Begrenzung der Zella kennen wir bereits von dem memphitischen Relief Abb. 63. Im Inneren der Zella sehen wir in Vorderansicht den üblichen Götterthron, der von zwei Tieren (auf Abb. 64 von zwei Sphingen) flankiert wird. Diese sidonischen Naiskoi haben im Gegensatz zu den punischen Stelen noch die volle Dreidimensionalität bewahrt. Das zeigt sich vor allem daran, daß sie auch an der linken und rechten Außenseite dekoriert sind; im Falle des Exemplares in Istanbul handelt es sich um eine auf einer ägyptischen Hohlkehlenbasis stehende Göttin mit Flügeln in Schutzhaltung; in ihren Händen hält sie je eine Lotosblume, und auf dem Kopf trägt sie die Sonnenscheibe. Diese Göttin entspricht den geflügelten, schreinschützenden Göttinnen Isis und Nephthys in Ägypten[77]. Abgesehen von den beiden genannten relativ gut erhaltenen Denkmälern kennen wir noch drei weitere fragmentarische Stücke aus Sidon, davon eines aus Terrakotta[78]. Dieses nimmt durch sein Material eine gewisse Mittelstellung zu den vorher besprochenen Terrakottaschreinen ein. Außerdem ist auch eine Miniaturausführung der sidonischen Naiskoi bekannt[79]: Eine kleine Ädikula in Beirut von nur 8 cm Höhe hat im Zentrum eine tiefe Nische, in der sich in Vorderansicht eine nackte männliche Gestalt auf einem Sphingenthron befindet. Ob der Hohlkehlensockel dazu gehört, ist nicht ganz klar. Die relativ breite obere Einfassung der Nische, die dem schweren Architrav der sidonischen Naiskoi und der punischen Ädikulastelen entspricht, trägt senkrecht eingravierte Linien, die wir als äußerste Vereinfachung des Uräenfrieses von Stelen aus Mozia[80], Nora, Monte Sirai[81], aber auch in ähnlicher Art von der unten[82] angeführten Stele aus Achzib kennen.

Problematisch ist die zeitliche Stellung der sidonischen Naiskoi. Üblicherweise nimmt man an, daß sie nicht älter als die Perserzeit sind[83]. Bisi hat sie jüngst an den Beginn des 6. Jhs., Wagner[84] in Anlehnung an phönikische Elfenbeine sogar ins 9.-8. Jh. v. Chr. zurückdatiert, sodaß sie als direkte Vorbilder für die punischen Stelen des Westens gelten könnten. Wie immer die zeitliche Stellung der existierenden sidonischen Naiskoi sein mag, so steht doch fest, daß der ägyptische Einfluß und dessen Verarbeitung in Phönikien, die sie repräsentieren, älter sind als die Perserzeit. Solche ältere Vorbilder der punischen Stelen im Osten, die die volle Architektonik des ägyptischen Naos aufweisen, bilden die bereits erwähnten Terrakottaschreine, besonders der oben beschriebene aus Amathus[85], wobei es klar ist, daß die Schreine aus Zypern Zeugnisse des phönikisch-festländischen Einflusses auf der Insel sind[86]. Eine andere Frage betrifft eventuelle spätere, neuerliche Impulse aus dem Osten, die für die Beliebtheit der voll ausgebildeten und so gut ägyptisierenden Ädikula verantwortlich sein könnten, wie sie uns etwa unsere Taf. 176f. zeigen.

Der ägyptische Naos erlebt in Phönikien auch eine monumentale Ausbildung. Ein Beispiel ist der Tempel von Amrit[87], der auf einer hohen Basis inmitten eines Wasserbassins stand und von einer Säulenhalle umgeben war. Der Naos trägt über der Zella auf allen vier Seiten Rundstab und Hohlkehle, darüber setzt sich jedoch in unägyptischer Art die Steinmauer fort[88]. Die allgemeine Datierung schwankt vom 5.-2. Jh. v. Chr.[89]; die Favissa des Tempels lieferte dagegen Material, das kaum jünger als das Ende des 6. Jhs. v. Chr. sein dürfte[90]. Das zweite bekannte, monumentale Denkmal ist die Ädikula von Ain el-Hayat in der Nähe von Amrit[91], die ein wenig später als der Tempel von Amrit zu datieren sein dürfte. Sie bildet das Gegenstück zur Ädikula von Nora im Osten[92]. Die Bekrönung der Vorderfront ist von unten nach oben in gut ägyptischer Art mit Rundstab, Hohlkehle und Uräenfries mit Sonnenscheiben ausgeführt.

Außer den dreidimensionalen Naoi und Naiskoi fanden sich in Phönikien auch echte Stelen, die die ägyptische Architektonik reproduzieren. Zunächst seien erwähnt ein relativ gut erhaltenes Stück aus Sidon (Abb. 66)[93], ein Fragment vom selben Fundort und ein weiteres Bruchstück aus Tyros[94].

Abb. 66: Phönikische Stele
(nach Bisi, *Un naiskos tardo-fenicio*, S. 19/Fig. 4)

Auf unserer Abb. 66 sehen wir ein verkürztes ägyptisches Gebälk, das nur den Uräenfries bewahrt hat, bei einem der beiden Fragmente[95] finden wir über der Flügelsonne die senkrechten Linien wieder[96], die sich vermutlich vom Uräenfries ableiten. Die zeitliche Stellung dieser Stelen erstreckt sich etwa vom 6. Jh. v. Chr. bis in hellenistische Zeit.

Von den übrigen verwandten Beispielen[97] soll hier noch eine Stele aus Achzib[98] besonders hervorgehoben werden, da sie eine schematisierte ägyptische Ädikula wiedergibt, bei der als Bekrönung die uns bereits gut bekannten einfachen, vertikalen Elemente den Uräenfries repräsentieren. Im Inneren der Zella befindet sich das sog. „Flaschenidol"[99], wodurch die Existenz des im Westen so beliebten Symbols auch im Osten gesichert ist. Allerdings ist eine Datierung der Stele nach einer Fundschichte nicht möglich. Einerseits nimmt man ein Datum an, das gestattet, in dem Stück ein Vorbild für die punischen Stelen des Westens zu sehen (also 7. oder sogar 8. Jh. v. Chr.)[100], andererseits zog Wagner[101] jüngst auch die hellenistische Zeit in Erwägung. Für uns ist interessant, daß die Architektonik des ägyptischen Naos mit dem schematisch wiedergegebenen Uräenfries in sehr vereinfachter Form vorliegt, und zwar ist sie bei weitem einfacher als die der gut ägyptisierenden Stelen des Westens. Außerdem zeigt die Nischeneinfassung oben, links und rechts einen mehrteiligen Rahmen, der starke Ähnlichkeit mit dem „Fenster" im Motiv der „Frau am Fenster" auf phönikischen Elfenbeinen[102] hat. Wegen der Unklarheit in der Datierung lassen sich jedoch keine weiteren Schlüsse ziehen.

Kunsthistorisch vergleichenden Wert hat ebenfalls die Stele von Burg esch-Schemali[103], die möglicherweise in der ersten Hälfte des 5. Jhs. v. Chr. geschaffen wurde. Die Stele bietet uns ein genaues Pendant im Osten zu den mit vollständiger, nicht schematisierter ägyptisierender Ädikula ausgestatteten punischen Stelen. Über einer glatten Basis erhebt sich die Vorderfront des ägyptischen Naos: Auf einfachen Halbpfeilern und über einem gewöhnlichen Türsturz ruht ein Rundstab, darüber folgt die Hohlkehle mit einer von Uräen flankierten Flügelsonne, zuoberst befindet sich ein Uräenfries. Einen analogen Aufbau zeigt z.B. die Stele aus Sulcis auf unserer Taf. 176,2. Wie auf vielen punischen Stelen[104] stehen die beiden Baetylien im Inneren der Nische der Stele von Burg esch-Schemali auf dem ägyptischen Sockel, der hier allerdings leicht verändert ist. Die Stele zeigt uns außer dem kunstgeschichtlichen Vergleich noch eine interessante Tatsache, nämlich daß wie im Westen spätere Stelen die Architektonik des ägyptischen Naos vollständiger und besser ägyptisch wiedergeben können als frühere. Möglicherweise weist auch dieses Faktum auf einen neuerlichen Impuls aus Ägypten zu einer Zeit, in der die Produktion der punischen Stelen des Westens bereits begonnen hatte.

Wenn wir hier die Verarbeitung des ägyptischen Naos im Osten betrachten, müssen wir auch die zypriotischen Hathorkapitelle[105] miteinbeziehen, die über dem Kopf der Göttin gleich ägyptischen Vorbildern die Fassade eines Heiligtums wiedergeben. Besonders interessant ist eines der beiden Kapitelle aus Larnaka[106]: Die Zellaöffnung hat oben, links und rechts eine gestaffelte Einfassung und trägt eine Hohlkehle; außerdem wird sie von Hathorpfeilern in Relief flankiert; darüber folgt nochmals über einem Rundstab die Hohlkehle mit Flügelsonne. In der Türöffnung steht eine halbanthropomorphe Gottheit, die eine Uminterpretierung des in Ägypten an entsprechender Stelle befindlichen Uräus sein muß. Sie hat auch dessen Umrisse noch ungefähr bewahrt und erinnert gleichzeitig an gewisse anthropomorph ausgebildete Formen des punischen „Flaschenidols". Die frühen zypriotischen Hathorkapitelle gehören dem zypro-ägyptischen Stil an, der ins 6. Jh. v. Chr. fällt. Sie erleben in der Folgezeit eine Umbildung, wie das Kapitell aus Vouni[107] aus der Zeit um 450 v. Chr. deutlich zeigt: der große Kopf des Kapitells hat nichts mehr mit der ägyptischen Hathorikonographie gemein. Jedoch steht auch hier in der Zellanische eine Gottheit, die noch weniger menschliche Merkmale zeigt als bei dem Kapitell aus Larnaka und daher in der äußeren Erscheinung den ganz leicht anthropomorphen „Flaschenidolen" entspricht; entwicklungsmäßig steht aber der ägyptische Uräus dahinter. Auch die dreiseitige, gestaffelte Nischenumrandung stellen wir fest.

Die Existenz der ägyptischen Architektonik in der phönikischen Kunst vor dem Beginn der Stelenproduktion im Westen erweisen uns noch Denkmäler ganz anderer Art: Es handelt sich um zwei phönikische Elfenbeinstücke aus Fort Shalmaneser[108], auf dem über zwei Gestalten mit ägyptischer Doppelkrone, die eine phönikische Palmette flankieren, die Flügelsonne (ohne flankierende Uräen) und darüber der Uräenfries wiedergegeben sind; die Uräen des Frieses tragen ein Kuhgehörn und dazwischen die Sonnenscheibe. Es ist also offenkundig eine Kapelle mit ägyptischer Architektonik dargestellt. Diese beiden Elfenbeinstücke gehören vielleicht in das 8. Jh. v. Chr.

Das Motiv der Gottheit in Vorderansicht unter der Sonnenscheibe mit waagrecht ausgespannten Flügeln führt uns ein anderes Elfenbeinstück aus Nimrud (8. Jh. v. Chr.) vor[109]. Die Flügelsonne, die von Uräen flankiert wird, schwebt über einer nackten Göttin mit ägyptischer Perücke in Vorderansicht[110].

Ein wesentliches Element der ägyptischen Architektonik, das wir nicht nur als Basis der Naiskoi aus Sidon fanden, sondern das gerade bei den punischen Stelen überaus beliebt wird[111], ist der Sockel, der oben durch Rundstab und Hohlkehle abgeschlossen ist. In Ägypten werden gerne Götter oder göttliche Symbole darauf gestellt[112]. In Hinblick auf gewisse Ausführungen auf punischen Stelen[113] ist wichtig, daß diese Form in Ägypten auch als Holzmöbel, Truhe, Tisch bzw. Opfertisch, Verwendung fand[114]. Den ägyptischen Hohlkehlensockel finden wir bereits im 14. Jh. v. Chr. unter den Füßen des Königs von Ugarit[115]. Seit dieser Zeit bleibt seine Form unverändert. Der Sockel dient wohl dazu, den darauf stehenden Menschen von den irdischen Unreinheiten zu trennen[116]. Dagegen müssen wir aber betonen, daß der Hohlkehlensockel auf den punischen Stelen, wenn er innerhalb der Nische erscheint, wie in Ägypten ein göttliches Wesen oder das Symbol einer Gottheit trägt.

1.3. *Die Wiedergabe der ägyptischen Architektonik im Westen.*

1.3.1. *Die allgemeine Entwicklung*

Seit der Wende vom 7. zum 6. bzw. seit dem frühen 6. Jh. v. Chr.[117] treten im punischen Westen Steinstelen auf, die an ihrer Vorderseite die Architektonik des ägyptischen Naos mehr oder weniger getreu nachbilden. Diese archaisch-punischen Stelen, die sich etwa über den Zeitraum des 6.-4. Jhs. v. Chr. erstrecken, kennen wir fast ausschließlich aus den Tophet von Karthago, Sousse (Hadrumetum), Mozia, Tharros, Nora, Sulcis und Monte Sirai. Es ist eine bekannte Tatsache, daß die weniger ägyptisierenden Stelen denjenigen mit vollständiger ägyptischer Architektonik, d.h. mit Flügelsonne und Uräenfries, zeitlich vorangehen[118]. Das Auftreten des Uräenfrieses hat im besonderen Anlaß zu einiger Diskussion gegeben[119]. In Sardinien ist er schon sehr früh bezeugt: In der ersten Hälfte des 6. Jhs. v. Chr. begegnet er zusammen mit der Flügelsonne auf dem monumentalen Naos von Nora. Im 7. Jh. war er bereits in das nuragische Milieu eingedrungen[120]. Uräen mit Sonnenscheiben sind auf karthagischem Kunsthandwerk seit der zweiten Hälfte des 7. Jhs. gut bekannt. Aus einem Grab von Dermesch (Karthago) der Mitte des 6. Jhs. v. Chr. kennen wir schließlich eine schöne kleine (Höhe: ca. 20 cm) Stele mit Uräenfries[121]. Stelen mit Uräenfries existierten demnach im punischen Raum[122] schon vor der Einigung des gesamten Ostens durch das Perserreich, jedoch werden die Stelen mit allen wesentlichen Elementen in gut ägyptischer Art zumindest in Karthago und Mozia erst seit der Wende vom 6. zum 5. Jh. v. Chr. beliebt. Wenn wir die bestehenden direkten Beziehungen zwischen Mozia und Ägypten[123] sowie zwischen Karthago und dem Nilland[124] in Betracht ziehen, kann die aus dem phönikischen Mutterland übernommene Architektonik sehr wohl durch spätere Kontakte neuerlich ägyptisiert worden sein.

Wir haben bereits darauf hingewiesen[125], daß die ägyptische Architektonik, die an der Vorderseite der punischen Stelen wiedergegeben ist, zum größten Teil ihre dritte Dimension verloren hat[126]. Freilich finden sich die verschiedensten Abstufungen von einer relativ gut herausgearbeiteten Architektur und ziemlich tiefer Nische bis zu einfach eingeritztem Dekor[127]. Die Tatsache, daß bei jüngeren Stelen das Götterbild vielfach in recht flachem Relief oder tiefer Eingravierung dargestellt ist, macht auch eine räumliche Tiefe der Nische nicht mehr notwendig; infolge des Verlustes der Zella verliert auch die architektonische Einfassung an Bedeutung[128]. Gefördert hat diese Tendenz zu immer ausgeprägterer Zweidimensionalität sicher die Art, wie die ägyptisierende Ädikula in der punischen Welt verbreitet worden sein dürfte, nämlich durch gezeichnete Modelle [129]. Es sei jedoch daran erinnert, daß auch im phönikischen Mutterland der Typus der Stele mit fast zweidimensionaler Architektonik existierte, wie uns die Stele von Achzib beweist [130].

Als Vorbild für die ägyptisierende, punische Ädikulastele muß trotz aller anderer Überlegungen [131] ein einziges ägyptisches Modell, wie wir es oben [132] beschrieben haben, angenommen werden [133]. Für die typologische Vielfalt ist daher unter Berücksichtigung verschiedener nachträglicher äußerer Einflüsse die interne punische Entwicklung verantwortlich. Diese zeigt nicht nur die eben erwähnte Tendenz zu stets strengerer Zweidimensionalität, sondern läuft auch auf zunehmende Vereinfachung der Architektonik hinaus. Auf diese Weise entwickelt sich die Stele mit ägyptisierender Ädikula zur Stele mit einfacher, rechteckiger Nische, die selbst schließlich nur noch eingeritzt sein kann [134]. Wir verfolgen also nach der Perfektionierung der ägyptischen Architektonik um die Wende vom 6. zum 5. Jh. v. Chr. eine rückläufige Entwicklung, die Schematisierung und Vereinfachung zum Ziel hat. Dieser Entwicklung dienen auch zwei besondere Techniken: die eine ist die bereits genannte Einritzung des Dekors, die andere die selbständige Anwendung der Malerei [135].

1.3.2. *Karthago und Mozia*

Eine Betrachtung der karthagischen Stelen zeigt, daß bereits der untere Abschnitt eine große Anzahl von Varianten aufweist [136]. In wenigen Fällen gibt es eine eigenständige Basis, die den ägyptischen Sockel nachbildet. Dieser kann in seinem unteren Teil rechteckig oder trapezförmig ausgeführt sein; oben endet er mit Rundstab und Hohlkehle. In zwei Fällen [137] finden sich diese Elemente nicht nur vorne, sondern auch an der Seite, sodaß ein dreidimensionaler Aspekt gewahrt bleibt [138]. Zumeist aber ist der ägyptische Sockel nur in Relief an der Vorderseite wiedergegeben [139], wobei hier gerne der Rundstab durch eine vorspringende, kantige Leiste ersetzt sein kann, bzw. in mehreren Fällen eines der beiden ägyptischen Elemente sogar fehlt. Nur bei vier Stelen [140] ist der ägyptische Sockel mit allen seinen Elementen in kanonischer Weise in Relief wiedergegeben. Die Hohlkehle der Basis kann auch die Sonnenscheibe tragen.

Was die Bekrönung der Ädikula anlangt, konnte Bartoloni [141] dreizehn Grundtypen unterscheiden, die sich aber z. T. noch weiter aufgliedern lassen. Abgesehen von den einfachen Typen, bei denen ein planes Band mit einem oder zwei Rundstäben bzw. kantigen Leisten erscheint, sei das konvexe Band, das von zwei Rundstäben eingefaßt wird, hervorgehoben; es ist offenbar eine Uminterpretierung der Hohlkehle. Ebenso dürften zwei solche konvexe Bänder übereinander, die oben und unten durch Rundstäbe oder Leisten begrenzt sind, die kanonische Form des Uräenfrieses über der Hohlkehle zum Ausdruck bringen. Auffallend sind einige Stelen, die zwar gut ägyptische Elemente tragen, bei denen jedoch eines aus dem bekannten Grundschema fehlt. So kann über dem Rundstab unter Verzicht auf die Hohlkehle sofort der Uräenfries folgen[142], oder die Bekrönung besteht nur aus Hohlkehle und Uräenfries. Im letzteren Fall ruht die Hohlkehle direkt auf der oberen Einfassung der Ädikula, und es fehlt der Rundstab[143]. Auch wenn alle drei Elemente vorhanden sind, gibt es verschiedene Typen: Der Rundstab kann durch eine kantige Leiste ersetzt sein[143a], gleichzeitig kann über der Hohlkehle ein konvexes Band auf den ursprünglichen Uräenfries hindeuten; zumeist trägt hier die Hohlkehle eine Sonnenscheibe, in einem Fall[144] sogar die Flügelsonne. Ein anderer Typus besitzt über Rundstab und Hohlkehle ein schräges Band[145]. Dieses Band kann auch einen wellenförmigen Querschnitt aufweisen, in der Art, daß es unten konvex und oben konkav ist[146]; dadurch wird die Krümmung des Uräenfrieses bestens wiedergegeben. Beispiele für eine derartige Simulierung des Uräenfrieses haben wir aus Nora (Taf. 173,1-2) und Sulcis (Taf. 175,3) abgebildet. Wir sehen also, daß der Uräenfries nicht nur, wie oben angedeutet[147], zu einfachen senkrechten Strichen schematisiert wird, sondern durch Bänder ersetzt werden kann. Der Ersatz des Uräenfrieses durch das konvex-konkave Band könnte sich am ehesten daraus ableiten, daß die Schlangenreihe vielleicht ursprünglich auf einem solchen Band nur aufgemalt war. Für uns ist interessant, daß der Ersatz des Uräenfrieses auf diese Art in Karthago und Mozia viel häufiger vorgenommen wurde als auf Sardinien. Die besten karthagischen Stücke geben schließlich die ägyptische Architektonik vollständig wieder: Über Rundstab und Hohlkehle steht ein plastisch ausgeführter Fries von Uräen, die alle eine Sonnenscheibe auf dem Kopf tragen[148].

Zuletzt seien noch die völlig glatten, vertikalen Bekrönungen mit zwei oder mehr eingravierten, waagrechten Linien erwähnt, die in vereinfachender Weise die verschiedenen Elemente andeuten[149].

Während die einfache Sonnenscheibe selbständig oder zusammen mit der Mondsichel zumeist auf der Hohlkehle erscheint bzw. auf dem Teil, der die Hohlkehle ersetzt, tritt die Flügelsonne in Karthago nur selten auf, und zwar nur bei den beiden voll ausgebildeten Typen, d.i. derjenige mit plastischem Uräenfries und der, bei dem dieser Fries durch ein konvex-konkaves Band ersetzt ist[150]. Üblicherweise handelt es sich um die bloße, geflügelte Scheibe wie auf unseren Taf. 177,3 und 178,2. Nur in einem einzigen Fall trägt eine archaische Stele in Karthago die von zwei Uräen flankierte, geflügelte Sonnenscheibe[151].

Die Bekrönungen ragen meistens über die seitliche Einfassung der Nische links und rechts hinaus, sodaß eine Hohlkehle ähnlich wie auf unseren Taf. 174,1 und 176,2a simuliert wird.

Bei den karthagischen Ädikulastelen begegnet auch die allseitig, d.h. oben, unten, links und rechts, abgetreppte Nische (Abb. 67). Nach einer Vermutung

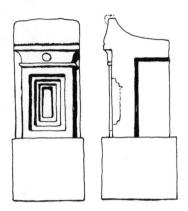

Abb. 67: Stele aus Karthago mit abgetreppter Nische
(nach Lézine, S. 40, Fig. 23).

von Lézine[152] könnte diese allseitig gestaffelte Zellanische eine abgekürzte Wiedergabe der in der Längsachse eines ägyptischen Tempels aufeinanderfolgenden Räume sein. Es ist ein typisches Kennzeichen ägyptischer Tempel, daß die Räume in Richtung auf das Allerheiligste stets an Volumen abnehmen, d.h. sie werden enger, die Decken fallen ab und die Böden steigen gleichzeitig an[153]. In Karthago findet sich auch die dreiseitig gestaffelte Nische, bei der die Grundfläche eine Ebene bildet[154].

Interessant sind in Karthago die seltenen Kontaminationen von Ädikulastele und Throncippus[155]: Vor der Nische mit der ägyptisierenden Architektonik stehen auf dem Sockel zwei Brandaltärchen, die ebenfalls die ägyptischen Elemente Rundstab und Hohlkehle aufweisen. Diese Kombination ist bereits im Terrakottaschrein von Kamid el-Loz[156] und in einem Schrein aus Amathus[157] vorgegeben.

Die vielen karthagischen Typen in eine Entwicklungsreihe zu bringen, scheint derzeit noch schwierig zu sein, vor allem da stets mehrere Typen gleichzeitig existierten[158]. Das Tophet von Karthago weist vier Strata auf, von denen das erste (A) ins 7. Jh. v. Chr. fällt und noch keine Stelen lieferte. Das zweite Stratum (B) vom Ende des 7. bis zum Ende des 6. Jhs. erbrachte verschiedene Cippi, darunter auch Throncippi[159]. In der ersten Hälfte des 6. Jhs. erscheinen die ersten Ädikulastelen, die in der folgenden Epoche die vorherrschende Denkmälergruppe bilden. Die Bekrönungen sind noch sehr einfach; zumeist bestehen sie aus einem konvexen Band, das von zwei vorspringenden Leisten begrenzt wird. Eine Ausnahme bildet in der Mitte des 6. Jhs. die erwähnte[160] schöne, kleine ägyptisierende Stele mit Uräenfries aus

der Nekropole von Dermesch, die aber nicht aus dem Tophet stammt. In
Stratum C des Tophet (Beginn des 5. Jhs. bis zur Mitte des 4. Jhs.) leben die
verschiedenen Cippi weiter. Vom Beginn des 5. Jhs. an treten auch Stelen in
größeren Dimensionen als früher auf. Damit geht eine Bereicherung der
Details konform: Wir finden jetzt die vollständige Wiedergabe der ägyptischen Architektonik mit Rundstab, Hohlkehle und Uräenfries; dazu kommt,
wie oben erwähnt [161], die ungeflügelte oder geflügelte Sonnenscheibe. Im 4.
Jh. v. Chr. gibt es noch weiter Stelen mit ägyptisierender Ädikula. In dieser
Epoche kommt es aber in Karthago zu einer grundlegenden Veränderung der
punischen Stele in Typologie und Ikonographie; offenbar spiegelt sich darin
die Tatsache wieder, daß Baal Hammon durch Tanit als führende punische
Gottheit ersetzt wird. Diese jüngeren Typen in Form von schlanken obelis-
kenartigen Steinen, die zusehends griechische Elemente aufnehmen, haben die
ägyptische Architektonik bis auf wenige Überlebsel aufgegeben. Sie sind
daher für unsere Untersuchung ohne Belang. Die europäischen punischen
Zentren machen diese Entwicklung auch nicht mit.

Trotz aller direkten Beziehungen von Mozia zum Osten und unter Berücksichtigung gewisser eigenständiger Merkmale der punischen Stelen Sardiniens
muß man zumindest am Anfang der Stelenproduktion die ausstrahlende Kraft
Karthagos auf das übrige punische Territorium anerkennen. Karthago hatte
somit sicher die größte Bedeutung in der Vermittlung der ägyptischen Architektonik nach Sardinien [162].

Die Stelen von Mozia sind dank der jüngsten, vorbildlichen Ausgrabungen im Tophet für die Wiedergabe der ägyptischen Architektonik und
deren Entwicklung im Westen noch aufschlußreicher als die karthagischen
Funde. Nach der heutigen Forschungslage bietet uns die Siedlung auf der
kleinen, Westsizilien vorgelagerten Insel hinsichtlich der Stelen das vielfäl-
tigste Material des ganzen punischen Gebietes. In Mozia findet sich die
gesamte Palette aller möglichen Typologien von den einfachen Cippi über die
Thron- und Altarcippi [163], die verschiedenen Arten der Ädikulastele bis zu
den doppelten Stelen [164], welche eine Besonderheit von Mozia darstellen.

Das Tophet von Mozia lieferte Stelen von der Wende des 7. zum 6. Jh. v.
Chr. [165] bis 398 v. Chr., als die Stadt durch Dionysios von Syrakus erobert
wurde; danach (bis in die Mitte des 3. Jhs.) hat man die religiöse Anlage nur
noch sehr sporadisch frequentiert [166]. Wie in Karthago treten die Stelen in der
ältesten Phase des Tophet (Stratum VII und VI) noch nicht auf [167]. Die Stele
in Form der ägyptisierenden Ädikula gehört also nicht zum alten phönikischen Erbgut der ersten Kolonisten. Interessanterweise gehen in der älteren
Zeit (Stratum V im Westteil des Tophet, erste Hälfte des 6. Jhs.) die weniger
ausgearbeiteten Stelen den sorgfältiger bearbeiteten voran, sowie die einfache
Architektonik der komplizierten [168]. Das entspricht etwa dem Befund von
Karthago. In der ersten Hälfte des 6. Jhs. sind einfache, summarisch wieder-

gegebene Ädikulen charakteristisch[169]. Als Bekrönung findet sich z.b. der
karthagische Typus des breiten, konvexen Bandes zwischen zwei Leisten, dazu
eine Sonnenscheibe im unteren Drittel[170]. Erst in den Strata IV und III der
Ostzone (zweite Hälfte des 6. Jhs. und 5. Jh. v. Chr.)[171] tritt die vollständige
ägyptische oder ägyptisierende Architektonik auf.

Bisi[172] hat versucht, die Stelenproduktion von Mozia in acht Phasen zu
gliedern. Freilich wird man sich fragen, inwieweit es eine Gesamtentwicklung
in Mozia gibt (auch unter Berücksichtigung, daß ältere Typen neben jüngeren
noch weiterlebten), oder ob vielleicht bestimmte Typen verschiedenen Werk-
stätten zuzuweisen sind. Die von Bisi angenommenen acht Phasen lassen aber
immerhin die wichtigsten Typen erkennen, durch die die ägyptische Architektonik in Mozia wiedergegeben wurde. Hervorzuheben ist ein ungewöhnlicher
Cippus (Phase 1)[173], dessen Oberteil fehlt: Er hat die Form eines Würfels aus
Sandstein, der im Zentrum tief ausgehöhlt ist. In der Öffnung befand sich die
rundplastische Statuette einer schreitenden, männlichen Gestalt, der jedoch
der Kopf fehlte. Es handelt sich offenbar um die dreidimensionale Nachbildung eines einfachen ägyptischen Naos mit der Figur einer Gottheit, etwa
analog dem Naos der ägyptischen, naophoren Statuen. Weiters wurde der
Typus der oben behandelten[174] sidonischen Naiskoi direkt nach Mozia
übernommen (Phase 2): Über dem ägyptischen Hohlkehlensockel erhebt sich
die Ädikula; sie ist links und rechts von zwei Pfeilern eingefaßt und wird von
Rundstab, Hohlkehle und darüber einem[175] oder zwei[176] gewellten Bändern
bekrönt. Im Inneren der Nische befindet sich der Sphingenthron in Vorderansicht wie bei den sidonischen Naiskoi. In der 4. Phase nach der Einteilung
von Bisi ist die ägyptische Architektonik am besten ausgeführt: die Bekrönung besteht aus zwei Abschnitten, wovon der obere stets durch den Uräenfries gebildet wird[176a]; auf dem unteren Abschnitt befindet sich manchmal
die Flügelsonne. Dieser Typus wird in der Folge wieder vereinfacht. Der
Uräenfries kann wegfallen (Phase 5)[177] oder mehr und mehr schematisiert
werden (Phase 7)[178], bis nur noch vertikale Furchen von ihm übrigbleiben
(Phase 8)[179]. Wie auf unserer Taf. 173,1 aus Nora kann auch in Mozia an
den Enden des Architavs je eine Hohlkehle simuliert werden[180]. Den Typus
der glatten, vertikalen Bekrönung mit waagrechten, eingravierten Linien
(Phase 6) haben wir bereits bei Karthago erwähnt[181]. Wie oben[182] angedeutet, ist das Ergebnis der fortschreitenden Vereinfachung der ägyptischen
Architektonik die einfache Nischenstele, die dann unmerklich in den Typus
mit der durch Einritzung angedeuteten Nische übergeht.

Unabhängig von den übrigen Architekturelementen kann die Nische mit
gestaffelten Rücksprüngen ausgestattet sein. Daher kann sogar eine ganz
einfache Nischenstele, der jegliche ägyptisierende Bekrönung fehlt[183], oben,
links und rechts einen dreifachen Rahmen der Zella aufweisen; die dreiseitige
Staffelung hat auch mit Ägypten nichts zu tun.

Welche Stellung nimmt nun Mozia ein hinsichtlich der Aufnahme und Weitergabe architektonischer Elemente? Einerseits stellen wir die Übernahme des karthagischen Repertoires fest. Andererseits erkannten wir an der Nachbildung des Typus der sidonischen Naiskoi eine eigenständige Bereicherung aus dem phönikischen Mutterland [184]. Direkter Einfluß aus Ägypten wird für die Existenz einiger spezifischer Ikonographien auf Stelen von Mozia verantwortlich sein; so erscheint etwa das unterägyptische Reichsheiligtum (*pr nw*), das ja auch viele ägyptische Naoi nachbilden, oder mit großer Wahrscheinlichkeit die ägyptische Palastfassade des *srḥ* [185]. Der oben erwähnte [186], kubische kleine Naos muß auch dazugehören. Für Sardinien hat Mozia schließlich eine eminent wichtige Bedeutung in der Vermittlung dieses Kulturgutes aus Karthago und aus dem Osten [187].

1.3.3. Sardinien

Als Randzone in der Ausbreitung der ägyptischen Kultur ist Sardinien von besonderem Interesse. Was im speziellen die Weiterentwicklung ägyptischer Architektur in vorrömischer Zeit anlangt, bildet die Insel im zentralen Mittelmeergebiet nach den derzeit bekannten Funden sogar die äußerste Peripherie. Es ist bemerkenswert, daß bis jetzt im punischen Spanien weder ein Tophet noch ägyptisierende Ädikulastelen zutage traten [188]. Die wichtigsten Orte des punischen Sardinien, von denen wir Stelen mit ägyptisierender Architektonik kennen, sind Tharros, Nora, Sulcis und Monte Sirai (s. Karte 3) [189]. Nicht zuletzt weil es sich stets um den örtlichen Stein handelt, ist es klar, daß es in den einzelnen Orten lokale Produktionen gab [190]; d.h. daß an diesen Orten selbst mit ägyptischen Motiven gearbeitet wurde, daß sie angewandt und verarbeitet wurden. Wir stellen einen klaren Fall von Einfluß der ägyptischen Kultur auf die sardo-punische Steinmetzkunst fest, und zwar einen Einfluß, der von der Ikonographie her diesen wesentlichen Zweig der punischen Kunst Sardiniens entscheidend beherrscht. Das ist mehr als eine Kulturbeziehung, die nur an Importen verschiedener Art faßbar ist.

Die Elemente der ägyptischen Architektonik kamen über Karthago und Mozia nach Sardinien. Trotzdem zeigt die sardo-punische Stelenproduktion nicht nur in ihren einzelnen örtlichen Ausformungen, sondern auch gegenüber den vermittelnden Gebieten ihre besondere Autonomie [191]. Gerade in der Bevorzugung des Uräenfrieses zeigt Sardinien eine gewisse Selbständigkeit im Vergleich zur übrigen punischen Welt [192]. Von besonderem Interesse ist auch die Verquickung der griechischen Architektur mit ägyptischen Elementen in den Stelen mit Dreiecksgiebel von Sulcis (Taf. 179,3-4).

Bevor wir die Wiedergabe der ägyptisierenden Ädikula in den einzelnen Orten Sardiniens besprechen, wollen wir eine Betrachtung des ägyptischen Sockels vorausschicken. Seine Verwendung auf den Stelen ist verschiedener

Art: Er kann z.B. das Götterbild in der Nische tragen (Taf. 177,2)[193]. In Ausnahmefällen trägt er die Zella (Taf. 175,1)[194]. Wenn die Basis einer punischen Stele nicht glatt ist, bildet der ägyptische Sockel ihr wesentlichstes Element. Er trägt in diesem Fall den ganzen ägyptisierenden Naos, in Sulcis auch den Tempel griechischen Stils[195]. Wie in Karthago kann eine solche Basis mit Rundstab (bzw. kantiger Leiste) und Hohlkehle dreidimensional (Taf. 172,3; 175,1; 177,1) oder als Relief an der Vorderseite (Taf. 173,3; 177,2 und 4) ausgeführt sein[196]. Wenn der Sockel in Relief ausgeführt ist, repräsentiert er häufig keine Basis aus Stein, sondern wie auch in Ägypten ein

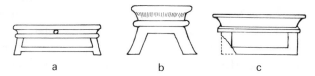

a   b   c

Abb. 68 : Ägyptisierende Basen auf Stelen von Dermesch (a : s. oben, S. 368 mit Anm. 121), Nora (b : Moscati-Uberti, *Stele Nora*, Nr. 10) und Sulcis (c : Lilliu, *Sulcis*, Nr. 106).

Holzmöbel (Abb. 68)[197]. Als Basis der gesamten Ädikula wird die ägyptische Form bisweilen so stark schematisiert, daß oben nur noch zwei waagrechte, vorspringende Leisten übrig bleiben wie bei Taf. 172,2 aus Tharros[198]. Ausnahmsweise hat man die hier behandelte architektonische Gestaltung des unteren Stelenabschnittes in Sulcis[199] durch eine Abfolge von phönikischen, dreiblättrigen Lotosblumen und dazwischenstehenden Lotosknospen ersetzt. Es handelt sich hier offenbar um eine Erweiterung der ägyptischen Bedeutung der Lotosblume in ihrer Funktion als Träger einer Gottheit[200]. Im übrigen ist die Form des ägyptischen Sockels bei den punischen Cippi und Altären sehr beliebt[201].

Tharros ist hinsichtlich der archaisch-punischen Stelen sicherlich das bedeutendste Zentrum auf Sardinien. Da die Ausgrabungen des Tophet aber erst seit einigen Jahren in Gang sind, liegt noch keine zusammenfassende Publikation vor[202]; deshalb kann auch unser knapper Überblick über die Wiedergabe der ägyptisierenden Ädikula in Tharros nur vorläufigen Charakter haben. Charakteristisch für die tharrischen Stelen ist ihr Archaismus und dementsprechend — zumindest bis heute — die Absenz des griechischen Einflusses[203]. Zeitlich reichen die Stelen vom Beginn des 6. Jhs. bis vielleicht ins 3. Jh. v. Chr.[204]; die Größen variieren zwischen etwa 20/30 cm und 1,50 m.

Die Typenvielfalt, wie sie in Tharros vorliegt, läßt sich nur mit Karthago und Mozia vergleichen. Es gibt Stelen mit vollständiger ägyptischer Architektonik (Taf. 172,2), solche, die die Ädikula in vereinfachter Form wiedergeben (Taf. 172,1), Nischenstelen und Stelen mit einfach eingraviertem Dekor[205]. Daneben ist freilich eine viel feinere Aufgliederung möglich. Einen

Uräenfries tragen nur die vollständigen Ädikulen. Bei den vereinfachten Formen kann er durch das aus Karthago bekannte [206] konvex-konkave Band ersetzt sein [207]. Interessant ist das Fragment THT 73/7 [208]: Die seitliche Einfassung der Ädikula besteht aus zwei Säulchen mit zweifachem Lotosblätterkranz, den wir auch aus Nora [209] und Mozia [210] kennen. Diese Säulchen tragen einen Architrav, in den ähnlich wie bei der Stele aus Nora Taf. 174,1 seitlich Hohlkehlen eingeschnitten sind; im Zentrum befindet sich eine von zwei Uräen flankierte Sonnenscheibe. Darüber folgt der Uräenfries. Bei der Stele unserer Taf. 172,2 fallen die großen Schlangenköpfe des Frieses auf, die mit denjenigen der Stele aus Sulcis Taf. 176,2b zu vergleichen sind. Mit Ausnahme der reinen Nischenstelen können alle erwähnten Kategorien eine Hohlkehle tragen [211], sei sie auch nur als Dekor eingeritzt; bei Stelen mit einfacherer Architektonik wie Taf. 172,1 überbrückt sie bisweilen nur den Abstand zwischen dem Mittelteil und den Enden des darüber hinausragenden Architraves. Die Vereinfachung der Bekrönung kann wie in Karthago und Mozia waagrechte Bänder und Leisten zur Folge haben [212]. Einen sehr monumentalen Eindruck macht schließlich die Stele THT 76/69 (Taf. 172,3), vor allem durch ihren hohen, dreidimensionalen Sockel; die mehrfach gestaffelte Nische vermittelt eine gute Tiefenwirkung.

Einen besonderen Effekt erzielt die Ädikula, wenn das Götterbild aus anderem Material hergestellt ist als die übrige Stele [213]: Selbst eine so einfache Stele wie Taf. 172,1 erscheint durch Haltung und Stil der eingesetzten Figur als schönes Zeugnis ägyptischer Kultur im punischen Tharros.

Wie festgestellt, steht die vielfältige Art, wie die ägyptische Architektonik auf Stelen in Tharros wiedergegeben wurde, den Produkten aus Karthago und Mozia am nächsten, in Sardinien selbst am ehesten der Gruppe von Nora.

In Nora fanden sich die Überreste eines monumentalen Naos aus der ersten Hälfte des 6. Jhs. v. Chr. [214], der das westliche Gegenstück zum Tempel von Amrit und zur Ädikula von Ain el-Hayat, die wir oben [215] erwähnten, bildet (Abb. 69; Taf. 182,1). Erhalten sind von der großen Ädikula von Nora die Plattform und die Bekrönung über dem Eingang zur Zella. Der Architrav trägt im unteren Abschnitt die Flügelsonne, im oberen einen Uräenfries. Nach Lézine [216] hatte die Ädikula einen Sockel von mindestens 1 m Höhe; rekonstruiert daher [217] eine Zugangstreppe. Die Ädikula von Nora bezeugt uns also einerseits, daß die ältesten punischen Kultbauten diejenigen des phönikischen Mutterlandes mit ihren ägyptischen Elementen getreu nachbildeten, und andererseits, daß die Architektonik der punischen Stelen reale Sanktuare als Hintergrund hatte.

Die eigentlichen Stelen von Nora gehören ins 6.-4. Jh. v. Chr. [218]. Da in Nora sowohl die ältesten Cippi von Karthago und Mozia fehlen als auch die jüngere Entwicklung von Karthago und Sulcis nicht mitgemacht wurde, ist in

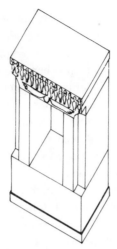

Abb. 69: Ädikula von Nora, Rekonstruktionsversuch
(nach Chiera, *Nora*, Fig. 2)

dieser Produktionsgruppe überhaupt nur der für uns interessante ägyptisierende Ädikulatypus von Bedeutung.

Die Ikonographie des ägyptischen Sockels (Taf. 173,3) sehen wir gut an der
Basis von vier Exemplaren[219]. Die ägyptischen Elemente von Rundstab und
Hohlkehle können aber auch bis zu schwach eingravierten, horizontalen
Linien entartet sein (Taf. 174,2)[220]. In vielen Fällen ist die Basis glatt,
obwohl die übrige Architektonik gut ausgebildet ist.

Bei der Zellanische sind beide bekannten Arten der Staffelung belegt (Taf.
173,2-3)[221], wobei interessanterweise bei Taf. 173,3 der Rahmen links und
rechts von der Nische vierfach ist, dagegen oben nur dreifach; der Boden, auf
dem ein Sockel mit dem sog. „Flaschenidol" steht, ist jedoch nicht abgetreppt[222].

Die vollständige ägyptische Bekrönung mit Hohlkehle, darauf einer von
Uräen flankierten Flügelsonne und darüber einem Uräenfries finden wir nur
bei einem Stück[223], dessen Zugehörigkeit zu Nora aber nicht völlig gesichert
ist. Eine etwas vereinfachte Hohlkehle unter dem Uräenfries zeigen unsere
Taf. 173,3 und 174,1; statt der bloßen Sonnenscheibe wie hier trägt eine
andere Stele[224] an entsprechender Stelle die Flügelsonne. Auffällig sind die
drei Uräen über der Nische von Taf. 174,3, wo die Hohlkehle gänzlich
verschwunden ist. Diese Uräen, die sogar unterschiedlich groß sind, gleichen
in ihrer äußeren Form sehr stark dem in der Nische stehenden „Flaschenidol"[225]. Welche Unterschiede die Stilisierung des Uräenfrieses zur Folge
haben konnte, zeigt am besten ein Vergleich dieser Stele Taf. 174,3 mit Taf.
173,3. Das konvex-konkav gewellte Band[226] ersetzt den Uräenfries bei neun

Stücken (darunter Taf. 173,1-2) [227]. Erwähnt sei auch die Simulierung von Hohlenkehlen an den Enden der Architrave der Stelen Taf. 173,1 und 174,1. Die üblichen Auflösungserscheinungen der ägyptischen Architektonik stellen wir in Nora ebenfalls fest. Dementsprechend können die bekannten horizontalen Leisten, Bänder und eingeritzten Linien die ägyptischen Elemente andeuten. Auf einer Stele [228] ist der Uräenfries durch vertikale und die Hohlkehle darunter durch horizontale, eingeritzte Linien repräsentiert [229]. Den Rest der ursprünglichen ägyptisierenden Ädikula bildet am Ende der Entwicklung eine einfache Umrandung der inneren Darstellung, bis in letzter Konsequenz auch diese verschwindet.

Die Art, wie sich die ägyptische Architektonik in Nora repräsentiert, steht der von Tharros und Karthago am nächsten. Da das Zentrum relativ peripher und isoliert ist, gelangen nicht alle Einflüsse bis dahin. Außerdem zeigt sich in mancher Hinsicht eine recht selbständige Verarbeitung des ursprünglich ägyptischen Kulturgutes.

Den etwa tausend vorhandenen Stelen aus Sulcis [230] fehlt zwar in manchem die archaische Vielfalt von Karthago, Mozia und Tharros, jedoch kennzeichnen sie das Zentrum durch besondere Eigenständigkeit, Aufnahmebereitschaft für äußere Einflüsse und Entwicklungsfreudigkeit. Die beiden zuletzt genannten Eigenschaften stehen in starkem Gegensatz zur Stelenproduktion von Nora. Die Reichhaltigkeit der Typen betrifft sowohl die Wiedergabe der ägyptischen architektonischen Elemente als auch die Darstellungen im Inneren der Ädikula. Die fremden Elemente, die sich mit den ägyptischen Formen verbinden, sind vornehmlich die einfachen oder doppelten sog. proto-äolischen Kapitelle palestinensisch-zypriotischer Tradition [231] und der griechische Einfluß, der jedoch zu völlig anderen Ergebnissen führt als in Karthago seit dem 4. Jh. v. Chr. Die Stelen von Sulcis umfassen den Zeitraum vom 6.-2. Jh. v. Chr. [232].

Die beste Wiedergabe der Architektonik des ägyptischen Naos findet sich bei Stelen, die in der Nische eine anthropomorphe Götterfigur tragen. Wie bereits mehrfach festgestellt [233], verleiht der ägyptische Hohlkehlensockel dem Denkmal manchmal dreidimensionalen Charakter (Taf. 175,1; 177,1); oft erkennen wir ihn nur als Relief an der Vorderseite (Taf. 177,2 und 4); bisweilen ist er sehr verstümmelt (Taf. 175,4; 179,1), häufig fehlt er überhaupt. Zur Zeit des herrschenden griechischen Einflusses kann sich über dieser ägyptischen Basis sogar die griechische Tempelädikula erheben (Abb. 70) [234].

Wie in Tharros oder Karthago besteht die nicht voll ausgebildete Form der ägyptisierenden Bekrönung gelegentlich aus einer Hohlkehle oder einem konvexen Streifen mit Sonnenscheibe zwischen zwei waagrechten Leisten [235]. Über der Hohlkehle kann aber auch das Band mit s-förmigem Querschnitt (unten konvex, oben konkav) erscheinen, das wir als Ersatz des Uräenfrieses

Abb. 70: Stele aus Sulcis (nach Crespi, *Catalogo*, Taf. I,10).

kennen (Taf. 175,3)[236]. Die Hohlkehle trägt entweder die bloße Sonnenscheibe oder die ägyptische Flügelsonne[237]. Am reinsten bietet sich uns die
ägyptische Architektonik dar in den Beispielen, bei denen sich über glatten
Halbpilastern eine Bekrönung von Rundstab, Hohlkehle und plastisch ausgeführtem Uräenfries erhebt (Taf. 176,2). Der Typus erlebt eine unmerkliche
Vereinfachung, wenn der Rundstab wegfällt und die Hohlkehle auf dem
schmalen Architrav aufsitzt, der links und rechts über die Zellanische hinausragt; dieser Architrav hat somit die Funktion des Rundstabes (Taf. 177,1-2 u.
4). Auf der Hohlkehle sehen wir die geflügelte (Taf. 177,3-4; 178) oder
ungeflügelte Sonnenscheibe. Die ägyptische Architektonik erfährt weiters die
üblichen Vereinfachungen, wie Taf. 175,2 u. 4 zeigen; bei Taf. 175,4 sitzt ein
plastischer Uräenfries auf einem schmalen Rundstab.

Die Staffelung der Zellanische (Taf. 175,2) ist in Sulcis nicht häufig[238].
Eine Stele von grundlegender Bedeutung ist unsere Taf. 175,1[239], die innerhalb der ägyptisierenden Ädikula ein voll ausgebildetes Sanktuar auf einem
ägyptischen Sockel wiedergibt; darin befindet sich der rechteckige Baetyl.
Dieses Exemplar spricht vielleicht für die Ansicht, daß die ineinanderge-
schachtelten Rechtecke vieler Nischen tatsächlich den Durchblick durch ein
großes Heiligtum ägyptischer Art vermitteln[240]. Außerdem zeigt sich hier
ein wesentliches Kennzeichnen später ägyptischer Tempel: Das Sanktuar
bildet ein eigenes, vollständiges Heiligtum mit allen architektonischen Gliedern
innerhalb eines großen Tempels.

Wirkungsvoll ist die erwähnte Verbindung der vollständigen ägyptischen
Bekrönung mit den Halbpilastern proto-äolischen Typs (Taf. 176,1; 177,3;

178,1) [241]. Eine interessante Form haben bei Taf. 178,1a-b die beiden Uräen mit Sonnenscheiben auf den Köpfen, die die Flügelsonne flankieren [242]. Zwischen Hohlkehle und Uräenfries kann sich hier bereits ein griechisches Ornament (Kymation) einschieben (Taf. 178,2).

Eine entscheidende neue Entwicklungsphase bieten uns die Stelen, in denen die ägyptische Bekrönung mit einer griechischen Säulenordnung verquickt ist [243]. Taf. 179,1 reflektiert vielleicht die dorische Ordnung der griechischen Tempel Siziliens. Die jonische Ordnung findet sich auf Taf. 179,2 in Verbindung mit einer Bekrönung, in der der Uräenfries durch das konvex-konkave Band ersetzt ist; die Uräen, die die Sonnenscheibe flankieren, sind hier außergewöhnlich groß ausgefallen. Die fragmentarische Stele Lilliu, *Sulcis*, Nr. 67 [244] ist wohl eines der schönsten Beispiele für die Koexistenz gut ausgeführter ägyptischer Elemente neben dem griechischen Einfluß. Auf dem unteren Abschnitt der Bekrönung ist eine Flügelsonne angebracht, bei der die Details der Flügel und der flankierenden Uräen mit kleinen Sonnenscheiben genau wiedergegeben sind. Die Auszackungen an der Oberseite der Flügelsonne kennzeichnen ihren phöniko-punischen Charakter. Darüber steht ein schöner Fries von Uräen, die ebenfalls Sonnenscheiben tragen. Der Architrav ruht auf Halbsäulen mit ionischen Kapitellen. Im Inneren der Ädikula befindet sich eine ganz von griechischer Kunst geprägte Frauendarstellung mit Scheibe an der Brust. Das Stück gehört wohl ins 3. Jh. v. Chr. [245].

Eine andere Gruppe stellen die Stelen dar, bei denen sich das griechische Giebeldach, das häufig mit Sonne und Mondsichel geschmückt ist, über der ägyptischen Hohlkehle erhebt (Taf. 179,4); die Hohlkehle ist auch dort zu denken, wo der Abschnitt zur Gänze durch eine Flügelsonne eingenommen wird (Taf. 179,3).

Die Uräen, die die Flügelsonne flankieren, sind auf Taf. 179,3 zu einem Band geworden, das um die Sonnenscheibe unten herumgeht, links und rechts an der Oberseite der Flügel entlang zieht und an den Enden spitz zuläuft. Eine verwandte, aber naturalistische Wiedergabe kennen wir aus Sousse [246]: Hier tritt zu den üblichen beiden Uräen der Flügelsonne oberhalb noch ein weiteres Schlangenpaar hinzu, das sich über den ausgespannten Flügeln entlang ihrer ganzen Ausdehnung dahinschlängelt. Ähnliche Kombinationen von griechischem Giebeldach und ägyptischer Flügelsonne kennen wir auch von späteren Stelen in Karthago [247]. Die Stelen von rein griechischer Architektur wie Taf. 180,1, die die nächste Phase bilden, gehören nicht mehr in unsere Thematik.

Zusammenfassend stellt sich uns somit die Wiedergabe der ägyptischen Architektonik und deren Entwicklung in Sulcis wie folgt dar: Zunächst präsentiert sich uns die Ädikula wie in Karthago oder Tharros mit ihren üblichen ägyptischen Elementen, die entweder durch Bänder und Leisten vereinfacht wiedergegeben oder vollständig plastisch ausgeführt sind. Auch

Vereinfachung durch Unterdrückung einzelner Teile ist möglich. Die ägyptisierende Bekrönung kann auf einfachen Halbpilastern ägyptischer Art oder
auf solchen mit den sog. proto-äolischen Kapitellen ruhen. Die nächste große
Etappe ist durch das Eindringen griechischer Elemente gekennzeichnet. Sie
schieben sich zwar in die ägyptische Architektonik der Bekrönung ein, in
erster Linie ist es aber die griechische Säule, die den Durchbruch herbeiführt.
In der anschließenden Phase wird der ägyptische Uräenfries durch das
griechische Giebeldach ersetzt; die Hohlkehle darunter mit einfacher oder
geflügelter Sonne bleibt jedoch bestehen. Gegenüber der vorhergehenden
Phase hat sich also das Schwergewicht verschoben: Vorher hatten wir im
wesentlichen eine ägyptische Architektonik mit eingedrungenen griechischen
Elementen. Jetzt ist die Architektonik dominierend griechisch (zusammen mit
Einflüssen aus Etrurien) unter Verharren einzelner ägyptischer Elemente.
Diese beiden Arten der Architekturmischung haben einzigartigen Charakter
außerhalb der alexandrinischen Architektur und ihres Einflusses [248]. Sie sind
daher von grundlegender Bedeutung für die Beurteilung der Ausbreitung
ägyptischen Kulturgutes, dessen Verarbeitung und Entwicklung im Ausland,
im speziellen in einer derartigen Randzone, wie sie Sardinien unter diesem
Gesichtspunkt darstellt. In der nächsten Phase der Stelen von Sulcis sind die
ägyptischen Architekturelemente gänzlich verschwunden.

Aus der hier behandelten Thematik fällt ein anderer in Sulcis geläufiger
Stelentypus heraus, dessen Ursprung aber auch in Ägypten zu suchen sein
dürfte: die Rundbogenstele zumeist mit einem schreitenden Widder im Bildfeld; die Umrandung kann erhaben sein [249]. Diese Stelen gehören wohl ins 4.-
3. Jh. v. Chr. Dazu kommt in Sardinien ein Stück aus Nora, wahrscheinlich
aus dem 5. Jh. v. Chr.[250], und eine verwandte Stele des 3. Jhs. v. Chr. aus
Monte Sirai[251]. Der Typus der Rundbogenstele hat seine Vorläufer in Syrien
und Palästina, und zwar in Ugarit bereits im 2. Jt.; er lebt in Phönikien bis in
hellenistische Zeit weiter[252]. Nach Syrien/Palästina war der Typus, wie
angedeutet, vermutlich aus Ägypten gekommen. Dort ist auch die erhabene
Einfassung vorgegeben[253]. Sardinien konnte die Form der Rundbogenstele
nach dem heutigen Fundmaterial nur über Mozia erhalten haben, wo es bis
jetzt die ältesten Beispiele im Westen gibt[254].

Direkt von Sulcis abhängig ist das punische Binnenzentrum Monte Sirai.
Die Technik des niederen Reliefs, bei dem die erhabenen Stelen alle in einer
Ebene liegen, hat hier im besonderen zur Annahme geführt, daß die Steinmetzen von Monte Sirai gezeichnete Vorlagen zur Verfügung gehabt hätten[255].
Trotz Relieftechnik ist die Zweidimensionalität der Architektonik bis zum
Äußersten gesteigert. Die Eingravierung selbst ist in den meisten Fällen für
besondere Details reserviert, z.B. für die Flügel der Sonnenscheibe, die
Elemente der Kapitelle u.a. (s. Taf. 180,2).

In der vollständigsten Form (Taf. 180,2)[256] zeigt die ägyptisierende Ädi-

kula in Monte Sirai folgenden Aufbau: Auf einer mehr oder weniger hohen,
einfachen Basis ruhen zwei Pilaster oder Säulen, des öfteren mit Voluten-
kapitell. Die Bekrönung besteht aus zwei Teilen: den unteren nimmt eine von
Uräen flankierte Flügelsonne ein, die nach oben zwei charakteristische Fort-
sätze hat [257]. Im oberen Abschnitt befindet sich der Uräenfries ohne Sonnenscheiben: die Schilde und Köpfe der Schlangen sind stark geometrisiert (s.
Taf. 180,2). Bei einer Stele [258] ist die Flügelsonne innerhalb der Ädikula
zwischen den beiden Kapitellen angebracht.

Bemerkenswerterweise fehlt auch bei den besten Stelen die Hohlkehle.
Diese finden wir nur bei einem Stück [259] in schwacher Andeutung, das aber
nicht das vollständige Schema bietet. Einige Exemplare zeigen einen vereinfachten Uräenfries durch senkrechte Striche [260], und bei zwei Stelen [261] wird
der Uräenfries in seinem unteren Teil von Sonnenscheibe und Mondsichel
unterbrochen, was wir auch von Mozia kennen [262].

Bei mehreren Stelen ist die Nische umrandet [263], wobei aber die Tiefen-
abstufung fehlt. Hier ist also der angenommene Durchblick durch aufein-
anderfolgende Räume in einer Ebene perfekt zweidimensional dargestellt. Nur
in einem Fall [264] springt der innere Rahmen gegenüber dem äußeren zurück.

Interessant ist, daß bei kompletter Architektonik die Innendarstellung stets
dieselbe ist: eine Frau in Vorderansicht mit langem Gewand. Auch das weist
darauf hin, daß die gezeichneten Vorlagen, mit denen das Schema der
Ädikulastele aus Sulcis nach Monte Sirai kam, nur geringfügig variierten.
Diese ägyptisierenden Stelen mit Frauenfigur fallen ins 5.-3. Jh. v. Chr.[265]
Gegenüber Karthago, wo die entsprechenden Stelen ins 6.-4. Jh. gehören,
bedeutet das eine deutliche Verzögerung, die jedoch für das abgelegene Monte
Sirai gut verständlich ist [266].

Monte Sirai im Landesinneren von Sardinien bildet den Endpunkt in der
Wanderung der ägyptischen Architektonik vom Nilland in den punischen
Westen. Die große Vielfalt der nahen, am Meer gelegenen Stadt Sulcis ist
in Monte Sirai praktisch auf einen Typus zusammengeschmolzen, für den
Geschlossenheit und stilistische Einheit charakteristisch ist. Dennoch staunt
man, wie gut ägyptisch die Bekrönung etwa unserer Taf. 180,2 immer noch
geblieben ist. Gleichfalls bemerkenswert ist, daß das spezielle ägyptische
Element der von zwei Uräen flankierten Flügelsonne gerade hier an der
äußersten Peripherie des Verbreitungsgebietes eine so große Beliebtheit
erfahren hat, und zwar im Gegensatz zu Karthago und Mozia, sowie auch
den punischen Zentren Sardiniens außerhalb des Gebietes von Sulcis.

2. Merkmale ägyptischer Kunst an den Darstellungen in den Nischen der Stelen Sardiniens.

In den Zellanischen der punischen Ädikulastelen erscheinen anthropomorphe und nicht-anthropomorphe Darstellungen. Die zweite der beiden Grup-

pen scheint die ältere zu sein [267]. Von den nicht-anthropomorphen Motiven haben der überall bezeugte, rechteckige Baetyl (Taf. 173,2; 175,1) und der in Sardinien aus Tharros und Nora bekannte Rhombus (Taf. 172,3) für unser Thema keine Bedeutung. Dagegen lassen sich zum sog. „Flaschenidol" und zum Tanit-Zeichen einige interessante Anmerkungen machen.

Das „Flaschenidol" (Taf. 173,1 und 3; 174,1 und 3) leitet sich nach Moscati [268] vom ägyptischen Typus der stehenden Frau ab, der die Haare auf die Schultern fallen und deren Arme am Körper anliegend herabhängen. Den Typus, der in Phönikien für Astartedarstellungen verwendet wird [269], repräsentiert z.B. eine stark ägyptisierende Terrakottafigur aus Tharros (Taf. 168,2). Falls dem so ist, könnte sich die Entwicklung bereits im Osten vollzogen haben, wenn die oben genannte [270] Stele aus Achzib früh zu datieren ist. Im Westen gibt es nun Ikonographien, die das „Flaschenidol" leicht anthropomorph erscheinen lassen. Es kann sich dabei um ein Anzeichen des eben genannten Entwicklungsganges handeln [271] oder aber um eine sekundäre Anthropomorphisierung des Symbols [272].

Interessant ist die Wiedergabe des „Flaschenidols" in Tharros. Zunächst stellen wir auch hier eine auffallende Zwischenform [273] fest, bei der die Umrißlinie an eine schematische, mumiengestaltige menschliche Figur erinnert. Eine zweite Form [274] gibt ziemlich genau die Ikonographie des Uräus in Vorderansicht wieder: Gemeint ist nicht nur die Umrißlinie, sondern insbesondere die leicht gewellte Wiedergabe der Vorderseite mit einer deutlichen Anschwellung des Schildes. Dazu ist unsere Taf. 174,3 aus Nora zu stellen, wo dem Künstler kaum ein Unterschied zwischen den drei Uräen über der Nische und in dem Götterbild darin bewußt gewesen sein dürfte [275]. Wir können auch darauf verweisen, daß in Ägypten der Uräus in genau entsprechender Art im Inneren eines Naos erscheint [276], bzw. innerhalb der Zella des Heiligtums der ägyptischen Hathorkapitelle [277]. Auf zypriotischen Hathorkapitellen ist dieser Uräus dann anthropomorphisiert [278]. Wenn also Moscati in der Herleitung des Flaschenidols recht zu geben ist [279], so fassen wir hier ein sehr interessantes Phänomen, nämlich die nachträgliche Ägyptisierung eines punischen Motivs durch die Annäherung zweier äußerlich sehr ähnlicher Motive verschiedener Herkunft.

Ebenso aufschlußreich ist eine Betrachtung des Tanit-Zeichens, das seit dem 5. Jh. v. Chr. auftritt und dessen Ursprung gleichfalls umstritten ist [280]. Moscati [281] nimmt eine analoge Entwicklung wie beim „Flaschenidol" an; er leitet das Tanit-Symbol aus der frontalen Frauenfigur mit abgewinkelten und zur Brust geführten Armen ab (vgl. Taf. 172,2). Sicher dürfte sein, daß der Ursprung des Zeichens innerhalb der phöniko-punischen Kultur zu suchen ist [282]. Das ägyptische Anch-Zeichen hat aber tatsächlich große Ähnlichkeit mit dem Tanit-Symbol, vor allem wenn sich der senkrechte Strich des Anch nach unten zu verbreitet und so ein spitzes Dreieck entsteht [283]. Genau wie in Ägypten Götter und Menschen das Lebenszeichen halten, finden wir ein solches Symbol in der Hand der weiblichen Gestalt auf späten Stelen in Sulcis (Taf. 179,4; 180,1) und Monte Sirai[284]; es wird auch zumeist als Anch angesprochen[285]. Das ägyptische Lebenszeichen kam schon sehr früh als Motiv nach Vorderasien, wo es z.B. auf syrischen Siegeln vom Beginn des 2. Jts. v. Chr. begegnet[286]. Nach ägyptischer Art gehört es in der herabhängenden rechten Hand bald zum ikonographischen Repertoir ägyptisierend dargestellter vorderasiatischer Gottheiten[287]. Das Anch ist schließlich auch ein Motiv der phönikischen Kunst, etwa der phönikischen Metallschalen[288]. Nun ist es freilich merkwürdig, daß dieses sog. Anch in der Hand der Gestalt auf den punischen Stelen erst in einer Zeit auftritt, in der das Tanit-Zeichen ein beliebtes Motiv geworden ist. Es liegt also die Frage nahe, ob es sich nicht bei dem Symbol der Stelen von Sulcis und Monte Sirai um ein solches kleines Tanit-Zeichen handeln könnte[289]. Dabei muß man feststellen, daß das fragliche Symbol in Sulcis immer die eigentliche Form des Tanit-Zeichens hat: der untere Teil ist stets ein Dreieck mit relativ großer Grundlinie (Taf. 179,4; 180,1)[290]. Das Ergebnis führt somit wohl dahin, daß das punische Tanit-Zeichen unter dem Einfluß des äußerlich so stark ähnlichen ägyptischen Anch in den Stelen von Sulcis und Monte Sirai wie dieses Verwendung fand, d.h. in gut ägyptischer Art von einer stehenden anthropomorphen Gestalt in der herabhängenden Hand getragen wird. Wir verfolgen also m. E. auf den Stelen von Sulcis und Monte Sirai wieder eine Annäherung zweier äußerlich sehr nahestehender Motive verschiedener Herkunft. In diesem Fall ist es eine Art von Ägyptisierung des Tanit-Symbols im Gebrauch (und vielleicht auch in der Bedeutung) von Seiten des ägyptischen Lebenszeichens[291].

Die anthropomorphen Darstellungen sind bereits im phönikischen Osten zum Teil von vorne (Abb. 64-65) und zum Teil von der Seite (Abb. 66) wiedergegeben. Nach Bisi[292] könnte sich die Darstellung im Profil von den ägyptischen Stelen herleiten, auf denen die Gestalten immer so erscheinen, während die frontale Ansicht ihr Vorbild in den Götterbildern der ägyptischen Naoi und Naiskoi findet. Auf den punischen Stelen sehen wir des öfteren die Frau, die vor der Brust eine Scheibe hält, im Profil abgebildet, z.B. bei Taf. 174,2 aus Nora, besonders aber in Mozia. Nach Moscati[293] weise dieser Typus jedoch auf die autonome Ausdruckskraft des lokalen Kunsthandwerkes. Die Frage ist in ihrer allgemeinen Formulierung wohl schwer zu entscheiden. Bei der Darstellung der unten behandelten[294] Frau im Profil auf einer Stele aus Tharros (Abb. 71) kann nur die Ikonographie ägyptischer Stelen und verwandter Denkmäler dahinter stehen. Auch für die auf einer Stele von Mozia in Seitenansicht wiedergegebene Göttin mit gesenkten Flügeln[295] und Kalottenfrisur läßt sich nur ein zweidimensionales, ägyptisierend-phönikisches Vorbild denken. Für Mozia ist auch die männliche Gestalt im Profil mit hoher, spitzer Kopfbedeckung und kurzem Schurz charakteristisch [296]; diese wirkt jedoch wenig ägyptisierend und weist direkt in den phönikischen Osten. Tatsache ist aber, daß der überaus größte Teil der anthropomorphen Gestalten in der Zellanische der punischen Ädikulastelen in Vorderansicht wiedergegeben ist, wie es der Darstellungsweise der Gottheiten in den ägyptischen Naoi, einschließlich der naophoren Statuen, entspricht.

Diese anthropomorphen, halbplastischen Bilder geben sicher größtenteils göttliche Wesen wieder, wahrscheinlich Astarte, Baal Hammon und später Tanit [297]. Die ägyptischen Elemente in den Ikonographien sind jedoch häufig so dominant, daß die ganze Darstellung von der ägyptischen Kunst abhängig erscheint. Der ägyptisierende Gesamteindruck wird auch dadurch verstärkt, daß häufig das anthropomorphe Abbild gerade mit gut ägyptischer Architektonik verbunden wird [298].

Bereits an den ägyptischen Vorbildern, bei denen menschliche Gestalten in Vorderansicht und als Relief innerhalb eines Naos wiedergegeben sind, zeigt sich der Relieftechnik entsprechend eine Verkürzung der dritten Dimension bzw. die Tendenz zur Zweidimensionalität [299]. Gute Beispiele finden sich unter den naophoren Statuen, etwa wie die des stehenden Bakenchonsu in Kairo aus der frühen 20. Dynastie [300]: Innerhalb der Zella des Naos mit Rundstab- und Hohlkehlenabschluß steht in nicht sehr hohem Relief Amun in Vorderansicht. Gerade bei einigen ramessidischen, naophoren Würfelhockern ist die dritte Dimension ähnlich wie bei den punischen Stelen verkürzt. Der Naos ist im allgemeinen rechteckig und oben durch Rundstab und Hohlkehle geschmückt; auch die Basis kann wie bei den punischen Stelen diese Elemente tragen [301]. In der Zellanische befindet sich die Gottheit in Hochrelief und in Vorderansicht, bisweilen analog den punischen Stelen auf dem Hohlkehlensockel [302].

Die anthropomorphen Typen, die wir auf den punischen Stelen Sardiniens finden, lassen sich aus unserer Sicht grob in zwei Gruppen gliedern: in solche, bei denen der gesamte Typus, also die Haltung usw., mehr oder weniger ägyptisch ist, und in solche Typen, deren Ursprung zwar in Vorderasien liegt, die aber ägyptische Elemente (d.i. im wesentlichen die Haartracht) in sich aufgenommen haben. Aus der ersten Gruppe sticht besonders die selbständige Statuette in der Stele Taf. 172,1 aus Tharros ins Auge [303]: Diese Figur von ca. 30 cm Höhe steht auf einer dreiteiligen Basis; im Gesicht sind keine Details mehr auszunehmen. Ihre Haltung ist archaisch ägyptisch [304]: Beide Beine stehen nebeneinander; die rechte Hand hängt längs des Körpers herab und ist zur Faust geballt; der linke Arm, der jetzt fehlt, war abgewinkelt und zur Brust geführt. Die Gestalt trägt ein eng anliegendes Gewand, das knapp über die Knie herabreicht. Diese ägyptische Form, in der sich auch der ursprüngliche Stil fast unverfälscht erhalten hat, dürfte innerhalb der punischen Stelen einzigartig sein. Sehr nahe kommt in der Haltung die Darstellung unserer Taf. 177,2 aus Sulcis; hier zeigt sich jedoch bereits deutlich der phöniko-punische

Charakter, obwohl es sich im ganzen um eine ausgezeichnet ägyptisierende Stele handelt [305].

Daran anschließen wollen wir einen verwandten ägyptischen Typus, der auch auf unseren Stelen erscheint (Taf. 175,2 und 4; 177,1): Es handelt sich um männliche Gestalten, bei denen ebenfalls der rechte Arm herabhängt und die Hand zur Faust geballt ist, während die linke Hand, gleichfalls geschlossen, zur Brust geführt wird; das linke Bein ist leicht vorgestellt. Dieser ägyptische Typus, den wir in Zusammenhang mit dem ägyptisierenden Hochrelief aus Sulcis Taf. 166 näher betrachten wollen [306], gelangte über Syrien und Zypern in den punischen Westen und in das ikonographische Repertoire der Stelen. Mit genau umgekehrter Armhaltung fanden wir eine solche männliche Gestalt auch in dem stark ägyptisierenden Terrakottaschrein aus Amathus, den wir unter die besten Vorläufer der punischen Stelen im Osten einreihen konnten [307]. Entsprechend der syrischen und zypriotischen Tradition, in der der ägyptische Schurz beibehalten wird, finden wir einen Schurz auch bei den entsprechenden Darstellungen der punischen Stelen (bes. Taf. 175,4; 177,1) [308]. Den Typus kennen wir fast rundplastisch von einer Stele aus Mozia [309], in Sardinien ist er aus Nora [310] und Sulcis (Taf. 175,2 und 4; 177,1) bekannt.

An den geläufigen Typen der Frauengestalten hat das alte Ägypten nicht in gleicher Weise Anteil. In manchen Fällen ist ein Bezug möglich [311], aber entwicklungsmäßig nicht sicher. Die Frau, die das Tanit-Symbol wie ein

Abb. 71 : Ägyptisierende, weibliche Figur auf der Stele THT 76/107 aus Tharros (nach Moscati: *RSF* 4, 1976, S. 226/Fig. 1).

ägyptisches Lebenszeichen hält (Taf. 179,4; 180,1), haben wir bereits behandelt [312]. Interessant ist jedoch der Typus unserer Taf. 177,3 aus Sulcis [313]:
Die Frau hält hier die Lotosblume wie in Ägypten Ptah sein Szepter. Diese
Haltung ist auch im syrisch-palästinensischen Raum im 2. und 1. Jt. weit
verbreitet [314].

Deutlich auf ägyptische Graphik und Malerei verweist uns jedoch, wie bereits angedeutet, die Ikonographie von Abb. 71 auf einer Stele aus Tharros [315]
Auf der Platte, die aus anderem Material in die gestaffelt zurückspringende
Nische eingelassen ist [316], ist eine weibliche Figur im Profil nach rechts
eingeritzt, die möglicherweise vor sich eine Scheibe oder ein Tamburin hält.
Ihr langes Gewand läßt die Konturen des Körpers durchscheinen und endet
unten in einem Bogen, sodaß die Füße frei bleiben. Wegen der Zerstörung im
oberen Teil ist gerade noch feststellbar, daß die Frisur hinter den Schultern
herabgeht. Ein Arm reicht außerdem nach vor. Die langen Haare, die hinter
den Schultern herabfallen, sowie das lange durchsichtige Gewand, das unten
mit einem nach oben gewölbten Bogen endet, sind typisch für Frauendar-
stellungen von der Seite im ägyptischen NR. Wir kennen sie vor allem aus
thebanischen Gräbern und von Stelen der Ramessidenzeit [317]. Der Typus ist
auch noch bei Stelen der ägyptischen Spätzeit geläufig [318]. Das Gewand mit
dem bogenförmigen, unteren Abschluß finden wir im 8. Jh. v. Chr. auf
phönikischen Elfenbeinarbeiten [319].

Innerhalb der punischen Kunst steht der Ikonographie unserer Abb. 71 die
Darstellung auf einem Rasiermesser aus Ibiza sehr nahe [320]. Was die Stelen
selbst anlangt, so fand sich ein paralleler Typus mit offenbar durchsichtigem
Gewand, das unten bogenförmig abschließt, in Einritzung auf einer Stele in
Mozia; allerdings trägt die Gestalt hier die Kalottenfrisur [321].

Zur zweiten Gruppe, die nach der oben [322] vorgenommenen Einteilung die
Typen vorderasiatischer Prägung mit ägyptischen Merkmalen umfaßt, gehören die auf den punischen Stelen Sardiniens beliebtesten Frauendarstel-
lungen in Vorderansicht: Es ist dies die Frau, die ihre Hände an den Brüsten
hält wie bei Taf. 172,2, und die Frau, die vor sich eine Scheibe trägt [323].
Das Motiv der ursprünglich nackten, stehenden Frau, die sich die Brüste
hält, ist im vorderasiatischen Raum uralt; es handelt sich um die Form
des sog. Phi-Idols, die bereits in Çatal Hüyük, im frühen Sumer, aber auch
im vorgeschichtlichen Ägypten belegt ist [324]. Helck [325] bringt den Gestus
des Haltens der Brust mit der aggressiven Erotik der ostmediterranen-
orientalischen großen Göttin zusammen. Auf der Wanderung nach Westen
wird die nackte Frau bekleidet [326]. Für uns ist der Typus interessant, weil die
Göttin in der phöniko-punischen Kunst im allgemeinen die ägyptische dreiteilige Perücke trägt; d.h. in Vorderansicht sind nur die beiden Strähnen
sichtbar, die links und rechts am Gesicht vorbeigehen und vorne auf die Brust
fallen.

Diese typische Frauenfrisur, die nur gelegentlich vom Mann getragen wird[327], kennen wir in Ägypten seit dem Alten Reich. In der 4. Dynastie wird sie regelmäßig von den Göttinnen der Mykerinostriaden[328] und von der Königin[329] getragen. Der größte Teil der Perücke fällt auf den Rücken, die anderen beiden auf die Brust. Die Ohren sind in archaischer Zeit (3. Dyn.) verdeckt, zur Zeit der Mykerinostriaden sichtbar, in der 5. Dynastie wieder verdeckt, hingegen während der 6. Dynastie und zur ersten Zwischenzeit neuerlich sichtbar. Besondere Beliebtheit erlangt die dreiteilige Perücke allerdings erst seit dem MR. Zu dieser Zeit tragen sie besonders Statuen von nichtköniglichen Frauen, und zwar zumeist mit Mittelscheitel; fast immer sind die Ohren sichtbar[330]. Sehr beliebt ist die dreiteilige Perücke bei Frauen in der Privatplastik des NR; die Ohren sind üblicherweise verdeckt[331].

Der Typus dieser Frisur kommt sehr früh nach Vorderasien und wird dort für Astartedarstellungen charakteristisch. Erwähnt sei etwa ein getriebenes Goldblech vom Übergang des ägyptischen MR zur zweiten Zwischenzeit aus Byblos[332], wo die beiden Strähnen hinter den Ohren vorbeigehen[333]. Durch importierte ägyptische Statuen während des NR[334] wurde die Haartracht wahrscheinlich im Gebiet von Syrien-Palästina besonders beliebt. Auf den phönikischen Elfenbeinen tragen diese Frisur etwa die weiblichen Sphingen aus Arslan Tash[335] oder die Frau im Motiv der „Frau am Fenster"[336]. Für den punischen Bereich sei auf die ägyptisierenden Frauenprotome aus Terrakotta[337] oder auf den kleinen Goldanhänger Taf. 163,3 aus Tharros verwiesen.

Wie festgestellt, ist es auch besonders der Typus der Frau, die sich die Brüste hält, wo diese ägyptische Haartracht beliebt ist. Aus Karthago kennen wir die Ikonographie etwa von Elfenbeinstatuetten, die als Spiegelgriffe dienten[338]. Merkwürdig ist allerdings, daß der Typus auf karthagischen Stelen zu fehlen scheint[339]. Dagegen bildet die mit schwerem Glockenrock bekleidete Frau in Vorderansicht, die ihre Hände zu den Brüsten geführt hat, in Mozia das beliebteste anthropomorphe Motiv in den Nischen der Ädikulastelen; die Darstellungen wirken durch die Frisur alle gut ägyptisierend[340]. In Mozia findet sich auch die nackte Göttin mit den Händen an den Brüsten und der hier behandelten Frisur ägyptischer Herkunft[341]. In Sardinien erscheint der Typus auf Stelen aus Tharros (Taf. 172,2), Nora[342], Sulcis[343] und Monte Sirai[344].

Auch der andere Typus, d.i. die Frau, die vor sich eine Scheibe oder ein Tamburin hält, ist vorderasiatischen Ursprungs. Ursprünglich stellt auch dieses Schema eine nackte Göttin dar, die mit einer Hand eine Brust hält, während die andere herabhängt. Auf Zypern (seit dem 8./7. Jh v. Chr.) ist die Frau bekleidet worden; sie hält von nun an statt der Brust einen runden Gegenstand. Der Typus ist seit dem Ende des 8. Jhs. auf Kreta, bald nach 700 v. Chr. auf Rhodos, im ionischen Gebiet und in Korinth bekannt[345]. Im punischen Bereich erscheint der Typus einerseits in griechisch-rhodischer Art, und zwar bei den Terrakotten, vermutlich auf Vermittlung Siziliens, und andererseits in östlicher Art mit ägyptisierender Haartracht auf den Stelen. Diese beiden Formen desselben Typus werden im allgemeinen nicht vermischt [346].

Die Frauendarstellung mit der Scheibe ist in Karthago [347] weitaus weniger geläufig als in Mozia [348]. Besonders beliebt ist sie aber in Sardinien, wo wir Beispiele vor allem aus Nora [349], Sulcis (Taf. 176,2a; 177,4; 179,1 und 3) [350] und Monte Sirai (Taf. 180,2) [351] kennen. Der Typus wirkt in seiner Kompaktheit meistens ägyptisierend, nicht immer entspricht jedoch die Haartracht der ägyptischen, dreiteiligen Perücke (Taf. 176,2a). Dennoch wird man auch bei Taf. 176,2a durch die strenge Parallelität der nackten Füße und das enge Gewand, sowie die fast „osirianische" Armhaltung eine Beziehung zur ägyptischen Kunst nicht leugnen können.

3. Cippi, Altäre und die ägyptische Hohlkehle in der sardo-punischen Architektur

Wir haben bereits am Beginn dieses Abschnittes auf die Cippi verschiedener Art hingewiesen [352], die in den weiteren Bereich der punischen Stelen gehören und mit diesen die wesentlichen architektonischen Elemente von Rundstab und Hohlkehle [353] gemeinsam haben. Auch die Herkunft des größten Teiles von ihnen, nämlich die punischen Tophet, ist dieselbe. Durch ihre mehrseitige Ausrichtung und die Absenz der anthropomorphen Götterbilder setzen die gewöhnlichen Cippi in noch direkterer Weise als die eigentlichen Stelen die Tradition der vorderasiatischen, stehenden Steine (Masseboth usw.) fort. Eine Mittelstellung zu den Stelen im engeren Sinn nehmen die im folgenden behandelten Thron- und Altarcippi auf Grund ihres architektonischen Aufbaues und ihrer frontalen Ausrichtung ein. Das für uns an den Cippi Wesentliche haben wir bereits bei der Besprechung des ägyptischen Hohlkehlensockels und seiner Ausbreitung in den Westen [354] kennengelernt (vgl. Abb. 68). Dabei ist zu bemerken, daß bei Cippi aller Art wie auch bei den Stelen [355] der Rundstab durch eine kantige Leiste ersetzt sein kann [356].

Die karthagischen Cippi besitzen häufig — gleich den Stelen — eine Basis in Form des ägyptischen Sockels, wobei wie in Ägypten die Hohlkehle oben dieselbe Weite erreicht wie die Grundfläche [357]. Einfache, mit den ägyptischen Elementen dekorierte Cippi fanden sich abgesehen von der Metropole auf afrikanischem Boden in Mozia [358], in dem an Typen so reichen Tharros (Abb. 72) [359] oder in Cagliari [360]. Ein schönes Beispiel ist auch der Cippus aus Huelva (Spanien) [361]. Von besonderem Interesse für die Ausbreitung ägyptischer kultureller Phänomene ist schließlich das Eindringen des Cippus mit Hohlkehle in das nuragische Milieu Sardiniens: Der Cippus von Teti-Abini [362] gehört wahrscheinlich ins 7. Jh. v. Chr.

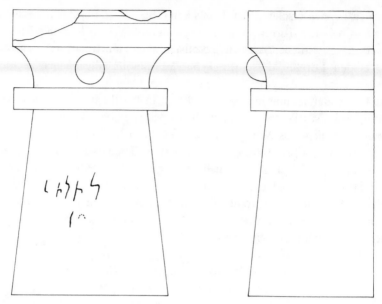

Abb. 72: Cippus aus Tharros; nach *RSF* 4 (1976) S. 54, Fig. 1.

Eine für die Nekropole von Tharros charakteristische Denkmalgruppe sind dreiteilige Cippi, die vielleicht ins 5. Jh. v. Chr. zu datieren sind[363]: Ein gewöhnlicher Cippus wird von zwei Altären flankiert, die mit dem Cippus auf einer gemeinsamen Basis stehen. Für uns sind in erster Linie die beiden seitlichen Altäre interessant, weil sie Rundstab und Hohlkehle tragen.

Besondere Beachtung verdienen die Thron- und Altarcippi, weil sie sowohl den phönikischen Naiskoi mit dem Astartethron[364] als auch den eigentlichen punischen Stelen sehr nahe stehen. Der Throncippus besteht im unteren Teil aus dem ägyptischen Sockel, bei dem meistens der Rundstab durch die Leiste ersetzt ist. Den oberen Teil bildet ein Thron mit Armlehnen, auf dem sich ein Baetyl verschiedener Form befinden kann. Vom Sockel bis zur „Sitzfläche" führen vielfach kleine Stufen. Den Altarcippus zeichnen noch zwei Brand-altärchen vor den Armlehnen des Thrones aus (Taf. 181,1)[365]. Diese Altär-chen, die wir bereits von den östlichen Terrakottaschreinen und karthagischen Stelen kennen[366], sind in unserem Zusammenhang ihrerseits wegen ihres Abschlusses durch Rundstab und Hohlkehle wichtig.

Die Elemente dieser punischen Cippi sind bereits durch altägyptische Darstellungen vorgegeben, in denen Osiris auf einem Thron sitzt, der auf einer Plattform mit Hohlkehlenabschluß steht, wobei der Zugang über eine Treppe gewährt wird[367]. Die Vermittlung des Schemas kann nur über Phönikien erfolgt sein, wo wir vor allem aus der Gegend von Tyros und Sidon die sog. „Astartethrone" kennen[368], die zwar leer sind, aber wohl dazu bestimmt waren, Baetylien oder andere Symbole der Astarte aufzunehmen. Interessant ist in dem Zusammenhang ein stark ägyptisierender Cippus aus Sidon[369]: Im Zentrum steht auf einem ägyptischen Untersatz mit Verstrebung (s. Abb. 68) ein Kultobjekt (nach Wagner eventuell ein Wasserbecken); die seitlich aufragenden Gebilde, die je ein Udjat in Relief tragen, mögen Brandaltärchen darstellen. Für dieses etwas unklare Denkmal ist eine Datierung ins frühe 1. Jt. v. Chr.[370] wohl möglich. Die genannten „Astartethrone" leben bis in hellenistische Zeit weiter[371].

Die oben beschriebene punische Ausbildung des Typus repräsentieren die Thron- und Altarcippi von Karthago[372], Mozia[373] und Tharros (Taf. 181,1). Aus Mozia ist auch ein Stück[374] bekannt, bei dem der ägyptische Sockel mit Rundstab und Hohlkehle verdoppelt ist, sodaß zwei solche Sockel übereinander stehen und das Denkmal besonders monumentalen Charakter erhält. In Tharros können die Altarcippi ein „Flaschenidol", einen quaderförmigen Baetyl oder ein eiförmiges Idol tragen[375]. Bei den von Tore publizierten beiden Stücken[376] finden sich die ägyptischen Elemente nur an drei Seiten der Basis, während es in Karthago und Mozia auch solche mit vierseitiger Ausgestaltung gibt[377]. Diese Thron- und Altarcippi fehlen bis jetzt in Nora[378], Sulcis und Monte Sirai. Das scheint u.a. chronologische Gründe zu haben, denn die Thron- und Altarcippi gehören in Karthago und Mozia zu den ältesten Steindenkmälern des Tophet[379].

Im Anschluß daran wollen wir noch kurz die Basen und Altäre streifen. Eine Basis mit Rundstab und Hohlkehle vermutlich des 5. Jhs. v. Chr. fand sich in Nora[380], wofür es in Karthago ein genaues Gegenstück gibt[381]. Aus Tharros sind vor allem einige Altäre in Form des ägyptischen Hohlkehlensockels interessant[382], deren Typus offenbar ägyptische, hockerartige Altartische[383] nachbildet. In auffälliger Weise erinnert auf der kompakten, punischen Wiedergabe aus Stein die rote Bemalung der vorspringenden Teile im Gegensatz zu den tiefer liegenden Rechtecken noch an die ägyptische Holzverstrebung[384]. Solche Altäre gibt es auch in Karthago. Verwandt ist der Typus des Hörneraltares mit Hohlkehle, der gleichfalls in Sardinien belegt ist[385]. Entsprechende Hörneraltäre mit Hohlkehle und darunter einer rechtwinkelig abgekanteten Leiste an Stelle des Rundstabes sind in Syrien/Palästina weit verbreitet[386].

Abb. 73: Altar aus Amrit; nach Dunand (s. Anm. 391).

Mehrmals erwähnt haben wir bereits die Brandaltärchen, vor allem bei den dreiteiligen tharrischen Cippi[387] und auf den Altarcippi[388]. Gegenstücke mit Hohlkehlenabschluß sind aus dem Osten gut bekannt, etwa aus Byblos[389], Gezer[390] oder Amrit[391]. Das zuletzt genannte Stück (Abb. 73) trägt statt des Rundstabes bereits die kantige Leiste, die wir von den westlichen Denkmälern kennen (s. Abb. 72). Solche Brandaltärchen kennen wir aus dem punischen Westen, vor allem aus Karthago und Sardinien, hier besonders aus Tharros, aber auch von Cagliari und Nora[392]. Sehr bemerkenswert ist, daß diese Altäre nicht nur eine, sondern auch mehrere Hohlkehlen übereinander tragen können[393]. Bei der Entstehung des Typus mit mehreren Hohlkehlen scheint der Einfluß des ägyptischen Djed-Pfeilers naheliegend[394]. Gerade ein Grabcippus aus Tipasa (Abb. 74) mag eine punische Interpretation dieser ägyp-

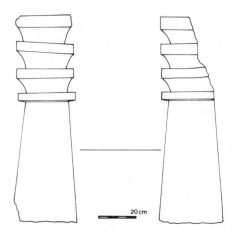

Abb. 74: Grabcippus aus Tipasa;
nach S. Lancel, *Tipasitana*, III: *BAAlger* 3 (1968) S. 105, Fig. 24.

tischen Form darstellen. Auch unsere Taf. 181,2 aus Cagliari (S. Avendrace) gibt nach Tore[395] wahrscheinlich einen Grabcippus des 5./4. Jhs. v. Chr. wieder. Er trägt über der Basis zwei stark betonte Hohlkehlen, die wir jedoch nur noch als ägyptisierend bezeichnen werden, da die Krümmung der Kehle kaum gegeben ist. Gut gekrümmt sind dagegen die beiden Hohlkehlen auf einem karthagischen Gegenstück[396].

Die Hohlkehle ist nicht nur ein wesentliches Element der punischen Stelen und Cippi, sondern auch der punischen Sakralarchitektur im allgemeinen. Die Hohlkehle hatte bereits in Ägypten[397] verschiedene Formen: sie konnte über dem Rundstab noch relativ weit nach oben gehen und sich wenig nach außen biegen oder sofort oberhalb des Rundstabes in einer starken Krümmung mit Tendenz zur Waagrechten ansetzen. Die Phöniker haben den stärker vorspringenden Typus vorgezogen, wie der Tempel von Amrit zeigt[398]. Formen

wie Maßverhältnisse von Rundstab und Hohlkehle können auch auf den
punischen Stelen des 5. Jhs. noch sehr gut den ägyptischen Vorbildern
entsprechen. In der Folgezeit wird der waagrechte Vorsprung der Hohlkehle
immer stärker, wie späte Beispiele von Dougga, Médracen und Uttica zeigen [399]. Die stark vorspringende, vierkantige Leiste, die die Stelle des Rundstabes einnimmt, wird aus den rechtwinkelig abgekanteten Leisten entstanden
sein, die wir häufig an den Stelen und Cippi vorfanden. Die Anwendung von
abgekantetem oder gerundetem Rundstab gibt aber keinen chronologischen
Anhaltspunkt, denn der vierkantige „Rundstab" kennzeichnet bereits die
monumentalen Kapitelle mit quadratischem Grundriß auf den Eingangspila-
stern des ältesten phönikischen Tempels von Tas-Silġ (Malta) [400] (Abb. 75).

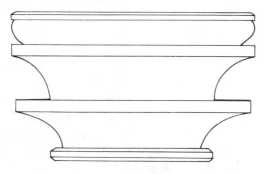

Abb. 75: Pfeilerkapitell mit doppelter Hohlkehle von Tas-Silġ (Malta)
(nach A. Ciasca, *Il tempio fenicio di Tas-Silg: Kokalos* 22-23, 1976-77, 1, S. 168, Fig. 1).

Die Form des Kapitells mit zwei Hohlkehlen übereinander ist bis heute ohne
Parallele und erinnert am ehesten an die oben [401] behandelten Brandaltäre
und Cippi mit zwei oder mehr Hohlkehlen. Demgegenüber trägt der marok-
kanische Tempel von Sala aus dem 1. Jh. v. Chr. unterhalb der Hohlkehle
einen stark vorspringenden, aber echten, d.h. halbkreisförmig gerundeten
Rundstab [402].

In Sardinien läßt sich die Entwicklung der Hohlkehle sehr gut am Tempel
von Antas erkennen, wenn wir die frühen Hohlkehlen, die noch im Freien zu
sehen sind und die nur wenig vorspringen, mit der Hohlkehle in Cagliari
(Taf. 182,2) [403] vergleichen: die letztere hat nur noch horizontale Ausdehnung. In Tharros zieren die quaderförmige Basis des „monolithischen
Tempels" griechische Halbsäulen; darüber befindet sich die Hohlkehle (Taf.
183). In dem Tempel haben sich auch zahlreiche Blöcke von Gesimsen mit
mehr oder weniger vorspringender Hohlkehle gefunden (dabei kann der
Rundstab bzw. die kantige Leiste wegfallen). Die Zella selbst war vielleicht
von einem monumentalen Uräenfries geschmückt (wie etwa in Nora oder Ain
el-Hayat), worauf Blöcke mit Teilen von in Relief wiedergegebenen Uräen
schließen lassen; der Unterkörper der Schlangen ist dabei stets gut durch-

gezeichnet [403a]. Dazu kommt im kleinen Tempel K derselben Stadt ein steinernes Hohlkehlengesims, dem die Hohlkehlen ohne Rundstab vielleicht des 5. Jhs. in Mozia (Cappiddazzu) [404] nahestehen. Punische Hohlkehlenstücke fanden sich aber auch noch anderswo in Sardinien, z.B. in Pani Loriga [405].

4. Ergebnisse

Wir haben in diesem Abschnitt den Weg der ägyptischen Architektonik vom Nilland bis nach Sardinien verfolgt. Die ägyptischen Elemente — Rundstab und Hohlkehle, geflügelte und ungeflügelte Sonnenscheibe, Uräenfries — haben dominierenden Anteil an der Ausgestaltung der Basis und der Bekrönung der punischen Ädikulastelen. Im mittleren Abschnitt der Stelen hat uns vor allem die häufig auftretende, allseitige Staffelung der Nische interessiert, die nach der Vermutung von Lézine in stark verkürzter Form den Durchblick durch die aufeinanderfolgenden Räume eines Wegeheiligtums ägyptischer Art vermitteln könnte. Den Ausgangspunkt in der Verbreitung der Architektonik bilden die ägyptischen Naoi, von denen wahrscheinlich den libyerzeitlichen Exemplaren eine direkte kulturvermittelnde Rolle nach Phönikien zukam. Zum weiteren kulturellen und kunsthistorischen Hintergrund in Ägypten gehören die Königskioske, Scheintürstelen, Hathorkapitelle und einige andere Stücke, wie die besonders hervorgehobene Spätzeitstele, die in fast zweidimensionaler Art einen Naos von vorne wiedergibt [406], oder das perserzeitliche Marmorrelief aus Memphis Abb. 63. Den Sprung vom ägyptischen Naos zur punischen Stele kennzeichnen vor allem zwei Phänomene: 1. die fortschreitende Tendenz zur Zweidimensionalität der Architektonik, die aber in Ägypten bereits vorgegeben ist, und 2. die Mischung der ägyptischen Elemente mit solchen anderer Herkunft.

Die Verarbeitung der ägyptischen Architektonik im Osten zeigten uns verschiedene Denkmälergruppen, die gleichzeitig den vorderasiatischen Hintergrund der punischen Ädikulastelen bilden. Abgesehen von den zwei erwähnten Naoi aus dem Obeliskentempel von Byblos [407] legten wir besonderes Augenmerk auf die Tonmodelle von Schreinen mit ägyptischen Elementen, die von der Spätbronzezeit bis in die ersten Jahrhunderte des 1. Jts. bezeugt sind. Bemerkenswerte Beispiele sind der phönikische Schrein von Achzib und ein Exemplar des 7. Jhs. v. Chr. aus Amathus, das bereits alle wesentlichen ägyptischen Elemente der punischen Stelen aufweist [408]. Es handelt sich hierbei um charakteristische Denkmäler, die die kanaanäische Mischtradition mit einem neuerlichen ägyptischen Impuls vereinigen und so an den Westen weitergeben. Eine ähnliche kunsthistorische Bedeutung kommt den dreidimensionalen Kalksteinnaiskoi aus Sidon zu oder älteren Vorgängern von ihnen, denn ihr Schema wurde sehr getreu nach Mozia übernommen [409].

Zum östlichen Denkmälerbestand kommen u.a. noch die monumentalen Ausbildungen von Amrit und Ain el-Hayat, die ihr Gegenstück in der Ädikula von Nora mit Flügelsonne und Uräenfries finden, sowie einige echte Stelen. Von diesen hat spezielle Bedeutung die Stele von Achzib[410] mit ihrer sehr vereinfachten Ädikula und einem schematischen Uräenfries.

Die punischen Stelen, die die ägyptische Architektonik im Westen wiedergeben, reichen im wesentlichen von der Wende des 7. zum 6. Jh. bis zum 4. Jh. v. Chr.; interessante Stücke aus der Zeit danach gibt es wohl nur in Sulcis und Monte Sirai auf Sardinien. Bedeutsam ist, daß die Stelen, die alle wesentlichen Elemente in gut ägyptischer Art aufweisen, in Karthago und Mozia erst seit der Wende des 6. zum 5. Jh. v. Chr. beliebt werden; d.h. der ägyptische Einfluß in den Steindenkmälern der westlichen Tophet ist nach unseren derzeitigen Kenntnissen erst nach einem vollen Jahrhundert ihrer Geschichte am stärksten. Die Betrachtung der punischen Stelen zeigte uns, daß die ägyptischen Elemente nicht nur übernommen und in ihrer ursprünglichen Art wiedergegeben wurden, sondern auch innerhalb des punischen Milieus eine Entwicklung durchmachten. Dazu gehört etwa der Ersatz einzelner Teile der Bekrönung durch Bänder oder Leisten, im besonderen das Band mit wellenförmigem Querschnitt, das den Uräenfries vertreten kann (Taf. 173,1-2; 175,3), weiters die Vereinfachung des Uräenfrieses durch senkrechte Linien oder die Simulierung der Hohlkehle durch seitliche Einschnitte am Architrav (Taf. 174,1).

Die Stelenproduktion könnte im Westen von Karthago ausgegangen sein. Allerdings zeigen sich in den einzelnen Tophet bald örtliche Unterschiede, z.T. auf Grund direkter Verbindungen zum Osten (besonders in Mozia), durch verschiedene äußere Einflüsse (vermischte Architektonik in Sulcis) und durch die Wirkung des Substrats (vor allem in Monte Sirai). Auf Sardinien sind für uns die spezielle Beliebtheit des Uräenfrieses, gerade auch in dem Binnenzentrum Monte Sirai, und die eigenartige Entwicklung in Sulcis auffällig. Hier erkannten wir im groben vier Phasen: die erste kennzeichnet eine ägyptische Architektonik, z.T. in Verbindung mit proto-äolischen Kapitellen, in der zweiten ruht die ägyptisierende Bekrönung auf griechischen Säulen, in der dritten ist die griechische Tempelarchitektur nur noch durch die ägyptischen Elemente Hohlkehle und Flügelsonne bereichert, während in der vierten Phase die Architektur rein griechisch ist. Jedoch kann auch dieser griechische Tempel wie einst die ägyptisierende Ädikula vom ägyptischen Hohlkehlensockel getragen werden (Abb. 70).

Wir haben bereits zu Beginn betont, daß sich an den punischen Stelen kaum oder nur schwer spezifisch ägyptische, religiöse Konzeptionen greifen lassen, daß also die ägyptische Kultur im wesentlichen nur ikonographischen Anteil an den Stelen hat[411]. Die geflügelte wie ungeflügelte Sonnenscheibe, z.T. von Uräen flankiert, und der Uräenfries darüber scheinen nach

Ferron[412] symbolisch die Sonnennatur des Baal Hammon auszudrücken[413]. Daher kann auch auf punischen Münzen die von scheibentragenden Uräen flankierte Sonnenscheibe mit Ausstrahlungen nach oben und unten über dem Rücken eines Pferdes dargestellt sein, das das häufigste Motiv auf punischen Münzen ist und Baal Hammon symbolisiert[414]. Eine Erweiterung der ägyptischen Bedeutung der Lotosblume in ihrer Funktion als Träger einer Gottheit konnten wir bei einer Stele aus Sulcis feststellen[415], auf der der Lotos den ägyptischen Sockel ersetzt. Auch für den Uräenfries läßt sich in der phönikischen Kunst bisweilen eine Schutzfunktion wahrscheinlich machen[416]. Bei den Grabcippi mit mehreren Hohlkehlen ist man versucht, an die phönikische Verwendung des Djed-Pfeilers als heiligen Baum zu denken[417] und damit gleichzeitig an die ägyptische Symbolik des über dem Osirisgrab wachsenden Perseabaumes, der ja Lebensbaum ist.

Auch bei der Entwicklung zu immer einfacheren Formen der Ädikula und ihrer ägyptischen Elemente stellt sich die Frage, ob es sich um eine Folge von Kopieren stets weniger verstandener und daher mehr oder minder bedeutungsloser Ikonographien handelt, die sich dabei veränderten, oder um bewußte Stilisierung und Abstrahierung unter Beibehaltung eines gewissen Symbolwertes. Es genügte ja tatsächlich ein bloßer, durch senkrecht eingravierte Linien angedeuteter Uräenfries über der Nische, um die Idee des Naos auszudrücken[418].

Bei der Betrachtung der Darstellungen im Inneren der Stelennische erkannten wir sowohl beim sog. Flaschenidol als auch beim Tanit-Symbol eine gewisse nachträgliche Ägyptisierung, und zwar scheint sich das Flaschenidol in manchen Fällen in der Form an den ägyptischen Uräus angenähert zu haben, während das Tanit-Symbol auf Stelen von Sulcis und Monte Sirai wie das ägyptische Lebenszeichen von einer stehenden anthropomorphen Gestalt in der herabhängenden Hand getragen wird.

Die anthropomorphen Abbilder sind häufig mit besonders gut ägyptisierender Architektonik verbunden. Im übrigen zeigt sich bereits bei den ägyptischen Vorbildern, die menschengestaltige Wesen innerhalb eines Naos in Relief und in Vorderansicht wiedergeben (z.B. bei den naophoren Statuen), eine starke Verkürzung der dritten Dimension. Unter den ägyptischen anthropomorphen Typen der punischen Stelen Sardiniens fiel uns besonders auf: die selbständige Statuette der Stele aus Tharros Taf. 172,1 in archaischer, ägyptischer Haltung, die männlichen Gestalten in Schrittstellung, bei denen der rechte Arm herabhängt und die linke Hand als Faust zur Brust geführt ist, und auf einer Tharros-Stele (Abb. 71) die weibliche Figur im Profil mit langen, hinter den Schultern herabfallenden Haaren und einem durchsichtigen Frauengewand entsprechend der Ikonographie auf ägyptischen Stelen des NR. Die vorderasiatischen Typen (Frau mit Händen an den Brüsten und die Frau, die vor sich eine Scheibe trägt) erhalten ihren ägyptisierenden Charakter vor allem durch die ägyptische Perücke, bei der links und rechts vom Gesicht zwei gleichmäßige Haarsträhnen vorbeigehen und auf die Brust fallen.

Die ursprünglich ägyptischen Elemente Rundstab und Hohlkehle konnten wir auch an verschiedenen Cippi feststellen. Besonders interessant sind die Thron- und Altarcippi von Karthago, Mozia und Tharros, die zu den ältesten Steindenkmälern der Tophet gehören und sowohl den sidonischen Naiskoi wie den eigentlichen punischen Stelen sehr nahestehen. Ihre wesentlichen Elemente sind bereits durch altägyptische Darstellungen vorgegeben. Auffallend ist ihr mächtiger Sockel ägyptischer Art. Rundstab und Hohlkehle zieren auch Basen und Altäre verschiedener Art; dazu gehören auch Altäre mit mehreren Hohlkehlen übereinander. Letztlich erkannten wir die Hohlkehle überhaupt als wesentliches Element der punischen Sakralarchitektur; ihre Entwicklung läßt sich gut am Tempel von Antas ablesen.

Die punischen Stelen, die ein grundlegendes Element innerhalb der punischen Kunst des zentralen Mittelmeerraumes bilden, ersetzen uns vor allem in der ältesten Phase der punischen Kultur mit ihrer Vielfalt an architektonischen Formen, die vornehmlich ägyptischen Ursprunges sind, bis zu einem gewissen Grad den Mangel an monumentalen, sakralen Bauten. Daß auch diese die ägyptischen Merkmale trugen, zeigen nicht nur die späteren Denkmäler, sondern insbesondere die Ädikula von Nora.

Für uns ist wichtig festzuhalten: Dadurch, daß es sich um lokale Erzeugnisse handelt, bieten uns die punischen Stelen hervorragende Beispiele für klaren Einfluß der ägyptischen Kultur, der zudem noch im 6. und 5. Jh. v. Chr. über alle anderen Einflüsse dominiert. Außerdem läßt sich eine Entwicklung der ägyptischen architektonischen Elemente erkennen, die nicht immer einer Entartung gleichkommt. Die punischen Stelen Sardiniens zeichnen sich auch dadurch aus, daß sie für die ägyptischen Motive einen Endpunkt in der Ausbreitung bedeuten. Aus dieser Sicht bilden die karthagischen Stelen und diejenigen von Mozia ein Durchgangsstadium.

VIII. WEITERE ZEUGNISSE ÄGYPTISCHER KULTUR

Die auf Taf. 1 wiedergegebene *Plakette aus gelblich grauem Steatit* wurde angeblich im Gebiet des phöniko-punischen Tharros gefunden und kam 1913 durch den Ispettore dei Monumenti e Scavi von Oristano, Efisio Pischedda, ins Museum von Cagliari. Da es sich hier um den Altertümerverwalter der Gegend von Tharros handelt, der diese Herkunftsangabe machte, ist m. E. im Gegensatz zu v. Bissing [1] kein Grund gegeben, an dem Fundort zu zweifeln. Obwohl die Plakette ein Einzelstück darstellt, paßt sie als ein besonderes Amulett aus dem saitischen Ägypten gut in den Zusammenhang unserer Aegyptiaca.

Da dieses Denkmal von den Ägyptologen Erman, Schiaparelli [2] und v. Bissing ausführlich besprochen wurde, genügt uns in diesem Rahmen eine kurze Information: Auf der Vorderseite (Taf. 1a) sind in sorgfältigem, saitischem Stil (so v. Bissing) von rechts nach links Chons, Mut und Amun in Relief dargestellt. Hinter jedem Gott befindet sich die zu ihm gehörige Inschrift (Taf. 1b): ,,Chons in Theben gebe jede Freude''; ,,die große Mut, Herrin des Himmels, gebe jegliche Gesundheit''; ,,Amun-Re, König der Götter und Herr des Himmels, gebe jegliches Leben, Heil und Gesundheit''. Auf der einen Schmalseite (Taf. 1c) — an dieser Meinung v. Bissings ist wohl nicht zu zweifeln — befindet sich der Rest eines Zaubertextes: Knapp unterhalb der Mitte sitzen einander die Mondgötter Thot und Chons gegenüber; beide tragen das Mondzeichen auf dem Kopf. Unter ihnen befindet sich jeweils das Schutzzeichen (*sꜣ*). In der oberen Hälfte von Taf. 1c ist bloß das Udjat mit Sicherheit zu erkennen. Interessant ist vielleicht der Hinweis, daß der Phöniker oder Punier auf diesem ägyptischen Denkmal in der Mitte die Darstellung einer Göttin in Händen hatte, die durch ihre Frisur und den langen Rock eine Ikonographie wiedergab, die er von phönikischen und punischen Denkmälern (z.B. den Elfenbeinen [3]) gekannt haben mochte.

Nur wenige *Fayencegefäße*, die wenigstens teilweise auf Kontakte mit der griechischen Welt hinweisen, sind auf Sardinien zutage gekommen. Grab 5 der Tharros-Funde des British Museum beinhaltet eines der im gesamten Mittelmeerraum verbreiteten Igelväschen [4]. Es repräsentiert einen geläufigen Typus, der im ägyptischen Nildelta, vielleicht in Naukratis, im 6. Jh. v. Chr. erzeugt wurde: Der Igel steht auf einer Basis und hat ganz kleine, seitlich angedeutete Beinchen. Das Material ist weißliche Fayence mit ursprünglich türkis, aber heute größtenteils gelbbräunlicher Glasur; dazu kommt eine schwarzbraune Stirnumrahmung und die üblichen Flecken. Die Gruppe dieser Igelväschen ist außerhalb Ägyptens aus Byblos, Neirab, Zypern, von Olbia am Schwarzen Meer, mit zahlreichen Beispielen aus dem ägäischen Raum, aus

Cerveteri und Cuma in Italien und aus Ampurias (Spanien) bekannt [5]. Diese Gefäße wurden offenbar fast ausschließlich von Griechen verbreitet, worauf die Absenz in Karthago und Ibiza, aber auch das Belegstück aus Ampurias weisen.

Die Frauenväschen aus Sulcis und Tharros, die auf Taf. 2-3 abgebildet sind, gehören gleichfalls zu einer weithin exportierten Klasse, die in mehrere Gruppen gegliedert werden kann. In unserem Fall bildet das Gefäß (bestehend aus zwei miteinander kommunizierenden Räumen und daher auch Doppelväschen genannt) eine kniende Frau mit Hathorfrisur, negroiden Gesichtszügen, palmförmigem Kopfaufsatz und Leopardenfell auf dem Rücken. Die Frau hält vor sich ein großes Vorratsgefäß, das zum Teil zwischen ihren Knien steht. Die Gefäße besitzen zwei korrespondierende Öffnungen, eine im Kopfaufsatz und eine im Vorratsgefäß. Dadurch daß die Kopföffnung verstoppelt war, konnte die Flüssigkeit nicht bei der unteren herausfließen; dafür mußte das Gefäß geschüttelt werden oder der Stoppel kurz gelockert. Die Vorrichtung scheint darauf hinzudeuten, daß damit eine parfümartige Essenz versprüht werden sollte. Unsere beiden Väschen unterscheiden sich dadurch, daß das Stück aus Sulcis (Taf. 2) wie die meisten anderen Beispiele der Gruppe auf dem Vorratsgefäß einen Frosch trägt, der die untere Öffnung bildet. Dem Väschen aus Tharros fehlt dieser Frosch entsprechend einem Parallelstück aus Tarent [6].

Diese Fayencegefäße wurden sicher auf Rhodos hergestellt. Die spezielle Gruppe, zu der unsere beiden Belege gehören [7], ist im Gegensatz zu den vorher erwähnten ägyptischen Igelväschen auch in Karthago mit fünf Beispielen [8] präsent. Die kunsthistorische Bedeutung dieser kleinen Denkmäler liegt darin, daß auf ihnen ägyptische Elemente durch nicht-ägyptische Hersteller auf unägyptische Art vereinigt wurden. Unägyptisch ist etwa die Tatsache, daß die Palme auf den Kopf eines Menschen gesetzt wird; die Leopardenflecken gehören zu Bes; bei den verwandten ägyptischen Kosmetikbehältern wird das Gefäß auch nicht zwischen den Schenkeln gehalten [9]. Diese für die ägyptischen Väschen ungewöhnliche Position findet sich jedoch entsprechend bei einer Gruppe naophorer Statuen wieder, deren Typus seit der 18. Dynastie bekannt ist und in der 19. Dynastie voll ausgebildet wird [10]: Die kniende, menschliche Gestalt hält zwischen den Schenkeln vor sich einen kleinen Götternaos [11] oder auch ein Postament mit Götterbildern [12].

Abgesehen davon, daß diese Väschen zumeist als Grabbeigaben [13] auftreten, ist für uns interessant, daß das Beispiel aus Sulcis (Taf. 2) aus dem Tophet stammt und daher mit der Jenseitsvorstellung in Verbindung mit den geopferten Kindern im Zusammenhang stehen könnte. Dem entspricht, daß die verschiedenen Elemente der Gefäße eine Erneuerungssymbolik ausdrücken und daß ihr flüssiger Inhalt offenbar die Qualitäten eines „eau de jouvence" hatte [14].

Das Herkulesgefäß auf Taf. 4[15], das in Tharros, Grab 1[16] der Grabung Spano des Jahres 1850 gefunden wurde, ist ein typischer Vertreter der ägyptisierenden, ostgriechischen Fayenceindustrie des 6. Jhs. v. Chr. Der Aryballos hat die Form und den Einguß der Igelväschen, jedoch ist der Vorderteil als Löwenmaul gestaltet, aus dem der Kopf des Herkules herausblickt. Strukturell ist das Gefäß unserem Amulett-Typus 50[17] verwandt. Die parallelen Herkulesväschen mit Herkunftsangaben stammen aus Kameiros und Ägina; unsichere Angaben nennen Attika, Syrien und Ägypten[18]. Der griechische Ursprung unseres Väschens auf Taf. 4 und die Fundstatistik, die mit Ausnahme von Tharros den phönikischen und punischen Westen völlig

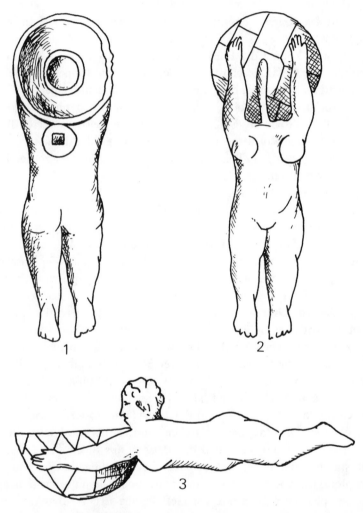

Abb. 76: Löffel in Form eines schwimmenden Mädchens mit Schale; Elfenbein; Tharros; nach *BAS* V, Taf. F,1-3.

ausklammert, weisen einmal mehr auf die griechischen Beziehungen der Metropole an der sardischen Westküste.

In der Literatur finden wir noch mehr Nachrichten von Fayencegefäßen aus Tharros. Spano berichtet 1855[19] von einem kleinen „Napf" aus weißer Fayence mit Reliefschmuck[20]: Zwei Hunde liegen einander gegenüber, dazwischen befindet sich ein Anch und eine sitzende Göttin über dem *nb*-Korb; die Göttin hält ein weiteres Lebenszeichen. Dazu kommt auch das genannte[21] Fayencegefäß in dem fünften der Gräber, die Spano geöffnet und beschrieben hat. Schließlich erwähnt derselbe Autor 1874 im Zusammenhang mit der Auffindung eines Frauenväschens, das vermutlich mit unserer Taf. 3 identisch ist[22], zwei weitere Fayencegefäße mit Glasur[23].

Ein interessantes Zeugnis ägyptischer Kultur ist der *Löffel aus Elfenbein*, der nur von der alten Zeichnung bekannt ist, die unsere Abb. 76 wiedergibt. Der Löffel hat die Form eines schwimmenden Mädchens, das eine Schale hält; der extra gearbeitete Kopf, der in die vierkantige Vertiefung (bei Nr. 1) eingesetzt war, hatte bereits bei der Auffindung des Objektes gefehlt und wurde vom Zeichner (bei Nr. 3) etwas unglücklich ergänzt. Unklar bleibt der kleine „Zipfel", der (bei Nr. 2) vom Körper des Mädchens ausgeht und sich unten an der Schale befindet.

Der Typus des verzierten Löffels in Gestalt eines schwimmenden Mädchens ist gerade zur Zeit der 18. Dynastie in Ägypten beliebt. Das bis jetzt älteste Stück stammt aus einem frühen Grab dieser Epoche in Sedment[24]. Am Ende der 18. Dynastie bildet sich langsam die spezielle Form heraus, auf die unser Stück zurückgeht; die flache Löffelkelle, die das Mädchen hält, ist jedoch u.a. als Ente oder Tilapia-Fisch gestaltet[25]. Aus dem Ende des NR sind aus Ägypten selbst vielleicht keine solche Löffel bekannt. Die kunsthistorische Brücke zu dem Material der Spätzeit bietet uns eine Schale aus dem Schatz von Bubastis, auf der Schwimmerinnen in feinem Relief wiedergegeben sind, und später eine Schale aus dem Grabe des Psusennes[26]. Die Schwimmerinnen der Spätzeit, bei denen vor allem Fayence ein beliebtes Material ist, halten jetzt zumeist ein kleines, rechteckiges Becken zwischen den vorgestreckten Armen; bei einem Beispiel aus Kameiros (Rhodos) liegt es allerdings auf den Armen auf[27].

Wenn wir versuchen, diese Bemerkungen auf die Zeichnungen unserer Abb. 76 zu übertragen, können wir folgendes feststellen: Die Draufsicht (Nr. 1) und die Sicht von unten (Nr. 2) lassen sich mit den Löffeln der 18. Dynastie in Verbindung bringen, da der Kopf extra eingesetzt ist und die Kelle eine rundliche Form hat; sie scheint auf den Armen aufzuliegen. Die Seitenansicht (Nr. 3), die sich m. E. in den Proportionen nicht gut mit der Sicht von unten vereinbaren läßt, zeigt, daß das Mädchen nach Art der spätzeitlichen Löffel eine relativ tiefe Schale *zwischen* den Händen hält. Eine solche Mischung von älteren und jüngeren ägyptischen Elementen kann in der phönikischen Kunst immer wieder beobachtet werden. Eine weitere Erklärung bringt die Tatsache, daß der ägyptische Löffeltypus bereits im spätbronze-zeitlichen Palästina häufig in Elfenbein nachgebildet wurde.

In Grab 118 von Deir el-Balaḥ fand sich ein ägyptischer Löffel unseres Typs, der aus Alabaster hergestellt ist [28]. Dieses Exemplar zeigt in mancher Hinsicht überraschende Ähnlichkeit mit dem Fundstück aus Tharros: In beiden Fällen hat das Mädchen einen eher kurzen Körper, die Fußflächen sind ziemlich breit; die Schwimmerin hält aber die runde Schale, die hier sehr flach ist, mehr von unten als von der Seite; ihr Kopf ist mit einem runden Bolzen extra eingesetzt. Die etwas schlankeren Nachahmungen aus Elfenbein, die sich in Megiddo gefunden haben [29], und ein Stück aus Grab 75 (12. Jh. v. Chr.) in Enkomi (Zypern) [30] sind sehr ähnlich. Der Typus dieses Löffels tritt später unter den phönikischen Elfenbeinen aus Nimrud wieder auf, allerdings bieten die bekannten Beispiele [31] einen etwas anderen Stil und andere Formen. Dagegen scheint mir ein alabasternes Exemplar aus Amathus [31a] unserem Fundstück aus Tharros sehr genau zu entsprechen.

Als Ergebnis läßt sich nun festhalten: Der Typus des Löffels unserer Abb. 76 ist ägyptischen Ursprungs; er wurde ohne wesentliche Veränderungen in die kanaanäische Elfenbeinschnitzerei übernommen und von hier der phönikischen Kunst des 1. Jts. vermittelt. Dem Löffel aus Tharros stehen kunsthistorisch einerseits die vorhandenen spätbronzezeitlichen Beispiele sehr nahe, andererseits zeigt sich an der ziemlich tiefen, von der Seite gehaltenen Schale spätzeitlicher ägyptischer Einfluß. Wir stehen also, wie so oft, vor der Tatsache, daß ein in die kanaanäische Kunst übernommenes ägyptisches Kulturelement im 1. Jt. v. Chr. einen neuerlichen ägyptischen Impuls erfährt. In Ergänzung zu den zitierten Beispielen aus Nimrud zeigen die Fundstücke aus Tharros und Amathus bei weitem deutlicher das Nachleben der Form, die uns durch die Elfenbeinlöffel von Megiddo präsentiert wird. Ob das Exemplar unserer Abb. 76 im Osten oder im Westen hergestellt wurde, kann angesichts der in Tharros angenommenen Elfenbeinverarbeitung [32] und auf Grund der sicher mangelhaften Zeichnung nicht entschieden werden. Interessant ist aber, daß noch ein weiterer verzierter Löffel im westphönikischen Raum gefunden wurde: Es handelt sich um einen Löffel aus Bein in Gestalt einer Ente, der aus Cruz del Negro bei Carmona (Spanien) stammt [33]. Nach Gamer-Wallert bleibt es unklar, ob das Stück ein ägyptisches Original oder eine außer-ägyptische Nachahmung darstellt.

Nur kurz wollen wir hier auf die punischen *Rasiermesser* hinweisen. Vercoutter [34] hat den ägyptischen Ursprung der Form aufgezeigt und die ägyptischen Motive auf den karthagischen Fundstücken besprochen. Acquaro hat den punischen Rasiermessern im gesamten Verbreitungsgebiet eine um-fassende Monographie gewidmet [35] und kommt dabei zu sehr interessanten Ergebnissen. Zunächst ist wichtig, daß sich von den ägyptischen Vorbildern bis zu den jüngsten punischen Produkten eine ungebrochene Entwicklung verfolgen läßt[36]. Acquaro erkennt in den verschiedenen ikonographischen Themen die starke Einwirkung der ägyptischen Magie („larghe suggestioni magiche egiziane")[37]. Der „ägyptische Kulturstrom" vermittle allerdings „Werte", die bereits in Phönikien verarbeitet worden seien — ein Ergebnis, das für die meisten nicht in Ägypten hergestellten Aegyptiaca in unserer Studie zutrifft. Hinzuzufügen ist, daß sich in Phönikien tatsächlich Rasiermesser von spätzeitlich ägyptischem Typus fanden[38]. Die magische Funktion der Rasiermesser kann für den punischen Bereich, wo sie sich häufig zusammen mit anderen Amuletten fanden[39], als gesichert gelten[40].

Acquaro bietet uns einen Katalog von 58[41] Rasiermessern aus dem punischen Sardinien, von denen die ältesten dem 6./5. Jh. und die jüngsten dem 4./3. (Sa 58 sogar dem 3./2. Jh. v. Chr.) angehören. Vom Dekor her genügt es in unserem Rahmen, das Beispiel auf Taf. 171 zu besprechen, das Acquaro ins 4./3. Jh. v. Chr. datiert. Die Schneide bildet ein breites Rechteck, das sich nach unten zu erweitert und halbmondförmig abgerundet ist; oben läuft das Messer in einen Schwanenhals aus. Die kleine Durchlochung diente als Aufhänger.

Auf der Seite von Taf. 171a ist eine nach rechts gewandte, ägyptisierende Gestalt mit einem langen Kleid dargestellt, das unten in Fransen ausläuft. Die Frisur meint vermutlich die ägyptische Strähnenperücke; den Kopfputz deutet Acquaro als Kuhgehörn. Demnach müßten wir in der Gottheit eine „Isis-Astarte" vermuten[42]. Auf der auf Taf. 171b abgebildeten Seite ist wohl eine Szene dargestellt, die vielleicht Ähnlichkeit mit manchen Bildern auf Metallbändern (vgl. Abb. 57-60) hat[43]. Am halbmondförmigen Ende steht mit Blickrichtung nach rechts eine mumienförmige Gestalt, vielleicht Osiris. Die unklare Zeichnung links davon scheint im Zentrum eine Falkenmumie wiederzugeben. Links stehen einander zwei ägyptisierende Gestalten mit Szeptern gegenüber; bei der rechten ist der Schurz noch deutlich ausgeführt. Im Hinblick auf die schreitenden Gestalten auf dem Silberband Abb. 60 werden diese beiden Wesen mit dem Szepter zusammen mit den mumienförmigen Erscheinungen am breiten Ende des Messers einen Bezug auf das Jenseits ausdrücken[44].

Die *steinerne Skulptur* mit ägyptischen Elementen ist am besten an den punischen Stelen zu studieren. Hier seien einige weitere Denkmäler hinzugefügt. Von diesen kennen wir eine „Sachmet"-Statuette aus Marmor nur aus der Erwähnung in der Literatur[45]. Die etwa 3/4 Fuß hohe Statuette einer weiblichen Gottheit mit Löwen- oder Katzenkopf hatte sich in Tharros gefunden und gelangte in die Sammlung des Richters Spano.

Die etwa lebensgroße Skulptur aus Tuff auf unserer Taf. 166 ist ein Hochrelief, das aus einem Grab des 7./6. Jhs. v. Chr. in Sulcis stammt[46]. Nach Tore[47] stellt sie wahrscheinlich den schreitenden Baal als Schutzgott für den Toten dar. An der Skulptur entspricht die gesamte Haltung ägyptischen Konventionen: die Schrittstellung, die linke, zur Brust geführte Hand (ergänzt), der rechte herabhängende Arm mit der zur Faust geballten Hand samt der Steinfüllung, die wir „Schattenstab" zu nennen pflegen; dazu kommen der Schurz und die ägyptisierende Frisur; schließlich kann die Wand dahinter in ihrer Funktion mit dem ägyptischen Rückenpfeiler in Verbindung gebracht werden. Spuren von roter Bemalung konnten festgestellten werden.

Sehr verwandte Skulpturen kennen wir bereits von den punischen Stelen, aber auch von dem dort zum Vergleich genannten Terrakottaschrein aus Amathus [48]. Ein gutes Parallelstück stellt eine Statue wohl des 6./5. Jhs. v. Chr. dar, die im Stagnone von Marsala entdeckt wurde, also in den Bereich von Mozia gehört [49]. Die Haltung der Statue (Kopf und Füße fehlen) entspricht unserer Skulptur aus Sulcis; die Faust ist ebenfalls ausgefüllt, der Schurz hat vertikale Falten und wird von einem Gürtel gehalten. Aus derselben Umgebung ist noch eine ägyptisierende Statuette mit Schurz von Erice zu erwähnen [50]. Derselbe Typus (Schrittstellung, Armhaltung, Schurz) ist nach einer Rekonstruktion aus Fragmenten auf Ibiza (Illa Plana) in Terrakotta belegt [51].

Das Schema der ägyptischen Standfigur wurde bereits in der zweiten Hälfte des 2. Jts. v. Chr. nach Syrien übernommen und dabei der ägyptische Schurz beibehalten; ein schönes Beispiel ist ein Torso aus Sefire [52], der ins 14. oder 13. Jh. v. Chr. datiert werden kann. Eine Bronze aus Ugarit [53] zeigt den Typus mit vorgestelltem, linkem Bein, den linken Arm längs des Körpers herabhängend und die Hand zur Faust geballt, die rechte ist zur Brust geführt; dazu kommt ein ägyptischer Schurz und die einfache Atefkrone. Die phönikische Kunst greift den Typus auf, wobei sich neuerlicher ägyptischer Einfluß geltend macht. Dazu gehören der berühmte Torso von Sarafand [54] sowie Statuen aus Sidon und Tyros [55]. Ähnlich findet sich das ägyptische Schema des Mannes mit Schurz in der phönikischen Elfenbeinschnitzerei [56]. Die Tradition dieses Statuentyps geht in Phönikien ungebrochen bis in hellenistische Zeit weiter [57].

Einen hervorragenden Platz in der Vermittlung des ägyptischen/ägyptisierenden Typus in den Westen nehmen vermutlich die zahlreichen ägyptisierenden Schurzstatuen ein, die sich auf Zypern fanden [58]. Der Schurz ist hier vielfach reich dekoriert (mit Uräen, Flügelsonne u.a.); manche Statuen tragen einen prunkvollen, ägyptisierenden Kragen. Einfacher sind zwei Kalksteinstatuen der zweiten Hälfte des 7. Jhs. v. Chr. aus Ajia Irini [59] in ägyptischer Haltung, wobei aber beide Hände längs des Körpers herabhängen; nur eine der beiden trägt einen kurzen, ungegliederten Schurz. Für die Verbreitung der ägyptischen Konventionen der zypriotischen Skulptur ist sicher auch von Bedeutung, daß die kleinen steinernen Rundbilder aus Zypern weithin verschickt wurden und als Votivgaben in Heiligtümer gelangten, z.B.

nach Rhodos, Samos, aber auch nach Phönikien (u.a. Amrit, Sidon) und Ägypten[60].

Der hier vorgetragene Überblick zeigt uns somit in sehr geschlossener Weise, wie sich das an den Skulpturen faßbare ägyptische Kulturgut über die verschiedenen Epochen (Bronzezeit, Eisenzeit) und über die verschiedenen Gebiete des östlichen Mittelmeerraumes hinweg ausbreitete und in den Westen gelangte. Für Sardinien ist sicher Westsizilien eine wichtige Etappe. Wie gut sich dabei die ägyptische Tradition erhalten hat, läßt das Hochrelief unserer Taf. 166 deutlich erkennen.

Eine völlig andere Formenwelt vermittelt uns der berühmte, auf Taf. 167 wiedergegebene Bes aus Sandstein von Bithia[61]. Er hat die massige, gedrungene Gestalt ähnlich dem ägyptischen Zwergengott Bes mit Bart und nach außen gebogenen Beinen. Alte Photos[62] zeigen, daß einst eine gut ausgebildete Federkrone vorhanden war. In der Faust der linken Hand hält er eine Schlange, die sich um seinen Unterarm windet. In Verbindung mit Schlangen kennen wir Bes von vielen Skarabäen aus hartem Stein[63]. Aus ägyptischer Sicht hat der Gott magische Bedeutung als Schlangenbezwinger; Amulette in seiner Gestalt sind daher gegen vielfältige Gefahren sehr wirkungsvoll[64]. In unserem Fall werden wir den Gott mit der Schlange in der Hand konkret mit Eshmun identifizieren dürfen[65] und in ihm vorrangig einen Heilgott sehen.

Auf Sardinien fanden sich fünf weitere, verwandte Sandsteinstatuen (zum Teil nicht mehr ganz erhalten), die sich mit der Ausbreitung der Besikonographie in Verbindung bringen lassen. Eine Statue stammt aus Cagliari, S. Gilla[66], zwei andere aus Maracalagonis (einige Kilometer nördlich von Cagliari), und weitere zwei fanden sich in den Thermen von Fordongianus (ca. 25km nordöstlich von Oristano). Daß der Fundort dieser letzteren zum Heilgottcharakter des Eshmun paßt, darauf hat Culican[67] hingewiesen. Für unsere Studie liegt die Bedeutung der „Bese" von Fordongianus darin, daß wir auch hier (in Ergänzung zu Bithia) den vorhellenistischen ägyptischen Kulturstrom bis in die Römerzeit verfolgen können. Culican[68] zitiert auch eine offenbar vergleichbare Besstatue aus Sabratha.

Charakteristische Formen des Bes gibt eine *Holzstatuette aus Nora*[69] wieder, obgleich der Gott hier schlanker und weniger verkrüppelt ist als auf seinem Gegenstück aus Sidon[70]. Die Arme stehen vom Körper ab und sind zu den Hüften geführt, die Federkrone ist abgebrochen. Sicher ist die Interpretation als Bes vor allem auf Grund der Haargestaltung auf dem Hinterkopf, ein Typus, der auch bei unserer Taf. 24b vorliegt; bei der Statuette aus Nora reicht der Zipfel in der Mitte relativ weit herab. Wichtig ist, daß es sich hier nicht um einen weiterentwickelten Bestypus handelt, der über die phönikische Kunst in die punische gelangte, sondern sich die schlanken Formen eher an den ägyptischen Besen des frühen 1. Jts.

orientieren (von denen unsere Taf. 24 nicht weit entfernt ist). M. E. stellt das Stück eine Arbeit des phönikischen Mutterlandes dar, in Anlehnung an einen Bes wie den zitierten aus Sidon, der selbst sogar ägyptisch sein könnte [71].

Wunderschöne Bese gibt es unter den Denkmälern der Terrakottaplastik. Die Statuette unserer Farbtaf. I stammt aus der Nekropole der Via Is Mallias in Cagliari [72]. Der kurze Schurz stellt eine Beziehung zu dem phönikischen Bestypus her, den wir von den Metallschalen kennen (s. Abb. 3). Die Krone ist bei unserer Farbtaf. I jedoch hervorragend ausgebildet und soll wohl aus Palmwedeln bestehen. Auffallend ist auch die rote und blaue Bemalung, die sich verhältnismäßig gut erhalten hat. Im Jahre 1980 hat die französische Mission in Karthago (Byrsa), vielleicht im Atelier des Koroplasten selbst, zwei bestens erhaltene Terrakottabese gefunden, auf denen ebenfalls noch die zinoberrote Farbe des Mundes und das Blau des Bartes (wie bei unserem Stück) vorhanden ist [73]. Aus Karthago ist noch ein weiterer Bes mit roten, weißen und himmelblauen Farbtönen bekannt [74]; dieser hält eine Schlange in der linken Faust wie der Bes von Bithia, die rechte Hand hat er in gleicher Weise erhoben. Was die Plastizität anlangt, so kommt unserer Farbtaf. I jedoch noch ein anderer Terrakottabes aus Karthago [75] sehr nahe. Zu betonen ist, daß gerade dieser Bestypus (praktisch identisch mit dem zuletzt genannten Stück) in Karthago unter den Terrakotten noch zur römischen Kaiserzeit nachgewiesen ist [76]; Schlange und Handhaltung entsprechen dem Bes von Bithia.

Auch hier verschafft uns ein Rückblick auf Phönikien weitere Aufklärung. Von einem Terrakottabes aus Kamid el-Loz [77] ist leider nur die Partie des Bauches bis unterhalb der Knie erhalten. Ähnlich dürfte ihm ein Beispiel aus demselben Material sein, das in Sidon zutage gekommen ist; von diesem Stück ist wieder nur der Oberkörper mit Kopf erhalten [78]. Wichtig ist aber, daß sich in einem der sidonischen, anthropoiden Sarkophage auch ein Terrakottabes mit roter und hellblauer Bemalung gefunden hat [79]. Von einer Eigenständigkeit des punischen Westens kann hier also kaum gesprochen werden. Im übrigen scheinen im Gegensatz zur eher kärglichen Publikationslage die in Phönikien gefundenen Terrakottabese sehr zahlreich zu sein [80].

Interessant sind dafür die jüngsten Funde aus der zweiten Schicht von Kharayeb im Libanon [81], die vielleicht in die zweite Hälfte des 6. Jhs. zu datieren ist; das dazugehörige Heiligtum galt einer Fruchtbarkeitsgöttin, die Kaoukabani sicher mit Recht als Isis-Astarte bezeichnet [82]. Neben einer Reihe von Figürchen, die die Göttin selbst darstellen könnten [83], gibt es eine größere Anzahl von Terrakottastatuetten, die z.T. Bes und z.T. einen patäkenähnlichen Knaben wiedergeben [84]. Einer der Bese ist in Haltung und Gesichtspartie mit unserer Taf. 168,1 verwandt [85]. Für eine richtige Einschätzung des Wesens der Terrakottafigürchen in Besikonographie, die im punischen Westen zutage gebracht wurden, ist es sicher von Bedeutung, daß in Kharayeb diese Figürchen offenbar als Votivgaben in dem Tempel einer Fruchtbarkeitsgöttin erscheinen. Ob der Gott seine geburtshelferische Rolle im ägyptischen Sinne bewahrt hat, bleibt offen. Daß er aber den Kern seines Wesens, das in der Rolle des Geburtshelfers zum Ausdruck kommt, nach Phönikien mitgenommen hat, wird durch die Terrakotten von Kharayeb erwiesen. Der „Patäke" ist dann aber nicht sehr davon verschieden.

Der Bes auf unserer Taf. 168,1 gibt einen eigenwilligen Typus wieder, der jedoch, wie festgestellt, ähnlich in Kharayeb belegt ist. Das Stück aus der Südnekropole von Tharros ist aber sicher älter; Tore datiert[86] es in das späte 7. bis Beginn des 6. Jhs. v. Chr. Das Löwenfell ist zu einem glatten, über Kopf und Schultern geworfenen Tuch vereinfacht. Eine steinerne Relief-Statuette aus Ajia Irini[87] kommt trotz der anderen Proportionen unserem Bes recht nahe.

Wie im phönikischen Mutterland scheinen auch auf Sardinien häufig Terrakottafigürchen in Gestalt des Bes gefunden worden zu sein; nach Moscati[88] stellen sie eine Eigentümlichkeit von Tharros dar. Angeblich befinden sich etliche Exemplare von dort in der Sammlung des British Museum[89]. Den Grabungen von 1960 in Tharros verdanken wir auch ein Stück in Cagliari[90]: Bes trägt hier einen kurzen Schurz, der mit einem Gürtel gehalten wird; die Kopfbedeckung ist unklar; in den zur Brust geführten Händen hält er zwei stilisierte Schlangen. Für die speziellen Züge des Gesichtsausdruckes (Bart, Zunge, Knollennase, Augenpartie, Haarwulst über der Stirne) sowie die Armhaltung (allerdings mit etwas unterschiedlich stilisierten Schlangen) ist das Terrakottafragment eines „Bes-Herakles" aus dem Tempel des Südhafens von Tell Sukas[90a] zu vergleichen. Während wir also an den bisher erwähnten Besen immer wieder die beharrende Tradition, die vom Osten auf den Westen überging, feststellen konnten, mag der merkwürdige Stil eines Exemplares aus Sulcis[91] mit „Kalathos" und spiraligem Schwanz lokale Eigenständigkeit ausdrücken.

Nach diesem sehr skizzenhaften Überblick über die Besterrakotten sei noch auf die mehrfach im punischen Westen gefundenen Besmodeln hingewiesen. Als Fundorte sind vor allem Elche an der spanischen Südostküste[92], Ibiza[93] und Karthago[94] bekannt. Auf einem karthagischen Beispiel[95] sehen wir den Gott mit Federkrone und Tierohren, wie er in den zur Brust geführten Händen je eine aufgerichtete Uräusschlange hält, die auf dem Kopf eine Sonnenscheibe trägt.

Außer den Besterrakotten gibt es noch andere Denkmäler aus demselben Material, die von der Präsenz ägyptischen Kulturgutes auf Sardinien zeugen. Besonders auffällig ist die Terrakottaplakette mit der stehenden, weiblichen Figur auf unserer Taf. 168,2; die Plakette stammt aus der Nekropole von Tharros[96]. Eine ebensolche ägyptisierende, weibliche Plastik, die in Hochrelief an eine Plakette angefügt ist, kennen wir aus Karthago[97]. Hier gibt die gut erhaltene Bemalung einen prunkvollen Kragen und die Details des Kleides wieder. Diesen beiden Stücken kann eine andere Terrakotte aus Tharros[98] gegenübergestellt werden, auf der die weibliche Gestalt in Relief auf einer Plakette gleichfalls die ägyptische Frisur trägt, die hier wie in Ägypten oder auch auf den punischen Stelen[99] noch weiter auf die Brust herabfällt. Die zuletzt erwähnte Terrakotte repräsentiert jedoch den Typus der frontal wiedergegebenen, nackten asiatischen Göttin, die sich die Brüste hält[100].

Hier ist es vielleicht angebracht, auf die Frage der Uschebtis kurz hinzuweisen, die wir im Zusammenhang mit der Problematik des Weiterlebens ägyptischer Jenseitsvorstellungen berührt haben[101]. Ein fragmentarisch erhaltener Uschebti in Terrakotta hat sich in Sulcis gefunden[102]; schwerlich ist er ägyptisch nach den unklaren Zeichen auf der Vorderseite. Zu bemerken ist, daß dieser Uschebti dieselbe Frisur trägt wie die zuletzt genannten „Astarte"-Plaketten aus Tharros. Vielleicht haben solche Denkmäler als Grabbeigaben eine verwandte Funktion.

Mit unserer Taf. 169 sei der Leser auf eines der zahlreich belegten, stets einander völlig gleichenden, ägyptisierenden Frauenprotome hingewiesen[103]. In weiterer Hinsicht können bei den Frauenprotomen zwei Typen unterschieden werden: ein ägyptisierender Typus des 6. Jhs. (wie unsere Taf. 169) und ein griechisch-phönikischer Typus, der offenbar ab dem Ende des 6. Jhs. auftritt[104]. Die Beispiele mit der ägyptisierenden Haartracht aus Tharros, Sulcis, Karthago und Mozia sind vielfach tatsächlich so identisch, daß sie gemeinsame Matrizen vermuten lassen[105]. Die ägyptisierenden Frauenprotome haben ihren Ursprung in Syrien/Palästina; in Achzib erscheinen sie spätestens seit etwa 800 v. Chr.[106]. Ihre apotropäische Funktion hat Culican hervorgehoben[107]; sie stellen offenbar eine phönikische Göttin dar, die wie üblich vor dem griechischen Einfluß ägyptische Züge trägt. Diese Merkmale können mit den Gesichtern auf ägyptischen, anthropoiden Sarkophagen im kunsthistorischen Zusammenhang stehen.

Die letzte Denkmälergruppe innerhalb der Tonplastik, die wir hier erwähnen wollen, illustriert die Gegenüberstellung der ägyptischen Beterfigur aus dem Beginn des NR auf Taf. 170,1 und einer punischen Statuette aus Bithia auf Taf. 170,2. Für die Geschichte der gefäßförmigen menschlichen Figur vom ägyptischen AR bis zu den über hundert punischen Statuetten aus dem Votivdepot von Bithia, das wohl dem 3.-1. Jh. v. Chr. angehört, dürfen wir auf die ausführliche Untersuchung von Ferron und Aubet[108] verweisen. Der eigentliche Ursprung der Beterstatuetten liegt im ägyptischen NR, wobei interessant ist, daß offenbar in Ägypten selbst bereits alle Typen ausgebildet wurden, die aus dem punischen Westen bekannt sind[109]. Ferron und Aubet haben jedoch erkannt[110], daß die überraschende Ähnlichkeit, wie sie etwa die beiden Beispiele auf unserer Taf. 170 darbieten, nicht auf einfacher

Übertragung beruht, sondern daß nach einer wechselvollen Verbreitungs-
geschichte (über Palästina, Zypern und den ägäischen Raum) in Karthago eine
Stilisierung und Schematisierung der Formen einsetzt, wodurch in einem
gegenläufigen Prozeß die starke Nähe zu den ägyptischen Urbildern erreicht
wird. Die Bedeutung dieser Beterstatuetten im punischen Bereich (Karthago,
Mozia, Ibiza, Sardinien) liegt nach den Ausführungen von Ferron und
Aubet[111] sicher darin, die Fruchtbarkeit der Familie zu sichern. Für uns ist
interessant, daß die von Ägypten ausgehende Gattung von Denkmälern, die
wir keinesfalls im einzelnen als Aegyptiaca bezeichnen werden, auch vom
Inhalt her bestens in das Ensemble des in dieser Arbeit studierten ägyptischen
Kulturgutes hineinpaßt.

Weitere Zeugnisse ägyptischer Kultur sind nur sehr sporadisch zu finden:
Eine *Bronzemünze* von Ibiza[112] von der Wende des 2. zum 1 Jh. v. Chr.
stammt aus dem Tophet von Sulcis, wo sie wohl Amulettfunktion hatte.
Dargestellt ist eine Gottheit mit Federkrone; in der rechten Hand hält sie eine
Keule und in der linken eine Schlange. Die Attribute lassen bei der Gottheit,
die Acquaro „Bes-Cabiro" nennt, an die bekannte Verbindung von Bes und
Herakles[113] denken. Die Frage berührt die häufig abgehandelte und leider
ungelöste Problematik einer Beziehung von Bes und Ibiza[114]. Tatsache ist,
daß die vielen Münzbilder[115] von Ibiza, von denen eines die Münze aus
Sulcis darbietet, eine Gottheit wiedergeben, die ihre Ikonographie größtenteils
dem ägyptischen Bes verdankt und daß sich auch ein Teil der ägyptischen
Bedeutung (sichtbar in der Bändigung einer Schlange) erhalten hat. Desgleichen läßt sich nach den oben behandelten Amuletten und Skarabäen-
motiven[116] die Frage von Gamer-Wallert[117] sicher positiv beantworten,
wonach es sich um eine im außerägyptischen Mittelmeerraum entstandene
Mischform handeln könnte, unter Annahme einer „Assimilierung an andere
nahöstliche, irgendwie verwandte Götterfiguren". Es gehört vielfach zum
Wesen der Ausbreitung des ägyptischen Kulturgutes, daß wir dieses nicht
mehr rein vorfinden.

Die Problematik der *Bronzen* ist gleichermaßen unklar wie die der
Uschebtis, da wir sie noch nicht als integrierenden Bestandteil unter den
Aegyptiaca außerhalb Ägyptens erkennen können. Die ägyptischen Bronzen
von Samos[118] erweisen die speziellen Beziehungen dieser Insel zu Ägypten
seit dem Ende des 8. Jhs. v. Chr. Die anderen im ägäischen[119], italischen[120]
und westphönikischen[121] Raum verstreuten Bronzen müssen als Einzelstücke
gelten und können selten einem Kontext zugeordnet werden. Es wäre also ein
dringendes Anliegen für die Erforschung der Aegyptiaca im Mittelmeerraum,
all die verstreuten ägyptischen Bronzen zu sammeln und eine Wertung
innerhalb ihrer lokalen Umgebung zu versuchen, wobei eine ungefähre Aufteilung in vorhellenistische und spätere Importe die schwierigste Aufgabe
daran sein dürfte. Vor diesem Hintergrund seien die beiden Osirisbronzen in

Cagliari mit der angeblichen Herkunft „Tharros"[122] erwähnt. Es handelt sich um späte Stücke; der Gott trägt die Atefkrone, sowie Szepter und Geißel in einfacher Form. Für zwei weitere in Cagliari ausgestellte Bronzen, die Isis mit dem Horusknaben darstellen, sowie für eine Harpokratesbronze gibt es keinerlei Hinweise auf einen Fundort[123].

Eine ganz andere Thematik könnten wir anschneiden, wenn wir phöni-kische Bronzen auf ihre altererbten ägyptischen Elemente untersuchen. Mit dem Hinweis auf zwei jüngst bearbeitete Bronzen aus dem Gebiet der Nurra[124] (südlich von Porto Torres) wollen wir uns begnügen, da diese das Eindringen phönikischer Denkmäler mit ihrem ägyptischen Background in die lokale Nuragenkultur illustrierten. Bei der einen Bronze[125] aus dem Nuragen Flumenlongu ist die spitze Mütze erwähnenswert, die als Verein-fachung der oberägyptischen Krone aufgefaßt werden kann. Im übrigen kann zur Armhaltung eine ägyptisierende Bronze aus Zypern zitiert werden[126]. Die andere Bronzestatuette[127] aus Olmedo stellt einen bärtigen Mann in der ursprünglich ägyptischen Schrittstellung dar; der kleine Schurz kann unter Annahme verschiedentlicher Vereinfachung entwicklungsmäßig mit ägypti-schen Schurzen zusammengebracht werden[128]. Die beiden Bronzen gehören wahrscheinlich in die Zeit von der Mitte des 9. bis in das frühe 8. Jh. v. Chr.[129]. Das ägyptische Kulturgut präsentiert sich hier also in mehrfacher „Überarbeitung". Die syrische Kunst des 2. Jts. steht dazwischen, wie u.a. Bronzen aus Byblos, Ugarit oder Kamid el-Loz[130] beweisen.

IX. DAS ÄGYPTISCHE KULTURGUT SARDINIENS
INNERHALB DES PHÖNIKO-PUNISCHEN RAUMES

1. *Ergebnisse aus den Funden von Sardinien*

Die zahlenmäßig umfangreichste Gruppe von Aegyptiaca stellen die figürlichen Amulette aus Fayence und Stein dar, die wir in 65 Grundtypen gliederten. Feinere Differenzierungen, wie die Aufteilung in Fayence- und Steatitamulette sowie Charakterisierungen nach den Details der Ausführung, dienten dem Fragenkomplex der Verbreitung und des Ursprungs. Der Vergleich der einzelnen Typen erläuterte uns die engen Beziehungen der Amulette untereinander. Diese Beziehungen sind sowohl innerhalb wie außerhalb Ägyptens inhaltlicher und ikonographischer Natur; in letzterer Hinsicht dürfen wir auf verschiedene Mischtypen und die kontinuierlichen Übergänge verweisen [1]. Schematisierung und Geometrisierung, Tendenzen, die sich bereits in Ägypten feststellen lassen, jedoch sehr stark in der punischen Produktion zum Durchbruch kommen, zeigen uns, daß eine einfache Andeutung des Wesentlichen genügt, um ein Amulett funktionsfähig zu machen.

Die Fayenceamulette haben wir in drei Gruppen gegliedert, innerhalb derer wir verschiedene Produktionsgruppen suchen dürfen: Unter den Figürchen mit gut erhaltener Glasur ist die Masse der ägyptischen Importware vertreten, wovon die schönsten Stücke der Libyer- und Saitenzeit angehören (s. Titelbild). Viele der Amulette aus extrem feiner, weicher, hellgelblicher Fayence mit größtenteils abgegangener Glasur dürften nach dem ʿAtliter Befund Erzeugnisse des phönikischen Mutterlandes darstellen; in ʿAtlit ließ sich auch nachweisen, daß der Verlust der Glasur in dieser Gruppe nicht auf Umwelteinflüssen beruht, sondern auf eine technische Eigenart zurückzuführen ist. Die geometrisierten Typen, allen voran die falkenköpfigen Figürchen, sind punischen Ursprungs; ein beliebtes Material ist hier harte Halbglasfayence.

Die Steatitamulette zeigten eine auffällige Einheitlichkeit in Material und Stil (vgl. Taf. 31). Den außerägyptischen Ursprung erweisen die phönikischen Basisinschriften, die mit ägyptischen Hieroglyphen wechseln, und zahlreiche unägyptische Merkmale. Die vielen völlig identischen Stücke, die im Osten gefunden wurden, und die geringe Präsenz im spanischen Raum sprechen dafür, daß die Gruppe im allgemeinen im phönikischen Mutterland hergestellt wurde [2].

Die Skarabäen aus weichen Materialien (Steatit und Fayence) ließen sich ebenfalls in verschiedene Produktionsgruppen einteilen. Viele Beispiele aus einem Steatit ägyptischer Art, sowie aus weißer, hellbräunlicher und hellgelblicher, feiner Fayence stellen spätzeitliche, unterägyptische Erzeugnisse dar. Sie tragen Königsnamen (*Mn-ḫpr-Rʿ*, *Wsr-Mꜣʿt-Rʿ*, *Wꜣḥ-jb-Rʿ*, Psammetich), andere hieroglyphische Inschriften und szenische Darstellungen, die für die Spätzeit typisch sind. Ältere Stücke bilden Ausnahmen. Davon zu trennen sind die gut charakterisierbaren Naukratisskarabäen, die Tierdarstellungen (mit Beziehungen zu griechischen und palästinensischen Motiven) sowie Kurzformen und verschiedene Spielarten von saitischen Königsnamen bevorzugen [3]. Aus Ägypten stammen auch die Skarabäen ohne Flachseite auf unserer Taf. 148.

Den Steatitamuletten entsprechen Skarabäen aus genau demselben fein gemaserten Steatit von hölzernem Aussehen. Die meisten Parallelen in der äußeren Typologie und im Stil des Flachseitendekors kennen wir aus dem phönikischen Mutterland. Dazu kommen Beispiele aus Karthago. Neben dem Motiv der sog. beiden Hapi (Taf. 104,3; 106,3-4; 118,2) und hieroglyphischen Inschriften fallen besonders die ägyptisierenden Motive der phönikischen Kunst und die asiatischen Motive auf. Der Zusammenhang in Material und Basisdekor mit den ostphönikischen Steatitamuletten, die unägyptischen Motive und das östliche Belegmaterial sind dafür ausschlaggebend, daß ein großer Teil der Gruppe (vgl. Typentafel I) mit Sicherheit vorderasiatischen Ursprungs ist. Bei den kleinen Skarabäen mit dreifacher Trennung der Elytra (Nr. 23 und 25 der Typentafel I), die aus demselben oder kaum zu unterscheidenden Steatit hergestellt sind, ist dies nicht sicher, da Parallelstücke aus dem Osten fehlen. Außerdem scheinen sie deutlicher den Zusammenhang mit spätzeitlichen, unterägyptischen Skarabäen auszudrücken. Es bleibt daher für letztere die Möglichkeit einer Herstellung auf Sardinien offen. Die außerägyptischen Steatitskarabäen gehören wohl in die Zeit des 6.-4. Jhs. v. Chr.[4].

Phönikisches Milieu repräsentieren auch einige Skarabäen aus rauher, hellbrauner (wie Taf. 138f.; 140,1), gelblicher (Taf. 133,2) und grauer Fayence (Taf. 145,3). Diese stehen in Typologie und Motivschatz mit den phönikischen Steatitskarabäen in direktem Zusammenhang. Das Herkunftsgebiet bleibt allerdings unklar, wenngleich der Osten wahrscheinlicher erscheint als der Westen. Die Skarabäen mit Beinchen in Relief (Taf. 147) sind den Beispielen aus hartem Stein engstens verwandt und gleichfalls im Osten gut belegt. Selbst der Stil des Tanit-Zeichens unserer Taf. 147,1 findet sich in Ajia Irini (Zypern) wieder. Der Skarabäus Taf. 145,4 gehört einer gut definierbaren Gruppe vorderasiatischer Skarabäen aus blauer Paste mit kleinen Ausmaßen an, die auch auf der Apenninenhalbinsel gut belegt sind[5].

Das Ergebnis ist, daß für den größten Teil der außerägyptischen Skarabäen aus weichen Materialien ein östlicher Ursprung sicher oder sehr wahrscheinlich erscheint. Wo dies nicht der Fall ist, fehlen zumeist gute Argumente für die andere Möglichkeit, nämlich die Herstellung im Westen. Diese dürfte jedoch wenigstens für die Beispiele auf Taf. 141 wegen des Einflusses der Naukratisskarabäen in der Seitengestaltung anzunehmen sein.

Entsprechend dem Ursprung der Skarabäen ließ sich das ägyptische Kulturgut, das sie repräsentieren, in drei Schichten erfassen: die ägyptische Schicht (an Hand der ägyptischen Originale), die griechisch-ägyptische Kulturschicht (an Hand der Naukratisskarabäen, die aber auch die von den Griechen übernommenen östlichen Elemente beinhalten) und die phönikische Schicht mit vorherrschender ägyptischer Komponente (an Hand der besonders zahlreichen Skarabäen aus dem phönikischen Milieu). Diese letzteren Beispiele bringen nicht nur ägyptisches Kulturgut in einfacher Übernahme in den Westen, sondern bieten es vielfach in vorderasiatischer, im speziellen phönikischer Verarbeitung dar. Insofern bilden diese Skarabäen die kunst- und kulturhistorische Brücke zu den stark ägyptisierenden Denkmälern der eigentlichen phönikischen Kunst. Es darf aber festgehalten werden, daß die Gesamtheit dieser heterogenen Skarabäen in gewissen Punkten bewußt der ägyptischen Tradition folgt, wie sich etwa am Zusammenhang von Rücken und Flachseite zeigen ließ [6].

Unsere Beobachtungen an den Skarabäen aus hartem Stein betrafen die auf Sardinien belegten ägyptischen bzw. ägyptisierenden Ikonographien und ikonographischen Elemente, sowie deren Aussage aus ägyptischer Sicht. Den gesamten, uns betreffenden Motivschatz haben wir in vierzig Motivgruppen gegliedert, wobei häufig noch weitere Unterteilungen vorgenommen werden konnten. Gegenüber den früheren phönikischen Siegeln läßt sich eine ungeheure Bereicherung des ägyptischen Motivschatzes zur Perserzeit erkennen. Freilich bleibt es vielfach noch unklar, welcher Anteil an dieser Bereicherung bereits der ägyptischen Besetzung Zyperns im 6. Jh. v. Chr. zugeschrieben werden muß. Die einfache Aufgliederung der ägyptischen Motive zeigte in vielen Fällen eine Weiterentwicklung des Übernommenen innerhalb des phönikisch-punischen Kunstkreises. Am instruktivsten ist hier wohl die Ausweitung des Motivs der Gottheit auf dem Lotos: Neben der Sonnenscheibe, dem Skarabäus und dem jugendlichen Gott finden wir in dieser Funktion eine weibliche Gottheit (Nr. 36), die Sirene (Nr. 37), den Beskopf (Nr. 161), eine Gottheit mit Pferdekopf(?) (Nr. 172), den Falken (Nr. 195, 198), die Sphinx (Nr. 209) und den Löwen (Nr. 239). Dabei kann die Schalenpalmette den Lotos ersetzen (Nr. 174) oder als Bereicherung zwischen dem Götterbild und der Blüte eingeschoben werden (Nr. 219).

Die Frage nach der Aussage der ägyptischen und ägyptisierenden Bilder führte zu der Erkenntnis, daß sie (soweit eine Argumentation möglich ist) grundsätzlich *sinnvoll* nach ihrem ägyptischen, wesensmäßigen Inhalt angewandt wurden. Besonders einleuchtend ist die verschiedentliche Verwendung des ägyptischen Urhügelmotivs: Einmal ist es die Urlandschaft, über der der Sonnengott schwebt (Nr. 1-5), dann hat sich der Falkengott darauf niedergelassen (Nr. 182-186), oder der Urhügel stellt den Kampfplatz der Götter dar [7]. Quellenstück Nr. 13 gibt die Schlußszene des Pfortenbuches wieder, Nr. 14-15 zeigen die Sonnenscheibe in der Barke. Entsprechend der ägyptischen Auffassung der Isis als Schlange wechseln auch in unserem Material Flügelschlange (Motiv III.3.4, Nr. 35; IV.2, Nr. 39) und geflügelte Göttin (Motiv III.3.3, Nr. 32-34) miteinander. Der göttliche Knabe im Tempel (Nr. 38) führt uns ein Bild vor Augen, das dem späten, ägyptischen Geburtshaus entspricht; dazu gehört der jugendliche Gott mit Königsinsignien (Nr. 50-52), im besonderen die Verleihung des ewigen Königtums auf Nr. 52. Die Beziehungen von Osirismotiven zu dem Knaben auf dem Lotos weisen auf die Übernahme der ägyptischen Bilder in die Vorstellung vom vorderasiatischen Wachstumsgott [8]. Interessant ist die Kennzeichnung der Muttergöttin in der ägyptischen Isis-Horus-Szene als Astarte (bes. Nr. 78); dabei ist auch auf die geflügelte Göttin mit der achtblättrigen Rosette (Nr. 92) hinzuwiesen.

Daß die Phöniker bzw. Punier den ägyptischen Götterbildern eine kultische Wertigkeit in ihrer eigenen Vorstellungswelt übertragen haben, läßt sich an der häufigen Hinzufügung des vorderasiatischen Räucheraltares deutlich erkennen (vgl. besonders Nr. 111). Fließend ist der Übergang von Bes, der in die Funktion des vorderasiatischen Herrn der Tiere eingetreten ist, zu Herakles. Bes, oder besser der Gott in der Gestalt des Bes, hat aber seinen ägyptischen Charakter als kämpferisches Wesen und volkstümliche Form des Sonnengottes bewahrt [9]. Es blieb ihm auch seine Beziehung zu Schlangen (als Schlangenbezwinger) erhalten, sodaß er als Schutzgott vor Gefahren aller Art aufgefaßt werden konnte; dadurch wurde das Bild des Bes für die amuletthaften Skarabäen besonders geeignet. Dabei können wir auf den apotropäischen Aspekt des Beskopfes (Nr. 160-165) oder die Verbindung des Beskopfes mit dem Löwen (Nr. 237) [10] hinweisen. Auffällig ist auch die bereits in Ägypten vorhandene Ambivalenz der falkenköpfigen Gestalten: Einmal finden wir den Typus als einzelne, hohe Gottheit (Nr. 175-179), dann wieder oft in untergeordneter Rolle [11].

Zur Problematik der inhaltlichen Aussage der ägyptischen Ikonographien gehört auch die Frage nach einem eventuellen Bedeutungswandel derselben. Dieser erscheint öfters im Sinne einer Verallgemeinerung spezifischer, ägyptischer Inhalte. Dafür ist wieder der Lotos als Basis aller Arten von Götterbildern zu zitieren oder eine Verallgemeinerung der ägyptischen Urhügelvorstellung, wenn darauf die Flügelschlange erscheint (was ägyptisch durchaus sinnvoll ist) bzw. eine Abgrenzung zur assyrischen Berglandschaft (ein ebensolches Götterterrain) nicht gegeben ist. Die Barke, die in ägyptischem Sinne ja nur für Götter des Niltales bestimmt sein kann, im besonderen für die Fahrt auf dem Nil, erhebt nun allgemein eine Darstellung in den Rang des Bildes einer hohen Gottheit [12]. Eine inhaltliche Aussage ist auch mit der Feststellung der Äquivalenz verschiedener Symbole verbunden; wir denken etwa an die Elemente, die das Götterbild von seinem Boden abheben (*nb*-Korb bzw. kreuzschraffiertes Segment, schraffierter Hügel, Goldzeichen, Lotos, Hohlkehlensockel, *mn* u.a.).

Die in Abschnitt VI behandelten Objekte aus Gold und Silber ergänzen einerseits die figürlichen Amulette des Abschnittes III und zeigen andererseits (durch die Darstellungen auf Ringen) Beziehungen zum Motivschatz der Skarabäen aus hartem Stein. Dieser Denkmälergruppe gehen sie aber zeitlich voraus. Die Amulette und der Schmuck aus Edelmetall gehören im allgemeinen in die phönikische Epoche Sardiniens, obwohl die Beziehungen zu Karthago offenkundig sind. Eine spezielle Gruppe stellen die Amulettbehälter mit Tierköpfen ägyptischer Art dar mit den darin aufbewahrten Metallbändern. Auf diesen fanden wir die bereits in Karthago kopierten ägyptischen Dekandarstellungen und andere Göttergestalten. Das Amulettband Abb. 60 sollte nach Ausweis der punischen Inschrift den Besitzer vor den Jenseitsrichtern schützen; das Gericht ist durch die dabei genannte Waage nach der ägyptischen Vorstellung aufgefaßt, sodaß das Band mit dem ägyptischen Totenbuch, im besonderen mit Kapitel 125, in Parallele gesetzt werden kann.

Der Anteil der ägyptischen Kunst an den punischen Stelen und verschiedenen Baudenkmälern (Tempel in Tharros, Nora und Antas) betrifft in erster Linie die Verwendung ägyptischer architektonischer Elemente: Diese sind Rundstab, Hohlkehle und Uräenfries. Ein wesentliches Dekorelement der Hohlkehlen ist die geflügelte oder ungeflügelte Sonnenscheibe; sie kann nach ägyptischer Art von Uräen flankiert werden. Die punische Ädikulastele bildet den ägyptischen Naos mit einem Götterbild in Vorderansicht nach. Dabei zeigt sich eine bereits in Ägypten vorgegebene, fortschreitende Tendenz zur Zweidimensionalität und eine Vermischung der ägyptischen Elemente mit solchen anderer Herkunft. Eine selbständige Tempelzelle innerhalb eines großen Heiligtums führt uns Taf. 175,1 vor Augen. Auch zu den Darstellungen im Inneren der Nische ließen sich einige interessante Beobachtungen machen: Das Flaschenidol hat sich in manchen Fällen in der Form an den ägyptischen Uräus angenähert; das Tanit-Symbol wird wie das ägyptische Lebenszeichen verwendet. Archaisch ägyptische Haltung zeichnet die selbständige Statuette der Taf. 172,1 aus; eine weibliche Figur im Profil (Abb. 71) erinnert an Frauengestalten auf ägyptischen Stelen des NR. Dazu kommen wohl über Vermittlung der zypriotischen Skulptur die männlichen Figuren *en face* in ägyptischer Schrittstellung und Armhaltung, eventuell auch mit ägyptisierendem Schurz (vgl. Taf. 175,4). Bei den Frauen ist in erster Linie die ägyptisierende Haartracht hervorzuheben (Taf. 177,4; 178,2; 179,1).

Abschnitt VIII hat uns mit dem restlichen ägyptischen Kulturgut des phönikischen und punischen Sardinien überblicksmäßig bekannt gemacht. Ägyptischen Ursprungs sind hier nur die saitische Steatitplakette unserer Taf. 1 und ein Igelväschen des Grabes 5 der Barbetti-Sammlung im British

Museum. Letzteres steht in kunsthistorischer Beziehung zu den auf Rhodos hergestellten Fayencegefäßen. Dazu gehören die beiden Frauenväschen der Taf. 2-3, auf denen ägyptische Elemente in unägyptischer Art vereinigt sind, weiters das Herkulesväschen auf Taf. 4, das die Beziehungen zwischen Tharros und der griechischen Welt reflektiert. Der verzierte Elfenbeinlöffel der Abb. 76 ist dagegen ein typischer Vertreter der phönikischen Kunst, da er einerseits das ägyptische Element der kanaanäischen Kunst des 2. Jts. repräsentiert und gleichzeitig den ägyptischen Impuls des frühen ersten Jahrtausends erkennen läßt. Von den punischen Rasiermessern, deren entwicklungsmäßiger Ursprung gleichfalls in Ägypten liegt, haben wir das Beispiel auf unserer Taf. 171 herausgegriffen; vielleicht drückt die Szene auf Taf. 171b wie das Silberband Abb. 60 einen Bezug zum Jenseits aus.

Einige Beispiele der steinernen Skulptur und der Terrakottaplastik verdeutlichen zusätzlich, wie fest die ägyptische Formenwelt im westphönikischen und punischen Kunstschaffen verankert war. Zur ersten Gruppe gehören die ägyptisierende Skulptur aus Sulcis auf unserer Taf. 166 und die kolossalen Statuen in Gestalt des Bes aus Bithia, Cagliari, Maracalagonis und Fordongianus. Deren Bedeutung liegt für uns u.a. darin, daß sie das Weiterleben gewisser ägyptischer Kulturelemente bis in die Römerzeit bezeugen. Die Gruppe der Terrakottaplastik führte uns einige der weit verbreiteten, bisweilen mehrfarbig bemalten Besstatuetten vor Augen, die weibliche Terrakottaplakette unserer Taf. 168,2, einen Uschebti aus Sulcis, sowie die einander völlig gleichenden, ägyptisierenden Frauenprotome (Taf. 169). Interessant war für uns die Erkenntnis von Ferron und Aubet, daß auch bei den Hunderten von punischen Beterstatuetten, die wir in unserem Bereich vor allem aus Bithia kennen, der entwicklungsmäßige Ursprung in Ägypten zu suchen ist. Als weitere Zeugnisse ägyptischen Kulturgutes haben wir auf einen Holzbes aus Nora, einige ägyptische Bronzen und den ägyptischen Hintergrund einiger phönikischer Bronzen hingewiesen [13].

Die ägyptischen Elemente der einzelnen Denkmälergruppen lassen immer wieder enge Beziehungen untereinander erkennen, die uns zeigen, daß das ägyptische Kulturgut im phönikischen und punischen Westen als Einheit aufzufassen ist. Bereits im Schlußkapitel von Abschnitt III haben wir auf die Verbindungen zwischen den Steatitamuletten und den im Stein entsprechenden Skarabäen hingewiesen [14]. Der direkte Zusammenhang ist u.a. ein Argument dafür, daß wir für beide Gruppen dasselbe Ursprungsgebiet annehmen, nämlich das phönikische Mutterland. Die Verbindung bezieht sich vor allem auf den Basisdekor, und zwar in inhaltlicher und stilistischer Hinsicht, sowie auf dessen Rechtsausrichtung und den Zusammenhang von Ober- und Unterseite. Der udjatähnliche Amulett-Typus 50 ist offenbar von den Herkulesgefäßen (wie Taf. 4) beeinflußt. Daß viele Goldanhänger des phönikischen.

Kunsthandwerkes von Tharros Typen der Fayence- und Steatitamulette nachbilden [15], muß hier nicht mehr erörtert werden.

Weitreichende Verbindungen herrschen naturgemäß zwischen den Skarabäen aus weichen Materialien und denjenigen aus hartem Stein. Eine typische Gabe spätzeitlicher, ägyptischer Skarabäen an die Gruppe aus hartem Stein sind u.a. die löwenköpfigen Göttinnen (Nr. 166-169; vgl. Taf. 97,2-3) und die Affen mit schnabelähnlichen Schnauzen, die ein göttliches Symbol flankieren (Nr. 18, 19, 229, 248) [16]. Die Registerskarabäen aus Fayence der Taf. 130,2-3 können wir zu Nr. 248 in Abschnitt V in Beziehung setzen. Augenfällig sind auch die Tierkampfszenen, die sich ähnlich in der Glyptik aus hartem Stein — wo wir sie aber nicht behandelt haben — und auf Naukratisskarabäen finden; der gemeinsame östliche Hintergrund ist für die Verwandtschaft ausschlaggebend. An Naukratis erinnern auch der sitzende männliche Flügelsphinx auf Nr. 214 in Abschnitt V und ein schreitender Flügelsphinx eines karthagischen Beispieles aus grauem Stein [17].

Daß die Steatitskarabäen des phönikischen Mutterlandes und die Skarabäen aus hartem Stein viel gemeinsam haben, ist nicht weiter auffällig. Wir denken hier insbesondere an die Szenen der geflügelten Schutzgöttin oder der Schlange mit dem jugendlichen Gott [18] oder an das Motiv der beiden stehenden Männer [19]. Unter den Sphingen gibt es Gemeinsamkeiten im Stil, vor allem in der helmartigen Kopfbedeckung (vgl. Taf. 113,1 mit Nr. 212 in Abschnitt V, sowie ebenda Nr. 223) [20].

Abgesehen von weiteren gemeinsamen Motiven der Skarabäen aus weichen Materialien und derjenigen aus hartem Stein (wie etwa das Motiv der Kuh mit dem Kalb [21]), müssen wir hier nachdrücklich auf die Fayencegruppe unserer Taf. 147 verweisen; wie mehrfach betont, entspricht sie sowohl durch die Darstellungen der Flachseite als auch durch die Beinchentypologie der Skarabäenklasse aus hartem Stein [22]. Einen deutlichen Unterschied zwischen beiden Kategorien sollten wir jedoch nicht vergessen: Während die Fayence- und Steatitskarabäen mit Ausnahme einiger der eben genannten Fayencegruppe (vgl. Taf. 147, 2-3) der ägyptischen Rechtsausrichtung folgen, sind sehr viele Darstellungen der Skarabäen aus hartem Stein nach links gerichtet. Das hängt wohl damit zusammen, daß bei letzteren neben der Amulettbedeutung die Siegelfunktion sehr wichtig war. Auf die Verbindungen zwischen der Glyptik aus hartem Stein und einigen phönikischen Goldringen aus Tharros (Taf. 159,1-3) haben wir bereits hingewiesen [23].

Es walten auch Beziehungen zwischen den punischen Stelen und den kleinen Aegyptiaca. Dies gilt besonders dann, wenn letztere einen Schrein mit ägyptischen architektonischen Elementen in mehr oder weniger vollständiger Weise abbilden (vgl. Nr. 38, 113, 116, 224 in Abschnitt V). Die Elemente von Rundstab, Hohlkehle, Flügelsonne und Uräenfries trägt innerhalb der

Glyptik am vollständigsten unsere Nr. 113 (Taf. 153). Das Götterbild auf dem Flügelsphingenthron, insbesondere Astarte (vgl. Nr. 114 in Abschnitt V), kennen wir von dem Relief aus Memphis Abb. 63 und von den sidonischen Naïskoi (Abb. 64-65; in Vorderansicht). Auf den Stelen begegnet der Lotos als Träger eines göttlichen Symbols[24] und vermutlich auch die geflügelte Göttin[25]; viceversa ist auf unserer Nr. 247 in Abschnitt V ein Cippus über einem ägyptisierenden Untersatz (vgl. Abb. 68) dargestellt. Die Verbindungen zwischen den ägyptisierenden Anhängern der Taf. 158,1-2 und den punischen Stelen wurden bereits erwähnt[26].

2. Kulturgeographische Verbindungen

Die Übersicht in Abschnitt I, sowie die Einzeluntersuchungen der figürlichen Amulette (Abschnitt III) und der Skarabäen (Abschnitt IV und V) haben uns gezeigt, daß der überwiegend größte Teil des im punischen Westen feststellbaren ägyptischen Kulturgutes im Osten vorgegeben ist. Diese Erkenntnis gilt einerseits historisch, insofern die ägyptische Komponente des phönikischen und punischen Westens zu einem guten Teil ihre Wurzeln in der Spätbronzezeit (z.T. auch Mittelbronzezeit) des vorderasiatischen Raumes hat, und andererseits insofern, als im Osten tatsächlich getreue Parallelen in ungefähr gleichzeitigen oder wenig älteren Kontexten auftreten. In Palästina illustrieren uns besonders die Funde von Megiddo und Lachish die Entwicklung der außerägyptischen Produktion von Skarabäen und Skaraboiden in der Bronzezeit und Eisenzeit[27]. Dabei führt uns Megiddo ein Vorstadium der späteren Glyptik aus hartem Stein vor Augen.

In Phönikien zeigen uns bereits die Funde aus dem libyzeitlichen Opferdepot von Byblos, daß die Amulette des punischen Westens größtenteils im phönikischen Mutterland beheimatet sind, obwohl auf Grund der Zeitdifferenz nur wenige exakte Parallelen angeführt werden können[28]. Dem kulturellen Milieu Sardiniens entsprechen im Osten am besten die Funde von ʿAtlit und Sidon, ergänzt durch Tell Abu Hawam, Tell Keisan, Amrit und Kamid el-Loz. Nicht vergessen dürfen wir die Tatsache, daß uns gerade sehr viele nicht genau lokalisierbare Objekte aus Phönikien (Sammlung De Clercq u.a.) immer wieder die Abhängigkeit der westlichen Aegyptiaca vom Osten erwiesen haben. Das gilt offenbar nicht nur für die Erzeugnisse des phönikischen Mutterlandes, sondern auch für viele ägyptische Importstücke[29]. Obwohl die Grenzen stets fließend sind, dürfen wir doch als allgemeines Ergebnis festhalten, daß sich das ägyptische Kulturgut des Westens von dem des phönikischen Mutterlandes nur durch gewisse Eigenheiten der lokalen Erzeugnisse und durch die Naukratisware (sowie deren Einfluß) unterscheidet. Bei den Fayenceamuletten fällt in dieser Hinsicht eine besondere Schematisierung und Geometrisierung innerhalb der punischen Produktion auf.

Die Rolle Zyperns hinsichtlich der Erzeugung von Aegyptiaca und Vermittlung ägyptischen Kulturgutes gilt es noch zu erforschen. Positiv wird
man die Frage bei den steinernen Skulpturen (vgl. die Stelen Taf. 175,2 und 4,
177,1; die Skulptur von Sulcis, Taf. 166) und einigen Steatitskarabäen [30]
beantworten dürfen. Merkwürdig ist die Absenz der phönikischen Steatitamulette und der in unserem Abschnitt IV.3 behandelten Steatitskarabäen auf
der Insel. Dadurch wurden wir bewogen, nach dem heutigen Stand unserer
Kenntnisse deren Herstellung auf das phönikische Mutterland einzuengen.

Angesichts der starken Abhängigkeit vom Osten drängt sich die Frage nach
einem direkten Kulturfluß aus Ägypten in den Westen auf. Sicherlich wird
dies für einen Teil der echten Aegyptiaca zutreffen. Gerade Mozia und
Karthago erhielten ägyptisches Kulturgut auch direkt aus dem Nilland [31].
Auf die in Ägypten ansässigen Karthager wurde bereits hingewiesen [32].
Wegen der ostphönikischen Funde bleibt die Annahme von Quillard fraglich,
nach der in Karthago die metallenen Amulettbehälter mit Tierkopf ausgebildet
worden wären [33]. Mit Sicherheit wurden dort aber Götterdarstellungen von
ägyptischen Dekanlisten und anderen Dokumenten kopiert, die wir auf den
Metallfolien aus Karthago, Malta und Sardinien finden. Unter Umständen
beruhen also die im punischen Raum bisweilen nachweisbaren Reflexe ägyptischer Hochreligion und Jenseitsvorstellungen auf direkter Kulturvermitt-
lung. Der Kyrenaïka kann hier eine gewisse Rolle zukommen [34].

Im übrigen müssen wir bei Verschiedenheiten zwischen dem punischen
Westen und dem phönikischen Mutterland stets an die Möglichkeit griechischer Vermittlung denken. Das gilt insbesondere für die Naukratisskarabäen,
für naukratische und ostgriechische Fayencegefäße, aber auch für andere
Aegyptiaca, wie den Skarabäus auf Taf. 103,1 [35].

Innerhalb des zentralen Mittelmeerraumes sind die Gemeinsamkeiten in
den Aegyptiaca mit der Apenninenhalbinsel zu überlegen. Unter den Amuletten haben wir die Sachmet der Taf. 7,1, den vielleicht naukratischen
Harpokrates auf Taf. 32,2 und die Fayencekauris von Taf. 79,2-3 genannt [36].
Von den Skarabäen ägyptischer Art ist wieder auf Taf. 103,1, auf die Steatitskarabäen der Taf. 102 [36a], auf den hellblauen Skarabäus der Taf. 146,1
(mit Beziehungen zu den älteren Aegyptiaca des ägäischen Raumes) sowie
auf das kleine Exemplar auf Taf. 145,4 hinzuweisen, das zur Gruppe der
östlichen blauen Pasten gehört, die im 8. Jh. v. Chr. in Etrurien und Kampanien zahlreich belegt sind. Die wesentliche Gemeinsamkeit zwischen den
Aegyptiaca Festlanditaliens und Sardiniens bilden demnach die Naukratisskarabäen. Dazu kommen einige Fayencegefäße auf Sardinien und die relativ
wenigen Skarabäen aus hartem Stein, die sich auf der Apenninenhalbinsel
gefunden haben [37].

Wir stehen somit vor der Tatsache, daß die Frage nach den Gemeinsamkeiten zwischen Sardinien und Festlanditalien in unserem Material mit Aus-

nahme der umfangreichen Naukratisgruppe und ganz weniger Einzelstücke negativ beantwortet werden muß. Das mag zunächst erstaunlich sein nach den oben [38] erwähnten Keramikimporten aus Etrurien nach Tharros und Bithia. Eine Erklärung gibt uns jedoch ein Vergleich der Chronologie: Auf der Apenninenhalbinsel können wir zwei Perioden der Aegyptiaca unterscheiden: Eine ältere im 8. und der ersten Hälfte des 7. Jhs., für die Stücke aus Ägypten selbst sowie aus Vorderasien charakteristisch sind und die Imitationsware, die wir sonst vor allem aus Perachora kennen; die jüngere Epoche, die erst nach einer kurzen Pause knapp nach der Mitte des 7. Jhs. einsetzt, bringt schließlich die Aegyptiaca mit sich, die die Griechen ihren guten direkten Beziehungen zur Saitendynastie verdanken. Das Ende dieser Periode fällt in die Mitte des 6. Jhs. und hängt offenbar vom Rückgang oder dem Ende der naukratischen Skarabäenerzeugung ab [39]. Die phönikische Blütezeit Sardiniens beginnt aber erst um die Mitte des 7. Jhs.; dies zeigt besonders deutlich die Ablöse des Nuragendorfes durch das Tophet in Tharros.

Für uns ist es nun höchst aufschlußreich, daß sich gerade im Tophet von Sulcis, dessen Beginn durch Keramik mindestens bis ins späte 8. Jh. v. Chr. zurückdatiert werden kann [40], eine Sachmet (Taf. 7,1) des auf dem Festland weit verbreiteten Typus gefunden hat, der dort in die ältere Phase gehört. Die Unterschiede zwischen dem ägyptischen Kulturgut der Apenninenhalbinsel und demjenigen Sardiniens ergeben sich also nicht nur aus der verschiedenen Auswahl, die Griechen und Phöniker aus dem ägyptischen Angebot trafen und dann in eigener Initiative weiterentwickelten, sondern haben auch chronologische Gründe. Während im ägäischen Raum und im festländischen Italien die Naukratisware den Abschluß bildet, gehört sie auf Sardinien in die ältere Phase. Analog enden im griechischen Sizilien die Aegyptiaca mit dem 6. Jh., im punischen gehen sie aber weiter. Außerdem ergibt sich aus diesen Beobachtungen, daß das ägyptische Kulturgut in Etrurien in der Spätphase von dem des griechischen Raumes abhängt.

Bei der Untersuchung der einzelnen Objekte bzw. Typen sowie der ägyptischen und ägyptisierenden Kunstelemente haben wir uns stets die Frage nach deren Verbreitung im übrigen Mittelmeerraum gestellt (vgl. besonders Tabelle 1-3 auf S. 110f., 129, 145f.). Die Frage nach der Verbreitung ist nicht nur eine Grundvoraussetzung, um der Ursprungsproblematik näher zu kommen, sondern dient auch der Charakterisierung des ägyptischen Kulturgutes in bestimmten geographischen Räumen zu gewissen Zeiten. Dies führt zu der wesentlichen Erkenntnis, daß sich die *Ausbreitung der ägyptischen Kultur* in vorhellenistischer Zeit mittels der kleinen Aegyptiaca nicht etwa gleichförmig bis an gewisse Grenzen vollzieht, indem die Objekte als einfache Kuriosa immer wieder ihre Besitzer gewechselt hätten, sondern *innerhalb einer weithin klaren, räumlichen, zeitlichen und qualitativen Differenzierung* erfolgt. Die typologische Verschiedenheit der Aegyptiaca führt so zur Unterscheidung großräumiger *Verbreitungszonen* im gesamten Mittelmeerraum in bestimmten Epochen[41]. Leittypen wie die charakteristischen Sachmet- und Nefertemfigürchen von Rhodos und Italien, von denen unsere Taf. 7,1 — soweit heute bekannt — ein vereinzeltes Stück im gesamten phönikischen Westen darstellt, lassen klar die Abgrenzung der beiden Zonen erkennen und zeigen außerdem, daß sich das vorhellenistische ägyptische Kulturgut innerhalb bestimmter Kanäle ausbreitet.

Die Frage nach der Verbreitung der einzelnen Aegyptiaca sowie anderer Elemente der ägyptischen Kultur hat nicht nur die dargelegte Abhängigkeit vom phönikischen Osten (einschließlich Zyperns in gewissen Punkten) erwiesen, sondern auch gezeigt, daß Sardinien einen integrierenden Bestandteil des phönikisch-punischen Verbreitungsgebietes seit dem späten 7. Jh. v. Chr. bildet. Diese zeitliche Feststellung ist von Bedeutung, da eine ältere phönikische Verbreitungszone mit einem chronologischen Schwerpunkt im früheren 7. Jh. die spanische Südküste mit dem frühen Karthago und dem phönikischen Osten verbindet. Am bedeutendsten sind hier die ägyptischen Alabastergefäße der Libyerzeit[42]; aber auch einige Funde Italiens, wie die phönikischen Metallschalen, die von der Mitte des 8. bis in die erste Hälfte des 7. Jhs. reichen und bis jetzt auf Sardinien unbekannt sind, wird man miteinbeziehen dürfen.

Im Anschluß daran können wir im phönikisch-punischen Westen eine Verbreitungszone von Aegyptiaca unterschieden, die Karthago, Westsizilien, Sardinien und in Spanien besonders die Balearen und die südliche Ostküste umfaßt. Dazu gehört auch Malta; das Material in Valletta muß aber noch studiert werden[43]. Die besten Beziehungen zwischen Sardinien, Mozia, Karthago und Ibiza ergeben sich an Hand der figürlichen Amulette. Das wichtigste unterscheidende Element gegenüber dem Osten bilden die geometrisierten Figürchen punischer Herstellung. Ibiza, Sardinien und Karthago sind auch durch die Jaspis- und Karneolskarabäen engstens miteinander verbunden. Dagegen gibt es Unterschiede innerhalb der Zone insofern, als manches östliche Material in Spanien nur noch sehr spärlich vertreten ist; das gilt besonders für die Steatitamulette. In Spanien fehlen bis jetzt auch die punischen Stelen. Weitere Unterschiede ergeben sich durch das ägyptisierende lokale Kunsthandwerk in Karthago und Tharros; wir denken etwa an die Arbeiten aus Edelmetall.

Eine interessante Frage in dem Zusammenhang ist die nach der Abhängigkeit Sardiniens von Karthago. Bei den importierten, ägyptischen und ägyptisierenden Amuletten dürfte die Annahme ihre Berechtigung haben[44]. In Karthago wurden mit Sicherheit Fayenceamulette hergestellt, wie die Tonform für eine Udjatplakette (Abb. 19)[45] zeigt. Eine typologische Erfassung der unbeschrifteten Amulette aus Karthago könnte somit in dieser Hinsicht die Priorität Karthagos erweisen. Von den phönikischen Steatitskarabäen Sardiniens sind allerdings gerade die schönsten Typen bei Vercoutter mit keinem einzigen Beispiel vertreten[46]. Sie könnten demnach ein Ausdruck für die auch sonst bekannten direkten Beziehungen zwischen dem phönikischen Mutterland und Sardinien sein. Desgleichen ist eine Vermittlung der Naukratisskarabäen über Sizilien viel wahrscheinlicher als der Umweg über Karthago. Die Selbständigkeit von Tharros zeigt sich weiters in den dort hergestellten Skarabäen aus hartem Stein und den Amuletten aus Edelmetall, wenngleich die Metallbänder der Amulettbehälter größtenteils Kopien der karthagischen Beispiele darstellen.

Berechtigt ist die Frage, ob vielleicht gewisse ägyptische Kulturelemente in die auf Sardinien heimische Nuragenkultur eingedrungen sind[46a]. Auf das Verhältnis der Bronzen des 8. bis 6. Jhs. zu den ägyptischen Scherden-Darstellungen wollen wir allerdings nicht eingehen. In den Bronzen lassen sich aber starke orientalische Komponenten und Verbindungen zur Apenninenhalbinsel erkennen[47]. Im übrigen gibt es innerhalb der nuragischen Tradition den Typus der auf dem Stuhl sitzenden Mutter mit dem Kind, der weitgehend der ägyptischen Ikonographie entspricht[48]. Die Existenz der nuragischen Stelen zeigt uns, daß die „semitische Konzeption der Masseboth"[49], die von den Phönikern nach Sardinien gebracht wurde, ein empfängliches Terrain vorfand. Nicht zu vergessen ist die heimische Magie. Von solchen Voraussetzungen innerhalb der protosardischen Kultur müßten auch die ursprünglich ägyptischen Kulturelemente profitiert haben, die in die eindringende phönikische und punische Kultur eingebettet waren.

Beispiele von Kontaktnahme der Protosarden mit phönikischen Denkmälern, an denen sich noch ursprünglich ägyptische Elemente studieren lassen, gibt es mehrere; man denke etwa an die erwähnten Bronzen[50]. Lilliu nennt[51] einen Jaspisskarabäus von Monte Pau (Sorso) und einen aus vulkanischem Gestein vom Nuragen Luzana di Bortigali (Nuoro). Dazu kommt der uns bereits bekannte Hohlkehlensockel aus Teti-Abini[52] und fragmentarische Kalksteinblöcke mit Uräenfries aus S. Vittoria di Serri und S. Anastasia di Sardara[53].

3. Zur Bedeutung der Aegyptiaca in der neuen Umgebung

Den größten Teil des von uns betrachteten Materiales machen amuletthafte Kleinobjekte aus, die bereits bei Homer (Od., XV, 415-416) als ἀθύρματα im speziellen mit den Phönikern verbunden sind, wobei diese Bezeichnung (etwa „Spiel"-Stücke, Schmuckstücke) den Zweck unberücksichtigt läßt[54].

Die wesentliche Bedeutung der amuletthaften Aegyptiaca ist in Ägypten bereits bei den sog. Zaubermessern (Apotropaia) des MR vorgegeben. In den Inschriften der Rückseite sind Kinder und Frauen genannt, die bei Tag und

Nacht geschützt werden sollen[55]. Die dargestellten Gottheiten, vielfach Hypostasen des Sonnengottes, sollten für das Kind kämpfen, wie sie einst gegen die Feinde des Sonnenkindes vorgegangen sind. Wie Bosse-Griffiths feststellt, wurde das Apotropaion zur Heilung eines Kindes über dessen Körper gehalten, wobei auch Zaubersprüche rezitiert wurden. Der magische Schutz diente also vornehmlich den *lebenden* Frauen und Kindern. Die Beziehung zu unserem Material ergibt sich daraus, daß wir verschiedene Gottheiten der Apotropaia hier wiederfinden; allen voran den schlangenbezwingenden Bes[56], aber z.B. auch den Ichneumon oder Nehebkau[57].

In Ägypten hat man bereits Amulettketten zum Schutze des Kindes angefertigt, auf denen „Siegel" und figürliche Amulette gleichermaßen wirksam waren[58]. De Salvia hat uns die Verwendung des Skarabäus in Ägypten bei magischen Praktiken als apotropäisches Amulett, sowie dessen Gebrauch bei divinatorischen Handlungen und im Liebeszauber aufgezeigt[59]. Für die Verhältnisse bei den Phönikern und Griechen ist jedoch besonders wichtig, daß der Skarabäus schon in Ägypten bei der Geburt wirksam war und Schutzbedeutung für das Kind hatte[60]. Der Skarabäus war also wie die anderen Amulette ein wesentliches Element des ägyptischen Volksglaubens, aber in besonderer Weise auf die Fruchtbarkeit der Frau und den Schutz des Kleinkindes bezogen. Gerade aus der Spätzeit kennen wir den Brauch, daß Kindern Amulettketten mit ins Grab gegeben werden, die in ihrer Zusammensetzung denjenigen des phönikischen und punischen Raumes nächst verwandt sind[61].

Nach De Salvia[62] weisen die Skarabäenfunde in Syrien/Palästina und Zypern auf deren kultische Funktion, wobei er annimmt, daß das Käferamulett die magischen Aspekte für die Probleme des täglichen Lebens nach ägyptischer Art bewahrt hätte. Diese Annahme hat unsere Untersuchung des ägyptischen Kulturgutes in Palästina und Syrien/Phönikien für die Gesamtheit der amuletthaften Aegyptiaca (Skarabäen/Skaraboide, figürliche Amulette in bestimmter Auswahl, Perlen) bestätigt: Die Aegyptiaca dienten einerseits dem Schutz der Frau in ihrer ureigensten weiblichen Sphäre (Fruchtbarkeit und Geburt) und andererseits dem Schutz des Kleinkindes. Bedeutsam waren hier vor allem die Frauengräber von ʿAtlit (man denke an die Amulette des Grabes L 23 zwischen den Beinen)[63] und Kamid el-Loz (hier ein Sandsteinskarabäus in Beckenhöhe in Grab 76), sowie die ebenfalls in Kamid el-Loz untersuchten Kindergräber mit Amulettketten (bestehend aus Kaurischnecken, figürlichen Amuletten und Perlen), die in der Funktion von Halsketten den Schutz des Kindes gewährleisten sollten[64]. Dazu kommen die Funde aus Heiligtümern von Fruchtbarkeitsgöttinnen wie der Baalat Gebal in Byblos[65] und der Tanit-(und)Astarte in Sarepta; hier ist der Befund besonders deswegen interessant, weil die ägyptischen Amulette Votivgaben einfacher Frauen darstellen[66]. Dem entsprechen in Ägypten die Skarabäen der 18. Dynastie aus dem Hathorheiligtum von Deir el-Bahari[67].

Die Verbindung der Skarabäen und Amulette mit der weiblichen Fruchtbarkeitsgottheit hat sich auch in Kition (Zypern) deutlich gezeigt[68]. Die Aegyptiaca fanden sich hier in den mit dem Astartetempel verbundenen Bothroi. Weibliche Statuen (Statuetten) aus Stein mit Skarabäenanhängern sowie die sog. Temple Boys (Votivstatuetten aus Kalkstein oder Terrakotta, die Kinder darstellen) spiegeln die kultische Bedeutung der Skarabäen und Amulette im phönikischen Milieu Zyperns wieder. Diese zuletzt genannten Kinder in charakteristischer Haltung tragen Halsketten aus mehr oder weniger schematisierten Siegelanhängern in beweglichen Metallfassungen und Amuletten[69]. Für uns ist es nun höchst interessant, daß sich dieser allgemeinen amuletthaften und kultischen Bedeutung innerhalb der Sphäre der Frau und des Kleinkindes, die wir an Hand äußerer Kriterien (der Grab- und Tempelfunde) herausarbeiten konnten, die spezifisch ägyptische Bedeutung, die am Typus (Skarabäus, menschen- oder tiergestaltiges Götterfigürchen, Symbol) haftet und der wir uns in Abschnitt III.2 gewidmet haben, in den meisten Fällen bestens einfügt.

Nach einem unserer Grundsätze, die in der Einführung skizziert wurden, ist die historische Bedeutung der Ausbreitung des ägyptischen Kulturgutes nur dann richtig zu bewerten, wenn wir die Aegyptiaca im Verbande des lokalen Kulturgutes betrachten[70]. Wenn wir die großen Zentren Sardiniens, Ibiza, Karthago und Mozia ins Auge fassen, ergibt sich zweifelsfrei, daß das ägyptische Kulturelement dort einen integrierenden Bestandteil der phönikischen und punischen Kultur darstellt. Jedoch erhebt sich die Frage, inwieweit es sich um ein Kulturelement handelt, das für große Zentren spezifisch ist, und inwieweit die Aegyptiaca auch in andere Gegenden des punischen Raumes vorgedrungen sind. Diesbezüglich mag ein Blick auf die weniger bedeutenden Nekropolen des punischen Nordafrika aufschlußreich sein.

Eine interessante Bemerkung läßt sich zur punischen Nekropole des 3. Jhs. v. Chr. von *Sabratha* (Tripolitanien)[71] vorausschicken, wo wir dreizehn Bestattungsgräber, acht Brandgräber und ein Kammergrab kennen. Nur ein einziges Grab, nämlich das Bestattungsgrab Nr. 6, barg Aegyptiaca. Es handelt sich um eine Kette[72] mit Elementen aus Glaspaste und (oder) Fayence: darunter befinden sich zwei der uns bereits aus Sidon bekannten[73] Weintraubengehänge, zwei Negerköpfchen, eine kauernde Frau, zwei Harpokratesfigürchen, eine Plakette mit der Darstellung eines Rindes u.a. Angesichts der Nähe von Alexandria wird man in der Kette ein Zeugnis für die Ausbreitung hellenistisch-ägyptischen Kulturgutes und der entsprechenden

Glaubensvorstellungen sehen dürfen. Es scheint mir hier eine Verquickung der beiden ägyptischen kulturellen und religionshistorischen Phänomene nachweisbar zu sein, nämlich die Verbindung der ägyptischen Komponente in der vorhellenistischen punischen Kultur mit dem alexandrinischen Einfluß. In Hinblick auf die Anzahl der Gräber ist das Zeugnis jedoch singulär.

Die 29 bekannten Gräber von *Djidjelli* in Algerien[74], von denen nach Cintas[75] keines älter als das 4. Jh. v. Chr. ist, beinhalteten außer Keramik etwas Silber- und Glasschmuck, auch Kaurischnecken, aber kein einziges Aegyptiacum. Leider war kaum eines dieser ärmlichen Gräber intakt.

Von den vielen in *Tipasa* ausgegrabenen Gräbern[76] scheinen nur zwei Aegyptiaca erbracht zu haben. In einem Grab fanden sich zwei weißliche Fayenceskarabäen[77] mit hellgrüner Glasur, die nach ihrer Rückentypologie aus Naukratis stammen; dabei war auch ein schöner Skarabäus aus grünem Jaspis mit der Darstellung des hockenden Harpokrates in der Papyrusbarke[78]. Ein Grab von der Wende des 4. zum 3. Jh. lieferte einen Skarabäus aus harter, weißlicher Fayence mit Spuren grüner Glasur, der nach seinem Motiv (Reiter auf Pferd mit Greif) eventuell auch ein naukratisches Erzeugnis darstellen könnte. Dazu kommt ein Karneolskarabäus ohne Kontext. Insgesamt gibt es also nur fünf Skarabäen, die z.T. Relikte aus einer älteren Zeit darstellen. Amulette sind nicht erwähnt.

Westlich von Cherchel liegt *Gouraya*, wo offenbar auch nur Gräber des 4. und 3. Jhs. v. Chr. gefunden wurden[79]. Obwohl ein Überblick über die Grabungsergebnisse schwer zu gewinnen ist, scheint doch klar zu sein, daß die wenigen Aegyptiaca eine in dieser Hinsicht eher geringfügige Ausstrahlung Karthagos reflektieren. Ein schöner Jaspisskarabäus[80] stellt die sitzende „Isis" mit dem Horusknaben dar; die Göttin trägt hier das Hathorgehörn mit Sonnenscheibe. Dazu kommt ein Patäke unseres Typus 5.1.B.3[81]. Weiters werden ein Uräus, ein Udjat und ein unklares Amulett aus der uns bekannten leicht abreibbaren, gelblichen bis gräulichen Fayence genannt[82].

Am interessantesten ist sicher die Nekropole von *Rachgoun* bei Oran in Westalgerien, da sie sich vom Ende des 7. Jhs. über das ganze 6. Jh. v. Chr. erstreckt; einige Gräber gehören auch ins 5. Jh. Von den 114 untersuchten Gräbern[83] bargen 101 Brandbeisetzungen, neun waren reine Bestattungsgräber (diese für Kinder), bei vieren war der Ritus gemischt. Unter dieser großen Anzahl von Gräbern hatten nur drei Skarabäen mit beweglichem Silberring[84]; dabei handelt es sich um Brandgräber. In dem Brandgrab Nr. 76 fanden sich drei Siegelabdrücke von Skarabäen, die der Ausgräber ebenfalls als Amulette betrachtet[85]; Grab 48, gleichfalls ein Brandgrab, lieferte einen Fayencepatäken[86]. Die Aegyptiaca entsprechen zwar der Zeitstellung der Gräber, jedoch darf auf Grund der geringen Anzahl ihr historisches Gewicht innerhalb der örtlichen Kultur nicht überschätzt werden.

Ein kurzer Blick auf die *Nekropolen bei Tanger*[87] mag genügen, die hauptsächlich dem 7.-5. Jh. v. Chr. angehören. Hier fanden sich nichtägyptisierende Schmuckstücke aus Edelmetall, immer wieder Kaurischnecken in Kolliers mit prophylaktischer Bedeutung u.a. Die phönikische Kultur ist vor allem durch die Keramik präsent. Besonders die 98 Bestattungsgräber von Aïn Dalhia Kebira beweisen den profunden phönikischen Einfluß auf die Einheimischen, jedoch fand sich kein einziges Aegyptiacum. Unter den Funden der 104 ärmlichen Gräber von Djebila, die aber auch Gold-, Silber- und Bronzeschmuck, Straußeneier, Kaurischnecken und Glasperlen beinhalteten, gibt es einen einzigen Silberring mit beweglicher Silberfassung für einen Skarabäus, der aber nicht mehr erhalten ist[88].

Im letzten Fall sehen wir somit sehr deutlich, daß die Aegyptiaca nicht zu den Elementen phönikischer und punischer Kultur gehören, die hier im Verlaufe der Phönikisierung der einheimischen Kultur weitergegeben werden. In Nordafrika ist also eine ungeheure Masse an Aegyptiaca und anderen ägyptischen Kulturelementen in Karthago konzentriert, jedoch gelangen in die anderen Zentren nur sehr vereinzelt einige wenige Stücke. Dies ist aus dem Charakter des ägyptischen Kulturelementes leicht erklärbar: Es ist zwar bereits ein fester Bestandteil im phönikischen Mutterland, jedoch kommen die Objekte selbst zum größten Teil aus Übersee. Das hat uns die Untersuchung in Abschnitt III und IV gelehrt. Sie konzentrieren sich also in den Zentren, die diese überseeischen Beziehungen haben. Vielleicht waren sie für die Bewohner abgelegener Siedlungen doch recht teuer, auch wenn die Figürchen vielfach den Anschein einer billigen Massenware erwecken. Die Aegyptiaca, die im eigentlichen Sinne der phönikischen und punischen Kunst angehören und die wir so sehr bewundern (Skarabäen aus hartem Stein, Goldschmuck), waren aber Preziosen ersten Ranges.

Ob das punische Sizilien ein ähnliches Bild bietet, d.h. hinsichtlich Mozia im Verhältnis zu anderen Siedlungen, ist heute schwer zu beurteilen[89]. In Spanien zeigt sich an der südlichen Ostküste (Villaricos, Verdolay, Sierra del Molar, Crevillente, Tosal de Manises und die dazugehörige Nekropole von La Albufereta) deutlich die Ausstrahlung von Ibiza[90]. Im phönikischen und punischen Spanien sind die Aegyptiaca wesentlich breiter gestreut als in Nordafrika[91].

Versuchen wir nun vor diesem Hintergrund die in Abschnitt II dargelegten Beobachtungen zusammenzufassen, mit denen wir die Stellung der Aegyptiaca Sardiniens im Verbande der örtlichen phönikischen und punischen Kultur erläutern wollten! Hier finden wir eine ganze Reihe von Küstenzentren, die relativ nahe beisammen liegen und in denen die Aegyptiaca ein äußerst starkes Kulturelement repräsentieren. Diese breite Durchdringung eines Küstenstreifens mit ägyptischem Kulturgut steht nach dem heutigen Fundbestand zumindest zu Nordafrika in krassem Gegensatz, wo sich das Phänomen punktförmig in Karthago konzentriert. Bei unserem Überblick haben wir das Spätstadium des ägyptischen Kulturelementes von Olbia im 4. und 3. Jh. v. Chr. betont, das langsame Ausklingen des Phänomens und die eher geringe Bedeutung der Aegyptiaca in Hinblick auf die südlichen Küstenzentren[92]. Der Vergleich mit den etwa gleichzeitigen Nekropolen von Sabratha, Djidjelli, Tipasa und Gouraya, die bis jetzt fast gar nichts bieten, rückt nun Olbia in ein ganz anderes Licht und dürfte das kulturhistorische Gewicht der Amulette ägyptischer Art im Norden Sardiniens besser erkennen lassen.

Im Süden der Insel hat uns das Tophet von Sulcis die ältesten bedeutenden Aegyptiaca (bes. Taf. 2; 7,1; 24) geliefert und die Bestimmung für die geopferten Kinder aufgezeigt. Die Fundzusammenstellungen, die das Material im Museum von S. Antioco gestattet[93], lassen vielfach eine große Anzahl von Amuletten in einzelnen Gräbern erkennen, die aber stets mehreren Personen gehörten. Auffällig war der hohe Prozentsatz an gut glasierten Figürchen.

Die größte Blüte erreichte das ägyptische Kulturgut in Tharros, einerseits durch Importe ägyptischen und ostphönikischen Ursprungs und andererseits durch die Verarbeitung der ägyptischen Motive in einem hochstehenden, lokalen Kunsthandwerk. In einigen Fällen läßt sich die Bedeutung für die Frau herausarbeiten. Die Mehrzahl der Objekte stammt jedoch aus Sammlungen.

In Bithia dürfen wir den sog. Bestempel hervorheben: Hier wird nicht nur ein Gott in der ägyptischen Ikonographie bis ins 3. Jh. n. Chr. verehrt, sondern die Amulettbehälter und die Fayenceamulette aus einem Votivdepot stellen einen Zusammenhang mit ähnlichen Tempelfunden her. Angesichts der gut begründeten Annahme, daß es sich bei dem „Bes" von Bithia um Eshmun handelt, liegt der Vergleich mit dem Eshmuntempel von Sidon und den dort gemachten Funden am nächsten[94].

Nora, das allgemein als abgelegenes Zentrum gilt, hat ein relativ einheitliches Bild erbracht, in dem die Importe aus dem phönikischen Mutterland auffallen. In den eher bescheidenen Gräbern wird die volkstümliche Magie völlig vom ägyptischen Element beherrscht. Nora hat also seinen speziellen (archaisierenden und ärmlichen) Charakter, ist aber, was die Präsenz ägyptischen Kulturgutes anlangt, gänzlich in die Welt der anderen Küstenzentren integriert.

Cagliari ergänzt das gewonnene Bild: Ähnlich wie in Tharros haben die Aegyptiaca frühere Ausgräber zur Annahme einer ägyptischen Kolonie verleitet; die besondere Relevanz der Amulette und Skarabäen für Frauen und Kinder läßt sich hier nachweisen.

In Hinblick auf die Nekropolen im Landesinneren (Othoca, Monte Sirai, Pani Loriga und Monte Luna) zeigt sich klar, daß der *hohe Stellenwert* des ägyptischen Elementes in der westphönikischen und punischen Kultur im allgemeinen *auf die städtischen Küstenzentren beschränkt* ist. Als eines der wichtigsten Ergebnisse ist aber festzuhalten, daß es sich nicht um ein schicht-spezifisches Phänomen handelt, sondern daß die Aegyptiaca in reichen wie armen Gräbern gleichermaßen präsent sind[95]. Daß Monte Luna im Landes-inneren relativ viele Aegyptiaca geliefert hat, beweist nur, daß das Zentrum gute Verbindungen zur Küste hatte; dem fügt sich die attische Keramik, der Gold-, Silber- und Bronzeschmuck bestens an. Die Entwicklungsfähigkeit des ägyptischen Kulturgutes hat uns gerade hier ein Goldring mit einem Udjat[96] unter Beweis gestellt. Diese Präsenz unserer Aegyptiaca im Inneren Sardiniens in der Zeit des 5.-3. Jhs. v. Chr. ist gegenüber den eben besprochenen, weniger bedeutenden punischen Nekropolen Nordafrikas (die alle an der Küste liegen!) besonders auffällig.

Wir werden annehmen dürfen, daß das ägyptische Kulturgut dort, wo es das phönikische und punische Milieu prägt, auch vollkommen in die religiöse Vorstellungswelt integriert ist bzw. in deren Dienst steht. Das gilt für die Funde aus den Tophet (Amulette und architektonische Elemente der Stelen), aus Gräbern und Tempeln. Die Verwendung der kleinen Aegyptiaca in Form von Amulettketten ist im phönikischen Mutterland[97], Karthago[98], Ibiza[99] und Sardinien dieselbe. In Karthago hat sich überdies feststellen lassen, daß die Kolliers mit Skarabäen und figürlichen Amuletten sowohl vom lebenden Menschen getragen wurden, als auch für den Gebrauch im Jenseits dienten; letzteres bezeugen ja auch die Grabfunde. Dazu kommt der im Osten ('Atlit)[100] wie im Westen[101] nachgewiesene Brauch, daß man Amulette gelegentlich völlig in eine Drahtumwicklung einhüllt (Taf. 57,2), wobei ver-mutlich dem Knoten selbst Amulettbedeutung zukommt (vgl. Taf. 20,2). Dementsprechend kennen wir Beispiele aus Tarquinia, Vulci[102] und Kartha-go[103], wo Amulette in Metallmanschetten gefaßt sind, abgesehen von den Amulettbehältern für figürliche Amulette[104]. Die Verstärkung des Amulett-wertes durch Verdopplung (Amulett-Typus 25.B.2, Taf. 57,5; 32.3.2.2; 36.B.2, Taf. 73,1; 39.2) oder gar Vervielfachung ist eine gut ägyptische Eigenart, vor allem bei Skarabäen und Udjat-Augen, aber auch bei Pavian-Amuletten[105] u.a.

Wir kommen somit zu dem Ergebnis, daß sich, abgesehen von technischen und stilistischen Eigenheiten westlicher Erzeugnisse, zumindest bei den in Abschnitt III und IV besprochenen Aegyptiaca keine Unterschiede in Ver-wendung und Bedeutung zwischen dem phönikischen Osten und dem Westen feststellen lassen. Vermutlich werden sich dem auch weitgehend die Skarabäen aus hartem Stein und die Amulette aus Edelmetall einfügen. Das paßt zur allgemeinen Kulturübertragung aus dem phönikischen Mutterland[106] (man denke auch an die anthropoiden Sarkophage von Ägypten, Sidon und Solunt) und den stets engen Verbindungen zwischen dem ost- und west-phönikischen Raum. Der direkte Kulturfluß von Ägypten in den Westen (vgl. u.a. die Metallbänder und die Vorstellung vom Totengericht mit der Waage) ergänzt das Bild.

Der ägyptische Einfluß wird in der Anfangszeit der phönikischen Kolonisation Sardiniens um die Wende des 8./7. Jhs. v. Chr. sichtbar und erlebt parallel zum Höhepunkt der phönikischen Epoche seine erste Blüte (zweite Hälfte 7. Jh. und erste Hälfte 6. Jh.). Die zweite Periode, in der wir intensiven kulturellen Einfluß aus Ägypten feststellen, erhält ihren Anstoß im Osten während des fortgeschrittenen 6. Jhs. v. Chr. durch die Verbindung Ägyptens mit Zypern und die Zusammenfassung von Ägypten und Phönikien im Achämenidenreich. Im Westen wird die daraus resultierende Blüte vom karthagischen Imperium im 5. und 4. Jh. getragen. Während des 3. Jhs. und in römischer Zeit verfolgen wir ein langsames Auslaufen des *vorhellenistischen, magisch orientierten ägyptischen Kulturelementes* auf Sardinien, während gleichzeitig die *ägyptische Religion* an Bedeutung gewinnt [107].

APPENDIX 1

Erstmals publizierte Amulette aus Sardinien
Angaben dazu in der Tafelerklärung

Farbtaf. III,3

Taf.	7,4(?)	Taf. 52,1	Taf. 77,2-3
	10,2	54,1-3	77,7-8
	11,1	56,1	77,9(?)
	13,3	57,1	79,1(?)
	14	61,1	81,1(?)
	15,1	62,2	81,5
	18,1-7(?)	62,5	82,1-2
	19,7	63,4	82,7
	20,3-5	63,8(?)	83,4
	26,3	64,6(?)	83,11
	28,4(?)	64,8	83,13
	32,2	65,1	84,2
	33,1-2	65,3	85,2
	34,2	65,5-6	86,4-5
	35,5	66,2	87,3
	36,2	66,6(?)	89,4-6
	36,5	67,2	89,8
	37,2-5	67,5-6	90,3-4(?)
	39,1	68,3	90,5-7
	39,3	69,1	91,3-4(?)
	40,2	69,6	91,6
	41,2(?)	70,4(?)	92(?)
	44,1-3	71,3-4	93(?)
	45,1-2	72,4-5	94
	50	73,6	

APPENDIX 2

Erstmals publizierte Skarabäen aus Steatit und Fayence aus Sardinien
Angaben dazu in der Tafelerklärung

Taf. 96
99,1
115,3
116,2
117,2
120,3
121,1
123,1
123,3
128,2
128,3(?)
129,2
134,3
141,1-3
144,3
145,4
146,1
146,3
147,2-3
148,1-4
150,2 (konisches Siegel)